Côte d'Azur

TERRE CONTRASTÉE

Si la Côte d'Azur est aujourd'hui une destination touristique de premier plan, c'est en grande partie grâce à son doux climat et à son littoral d'exception qui s'anime dès le mois de mars. La lumière, les couleurs, l'évasion, la relaxation, la convivialité, le partage, sont autant de caractéristiques qui servent à désigner cette région pleine de contrastes. Entre mer et montagne, nature sauvage et prestigieuses cités balnéaires, ce territoire de charme a de quoi séduire ! Sans parler du grand nombre de sites touristiques proposés dans les grandes villes de la Côte d'Azur. Depuis la frontière avec l'Italie, Menton, Monaco, Nice, Antibes, Cannes et Grasse se disputent déjà votre attention. Plus petites, mais tout aussi attractives, des villes comme Eze, Villefranche, Vence ou encore Mougins sauront vous séduire. Quant aux villages perchés de l'arrière-pays, ils apportent un terroir et un patrimoine historique sans pareils. Tout cela se conjugue pour donner à la Côte d'Azur une offre exceptionnelle, qui, bien que mise à mal après une année 2020 pleine de bouleversements – nous avons ici une pensée émue pour les habitants sinistrés de la vallée de la Vésubie –, se révèle authentique. Secouée mais pas abattue, la Côte d'Azur se prépare à vous émerveiller avec des panoramas époustouflants, à vous régaler de délicieuses spécialités gorgées de soleil, à vous divertir lors de nombreux spectacles et festivals, en d'autres mots, à vous faire goûter à sa douceur de vivre emblématique.

OFFERT
CE GUIDE
au format numérique

Retrouvez cette offre en page 70

SOMMAIRE

6 INSPIRER

Toutes les informations pour avoir un premier aperçu de la destination : météo, festivités, idées de séjours...

25 DÉCOUVRIR

Des dossiers approfondis pour vous permettre d'appréhender toutes les facettes de la Côte d'Azur, à travers sa gastronomie, son histoire, sa nature...

71 CÔTÉ LITTORAL

Unique en France, le littoral azuréen va vous en mettre plein la vue ! Urbanisé de Cannes jusqu'à Nice et plus sauvage vers Menton, l'accent a partout été mis pour favoriser une belle expérience touristique.

© DAVID ERBETTA

© THIERRY HOARAU - STOCK.ADOBE.COM

271 CÔTÉ MONTAGNE

Prenez de la hauteur pour apprécier le paysage : le côté montagne a des beautés naturelles à vous dévoiler. Petits villages pittoresques, chemins de randonnée, palaces réputés, il y en a pour tous les goûts !

375 ALPES DU SUD

Entre paysage grandiose et petits villages, les amateurs d'authenticité aimeront partir pour une escapade en toute quiétude dans les Alpes du Sud.

397 MONACO

Deuxième plus petit pays du monde et pourtant, sur ses 202 hectares seulement, on trouve des sites exceptionnels.
De visites en découvertes, la Principauté de Monaco offre un panel d'activités à ne manquer sous aucun prétexte.

435 ORGANISER SON SÉJOUR

Vue sur Villefranche-sur-Mer.

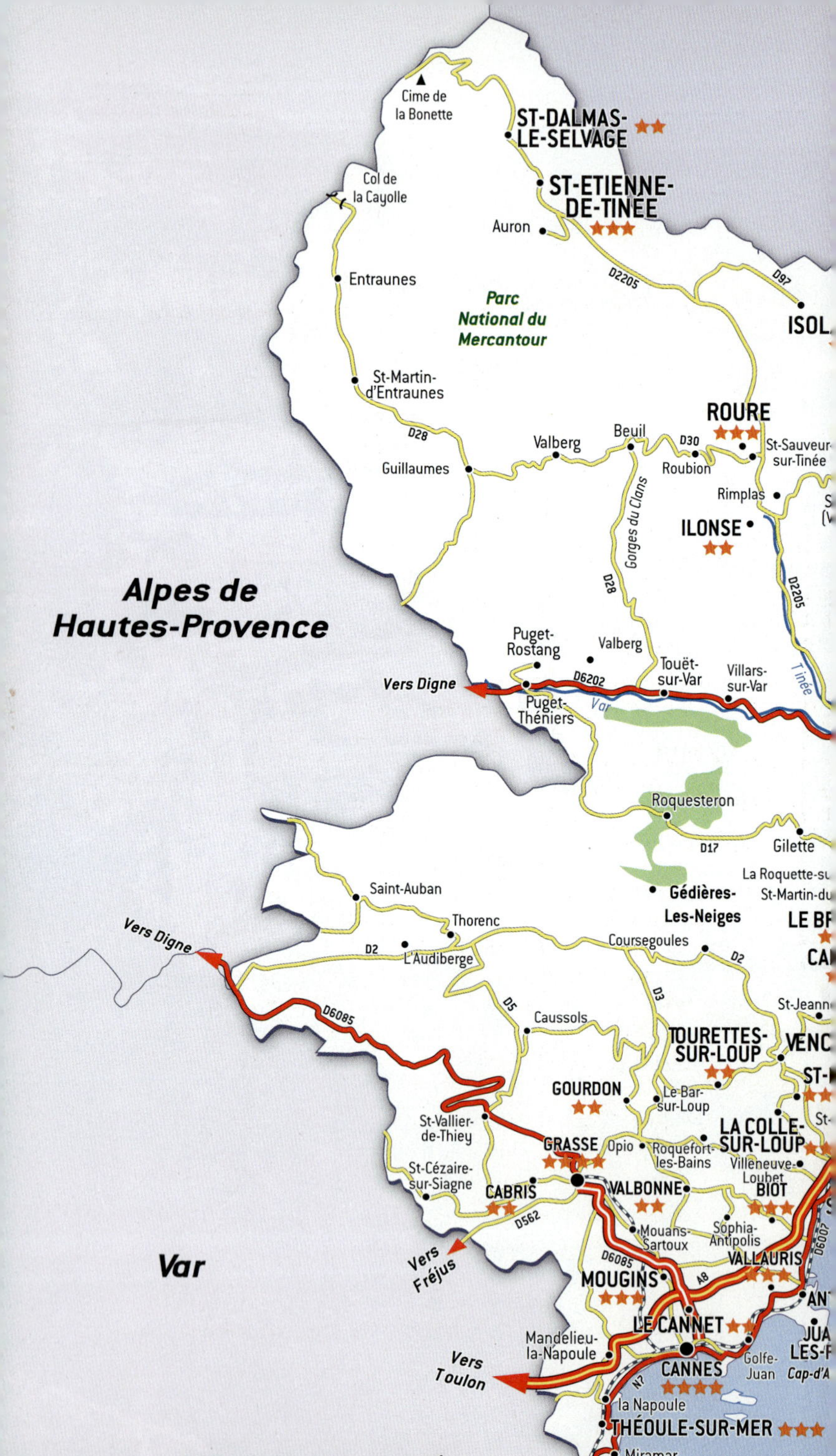
Cime de la Bonette
ST-DALMAS-LE-SELVAGE
Col de la Cayolle
ST-ETIENNE-DE-TINÉE
Auron
Entraunes
D2205
D97
Parc National du Mercantour
St-Martin-d'Entraunes
ROURE
D28
Valberg
Beuil
D30
St-Sauveur-sur-Tinée
Guillaumes
Roubion
Rimplas
Gorges du Clans
ILONSE
Alpes de Hautes-Provence
D28
D2205
Puget-Rostang
Valberg
Touët-sur-Var
Villars-sur-Var
Tinée
Vers Digne
D6202
Puget-Théniers
Var
Roquesteron
D17
Gilette
Saint-Auban
Gédières-Les-Neiges
Thorenc
Vers Digne
D2
L'Audiberge
Coursegoules
D2
D5
D3
D6085
Caussols
TOURETTES-SUR-LOUP
GOURDON
Le Bar-sur-Loup
St-Vallier-de-Thiey
LA COLLE-SUR-LOUP
GRASSE
Opio
Roquefort-les-Bains
Villeneuve-Loubet
St-Cézaire-sur-Siagne
CABRIS
VALBONNE
BIOT
D562
Mouans-Sartoux
Sophia-Antipolis
Var
Vers Fréjus
D6085
VALLAURIS
D6007
MOUGINS
A8
LE CANNET
Mandelieu-la-Napoule
Golfe-Juan
Vers Toulon
N7
CANNES
la Napoule
THÉOULE-SUR-MER
Miramar

ITALIE
Autoroute
Nationale 4 voies
Nationale
Départementale
Préfecture
Sous-préfecture
Ville, village
Sortie d'autoroute
Aéroport
Forêt domaniale
Le Boréon
Tunnel de Tende
TENDE
La Brigue
St-Dalmas de-Tende
Cime du Diable 2 685 m
Parc National du Mercantour
St-Martin-Vésubie
VENANSON
D2265
BELVÉDÈRE
N204
Saorge
Col de Turini
ITALIE
Gorges de la Vésubie
BREIL-SUR-ROYA
LUCÉRAM
Duranus
SOSPEL
Saint-Roch
COARAZE
Levens
Berre-les-Alpes
L'Escarène
Vers Vintimille
STE AGNÈS
Peille
Tourrette-Levens
Blausasc
Contes
Peillon
A8
Castagniers
ROQUEBRUNE
D6007
MENTON
LA TURBIE
Falicon
EZE
Monte-Carlo
Monaco
Cap-d'Ail
NICE
BEAULIEU-SUR-MER
VILLEFRANCHE-SUR-MER
D6007
ST-JEAN CAP-FERRAT
Mer Méditerranée
5 KM

QUAND Y ALLER

JANVIER

NICE

8° / 12°

GRASSE

1° / 11°

FÊTE DE LA SAINT BLAISE, DU RAISIN ET DES PRODUITS DU TERROIR
(VALBONNE)
Cette fête est un héritage de la culture du raisin local : le servan. Ambiance familiale garantie !

FÉVRIER

NICE

7° / 11°

GRASSE

1° / 11°

CARNAVAL DE NICE
(NICE)

© LITCHI CYRIL PHOTOGRAPHE - SHUTTERSTOCK.COM

C'est l'événement incontournable de la Côte d'Azur ! A vos costumes, le Roi lance les festivités !

FÊTE DU MIMOSA
(MANDELIEU-LA-NAPOULE)
Défilés, corsos, parades... Les festivités battent leur plein à Mandelieu-la-Napoule en l'honneur de la petite fleur jaune.

FÊTE DU CITRON À MENTON
(MENTON)

© GIANCARLO LIGUORI - SHUTTERSTOCK.COM

Les agrumes devenus sculptures monumentales font de ce rendez-vous festif un évènement phare !

MARS

NICE

9° / 14°

GRASSE

4° / 14°

Les températures moyennes sur la Côte d'Azur sont très variables. Si la région est plutôt tempérée et les températures sont agréables toute l'année, quelques semaines froides en hiver sont à prévoir. Le risque de précipitations demeure faible la plupart de l'année. Parce que le climat est doux, le soleil omniprésent et les hivers sont courts, le sud de la France promet des vacances réussies. Si vous craignez les fortes chaleurs, évitez les mois les plus chauds (juillet et août).

AVRIL

NICE 11° / 16°

GRASSE 6° / 16°

FESTIVAL DES JARDINS
(NICE)
La diversité des jardins de la Côte d'Azur est à l'honneur pendant un mois.

$ $

MAI

NICE 14° / 20°

GRASSE 10° / 19°

GRAND PRIX DE MONACO
(MONACO)

© SEB - STOCK.ADOBE.COM

Prenez part à l'incroyable ambiance de fête de l'unique course de F1 au cœur de ville !

FESTIVAL DE CANNES
(CANNES)

© STUDIO BARCELONA - STOCK.ADOBE.COM

Cannes devient la scène mythique du cinéma mondial. Ambiance festive et glamour garantie.

$ $

JUIN

NICE 18° / 24°

GRASSE 14° / 23°

IRONMAN FRANCE DE NICE
(NICE)

© FRENCH RIVIERA PHOTOSTOCK - SHUTTERSTOCK.COM

L'événement de grande ampleur qui promet d'attirer de nombreux sportifs sur le sol niçois !

JUMPING INTERNATIONAL DE MONTE-CARLO
(MONACO)
Etape du Global Champions Tour, cette course réunit les meilleurs cavaliers du classement mondial.

FESTIVAL NUITS CARRÉES
(ANTIBES)
Eclectique, populaire et accessible à tous, ce festival antibois lance les festivités estivales.

$ $ $

QUAND Y ALLER

JUILLET

NICE 21° / 28°

GRASSE 16° / 26°

FESTIVAL JAZZ À JUAN
(JUAN-LES-PINS)
L'un des plus prestigieux festivals de jazz d'Europe, un passage obligé pour les amateurs du genre.

LES NUITS DU SUD
(VENCE)
Au programme : une ambiance musicale éclectique et familiale unique au cœur de la ville de Vence.

NICE JAZZ FESTIVAL
(NICE)
Un festival mythique toujours très attendu par les mélomanes niçois et les touristes amateurs de jazz.

AOÛT

NICE 21° / 27°

GRASSE 16° / 26°

FESTIVAL CROSSOVER
(NICE)
La Place Masséna et le théâtre de Verdure à Nice deviennent un dancefloor à ciel ouvert.

PLAGES ÉLECTRONIQUES
(CANNES)
La plage du Palais des Festivals de Cannes devient un gigantesque dancefloor électro.

LES PLAGES DU RIRE
(NICE)
Eclats de rire et bonne humeur sont au programme de ce festival toujours très attendu.

SAINT JAZZ CAP FERRAT
(SAINT-JEAN-CAP-FERRAT)
La Côte d'Azur, terre de jazz ! Cela se confirme dans le cadre enchanteur de Saint-Jean-Cap-Ferrat.

SEPTEMBRE

NICE 19° / 24°

GRASSE 14° / 23°

CANNES YACHTING FESTIVAL
(CANNES)

© PICTUREREFLEX - STOCK.ADOBE.COM

Plus de 500 bateaux sont exposés sur les quais cannois dont plus de 150 unités en avant-première mondiale !

OCTOBRE	NOVEMBRE	DÉCEMBRE
NICE 15° / 21°	NICE 11° / 16°	NICE 9° / 13°
GRASSE 10° / 19°	GRASSE 5° / 15°	GRASSE 2° / 12°

OCTOBRE

FESTIVAL DU LIVRE MOUANS-SARTOUX
(MOUANS-SARTOUX)
L'un des plus grands festivals du livre de France où l'on vient rencontrer auteurs et illustrateurs.

$ $

NOVEMBRE

MARATHON NICE-CANNES
(NICE)

© LEOPATRIZI-ISTOCKPHOTO.COM

Top départ pour 42,195 km de course entre mer et montagne !

$

DÉCEMBRE

VILLAGE DE NOËL
(NICE)
Un air de fête de fin d'année souffle sur Nice ! Même le père Noël est de la partie !

CROSS DES ÎLES
(CANNES)
Une course nature dans le cadre magnifique des îles de Lérins. Pour les sportifs, tous niveaux.

$

LES BONNES RAISONS D'Y ALLER

© STEVANZZ - SHUTTERSTOCK.COM

LA RICHESSE DES PAYSAGES

Entre mer et montagne, la Côte d'Azur offre une multitude de paysages à couper le souffle.

ŒNOTOURISME

La Côte d'Azur offre une variété insoupçonnée de vignobles, à l'instar de l'AOC Bellet.

© YVAN TESSIER - ISTOCKPHOTO.COM

© BRASILNUT1 - ISTOCKPHOTO.COM

UNE RÉGION DE PRESTIGE

Offre hôtelière haut de gamme, boutiques de luxe, restaurants étoilés... Tellement chic !

UN PATRIMOINE RICHE

Monuments, musées, festivals, galeries font de la Côte d'Azur une place culturelle riche.

LA DOUCEUR DU CLIMAT

Soleil et douceur de vivre caractérisent parfaitement la région. Un art de vivre !

L'ITALIE VOISINE

Vintimille et San Remo : des villes de la côte italienne à visiter le temps d'une journée.

GASTRONOMIE ET TERROIR

Ensoleillées, gorgées de saveurs et de parfums, les recettes locales font saliver.

LES BONNES RAISONS D'Y ALLER

LES VILLAGES PERCHÉS

Hors des sentiers battus, les « baous » logent une trentaine de villages de caractère.

TERRE DE PARFUMS

Le cœur de la parfumerie bat à Grasse, capitale mondiale du parfum.

LES PLAGES

Privées ou publiques, recouvertes de sable ou de galets, elles sont incontournables !

LES 12 MOTS-CLÉS

#BAOU

Des randonnées pour s'oxygéner, des falaises à escalader, des paysages époustouflants faits de garrigue et restanques en pierres, des points de vue sur le littoral à 360° entre la Méditerranée et le Mercantour : voici les merveilles dont recèlent les baous ou « rochers escarpés » surplombant quelques-uns des plus beaux villages de la Côte d'Azur.

#CIGALE

Offrant peut-être le plus beau des concerts, les cigales donnent de la voix dès que les températures grimpent pour le plus grand bonheur des locaux. Et pour cause, chaque année, leur retour est attendu, car il est plus que tout synonyme de farniente. Un symbole du Sud à part entière, n'en déplaise à ceux pour qui ce « bruit » exaspère à la longue.

© MUSAT - ISTOCKPHOTO.COM

#FORMULE 1

Si certains disent que le Grand Prix de Monaco apporte plus à la F1 que la F1 n'apporte à Monaco, ce que l'on sait nous, c'est que le Grand Prix est l'une des trois courses les plus prestigieuses au monde, devenue mémorable notamment pour son circuit tortueux conçu en 1929 et qui n'est autre que la ville-Etat elle-même ! A voir absolument !

#LUNETTES DE SOLEIL

En toutes circonstances, partout, tout le temps, c'est l'accessoire absolument indispensable pour contempler la Côte d'Azur les yeux grands ouverts. Compagnon fidèle en toute saison, les lunettes de soleil se portent au quotidien. Et quand on sait que la région compte en moyenne 300 jours d'ensoleillement par an, il vaut mieux ne pas les oublier !

#LUXE

Région de prestige par excellence, la Côte d'Azur peut se targuer de compter des palaces de grande renommée, des restaurants étoilés, de somptueuses plages privées et de boutiques de luxe connues dans le monde entier. Une abondance qui se retrouve également dans ses paysages et son patrimoine et qui en fait un territoire définitivement fastueux.

#MER

De Théoule-sur-Mer à Monaco, elle borde la Côte d'Azur pour le plus grand plaisir de ses habitants qui en profite toute l'année : la Méditerranée offre un littoral à la beauté légendaire. Regorgeant de stations balnéaires plus agréables les unes que les autres, celle que l'on surnomme « Mare Nostrum » a de magnifiques plages à vous dévoiler.

#MIMOSA

Emblème de la Côte d'Azur, il brille comme mille soleils et contraste avec le ciel bleu chaque hiver. De janvier à mars, le mimosa habille d'or le littoral et les collines de la Riviera et ravit les promeneurs qui arpentent sa route. Constituée de huit villes étapes, elle passe par Mandelieu-La-Napoule et Grasse, capitale mondiale du parfum.

© DIDIERBABARIT - STOCK.ADOBE.COM

#MONTAGNE

Célèbre dans le monde entier pour son littoral, la Côte d'Azur, c'est aussi des massifs montagneux offrant un large panel d'activités, d'attractions et de loisirs en été comme en hiver. Amateur de randonnée au grand air, curieux de découvrir l'arrière-pays ou encore féru de ski : les villages perchés et grands domaines alpins s'offrent à vous.

NISSARTE

« Aqui d'Aïa » (D'ici à là), « M'en bati Sieù Nissart » (Je m'en fiche, je suis niçois), « Mèfi » (méfie-toi)... Si vous êtes de passage à Nice, vous entendrez peut-être et lirez très certainement du nissart, ou niçois. Langue vivante tirée de l'occitan encore parlée dans les communes du comté de Nice, c'est aussi toute une culture, une histoire.

PAN BAGNAT

Petit pain rond garni d'une petite salade « à la niçoise » faite de crudités et d'anchois, le pan bagnat du niçois pan banhat, « pain mouillé » par l'huile d'olive, était autrefois le casse-croûte des pêcheurs. Enrichi de thon, il est aujourd'hui devenu culte et sa recette traditionnelle labellisée « Cuisine Nissarde, le respect de la tradition ».

© LHMFOTO - SHUTTERSTOCK.COM

PÉTANQUE

Si vous pensez que la pétanque, c'est une bande de vieillards buvant du pastis et lançant des boules sur la place d'un village du sud de la France, détrompez-vous. Loin de n'être qu'un jeu de boules, la pétanque est un véritable sport régional pratiqué de 7 à 77 ans. Et croyez-nous, personne ne veut « embrasser Fanny » lors d'une défaite écrasante !

© JACKF - ISTOCKPHOTO.COM

VINTIMILLE

De la Riviera française à l'italienne il n'y a qu'un pas ou plutôt qu'une frontière à passer. Le temps d'une journée, organiser une escapade à Vintimille, premier village italien du littoral est très facile. Sur la route, en passant par l'une des trois corniches au départ de Nice ou en train (départ de Nice) les panoramas sont exceptionnels.

VOUS ÊTES D'ICI, SI...

- **Vous composez la recette de la salade niçoise** dans les règles de l'art et gare à celui qui voudra y ajouter des haricots verts, du riz ou des pommes de terre ! Mèfi !
- **Vous n'allez pas au Château de Nice pour le Château** (nous le cherchons encore...), mais pour le panorama qu'il offre. Et on ne prend certainement pas l'ascenseur pour y monter, c'est triché !
- **Ça pègue quand y'a trop de cagnard.**
- **C'est la « boufaillisse » qui monte** quand vous entendez « pain bagnat » alors qu'il s'agit d'un « PAN bagnat ».
- **Vous comprenez tout ce que dit Noëlle Perna** alias Mado la Niçoise.
- **Le moindre nuage un peu trop persistant vous déprime.**
- **La mer, le soleil, la neige et la montagne...** ça ne choque personne !
- **Pour vous, au-dessus d'Avignon, c'est le nord.**
- **Vous savez que la route de Grasse est à Antibes**, la rue d'Antibes est à Cannes, l'avenue de Cannes est à Juan-les-Pins et la route de Nice à Villeneuve-Loubet.

MA CÔTE D'AZUR

Avec Coralie Michard, auteure du guide

Interview

Auteure, journaliste, chargée de communication web et avant tout azuréenne de cœur, Coralie parcourt la Côte d'Azur, été comme hiver, pour y dénicher les derniers bons plans et les adresses à ne surtout pas manquer. Ces lieux de prédilection ? Théoule, Cannes, Antibes, Grasse ou encore Cap d'Ail et Monaco : rien n'arrête cette rédactrice futée !

TOP 10

RESTAURANTS LOCAVORES

La Côte d'Azur jouit d'un patrimoine gastronomique exceptionnel. Mais comment discerner les bons des mauvais restaurants dans une offre toujours plus diversifiée ? Pour éviter les pièges à touristes, mieux vaut privilégier des établissements locavores, c'est-à-dire spécialisés dans les plats préparés avec des ingrédients locaux. Et les avantages sont multiples, car en plus de retrouver dans vos assiettes des produits de saison de qualité, vous favorisez les producteurs et l'économie locale tout en participant, avec gourmandise, à une initiative appréciée à l'égard de l'environnement.

© HÔTEL CANTEMERLE

334

LA TABLE DU CANTEMERLE

Vence

C'est la passion du bon produit qui anime Jérôme Héraud et son jeune chef Benjamin Bourgoin, duo de chefs engagés aux fourneaux, à la tête ce restaurant vençois.

© LE CLOS SAINT BASILE

309

LE CLOS SAINT BASILE

Mougins

Avec leur nouveau concept «bocavore», Matthieu Lestrade et Elien Demuynck du Clos St Basile, revendiquent leur engagement local.

L'ARROSOIR

Grasse

Comme caché au centre du vieux Grasse, ce petit restaurant a tout pour séduire les papilles en mal de recettes maison de saison.

© CLARA LE GOADEC

278

© MONTE-CARLO SOCIÉTÉ DES BAINS DE MER

178

RESTAURANT ELSA

Roquebrune-Cap-Martin

C'est le premier restaurant bio en France à avoir une étoile Michelin et ce, grâce à une cuisine certifiée 100 % bio et locale.

© EPICERIE COSTE

EN PHOTO

EPICERIE COSTE MOUGINS 309

Mougins
Cette épicerie/café mettant en lumière l'art de vivre et de manger local tient une place de choix dans nos cœurs et nos estomacs !

LE SANSOT 320

Tourrettes-sur-Loup
Défenseur du terroir, le chef Stéphane Furlan, Maître Restaurateur, fait évoluer sa carte au gré des produits locaux et de saison.

364 LE PETIT RESTAURANT DE LA MONTAGNE

Valdeblore
Légumes du jardin, fromages et vins de petits producteurs locaux, ce restaurant met en valeur des produits bio du terroir.

416 EAT ME BY L'INATTENDU-E

Monaco
Une cuisine bio, à 90 % végétalienne pour des recettes fraîches préparées avec des produits locaux : c'est le *fast good* de Monaco.

3.14 PLAGE 236

Cannes
Embarquement immédiat pour un voyage culinaire mêlant les produits locaux de nos marchés régionaux, aux saveurs lointaines.

UVA 226

Cannes
Petit bistrot locavore cosy où on mange simplement de bons produits frais sublimés avec goût et accompagnés de bons vins.

TOP 10

HEBERGEMENTS INSOLITES

Ce n'est pas une coïncidence si les hébergements insolites ont pris leur essor ces dernières années. Ils répondent à une réelle volonté de casser la routine et réveillent l'enfant qui sommeille en nous. Cabanes dans les arbres, roulottes, yourtes, hôtel arty, châteaux : autant de lieux uniques pour une (ou plusieurs) nuit magique. Envie de jouer les Robinson, de vivre la vie de bohème ou de château le temps de vos vacances ? Nous avons déniché pour vous des lieux extraordinaires pensés pour vous faire vivre une belle expérience et des moments inoubliables, hors des sentiers battus.

© EGI – STOCK.ADOBE.COM

363

LA CABANE DES PINS SYLVESTRES

Saint-Martin-Vésubie
Les deux cabanes, perchées à 5 m de hauteur au milieu des pins, allient insolite et confort de rêve. Une expérience unique !

© EGI – STOCK.ADOBE.COM

170

CHATEAU DE LA CHÈVRE D'OR*****

Eze
Le confort et le rêve sont à leur paroxysme dans cet hôtel-restaurant de luxe atypique, qui doit sa renommée à Walt Disney.

CHÂTEAU EZA*****

Eze
Offrez-vous la vie de château dans cet hôtel romantique. En prime : une vue mer époustouflante.

© CHÂTEAU EZA

170

© LE CIANS

393

LE CIANS

Beuil
Bulle aux étoiles, cabanes, chalet roulotte, caravane vintage, kotas finlandais, lodge spa, goutte d'O : nuit insolite garantie !

LE NEGRESCO*****
Nice
Ouvert en 1913 sur la promenade des Anglais et classé aux monuments historiques, ce prestigieux hôtel niçois est un véritable musée vivant.

98

© SIME

© WINDSOR

94

HÔTEL WINDSOR****
Nice
Cet hôtel offre des chambres entièrement décorées par de célèbres artistes plasticiens. L'art y est omniprésent !

LA MAISON DU FRENE
Vence
Les amateurs d'art et de design trouveront, dans cette maison d'hôtes vençoise du XVIIIe siècle haute en couleur, un lieu de résidence idéal !

© STUDIOS LOVE STORY

332

ROYA BIEN ETRE
Breil-sur-Roya
Une nuit inoubliable dans une yourte typique et les plaisirs du spa, entre le Parc National du Mercantour et la Méditerranée...

© EGI – STOCK.ADOBE.COM

314

ORION, CABANES PERCHÉES
Saint-Paul-de-Vence
En harmonie avec la nature, les cabanes perchées jouissent d'une vue imprenable sur Saint-Paul de Vence et ses remparts.

368

© EGI – STOCK.ADOBE.COM

306

© LES ROSÉES

LES ROSÉES
Mougins
La bohème à Mougins, ça voulait dire une véritable et élégante roulotte tsigane avec jacuzzi nichée dans un écrin de verdure.

TOP 10

ACTIVITES BIEN-ETRE

Envie d'une bulle de détente ? Prenez le temps de vous chouchouter ! Après une journée pleine d'activités ou lors d'une escapade dédiée, accordez-vous un moment de bien-être. De passage sur la Côte d'Azur, les hôtels de luxe comme certains espaces beauté ou centres de remise en forme offrent la possibilité de s'oxygéner en douceur. Large gamme de soins, massages relaxants, soins de beauté et bien d'autres expériences sensorielles sont à votre portée. À la croisée entre un institut de beauté et un centre de thalassothérapie, nos adresses spa beauté seront pour vous de véritables cocons.

© LE SPA EVASION NATURE DU CANTEMERLE

336

LE SPA EVASION NATURE DU CANTEMERLE

Vence

Un nouveau concept de soins est à découvrir dans l'univers du Cantermerle, la promesse d'une invitation au voyage des sens.

© STUDIO PHENIX ET W.PRYCE

432

SPA METROPOLE BY GIVENCHY

Monaco

Un écrin luxueux conçu par l'architecte Didier Gomez et des soins sophistiqués signés Givenchy. On ne peut pas faire plus chic !

SPA CINQ MONDES

Monaco

Des rituels ancestraux pour une expérience sensorielle authentique dans un cadre exceptionnel, celui du Monte-Carlo Bay & Resort.

© MONTE-CARLO SOCIÉTÉ DES BAINS DE MER

432

© THERMES MARINS DE MONTE-CARLO

432

THERMES MARINS MONTE-CARLO

Monaco

Un cocon grand luxe alliant innovation et savoir-faire dans 7 000 m² dédiés au bien-être, au fitness et à la santé préventive.

INSTITUT PATCHOULI

Peymeinade

Un esprit sain dans un corps sain ! Un moment de détente en pleine conscience dans un petit institut de beauté atypique.

387 SPA DES TEMPS

Isola-2000

Ici, il n'est seulement question de bien-être, mais aussi d'harmonie avec la nature et le temps qui passe... à l'écoute de soi.

243 SPA DIANE BARRIÈRE

Cannes

Un spa luxueux, design et urbain pour un moment de détente et de lâcher-prise dans l'un des lieux les plus prestigieux de Cannes.

269 THALASSOLEIL & SPA

Villeneuve-Loubet

Implanté depuis 1979, cet établissement privilégie la qualité des soins marins reconnus pour leurs résultats performants.

173 SPA LES TERRASSES D'EZE

Eze

Un parcours magique et apaisant avec des soins adaptés et des produits naturels pour une expérience bien-être hors du commun.

257 TIARA MIRAMAR BEACH HÔTEL*****

Théoule-sur-Mer

Une adresse complète où il fait bon se relaxer au spa et poursuivre le moment farniente les pieds dans l'eau sur la plage privée.

IDÉES DE SÉJOUR

La Côte d'Azur est une région aux plaisirs variés et délicieux. Que vous soyez un sportif invétéré, adepte du farniente, gourmand ou avide de culture, vous serez comblé. L'offre d'activités est infinie pour le bonheur des familles comme pour celui des aventuriers solitaires. Sa situation géographique idyllique entre mer et montagne et la richesse de l'infrastructure culturelle de la Côte d'Azur la distinguent des autres destinations françaises et en font un lieu toujours attrayant pour les voyageurs les plus exigeants. Entre stations balnéaires chics, villages anciens et authentiques et paysages alpins spectaculaires : peu d'endroits au monde offrent ce mélange unique de prestige, de beauté naturelle, d'architecture et de culture. Le temps d'un week-end ou de vacances plus prolongées, visitez la Côte d'Azur à travers 4 escapades aux thématiques variées ! Lunettes de soleil sur le nez, c'est parti pour l'aventure !

NICE ET SON ARRIÈRE-PAYS

De l'incontournable promenade des Anglais, aux collines de Cimiez, en passant par des recoins plus sauvages, le long du sentier du littoral et des villages perchés : 7 jours pour découvrir Nissa la Bella et la richesse de son arrière-pays. Un programme riche où les merveilles de la ville se mêlent au patrimoine des vallées.

› Jour 1

Le séjour commence à Nice et sa belle promenade des Anglais. Plongez ensuite au cœur de l'histoire de la ville à travers des lieux clés tels que la villa Masséna, avant d'arriver devant l'emblématique Negresco et continuer votre promenade jusqu'au Château. Prenez le temps de faire un petit détour dans les ruelles colorées du Vieux-Nice, d'admirer ses œuvres baroques à l'image du Palais Lascaris ou de la Cathédrale Sainte-Reparate. Offrez-vous enfin une pause sur l'animé Cours Saleya, un lieu pittoresque et immanquable.

› Jour 2

Prenez de la hauteur et faites un saut dans le passé en parcourant la colline de Cimiez, son monastère et ses musées (Musée Matisse et Musée d'Archéologie sur le site gallo-romain). Sur le chemin du retour, prélassez-vous sur une plage de galets ou faites le plein de souvenirs lors d'une session shopping. Soif d'apprendre ? L'Art est au programme ! Faites étape au Musée des beaux-arts ou encore au Musée départemental des Arts asiatiques. Vous pourrez ainsi en profiter pour faire un tour au Parc Phoenix et admirer serres tropicales et animaux en tous genres !

› Jour 3

Dernier jour en ville, ou presque ! Car si le cœur vous en dit, équipez-vous de baskets et partez à la découverte du sentier du littoral et des panoramas sur la mer qu'il permet de découvrir. Au retour, vous pourrez découvrir quelques-unes des meilleures adresses de la ville dans le quartier à la fois pittoresque et branché du Vieux-Port.

› Jour 4

Direction la Vallée du Var à la découverte de Saint-Jeannet et La Bollène-Vésubie. Première étape à Bonson, site remarquable, au bord d'un éperon sur le Var. Après avoir jeté un coup d'œil à la chapelle des Pénitents Blancs, vestige baroque situé à Levens, cap sur Duranus, au milieu des vignes et des vergers. En fin de journée, direction La Bollène-Vésubie, village de montagne qui a conservé sa tradition pastorale.

› Jour 5

Après avoir passé la matinée dans les rues concentriques de la Bollène, entamez la descente vers la vallée de la Vésubie et la D 2565 qui rejoint Nice, offrant des vues plongeantes. Attention toutefois, la route est faite de virages serrés. Profitez de l'authenticité du village pour déjeuner sur place avant de rejoindre la vallée de la Bévéra, au sud du Parc national du Mercantour. Puis cap vers Sospel où vous vous laisserez charmer par l'atmosphère médiévale du vieux village.

› Jour 6

Direction Contes en passant par Lucéram et Coaraze également baptisé « village du soleil ». Plus que jamais, prenez le temps de flâner dans ses ruelles chargées d'histoire.

› Jour 7

Toutes les bonnes choses ont une fin. Après avoir fait le tour de Contes, perché sur son éperon rocheux surplombant la vallée du Paillon, le périple se termine en redescendant vers la côte. Mais avant de plier bagage, prenez la route pour Berre-les-Alpes et son belvédère naturel qui vaut le détour, puis faites une halte par la

Turbie, connue pour son Trophée d'Auguste et remarquable pour le sublime point de vue qu'elle offre.

LA CÔTE D'AZUR GLAMOUR

Hôtels luxueux, musées et ateliers aux œuvres éblouissantes : la Côte d'Azur est connue dans le monde entier pour son glamour et sa beauté. Des plages et rues de Cannes ou Antibes aux verreries de Biot, en passant par le village médiéval d'Eze : il y a une multitude d'endroits à explorer. Faites le tour des adresses les plus prestigieuses de la French Riviera en 5 jours.

› Jour 1

De la cité médiévale aux villas de luxe. Le périple glamour commence en basket… Eh bien oui, il vous faudra de bonnes chaussures pour vous promener dans les petites rues du village médiéval d'Eze et accéder à son jardin exotique. Puis direction Saint-Jean-Cap-Ferrat, pour mener grand train à la Villa Ephrussi de Rothschild. L'occasion de flâner dans les somptueux jardins et la roseraie, une merveille ! En fin de journée, il sera temps de quitter ce temple de la jet-set pour rejoindre Nice, par le bord de mer, les paysages sont époustouflants !

› Jour 2

Galeries d'art, concept stores et boutiques, marchés colorés, restaurants renommés, balades dans la Vieille ville : Nice, capitale de la French Riviera a beaucoup à vous offrir ! Gardez un peu de temps pour faire une pause culture dans l'un des musées situés en ville (MAMAC, musée Marc Chagall, musée Matisse à Cimiez, notamment). À moins que vous ne préfèreriez gravir les marches de la colline du château pour apprécier la vue panoramique sur la Baie des Ange une fois arrivé en haut.

› Jour 3

En véritable explorateur du prestige de la Côte d'Azur, vous percerez en ce troisième jour de périple les secrets du verre. Perché sur une colline au-dessus de la rivière Brague, le village de Biot séduit par son charme pittoresque. Capitale française du soufflage de verre contemporain, le village recèle d'incroyables trésors à l'instar des boutiques et ateliers qui vous initieront à cet art et vous permettront d'acheter de très beaux exemplaires. S'il vous reste encore un peu de temps, ne manquez pas de faire un tour au musée consacré au célèbre artiste moderne Fernand Léger, avant de prendre la route pour Antibes.

› Jour 4

À l'assaut des remparts ! Avec ses rues étroites et sinueuses bordées de jolies maisons, de magasins et de boutiques de créateurs, de cafés et de bars, la vieille ville est très agréable à explorer. Profitez-en pour faire une étape au Musée Picasso, un ancien château qui fut la résidence de l'artiste espagnol. Amateur d'histoire ? Notez que le centre historique d'Antibes est toujours entouré des remparts défensifs de Vauban et qu'il y a quelques sites d'intérêt historique dans le centre, notamment la forteresse du XVIème siècle près de la mer. Plutôt mélomane ? Direction Juan-les-Pins ! Avec un peu de chance, vous pourrez même assister à l'un des jam-sessions du Festival de Jazz en juillet.

› Jour 5

Tout ce qui brille… Depuis la fin du XIXe siècle, et certainement plus que toute autre ville de la Côte d'Azur, Cannes est associée aux personnes riches et célèbres. Indéniablement l'une des villes les plus glamours de la French Riviera - cela étant dû en partie au prestigieux festival annuel du film de Cannes et à ses célébrités photographiées ici, au soleil, sur fond de palmiers - Cannes demeure toutefois une destination balnéaire chatoyante. Elle offre également des vues et une culture, extraordinaires. Montez les escaliers en colimaçon et passez devant les maisons aux couleurs pastel du Suquet, le vieux quartier de la ville, et vous finirez au musée de la Castre, une maison d'art ethnographique située dans une forteresse médiévale qui surplombe le port de plaisance et la Croisette. Pour des plages sauvages et des paysages à l'abri de la foule, prenez un ferry de 15 minutes pour rejoindre deux des îles de Lérins au large de la côte : Honorat, connue pour son monastère en activité et ses bosquets, et l'île Ste-Marguerite, qui abrite des criques et des plages cachées.

© LIA - STOCK.ADOBE.COM

Balade dans les ruelles du quartier du Suquet, Cannes.

IDÉES DE SÉJOUR

© CHRISTIAN MUSAT - STOCK.ADOBE.COM

Golfe-Juan.

SUR LA ROUTE NAPOLÉON

Le bicentenaire de la mort de Napoléon représente une occasion rêvée de marcher sur les pas de l'empereur et de découvrir une route jonchée de culture et de paysages magnifiques. Pour la petite histoire, la Route Napoléon est l'itinéraire emprunté par Napoléon en 1815 lors de son retour de l'île d'Elbe après 1 an d'exil. Elle a été inaugurée en 1932 et jalonne la Côte d'Azur de statues de l'aigle impérial français.

› Jour 1

L'itinéraire commence à Golfe-Juan, sur la plage où Napoléon débarqua le 1er mars 1815 avec à ses côtés, 1200 hommes prêts à conquérir Paris et à asseoir à nouveau leur empereur sur le trône. Puis direction Vallauris avec au programme de la poterie et la visite du Château de Vallauris, qui abrite le Musée national Picasso, et le Musée Magnelli, Musée de la céramique. De quoi trouver une jolie pièce à ramener dans vos bagages.

› Jour 2

Cannes, star de la Côte et lieu de résidence des troupes de l'empereur qui y avait établi leur campement il y a 200 ans. Balade sur la Croisette, promenade sur le vieux port, sans oublier le village du Suquet… Profitez de cette ville qui bouge ! Etape incontournable, la rue du Bivouac Napoléon révèle la superbe église Notre-Dame de Bon Voyage.

› Jour 3

Grasse, la capitale mondiale du Parfum éveille les sens. Pour en savoir plus sur l'élaboration des fragrances, la visite du musée international de la Parfumerie est indispensable, avant d'enchaîner avec le musée Fragonard et la cathédrale Notre-Dame-du-Puy. En véritable fan de l'Empereur, vous ne pourrez pas manquer de faire étape par la boutique du parfumeur Galimard pour vous procurer la Fragrance « Napoléon 1815 ». Napoléon et ses troupes ont ensuite fait route vers le nord pour atteindre Digne-les-Bains ; à vous de voir alors si vous souhaitez continuer votre périple le long de cette route emblématique.

WEEK-END DÉTENTE À VÉLO

Prendre son temps à vélo… À l'heure où chacun vit un rythme effréné ! Véritable ambassadeur du slow voyage, le vélo est une très bonne alternative pour partir en week-end et découvrir le littoral azuréen à son rythme. De Villeneuve-Loubet à Saint-Jean-Cap-Ferrat en passant par Nice, voilà un circuit de choix à se mettre sous la pédale !

› Nature au bord de l'eau

La grande aventure prend son départ à Villeneuve-Loubet où la route du bord de mer se prête plus que jamais à une belle échappée jusqu'à Cagnes-sur-Mer où il fait bon flâner dans les ruelles du Haut village médiéval. Pourquoi ne pas prendre le temps de visiter le château musée Grimaldi avant de rejoindre le parc départemental du Broc et son lac, pour une pause pique-nique bien méritée. Prêt à écraser de la pédale ? Reprenez le même itinéraire pour rejoindre Nice en longeant les rives du Var. Une fois le pont Napoléon III franchi, ce sont les beaux palmiers de Promenade des Anglais marque la ligne d'arrivée de cette première étape.

› En selle !

C'est parti pour la visite de la ville de Nice, ses musées, la colline du château. Escale fortement conseillée dans le vieux Nice pour y découvrir ses placettes typiques, façades colorées et ses merveilles culinaires ! Socca, petits farcis, tourte de blettes… A vous les spécialités locales que nous vous conseillons de découvrir dans un restaurant labellisé « cuisine nissarde ». La pause gourmande terminée, rejoindre Villefranche-sur-Mer par la route du bord de mer, en appréciant ce paysage tant apprécié des peintres et artiste ; Puis poursuivre sa route jusqu'à Saint-Jean-Cap-Ferrat en faisant une ou plusieurs haltes sur les plages et criques qui se trouvent sur la route.

DÉCOUVRIR

Offrant un climat méditerranéen généreux, celle que les Anglais appellent la « French Riviera » est une référence incontournable de la scène touristique. Son cadre naturel unique entre mer et montagne, son patrimoine culturel et historique exceptionnel, ses manifestations internationales et sa gastronomie gorgée de soleil font partie des éléments incontournables qui séduisent les visiteurs du monde entier. Destination d'affaires de premier choix, la Côte d'Azur excelle également dans l'organisation d'événements internationaux à l'image du Festival du film à Cannes, du Grand Prix de Monaco ou encore du carnaval de Nice. Avec 13 millions de touristes par an et 200 000 visiteurs présents en permanence, la Côte d'Azur se positionne comme la première destination touristique française après Paris.

GRASSE ET SES PARFUMS

La Côte d'Azur, son soleil, ses plages... Et surtout son arrière-pays ! Sur les collines qui surplombent la Méditerranée, se dresse la ville de Grasse - capitale mondiale du parfum - entourée par une campagne époustouflante et les villages provençaux qui composent le Pays de Grasse. Ensemble, ils forment le plus beau balcon sur la mer de la French Rivera et sont un véritable havre de bien-être, regorgeant de saveurs et de parfums authentiques ! Car c'est bien de ce savoir-faire séculaire en matière d'extraits de fleurs rares et délicates qu'il s'agit ! Le jasmin ainsi que les fragrances exquises des autres fleurs cultivées ici, notamment les roses, le mimosa, la lavande et la fleur d'oranger ont attiré les meilleures maisons de parfum et les meilleurs « nez » du monde, créant alors une industrie de la parfumerie florissante. Grasse est un *must* à visiter en famille ou en amoureux pour une excursion parfumée.

Une ville aux mille senteurs

À une vingtaine de kilomètres de Cannes, une « petite » ville pittoresque s'étend de 100 à 1 000 mètres d'altitude : Grasse, la capitale mondiale du parfum vous souhaite la bienvenue ! Des rues étroites de la vieille ville, aux bâtiments des XVIIe et XVIIIe siècles, en passant par les élégantes demeures du XIXe siècle et leurs somptueux jardins, Grasse a beaucoup à offrir à ses visiteurs. Sans oublier les nombreux points de vue offrant des panoramas époustouflants, faisant de la cité parfumée un véritable balcon sur la Méditerranée. Avec ses airs de Toscane, la ville séduit par son authenticité et la richesse de son histoire étroitement liée aux parfums.

Et pour cause, depuis 400 ans, la ville est le centre de l'industrie internationale de la parfumerie. C'est ici qu'ont été créés de nombreux parfums mythiques de l'histoire : Rochas, Dior, Guerlain, Chanel... Les fleurs typiques du pays grassois telles que la lavande, la myrte, les roses, les fleurs d'oranger, les mimosas et surtout le jasmin - la fleur emblématique de la ville - sont devenues des trésors locaux. Autant de champs de fleurs d'exception bénéficiant d'une situation géographique idéale, de sols irrigués par les collines et protégés de l'air marin et de la douceur du climat chaud et tempéré. De la production de la matière première naturelle à la fabrication d'extraits, tout le savoir et la technologie se trouvent ici. De grandes marques comme Chanel ont même leurs propres champs de roses et de jasmins à Grasse, qui sont utilisées exclusivement pour leur propre production d'effluves. Chaque année, vingt-sept tonnes de jasmin sont récoltées dans la campagne environnante et exploitées par les distilleries locales. Et les parfumeries sont plus actives que jamais.

Gravure représentant la manufacture de parfum à Grasse au XIXe siècle.

© JLF06 - SHUTTERSTOCK.COM

Le jasmin, fleur emblématique de la ville.

Les débuts de l'industrie de la parfumerie

Si de nos jours Grasse est devenue le royaume du parfum, au Moyen Âge, la spécialité de Grasse était le tannage du cuir. Or, pour pallier la forte odeur du cuir, le tanneur local Galimard eut l'idée de créer des gants de cuir parfumés. Il en offre alors une paire à Catherine de Médicis, qui adore immédiatement l'idée. Un coup de cœur qui deviendra une véritable tendance et cette nouvelle mode fit rapidement fureur à la cour de France, puis dans la haute société. De nombreuses commandes sont passées, à tel point que les tanneurs deviennent par la force des choses des parfumeurs de gants. L'augmentation des taxes sur le cuir aidant, ils ont peu à peu oublié le cuir pour se concentrer sur la production de parfums.

Galimard, fondé en 1747, est devenu l'un des plus grands noms de l'industrie de la parfumerie. C'est la plus ancienne parfumerie de France et la troisième plus ancienne d'Europe. Avec Fragonard et Molinard, ils forment le trio de parfumeurs grassois mythiques. Tous trois ont des parfumeries, des musées, et même des ateliers où il est possible de créer sa propre fragrance.

Fragonard, un intrus chez les parfumeurs. Pour l'anecdote, ce n'est pas Jean-Honoré Fragonard, peintre rococo grassois du XVIIIe siècle qui ouvrit la maison de parfumerie Fragonard, mais Eugène Fuchs, entrepreneur de génie. Venu à Grasse en cure pour soigner son asthme, cet Alsacien, notaire de profession, flair le bon filon en rachetant deux parfumeries grassoises qu'il fait fusionner et baptise Fragonard, en l'honneur de l'enfant du pays. La première fabrique de parfums Fragonard née en 1926 avec un concept novateur : la vente de produits parfumés aux touristes, toujours plus nombreux sur la French Riviera ! C'est ainsi que portée par trois générations successives, la Maison Fragonard prospère jusqu'à s'implanter à Eze et Paris.

L'histoire officielle de Molinard fait remonter l'origine de la société à 1849, lorsque le chimiste, Jeaune Molinard, ouvre une petite boutique dans le centre-ville pour vendre des eaux parfumées fabriquées selon sa recette secrète. Et si Molinard connaît des débuts modestes, de nombreux clients franchissent les portes de sa boutique dont la reine Victoria, qui achète des Eaux de Cologne lors de sa visite en 1891. En 1900, Molinard s'installe dans une ancienne distillerie dont la structure a été conçue par nul autre que Gustave Eiffel. Toujours en activité, elle demeure le fief de l'entreprise familiale, et ce, depuis cinq générations. C'est parmi les entreprises qui extraient les matières premières, les champs de fleurs parfumés, le « centre de formation des nez », le Musée international du parfum, les usines de Fragonard, Molinard et Galimard ainsi que les nombreux petits concept stores dédiés, que vous découvrirez l'histoire mondiale du parfum. Et peut-être aussi ses secrets et ses mystères.

Petit lexique de la parfumerie

Nez : ce métier demande un sens de l'odorat particulièrement développé pour créer de nouveaux parfums.

Jus : concentré de parfum.

Absolu : concentré de fleur pur.

Extrait : la version la plus concentrée d'un parfum. Dans un parfum le pourcentage d'extrait pur varie de 20 à 40 %. L'eau de parfum se compose de 12 à 20% d'extrait.

Note : caractéristiques olfactives composant un parfum. On parle de note de cœur, de fond et de tête que l'on peut qualifier de florales, boisés, animales, etc.

Atelier de tarinologie : atelier lors duquel on apprend à développer son odorat qui sert d'outils à la création de sa propre fragrance. Une véritable initiation au parfum.

© JLF06 - SHUTTERSTOCK.COM

Visite des usines Fragonard.

Les fleurs en fête

La Fête du jasmin. Depuis 1946, le 1er week-end d'août est synonyme de fête ; Grasse célèbre sa fleur emblématique, celle qui a façonné le destin de la ville : le jasmin. Défilés de chars fleuris et colorés, distribution de fleurs, feux d'artifices, animations, etc., la « jasminade » marque dans la joie, le début de la récolte de l'étoile blanche parfumée. L'occasion de rendre hommage aux cultivateurs et à ceux qui travaillent avec passion et délicatesse la petite fleur blanche. Un rendez-vous incontournable pour les Grassois et les visiteurs toujours plus nombreux à se mettre au parfum !

Le jasminum grandiflorum est cultivé à Grasse depuis le milieu du XIXe siècle pour son odeur entêtante particulièrement adaptée à la parfumerie. D'août à octobre, lors de la saison de la cueillette, les cueilleuses se retrouvent au petit matin, à 5 heures plus précisément, dans les champs pour cueillir une à une ces fleurs délicates. Il faut deux heures de temps pour ramasser un kilo de jasmin.

Expo Rose

Terre de culture de la délicate rose Centifolia ou rose de mai à l'odeur riche et sucrée, Grasse célèbre chaque année en mai, depuis 50 ans, son précieux trésor. La capitale mondiale des parfums se pare alors de milliers de roses et propose aux visiteurs un programme riche fait d'expositions, de conférences, de visites guidées, de concours de bouquets floraux, d'activités artistiques et artisanales, ainsi que des ateliers culinaires. C'est également une belle occasion de repartir avec la rose emblématique du Pays de Grasse ou une de ses cousines proposées à la vente.

La belle rose Centifolia joue un rôle important pour la ville de Grasse, où elle est utilisée par les parfumeurs les plus prestigieux. Fragile, délicate, elle se cueille à la main d'après un savoir-faire ancestral, à l'instar du jasmin, mais sa récolte commence dès le mois de mai, ce qui explique alors qu'on la surnomme rose de mai. Employée dans la fabrication de parfums depuis des centaines d'années, elle entre dans la composition de nombreux produits, de beauté bien-sûr (crèmes, eaux florales, etc.) mais aussi alimentaires (hydrolat de rose de mai, confit de pétales de rose, fleurs cristallisées et bien d'autres gourmandises).

Les 100 ans du n°5 de Chanel

Parce qu'il s'agit sans doute du parfum le plus célèbre au monde, le statut du Chanel n° 5 sur la scène olfactive est celui d'une icône : inimitable, avant-gardiste et connu pour faire les gros titres à maintes reprises. 100 ans après sa création à Grasse, ce jus mythique a su conserver son statut de parfum emblématique. Tout d'abord parce que c'est le premier parfum à être associé à une créatrice de mode et à porter son nom, mais aussi parce que c'est le premier parfum à utiliser des molécules synthétiques : les notes d'aldéhydes, mises au point par Ernest Beaux et permettant d'offrir une puissance inédite aux nérolis, aux roses et aux jasmins qui composent les notes de tête et de cœur de l'extrait N°5. Chanel n° 5 casse les codes et va à l'encontre des tendances de l'époque en matière de parfumerie. Gabrielle Chanel refuse qu'un parfum soit associé à l'odeur d'une fleur et demande au parfumeur Ernest Beaux « un parfum artificiel comme une robe, c'est-à-dire fabriqué. Je ne veux pas de rose ou de muguet, je veux un parfum composé. » avant d'ajouter « Cela doit sentir la femme, et non la rose ». Représentant la féminité absolue, cette composition inédite est certifiée « made in Côte d'Azur ».

Chanel N°5 en 5 points :

- C'est la première fois dans l'histoire qu'un parfum est créé avec un pourcentage élevé d'aldéhydes (près de 1 %), ce qui donne une composition « abstraite moderne » indéniablement féminine.
- Grasse est le lieu de prédilection de Chanel pour s'approvisionner en fleurs. Des champs entiers d'iris, de jasmin, de rose, de tubéreuse et de géranium sont exclusivement réservés à la maison de luxe pour la création de ses parfums.
- Le N°5 contient 10% de jasmin, ce qui est absolument considérable. Pour Chanel, le jasmin est transformé en absolu dans des bains d'alcool. Pour produire 1kg d'absolu, il faut plus de 7 millions de fleurs de jasmin soit environ 700kg, ce qui représente 2000 heures de cueillette.
- Pour un flacon de Chanel N°5 de 30ml, il ne faut pas moins de douze roses de mai.
- En déclin depuis la fin des années 50, la production de néroli, l'huile essentielle de fleur d'oranger amer ou bigaradier est relancée par Chanel qui l'utilise dans la composition de plusieurs de ses parfums, dont Chanel n°5. Pour ce faire, la maison française a fait replanter 600 arbres certifiés bio, pérennisant ainsi cette précieuse matière première.

LE VIN

La Côte d'Azur est l'une des régions de France les moins connues pour sa viticulture. Notamment parce que la production locale ne provient que d'un petit nombre de sites. Et pourtant, elle est en fait l'une des premières zones de production de vin en France, dont l'histoire remonte à l'Antiquité, et produit des vins très prisés depuis plus longtemps qu'on ne pourrait le penser. Amateurs, néophytes ou passionnés, les amoureux du vin y trouveront des vignobles nichés dans les collines, avec certaines des plus belles vues sur la Méditerranée. Des trésors cachés à quelques kilomètres seulement du littoral ; on peut même en trouver dans la ville de Nice ! Que l'on préfère le rouge, le rosé ou le blanc, les AOC de la région engagés autour d'une charte de qualité, produisent les trois couleurs avec talent. Votre venue sur le sol azuréen peut donc constituer le point de départ d'une balade qui réveillera vos papilles et vos sens...

Le Bellet

Le Bellet, véritable petit joyau est l'une des plus anciennes appellations de France (reconnue en 1941) mais aussi l'une des plus petites avec seulement neuf vignobles. C'est également la seule AOP de France implantée au sein d'une grande agglomération...

Singulière en tout point, l'appellation qui couvre aujourd'hui environ 650 ha dont 50 ha en pleine exploitation fête cette année ses 80 ans ! Un anniversaire que comptent bien célébrer les propriétaires des neuf domaines installés à Saint-Roman de Bellet, et ce avant les vendanges qui se déroulent vers la fin septembre. Affaire à suivre. En attendant, rendez-vous sur les hauteurs de Nice, au milieu d'oliviers et de demeures somptueuses, entre 200 m et 300 m d'altitude, pour y découvrir et y déguster le vin de Bellet, certifié bio qui plus est !

Le Bellet est issu de cépages relativement rares en rouge tels que la folle-noire (fuella) ou le braquet - deux cépages noirs utilisés dans la production de vins rouges puissants et de rosés gourmands pour lesquels le Bellet est très prisé - tandis que le vermentino (ou rolle) et le chardonnay dominent des vins blancs ronds d'une grande finesse. Il est quasiment impossible d'en trouver ailleurs qu'à Nice.

Pour la petite histoire, le vignoble de Bellet est certainement l'un des plus anciens de France et sa plantation remonte vraisemblablement à l'époque de la fondation de la cité phocéenne de Marseille. C'est au début du XIXe siècle que le vignoble prospère largement, s'édentant alors sur plus de 1 000 ha. De nos jours plus chétive, l'appellation produit annuellement environ 1 200 hl de vin (40 % en rouge et 30 % en blanc) et exporte 20% de sa production de vins considérés comme gourmets. Un véritable petit bijou de viticulture !

Saint-Jeannet

Perché à 25 km de Nice sur la rive droite du Var, Saint-Jeannet est un village dont le panorama est digne d'une scène de carte postale. Niché au pied des falaises du Baou qui s'élèvent à 800 m au-dessus du niveau de la mer, il fait face au vignoble de Bellet réputé pour la complexité de ses vins. Depuis plus de 2 000 ans, les vignes poussent sur cette colline, et cette tradition est maintenue aujourd'hui par deux frères qui gèrent chacun leur domaine voisin. Planté à l'origine par les Romains, les coteaux situés sur les pentes orientées au sud et surplombant la Méditerranée, bénéficie d'un microclimat très particulier. Son altitude et sa position abritée par le Baou des vents du nord qui descendent des Alpes, créent un environnement parfait pour les vignes.

Sur ses cinq ha, les vendanges de Saint-Jeannet ont lieu de septembre à novembre pour laisser au raisin tout le temps pour sa parfaite maturation : des vendanges très tardives pour les cépages mourvèdre, braquet et rolle afin de laisser se développer la pourriture noble.

© ASTA PLECHAVICIUTE - SHUTTERSTOCK.COM

Vignoble près de Saint-Paul-de-Vence.

© GLF MEDIA - SHUTTERSTOCK.COM

L'Abbaye de Lérins, où les moines sont viticulteurs.

Les rendements sont très faibles (de l'ordre de 25 hl/ha) et permettent d'obtenir des vins très structurés aux tanins nobles et aux arômes variés et concentrés. Les vinifications s'opèrent suivant les méthodes artisanales les plus traditionnelles. Les rouges ne sont ni collés ni filtrés. A l'encontre de tous les principes de l'élaboration du vin, ils sont élevés dans des bonbonnes exposées au soleil pendant trois mois avant de séjourner douze mois en barriques. La couleur des rosés s'obtient par un pistage ancestral au pied pour éclater les baies sans les écraser. Les blancs sont obtenus après bâtonnage sur lie et vieillissement en barriques. Les 20 000 bouteilles produites annuellement sont vendues en grande majorité aux visiteurs de la cave et à la restauration régionale.

Saint-Paul

Saint-Paul a conservé la mémoire vivante d'un terroir naguère enrichi d'un beau vignoble. Comme beaucoup de vignobles du sud de la France, il faut remonter aux Romains et aux Grecs pour trouver ses origines.

On dit que l'un des plus célèbres rois de France, François 1er, après un voyage à Saint-Paul au XVIe siècle, eut apprécié la finesse des vins servis à sa table. Au XVIIIe siècle, la production a connu son réel essor alors que le vignoble s'étendait sur une surface de plus de 250 ha permettant d'alimenter un négoce florissant comportant des expéditions à Nice et Antibes. Plantées sur les pentes en contrebas des remparts médiévaux du village, il ne reste aujourd'hui que deux hectares de vignes. Ici aussi les traditions de vinification ont perduré aux fils des siècles. Ces vignes de Mourvèdre, de Folle Noir, de Rolle et de Clairette sont entretenues par Julien Bertina, qui dirige depuis 2011 le Domaine Saint Joseph. Etoile montante du mouvement des vins biologiques, il est aussi, comme beaucoup d'autres vignerons locaux, producteur de l'huile d'olive locale faite avec les fameuses « Olives de Nice » – qui a sa propre Appellation et peut être dégustée au domaine.

- **Villars-sur-Var**. C'est la seule commune des Alpes-Maritimes à faire partie de l'aire d'appellation des Côtes de Provence. Rares et étonnants, on cultive la vigne à Villars sur Var depuis le Moyen Age. Aujourd'hui, le vignoble familial tient sur cinq hectares où poussent cinsaults, grenaches et mourvèdres pour les rouges et ugni blanc, clairettes, rolles et sémillions pour les blancs. Les vins sont élaborés selon les principes de la biodynamie. Ici, tout est à l'échelle d'une boutique.... Et la nature suit son cours.

- **Cannes**. La Croisette, ses palaces, ses plages glamour et ses vignobles implantés sur les îles de Lérins ! Derrière L'île de Sainte-Marguerite, la plus grande et la plus proche et probablement la plus visitée, se trouve l'île de Saint-Honorat. Un peu plus petite, elle abrite l'abbaye de Lérins, dont les moines sont également des viticulteurs, comme le veut la tradition depuis 16 siècles ! Quelque huit hectares de l'île sont consacrés à la vigne, entretenue par les moines sous l'œil vigilant du frère Marie-Pâques. L'île possède une géologie et un climat vraiment uniques. Les sols sont un mélange d'argile et de calcaire, de sable et de limon, et la chaleur des longues heures d'ensoleillement est adoucie par l'influence constante de la mer à quelques mètres des vignes. Cette combinaison rare produit des vins que l'on peut qualifier d'exceptionnels. Les quantités produites étant infimes, ils ne peuvent être achetés qu'à l'abbaye.

VINS DE
PROVENCE
le Goût du Style
CÔTES DE PROVENCE
COTEAUX D'AIX-EN-PROVENCE
COTEAUX VAROIS EN PROVENCE
VINSDEPROVENCE.COM
Le style des vins de Provence est la signature du terroir et du savoir-faire des vignerons
sowine

GÉOGRAPHIE

Bordée par la mer Méditerranée, l'Italie et les sommets immaculés des Alpes, la Côte d'Azur est une région dotée d'une situation géographique des plus avantageuses. Petit bout de paradis, cette terre de contrastes attire depuis des siècles des personnes venues du monde entier. Pour y vivre ou y passer quelques jours de vacances, la Côte d'Azur constitue un territoire exceptionnel où les plages de sable et de galets rivalisent de beauté avec les paysages de montagne accueillant des stations de sports d'hiver dynamiques ; sans oublier les pâturages creusés de gorges impressionnantes permettant toutes sortes d'activités sportives, mais pas seulement… Un territoire haut en couleur où le climat doux et ensoleillé n'est plus à vanter. Accompagné par un soleil au beau fixe plus de 300 jours par an, vous ne resterez pas indifférent aux paysages azuréens tant ils possèdent de richesses naturelles.

Climat

La Côte d'Azur possède l'un des climats les plus agréables au monde. Le temps y est rarement mauvais ; une douceur de vivre largement partagée ! Le soleil brille entre 2 500 et 2 800 heures par an et les précipitations atteignent en moyenne 1 100 mm le long de la côte. Des pluies rares et courtes, mais abondantes et violentes, principalement en automne et au printemps, que l'on peut qualifier de saisons des pluies. « Après la pluie vient le beau temps » et il n'est pas rare de voir le soleil briller quelques minutes seulement après un violent orage. La neige, elle aussi, est extrêmement rare le long du littoral et les vagues de chaleur sont tempérées par la mer. En été, les températures atteignent fréquemment 30 °C, toutefois, il fait environ 5° plus frais dans les montagnes. En hiver, les températures varient entre 10 °C et 15 °C en journée, ce qui est généralement assez chaud pour déjeuner en plein air sous le soleil de midi, équipé d'une veste tout juste, même en février ! Mais si le froid continental n'ose jamais s'y aventurer, il fait une exception en saison dans le haut pays équipé en stations de sports d'hiver.

Si la Côte d'Azur est une région qui n'est pas soumise à de grands bouleversements climatiques ou météorologiques, le climat étant adouci par la Méditerranée qui atténue et régule les écarts de température, il existe cependant trois types de vents caractéristiques qui peuvent être violents ou annonciateurs de mauvais temps :

- le mistral, qui souffle à pleine puissance dans la région de Marseille, mais ne touche que peu la région alors protégée par les massifs de l'Esterel et des Alpes ;
- le vent d'est, lorsqu'une dépression méditerranéenne s'approche de la côte par le sud-est ;
- le fœhn, un vent sec et chaud soufflant principalement dans les montagnes ;
- plus rarement, le sirocco provenant du Sahara et s'accompagnant de températures exceptionnellement élevées.

© TRAVEL-FR - SHUTTERSTOCK.COM

Cap d'Ail.

DÉCOUVERTE

Plage de Menton.

Depuis une dizaine d'années, le vent se fait plus présent entre Cannes et Menton ; conséquence des effets du réchauffement climatique ?

Entre mer et montagne

La Côte d'Azur s'étend du littoral à la haute montagne. Côté mer, c'est 120 km de côtes, 40 km de plages de sable ou de galets, des stations balnéaires, des sites remarquables, des caps et des îles qui s'offrent aux habitants et aux visiteurs. Et il n'y a pas long chemin à parcourir pour rejoindre l'intérieur des terres, une dizaine de kilomètres seulement. Visiter l'arrière-pays (pour le côté Est du département) et le moyen pays (côté ouest des Alpes-Maritimes) est donc relativement aisé. Le paysage y est très différent du littoral : sommets abrupts ou arrondis, boisés ou rocheux, parsemés de villages fortifiés ou provençaux, construits sur des pitons rocheux ou en contrebas des vallées. L'altitude oscille généralement entre 500 et 1 000 m, et dépasse les 3 000 m dans le massif du Mercantour, offrant des panoramas à couper le souffle : du massif des Maures à l'Estérel en passant par les collines longeant la côte entre Nice et Menton, ils surplombent tous la Méditerranée, qui étend ses eaux bleues jusqu'à l'infini. Une escapade dans l'arrière-pays ou le moyen pays est également l'occasion de traverser des forêts de châtaigniers, de pins maritimes, d'eucalyptus, mais aussi des cultures maraîchères, des vignes et des oliveraies. Ceux qui découvrent la Côte d'Azur seront ainsi surpris de voir cohabiter si proches la montagne et ses sommets avec les forêts méditerranéennes, les stations balnéaires, les caps et les îles de la Riviera. Dépaysement garanti !

Littoral

Côtes Criques sauvages, sentiers escarpés, plages de sable ou de galets : le littoral méditerranéen de la « French Riviera » est une succession de paradis entre terre et mer. Première zone géographique que les visiteurs rencontrent en arrivant sur le territoire azuréen, cette bande de terre étroite coincée entre la mer et les montagnes abrite la quasi-totalité de la population locale (90 %). S'y succèdent les villes les plus importantes avec leurs ports de plaisance, leurs hôtels et résidences. Chaque station balnéaire y va de son atout : plages de sable fin, sports nautiques, petites criques, cap, falaises…

- **Caps**. En se promenant sur le littoral, on se laisse rapidement surprendre par de remarquables paysages qui s'offrent aux promeneurs le long des sentiers dessinant les contours des principaux caps azuréens.
- **Cap Martin**. Une côte escarpée de 4,5 km, enveloppée d'une végétation typiquement méditerranéenne (genêts, myrtes, pistachiers, pins d'Alep). La promenade invite à partir sur les traces de Nietzche et du Corbusier dont on découvre, en chemin, son concept architectural de « cabanon ».
- **Cap d'Ail.** Un magnifique sentier long de 5 km relie la plage de la Mala à la plage Marquet. La balade dure environ 1 heure et permet de découvrir les richesses de la flore et l'architecture des villas Belle Époque.
- **Cap Ferrat**. Avec ses 11 km de sentiers côtiers, c'est le plus grand de tous sur la Côte d'Azur. La presqu'île aux millionnaires est un havre de paix et de tranquillité qui abrite des villas somptueuses, à l'abri des regards. La balade de Saint-Hospice bordée de pins d'Alep vaut le détour (4 km). Un autre chemin reliant l'anse Lilong à la plage de Passable permet de profiter des belles criques et falaises calcaires tombant à pic dans les eaux claires.
- **Cap d'Antibes**. 5 km de promenade le long d'une côte sauvage, de la pointe sud de la presqu'île entre Antibes et Juan-les-Pins au sanctuaire Notre-Dame-de-la-Garoupe. De beaux panoramas à découvrir.

Le massif de l'Esterel.

Cap de Nice. Au départ de la petite plage de la Réserve à Nice, les 4 km de marche offrent une vue imprenable sur la Baie des Anges et la Méditerranée. À deux pas du vieux Nice, c'est une balade incontournable.

Plages. Si dans l'imaginaire collectif la Côte d'Azur rime avec soleil, mer et sable chaud, sur le littoral azuréen, les plages de sable – que l'on trouve principalement à l'ouest des Alpes-Maritimes – sont peu nombreuses, étroites et rapidement envahies de touristes l'été venu. Mieux vaut en profiter hors saison ou investir sur un transat de plage privée. En vérité, sur la Côte d'Azur, les plus belles plages sont faites de gravillons ou de galets. Moins confortables que le sable certes, mais tellement plus typiques et confidentielles ; il serait dommage de passer à côté. La beauté du décor, la clarté de l'eau et le chant des cigales achèveront de vous mener à vivre un moment inoubliable. À vos maillots de bain !

Reliefs montagneux

Si la mer est la première chose qui vient à l'esprit lorsqu'on évoque la Côte d'Azur, il ne faut pas oublier que la neige et les sommets alpins font également partie du paysage azuréen. Si vous êtes de ceux qui veulent découvrir la région autrement, parcourez les 60 km qui séparent la mer de la montagne. Vous y découvrirez des espaces préservés, des sentiers de randonnée balisés, des parcours de via ferrata et des stations de sports d'hiver bien équipées.

Le Haut Pays

Pour skier sur les pistes enneigées ou randonner à la recherche des marmottes, direction le Haut Pays ! Sur la route, de nombreux villages aux remparts médiévaux – vestiges d'une époque où toute la région vivait au rythme des guerres ou des incursions barbares – seront un plaisir à visiter. Le Haut Pays, c'est aussi la certitude d'assister à un contraste permanent des paysages, des couleurs, des reliefs, des parfums et des modes de vie. Chênes verts et oliviers à 700 m d'altitude, épicéas, mélèzes et pins à 2 500 m pour finir, au sommet, sur des landes de rhododendrons et de pelouses alpines. Les roches sont également très variées : gneiss, schistes, micaschistes, granits, serpentines, ardoise, amphiboles sont les éléments constitutifs de ces montagnes dont descendent les rivières de la Roya, de la Vésubie et de la Tinée. Dans ces montagnes s'élèvent les plus hauts sommets des Alpes-Maritimes : le Tinibras (3 031 m), la Tête de l'Ubac (3 008 m), les Trois-Évêques (2 858 m), la cime de Pelouse (2 758 m), la Bonnette (2 864 m), la Tête du Cristel (2 720 m), la Tête de Sanguinière (2 792 m), le Garret (2 624 m), les Grandes Tours (2 645 m), la Pointe des Hommes (2 788 m) et le Mounier (2 818 m). Dans l'arrondissement de Grasse, le sommet culminant est le Cheiron : 1 778 m. Difficile de croire qu'à seulement quelques kilomètres des plages du littoral se dressent des sommets aux reliefs troués de cluses, de canyons et de parois abruptes. De quoi offrir aux alpinistes les plus intrépides un immense territoire d'escalade.

L'Estérel

De l'autre côté, à cheval sur les départements du Var et des Alpes-Maritimes, s'étend le massif de l'Estérel. Connu pour sa roche rouge si caractéristique, ses forêts denses et ses pentes abruptes plongeant à pic dans la Méditerranée, le massif formant des criques paisibles, souvent difficiles d'accès reste toutefois propice à la plongée et au snorkeling. Cette topographie témoigne d'une histoire géologique mouvementée et offre des paysages spectaculaires aux couleurs contrastées. Le massif de l'Estérel s'étend sur 32 000 hectares et s'élève jusqu'à 614 m (mont Vinaigre). C'est le paradis pour qui aime randonner en bord de mer, faire du VTT et des balades à cheval.

Grottes

Dans les profondeurs du sol azuréen, de belles surprises s'offrent également aux visiteurs : des grottes, façonnées par le temps, lentement, et qui révèlent une partie de leur mystère. Une belle occasion de remonter le temps et partager l'histoire de la Côte d'Azur telle qu'elle était il y a fort longtemps. Citons alors : la grotte de Saint-Cézaire-sur-Siagne, vieille de 6 millions d'années, découverte grâce au coup de pioche providentiel de Léon Dozol, un agriculteur, en 1890. Le Souterroscope, grotte de Baume Obscure à Saint-Vallier-de-Thiey. La grotte de l'Observatoire à Monaco dans le Jardin exotique. La grotte du Lazaret à Nice. Classé au titre des Monuments historiques depuis 1963, le site préhistorique date du paléolithique moyen et se trouve au pied du mont Boron.

RMC
INFO TALK SPORT
EN DIRECT : 09H00/12H00
LES GRANDES GUEULES
INFO
SPORT
RADIO
PODCASTS
MENU
ÉCOUTEZ RMC
PARTOUT
TOUT LE TEMPS
RMC
INFO TALK SPORT

NATURE

Faune et flore exceptionnelles, parcs naturels et jardins colorés, sanctuaires et sentiers préservés : la Côte d'Azur est un véritable eldorado pour les amoureux de la nature. On y trouve aussi bien des forêts de pins et divers chênes. Des espèces importées telles que l'eucalyptus et d'autres plus typiques à l'image des pins présents en abondance, mais aussi des oliviers, des vignes, des herbes sauvages et des champs de fleurs aux parfums subtils. Les amis des bêtes aussi y trouveront leur bonheur ! Sous la surface de la mer d'abord, où la faune prolifère souvent à quelques mètres du rivage. Et sur la terre, bien sûr dans les Alpes et le Mercantour à la rencontre d'animaux hors du commun vivant en totale liberté. Des plus hauts sommets, aux profondeurs de la Méditerranée, en passant par les villages plus ou moins perchés de l'arrière-pays, la Côte d'Azur regorge de splendeurs naturelles.

Faune

Il suffit de prendre le temps d'observer la faune présente sur la Côte d'Azur pour réaliser à quel point celle-ci est diversifiée. Lors de balades dans les parcs naturels des régions montagneuses et principalement dans celui du Mercantour, on peut alors apercevoir des spécimens endémiques et protégés se mêler aux espèces couramment rencontrées autour du bassin méditerranéen.

Quelques espèces incontournables :

- Le loup. Éradiqués peu à peu par l'homme dans plusieurs zones de leur aire de répartition originelle, et donc menacés d'extinction en France et en Italie dans les années 1970, les loups doivent aujourd'hui leur survie à leur statut d'espèce protégée. De retour dans le Mercantour depuis 1993, l'espèce fait aujourd'hui l'objet d'un programme d'observation inédit avec le CNRS.
- La marmotte. C'est sans doute l'animal le plus mignon et le plus facile à apercevoir l'été. On peut l'observer sans difficulté sur certains lieux fréquentés par les touristes ; les marmottes sont presque apprivoisées ! Pour les approcher, il faut toutefois rester silencieux et éviter des mouvements brusques. Sinon, gare au sifflement d'alerte qui prévient le reste de la colonie du « danger ».
- La tarente. Sorte de gecko ressemblant à un petit lézard, la tarente est considérée comme un porte-bonheur. Munie de petites ventouses adhésives sous ses pattes, elle peut rester accrochée des jours entiers sur les murs et plafonds des habitats.
- L'aigle royal. L'espèce bénéficie d'une protection totale sur le territoire français depuis l'arrêté ministériel du 17 avril 1987.
- En mer, le mérou, la daurade royale, le loup (ou bar) et le sar sont les poissons les plus délectables de la Méditerranée. La bonite, les rascasses et les rougets de roche, fleurons incontestés de la bouillabaisse, fleurissent également sur tous les étals des poissonniers du Midi.

© THIER - STOCK.ADOBE.COM

Marmottes dans le parc national du Mercantour.

Le Sanctuaire Pelagos

De nombreux cétacés peuvent être observés le long des côtes azuréennes, dans l'espace appelé le « sanctuaire de la Méditerranée » situé entre la France, l'Italie et Monaco. Grand de 87 000 km², ce sanctuaire englobe la zone de plus forte densité de mammifères marins en Méditerranée occidentale. On y dénombre 3 000 rorquals baleines et 30 000 dauphins. Des croisières à la journée sont organisées à partir de Mandelieu et de Villefranche-sur-Mer à bord de vedettes rapides et proposent des visites commentées par des guides spécialistes du milieu marin. On peut y observer de près : le rorqual, le cachalot, différentes espèces de dauphins notamment.

Flore

Pour le botaniste, l'herboriste ou le promeneur d'occasion, la Côte d'Azur constitue un herbier inépuisable aux couleurs et odeurs enivrantes. Le département des Alpes-Maritimes est le seul

Observation des baleines au Sanctuaire Pelagos.

point d'Europe à posséder tous les étages de la végétation depuis le niveau de la mer jusqu'à 3 143 m d'altitude. Le parc naturel du Mercantour abrite à lui seul 2 000 des 4 200 espèces florales recensées en France avec une mosaïque de paysages permettant l'épanouissement de près de la moitié de toutes les espèces répertoriées en France !

Arbres, buissons

Entre la garrigue accueillant petits et moyens arbustes, les forêts composées de pins, de chênes, de châtaigniers, d'amandiers, etc., et le littoral bordé de cactées et de jardins exotiques, la flore du paysage azuréen est si contrastée que la diversité de ses paysages en surprendra plus d'un. Sans oublier les végétaux typiquement azuréens comme le citronnier, l'oranger, l'arbre de Judée, le tamaris, le lilas, la glycine, le laurier-rose, le rhododendron, le yucca, la bougainvillée, le romarin, l'acanthe, l'agapanthe, la valériane ou le pittosporum dont les fleurs répandent un parfum suave durant la saison printanière.

Quelques espèces incontournables :

- L'olivier est l'arbre le plus caractéristique de la Méditerranée. Sa floraison a lieu au mois de mai et la maturité de ses fruits s'étale de septembre à janvier. Surnommé « l'arbre immortel », car ses rejets repartent indéfiniment, il est à la fois symbole de paix et de réconciliation, de victoire et de fidélité. L'olivier illustre à lui seul la Provence, sans parler de son fruit, l'olive, appréciée à toutes les sauces.
- Le palmier arrive en seconde position des arbres les plus populaires de la région. Ses grandes feuilles palmées en éventail et son tronc évoquent la mer et la chaleur.
- N'oublions pas de citer l'eucalyptus, toutes les variétés de pins (maritimes, d'Alep, parasol...) ; les cyprès noirs (aux feuilles vertes foncées) ou encore le platane et le figuier.

Fleurs et plantes rares

Nulle autre région que la Côte d'Azur ne célèbre aussi bien le langage des fleurs. Première région productrice de fleurs, fief des horticulteurs, leur profusion en fait l'accessoire idéal de tous les corsos, de toutes les fêtes populaires où on les jette à la foule par brassées, multicolores et odorantes. La culture des fleurs coupées est même devenue l'une des principales productions de la région. Tout autour de Grasse, capitale mondiale des parfums, s'épanouissent dans des champs à perte de vue offrant les plus belles fleurs du bassin méditerranéen à l'instar de la célèbre rose centifolia. Des marchés entiers sont consacrés à la vente des fleurs comme celui du cours Saleya à Nice, le marché provençal à Antibes, mais aussi celui d'Eze et de Menton.

Quelques espèces incontournables :

- Le thym, le romarin ainsi que de nombreuses plantes médicinales et aromatiques ont trouvé sous le ciel azuréen un terrain propice à leur culture. En altitude, on peut admirer des plantes de montagne, rares et délicates qui poussent naturellement, mais dont la cueillette est réglementée comme l'edelweiss, parmi d'autres.
- La lavande. Parfumerie, cosmétique, aromatologie et... cuisine : ces épis aux fleurs mauves et très odorantes sont utilisés dans des domaines très variés ! On la récolte, on la traite, on la distille. Et nullement besoin d'être nez pour s'abandonner aux effluves de son parfum.
- Le mimosa. Il connaît son apothéose à Mandelieu-la-Napoule et à Menton en février, époque où les petites boules jaunes remplissent le paysage.
- Le jasmin. La ville de Grasse est LA référence dans le monde de la parfumerie ! Célébrée pour la fragrance extraordinaire de ses jolies étoiles blanches, la fleur est l'héroïne d'une grande fête donnée chaque été.

© ALESSANDRO CRISTIANO - STOCK.ADOBE.COM

Parc national du Mercantour.

Parcs et jardins

La Côte d'Azur peut se targuer d'abriter de nombreux espaces naturels encore préservés d'une urbanisation outrancière. Reflet du patrimoine naturel et culturel de la région, les parcs et réserves naturelles offrent une grande variété de paysages, de plantes et d'animaux que l'on ne retrouve nulle part ailleurs !

Quelques parcs incontournables :

- Le parc du Mercantour. Véritable balcon sur la mer, le parc national du Mercantour est devenu depuis sa création en 1979, l'un des parcs nationaux français les plus populaires. Il abrite des richesses en faune et flore d'une exceptionnelle diversité à découvrir à travers 600 km de sentiers balisés et 28 villages perchés.
- Le parc des Rives du Loup. Situé sur la partie basse du fleuve le Loup dont il porte le nom, ce parc départemental est une oasis de fraîcheur l'été. Il est composé de deux grandes entités paysagères.
- Le parc de la Brague. À l'abri des chênes et des pins, on peut y suivre le fleuve de la Brague le long d'un magnifique sentier de 9 km et profiter de la végétation typiquement méditerranéenne. Attention toutefois aux vipères d'eau qui se cachent sous les rochers !
- Le parc de la Pointe de l'Aiguille. Bordés par 4 plages protégées du Mistral, c'est 7 hectares assez sauvages de rochers ocres caractéristiques du massif de l'Estérel avec de très beaux points de vue sur la mer qui s'offrent aux promeneurs.
- Le parc de la Valmasque. C'est l'endroit idéal pour les sorties en famille, les promenades d'observation de la nature, les jeux et parcours sportifs. On y profite d'une pinède peuplée de chênes ainsi que d'un étang (Fontmerle) abritant une flore aquatique asiatique diverse et bordé de prairie.
- Le parc de Vaugrenier. Pour se détendre ou faire du sport à l'ombre, c'est un lieu incontournable. De nombreuses tables et bancs sont à disposition, une aire de jeux, divers itinéraires pédestres, ainsi qu'un parcours santé y sont aménagés.
- Le parc de la Grande Corniche. Situé entre le ciel, la terre et la mer, c'est un parc offrant un panorama spectaculaire qui s'étend de l'Italie à Saint-Raphaël jusqu'aux sommets enneigés du Mercantour et, en hiver par, temps clair, de la Corse. De tous les parcs naturels de la Côte d'Azur, c'est le seul qui propose un parcours aux personnes en situation de handicap, ce qui lui vaut la labellisation « tourisme et handicap ».

Jardins et sentiers botaniques

La douceur du climat et la luxuriance des végétaux encouragent depuis longtemps la création de jardins sur le sol azuréen. Derrière chaque oasis de verdure savamment pensée se cache le talent exceptionnel d'un botaniste, d'un pépiniériste, d'un architecte ou d'un mécène inspiré. La fascination pour les jardins débuta sur la Côte d'Azur avec l'arrivée des Anglais qui introduisirent au siècle dernier une multitude d'espèces exotiques. Ces jardins font partie aujourd'hui du patrimoine artistique et touristique de la Riviera.

Quelques sentiers botaniques :

- Îles de Lérins. Le sentier botanique et l'herbarium de l'île Sainte-Marguerite proposent la découverte de 170 ha d'arbres et de plantes méditerranéennes.
- Le Cannet. Le chemin de découverte du Dédéla, ouvert toute l'année, est planté d'une végétation typiquement méditerranéenne.
- Mandelieu-la-Napoule. Le sentier botanique du parc départemental de San Peyre, très complet, est ouvert toute l'année. Il constitue une promenade facile et très appréciée.
- Nice. Le jardin botanique situé au numéro 78 de l'avenue de la Corniche-Fleurie propose une collection classique d'arbres et de plantes de la Côte d'Azur.
- Villeneuve-Loubet. Le sentier s'aborde par la D 67, direction Antibes. Le parc départemental de Vaugrenier comporte 6 kilomètres de sentier botanique d'une grande richesse végétale.

HISTOIRE

L'histoire de la Côte d'Azur n'est pas un long fleuve tranquille. Région bénie des dieux, mais territoire convoité, elle subit au cours des siècles les assauts de peuplades conquérantes qui veulent chasser l'occupant pour prendre sa place : entre Massilia (Marseille) et Nikaïa (Nice), villes fondées par les Grecs, la Provence et la côte furent pendant longtemps l'objet de guerres incessantes qui ont fortement marqué le mode de vie de ses habitants et laissé leur empreinte sur l'architecture régionale, le plus souvent défensive. Terre d'histoire, les villes et les villages sont les témoins de la période romaine et portent les traces massives du Moyen Âge derrière leurs tours de pierre et leurs remparts fortifiés. Des guerres de la Renaissance à la conquête du comté de Nice après la Révolution, jusqu'à l'arrivée des aristocrates anglais sur les plages du territoire à la Belle époque, la Côte d'Azur n'a eu de cesse d'être colonisée.

1 000 000 ANS AV. J.-C

Dans la grotte du Vallonet située sur la commune de Roquebrune-Cap-Martin, l'homme (Homo erectus ou Homo antecessor) était également présent il y a un million d'années. Là aussi de grands carnivores se sont succédé comme le tigre à dents de sabre, le loup ou la panthère. C'est l'un des sites les plus anciens où la présence humaine est attestée par des preuves archéologiques.

400 000 ET 380 000 ANS AV. J.-C

Au pied du mont Boron à Nice, dans la crique de Terra Amata, des chasseurs d'éléphants, de cerfs, de rhinocéros, d'aurochs et de sangliers domestiquent le feu qu'ils allument avec des brindilles de bois et qu'ils entretiennent avec des herbes marines.

170 000 ANS AV. J.-C

Une série de fouilles archéologiques a permis de mettre au jour des pierres taillées, des outils rudimentaires ainsi que des ossements d'animaux ayant servi de nourriture à des hommes préhistoriques (Homo erectus, homme de Neandertal et Homo sapiens). Le fait le plus marquant, preuve de la présence d'une vie humaine sur le sol azuréen il y a 170 000 ans, demeure la découverte de l'os frontal d'un Homo erectus en 2011 dans la grotte du Lazaret à Nice. Ce site préhistorique date du paléolithique moyen et se trouve au pied du mont Boron.

VERS 700 AV. J.-C

Les Phéniciens commencent à coloniser la contrée azuréenne. Ils créent des comptoirs marchands le long du littoral à Menton, Monaco, Villefranche-sur-Mer, Nice, Antibes et introduisent la culture de la vigne et de l'olivier. Mais l'intérieur des terres continue à appartenir à des tribus semi-sauvages qui se déchirent entre elles comme les Vedianti, les Nerusi, les Oratelli, les Décéates et les Ligures qui, en période de disette, descendent de leurs montagnes et pillent les comptoirs de la côte.

154 AV. J.-C

Les Romains commencent à pacifier et coloniser le pays pour assurer la sécurité de leurs convois. Le pays se métamorphose et se couvre de routes et de monuments. Les Romains tracent la voie Aurélienne qui suit le littoral jusqu'en Italie.

13 AV. J.-C

Tandis que l'empereur Auguste vient en personne réduire les dernières tribus rebelles et les soumettre à une obéissance définitive, toutes les anciennes colonies de Marseille passent sous autorité romaine. Les noms des peuples vaincus sont inscrits sur un gigantesque monument élevé à la gloire des armées romaines : c'est le fameux trophée des Alpes ou trophée d'Auguste, encore visible aujourd'hui à La Turbie. La pax romana perdure jusqu'à la fin de l'Empire romain d'Occident : c'est une période de grande prospérité où le peuple romain administre les deux rives de la Méditerranée baptisée Mare nostrum (Notre Mer), trace des routes, développe l'agriculture ou stimule le commerce des huiles et des vins.

313 Après la conversion de l'empereur Constantin, le christianisme se répand rapidement dans toute la Provence où les paysans ont pris l'habitude de quitter les mas isolés pour se regrouper dans des villages fortifiés autour d'un point d'eau dans l'arrière-pays. Marie-Madeleine s'y serait réfugiée pour prier le reste de sa vie dans une grotte de la Sainte-Baume. La tradition la dit enterrée à Saint-Maximin par le saint du même nom. Le pays se couvre de nouveaux monuments : chapelles campagnardes sur les collines, églises fortifiées dans les bourgs, couvents et monastères.

410 Les Barbares venus du nord et de l'est, les Wisigoths, les Burgondes, les Ostrogoths et les Francs envahissent la région, détruisent villes, villages et remparts dans une apocalypse de massacres, d'incendies et de pillages : l'Empire romain s'effondre.

732 Les Arabes venus d'Espagne et d'Afrique du Nord s'emparer du littoral pour remonter vers le nord sont arrêtés par Charles Martel à Poitiers. Sur leur passage ils auront extermine les 500 religieux des îles de Lérins, abbaye fondée par saint Honorat en 410.

IXE SIÈCLE Le premier royaume de Provence est créé. Seulement, les Sarrasins reviennent en force et envahissent à nouveau la Provence depuis le golfe de Saint-Tropez et de Grimaud qui, pendant tout le Moyen Âge, connaît les affres de la guerre, des exactions et des pillages.

DU X^E^ AU XVE SIÈCLE La Provence passe ainsi de mains en mains. Successivement propriété du comte de Barcelone puis du duc d'Anjou, la Provence traverse de grandes épreuves : les guerres générées par des rivalités entre les familles régnantes, la grande peste noire (1347-1349), le brigandage et les mauvaises récoltes.

EN 1419 Le comté de Nice est définitivement détaché de la Provence et rattaché aux États de la Maison de Savoie. Unique province maritime enserré dans le royaume de France, Nice et son comté occupèrent une place originale durant quatre siècles.

1480 Après la mort du « bon roi René » d'Anjou qui s'éteint à Aix, la région est offerte à Louis XI et devient française en 1486.

DE 1486 À 1789 Des guerres sévissent dans la région. L'architecture fortifiée des villages du moyen et haut pays ainsi que les nombreuses fermes, un peu isolées, hérissées de barbacanes et de redoutes, en sont les vestiges.

1524 Sous le règne de François Ier, les troupes de Charles Quint envahissent la Provence. Les villes de Saint-Laurent, Villeneuve-Loubet, Antibes, Grasse se soumettent mais pas Marseille, l'armée de l'empereur s'installe alors quelques jours à Nice. Les troupes françaises quant à elles pénètrent à Nice en pillant tout sur leur passage. La guerre se termine par la défaite de François Ier à Pavie en 1525.

1536 La huitième guerre d'Italie. François Ier décide de s'attaquer au duc de Savoie, un des principaux alliés de Charles Quint. Il envahit la Bresse et la Savoie et s'empare de Turin. Reste à Charles III son "très fidèle comté de Nice" qu'il défendra pendant 25 ans. L'armée de Charles-Quint (qui vient au secours de son beau-frère Charles III) envahit la Provence. Entrée à Nice le 21 juillet, elle traverse le Var le 26. Les Français ayant pratiqué en Provence la tactique de la terre brûlée, Charles-Quint repasse à Nice en septembre, son armée décimée par la faim.

1543 Les Français, alliés aux Turcs, assiègent Nice qui résiste sous les exhortations d'une sorte de Jeanne d'Arc locale nommée Catherine Ségurane tandis que les guerres civiles religieuses succèdent aux guerres d'Italie.

1635 Alors que toute la région est de nouveau livrée aux pillages et aux massacres, les Espagnols s'emparent d'une partie de la côte et des îles de Lérins avant d'en être chassés en 1637.

DE 1688 À 1697 Sous le règne de Louis XIV, le duc de Savoie entre dans la guerre dite « de la ligue d'Augsbourg », coalition dirigée contre la France.

1691 Le comté de Nice, conquis par le maréchal Catinat, redevient français pour une courte période car le traité de Turin de 1696 rend au duc Victor-Amédée tous les territoires qu'il avait perdus.

1705 De rage, Louis XIV reprend la ville de Nice et fait raser la citadelle jusqu'au sol en 1705.

1706 L'armée autrichienne reprend la ville et s'empare de Grasse. Chaque campagne fait déferler des troupes qui pillent, violent, incendient, tuent dans la désolation et la misère. La Provence a bien du mérite d'avoir chaque fois relevé ses ruines, reconstruit ses châteaux, replanté ses champs et ses oliviers.

DE 1790 À 1860 De nombreux émigrés se réfugient dans le comté de Nice et s'y livrent à des manifestations contre-révolutionnaires semblables à celles des émigrés de Coblence. La Convention forme trois départements : les Bouches-du-Rhône, le Var et les Basses-Alpes avec les lambeaux de l'ancienne province de Provence. Le département du Var qui s'étend jusqu'au fleuve Var aux portes de Nice constitue la frontière : le point de passage le plus fameux était un pont de bois à Saint-Laurent-du-Var, maintes fois emporté par les crues ou démoli par les guerres mais toujours reconstruit à la même place où se trouve aujourd'hui le double pont de franchissement de la voie ferrée et de l'autoroute A8. Toujours sous la Convention, la ville de Nice est conquise par le général Anselme : Masséna, enfant de Nice, est alors chef de bataillon dans le régiment des volontaires du Var et Bonaparte reçoit son brevet de commandant.

1794 Dugommier achève la conquête du comté de Nice qui redevient français pour vingt ans.

1814 Dans la foulée du premier congrès de Vienne, les troupes du roi de Sardaigne reprennent possession du pays.

1815 Napoléon débarque sur une plage de Golfe-Juan entouré d'une poignée de fidèles. Il traverse Grasse puis les Alpes-de-Haute-Provence et rallie Grenoble par l'itinéraire qui porte aujourd'hui le nom de « route Napoléon ». Il arrive le 20 mars à Paris sans avoir tiré un seul coup de fusil. Après Waterloo, le comté de Nice est encore une fois enlevé à la France.

1860 L'Italie cède à la France la Savoie et le comté de Nice en remerciement de l'aide apportée par Napoléon III à la cause de l'indépendance italienne. Le territoire de la région dessine ses contours presque définitifs : le département du Var conserve son nom mais perd le canton de Grasse qui forme aujourd'hui avec l'ancien comté de Nice, le département des Alpes-Maritimes à l'intérieur duquel coule le fleuve Var !

1860 marque aussi l'arrivée du chemin de fer, qui va considérablement faciliter l'accès à la région dont la réputation et douceur de vivre a fait le tour de l'Europe. C'est l'essor du tourisme aristocratique. La Côte d'azur attire les souverains et les membres des familles royales. Le littoral méditerranéen, séduit rapidement les élégantes et les messieurs qui, marchant le long du bord de mer, éblouis par tant de lumière et enivrés par la qualité de l'air, font de ce rivage un lieu prisé des aristocrates, des fortunés et des anonymes. Tous viennent y prendre leurs quartiers d'hiver et les plus beaux endroits du coin sont alors pris d'assaut : de belles demeures rivalisant d'originalité sont construites sur les hauteurs de Cannes, Nice, Antibes et Menton, constituant aujourd'hui le témoin de l'enthousiasme effréné de ces gens pour la région comme les Anglais et leur reine Victoria sans oublier le futur roi Edouard VII ou les Russes avec l'impératrice Alexandra Feodorovna (veuve du tsar Nicolas Ier) qui sont les premiers à s'y installer. Les modestes agglomérations de pêcheurs deviennent alors en 50 ans d'élégantes stations balnéaires.

1887 L'homme de lettres Stéphen Liégeard, amoureux de ses rivages, écrit ce qui allait devenir son ouvrage le plus célèbre : la Côte d'Azur. Dans ce livre, l'auteur y décrit « cette plage baignée de rayons qui mérite notre baptême de Côte d'Azur » : le mot est lâché, le mythe est lancé !

1930 Les Américains débarquent et font de la Côte d'Azur le rendez-vous chic de la belle saison. Artistes, écrivains, musiciens, riches industriels apportent avec eux le jazz, les bars américains, une certaine forme d'opulence et de joie de vivre. C'est l'apogée du « culte du soleil ». Une grande première qui finira de lancer le mythe de la « French Riviera ».

1940 L'Italie déclare la guerre à la France, l'armée italienne occupe Menton mais Nice n'est pas annexée.

1942 La zone libre est envahie par l'armée allemande à la suite du débarquement des troupes alliées en Afrique du Nord. Le 27 novembre de la même année, la flotte française (115 bâtiments) se saborde à Toulon pour ne pas tomber entre les mains des forces de l'Axe.

1944 La VIIe armée américaine, sous les ordres du général Patch et constituée principalement de la Ire armée française libre commandée par le général de Lattre de Tassigny, débarque au Dramont dans la région de Saint-Raphaël, libérant la Provence en moins de deux semaines.

1947 La haute vallée de la Roya jusqu'à Tende devient à son tour définitivement française à la suite du traité de paix signé avec l'Italie.

1950 Avec l'avènement des congés payés, et la fin des rentes coloniales, la colonie anglaise majoritairement présente par le passé sur la « French Riviera » finit par se dissoudre dans la foule des nouveaux arrivants. Le tourisme de masse entraine la construction de nouvelles infrastructures sur le littoral mais également en montagne avec la construction de stations de sports d'hiver. Isola 2000 étant l'une des précurseurs.

ARCHITECTURE

La grande caractéristique de l'architecture de l'habitat azuréen est liée à une partie de cache-cache avec le soleil, adoré pour ses bienfaits, mais redouté pour ses ardeurs excessives. Dans cette région, le climat et l'histoire ont modelé, au fil des siècles, l'architecture de la Côte d'Azur. Terre de soleil, les constructions rurales valorisent les rues étroites, les fenêtres plutôt petites, les placettes ombragées, les fontaines bien fraîches, les greniers où sèchent le linge et les fruits, les portes ouvertes, mais fermées d'un rideau de perles de bois pour que la chaleur et les mouches ne rentrent pas. Kaléidoscope d'architecture et de couleurs, la Côte d'Azur est jonchée de mas, de maisons de village dotées de cadrans solaires, de bastides ou villas opulentes, de jardins luxuriants et de terrasses invitant les visiteurs à prendre un bain de soleil. Sans oublier les perles architecturales baroques et nombreux édifices militaires.

Les habitations

Tour d'horizon des différents types d'habitations :

- **Le mas**, petite maison sans étage avec des fenêtres de dimensions modestes permettant de garder le maximum de fraîcheur à l'intérieur.
- **La bastide** ou « maison de maître » est une maison bourgeoise bâtie en pierre de taille. Plus solide et plus luxueuse que le mas, les pierres utilisées pour les façades, invention purement esthétique des résidents secondaires de notre siècle, sont soigneusement crépies afin de les protéger des intempéries, des animaux nuisibles et de la prolifération du lierre. Les bâtiments d'exploitation sont disposés autour de la maison de maître. On trouve aussi des bastidons (des petites maisonnettes) et des cabanons, aujourd'hui détournés de leur vocation première pour devenir une minuscule résidence secondaire en plein champ.
- **La maison de village** située au cœur d'un village fortifié possède des pièces minuscules et comporte quatre ou cinq étages pour hisser ses dernières mansardes au plus près du ciel. Chaque niveau correspond à une fonction précise : la cave, fraîche par définition, contient les réserves alimentaires. Le rez-de-chaussée (de plain-pied) abrite le mulet ou l'âne. L'étage noble au premier niveau est aménagé à l'usage d'habitation. Les étages supérieurs servent de logement pour les domestiques, de garde-manger pour les fruits et les légumes. Enfin, le dernier grenier est bourré de foin que l'on hisse depuis la rue par une poulie pour assurer l'isolation du froid en hiver, de la chaleur en été.
- **Les maisons des campagnes** sont aménagées différemment : au rez-de-chaussée se trouve le séjour. Au nord, dans la partie la moins exposée au soleil, est construite la cuisine dont la fraîcheur permet de conserver les fruits, légumes et fromages. Les chambres sont au premier étage : elles sont petites et souvent sans couloir pour y accéder. On traverse donc la première chambre pour accéder à la seconde et ainsi de suite. Chaque maison est construite à proximité d'une source ou d'une fontaine. L'eau de source inutilisée se déverse dans une roubine, petit canal d'irrigation qui conduit le précieux liquide jusqu'au potager. Dans la région de Nice et dans son arrière-pays, les toitures à la niçoise n'ont pas moins de quatre pentes, chacune partant du centre, coiffant l'une des quatre façades. Devant la maison, il y a souvent un petit jardin de quelques mètres de profondeur qui ne remplit qu'un rôle décoratif : le jardin principal, celui où l'on se tient, est toujours bien caché derrière pour protéger l'intimité de la famille. Les sols sont en tomettes hexagonales cirées : en saison chaude, la tomette procure une délicieuse sensation de fraîcheur : il fait bon y marcher pieds nus.

© SVETLANASF - SHUTTERSTOCK.COM

Le campanile de Menton.

Terrasses, jardins et volets

La terrasse est presque considérée comme une pièce de la maison, en plein air. On passe sans

© TELLY - STOCK.ADOBE.COM

L'église Saint-Jacques-le-Majeur ou Jesù à Nice.

effort de la salle commune à la terrasse, de la terrasse au jardin. L'hiver, on y prend le soleil de plein fouet : il rentre dans les pièces de la maison alors que les branches sont dégarnies de feuilles tandis que l'été, on y prend le frais à l'heure du pastis sous la glycine ou la treille, supportée par des consoles en ferronnerie qui constituent l'aménagement essentiel de la terrasse. Il reste encore un ornement qui fait le charme des maisons provençales : les volets. Souvent bleus, parfois mauves, ils tranchent sur l'ocre des façades. Ils sont en bois massifs, épais, cloutés comme des armures. On les ouvre et on les ferme avec un claquement sec sur le mur. L'été, on les entrebâille au moyen des persiennes ce qui conserve la fraîcheur de la pièce.

Les campaniles

Une autre particularité architecturale de la Provence et de la Côte d'Azur, c'est les clochers en forme de cages à vent également baptisés campaniles. Dans sa fonction originelle, le campanile était un simple support permettant de soutenir la cloche. Les campaniles possèdent des structures de ferronnerie en forme de bulbe ou de kiosque, plantées sur la maçonnerie de la tour pour éviter que la toiture ne soit emportée par le mistral. Chaque campanile est constitué de deux parties distinctes : l'embase et le couronnement. L'embase s'inspire le plus souvent d'une forme géométrique simple sur laquelle vient s'emboîter une coupole. Ils possèdent tous une forme particulière : on en dénombre plus de 250 ! Par son esthétisme et son originalité, le campanile provençal est devenu une œuvre d'art. Presque chaque village de la Côte d'Azur possède le sien. Ce témoignage d'un art naïf reste l'un des plus beaux fleurons de l'architecture campagnarde héritée des siècles passés.

Baroque religieux

La Côte d'Azur possède un patrimoine culturel particulièrement riche composé d'un grand nombre d'églises et de chapelles baroques. Soutenu par l'Église catholique romaine dès la fin du XVIe siècle, l'art baroque consacre le triomphe de la ligne courbe après la dictature architecturale de la ligne droite. Tout en dorures, en trompe-l'œil et en faste, on le retrouve dans le vieux Nice avec l'église du « Jésu » imitant l'église du « Gesù » à Rome, l'église Sainte Rita ou encore la cathédrale Sainte-Réparate, un véritable chef-d'œuvre, parmi d'autres. En opposition avec l'austérité du protestantisme, le Baroque s'exprime dans de nombreux bâtiments sur l'ensemble de la Côte d'Azur.

Pour les amateurs, un circuit spécialement étudié pour eux au départ de Nice est à découvrir. Allant jusqu'à Menton à travers toutes les vallées il permet de ratisser l'essentiel des œuvres les plus intéressantes de cet art si particulier. Ce parcours trouve son prolongement dans un programme de concerts de musique baroque qui se déroule dans les églises et les chapelles des vallées de la Bévéra et de la Roya de juin à septembre chaque année : les Baroquiales.

Sur les pas de Garnier et d'Eiffel

Deux hommes au talent inégalable ont marqué à jamais de leurs travaux le paysage azuréen : l'architecte Charles Garnier et l'ingénieur industriel Gustave Eiffel. Leurs œuvres sont devenues de véritables symboles d'architecture : de toute beauté, elles traversent les années avec éclat. À l'image des grandes villes internationales, la Côte d'Azur est aussi devenue une terre de prédilection pour ces deux grands bâtisseurs qui y ont laissé leur empreinte : excellemment préservés, certains de leurs édifices peuvent d'ailleurs se visiter.

© MUSAT - STOCK.ADOBE.COM

Le Fort carré d'Antibes.

Charles Garnier. L'Opéra de Monte-Carlo, le Grand Casino de Monte-Carlo et la salle de jeu de Trente-Quarante, l'observatoire de Nice, la villa Eilenroc au cap d'Antibes, les villas Maria Serena et Foucher de Careil à Menton.

Gustave Eiffel. La coupole de l'observatoire de Nice, celle du jardin d'hiver de l'hôtel Hermitage à Monaco, l'escalier de la villa Maria Serena à Menton, la villa Durandy à Beaulieu-sur-Mer et la coupole du Riviera Palace à Beausoleil, sans oublier la charpente de la distillerie Molinard à Grasse.

Architecture militaire

Le long du littoral azuréen ou dans l'arrière-pays niçois, il existe un patrimoine architectural militaire important : des constructions imposantes de type forteresse aux bunkers, plus discrets, voici un petit aperçu de ces trésors que l'on peut visiter.

Le fort du Mont-Alban à Nice, la citadelle Sainte-Elme à Villefranche-sur-Mer et la forteresse Saint-Hospice à Saint-Jean-Cap-Ferrat. Trois édifices construits à la demande du Duc de Savoie au XVIe siècle qui préfigurent un nouveau type de fortifications bastionnées selon un tracé dit « en étoile » pour répondre aux nouvelles techniques de l'artillerie en usage à l'époque. Parfaitement bien conservés ils sont l'un des rares vestiges de cette époque existant en France.

Le Château de Nice et la Tour Bellanda sont deux ouvrages fortifiés à vocation militaire. Le château a existé du XIe au XVIIIe siècle sur la colline qui porte aujourd'hui son nom. La vieille ville était entourée d'un mur d'enceinte. Sauf la Tour Bellanda, superbement restaurée et transformée en musée, l'ensemble de ces fortifications fut détruit à l'explosif par Louis XIV en 1706. Tandis qu'il ne reste aucune trace des remparts du vieux-Nice, excepté sur le Cours Saleya, le château demeurera en état de ruines : on peut d'ailleurs visiter le site offrant une vue sur la mer à couper le souffle.

La batterie ou « Fort Tabourde » à Tende date de 1883. Il faisait partie des cinq batteries de protection satellites du fort de barrage de Colle Alto. Conçus pour 120 hommes, le fort et ses bâtiments annexes (corps de garde, poste de télégraphie optique et batterie de mortier) furent désarmés durant la Première Guerre mondiale et laissés à l'abandon.

Perché sur la presqu'île Saint-Roch, le Fort Carré à Antibes domine la Méditerranée. Construit sur ordre du Roi de France Henri II, le site occupe une position stratégique. Jusqu'au XIXe siècle, il servit de sentinelle pour la frontière avec le Comté de Nice et de poste de défense pour Antibes. Lorsque Nice fut rattachée à la France en 1860 et que la frontière recula, il fut déclassé militairement. Cédé par l'Armée au ministère des Sports en 1967, le Fort est racheté par la Ville d'Antibes en 1997, qui y organise des visites guidées.

Le Fort Royal de l'île Sainte-Marguerite édifié en 1617 par le Duc de Guise avait pour mission de verrouiller l'accès à Cannes par la mer. La bâtisse fut quelques années plus tard, agrémentée d'autres constructions, lui donnant sa forme actuelle de pentagone (Vauban). À l'intérieur de l'enceinte subsistent une chapelle et plusieurs hangars affectés à l'hébergement des troupes et aux magasins d'artillerie. On y aménagea plusieurs cellules : l'ouvrage devînt une prison d'État et le célèbre, mais inconnu « Masque de Fer » y fut détenu pendant 11 ans de 1687 à 1698. Le fort, qui aurait besoin d'être restauré, est néanmoins sécurisé, permettant d'être visité.

La ligne fortifiée du Paillon : les communes de Levens, l'Escarène et Conte de l'arrière-pays niçois à environ 800 m d'altitude, forment par leur géographie, un obstacle naturel aux invasions du ponant ainsi qu'un couloir de circulation entre Nice et la vallée de la Vésubie.

BEAUX-ARTS

Une étendue de plages chaudes, de villes charismatiques et de stations balnéaires luxueuses : la Côte d'Azur offre à l'amateur d'art vagabond une escapade inégalable. Avant d'être connue comme la destination touristique populaire qu'elle est aujourd'hui, la région abritait des villages de pêcheurs paisibles et il n'est pas étonnant que les pères fondateurs de l'art moderne y aient trouvé leur inspiration. Animés par les eaux bleues scintillantes et les rues pittoresques, fascinés par la façon dont la lumière du soleil peut affecter les différents paysages, les artistes trouvent ici un refuge qui deviendra même le creuset de certains des développements artistiques les plus explosifs. De sites en monuments, de musées en expositions, la Côte d'Azur offre de véritables trésors ; c'est une destination culturelle d'exception qui continue de charmer les plus grands artistes, maîtres, créateurs et auteurs les plus célèbres.

Peinture

▸ **Grâce à son implantation unique**, des montagnes fières jusqu'au littoral lumineux, la Côte d'Azur affiche haut ses couleurs où domine le bleu qui fut cher à Matisse et tant d'autres... Claude Monet, Raoul Dufy, Pierre-Auguste Renoir, Marc Chagall, Jean Cocteau, Boudin, Kees Van Dongen, Pablo Picasso, Picabia, Man Ray, Chagall, Soutine, Nicolas de Staël et Hans Hartung : terre d'art, pays des peintres et des artistes qui attira les plus grands, le sol azuréen grâce à sa lumière unique a favorisé l'éclosion d'œuvres immenses et immortelles en touchant le cœur et l'âme des plus grands peintres. Tous ont confié leur éblouissement, la révélation de cette rencontre avec un soleil qui sublime les couleurs et les ombres. Territoire riche des œuvres de ses maîtres qui y vécurent ou y séjournèrent, on peut suivre ce passé culturel artistique à la trace, de musée en galeries, d'expositions en chapelles. La région dispose aujourd'hui d'un ensemble muséal extrêmement large avec plus de 100 musées disséminés sur l'ensemble du territoire et plus de 150 galeries d'art rendant hommage à ces grands artistes, mais aussi à leurs successeurs, perpétuant ainsi la dynamique de la création régionale. De multiples projets culturels d'envergure internationale marquent chaque année la France : en 2011, c'est sur la Côte d'Azur que l'actualité culturelle et artistique a battu son plein avec l'ouverture de deux nouveaux musées labellisés « musée de France » avec d'une part, le Musée Bonnard au Cannet et d'autre part, le Musée Cocteau Collection Séverin Wunderman à Menton.

▸ **Sur les traces des plus grands...** Passionnés, amateurs ou simples curieux désireux de partir sur les traces de grands artistes, commencent leur « voyage » à travers l'art et les siècles à Antibes « La seule de toutes les villes de la Côte qui ait si bien gardé son âme » selon G. Greene : 25 km de côte qui offrent une large panoplie de paysages marins. La vieille Ville a gardé un certain charme et rappelle la Provence. À découvrir absolument : le quartier du Safranier, ses hautes maisons, ses rues pavées et étroites, ses odeurs d'épices et le Musée Picasso, le Cap d'Antibes avec ses panoramas imprenables sur la Méditerranée, le chemin menant jusqu'à Juan-les-Pins, ce paradis des baigneurs et des noctambules. C'est aussi un important carrefour de l'art où les maîtres de l'impressionnisme et ceux qui venaient après y posaient leurs chevalets pour la « la douceur du blanc, du rose et du bleu », comme disait Monet ou pour « aiguiser les yeux au silex du midi » comme Nicolas de Staël.

A la découverte de l'art dans les villes et villages

▸ **Le Haut-de-Cagnes.** Bourg pittoresque perché au-dessus de la mer avec ses pierres chargées d'histoire, ses ruelles ombragées, étroites et fleuries, ses points de vue insolites sur la Méditerranée et le Mercantour, qui enchanta Auguste Renoir. Le peintre tomba sous le charme du domaine des Collettes et de ses oliviers vieux de cinq siècles aux formes les plus inattendues, résultat des tempêtes, sécheresse, orages, gelées, élagages, abandons... Auguste Renoir acheta ce domaine en 1919 et y vécut jusqu'à sa mort. Aujourd'hui, l'endroit a été transformé en un musée éponyme, à visiter absolument !
Derain, Soutine, Modigliani, Klein, Zeim sont également tombés amoureux du Haut-de-Cagnes, de son histoire et de ses points de vue...

▸ **Villefranche-sur-Mer** arbore fièrement le Port Royal de la Darse, sa corderie, ses anneaux, sa caserne, la tour du Lazaret... sans oublier la chapelle Saint-Pierre, restaurée en 1957 par Jean Cocteau. On peut y voir des passages de la vie de saint Pierre (Patron des pêcheurs), des chandeliers de l'Apocalypse avec l'œil unique de Dieu (cuits dans les fours de Valbonne), des scènes locales (hommages aux Saintes-Maries-de-la-Mer et aux Demoiselles de Villefranche). Une merveille !

La Ferme des Collettes peint par Auguste Renoir, huile sur toile, 1908-14.

Le Cannet. La richesse picturale est conséquente en raison de la présence de Bonnard, Lebasque, Evans, Fioupou, mais également Bellini avant de partir pour Grasse et ses cités alentour avant de prendre la direction de Saint-Paul et Vence où le passé se conjugue avec le présent, étroitement liés aux arts. Une pléiade de peintres initiateurs des écoles du XXe siècle y fut accueillie : Matisse, Chagall, Soutine, Chagall, Renoir, Signac, Modigliani, Dufy, mais également des écrivains tels que Gide, Giono, Cocteau, Prévert. Tous venaient à l'hôtel Le Robinson (aujourd'hui La Colombe d'Or), à La Pergola puis La Résidence (Le Café de la Place). Ici, le nombre de galeries d'art au kilomètre carré est le plus important : on peut flâner, regarder et acheter. Ne pas oublier de partir à la découverte de la Fondation Maeght rassemblant 9 000 œuvres d'art : c'est l'endroit où dans un écrin de verdure, les expositions se succèdent dans une ligne de force et de liberté.

D'autres villes et villages ayant accueilli des peintres restent également à découvrir : La Colle-sur-Loup (show-room de Jacqueline Morabito), Mougins (Picasso, Cocteau, Man Ray, Fernand Léger, Picabia…), Beausoleil (Gustave Eiffel), Biot (Fernand Léger, Eloi Monod et Peynet), Vallauris (Picasso), Cannes (Jean-Gabriel Domergue), Coaraze (Moya…) sans oublier la Riviera de Jean Cocteau de Menton à Saint-Jean-Cap-Ferrat…

Nice, capitale azuréenne où de nombreux artistes vécurent. Ville aux multiples musées et galeries, cité natale de Louis Bréa, patrie de Van Loo, Nice fut appréciée par Toulouse Lautrec, Modigliani, Utrillo, Dufy, Renoir, mais surtout par Chagall et Matisse. Citons aussi l'École de Nice constituée d'un groupe d'artistes (Arman, Martial Raysse, Niki de Saint Phalle, César et Ben) qui ont développé à partir de 1960 de nouvelles formes de créations et firent de la ville un centre d'avant-garde reconnu internationalement.

Lutrins. À l'initiative du Comité Régional du Tourisme Riviera Côte d'Azur, une centaine de reproductions de tableaux de maîtres, installées sur des lutrins, ont été soigneusement placées avec la même perspective que les œuvres originales. Une façon unique de se retrouver « à place » de l'artiste et de constater comment chacun, avec son style, sa passion, son œil, a transcrit l'image qu'il voyait en une somme de formes et de couleurs. Plus de 20 communes sont associées à ce projet offrant ainsi à quiconque plusieurs itinéraires possibles : Antibes, Juan-les-Pins, Beaulieu-sur-Mer, Biot, Cagnes-sur-Mer, Cannes, Golfe Juan, Grasse, La Gaude, Le Cannet, Lucéram, Mougins, Menton, Nice, Roquebrune-Cap-Martin, Saint-Paul, Sospel, Théoule-sur-Mer, Vallauris, Vence, Villefranche sur mer et Villeneuve-Loubet.

© VILLA ARSON

Exposition au Centre national d'art contemporain, Villa Arson à Nice.

La Côté d'Azur et l'art contemporain

La Côte d'Azur aurait pu se reposer sur les lauriers artistiques de son remarquable patrimoine culturel mais loin de s'en contenter, elle a su s'ouvrir à la modernité et à l'avant-garde artistique. Des artistes contemporains se sont dégagés de l'ombre prestigieuse de leurs aînés, apportant un regard novateur sur la peinture. Aujourd'hui, musées et fondations de prestige se font l'écho de leurs recherches. Parallèlement, la Côte d'Azur a choisi de rester une terre propice à l'éclosion et l'épanouissement des talents actuels avec l'Ecole de la Villa Arson, mais aussi avec ses musées, ses grandes galeries d'art et autres espaces d'expositions originaux accueillant leurs œuvres. Des lieux incontournables exposent au public des œuvres réputées ou exceptionnelles : le Musée d'Art Moderne et d'Art Contemporain (vitrine de l'Ecole de Nice) ; le Centre d'Art de la Villa Arson à Nice ; les trois Musées Nationaux : Fernand Léger à Biot, Message Biblique Marc Chagall à Nice et Picasso à Vallauris ; la Fondation Maeght à Saint-Paul-de-Vence où l'art se célèbre en pleine nature ; le Centre International d'Art Contemporain à Carros ; la Fondation Hartung-Bergman à Antibes ; le musée Magnelli à Vallauris ; l'Espace de l'Art Concret à Mouans-Sartoux ; le Château de Villeneuve Fondation Emile Hugues à Vence ; le Château de la Napoule Collection Henry Clews à Mandelieu-La Napoule font partie des meilleurs sites à visiter. Sans oublier tout le réseau des galeries d'art à Nice, Saint Paul ou Monaco qui présentent parfois des pièces rares !

L'art de rue

L'art sur la Côte d'Azur ne se limite pas aux collections et aux expositions présentées dans les nombreux musées disséminés dans la région. Les rues abritent, elles aussi, des sculptures et des œuvres d'art tout aussi belles et remarquables. À l'image des célèbres « fenêtres peintes » en trompe l'œil de la vieille ville ou de la collection d'œuvres uniques présentées en plein air sur les toits du musée d'art moderne, MAMAC ; sans oublier les « aphorismes » écrits de la main de l'artiste Ben, répartis dans toute la ville de Nice. Enfin, nous ne pouvons évidemment pas oublier le Street Art local. Serty31, Olivia Paroldi, Brian Caddy, Otom, EF, Faben, Art Du Noir, Stew, Jaarp, Kotek… Nombreux sont les virtuoses de la bombe de couleur à avoir laissé leur empreinte sur les murs d'expression libres et dans différents lieux de graffiti. Une galerie à ciel ouvert dont les œuvres sont répertoriées sur une carte interactive à retrouver sur le site de l'association Unwhite It visant à promouvoir les arts urbains dans les Alpes-Maritimes.

Sculpture

De Chagall et ses marbres à Sosno et son emblématique tête carrée en passant par Jaume Plensa et le Nomade, Bernar Venet et ses neuf lignes obliques ou encore SAB et son iconique chaise bleue : la Côte d'Azur est un territoire d'expérimentation pour de nombreux artistes sculpteurs. Intrigantes, symboliques, souvent gigantesques, leurs sculptures sont disséminées aux quatre coins de la région, sur tout le littoral, mais aussi dans le haut pays. Et si l'art doit sortir des musées, il se permet aussi de prendre le large, avec les statues créées par l'artiste britannique Jason deCaires Taylor, immergées aux abords de l'île Sainte-Marguerite.

TOP 10

ARTISTES

L'incroyable luminosité de la côte méditerranéenne, le contraste des couleurs, l'exubérance du paysage naturel ont fasciné et inspiré une série d'artistes venus peindre sur la Côte d'Azur dès le XIXe siècle. Nombre d'entre eux y laissent encore une trace à travers des musées et des sites exceptionnels.

FERNAND LÉGER
Fernand Léger et Biot, c'est une histoire d'amour qui commence après la Seconde Guerre mondiale.

PABLO PICASSO
D'Antibes à Vallauris, le peintre coule des jours heureux sur la Côte d'Azur pendant près de 30 ans.

MARC CHAGALL
Il a parcouru le monde tout au long de sa vie, jusqu'aux remparts de Saint-Paul-de-Vence.

PIERRE AUGUSTE RENOIR
Installé à Cagnes-sur-Mer, il y vécut jusqu'à sa mort. La « Maison Renoir » est ouverte au public.

HENRI MATISSE
D'abord à Nice puis à Vence, il n'aura eu de cesse de retranscrire la beauté de la Côte d'Azur.

CLAUDE MONET
Tombé sous le charme du Vieil Antibes et de ses lumières, il y installe son chevalet dès 1888.

PIERRE BONNARD
1926 : le peintre achète une maison au Cannet où il va y produire plus de 300 œuvres jusqu'à sa mort.

RAOUL DUFFY
Considéré comme un Niçois d'adoption, ce fauviste est un amoureux de la lumière azuréenne.

BEN
Connu sous le nom de Ben, Benjamin Vautier, artiste de l'avant-garde, continue de travailler à Nice.

NICOLAS DE STAËL
Il installe son atelier sur les remparts d'Antibes et réalise 150 toiles avant de se suicider.

Portrait peint par Auguste Renoir, 1872.

MUSIQUES ET SCÈNES

Si la Côte d'Azur se distingue par la diversité et la spécificité de sa géographie et par la richesse de son patrimoine et de sa gastronomie, elle n'en demeure pas moins une destination privilégiée pour les amateurs d'art scénique. Au fil des décennies, les danseurs de gavotte et leurs tambourins typiques des fêtes traditionnelles, se sont fait voler la vedette par de grands noms du cinéma et de la musique venus sur la Côte d'Azur pour profiter de cette lumière si particulière et des décors naturellement époustouflants qu'offre le territoire. Lieu de villégiature propice à la création, véritable source d'inspiration, la Côte d'Azur devient un haut lieu du spectacle aussi bien audiovisuel que musical. Le cinéma tout comme le jazz auront, chacun à leur manière, participé à édifier le mythe de la « French Riviera ». Un mythe qui perdure chaque année, en été comme en hiver, à l'occasion de nombreux festivals connus à l'échelle mondiale.

La musique Jazz

La véritable histoire d'amour entre la Côte d'Azur et le Jazz remonte à la fin de la Première Guerre mondiale. Lors du premier Nice Jazz Festival en 1948. Toutefois, l'idylle entre ce genre musical originaire du Sud des États-Unis et la région commence bien avant... Dans les années 1920, plus précisément. Une époque flamboyante, où le monde se remet de la Première Guerre mondiale, avec une joie tintée de jazz. Attirés par le climat et les paysages, de nombreux artistes, écrivains et musiciens américains (entre autres nationalités) quittent le faste parisien pour le sud de la France. La Côte d'Azur (notamment Nice, Juan-les-Pins et sa voisine Antibes) s'impose comme un lieu où l'on peut vivre une vie insouciante avec le jazz comme bande-son. Au cours des années 1930, la scène du jazz en France continue à s'épanouir jusqu'à devenir un instrument de résistance à l'occupation nazie. Une fois encore, les musiciens se déplacent vers le sud pour éviter les zones occupées du nord de la France. En 1948, Louis Armstrong arrive avec son groupe All Stars pour jouer au tout premier festival international de jazz... à Nice, inscrivant ainsi de manière définitive la ville dans le cœur des Jazzmen du monde entier ! Tous les plus grands noms du genre ont joué à Nice à l'instar de Miles Davis, Ella Fitzgerald et Dizzy Gillespie. Pour l'anecdote, l'album live de Gillespie de 1962, intitulé « Dizzy on the French Riviera », a été enregistré au festival. Et Nice ne représente qu'un des deux grands festivals de jazz de la région. Dans les années 1960, non loin de la villa qu'Ella Fitzgerald loue, un nouveau festival international de jazz voit le jour : jazz à Juan. Traditionnellement un peu plus avant-gardiste et moins conventionnel que celui de Nice, il accueille chaque année de nombreux musiciens de jazz internationaux et offre aux mélomanes de nombreux concerts dans les rues. Sa renommée internationale est telle, que la ville de Juan-les-Pins a officiellement été jumelée avec La Nouvelle-Orléans, capitale du jazz. Les deux festivals sont des événements annuels qui ont lieu en juillet.

En général, le Nice Jazz Festival donne le coup d'envoi, tandis que celui de Juan-les-Pins commence sa propre fête le dernier jour où Nice termine la sienne.

Cinéma

La Côte d'Azur est une terre d'inspiration pour de nombreux réalisateurs séduits par le cadre enchanteur de ce pays doté d'un riche passé culturel et historique : environnement idyllique, douceur de ses températures, fascination de la Méditerranée, magnifiques demeures... Autant d'atouts qui ont contribué à faire de notre belle région le Hollywood azuréen ! Car la Côte d'Azur offre aussi au septième art un ensoleillement exceptionnel, la rareté du vent qui ne vient pas ébranler les décors plantés en plein air, des paysages variés et pittoresques et une population diverse permettant de recruter la figuration nécessaire.

Un peu d'histoire. À la fin des années 1900, les frères Lumières filment le carnaval de Nice. Dès cette époque, les réalisateurs installés à Paris viennent chercher sur la Côte d'Azur la lumière qui leur permet de tourner en hiver.

Au début du XXe siècle, Pathé construit un studio de tournage à Nice. Situé route de Turin, c'est la première maison de production à installer des studios sur la Côte d'Azur.

En 1913, Gaumont installe ses studios dans le quartier niçois de Carras. Le cinéaste Louis Feuillade, également directeur des studios, y tournera plusieurs films avant l'arrivée du cinéma parlant qui mettra un terme à l'existence de ce lieu.

Après la Première Guerre mondiale, le producteur Louis Nalpas acquiert la villa Liserb située

© LONGJON - SHUTTERSTOCK.COM

La plage de La Réserve à Nice, qui a servi de décor dans le film Brice de Nice.

sur la colline de Cimiez où il va réaliser *La Sultane de l'amour*, qui rencontre un franc succès. Décidé à faire de Nice le Hollywood européen, il s'associe à un riche entrepreneur, Serge Sandberg, et achètent ensemble la propriété de la Victorine où ils installent des studios sous la direction architecturale d'Édouard Niermans, à qui l'on doit la construction du célèbre Negresco sur la promenade des Anglais.

Au début des années 1920, les studios Iris situés dans la commune de Saint-Laurent-du-Var connaissent un certain engouement avec l'essor du cinéma parlant. Ils fermeront malheureusement leurs portes au début des années 1940 et seront détruits par des bombardements au cours de la Seconde Guerre mondiale.

Depuis cette époque jusqu'à nos jours, plus de 350 films ont été tournés sur la Côte d'Azur par les plus grands studios : Gaumont, Pathé, UGC et Les Artistes associés.

Des décors grandioses

▶ Les grands hôtels et les endroits les plus mythiques du littoral et de l'arrière-pays se transforment régulièrement en plateaux de tournage et servent de décors idylliques aux scènes jouées par les plus grands noms du cinéma. Au total, ce sont plus de 300 films qui ont été tournés sur le territoire azuréen. Parmi les plus célèbres : *Le Grand Bleu* (Besson), *Cash* (Besnard), *La Marseillaise* (Renoir), *La Main au collet* (Hitchcock), *La Sirène du Mississippi* (Truffaut), *L'Arnacœur* (Chaumeil), *La Belle et la Bête* (Cocteau), *Juliette ou la Clé des songes* (Carné), ou plus récemment, *Magic in the Moonlight* (Allen) et *Nicky Larson* (Lacheau).

▶ La Grande Corniche entre Nice et La Turbie. Au commencement, il y a la plage de la Réserve à Nice connue pour son cultissime surfeur « Brice de Nice » incarné par Jean Dujardin. Elle marque le point de départ d'une des plus belles routes de la région azuréenne : la Grande Corniche. Au fil du trajet, on découvre des paysages magnifiques comme la baie de Villefranche-sur-Mer, Saint-Jean-Cap-Ferrat, Cap-d'Ail et le port de Beaulieu avant d'arriver à La Turbie qui surplombe le Rocher monégasque. Cet itinéraire a séduit nombre de réalisateurs en quête de décor choc pour leurs courses-poursuites. De *Jamais plus jamais* (Kershner) en 1983 à *Ronin* (Frankenheimer) en 1998 en passant par *Golden Eye* (Campbell) en 1995 et *Le Transporteur* (Letterier) en 2002, les héros y ont poussé leurs bolides au maximum.

Les Studios Riviera à Nice

Implanté sur la colline de Carras à Nice-ouest, le domaine de la Victorine est à l'origine une propriété horticole. Au début des années 1920, Louis Nalpas et Serge Sandberg, producteurs, sont séduits par ces lieux qu'ils transforment en l'un des principaux studios français dans le but d'en faire le « Hollywood français ». Mais les travaux qu'ils entreprennent engloutissent leurs fonds : ils se retirent et les studios vivotent jusqu'en 1924.

A cette date, un des plus célèbres réalisateurs américains, Rex Ingram, reprend et modernise les lieux jusqu'en 1927 : les films qu'il y tourne donnent au studio une grande réputation. A l'avènement du parlant, la « Victorine », désormais très connue, débarrassée de plusieurs concurrents et bientôt irriguée par les capitaux de Gaumont, attire de nombreux metteurs en scène comme Jean Grémillon, Alexandre Wolkoff, Christian Jaque. C'est le début d'une période faste où sont réalisées de grandes productions : *Les Visiteurs du soir* et *Les Enfants du Paradis* de Marcel Carné (1942 et 1943), *L'Eternel retour* de Jean Delannoy (1943), *Les Petites du quai aux fleurs* de Marc Allégret, *Fanfan la Tulipe* de Christian Jaque avec Gina Lollobrigida et Gérard Philipe (1951), *Jeux interdits* de René Clément (1951), *La Main au collet* d'Alfred Hitchcock avec Grace Kelly et Cary Grant (1954), *Lola Montès* de Max Ophuls (1955), *Cela s'appelle l'aurore* de Luis Bunuel (1955), *Et Dieu créa la femme* de Roger Vadim avec Brigitte Bardot (1956), *Mon oncle* de Jacques Tati (1956), *Lady L.* de Peter Ustinov avec Sophia Loren et Paul Newman (1964) ou encore *Le Corniaud* de Gérard Oury (1964). Ainsi, au gré des distributions, la Victorine accueille les plus grands : Elizabeth Taylor, Richard Burton, Robert De Niro, Mickey Rourke, Roger Moore, Jean Gabin, Bourvil, Louis de Funès, Alain Delon, Jeanne Moreau, Gérard Depardieu… Mais l'endroit connaît des crises périodiques qui l'affaiblissent considérablement. En 1999, la société est rachetée : la « Victorine » est renommée « Studios Riviera » et sert de cadre au tournage de l'émission de télé réalité de TF1 *Nice People* (2003) ainsi qu'à la série TV *Cinq Sœurs* (2007-2008). Depuis 2018, la Ville de Nice a repris la gestion de ces studios mythiques avec l'objectif qu'ils redeviennent incontournables.

Cannes, capitale du cinéma

L'histoire du Festival de Cannes commence… en Italie ! Tout commence juste avant la Seconde Guerre mondiale, lorsque le chancelier allemand Adolf Hitler et Benito Mussolini font du Festival du film de Venise (Mostra Internazionale d'Arte Cinematografica di Venezia) de 1938 un instrument de propagande. Les représentants américains, britanniques et français décident alors de ne plus participer à ce genre de « compétition nazie ». Le diplomate et historien français Philippe Erlanger sait qu'il doit faire quelque chose pour créer un « Festival du film libre », sans pression ni contrainte. Son idée devient officielle lorsque le ministre français de l'Éducation et des Beaux-arts de l'époque, Jean Zay, l'approuve. Un nouveau festival international du film aura lieu en France. Une chose manque : le bon endroit. Un lieu qui pourrait accueillir l'événement et en faire un succès. Ça sera Cannes ! L'élégante ville balnéaire, accueille alors le 1er septembre 1939 sa première édition du Festival de Cannes, avec Louis Lumière comme président du jury. Edition rapidement écourtée, car deux jours plus tard, la Grande-Bretagne et la France déclarent la guerre à l'Allemagne, plongeant l'Europe dans la tourmente.

Le premier Festival du film de Cannes a finalement eu lieu en 1946. D'abord programmé en septembre, celui-ci se voit déplacer en mai et cette année 2021, restrictions sanitaires obligent, en juillet. De toute l'histoire du festival de Cannes seuls deux autres événements auront contraint les organisateurs à annuler ou suspendre les festivités : en 1968 d'abord, bousculé par les événements de mai et en 2020, ébranlé par la pandémie mondiale du COVID-19.

LITTÉRATURE

Terre d'inspiration pour de nombreux écrivains, la région de la Côte d'Azur influence depuis des siècles, artistes et auteurs. Le terme « Côte d'Azur » lui-même a été inventé par un écrivain, Stephen Liégeard, qui a intitulé son récit de voyage écrit sur la French Riviera en 1887 « La Côte d'Azur ». Liégeard, qui décrivait la région comme une « côte de lumière, de brises chaudes et de forêts mystérieuses », a publié son ouvrage à l'âge d'or de la Riviera. Une période faste où la Côte d'Azur devint une destination de villégiature aristocratique prisée pour son accessibilité et son climat des plus favorables. Depuis lors, des noms célèbres s'y sont installés pour travailler, imprégnant la région d'une crédibilité créative que l'on trouve rarement en dehors des plus grandes capitales culturelles du monde. Presque toutes les villes de la côte sont liées à un écrivain et sont désormais immortalisées dans la littérature.

La Côte d'Azur, une invitation au lyrisme

- **Jules Michelet** y effectua un long séjour pendant l'été 1858 durant lequel il découvre la mer et décrit le rivage avec le lyrisme de l'époque : « La mer attire plus puissamment que si l'on était juste au bord. Les sentiers qui y mènent invitent, soit qu'on suive entre les jardins, les haies de jasmin et de myrte, soit qu'en montant quelque peu, on traverse les oliviers et un petit bois mêlé de lauriers et de pins… ».
- **George Sand** décrit les rivages méditerranéens avec sa fougue romantique : « une brume irisée au bord, mais compacte à l'horizon, fait de la Méditerranée une fiction, une sorte de rêve où passent des navires qui semblent flotter dans le vide… Les voix fortes et enjouées des pêcheurs montaient jusqu'à nous comme le rire fantastique des invisibles esprits de la mer ».
- **Gustave Flaubert** s'exclamait en 1845, arrivé sur le site du cimetière de la colline du château à Nice « Quel admirable cimetière en vue de cette mer éternellement jeune ! » et Paul Valéry écrivait quant à lui à propos du même endroit : « Ce lieu me plaît, dominé de flambeaux, composé d'or, de pierre et d'arbres sombres où tant de marbre est tremblant sur tant d'ombres. La mer fidèle y dort sur mes tombeaux ! ». Dans ce cimetière est enterré Gaston Leroux, l'auteur populaire du *Mystère de la chambre jaune*, du *Fantôme de l'Opéra* ou des *Aventures de Rouletabille* qui séjourna à Nice.
- **Saint-John-Perse** (de son vrai nom Alexis Léger), diplomate et poète, écrivit avec lyrisme : « Je m'enchanterai peut-être un jour de ce beau corps aux fines jointures, à l'ossature très racée qu'est la terre de Provence… Tout ce pays, de nuit comme de jour, sent l'essence, la résine, et ce parfum d'ambre jaune qui s'échauffe le soir au corps des femmes à peau mate. Sa sécheresse est celle d'un archet frotté de colophane pour violon… ».

Une littérature proche du peuple

Alphonse Daudet, Prosper Mérimée, Paul Arène, Jean Aicard avec Maurin des Maures, Henri Bosco avec *L'Âne Culotte* et *Le Mas Théotime* font revivre de vieux paysans et bergers des montagnes, aujourd'hui disparus. Jean Giono avec *Regain* et *Le Hussard sur le toit*, peint cet univers de petites gens si proches de la nature que l'on sent battre leur cœur avec celui de cette vieille contrée au charme inusable.

- **Marcel Pagnol** est bien entendu une institution presque malgré lui ! Ses souvenirs d'enfance (*La Gloire de mon père, Le Château de ma mère*…) sont un précieux témoignage sur la vie à Marseille au début du siècle. *Jean de Florette* et *Manon des Sources* font de lui une sorte de Zola des petits paysans obsédés par le problème de l'eau commun à toute la Provence où l'attente de la pluie conditionne parfois la prospérité ou la ruine de toute une saison.

© EVERETT COLLECTION - SHUTTERSTOCK.COM

George Sand.

Gustave Flaubert.

Louis Nucéra se fait le chantre du vieux Nice encore si proche de l'empreinte italienne. Il décrit si bien l'enfance pauvre des petits écoliers et les petits métiers dans un monde dont l'horizon se borne parfois à celui de la ville, un monde au rythme lent, ponctué seulement par les travaux des champs, les activités manuelles et la fuite d'un temps beaucoup moins trépidant qu'aujourd'hui.

La Côte d'Azur, un cadre idéal pour les romans

Françoise Sagan plante le décor de la Côte d'Azur dans son premier roman « Bonjour Tristesse » : le soleil brûlant, le rythme de la mer et la succession des voiliers. Le récit d'un drame de vacances qui aura connu, lors de sa publication en 1954, un succès et un scandale foudroyants.

Ernest Hemingway est l'un des premiers à venir profiter de la Côte d'Azur en saison estivale. Entre fêtes et baignades dans les eaux cristallines qui bordent des plages encore sauvages, il profite et développe avec ses pairs américains Francis Scott et Zelda Fitzgerald ainsi que John Dos Passos le « culte du soleil ». Il y écrira notamment « The garden of Eden » ou « Le jardin d'Eden », un roman audacieux et inachevé dont l'histoire se situe sur la Côte d'Azur et qui fera sensation lors de sa publication en 1986.

F.Scott Fitzgerald a passé une grande partie des années 1920 sur la Côte d'Azur avec sa femme Zelda pour fuir la prohibition en Amérique. Connu pour « The great Gatsby » l'auteur y compose « Tender is the Night », un roman lyrique dont l'intrigue se déroule sur la Côte d'Azur. Le roman commence d'ailleurs sur la description d'un palace, qui évoque l'Hôtel du Cap d'Antibes dans lequel il séjourne : « C'est à mi-chemin de Marseille et de la frontière italienne, un grand hôtel au crépi rose qui se dresse orgueilleusement sur les bords charmants de la Riviera. (...) Un petit clan de gens élégants et célèbres l'a choisi récemment pour y passer l'été. »

Un vivier d'auteurs, natifs ou en séjour

Paul Morand, ce boulimique des voyages effectua de fréquents séjours sur la Côte d'Azur : il adorait circuler à bord d'une automobile trépidante sur les mauvaises petites routes en observant les pêcheurs manœuvrer leurs madragues, ces grands filets profonds, délaissés aujourd'hui.

Jules Verne séjourna quelques semaines à la pointe du Cap d'Antibes. Non pas pour y profiter de l'agréable climat hivernal de la Côte d'Azur, bien au contraire ! Installé dans la villa « Les Chênes Verts » il y travaille d'arrache-pied.

Jean Cocteau a laissé sa trace sur la Côte d'Azur, de Menton, à Villefranche-sur-Mer en passant par Nice et Monaco où il fit l'acquisition d'un appartement. L'écrivain, artiste, dramaturge, cinéaste écrit, peint une part de son œuvre en tête à tête avec la Méditerranée ! « La Côte d'Azur est la serre où poussent les racines. Paris est la boutique où on vend les fleurs. », disait-il.

N'oublions pas de citer d'autres auteurs de renoms nés à Nice, des enfants du pays comme Jean-Marie Gustave Le Clézio (Prix Nobel de Littérature en 2008), Didier Van Cauwelaert (Prix Goncourt en 1994, Prix Marcel Pagnol et Prix Nice Baie des Anges pour Le Père adopté en 2007) et Max Gallo, Membre de l'Académie Française depuis 2007. Daniel Pennac a étudié et enseigné à Nice où il créa la célèbre saga des Malaussène. Il reçut le Prix Renaudot en 2007. Romain Gary, de son vrai nom Roman Kacewy, passa son adolescence avec sa mère sur la Côte d'Azur. Joseph Kessel et Guillaume Apollinaire furent élèves au Lycée Masséna. Sans oublier les auteurs natifs d'Antibes comme Jacques Audiberti, écrivain, poète et dramaturge français né à Antibes et Guillaume Musso nommé Chevalier de l'Ordre des arts et lettres en 2012 pour l'ensemble de son Œuvre.

QUE RAPPORTER ?

Avec de multiples ateliers artisanaux ou familiaux fabriquant des objets et des produits qui font depuis toujours sa renommée, la Côte d'Azur est une destination shopping sans pareil. On trouve ainsi des objets décoratifs et des ustensiles en bois d'olivier sculptés sans oublier la traditionnelle huile d'olive et autres spécialités gourmandes du coin à l'image de la socca chips à partager à l'apéritif ou du chocolat et des fleurs cristallisées de la confiserie Florian. Les plus fantaisistes se pencheront davantage sur des objets aussi atypiques que singuliers à l'image des bracelets en forme de galet niçois signés La Plaia. Sans oublier les petites boîtes aux cigales chantantes, le linge de maison coloré aux imprimés provençaux, les sachets parfumés à la lavande… Un terroir original et généreux que vous aurez forcément envie de rapporter chez vous et dont voici quelques incontournables à mettre dans vos valises.

Les parfums

Principalement élaborés à Grasse, capitale mondiale des parfums, ils sont fabriqués par différentes méthodes d'extraction des matières odorantes naturelles comme la distillation ou l'enfleurage, principalement utilisé pour les fleurs dites « fragiles » comme le jasmin. Fragonard, Molinard et Galimard représentent alors la trinité des parfumeurs chez qui vous trouverez forcément votre bonheur olfactif.

Les bougies parfumées

Au pays des senteurs et des parfums, quoi de plus naturel que de trouver des bougies parfumées ? De multiples cireries artisanales proposent des bougies aux parfums les plus variés, surtout dans la région de Grasse. Coulées dans un godet de verre de terre cuite ou de métal, leurs parfums sont variables à l'infini.

Les cadrans solaires

Ici, l'art de bâtir des cadrans solaires remonte à la Haute Antiquité où la possession d'une montre est un luxe réservé aux plus fortunés. Pour connaître l'heure, le berger dans ses pâturages a trouvé un moyen rudimentaire, mais efficace : planter un bâton (ou gnomon) verticalement dans le sol puis observer le déplacement de son ombre. On rencontre aujourd'hui trois types de cadrans : l'italique qui décompte les heures à partir du coucher du soleil de la veille ; le classique gradué de lignes horaires décalées et le babylonien qui compte les heures à partir du lever du soleil. Avec le temps, le cadran solaire va devenir un support de méditation, une invitation à réfléchir sur la fuite inexorable du temps. Le cadran du clocher de Saorge, petit village perché sur la Roya dessiné en 1880, porte cette citation du poète italien Leopardi : « A me il sol, a te lo studio » que l'on peut traduire par « À moi le soleil, à toi l'étude ». Le couvent de Saorge, près de la frontière italienne, ne compte pas moins de onze cadrans solaires. À l'instar du village de Coaraze, dans l'arrière-pays niçois, surnommé le village des cadrans solaires, car chaque façade en est ornée. Certains ont même été dessinés par Jean Cocteau.

Les santons

Ces petites statuettes d'argile d'origine religieuse recréent l'univers de la Provence. De nombreux touristes de la Côte d'Azur les emportent comme souvenirs. La pastorale de jadis offre alors l'occasion de dénombrer et de représenter les métiers, les corporations traditionnelles ou tout un petit peuple saisi sur le vif, dans ses atours habituels : le meunier, le berger, le curé, la lavandière, la fileuse avec son rouet, le boulanger avec son pain sous le bras, le pêcheur avec ses poissons au bout de sa ligne (Bartoumieu), le valet de ferme un peu niais (Ravi), le valet un peu simplet qui sourit béatement sans même savoir pourquoi affublé de son bonnet de nuit à pompon (Gigé)…

© JACKY JEANNET - STOCK.ADOBE.COM

Santons de Provence.

© JENJ_PAYLESS - SHUTTERSTOCK.COM

Carafes en verre soufflé de Biot.

Le village tout entier se retrouve ainsi dans la crèche. L'art des santons perd ainsi un peu le caractère religieux qu'il possédait au siècle dernier autour de la crèche où voisinent le bœuf et l'âne. Il permet aujourd'hui de représenter des villages entiers avec des vieux mas, des corps de ferme, des hameaux aux ruelles étroites, des troupeaux de vaches et des moutons. On distingue les santons de fabrication industrielle, standardisés et les santons artisanaux, plus chers, car moulés un par un dans une matrice de plâtre et ensuite décorés à la main avec un luxe de détail qui fait de chacun d'eux une véritable petite œuvre d'art. De nombreuses villes organisent une foire aux santons pendant le mois de décembre.

Vaisselle artisanale

Les poteries

Il existe une longue tradition potière tout autour de Vallauris qui met en valeur les objets usuels comme les services de vaisselle vernissée et les bibelots artistiques, dont la vocation purement décorative rejoint la beauté des poteries antiques : bougeoirs, brûle-parfums, coupes ventrues…

Les verres soufflés de Biot

prestigieux héritier d'une tradition millénaire, le verre en fusion, malaxé par des souffleurs se transforme en carafe, en photophore ou en pichet, rendant chaque pièce unique. Le processus est complexe et demande une certaine dextérité : le verrier cueille une grosse goutte de verre en fusion dans le four au bout de sa canne. Il la fait ensuite tourner instantanément pour éviter la prise en masse immédiate, la roule sur une table de fonte appelée marbre puis souffle dans la canne formant ainsi une petite boule rouge en forme de poire : c'est la première ébauche de la pièce. Le verrier cueille une seconde fois du verre et fait rouler la boule de verre en fusion dans une pièce de bois humide, la mailloche. Il souffle tout en faisant tourner régulièrement sa canne et donne à la pièce la forme voulue avec une pince métallique, les fers. Il faut alors agir très vite avant que la température ne tombe : le verrier gonfle la pièce en soufflant dans sa canne et arrondit, aplatit ou allonge la pièce pour lui donner sa forme définitive. Il pose enfin l'anse et la soude par fusion puis détache la pièce déjà fortement refroidie. À voir travailler les verriers, on a l'impression d'une grande facilité. Pourtant, il faut dix ans d'apprentissage pour maîtriser complètement cette technique.

Les boules de pétanque

Depuis la plus Haute Antiquité, le jeu d'adresse qui consiste à placer des objets au lancer connaît des variantes diverses : à cet effet, on dit souvent que les légionnaires romains s'amusaient à lancer des cailloux polis par la mer ou par le lit de la Durance. Pour les fabriquer, on utilisait des boules de bois tourné, mais le bois sec se fendait sous les chocs. Au XIXe siècle, des artisans se spécialisent dans la fabrication de boules de buis entièrement cloutées : on utilisait alors jusqu'à 1 200 clous et leur réalisation ne demandait pas moins de douze heures de travail artisanal ! En 1923, les premières boules de bronze coulées font leur apparition. Aujourd'hui, chaque boule est le fruit d'un long travail industriel. L'appellation « pétanque » tire son nom du provençal avec le mot *tanca* qui signifie ficher, planter droit, car avant de lancer il faut bien garder les pieds *tanqués* (immobiles).

SPORTS ET LOISIRS

Aussi riche et diversifiée que les paysages qui jonchent la région, du littoral méditerranéen aux monts du Parc national du Mercantour, la palette des activités à pratiquer sur la Côte d'Azur devrait ravir les amateurs de sport et d'aventures. Sur terre, dans les airs ou encore en mer, que vous soyez aventurier passionné ou sportif confirmé : vous n'aurez que l'embarras du choix ! Bon plan : le département des Alpes-Maritimes, la région PACA, le comité régional du tourisme et france.fr se sont associés pour créer le Pass Côte d'Azur France. Il donne accès à 3 ou 5 activités parmi des dizaines d'activités référencées (parcs à thèmes, bus touristiques, excursions en bateau, activités nautiques, de montagne, etc.) dans les Alpes-Maritimes et le Var, et ce, à des prix préférentiels (remise allant jusqu'à -30 %). Idéal pour découvrir les incontournables azuréens à petits prix. Pour en savoir plus : www.cotedazur-card.com.

Au grand air

▶ **Randonnées.** A pied comme à cheval, que vous soyez sportif ou non, la Côte d'Azur est le paradis des randonneurs. Vous découvrirez une grande variété d'itinéraires de tous niveaux : en bordure de mer ou dans les montagnes de l'arrière-pays. Tous les marcheurs trouveront leur bonheur depuis la petite balade entre amis dans des sentiers débonnaires jusqu'aux circuits de moyenne et de haute montagne avec des dénivelés très importants pour les randonneurs les plus endurcis. Pour en savoir plus, divers guides dédiés à la randonnée sont édités par le Conseil général des Alpes-Maritimes ainsi que les guides de randonnées pédestres dans la collection Randoxygène. Plus d'informations sur le site randoxygene.departement06.fr.

▶ **Balades à vélo.** Les fervents de la petite reine peuvent se faire plaisir sur les routes départementales discrètes et peu fréquentées de l'arrière-pays. Les amateurs de VTT sont comblés par les chemins de montagne et les sentiers de randonnées qui permettent souvent d'admirer des vallées de toute beauté et inaccessibles en voiture. De multiples organismes proposent aussi la location de VTT et fournissent des cartes d'itinéraires balisés ou aménagés.

▶ **Golf.** A quelques minutes seulement des plages, on trouve les meilleurs parcours signés par les architectes de golf les plus prestigieux comme Donald Harradine, Robert von Hagge, Pete Dye, Robert Trent Jones, Jack Nicklaus… Les golfeurs azuréens sont ainsi privilégiés par la présence d'un grand nombre de circuits de haute qualité, parfaitement aménagés et entretenus. Tous proposent des stages d'initiation et de formation à cette discipline.

▶ **Alpinisme, escalade.** Toutes les parois s'offrent aux grimpeurs depuis la petite falaise amusante et facile jusqu'aux grandes murailles des montagnes du massif du Mercantour : il y en a pour tous les goûts, toutes les ambitions et tous les niveaux ! Attention toutefois car il y a des parois qui sont aussi difficiles à escalader, il est donc nécessaire de bien se renseigner avant de les attaquer et vivement conseillé de faire appel à la compétence d'un guide. Les sites les plus propices à la varappe sont les sommets du nord du département des Alpes-Maritimes : la Cougourde (2 912 m), la Madone de Fenestre (2 415 m), le mont Clapier (3 045 m), le mont Gélas (3 143 m), le mont Ténibre (3 021 m).

▶ **Via ferrata.** Faut-il encore présenter cette activité inventée par les militaires italiens depuis 1988 et qui séduit les amateurs de sensations fortes ? Que vous ayez 7 ou 77 ans, et à condition de ne pas avoir le vertige, vous trouverez forcément une via ferrata qui correspond à votre condition physique et à votre niveau. Mais attention, une fois parti, il est impossible de descendre à n'importe quel moment ; il est donc indispensable de bien évaluer ses capacités et d'être bien encadré. Le département offre un grand nombre de ces parcours aériens artificiels dotés de voies d'escalade permettant d'effectuer des parcours exceptionnels au cœur des parois et des falaises rocheuses avec un maximum de sécurité.

© TOMFRY - STOCK.ADOBE.COM

Randonnée dans le parc national du Mercantour.

© MICHEL FARRUGIA - STOCK.ADOBE.COM

Vol en parapente au-dessus de Monaco.

Accrobranches. Variante des vias ferratas, ces circuits aménagés permettent de se déplacer d'arbre en arbre dans une forêt sans toucher terre. Ludiques et accessibles à tous, selon son niveau, vous pourrez franchir des passerelles, des ponts de singe, faire des sauts au bout d'une corde, prendre des échelles de corde, effectuer des descentes en tyrolienne mais en étant toujours accroché à un câble, donc sans risque majeur. Ces parcours, moins dangereux que les vias ferratas, s'adressent particulièrement aux adolescents, mais il n'est pas interdit aux adultes d'en profiter !

Sports d'hiver. Peu d'endroits au monde peuvent se targuer d'offrir à leurs habitants le loisir, dans une même journée, de glisser sur des pistes enneigées le matin et de boire un cocktail sur une plage ensoleillée l'après-midi... La Côte d'Azur en fait partie ! De novembre jusqu'à la fin du mois d'avril, les stations des Alpes du Sud bénéficient d'un remarquable enneigement, assorti d'un ensoleillement bien supérieur à celui des stations des Alpes du Nord. Toutes sont équipées de remontées mécaniques performantes et d'aménagements favorisant la pratique d'un ski familial. Les hauts villages des Alpes-Maritimes sont également le paradis des skieurs de fond qui trouveront plus de 1 200 km de pistes. L'ensemble des stations offre également une gamme très complète de sports de neige : ski alpin, snowboard, speed riding, bobsleigh, randonnées en traîneau à chiens… Isola 2000, Auron, Valberg, La Colmiane ou encore Roubion : de nombreuses stations d'hiver vous ouvrent les bras.

Comme un poisson dans l'eau

Plaisance. De Mandelieu-la-Napoule à Menton, chaque ville a son port de plaisance plus ou moins grand, et possède des structures d'accueil offrant toutes un service de qualité ainsi que des équipements nécessaires permettant de pratiquer ces sports en toute sécurité. Certaines communes disposent de plusieurs ports de plaisance comme Antibes, Monaco et Beaulieu. Cannes et Mandelieu en dénombrent cinq parmi lesquels la clientèle et les prestations ne sont pas les mêmes… Les ports de Monaco, de Cannes, d'Antibes, de Saint-Jean-Cap-Ferrat et de Beaulieu sont l'incarnation du luxe mais il ne faut pas oublier que les pointus, ces bateaux de pêcheurs, ont toujours leur place dans cet univers. Les autres ports de plaisance du littoral azuréen, plus petits par leur taille, ont un charme fou, notamment le port de la Darse à Villefranche. Dans ce vrai port de pêche, tout est simple et dans le respect des traditions. Pour accoster ou pour se promener, c'est un endroit idéal où les paysages et les panoramas sont sublimes et le dépaysement garanti.

Plongée sous-marine. Que l'on soit néophyte, débutant ou plongeur confirmé, de nombreux clubs sont implantés sur le littoral azuréen. D'avril à octobre, il y a foule sous la mer, car certains sites sous-marins valent le détour. On y découvre une belle variété de poissons et une grande diversité de fonds et de paysages. Tous les clubs proposent des stages individuels et collectifs dispensés par des moniteurs brevetés qui offrent des garanties quant à la bonne qualité de leur matériel et qui font preuve de pédagogie et de sécurité.

Rafting et canyoning. Ouverts du 1er avril au 31 octobre, et de niveaux techniques très divers, les lieux de pratique se situent tous dans la partie haute du département, principalement autour de quatre pôles principaux que sont le Var et le Cians avec la clue du Raton, les gorges de Daluis, la vallée de l'Estéron, la vallée de la Vésubie et les vallées de la Roya et de la Bévéra.

COMPÉTITIONS
Nascar Cup Series, AMA Supercross, Championnat MXGP...
TEAM DAVID
présenté par David Douillet
RETROMANIA
présenté par Thomas Bastard et Matthieu Lamoure
AUTOMOTO
LA CHAINE
@chaine_automoto www.automoto-lachaine.fr
DISPONIBLE SUR
Une chaîne Mediawan
CANAL+
orange
SFR
free
bouygues
prime video
molotov.TV

© WIRESTOCK CREATORS - SHUTTERSTOCK.COM

L'Observatoire de Nice.

Vous trouverez ainsi plus de 30 sites répertoriés dont les plus spectaculaires sont la clue du Raton dans les gorges du Cians qui permet de réaliser une descente de 3 kilomètres en 6 heures avec une série de cascades, dont la plus haute mesure 20 mètres, et la clue de la Cerise dans la vallée de l'Estéron qui se parcourt à la nage en aller-retour. D'autres sites restent exceptionnels comme le riou de la Bollène dans la Vésubie doté de remarquables toboggans naturels et d'une cascade de 20 mètres, le parcours de Bendola sur la Roya et celui de Maglia sur la Bévéra.

Prendre de la hauteur

Parapente et ULM

Vol libre en parapente et deltaplane. Vue du ciel, la Côte d'Azur est encore plus belle, qu'on soit au-dessus de la terre ou au-dessus de la mer. Attention tout de même à ne jamais se lancer inconsidérément du haut d'une falaise sans avoir appris comment piloter la voilure. Une bonne formation s'impose, de préférence par une école labellisée Fédération française de vol libre. Sur la Côte d'Azur, les sites d'envol sont nombreux : on en dénombre une quarantaine implantée dans les communes de Gourdon, Gréolières, Bar-sur-Loup, Sospel et Valdeblore-la-Colmiane.

Les accros de l'ULM se regroupent au sein de la Fédération française de planeur ultraléger motorisé (FFPLUM) : il faut compter de 15h à 25h de vol au minimum pour obtenir le brevet de pilotage et de 10h à 15h supplémentaires pour la qualification emport de passager. La démarche la plus courante consiste à passer du deltaplane à l'ULM.

La tête dans les étoiles

Astronomie. La Côte d'Azur possède le deuxième observatoire de France après Paris, regroupant celui de Nice et de Calern dont la renommée est internationale. De nombreux autres observatoires sont également installés dans la région. Chacun propose tout un panel d'activités : planétarium, expositions, animations, conférences ou soirées thématiques... À noter que l'architecture de l'Observatoire de Nice fut réalisée par Charles Garnier et la Coupole par Gustave Eiffel. Pour ceux qui souhaitent approfondir leur découverte astronomique, l'itinéraire « Cassini » vous mène de Perinaldo en Italie, à Paris sur les traces de cinq générations de scientifiques qui ont marqué 150 ans de l'histoire des sciences. La multitude de points de vue élevés et bien dégagés des emprises urbaines et la pureté de l'atmosphère due à l'absence quasi totale de pollution et la rareté des passages nuageux en font une région privilégiée pour l'observation des astres.

Sous la terre

La spéléologie. La Côte d'Azur est particulièrement riche en cavités, grottes, itinéraires souterrains offrant aux spéléologues une grande variété de domaines à explorer. Attention ! Il faut être prudent et ne pas s'aventurer dans des galeries que l'on ne connaît pas. Mieux vaut adhérer à un club, se renseigner avant de partir ou encore faire appel aux services d'un guide spécialisé qui connaît la région. Les sites les plus propices sont dans les Alpes-Maritimes, les montagnes de l'Aubergue, le plateau de Caussols au-dessus de Saint-Vallier-de-Thiey, le Cheiron, le plateau de Saint-Cézaire ou le Baou. Le massif de Marguareis au nord-est de Tende offre de nombreuses variétés de galeries pour tous niveaux. À proximité de Draguignan dans le département du Var, la célèbre grotte de Mouret constitue un excellent site d'entraînement.

GASTRONOMIE

La Côte d'Azur compte jusqu'à 300 jours d'ensoleillement par an, ce qui en fait un endroit idéal pour la culture des fruits et légumes frais. Combiné au Mistral, qui assèche le sol et purifie l'air, cela fait de la région un territoire adéquat à la culture du vin. Sans oublier le fait d'être dans une région située en de bord de mer et offrant, selon la saison, différentes sortes de poissons, des crustacés, des mollusques, et même des huîtres ! Influencées par la cuisine italienne et les produits locaux gorgés de saveurs, les recettes locales sont uniques en France. Une « cuisine du soleil » dont la base repose essentiellement sur l'utilisation d'ail, d'oignons, de plantes aromatiques et bien entendu d'huile d'olive ! Un savoir-faire gastronomique exceptionnel mis en valeur avec le label « Cuisine Nissarde » attribué aux restaurants œuvrant à la préservation de la cuisine niçoise en respectant les recettes traditionnelles de la région.

Spécialités locales et produits du terroir

Aux spécialités locales incontournables telles que la pissaladière, la ratatouille, la salade niçoise, la soupe au pistou, les petits farcis à la niçoise, les beignets de fleurs de courgette, la tourte aux blettes (à déguster en dessert comme en entrée), le stockfish ou encore le pan bagnat s'ajoutent des produits du terroir aussi authentiques que typiques.

- Les pieds et paquets. Ce sont de délicieuses préparations de panse de mouton farcie, roulées en paupiettes accompagnées des pieds du même animal, le tout baignant dans une sauce très épicée. Se déguste avec des pommes vapeur.

- La porchetta niçoise. Cochon de lait farci accompagné d'une farce à base d'ail, d'oignons et de fines herbes aromatiques.

- Le mesclun. C'est un mélange (*mesculare* en latin) de pousses et de feuilles de différentes plantes potagères qui se consomment le plus souvent en salade. Le mesclun aurait été inventé par les moines du monastère de Cimiez qui, en cultivant leurs terres, auraient par inadvertance mélangé les graines. Laitue, mâche, roquette, chicorée, trévise, scarole, feuille de chêne composent ce mélange ; on peut ajouter du pissenlit, des pousses d'épinard, du pourpier et des plantes aromatiques.

- Les gnocchis. Boules de pommes de terre et de farine de blé en sauce servies avec du fromage râpé. Comme son nom l'indique, ce plat est d'origine italienne et sa variante niçoise aux blettes porte le nom de « merda di can » ou « merde de chien » en raison de la forme forme des gnocchis après cuisson…

- Les raviolis. Importé de l'Italie voisine, ce sont des carrés de pâte farcis à la viande, aux épinards, à la tomate ou au poisson, pochés dans l'eau bouillante et servis avec une sauce. L'inventivité des chefs de cuisine est inépuisable en ce qui concerne la farce qui garnit l'intérieur des raviolis : on en trouve au homard, au foie gras, au bœuf…

- L'aïoli. Grand classique du Midi, on ne peut l'apprécier que si l'on aime l'ail ! Il s'agit d'une sorte de mayonnaise sans moutarde à base de purée d'ail et d'huile d'olive que l'on utilise pour déguster du poisson blanc cuit au court-bouillon, des légumes bouillis, des artichauts ou des œufs durs.

- L'anchoïade. Cette purée d'anchois, enrichie de câpres soigneusement écrasées, et légèrement délayée à l'huile d'olive est tout à fait délicieuse tartinée sur des petits toasts à l'heure de l'apéritif.

- Les herbes de Provence. Ce sont des condiments qui donnent la saveur à la cuisine du terroir et dont chaque cuisinier dose les proportions avec un soin d'alchimiste car bien souvent la réussite d'un plat dépend d'une pincée de plus ou de moins. Les herbes de Provence comptent parmi elles : l'estragon, le persil, le cerfeuil, le basilic, la ciboulette, le fenouil, la marjolaine, la sarriette, la coriandre, le genièvre, le thym, le romarin, l'origan et le laurier.

© ANTONIO TRUZZI - SHUTTERSTOCK.COM

Porchetta.

© MARGOUILLAT PHOTO - SHUTTERSTOCK.COM

Tapenades.

- L'olive. Contrairement à l'olive grecque que vous achetez souvent ventrue, pansue, grasse, onctueuse et en sachet au supermarché, l'olive niçoise ou cailletier est petite, craquante, ferme et très goûteuse ! C'est elle qui donne toute sa saveur à la salade niçoise.

- La pâte d'olives et la tapenade. La tapenade est une délicieuse purée à base d'anchois, d'olives noires dénoyautées et de câpres (*tapene* en provençal) mélangés dans de l'huile d'olive. Les puristes et les gens d'ici préfèrent toutefois la pâte d'olive, une purée d'olives noires dénoyautées dans l'huile d'olive parfois aromatisée d'herbes de Provence.

- Les ganses. Sorte de beignets frits saupoudrés de sucre vanillé ou de sucre glacé. Une recette simple et gourmande réalisée pendant les fêtes du Carnaval de Nice.

Les boissons

La Lérina. Les moines de l'abbaye de Saint-Honorat sur les îles de Lérins au large de Cannes fabriquent et commercialisent cette liqueur dont ils possèdent l'exclusivité et le secret de fabrication.

- Le vin d'orange. Une autre spécialité de la Côte d'Azur réalisée au moyen d'une décoction et d'une macération d'oranges amères dans un excellent rosé de Provence. Le résultat est un apéritif délectable, moyennement alcoolisé, d'une belle couleur rouge mordorée qui se boit frais en été sous les tonnelles.

- Les bières locales. L'Azuréenne, la bière de Monaco, BO6 d'Antibes, A la Fut implantée à Cagnes-sur-Mer… Pas moins d'une quinzaine de bières sont brassées dans les Alpes Maritimes, dans le respect des traditions ancestrales.

Et bien-sûr… L'huile d'olive

Depuis l'Antiquité, la Provence est la terre de l'olivier. Les belles Romaines, imitées par les belles Gauloises, enduisaient leur corps d'huile d'olive pour assouplir leur peau soyeuse. À Nice, lorsqu'il tombe de l'arbre, ce petit bijou vert qui deviendra noir plus tard est reconnu par l'appellation d'origine contrôlée AOC. Plus de 520 hectares d'oliviers (57 000 arbres) sur 99 communes des Alpes-Maritimes situées à moins de 750 mètres d'altitude sont ainsi concernés. On dénombre alors 104 communes divisées en quatre zones oléicoles : le secteur grassois, niçois, mentonnais et le domaine des vallées du Var et de l'Estéron. Le département des Alpes-Maritimes est le deuxième département français oléicole avec une moyenne de 2 200 tonnes d'olives récoltées dont 300 tonnes en olives salées pour la table et la pâte d'olives. Il est indispensable de faire une halte dans un moulin chez un producteur ou un détaillant afin de la goûter. S'il ne fait aucun doute que vous allez adorer son goût si particulier, vous penserez peut-être également que c'est bon, mais un peu cher… Et pour cause, un litre coûte environ 15 €. Toutefois, n'oubliez pas qu'il s'agit d'un produit noble ! Prenez le temps de regarder sa couleur, de humer son parfum ; rien à voir avec l'huile d'olive qu'on trouve au supermarché ! Il serait donc dommage de repartir sans quelques pots d'olives niçoises AOC. D'autant plus que ses vertus sont nombreuses et loin d'être exhaustives. Depuis des millénaires, l'olive est utilisée par les habitants du bassin méditerranéen pour nourrir les cheveux, conserver l'élasticité de la peau ou réparer les mains abîmées. D'un point de vue scientifique, les feuilles de l'olivier sont riches en oleuropeïne, un puissant composant antibactérien tandis que l'olive est naturellement riche en antioxydants ! Autant de raisons qui font que l'huile d'olive soit aussi devenue un produit star de la cosmétique.

TOP 10

GASTRONOMIE LOCALE

Gorgée de soleil, la gastronomie régionale contribue largement à l'art de vivre si emblématique de la Côte d'Azur. Cuisine traditionnelle fraîche et locale, elle est le produit d'une histoire originale et d'un melting-pot de cultures. Un art culinaire inscrit au patrimoine culturel immatériel français.

MERDA DI CAN

Vous allez adorer ces gnocchis aux blettes typiquement niçois baptisés « crottes de chien ».

PAN BAGNAT

Ici, on ne mange pas un burger, mais un pan bagnat, un sandwich rond aux crudités et au thon.

© MARGOUILLAT PHOTO - SHUTTERSTOCK.COM

PANISSE

Les frites laissent place aux panisses, une préparation à base de farine de pois chiche.

© UCKYO - STOCK.ADOBE.COM

TAPENADE

À base d'olives, de câpres et d'anchois, la tapenade est une pâte à tartiner incontournable.

© PINKYBIRD - ISTOCKPHOTO.COM

PISSALADIÈRE

Recouverte d'oignons caramélisés, d'olives et d'anchois, c'est la version provençale de la pizza.

© MONKEY BUSINESS IMAGES - SHUTTERSTOCK.COM

SALADE NIÇOISE

Une salade composée dans la tradition française, dont la saveur est profondément liée à la région.

© BDMCINTOSH - ISTOCKPHOTO.COM

SOCCA

Version sudiste des crêpes. À base de farine de pois chiche, elle se déguste juste assaisonnée !

© UCKYO - STOCK.ADOBE.COM

FOUGASSE

Salée, elle s'agrémente d'olives. Sucrée, dite « pompe à huile », elle se parfume de fleur d'oranger.

© KREMENA RUSEVA - SHUTTERSTOCK.COM

BAGNA CAUDA

Sorte d'anchoïade chaude, on y trempe des légumes crus à l'heure de l'apéritif, notamment.

© ALAIN INTRAINA - ISTOCKPHOTO.COM

RATATOUILLE

Un ragoût de légumes composé de légumes du soleil confits dans la sauce tomate et l'huile d'olive.

© AAMULYA - ISTOCKPHOTO.COM

AGENDA

Sur la Côte d'Azur, il n'y a pas que le climat qui est lumineux : événements et festivités donnent également à la région un éclat unique tout au long de l'année avec un calendrier bien chargé de manifestations internationales. Ballets, opéras, théâtres, expositions, salons, manifestations sportives, concerts, feux d'artifices, festivals... Autant d'événements culturels et sportifs d'exception qui jalonnent le calendrier azuréen tout au long de l'année ! Ne manquez pas les grands événements de la région tels que le très glamour Festival du film de Cannes, le Carnaval de Nice et ses chars colorés à l'instar de ceux des festivités autour du citron de Menton, sans oublier l'incontournable Grand Prix de Monaco, les Monaco et Cannes Yacht Shows ou encore le festival Jazz à Juan. L'agenda azuréen bourdonne de rendez-vous culturels, sportifs, ludiques... À vous de choisir quel sera votre temps fort.

DÉCOUVERTE

MONACO YACHT SHOW

Port Hercule

MONACO

✆ +377 93 10 63 00

www.monacoyachtshow.com

Chaque année en septembre.

Rendez-vous immanquable du luxe entre plusieurs centaines de super-yachts, un éventail très complet d'activités sur environ 20 300 m² y est représenté pendant plusieurs jours : chantiers navals, brokers, designers, équipementiers, maison de produits de haut de gamme... Ici, tout s'achète ! C'est l'opportunité d'en prendre plein la vue avec la présence de yachts d'exception allant de 10 à 90 m de long. Chaque année, le prix du Design décerné par un jury récompense le yacht dont le design intérieur se distingue par son originalité et sa beauté.

GRAND PRIX DE F1

23 boulevard Albert-Ier - **MONACO**

✆ +377 93 15 26 00

www.acm.mc

Fin mai. Tarif en fonction de la place désirée et de la date. Possibilité d'assister gratuitement aux essais.

Le Grand Prix de Monaco à Monte-Carlo, c'est le mélange parfait de sensations fortes et de glamour. Cette course, ayant pour circuit le cœur même de la ville de Monte-Carlo, est l'un des événements les plus attendus dans le monde de la course automobile. Le circuit, qui est resté quasiment identique depuis 1950, demande aux pilotes d'avoir une grande dextérité et d'excellentes connaissances techniques. Du grand spectacle ! Un événement à la fois sportif et festif puisque la fête bat son plein tous les soirs dans les bars et les clubs de la ville.

FÊTE DU CITRON À MENTON

8, avenue Boyer

MENTON ✆ 04 92 41 76 76

www.fete-du-citron.com/

Chaque année, en février. Lors des corsos des dimanches, il est vivement recommandé d'arriver à Menton avant 11h.

Après le carnaval de Nice, c'est le deuxième grand rendez-vous de l'hiver sur la Côte d'Azur. Pendant deux semaines des sculptures gigantesques et des chars en agrumes défilent sur la promenade du Soleil. Des décors incroyables aux couleurs du soleil et des corsi de chars décorés grâce aux tonnes d'agrumes, piqués et disposés un par un sur des sculptures éphémères impressionnantes ! La manifestation accueille également le Festival International des Orchidées et le Salon de l'Artisanat en plus des animations dans les rues de la ville.

CARNAVAL ET BATAILLE DES FLEURS

Office de tourisme et des congrès - **NICE**

✆ 04 97 13 36 66

www.nicecarnaval.com

Chaque année en février. Gratuit en promenoir pour les personnes déguisées et les enfants jusqu'à 5 ans.

Incontournable, le Carnaval de Nice est l'un des plus grands carnavals au monde ! Plus d'un millier de musiciens et de danseurs participent à cette fête fantastique qui chasse la morosité de l'hiver à grands renforts de chars colorés et de corsos fleuris. Une ambiance survoltée règne sur la ville alors prise d'assaut par une population costumée et masquée et pour couronner les festivités, le roi du carnaval est brûlé dans la mer le dernier soir, suivi d'un feu d'artifice.

FESTIVAL INTERNATIONAL DU FILM DE CANNES

Palais des Festivals et des Congrès
CANNES
✆ 01 53 59 61 00
www.festival-cannes.com
Chaque année, en mai. Cette année en juillet.

C'est le rendez-vous que les cinéphiles et professionnels du 7e art attendent chaque année ! Le Festival de Cannes, festival libre et avant-gardiste né en 1939 pour faire un pied de nez à la scala de Venise sous emprise nazie a su se forger une solide réputation pour devenir, au fil des décennies, l'événement célébrant le meilleur du cinéma international. Montée des marches mythiques, célébrités à tous les coins de rue, soirées festives : l'ambiance strass et paillettes est unique !

FÊTE DU MIMOSA

MANDELIEU-LA-NAPOULE
✆ 04 93 93 64 64
www.ot-mandelieu.fr/decouvrir/le-mimosa/feter-le-mimosa/
Chaque année en février.

Chaque année, pendant la semaine de mardi gras, la fête du mimosa (fleur emblématique de Mandelieu) donne lieu à de multiples manifestations, corsos, spectacles, défilés carnavalesques et excursions dans le massif du Tanneron où les mimosas sont en fleurs. Afin de permettre aux nombreux visiteurs de profiter pleinement de cette fête, l'office de tourisme a conçu, en collaboration avec les socioprofessionnels, des forfaits clé en main comprenant hébergement, restauration, excursions, visite de forcerie et bien sûr le spectacle du Grand Corso.

FESTIVAL DE JAZZ DE JUAN-LES-PINS

51, boulevard Charles-Guillaumont
JUAN-LES-PINS
✆ 04 22 10 60 01
www.jazzajuan.com/fr-fr/programme2021.aspx
Chaque année, en juillet.

Depuis 1960, les meilleurs jazzmen et jazzwomen du monde ont mené leurs instruments et leurs voix à Juan-les-Pins, offrant au public un jazz de haut niveau. Sur la scène de la Pinède Gould avec pour toile de fond la mer des artistes aussi légendaires que Ray Charles, Miles Davis ou Ella Fitzgerald ont fait du festival un passage obligé pour les amateurs de jazz. En plus du festival principal, des concerts gratuits de musiciens locaux sont organisés dans différentes salles de la ville.

IRONMAN FRANCE DE NICE

NICE ✆ 04 97 03 26 86
www.ironman.com/im-france
Chaque année en juin.

C'est l'« une des plus belles courses du monde » atteste le magazine Triathlète USA. Comptant parmi les 2 Ironman labellisés en France, la dynamique course niçoise commence par 3,8 km de natation dans la mer Méditerranée, puis 180 km de vélo dans l'arrière-pays pour terminer par 42,195 km de course à pied, le tout en respectant la limite du temps total de 16h ! Chaque année, plus de 2 500 triathlètes originaires de 50 nations participent à cette compétition. Une belle occasion de dépasser ses limites et de découvrir Nice. Ne manquez pas cette édition !

FÊTE DE LA SAINT BLAISE, DU RAISIN ET DES PRODUITS DU TERROIR

VALBONNE ✆ 04 93 12 34 50
www.ville-valbonne.fr/culture/les-evenements-et-manifestations/fete-de-la-st-blaise-et-recet
Dernier week-end de janvier. Entrée gratuite.

Cette fête est un héritage de la culture du raisin servan. Au programme : visite de la vigne communale, marché de producteurs locaux (une quarantaine de stands autour des produits du terroir), ferme pédagogique, concours de vins, de confitures et d'huiles. Cette fête familiale allie tradition et modernité : vous assisterez au carnaval des enfants, corso fleuri, à des expositions, des danses provençales ou des animations musicales traditionnelles. Entrée libre et animations gratuites.

JUMPING INTERNATIONAL DE MONTE-CARLO

route de la Piscine
MONACO
✆ +377 93 50 80 54
www.jumping-monaco.com
Chaque année, fin juin.

Cette manifestation annuelle agréée par la Fédération équestre internationale, et retransmise sur Eurosport, réunit l'élite mondiale du saut d'obstacles en Principauté. Sa piste sinueuse et jonchée d'obstacles en fait l'étape la plus prestigieuse du Global Champions Tour. Pendant 3 jours, cavaliers professionnels et amateurs viennent s'affronter avec la plus grande agilité pour décrocher le trophée suprême de l'étape : le Grand Prix du Prince de Monaco.

FESTIVAL NUITS CARRÉES

Esplanade du Pré aux Pêcheurs
ANTIBES
https://nuitscarrees.com/
25, 26 et 27 juin 2021. Voir la programmation en ligne.

Depuis sa première édition en 2007, le festival des Nuits Carrées est devenu l'événement culturel incontournable ouvrant la saison des festivals estivales. Dans la joie et la bonne humeur, les amateurs de rock, de hip-hop en passant par la pop sont invités à venir faire la fête au pied du monumental Fort Carré, en bord de mer à Antibes. Un cadre aussi singulier que la multitude d'artistes programmés chaque année. Un festival musical urbain accessible à tous et dont la volonté est de mettre en lumière le paysage culturel azuréen de manière indépendante et libre.

FESTIVAL CROSSOVER

NICE
✆ 04 93 97 03 49
www.festival-crossover.com/
Chaque année en août. Cette année au Palais Nikaia le 10 et 11 septembre. Entrée : 38€ (tarif normal).

Créé pour mettre à l'honneur le métissage aussi bien musical que culturel et social, ce festival fait du centre de Nice un dancefloor à ciel ouvert avec le meilleur des artistes de musique actuelle et électronique au programme. A la croisée des cultures et des courants musicaux, ce rendez-vous musical se veut éclectique et accessible à tous. Pour sa 12ème édition le Festival propose un format inédit en s'installant au Palais Nikaia les 10 et 11 septembre 2021. Nouveau lieu, nouvelles dates… Cette année tout change sauf la qualité du line-up !

LES NUITS DU SUD

Place du Grand-Jardin
VENCE
✆ 04 93 58 40 17
www.nuitsdusud.com
Juillet-Août.

Le Festival Nuits du Sud, c'est une salle de spectacle à ciel ouvert qui met en lumière année après année de nombreux artistes et groupes de musique français et internationaux lors de soirées musicales d'exception. Au programme : 8 jours de folie et de rythmes endiablés, une programmation à faire pâlir les plus grands festivals, une ambiance unique au cœur de la ville de Vence. Incontournable pour les amoureux de belles musiques, c'est l'un des plus beaux rendez-vous estivaux. Notez que l'entrée du festival est gratuite pour les enfants de moins de 12 ans.

PLAGES ÉLECTRONIQUES

La Croisette
CANNES
Chaque année en août. Pass plages électroniques 90€.

Durant l'été, la plage du Palais des Festivals se transforme en un gigantesque dancefloor éphémère où sont représentées les tendances musicales électroniques autour d'une programmation éclectique et de qualité. D'année en année, le festival signé Panda Events a pris de l'ampleur pour devenir un évènement incontournable. Le festival prend dorénavant place sur la plage et installe d'autres autour et sur le toit du Palais des Festivals et des Congrès. Une formidable «beach party» rassemblant des festivaliers du monde entier venus se déhancher.

NICE JAZZ FESTIVAL

Jardins Albert Ier
NICE
www.nicejazzfestival.fr
Chaque année en juillet. Différentes formules de Pass disponibles.

Premier festival de jazz créé en France, le Nice Jazz Festival date de 1948. C'est dans le cadre urbain des jardins Albert Ier en plein cœur de Nice que le festival prend ses quartiers. L'événement rassemble les amateurs de Jazz (tous les jazz) et autres musiques. La trentaine d'artistes de renommée internationale forme une programmation accessible et ouverte à tous les mélomanes qui apprécieront ces soirées festives et musicales en plein air reprises en régie par la ville de Nice. Proximité et convivialité marquent l'identité de ce grand événement niçois.

FESTIVAL DU LIVRE MOUANS-SARTOUX

MOUANS-SARTOUX
✆ 04 92 92 47 24
www.lefestivaldulivre.fr/
Chaque année en octobre.

Le Festival du Livre de Mouans-Sartoux est devenu au fil des ans, l'un des plus importants festivals du livre de la région. Débats et cafés littéraires, discussions avec des auteurs, films et concert littéraire sont au programme et pas moins de 350 auteurs y participent, ainsi que 50 000 amateurs. Pour s'imprégner de l'atmosphère, faire l'acquisition de nouvelles lectures et prendre part à cet énorme bouillon de culture littéraire, c'est un événement à ne pas manquer.

MARATHON NICE-CANNES

NICE

✆ 04 93 26 19 12

www.marathon06.com/2021/

Chaque année en novembre.

2e Marathon de France après Paris, le Marathon Nice-Cannes offre la possibilité de courir dans le cadre magnifique qu'offre le bord de mer. Au compteur : 42 195 km au départ de la Promenade des Anglais et une arrivée sur le boulevard de la Croisette à Cannes... Un parcours exceptionnel ! Se voulant être un «marathon pour tous», la course comprend également une épreuve 2 x 21.1 km qui permettra à deux coureurs de parcourir chacun un semi-marathon entre Nice et Cannes et une formule relais à 6 ouverte tout spécialement aux entreprises.

CROSS DES ÎLES

CANNES

www.cross-des-iles.org/

Chaque année en décembre.

Amateur de course nature, vous allez adorer participer au Cross des Piles de Lérins. Depuis maintenant 40 ans, cette course à l'ombre des pins est devenue une institution. Le top départ est donné au large de Cannes, sur l'île Sainte-Marguerite, et réunit sur la ligne de départ près de 3 000 participants chaque année. Une course dans un site naturel préservé absolument magnifique, le cadre est posé ! Avec des parcours de 1 à 10 kilomètres, tous les coureurs, scolaires comme vétérans peuvent y participer. Un rendez-vous unique et incontournable.

VILLAGE DE NOËL

NICE

✆ 04 92 14 46 14

www.nicetourisme.com/actualites/actualite/30-village-de-noel

Chaque année en décembre. Gratuit.

Le pays des merveilles de Noël à Nice. Comme le veut la tradition, le village de Noël s'installe au cœur de Nice pour faire vivre aux petits et grands enfants des moments inoubliables. L'occasion de réaliser quelques emplettes à placer sous le sapin avec un large éventail de l'artisanat local à retrouver dans les petits chalets du village et de prendre du bon temps en famille ou entre amis. Patinoire, grande roue, stand de chocolat et vin chaud, sans oublier la présence du père Noël installé sur son traineau... L'ambiance est féerique !

FESTIVAL DES JARDINS

NICE ✆ 04 97 18 60 00

https://festivaldesjardins.departement06.fr/festival-des-jardins-de-la-cote-d-azur-14431.html

En mai. 13 créations paysagères en compétition visibles dans toute la région.

Pour sa troisième édition, le festival des jardins invite les visiteurs à découvrir la Côte d'Azur lors d'un voyage onirique au gré des sentiers parfumés des « jardins d'artistes », le thème cette année. A Antibes, Cannes, Grasse, Menton et Nice ou encore Monaco, de nombreux événements sont organisés et pas moins de 13 créations paysagères seront en compétition pour recevoir l'une des 7 récompenses décernées. Les amoureux de la nature apprécieront également les jardins éphémères hors concours de Cap d'Ail, Mandelieu-La Napoule et Saint-Jean-Cap-Ferrat.

Noël sur la place Massena.

CÔTÉ LITTORAL

Préparez-vous à en prendre plein les mirettes… Le littoral azuréen est vraiment unique en France ! Très urbanisé de Cannes jusqu'à Nice et un peu plus sauvage vers Menton, l'accent a néanmoins partout été mis pour favoriser une belle expérience touristique.

Côté plages, ses parties orientales et occidentales offrent également deux visages relativement différents, pour le plus grand plaisir des amateurs de baignade, de farniente et de sports aquatiques. Avant toute chose, il faut comprendre ce que signifie le mot plage dans le vocabulaire azuréen ; il ne s'agit pas uniquement d'une étendue de sable (ou de galets) longeant le littoral et où il est d'usage de bronzer, de se baigner… Car sur la Côte d'Azur, lorsqu'on se rend à la plage, c'est souvent une plage privée, où l'on peut boire un verre et déjeuner. Heureusement, il y aussi de très belles criques moins touristiques, accessibles par de magnifiques petits sentiers.

Nice
Boulevard Dubouchage
Rue Gubernatis
Square Dominique Durandy
FLAVEUR
ORIGIN
Rue Gustave Deloye
Rue Blacas
MANGEZ-MOI
Rue Pastorelli
BISTROT DE JEFF
PART DES ANGES
Place Wilson
Place Wilson
Rue Fo
SENS
RESTAURANT POSEIDON BY KEISUKE MATSUSHIMA
EPICURIENS
HÔTEL NICE RIVIERA
BAO.LAB
HÔTEL NAP BY HAPPYCULTURE
Rue Alberti
BURGERS DE PAPA
Rue Voltaire
NICE & SPA
FRIEND IN FRANCE
Pass. du Temple Vaudois
HÔTEL WILSON
HÔTEL LE SEIZE
PHOCÉENS VOYAGES
Rue de la Liberté
Rue Gioffredo
BOUDOIR
GALERIES LAFAYETTE NICE MASSÉNA
Rue Sacha Guitry
Rue Chauvain
Rue Docteur Jacques Guidoni
Avenue Jean Médecin
Passage Émile Négrin
DEUX CANAILLES
HÔTEL ASTON LA SCALA
Avenue Félix Faure
CASA NISSA
CLIN D'OEIL
GELATERIA PINOCCHIO
HÔTEL ACANTHE
Square Général Leclerc
Rue Masséna
Place Masséna
MAISON DE MARIE
Boulevard Jean Jaurès
Espace Masséna
Place Masséna
Descente
Tunnel André Liautaud
BOUTIQUE HÔTEL PALAIS SAL
Avenue de Verdun
Place Masséna
OUI, JELATO
MARCHÉ AUX LIVRES
Rue de l'Hôtel de Ville
Pl. du Palais d. Justice
Place Masséna
Rue Alexandre Mari
Jardin Albert 1er
MAKASSAR
Avenue des Phocéens
Av. des Phocéens
Pl. Masséna
PEIXES
VELVET CLUB
Tunnel André Liautaud
BISTROT GOURMAND
231 EAST STREET
Rue Desboutin
CAVE BIANCHI
Rue Raoul Bosio
Rue Louis Gassin
FINE GUEULE
À L'OLIVIER
Rue Saint-François de Paule
FROG
VOGLIA
PALAI DES P
MAISON DE NICE
HAPPY FEW VOYAGES
BEAU RIVAGE HÔTEL
Rue Vanloo
Rue Bréa
Rue Sulzer
GRAND BALCON
OPÉRA DE NICE
NIKAIA WATER SPORT
PLAGE BEAU RIVAGE
Quai des États-Unis
WA
NICE LE GRAND TOUR
Promenade des Anglais

TERROIR DIVIN
ATELIER
NICE @RT BISTROT
Rue Delille
Rue Tonduti de l'Escarène
Rue Alfred Mortier
JEAN DE LA TOMATE
Avenue Saint-Jean-Baptiste
Traverse Garibaldi
Place Yves Klein
MAMAC
Jardin Mar. Juin
Rue Docteur Ciaudo
Place Garibaldi
Avenue Saint-Sébastien
Jardin Cardinal Clément Ferrero
Parvis de l'Église du Voeu
Pl. du Voeu
Trav. de la Bourgada
Esplanade de la Bourgada
Boulevard Jean Jaurès
GIROFLE & CANNELLE
Rue Pairolière
Rue Neuve
Rue Désiré Niel
BANTHAÏ SEA FOOD
CHOCOLATERIE ALEXIS MONOD
Rue de la Tour
HÔTEL VILLA LA TOUR
TABLE ALZIARI
Pl. d. la Tour
CHARCUTERIE GHIBAUDO-POTTIER
LLA
GAGLIO
Place Saint-François
PETITE COCOTTE
La Providence
CRÊPERIE LE TRIMARAN
SAINT'F
Rue Pairolière
BARBECUE
THE HEALER
Promenade du Paillon
NÉRON GLACIER PATISSERIE
Rue St.-François
Rue Guigonis
Rue Jouan Nicola
Allée François Aragon
Tunnel André Liautaud
Rue Sainte-Claire
Pl. Ste.-Claire
Rue du Collet
CHÂTELARD 1802
GOÛT DE NICE
Rue de la Loge
ATELIER GALERIE SYLVIE T
Rue de la Boucherie
BIG BAR
Ruelle Halle aux Herbes
Rue du Pt.-Vieux
Rue Mascoïnat
Rue de la Croix
Rue des Serruriers
OUSTORY
LES GARÇONS
GRINO
Rue Saint-Joseph
Montée du Château
COMPTOIR DU MARCHÉ
FENOCCHIO
Rue Centrale
Rue Benoît Bunico
Rue Droite
HOSTEL SMITH
ché
Place Rossetti
Rue Rossetti
MARINETTE
BAR DES OISEAUX
SHAPKO BAR
Rue de la Condamine
BANTHAÏ
Place Abbé Marcel Isnardi
Rue Saint-Vincent
Rue Sainte-Réparate
MARCEL
CATHÉDRALE SAINTE-RÉPARATE
INDIAN LOUNGE
OME
Rue de l'Abbaye
GESU
is
WAYNE'S BAR
Rue de la Place Vieille
CAVE DU FROMAGER
BISTROT D'ANTOINE
Rue de la Préfecture
Rue du Malonat
Allée Fernand Benoit
Rue St.-Gaëtan
ue Alexandre Mari
GRANDES CAVES CAPRIOGLIO
GOURMANDISES D'ANGÉA
Rue Jules Gilly
Place Pierre Gautier
CAFÉ MARCHÉ
Terrasse Nietzsche
Rue Barillerie
VERNEUR ET E SAVOIE
STORIA
ATELIER CUISINE NIÇOISE
MY FLAT IN NICE, APARTMENTS NICE CENTER
CHÉS DU COURS SALEYA
SAFARI
PONCHETTES
rs Jacques Chirac
BATELEUR
3 DIABLES
M6098
WAKA BAR
ROLLER STATION
Rue des Ponchettes
70 M

Côte littoral
ITALIE
CASTILLON
CASTELLAR
SAINTE-AGNÈS
GORBIO
MENTON
ROQUEBRUNE-CAP-MARTIN
BEAUSOLEIL
MONACO
CAP-D'AIL
ÈZE
BEAULIEU-SUR-MER
VILLEFRANCHE-SUR-MER
SAINT-JEAN-CAP-FERRAT
NICE
SAINTE-MARGUERITE
SAINT-LAURENT-DU-VAR
CAGNES-SUR-MER
VILLENEUVE-LOUBET
ANTIBES
JUAN-LES-PINS
CAP D'ANTIBES
VALLAURIS
GOLFE-JUAN
CANNES
MANDELIEU-LA-NAPOULE
THÉOULE-SUR-MER
P.N.R. des Préalpes d'Azur
Carros-le-Neuf
Aspremont
Tourrette-Levens
Pont de Peille
Saint-Roman de Bellet
Saint-André-de-la-Roche
La Gaude
Saint-Isidore
Vence
La Colle-sur-Loup
Saint-Vallier-de-Thiey
Magagnosc
Le Rouret
Grasse
Cabris
Spéracèdes
Roquefort-les-Pins
Saint-Jacques
Mouans-Sartoux
Biot
Pégomas
Saint-Jean
Cannes la Bocca
Les Adrets-de-l'Estérel
Baie des Anges
Mer Méditerranée
5 KM
D1
D15
M20
D115
M14
D53
D8
D2
D79
M19
D603
D5
D3
M2
M2209
M914
A8
D12
D6085
D6
D4
D13
D94
D6185
D38

Fort d'un essor commercial qui s'étend sur plusieurs centaines d'années et d'une histoire riche et mouvementée, la ville d'Antibes dispose de nombreux monuments et de fortifications qui raviront aussi bien les amateurs d'histoire que les promeneurs cherchant une alternative à la très touristique Nice.

Au bout d'une magnifique presqu'île, le cap d'Antibes est un site privilégié, protégé et résidentiel où la végétation méditerranéenne abonde. Un lieu enchanteur et sauvage, où vous pourrez dénicher de magnifiques petites criques pour profiter de la mer.

© GRAEMENICHOLSON - ISTOCKPHOTO.COM

Roquebrune-Cap-Martin.

PAGES

203 **JUAN-LES-PINS ★★★**

La station balnéaire chic de Juan-les-Pins est connue pour ses longues plages de sable et sa promenade en front de mer bordée de restaurants élégants en plein air, de boutiques de mode et d'immeubles d'appartements modernes. Dans les terres, de petites rues comprennent des bars à cocktails et des discothèques, et le parc des jardins de la Pinède accueille le festival Jazz à Juan chaque été.

206 **CAGNES-SUR-MER ★★**

Nul doute que Cagnes-sur-mer attirera votre attention lors de votre passage sur le littoral, entre sa belle plage de galets très bien aménagée avec bars et restaurants, son petit village historique ou sa partie plus moderne comportant notamment le fameux centre commercial Polygone Riviera.

263 **VILLENEUVE-LOUBET ★**

La commune possède un riche patrimoine naturel mis à la disposition des locaux et des visiteurs. Ses deux parcs naturels départementaux sont des espaces de respiration, de balades et de détente. Côté mer : aux activités nautiques s'ajoutent des loisirs sur la plage spécialement adaptés aux familles et aux enfants (une portion de la plage est couverte de sable).

Théoule-sur-Mer.

NICE

Plus qu'une métropole, Nice est une marque qui fait rêver. Située entre mer azur et montagnes verdoyantes, sur un littoral baigné de soleil, c'est la cinquième ville de France et l'un de ses principaux bassins économiques. Son nom grec «Nikaïa» serait inspiré de la déesse Athéna Nikê, à traduire «Athéna victorieuse». Pour d'autres, «Nice» viendrait de «nis», radical ligure signifiant «source» en référence à l'eau potable qui jaillissait de la colline du château.

Avec cinq millions de visiteurs par an, un aéroport international et un port de croisière, Nice s'affirme comme le deuxième pôle de tourisme français. Nombre de classements la désignent comme une destination touristique incontournable dans le monde en raison de son climat exceptionnel, de ses beautés architecturales, de ses kilomètres de plages et de criques, de sa douceur de vivre, de sa gastronomie colorée et de sa vie culturelle foisonnante, à l'image du célèbre carnaval.

SE REPÉRER SE DÉPLACER

Nice est desservie par la route du bord de mer et la N7 à l'ouest (direction Cannes), par le D6202 au nord (direction Grenoble), par les trois corniches en direction de l'Italie et, surtout, par l'autoroute A8, appelée « La provençale » depuis Aix-en-Provence jusqu'à la frontière italienne. Plusieurs sorties permettent de rejoindre Nice : la sortie 50 dessert la Promenade des Anglais, la 51,1 permet de rejoindre la Plaine du var et la route d'accès aux stations de sports d'hiver, la 51 dessert le quartier St-Augustin, la 52 le quartier St Isidor, la 54 les quartiers du nord de la ville, la 55 les quartiers de l'est et du port. Les sorties sont payantes, hormis les 50 et 51,1.

Pour circuler à l'intérieur de la ville, vous pouvez emprunter un taxi, un VTC, les tramways, les bus Lignes Azur, les Vélo Bleu ou encore louer un scooter, une voiture électrique, des rollers, vélos et autres trottinettes.

AÉROPORT NICE-CÔTE D'AZUR

Rue Costes-et-Bellonte
✆ 08 20 42 33 33
www.nice.aeroport.fr
Aéroport international. Terminaux T1 et T2. Ouverts 7j/7. Accès Gare SNCF Saint-Augustin, tram T2, bus 12.

Situé à côté du quartier d'affaires de l'Arénas sur une zone partiellement gagnée sur la mer, c'est le 3e aéroport français après ceux de Paris et le deuxième aéroport français d'aviation d'affaires après celui du Bourget. Ses vols relient la Côte d'Azur à de nombreuses destinations en France et dans le monde. Le Terminal 1 est pour l'international et le Terminal 2 pour les vols nationaux, tous deux desservis par le tram T2. De nombreuses compagnies y possèdent un comptoir.

NICE AIRPORT XPRESS

L 110 Aéroport Nice / Monaco / Menton
✆ 04 97 00 07 00
www.niceairportxpress.com
Bus rapides. Départs 7j/7 de 7h à 22h, toutes les 30 minutes en moyenne.

Cette liaison de bus express permet de se rendre à Cannes, Monaco ou Golfe Juan au départ de l'aéroport de Nice. Trois lignes sont disponibles (N°110, 210 et 250) pour rejoindre les plus grandes villes du département en empruntant l'autoroute pour minimiser les temps de trajet. On peut acheter son billet sur le site Internet, au comptoir des arrivées des terminaux 1 et 2, à bord des véhicules et aux guichets des gares routières de l'aéroport. Les véhicules, récents, climatisés, et dotés de places confortables, sont pourvus de soutes à bagages.

MOTO TAXI EASY MOOV

✆ 04 93 00 12 66
easymoov.free.fr
Déplacements d'affaires ou privés, navettes aéroport. Ouvert 7j/7, 24h/24. Tarifs sur le site Internet.

Easy Moov propose de se déplacer rapidement d'un lieu de travail à un autre tout en évitant le stress des bouchons, sur tout le département des Alpes-Maritimes et du Var : moto taxi, transport de personnes vers toutes destinations, accès à l'aéroport Nice-Côte d'Azur... La flotte de véhicules est composée de Honda Goldwing et de BMW break tout confort. La société met également à disposition de ses clients : casque équipé de sani-tête, blouson ou combinaison de pluie, tablier de protection doublé pour le froid et gants de protection.

CHEMINS DE FER DE PROVENCE

✆ 04 97 03 80 80
www.trainprovence.com
Train de Nice à Digne et de Nice à Colomars. Horaires et plan de la ligne sur le site web.

Terroir et découvertes pittoresques sont au programme du train des Pignes qui relie Nice à Digne. Cette ligne pas comme les autres propose un voyage au cœur de la Provence avec un service quotidien de 6 allers-retours, toute l'année et sans réservation. Une liaison entre Nice et Colomars est également assurée une vingtaine de fois par jour. Ce train urbain relie les deux villes en 25 minutes et s'adresse principalement aux déplacements scolaires et professionnels.

GARES DE NICE

11, avenue Thiers
✆ 08 00 11 40 23
www.sncf.com
Gares de Nice ville (centre), de Saint-Augustin (aéroport) et de Riquier (port). Guichets ouverts 7j/7 de 7h30 à 17h30.

Desservie quotidiennement par une centaine de TER, des dizaines de TGV et des trains Ouigo et InterCités, la gare principale de Nice est située en centre-ville, à deux pas du tramway. Elle dessert la région PACA, Paris et les principales métropoles françaises. Gare terminus des TGV provenant du sud-est de la France, elle est aussi la grande gare la plus proche de l'Italie. Les gares secondaires de Nice Saint-Augustin et de Nice Riquier ont une fonction locale (uniquement desservies par des TER) et permettent d'accéder directement à l'aéroport et au port de Nice.

TRAIN DES MERVEILLES

Avenue Thiers
✆ 08 00 11 40 23
www.tendemerveilles.com/train-des-merveilles
Du 1er juin au 30 septembre et les week-ends d'octobre et mai, le voyage est animé gratuitement par des guides.

Le train des Merveilles vous mène aux portes du parc national du Mercantour : de Nice à Tende en passant par Sospel et Breil-sur-Roya, partez le temps d'une journée pour l'un des plus beaux trajets ferroviaires dans un cadre d'exception. Le départ depuis Nice-Ville vous transporte au cœur des villages hauts perchés des vallées avec un commentaire bilingue (français/anglais) assuré à bord par un guide-conférencier sans réservation et sans supplément de ticket. L'occasion de vous faire raconter le paysage et revivre l'histoire de ces villages pittoresques.

PORT DE NICE

Quai Amiral-Infernet
✆ 04 93 21 72 17
www.riviera-ports.com
Ouvert 7j/7. VHF Canal 9 (Service Plaisance) / Canal 12 (Capitainerie). Eau potable, électricité, sanitaires, carburant.

Le port de Nice porte le nom de port Lympia, du nom de la source qui alimentait cet ancien lac marécageux. Ouvert à la navigation au XVIIIe siècle, situé face à la place de l'Ile de Beauté, c'est le premier port cimentier de France en liaison avec les usines de traitement des galets de la vallée du Paillon et le deuxième port de croisière de France. Durant l'été, il est possible d'effectuer des promenades en mer à partir du port pour découvrir le littoral azuréen. Le port de Nice est desservi par des lignes de bus et le tramway T2, dont il est le terminus.

TRANS CÔTE D'AZUR

Quai Lunel
✆ 04 92 98 71 30
www.trans-cote-azur.com
Transport en bateau en direction des îles de Lérins, Monaco, Saint-Tropez et Cannes.

Trans Côte d'Azur est une compagnie maritime spécialiste des croisières, excursions, affrètements et navettes aux départs des ports de Cannes et de Nice. Découvrez le littoral azuréen lors d'une balade en mer, faites la traversée de Cannes aux les îles de Lérins, promenez-vous le long de la Corniche d'or ou naviguez jusqu'à Monaco et Saint-Tropez. La compagnie couvre aussi des événements exceptionnels comme les feux d'artifices dans la baie de Cannes ou le Grand Prix de F1 à Monaco. Vous pouvez aussi composer vous-même votre journée pour une sortie à la carte.

PARC RELAIS PARCAZUR

2, boulevard Henri-Sappia
www.lignesdazur.com
Aller-retour : 3 €. Pass 1 jour : 5 €. Pass 7 jours : 15 €.

Pour favoriser les trajets en transports en commun, les automobilistes bénéficient d'infrastructures de stationnement appelées parcs-relais Parcazur répartis à 6 coins de la ville : Henri Sappia, Charles Ehrmann, Carras, Vauban, Palais des Expo et Pont Michel. Vous stationnez librement votre véhicule (voiture ou moto), le temps que vous souhaitez, sans dépasser la limite du pass acheté. Attention : la sortie du Parcazur s'effectue à l'aide de votre titre ou de votre abonnement validé (les titres Solo et Ticket Azur ne sont pas acceptés).

BOOKING BIKES NICE

9, rue Massenet ✆ 04 93 04 15 36
www.loca-bike.fr
Tous les jours de 9h30 à 18h30. Ouvert le dimanche en juillet et août. 2e adresse à Nice au 34 Rue Auber (gare SNCF).

C'est le royaume des deux-roues ! Des vélos aux scooters en passant par les gros cubes (125 cc et 600 cc) et jusqu'aux vélos électriques, vous pouvez tout louer auprès de Holiday Bikes à des prix très raisonnables. En plus des deux adresses niçoises, vous trouverez des agences de location à Cannes, Juan-les-Pins et Villeneuve Loubet. Les véhicules sont d'excellente qualité, souvent le dernier modèle de l'année. Les prix annoncés comprennent une assurance. Casque et antivol fournis. La livraison est possible à votre hôtel, votre appartement ainsi qu'à l'aéroport.

CITYSCOOT

https://www.cityscoot.eu/nice

En libre-service 7j/7 et 24h/24. Aucun abonnement ni engagement nécessaires. Location à la minute ou forfaits journée.

Des centaines de scooters électriques en libre-service sont disponibles dans la capitale azuréenne. Pour profiter de ce service 7j/7 et 24h/24, il suffit de télécharger l'application Cityscoot puis de repérez les scooters les plus proches de vous avant d'en réserver un. Roulez où vous le souhaitez et déposez votre Cityscoot sur n'importe quel emplacement 2-roues, le service fonctionne sans bornes. Un casque homologué et des charlottes jetables sont à disposition sous la selle. Il suffit de s'inscrire au service pour pouvoir en bénéficier. Très fûté.

LIGNES D'AZUR

1, rue d'Italie ✆ 08 10 06 10 06

www.lignesdazur.com

Ouvert du lundi au vendredi de 7h30 à 19h et le samedi de 8h30 à 15h. Ticket solo 1 voyage : 1,50 €. Multi 10 : 10 €.

Ce réseau urbain assure les liaisons en transports en commun (bus, tramway, transport scolaire, vélo, scooter libre-service, autopartage, covoiturage) sur l'ensemble de la Métropole Nice Côte d'Azur. Pour être en règle, validez votre titre de transport à chaque montée. Vous pouvez acheter vos tickets directement auprès des conducteurs des bus mais pas auprès des conducteurs de tramways. Vous pouvez recharger vos cartes Lignes d'Azur sur Internet ou dans les espaces de vente qui donnent aussi des conseils sur l'accompagnement, l'accessibilité, les itinéraires...

SUNBIKE DRIVER

217, boulevard du Mercantour

✆ 09 83 70 07 26

https://www.sunbike-driver.com/

Chauffeurs privés disponibles 24h/24, 7j/7. Accueil téléphonique de 8h15 à 21h30.

Cette compagnie propose ses services de location de voiture et de minibus avec chauffeur, sur des courts et longs trajets. Tous les véhicules sont nettoyés et désinfectés. Rapide, sécurisé et à toute heure du jour ou de la nuit, c'est une solution pratique pour rejoindre sans difficulté vos lieux de rendez-vous ainsi que les principaux points de trafic de la région : aéroports, gares, ports, centres d'affaires… Les sièges auto sont inclus. En plus, les chauffeurs peuvent vous assister en matière de logistique technique et administrative.

TAXIS NIÇOIS INDÉPENDANTS

Avenue Thiers

✆ 04 93 88 25 82

https://taxidenice.fr/

Ouvert tous les jours et les jours fériés, 24h/24. Borne devant la Gare SNC. Tous types de paiements acceptés.

Basée avenue Thiers, devant la gare SCNF de Nice-Ville, une cinquantaine de chauffeurs de taxis sont à votre disposition pour assurer un service de qualité. Des véhicules de 1 à 6 places équipés tout confort et climatisés assurent vos déplacements, petites et longues distances. Les chauffeurs conjuguent ponctualité et prudence. Certains d'entre eux parlent anglais, allemand, espagnol ou italien. Les véhicules sont climatisés et tout confort. Animaux acceptés sur réservation.

TAXIS RIVIERA

14-16, avenue Mirabeau

✆ 04 93 13 78 78

www.taxis-nice.fr

Ouvert tous les jours et les jours fériés. 24h/24. Facebook : @taxiniceriviera.

Plus de 280 véhicules avec chauffeurs sont à votre service pour faciliter vos déplacements. La compagnie Taxis Riviera propose plusieurs services allant de la réservation jusqu'aux abonnements. Une fois votre appel enregistré, un système de satellite transmet votre demande aux conducteurs : celui le plus proche de la zone géographique dans laquelle vous vous trouvez prendra la course dans les meilleurs délais. Les taxis ont reçu le Label Confiance Sanitaire de la ville de Nice. Pour votre sécurité, ils travaillent dans le respect des gestes barrières.

VÉLO BLEU

✆ 04 93 72 06 06

www.velobleu.org

Service accessible 7j/7 et 24h/24. À partir de 1,50 € + tarif durée de location (première demi-heure gratuite).

Le réseau Vélobleu est le système de location de vélos en libre-service de la Métropole Nice Côte d'Azur. Plus de 1 500 vélos sont mis à la disposition des usagers toute l'année à travers un réseau de plus de 160 stations réparties sur les communes de Cagnes-sur-Mer, Saint-Laurent-du-Var et Nice. Après inscription, l'accès au service peut se faire via une carte sans contact Vélobleu (abonnements annuels et mensuels uniquement), toute autre carte compatible ou téléphone portable. Possibilité de souscription en ligne ou auprès des agences officielles.

À VOIR / À FAIRE

Nice abrite une telle concentration de musées et de monuments que sa visite complète nécessite deux à trois jours. C'est une ville qui bouge et où il fait bon vivre toute l'année. Historique par son patrimoine architectural d'une richesse incroyable, culturelle par ses nombreux musées et manifestations, dynamique par ses grands projets urbains... Il existe tant de façons d'aborder la capitale azuréenne ! La ville se divise en deux parties délimitées par un cours d'eau très capricieux, le Paillon, en grande partie canalisé sous la place Massena et l'agréable promenade du Paillon qui constituent le cœur urbain de la ville. À l'est se trouvent la vieille ville, la colline du château, le port et le mont Boron. À l'ouest se situent le quartier d'affaires de l'Arenas, les collines de Bellet et des quartiers résidentiels. Au nord, les vieilles bâtisses de la Belle Époque côtoient des constructions plus modernes à Cimiez.

LA CARTE FRENCH RIVIERA PASS

www.frenchrivierapass.com

Le French Riviera Pass est une « city card » proposée par l'office de tourisme de Nice. De 26 à 56 €. Remise en septembre.

Le French Riviera Pass donne accès à plus de 60 sites sur la Côte d'Azur. Proposée pour 24, 48 ou 72h, cette carte est un sésame pour partir à la découverte de Nice : tour en bus à impériale, musées, cathédrale, enceintes sportives, parcs, petit train touristique, circuits commentés... Autant d'activités pour mieux connaître la ville et ses secrets. La carte offre également de nombreux avantages dans les commerces, restaurants et transports de la ville, et dans les villes alentour.

OFFICE DE TOURISME NICE METROPOLE

5, promenade des Anglais © 08 92 70 74 07

www.nicetourisme.com

Trois bureaux accessibles : gare SNCF, promenade des Anglais, aéroport T1 et T2.

Rendez-vous à l'office Métropolitain de tourisme et des congrès de Nice Côte d'Azur où des conseillers vous accueillent, vous renseignent et vous orientent. On vous donnera ici toutes les informations nécessaires pour que votre séjour soit une parfaite réussite : vous trouverez notamment l'ensemble des activités et des manifestations organisées sur le sol niçois mais aussi concernant les communes alentour. Des brochures en plusieurs langues sont disponibles gratuitement sur place.

CAIRN-EXPE

54, chemin du Mont-Gros

© 06 70 65 25 88

www.cairn-expe.com

Du lundi au samedi, de 8h à 20h30. Devis sur demande.

L'agence de voyages et d'événementiel Cairn Expe est spécialisée dans les excursions insolites et exclusives sur la Côte d'Azur. L'équipe, charmante, vous fait découvrir les Alpes-Maritimes d'une façon bien surprenante. En véritables passionnés, ils vous transmettent leurs connaissances avec un bonheur non dissimulé : entre tourisme sportif, découverte culturelle, histoire, patrimoine et nature, ils vous concoctent des séjours et des excursions sur mesure. Des prestations haut de gamme et une organisation sans faille qui vous assurent une expérience unique.

EBIKE RIVIERA TOUR

1, passage Emile Negrin

© 06 65 27 52 79

http://ebike-riviera.com/

Sur réservation 7j/7 de 9h à 19h sauf dimanche de 10h à 18h.

Au départ de la place Masséna, partez à la découverte de Nice et ses collines sans effort ! Sur la colline de Bellet à l'ouest de la ville, découvrez l'une des plus anciennes appellations d'origine protégée de France, le vin de Bellet, sillonnez le cœur de ville, baladez-vous sur le bord de mer ou optez pour un tour panoramique des plus beaux points de vue sur la capitale azuréenne. En période estivale, un tour spécial été à Vélo et Paddle vous permettra de découvrir de magnifiques points de vue et de profiter d'une activité nautique à Villefranche-sur-Mer.

HAPPYMOOV NICE

47, rue Smolett
✆ 06 72 32 05 89
https://www.happymoov.com/
Tous les jours de 9h à 21h.

Laissez-vous transporter dans les rues de Nice pour une visite commentée originale sur mesure. À bord de leur vélo-taxi électrique, ces HappyRiders vous font découvrir le patrimoine niçois ainsi que ses bonnes adresses et ses tables gourmandes de manière ludique, pour un City Tour personnalisé (audioguide en option). Faufilez-vous dans les ruelles étroites du vieux Nice, sillonnez le cœur de la ville, flânez, cheveux au vent, sur la mythique promenade des Anglais. Le temps d'une balade, découvrez la capitale azuréenne sous un autre angle.

NICE LE GRAND TOUR

Quai des États-Unis
✆ 04 92 29 17 00
www.nicelegrandtour.fr
Départ du bus toutes les 30 min en journée à l'angle avenue des Phocéens, quai des Etats-Unis et Gare SNCF.

En route pour le grand tour de Nice ! Découvrez la ville en toute liberté à bord de bus à impériale, où vous pouvez monter et descendre à chaque arrêt, à votre guise. Puis, partez à la découverte des quartiers et des sites incontournables avant de revenir à l'arrêt de votre choix pour remonter gratuitement dans le prochain bus sur simple présentation de votre billet. Des informations sur les monuments alentour sont données grâce à l'audioguide fourni par le chauffeur. Le pass s'achète directement à bord ou sur le site Internet.

COMITÉ RÉGIONAL DU TOURISME - CRT

455, promenade des Anglais
✆ 04 93 37 78 78 - www.cotedazurfrance.fr
Site web d'informations touristiques pour découvrir la Côte d'Azur et l'arrière-pays niçois.

Indispensable pour l'organisation de vos vacances, le site Internet du Comité Régional de Tourisme Riviera Côte d'Azur permet de trouver hébergement, activités sportives, visites et excursions. Le Pass Côte d'Azur Card donne accès à de nombreuses activités à pratiquer sur l'ensemble du littoral azuréen et en station de montagne. Deux formules sont proposées avec musées, balades au grand air, sites incontournables, séjour familial, parcs à thèmes, sorties bateau…

LE PETIT TRAIN ÉLECTRIQUE DE NICE

Trottoir nord de la Promenade des Anglais, aux pieds du Monument du Centenaire
✆ 06 20 38 09 00
www.traintouristiquedenice.com
Départ toutes les 30 minutes. Durée : 45 minutes environ. Adulte : 10 €. Enfant : 5 € (-12 ans).

Au départ de la Promenade des Anglais, aux pieds du Monument du Centenaire, embarquez dans le Petit Train électrique de Nice pour une visite de 45 minutes. Vous découvrirez tous les incontournables de la capitale azuréenne, de la place Massena, en passant par la promenade du Paillon jusqu'à la place Garibaldi, sans oublier une visite inoubliable des ruelles colorées de la vieille ville. Le petit train vous emmène aussi sur le front de mer et au port pour admirer les yachts.

NICE CYCLE TOURS

1, rue du Pontin
✆ 09 86 65 75 17
www.nicecycletours.com
Ouvert toute l'année. Tours à vélo et à vélo à assistance électrique guidés. Location. Tours pédestres gastronomiques.

Quel meilleur moyen de transport que de visiter la capitale azuréenne en vélo par une belle journée ensoleillée ? En plus, c'est écologique ! Nice Cyclo Tours propose plusieurs circuits selon votre niveau. Chaque parcours possède une durée différente pour découvrir d'une manière insolite et sportive la ville et ses richesses, ou la French Riviera avec une balade de Nice à Villefranche-sur-Mer. Guide professionnel bilingue français-anglais. Matériel fourni et boisson fraîche incluse ! A tester absolument ! (Enfants bienvenus) !

SEGWAY - MOBILBOARD NICE

2, rue Halevy ✆ 04 93 80 21 27
www.mobilboard.com
A partir de 14 ans. Si moins de 16 ans : accompagné d'un adulte. Tous les jours de 9h30 à 13h et de 14h à 19h.

Mobilboard propose de découvrir Nice en Segway. Tenant en équilibre sur deux roues grâce à un système gyroscopique, vous pourrez atteindre les 20 km/h. Bénéficiant d'une autonomie d'une quarantaine de kilomètres, vous partiez en petits groupes avec un accompagnateur pour suivre un itinéraire commenté, à la découverte des curiosités, quartiers, sites et bâtiments emblématiques de la ville. Vous pouvez également louer votre Segway sans guide à partir de n'importe quel hôtel de la ville pour une demi-journée, une journée ou une semaine (formation incluse).

PURE MONTAGNE®

www.puremontagne.fr

Les sites de Pure Montagne : La Colmiane - Turini Camp d'Argent – Vesubia Mountain Park – Berthemont les Bains – Le Boréon

Situées à une heure de Nice en voiture, au cœur du parc du Mercantour, les vallées de la Vésubie et du Valdeblore proposent une offre inédite d'activités en toute saison. Pure Montagne regroupe sur 15 km, autour de Saint-Martin-Vésubie, activités sportives et ludiques, indoor et outdoor, découvertes, contemplation, relaxation : une montagne de sensations ! Après la tempête Alex qui s'est abattue sur le secteur, les habitants et entreprises locales s'activent pour effectuer les travaux nécessaires à la réouverture des activités.

CATHÉDRALE SAINT-NICOLAS DITE ÉGLISE RUSSE ★★★

Avenue Nicolas-II
✆ 09 81 09 53 45
www.cathedrale-russe-nice.fr
Du mardi au dimanche de 9h à 12h et de 14h à 18h. Fermée aux visites lors de la tenue des offices religieux privés.

© DIMITRI SURKOV - FOTOLIA

Ce monument parmi les plus visités de Nice est LE plus bel édifice religieux de ce type en dehors de la Russie. Construit au début du 20e siècle pour répondre à la demande de l'importante communauté russe locale, il mesure 52 mètres de hauteur, s'inspire du style de la basilique Saint-Basile de Moscou et est classé aux monuments historiques depuis 1987. Désormais gérée par la Fédération de Russie, la Cathédrale Saint-Nicolas a été récemment rénovée. Une curiosité à visiter absolument !

FORT DU MONT-ALBAN

Avenue du Mont-Alban
✆ 04 92 00 41 90
Visite guidée sur réservation auprès du Centre du patrimoine.

Il domine la Baie des Anges. Tous les Niçois le connaissent mais rares sont ceux qui ont vraiment eu l'occasion de le visiter. Outre son intérêt historique, le site offre une vue exceptionnelle, de la rade de Villefranche-sur-Mer jusqu'au massif de l'Estérel. Imposante par sa forme polygonale, cette bâtisse conçue comme une forteresse reste, malgré les nombreux assauts subis pendant la Seconde Guerre mondiale, parfaitement conservée. En contrebas, les sentiers balisés et de nombreuses aires de jeux constituent l'endroit idéal pour un pique-nique en famille.

MONT BORON

Espace vert naturel situé aux portes de la ville. Ouvert tous les jours, toute l'année. Gratuit.

Le mont Boron culmine à près de 200 m au-dessus de Nice dans un quartier résidentiel où se cachent de magnifiques villas. Depuis le sommet, la vue est époustouflante : de la rade de Villefranche-sur-Mer jusqu'à l'Estérel. Par beau temps, vous apercevrez même la Corse ! C'est un superbe parc forestier abritant une végétation méditerranéenne : pins d'Alep, chênes verts, pins parasol, eucalyptus, figuiers de Barbarie… Avec 11 kilomètres de sentiers balisés, des aires de pique-nique et un parcours de santé, il fait le bonheur des promeneurs et des joggeurs.

MUSÉE ARCHÉOLOGIQUE DE NICE

160, avenue des Arènes-de-Cimiez
✆ 04 93 81 59 57
www.nice.fr
Fermeture les mardis. Ouverture le lundi uniquement pour les groupes.

Composé de deux sites, le musée propose un parcours dans le passé archéologique de Nice. Le site de Cimiez présente des collections concernant les âges des métaux, de l'Antiquité et du Moyen Âge. Construit sur l'emplacement exact d'un site d'habitat préhistorique vieux de 400 000 ans, le site de Terra Amata présente la reconstitution d'un foyer acheuléen. Ce musée offre un parcours pédagogique au travers d'une reconstitution de la vie des Homo Erectus qui vivaient à Nice.

LE NEGRESCO ★★★

37, promenade des Anglais
✆ 04 93 16 64 00
www.hotel-negresco-nice.com
Ouvert toute l'année.

Hôtel de luxe sur la Promenade des Anglais, l'édifice date de 1912. Ce joyau de la Belle-Epoque demeure l'unique hôtel-musée de la ville. Ses façades néoclassiques aux riches décorations baroques ont permis de le classer Monument Historique. L'hôtel abrite aujourd'hui de nombreuses collections retraçant plus de cinq siècles d'histoire de l'art avec notamment des œuvres de Dali, Vasarely… Les 121 chambres et 24 suites ont chacune leur propre décoration. Classé 5*, il compte parmi les plus beaux hôtels du monde. Il sert fréquemment de décor aux tournages de films.

MUSÉE NATIONAL MARC CHAGALL ★★

Avenue du Docteur-Ménard ✆ 04 93 53 87 20
www.musee-chagall.fr

Fermé le mardi. Ouvert 10h-17h (jusqu'à 18h de mai à octobre). Gratuit jusqu'à 26 ans. Hors exposition 8 € (réduit 6 €).

Conçu du vivant de l'artiste et inauguré en 1973, ce musée national présente la plus grande collection publique du peintre quasi centenaire Marc Chagall (1887-1985). La collection permanente présente des œuvres inspirées de certains épisodes de La Bible (*La Genèse, L'Exode, Le Cantique des Cantiques*) que le peintre considérait comme la plus grande source de poésie de tous les temps.

La collection du musée a pour origine la donation du *Message Biblique* de 1966, complétée par le fonds donné par Marc Chagall et son épouse Valentina Brodsky en 1972, ajoutant ainsi tout le travail préparatoire et de nombreuses autres œuvres (gouaches, gravures, sculptures, lithographies, céramique, mosaïque, etc.). C'est un ensemble unique (près de 900 œuvres aujourd'hui) où se conjuguent virtuosité technique, inventions colorées et message de paix universel que Chagall souhaitait transmettre aux futurs visiteurs de son musée. Implanté à Cimiez, le musée est entouré d'un jardin méditerranéen, composé par le paysagiste Henri Fisch, dans une harmonie de verts, blancs et bleus. Son architecture, ouverte et lumineuse, a été pensée par André Hermant, en collaboration avec Chagall lui-même, qui souhaitait construire une « maison » pour abriter son cycle peint du *Message Biblique*. L'artiste a également créé des œuvres monumentales *in situ* : le vitrail de *La Création du monde*, qui baigne de sa lumière bleue la salle de concert, et la mosaïque du *Prophète Elie* qui se reflète dans le bassin extérieur du musée.

PLACE MASSÉNA ★★★

C'est l'un des lieux les plus célèbres de Nice et certainement l'un des plus beaux. L'esplanade a récemment été réhabilitée afin de lui rendre sa splendeur d'antan : principalement piétonne, pavée d'un dallage minéral blanc et noir composant un damier géant, l'endroit est devenu un vaste espace de promenade débouchant, au sud, sur la superbe fontaine du Soleil. La place est jalonnée par sept statues juchées sur des mâts à une dizaine de mètres de hauteur, en forme de scribes en position assise, qui s'éclairent une fois la nuit tombée grâce à des jeux de lumière.

LA PLACE ROSSETTI

Cette place est le cœur touristique du vieux Nice. Elle porte le nom des généreux donateurs à la ville d'un ilot central qui grâce à sa démolition, permis au site de changer totalement de perspective offrant ainsi un point de vue appréciable à la fois sur la cathédrale mais aussi sur le Palais Lascaris. Les travaux furent effectués dans les années 1880 avec le percement de la rue du même nom qui grimpe aujourd'hui vers la colline du château. En été, la place est très animée, occupée par les tentures et terrasses des nombreux commerçants et glaciers.

PROMENADE DES ANGLAIS ★★★

La Promenade des Anglais est LE symbole de Nice dans le monde et LE lieu incontournable de la ville. Elle déroule son tapis sur 8 km de front de mer en épousant la courbe parfaite de la baie des Anges. Récemment aménagée pour offrir plus de place à la verdure, elle est LE lieu de rendez-vous des amateurs de rollers, de courses à pied, de balades à vélo et de marche. Outre les manifestations qu'elle accueille (carnaval, marathon…), elle est réputée pour ses « chaises bleues » et ses pergolas, propices au farniente et à la contemplation. Un endroit mythique.

PROMENADE DU PAILLON

Entrée libre. De 7h à 21h (jusqu'à 23h en saison estivale).

Entièrement redessiné autour de ce superbe parc urbain sous lequel coule la rivière du Paillon, le centre-ville de Nice se redécouvre au gré de superbes balades, depuis le théâtre National de Nice jusqu'à la mer, à travers un voyage botanique intercontinental. Miroir d'eau et plateau des brumes jalonnent le parcours ponctué de divers espaces végétaux et d'élégantes structures en bois sur le thème du bestiaire marin (dauphins avec toboggans, baleine grandeur nature, tortue géante), où peuvent s'amuser les enfants (à partir de 6 ans).

MUSÉES NATIONAUX DU XXe SIÈCLE DES ALPES-MARITIMES

Musée national Marc Chagall — Chagall

Musée national Fernand Léger — F. LEGER

Musée national Pablo Picasso La Guerre et la Paix — Picasso

Venez sur la Côte d'Azur vous immerger dans l'art et la lumière du XXe siècle !

USÉE NATIONAL FERNAND LÉGER, BIOT

ublic devant le grand vitrail du musée Léger, réalisé d'après une maquette de Fernand Léger pour l'Université de Caracas (Venezuela), vers 50. Réalisé par les Ateliers J. Loire et fils (Lèves), 1989-1990.

USÉE NATIONAL MARC CHAGALL, NICE

siteurs devant la mosaïque de Marc Chagall, *Le Prophète Élie* (détail, 1971). Nice, musée national Marc Chagall.

USÉE NATIONAL PABLO PICASSO, LA GUERRE ET LA PAIX, VALLAURIS

ablo Picasso, *La Guerre et la Paix* (1952) et *Les Quatre parties du monde* (1958). Vallauris, musée national Pablo Picasso, La Guerre et la Paix.

www.musees-nationaux-alpesmaritimes.fr

MINISTÈRE DE LA CULTURE

QUALITÉ TOURISME

CÔTE D'AZUR FRANCE

@MuseesChagallLegerPicasso
#chagalllegerpicasso

CATHÉDRALE SAINTE-RÉPARATE ★★

3, place Rossetti
✆ 04 93 92 01 35
https://cathedrale-nice.fr/
Du lundi au vendredi. De 9h à 12h et de 14h à 18h. Le samedi, jusqu'à 19h30.

Située sur la jolie place Rossetti, cette ancienne abbaye bénédictine inspirée de l'église Sainte-Suzanne de Rome est l'un des principaux témoignages de l'art baroque à Nice. Classée aux Monuments historiques, elle est le siège du diocèse de Nice. La cathédrale est entièrement dédiée à la patronne de la ville, la jeune martyre sainte Réparate. A l'intérieur, dix chapelles, la balustrade du chœur en marbre, trois orgues, des frises dorées et stucs de l'artiste italien Pietro Riva.

LE COURS SALEYA

«*Tous les chemins mènent à Rome, et dans le vieux Nice, ils mènent au cours Saleya*» écrivait le Niçois Louis Nucéra. Ce cours est très pittoresque. Lieu incontournable de Nice, il est l'âme de la vieille ville et son point de convergence. Entouré de boutiques, de bars et de restaurants, il est constamment animé dès 6h du matin jusque tard dans la nuit toute l'année. Du mardi au dimanche, il accueille à partir de 6h du matin le traditionnel marché avec ses étals de fruits et de légumes. Le lundi, c'est la journée des antiquaires et autres brocanteurs.

MAMAC ★

Promenade des Arts
✆ 04 97 13 42 01
www.mamac-nice.org
Du mardi au dimanche de 10h à 18h (à partir de 11h en basse saison). Entrée : 10 €.

Le programme artistique de ce magnifique musée d'Art moderne et d'Art contemporain (MAMAC) puise sont identité entre le pop art et l'art d'assemblage américain ainsi que dans la nouvelle école du réalisme européen. Le mouvement local de l'École de Nice est bien mis en valeur avec des artistes comme César et Arman, Yves Klein, Niki de Saint Phalle ou Ben. Le second niveau, réservé aux expositions temporaires, accueille des artistes des années 1950 jusqu'à nos jours. Depuis le toit on peut profiter depuis une promenade circulaire d'un panorama sur toute la ville.

MUSÉE MATISSE ★★

164, avenue des Arènes-de-Cimiez
✆ 04 93 81 08 08
www.musee-matisse-nice.org
Ouvert tous les jours de 11h à 18h (jusqu'à 17h en basse saison). Entrée 10 €.

La collection de ce musée, présentée autour d'un parcours initiatique pictural, couvre la période de 1869 à 1954. Elle réunit un ensemble d'œuvres et d'objets provenant de l'atelier d'Henri Matisse et constitue un témoignage exceptionnel. Porteuses de sens, les œuvres conservées ont été choisies car elles signifiaient quelque chose de particulier pour l'artiste. La collection comprend des dizaines de peintures, gouaches découpées et sculptures, des centaines de dessins, gravures et des éléments en papiers gouachés donnés par la famille de l'artiste. Exceptionnel.

OPÉRA DE NICE ★★

9, rue Raoul-Bosio
✆ 04 92 17 40 00
www.opera-nice.org
Ouvert de 9h à 17h30 (8h30 à 17h durant l'été). Tarifs à partir de 7 €.

Classé aux Monuments Historiques, l'opéra de Nice fut entièrement détruit dans un incendie en 1881. L'année suivante, la municipalité reconstruit un nouveau théâtre et, en 1902, l'édifice prend le nom que nous lui connaissons aujourd'hui. Disposant d'un chœur, d'un ballet et de l'orchestre philharmonique de Nice, fréquenté par des d'artistes d'exception, il se caractérise par l'excellence de ses productions lyriques ainsi que par son engagement en faveur de la modernité. La façade de l'opéra située côté mer, sur le quai des Etats-Unis, vaut le coup d'œil.

LA PLACE GARIBALDI

Elégante, semi piétonne, hub de transports en commun et lieu privilégié de l'identité niçoise, la place Garibaldi fut construite au XVIIIe siècle selon le style baroque turinois. C'est l'un des lieux les plus agréables de la ville pour s'installer en terrasse. A l'origine appelée « Place Pairoliera », elle change plusieurs fois de nom mais conserve celui qui rend hommage à Guiseppe Garibaldi, un héros de l'unification italienne dont la statue orne son centre. De jolies façades jaunes bordent la place. Posées sur des arcades, elles invitent à la contemplation.

LE VIEUX NICE ★★

La vieille ville raconte le passé médiéval de Nice avec ses monuments, ses palais baroques, ses ruelles étroites, l'ocre clair de ses façades, ses volets typiques, ses marchands qui s'interpellent dans la langue locale et sa folle vie nocturne. Éminemment pittoresque, elle se caractérise par ses arches surmontées de plusieurs étages qui enjambent les rues, ses escaliers reliant différents niveaux, ses venelles tortueuses, ses placettes et ses terrasses de restaurants. Construite aux XVIe et XVIIe siècles, réhabilitée dans les années 1950 et aujourd'hui mise en valeur, elle reste un émouvant témoignage du passé.

Parsemée de boutiques de souvenirs, d'art et de vêtement, d'échoppes mettant à l'honneur les productions artisanales locales fleurant bon les épices, les bougies parfumées et les senteurs du Midi, le vieux Nice est aussi l'endroit idéal pour boire un verre ou déjeuner en terrasse, dénicher des restaurants aux salles secrètes, tester les spécialités azuréennes, s'essayer à quelques établissements gastronomiques et se détendre autour d'une bière, le soir, dans un pub.

Le cours Saleya accueille chaque matin sous ses tentes colorées le célèbre marché aux fleurs, aux fruits et aux légumes qui embaument l'air d'une douceur agréable et parfumée. Le lundi, c'est le jour des antiquaires et autres brocanteurs. Cette artère incontournable bordée de bars et de restaurants incarne l'âme de la ville et permet aux visiteurs de déguster les spécialités locales comme la Socca, la pissaladière, la fougasse et autres gressins.

COLLINE DU CHÂTEAU

Parc du Château

Ouvert toute l'année. Haute saison : de 8h à 20h. Basse saison : de 8h à 18h. Petite restauration.

La colline du château est un grand rocher calcaire dominant la Méditerranée du haut de ses 93 m. A son sommet, 2 plateaux : le premier, au sud, abritait durant des siècles le château de Nice tandis que l'autre, au nord, abritait les premiers faubourgs de la citadelle. En gravissant les escaliers menant au Parc ou en empruntant l'ascenseur (payant), vous profitez d'un panorama de carte postale sur la ville et la Baie des Anges. La colline du château est un énorme poumon de verdure au cœur de Nice, un espace de détente et de promenade qui offre une végétation constituée de feuillus et de conifères. Sur ses flancs, des cactées et autres plantes succulentes ont colonisé la roche. Une étonnante cascade (construite sur le site de l'ancien donjon du château) alimentée en eaux de la Vésubie vient rafraîchir l'air ambiant. En vous promenant au milieu des allées arborées et décorées de galets, vous remarquerez les ruines de l'ancien château détruit vers 1706 et celles de la cathédrale médiévale. Au XVIIIe siècle, avec l'arrivée des touristes sur le littoral azuréen, la ville chargea des naturalistes de reboiser le site en y important d'innombrables essences exotiques, offrant ainsi à Nice un magnifique parc arboré. La Tour Bellanda (anciennement Tour Saint-Elme) embellit le site grâce à son architecture paysagère romantique. C'est sans doute le soir, quand les lumières s'allument et que le parc ferme, et que le visiteur contemple la colline du château depuis la vieille ville, que l'endroit devient le plus magique.

JARDIN BOTANIQUE

78, avenue de la Corniche-Fleurie

✆ 04 92 29 41 80

https://www.nice.fr/fr/parcs-et-jardins/le-jardin-botanique

Gratuit. Ouvert tous les jours, de 9h à 17h, jusqu'à 19 h en été.

Cet écrin de verdure, labellisé entre autres Jardin Remarquable, est assez méconnu et peu fréquenté. Il possède une mission de conservation de la biodiversité et de transmission du patrimoine naturel. Les plus Futés y verront plutôt une chance de découvrir un sublime lieu de promenade offrant, en plus d'un panorama sublime sur la Baie des Anges, une belle occasion de découvrir de nombreuses espèces végétales puisque le parc présente près de 3 000 espèces méditerranéennes sur 3,5 hectares de superficie. Sur place : un jardin d'enfant et un bassin de poissons.

MUSÉE DES ARTS ASIATIQUES

405, promenade des Anglais

✆ 04 89 04 55 20

www.arts-asiatiques.com

Ouvert tous les jours sauf le mardi. De 10h à 17h. Jusqu'à 18h en été. Entrée libre.

Lieu de rencontres et d'échanges entre les arts asiatiques et la culture occidentale le musée est un chef-d'œuvre de marbre blanc réalisé par l'architecte Kenzo Tange. Quatre salles sont consacrées à la Chine, l'Inde, le Japon et l'Asie du Sud-Est. Le 1er étage est réservé au bouddhisme, élément unificateur du monde asiatique. Toute l'année, le musée invite le visiteur à découvrir ces cultures grâce à différentes activités (calligraphie, cérémonie du thé, conférences, spectacles, etc).

MUSÉE NATIONAL DU SPORT

Boulevard des Jardiniers

✆ 04 89 22 44 00 - www.museedusport.fr

De mai à septembre de 10h à 18h. D'octobre à avril de 11h à 17h. Fermé le lundi. Plein tarif : 6 €.

Amateurs de sports en tout genre et curieux de nature, c'est LE musée qui va vous réconcilier avec la culture. Créé en 1963, le musée national du Sport a déménagé à Nice en juin 2014 pour s'implanter au stade de l'Allianz Riviera. Ludique, interactif et immersif, ce site comprend des galeries permanentes sur l'histoire et l'évolution du sport, des espaces d'exposition temporaire, un auditorium, un café des sports et une boutique. Des collections couvrent six cents ans d'histoire sportive et s'articulent autour de dizaine de milliers d'objets et de documents.

PARC PHOENIX

405, promenade des Anglais

✆ 04 92 29 77 00

www.parc-phoenix.org

Haute saison ouvert tous les jours de 9h30 à 19h30. Adulte : 5 €. Enfant de 12 à 18 ans. 3 €.

Sur 7 hectares, au travers d'une vingtaine de jardins à thème, le parc possède l'une des plus grandes serres d'Europe dans laquelle on découvre six climats tropicaux. Oiseaux, tortues, poissons, iguanes et petits crocodiles du Nil illustrent la biodiversité de la nature. Avec des végétaux parfois vieux de plus de 8 millions d'années, tapis de fleurs odorantes, orchidées rares. Dans les jardins, poules, canards, paons, cygnes en liberté viennent à votre rencontre. Egalement wallabies, lémurs, loutres, porcs-épics et ouistitis. Accrobranche. Ateliers pédagogiques.

SE LOGER

L'offre d'hébergement à Nice est pléthorique et souvent de bonne qualité. Notre équipe a sillonné la ville et vous a concocté une sélection d'établissements qui se démarquent par leur accueil, leurs prestations et leur rapport qualité-prix. Quel que soit votre budget, vous trouverez forcément votre bonheur. Si vous séjournez en hiver, les disponibilités sont grandes et les tarifs accessibles. Vous trouverez facilement un hébergement sur place si vous n'avez pas eu le temps de réserver à l'avance. En revanche, si vous prévoyez un séjour en haute saison, et particulièrement entre juillet et août, les disponibilités sont moindres et les tarifs bien plus élevés. Mieux vaut réserver à l'avance sur le site web des établissements pour avoir la garantie de vous loger convenablement et pour éventuellement bénéficier de remises. N'hésitez pas à contacter les établissements de la part du Petit Futé pour des conditions tarifaires spéciales.

HÔTEL ACANTHE** €

2, rue Chauvain
✆ 04 93 62 22 44
www.hotel-acanthe.com

50 chambres. Chambre double à partir de 60 €.

Avec son accueil familial, personnalisé et chaleureux, l'Hôtel Acanthe propose un excellent rapport qualité-prix dans le centre de Nice. Rénovées, les chambres lumineuses sont petites mais bien équipées. Toutes disposent d'une douche dans des salles de bains modernes. Certaines possèdent un agréable balcon offrant une magnifique vue sur les jardins arborés de l'agréable Promenade du Paillon. Une adresse au calme, proche de la Promenade des Anglais et de la vieille ville, particulièrement Futée. De nombreuses offres spéciales sont proposées sur le site web.

HÔTEL OZZ BY HAPPYCULTURE €

18, rue Paganini
✆ 04 93 88 48 83
www.hotel-ozz.com

Ouvert toute l'année. Chambre double dès 112 € en haute saison). Lit en dortoir dès 35 € en haute saison.

L'hôtel Ozz est le nouveau lieu incontournable du Nice Trendy. C'est une auberge de jeunesse tendance qui propose des séjours à la carte avec la possibilité de choisir entre un lit ou une chambre et de privatiser un dortoir ou la suite du 5e étage (jusqu'à 6 personnes par chambres). Un design épuré style atelier d'artistes, des murs en brique, une sublime verrière et une immense table en bois insuffle au lieu un esprit terriblement pop et peps ! On adore !

HÔTEL DES DAMES* €

10, rue Barberis
✆ 04 93 89 08 44
www.hoteldesdames.com

Chambre double à partir de 58 € en basse saison et 88 € en haut saison.

Situé dans le quartier du port, cet établissement 1 étoile, atypique et convivial, mérite d'être connu ! Literie confortable, Equipement complet (douche, TV minibar, Wifi...) décor bien dans l'air du temps. Un véritable petit cocon idéalement situé et pour un prix très attractif. En effet, les 25 chambres de l'établissement rendent hommage à des femmes célèbres (Marie Curie, George Sand, Coco Chanel, Brigitte Bardot...) à travers un décor en adéquation avec la thématique. Le petit déjeuner, copieux, se prend dans un patio verdoyant à l'abri des regards indiscrets.

HÔTEL VILLA RIVOLI*** €

10, rue de Rivoli
✆ 04 93 88 80 25
http://villa-rivoli.com

24 chambres. Chambre double à partir de 49 € en basse saison et 165 € en haute saison.

En plein cœur du quartier des musiciens, à quelques minutes de la promenade des Anglais, derrière le fameux Negresco, cet ancien hôtel particulier construit à la Belle Epoque propose 24 chambres réparties en 3 catégories (entresol, tradition, supérieure). Entièrement relookées, les chambres proposent une décoration *girly* pour certaines, contemporaine pour d'autres, le moindre petit détail est étudié. Le petit salon et le jardin ont également été rénovés. Bref, cette Villa Rivoli n'a pas fini de faire parler d'elle ! Le parking privé sur place est payant.

HÔTEL WILSON €

39, rue de l'Hôtel-des-Postes
✆ 04 93 85 47 79
www.hotel-wilson-nice.com
Chambre double dès 43 € en basse saison et dès 58 € en haute saison (séjour de 4 nuits obligatoire en été).

Une propreté irréprochable et une décoration à la fois soignée et rétro donnent à cette petite adresse une atmosphère réconfortante et chaleureuse qui s'accorde à la bonne humeur du personnel. Les chambres sont colorées et leur décoration est personnalisée. Toutes ont un style différent, mais certaines ont les toilettes ou douches communes. Entre les nombreuses plantes, les objets anciens, les cadres et les livres, on se sent ici comme chez soi. Ajoutez à cela une situation géographique centrale et tout est là pour passer un excellent séjour !

ALCOVE HÔTEL*** €€

12, rue Andrioli
✆ 04 26 48 71 95
www.alcovehotelnice.com
Ouvert toute l'année. Accueil 24h/24. Basse saison : chambre double dès 60 €. Haute saison : chambre double dès 170 €.

L'Alcôve Hôtel est un hôtel 3-étoiles entièrement rénové, idéalement situé, dans une rue au calme à proximité de la Promenade des Anglais, de la plage, de la vieille ville, des boutiques et du tramway. Que ce soit pour affaires, un week-end en amoureux ou pour un plus long séjour, cet hôtel à l'atmosphère chaleureuse et à la décoration moderne et épurée propose des services sur mesure et des prestations innovantes. Et que dire de l'accueil réservé par les gérants ? Ils ont toujours des attentions délicates pour leurs clients.

ARMENONVILLE*** €€

20, avenue des Fleurs
✆ 04 93 96 86 00
www.hotel-armenonville.com
Chambre double à partir de 50 € en basse saison. Parking privé et sécurisé à 10 € par jour.

L'Hôtel Armenonville mêle la contemporanéité au charme de cette ancienne maison de maître du début du XXe siècle. Les chambres sont bien équipées et confortables. Certaines donnent sur le magnifique jardin arboré dans lequel vous pourrez prendre vos petits déjeuners aux beaux jours, ainsi que sur la piscine, véritable atout de cette adresse qui est une oasis de calme et de verdure au cœur du centre-ville, à 10 minutes à pied du bord de mer. Gros plus futé : parking privé, sécurisé et gratuit. On apprécie aussi l'accueil sans faille de la maîtresse des lieux.

BOUTIQUE HÔTEL GOUNOD*** €€

3, rue Gounod
✆ 04 93 16 42 00
www.gounod-nice.com
43 chambres. Chambre double dès 68 € en basse saison et dès 149 € en haute saison.

Ce bel hôtel se trouve au cœur du centre-ville, près de la place Masséna et de la plage. Les chambres, bien équipées, possèdent une décoration et un ameublement qui ont fait l'objet d'une réflexion spécifique. Le bar est très agréable. L'équipe de l'établissement est professionnelle. En réservant une nuit au Gounod, vous bénéficiez d'un accès libre et gratuit à la piscine, à l'espace Spa et à l'espace fitness du Splendid Hôtel & Spa qui se trouve à quelques mètres de l'Hôtel. Un vrai bon plan, pour ne pas dire un excellent rapport qualité-prix.

BOUTIQUE HÔTEL PALAIS SALEYA €€

21, rue du Marché ✆ 04 92 00 09 09
www.palaissaleya.com
Accueil 24h/24. 26 suites et appartements. Junior suite dès 130 € en baisse saison et 250 € en haute saison.

Idéalement situé au cœur de la vieille ville niçoise, le boutique-hôtel Palais Saleya se niche dans un bel immeuble du XVIIIe siècle et affiche un cadre contemporain et élégant. Les différentes suites, lumineuses, confortables et parfaitement décorées, peuvent accueillir jusqu'à six personnes. Les appartements de haut standing proposés à la location accueillent jusqu'à 8 personnes. Une belle adresse qui combine les avantages d'un grand hôtel et la liberté d'un séjour en appartement.

GÎTES DE FRANCE DES ALPES-MARITIMES €€

455, promenade des Anglais - Immeuble Horizon
✆ 04 92 15 21 30
www.gites-de-france-alpes-maritimes.com
Ouvert toute l'année. Les tarifs varient en fonction de la localisation, de la surface et de la durée de location.

Les Gîtes de France proposent plus de 150 locations meublées à Nice et dans les communes alentour (Drap, Falicon, Saint-Agnès, Peillon, Coaraze...), en bord de mer et dans l'arrière-pays Niçois (jusqu'aux stations de ski du Mercantour), en pleine nature ou aux abords de la ville. Les formules vont de l'hébergement pour deux à cinq personnes avec un confort allant de 1 épi à plusieurs épis ainsi que des chambres d'hôtes pouvant accueillir jusqu'à huit personnes.

GRAND HÔTEL LE FLORENCE*** €€

3, rue Paul-Déroulède ✆ 04 93 88 46 87
www.hotel-florence-nice.com

Accueil 24h/24. Chambre double dès 70 € en basse saison et dès 150 € en haute saison.

Premier hôtel 3 étoiles de Nice labellisé Eco-Label, l'Hôtel Florence est situé à 5 minutes à pied de la Promenade des Anglais. Sa particularité ? 3 ruches installées sur le toit, avec plusieurs milliers d'abeilles qui produisent en moyenne 40 kg de miel par an. Grâce à cette action, l'Hôtel contribue à la protection des abeilles et à l'essor de l'apiculture à Nice. Accueillant, moderne et bien entretenu, l'hôtel dispose de 52 chambres très confortables. Certaines bénéficient également d'une petite terrasse. La décoration contemporaine est soignée et de bon goût.

HÔTEL AMOUR*** €€

3, avenue des Fleurs
✆ 04 65 27 10 10
www.hotelamournice.fr

38 chambres. Chambre double dès 109 € en basse saison et dès 289 € en haut saison.

Après d'importants travaux de rénovation, l'hôtel Amour a récemment ouvert ses portes. Résultat : une ambiance pastel, des livres partout, trois catégories de chambres bien équipées, dont certaines avec balcon et un studio comprenant un salon, une piscine sur le toit, un patio lumineux et arboré pour prendre un verre, une plage proposant pas moins de 250 matelas et, plus original, des photos de pin-up sur les murs. Le restaurant au rez-de-chaussée propose un service de qualité, entre cuisine régionale et café parisien revisité aux couleurs de la Provence.

HÔTEL BUSBY*** €€

38, rue du Maréchal-Joffre
✆ 04 93 88 19 41
www.hotelbusby.com

Accueil 24h/24. 76 chambres. Chambre double à partir de 75 € en basse saison et à partir de 139 € en haute saison.

L'hôtel Busby date de la Belle Époque. Il bénéficie d'atouts considérables, même si son aspect un peu désuet côté décoration fera sourire certains. On apprécie tout d'abord les volumes des pièces, très vastes pour une catégorie de 3-étoiles. Le quartier est agréable, au cœur de la vie niçoise. Autre point positif : le calme puisque l'immeuble donne sur un jardin privé. Les chambres sont confortables et peuvent accueillir jusqu'à cinq personnes. Le personnel est avenant et les services proposés se modernisent autant que les chambres, progressivement.

HOTEL DAYS INN NICE*** €€

6, rue Miron
✆ 04 93 62 10 65
https://www.wyndhamhotels.com/fr-ca/days-inn/nice-france/days-inn-nice-centre/overview

Chambre double dès 60 € en basse saison et dès 140 € en haute saison.

Stratégiquement bien placé à 5 minutes de la gare des trains et du tramway, et à 15 minutes de la vieille ville à pied, cet établissement propose des chambres joliment décorées, très feutrées dans des coloris tendances comme l'ocre et le chocolat. Elles offrent un grand confort : douche ou bain, W.C, téléphone, chaînes câblées, climatisation et housses de couettes moelleuses. Une terrasse solarium au dernier étage est à votre disposition pour prendre le petit déjeuner ou un rafraîchissement à toute heure. Accueil très sympathique.

HÔTEL LE PANORAMIC** €€

107, boulevard Bischoffsheim ✆ 04 93 89 12 46
www.hotellepanoramic.com

Ouvert de février à novembre. Chambre double dès 61 € en basse saison et dès 89 € en haute saison (deux nuits minimum).

Voici un hôtel 2 étoiles atypique, romantique et calme situé sur la grande Corniche à Nice. Dès votre arrivée au sein de cette ancienne maison de maître de 1920, vous serez accueilli chaleureusement par les propriétaires. Avec sa vue féerique sur Nice et la Méditerranée, l'hôtel Le Panoramic propose des chambres joliment décorées, lumineuses et très confortables, parfaitement équipées. Sur place, vous profiterez également du restaurant Le 360° qui offre lui aussi une vue splendide. Une bonne adresse où séjourner pour un week-end romantique ou un séjour en famille.

HÔTEL LE SEIZE*** €€

16, rue Chauvain ✆ 04 93 80 76 11
https://hotelseize.fr/

Accueil 24h/24. 34 chambres. Chambre double dès 70 € en basse saison et dès 108 € en haute saison.

Situé au cœur de Nice, à quelques pas de la promenade du Paillon et des musées d'art, cet hôtel 3 étoiles est placé sous le thème des artistes niçois avec des œuvres issues de la culture pop et du street art, pour une décoration pleine de contraste. Si la façade date du début du XXe siècle, les salles intérieures et les chambres sont résolument contemporaines avec des tonalités chaudes comme le beige et le marron clair. L'ascenseur d'époque est magnifique, l'équipement de qualité, la literie confortable et l'accueil chaleureux. Un bon rapport qualité - prix.

HÔTEL LOGIS VILLA VICTORINE** €€

11, rue du Docteur-Émile-Roux
✆ 04 93 83 10 51
www.hotel-villa-victorine.com
Chambre double dès 45 € en basse saison et dès 70 € en haute saison.

Ravissante maison des années 1930 située dans un quartier résidentiel au calme, elle abrite de coquettes chambres décorées avec goût. Le patron est passionné de jardinage : il a d'ailleurs aménagé la terrasse extérieure en une véritable oasis de fraîcheur où plantes et arbres fruitiers s'épanouissent merveilleusement au soleil. Les clients adorent y prendre le petit déjeuner ou flâner après la plage. Un hôtel de charme mais surtout un petit nid douillet où l'on se sent comme chez soi.

HÔTEL VILLA LA TOUR*** €€

4, rue de la Tour
✆ 04 93 80 08 15
www.villa-la-tour.com
Accueil 24h/24. 17 chambres. À partir de 109 € la nuit.

Une véritable étape romantique située au cœur du vieux Nice ! Charme et intimité vous attendent dans cette villa entièrement rénovée, à la façade joliment colorée, qui a été bâtie dans les murs chargés d'histoire d'un couvent du XVIIIe siècle. Chaque chambre se décline dorénavant sur le thème d'un artiste en plus d'offrir des équipements de standing. Le restaurant, le VLT, propose quant à lui des mets aussi beaux que bons et une agréable terrasse pour profiter de la douceur du vieux Nice. Un vrai coup de cœur pour ce petit hôtel.

HÔTEL MONSIGNY*** €€

17, avenue Malausséna
✆ 04 93 88 27 35
www.hotelmonsignynice.com
Accueil 24h/24. 56 chambres. Chambre double dès 50 € en basse saison et dès 90 € en haute saison.

Dans le quartier de Liberation, cet établissement fait office de rendez-vous lifestyle du moment ! Entièrement rénové, il possède des chambres à la décoration chaleureuse ; certaines sont dotées d'une terrasse ou d'un petit balcon. Idéalement situé, en plein centre ville, à 250 m de la gare centrale et face au tramway, vous apprécierez particulièrement la vue depuis la terrasse, sur le toit. Vous profiterez aussi des saveurs du marché local typiquement niçois qui se tient devant l'hôtel tous les matins. Accueil professionnel et courtois.

HÔTEL WINDSOR**** €€

11, rue Dalpozzo
✆ 04 93 88 59 35
www.hotelwindsornice.com
57 chambres. Chambre double dès 80 € en basse saison et dès 170 € en haute saison.

L'art est omniprésent et les chambres sont entièrement décorées par de célèbres artistes plasticiens. Les tendances sont multiples : fresques, contemporain, posters ou encore noir et blanc en fonction de l'imagination de leur créateur. L'hôtel cache aussi une petite oasis de verdure et de fraîcheur avec un jardin et une piscine extérieure chauffée. vous disposerez également d'un restaurant avec une carte de produits frais (label Maître Restaurateur et légumes bio) et d'une salle de fitness sans oublier plusieurs cabines de massages.

HÔTEL NAP BY HAPPYCULTURE*** €€

44, rue Pastorelli
✆ 04 93 85 43 59
www.hotel-nap.com/fr
Chambre double dès 40 € en basse saison et dès 82 € en haute saison.

Boutique hôtel résolument graphique, smart et pop situé dans le centre de Nice, cet établissement, membre de la collection Happy Culture, renouvelle le genre urbain et n'a qu'une ambition : faire l'éloge de la sieste. Et c'est un pari plutôt réussi car tout ici invite au lâcher-prise. Depuis le décor rétro chic aux accents méditerranéens, en passant par l'agencement des chambres, la literie, les équipements et les tarifs, raisonnables. Forcément, ça détend.

IBIS STYLES NICE VIEUX-PORT*** €€

8, rue Emmanuel-Philibert ✆ 04 92 00 59 00
https://all.accor.com/hotel/6991/index.fr.shtml
Accueil 24h/24. 114 chambres. Chambre double dès 81 € en basse saison et dès 131 € en haute saison.

Idéalement situé à proximité du port et du vieux Nice, cet hôtel 3 étoiles entièrement rénové affiche un emplacement idéal dans le petit marais niçois. Il dispose d'un garage privé et de chambres design, spacieuses et confortables. Parfaitement équipées, elles jouissent de beaux volumes. Le lobby de l'hôtel donne envie de prendre un verre au bar ou bouquiner tranquillement dans un sofa. Une adresse jeune et tendance qui a du pep's et offre un bon rapport qualité/prix.

LA MALMAISON NICE**** €€

48, boulevard Victor-Hugo
✆ 04 93 87 62 56
www.lamalmaisonnice.com
Accueil 24h/24. Chambre double dès 80 € en basse saison et dès 160 € en haute saison.

Dans une splendide bâtisse historique, La Malmaison affiche un style élégant où le confort contemporain se mêle au charme suranné des années 20. On aime les espaces lumineux du lobby et notamment son coin salon. Les 46 chambres sont décorées avec soin dans le style Art déco. Elles sont réparties en 5 catégories, de la supérieure à la premium avec terrasse. Toutes sont équipées d'une literie très grand confort. Côtés services et technologies, rien n'est oublié. Une très belle adresse, idéalement située dans le Carré d'Or niçois.

LE SAINT-PAUL*** €€

29, boulevard Franck-Pilatte
✆ 04 93 89 39 57
www.lesaintpaul-hotel.com
Ouvert toute l'année. Accueil 24h/24. Chambre double dès 129 € en basse saison et dès 179 € en haute saison.

Le Saint-Paul est un établissement atypique qui a récemment été rénové. Il offre un excellent rapport qualité/prix, indéniablement, LA plus belle vue de Nice. Il suffit de traverser la rue pour accéder à la plage. Le cadre est idéal et associe le calme du quartier et la proximité du cœur de Nice facilement accessible à pied. On apprécie évidemment les chambres offrant une vue mer mais aussi prendre un petit déjeuner sur la magnifique terrasse qui surplombe la Méditerranée. Les salles de séminaires offrent un panorama propice à la créativité.

THE JAY HOTEL BY HAPPYCULTURE**** €€

21, rue Meyerbeer
✆ 04 92 26 71 90
www.hotel-jay.com
Accueil 24h/24. Chambre double dès 100 € en basse saison et dès 176 € en haute saison.

Ici, pas de protocoles inutiles. Cet établissement combine l'autonomie d'une résidence, l'intimité d'un vrai chez soi et le confort des services hôteliers et permet de replonger dans l'univers fantasque des années 20 et de « Jay Gatsby ». Le Jay célèbre l'opulence de cette Riviera festive avec des matériaux nobles : bois massifs au sol, plaquage acajou pour le mobilier des chambres, marbre de Carrare pour les salles de bain, fauteuils en cuir au bar, tissus à effet matière.

VILLA BOUGAINVILLE BY HAPPYCULTURE™ €€

29, avenue Thiers
✆ 04 93 88 96 81
www.villa-bougainville.fr
Accueil 24h/24. Chambre double dès 45 € en basse saison et dès 120 € en haute saison.

Nous voilà plongés dans la beauté sauvage des expéditions tropicales du XIXe siècle. Louis-Antoine de Bougainville, navigateur-explorateur et féru de botanique, rapporta du Brésil la plante qui porte désormais son nom. Ici, pas de plante grimpante mais de beaux revêtements muraux nous suggérant des motifs dignes des cabinets de curiosités de l'époque. Les couleurs éclatantes des chambres, soutenues par un mobilier de rotin et de bois exotiques nous invitent à voyager dans le temps.

VILLA OTERO BY HAPPYCULTURE™ €€

58, rue Hérold ✆ 04 93 88 96 73
www.villa-otero.com
Accueil 24h/24. 38 chambres. Chambre double dès 64 € en basse saison et dès 136 € en haute saison.

Ce boutique-hôtel du quartier des musiciens est un véritable joyau au cœur de Nice qui se décline dans un style Art Déco. Les chambres, confortables et chaleureuses, disposent d'un mobilier rétro et d'une décoration raffinée. Certaines possèdent un balcon et d'autres une grande terrasse. Le restaurant présente un élégant mobilier vintage où est servi le Grand Goûter, chaque après-midi. Un moment convivial de gourmandise avec pâtisseries, tartes, macarons et autres confiseries colorées.

VILLA VICTORIA HOTEL**** €€

33, boulevard Victor-Hugo
✆ 04 93 88 39 60
www.villa-victoria.com
Logis (2 cheminées). Accueil 24h/24. Chambre double dès 100 € en basse saison et dès 140 € en haute saison.

Le Petit Futé adore cette adresse ! En plein cœur du Carré d'Or, donnant sur une superbe avenue, cet établissement de caractère est niché dans un sublime jardin botanique. Entièrement rénové, l'hôtel possède 38 chambres bénéficiant de tout le confort imaginable. Côté jardin ou côté boulevard, les chambres et appartements sont décorés avec goût dans des tons différents. L'hôtel offre des avantages considérables à l'instar d'un jardin privé qui permet une pause détente en plein centre-ville, également très agréable dès les premiers rayons de soleil.

BEAU RIVAGE HÔTEL**** €€€

24, rue Saint-François-de-Paule
✆ 04 92 47 82 82
www.hotelnicebeaurivage.com
118 chambres. Chambre double dès 75 € en basse saison et dès 150 € en haute saison.

Construit en 1860, le Beau Rivage Hôtel a toujours été le lieu de prédilection d'artistes et d'intellectuels. Idéalement situé, à l'entrée du Vieux-Nice et en face de la mer où vous attend sa plage privée, c'est un établissement résolument contemporain, signé par l'architecte Michel Wilmotte. Il a toutefois su conserver son charme niçois avec sa magnifique façade datant de la fin du XIXe siècle. Ses prestations et équipements bénéficient d'un standing haut de gamme. Les chambres sont modernes, spacieuses et lumineuses. L'un des hôtels les plus agréable de Nice.

HÔTEL EXCELSIOR**** €€€

19, avenue Durante
✆ 04 93 88 18 05
www.excelsiornice.com
Accueil 24h/24. 42 chambres. Chambre double à partir de 65 € en basse saison et dès 120 € en haute saison.

Cet établissement de facture Belle Époque décline le concept de l'invitation au voyage à travers sa décoration : avion, train, voiture et bateau. Le cadre de cet hôtel est raffiné et le confort moderne. L'équipement des chambres est sans failles. Un jardin intérieur aménagé et fleuri ainsi qu'une belle terrasse avec des tables en teck, propice aux bains de soleil, complètent la prestation. Un bar extérieur situé au cœur du jardin ouvre entre avril et septembre tandis que des soirées à thème et autres afterworks y sont organisés. Un charmant « boutique hôtel ».

BOSCOLO EXEDRA NICE***** €€€

12, boulevard Victor-Hugo ✆ 04 97 03 89 89
www.nice.boscolohotels.com/fr
Accueil 24h/24. 112 chambres. Chambres double dès 144 € en basse saison et dès 288 € en haute saison.

Cet hôtel de luxe de style Belle Époque est l'un des fleurons de la Côte d'Azur. On est séduit par le hall immaculé avec sa verrière laissant passer les rayons du soleil. Les chambres et les suites sont à cette image : les tonalités claires et lumineuses sont agrémentées de quelques touches dorées. Un style contemporain qui allie élégance et modernité. Côté restauration, La Pescheria s'ouvre par sa terrasse sur le boulevard Victor-Hugo. L'hôtel accueille les séminaires et autres événements. Le spa propose sauna, bain turc, douches aromatiques, piscine… Le bonheur.

HÔTEL LA PÉROUSE**** €€€

11, quai Rauba-Capeu
✆ 04 93 62 34 63
www.hotel-la-perouse.com
56 chambres. Chambre double dès 116 € en basse saison et dès 342 € en haute saison.

Cet établissement est synonyme d'oasis de calme et de paix. Son allure de demeure privée avec sa façade ocre typiquement niçoise insuffle le haut de gamme sans ostentation dans un décor provençal, épuré et contemporain. Piscine nichée contre la roche, solarium panoramique, sauna et salle de fitness... À l'ombre des citronniers, on savoure les mets du restaurant dont la carte est rythmée par les saisons. Avec vue sur la mer ou sur le jardin, l'atmosphère raffinée des chambres et des suites résonne entre élégance et volupté, et fait écho à l'art de vivre azuréen.

HÔTEL ASTON LA SCALA**** €€€

12, avenue Félix-Faure
✆ 04 92 17 53 00
www.hotel-aston.com
Ouvert toute l'année. 150 chambres dès 115 € la nuit en basse saison et dès 180 € en haut saison.

Face à la Promenade du Paillon, ce fleuron de l'hôtellerie niçoise a su se moderniser tout en restant un symbole de la Riviera. Les chambres spacieuses et confortables présentent un univers contemporain. Avec son emplacement privilégié en plein cœur de la capitale azuréenne, l'établissement convient également au tourisme d'affaire. Vous apprécierez le panorama unique à 360° du Bar positionné sur le toit-terrasse de l'hôtel avec piscine en saison ainsi que l'ambiance festive et chic du Seven Blue Bar en hiver situé au 7e étage.

HÔTEL NICE RIVIERA**** €€€

45, rue Pastorelli
✆ 04 93 92 69 60
www.hotel-nice-riviera.com
Chambre double dès 79 € en basse saison et dès 169 € en haute saison.

Parfaitement intégré au paysage urbain du centre-ville niçois, cet hôtel 4 étoiles à l'architecture Art déco entièrement rénové et lumineux propose des chambres confortables, aux tonalités claires et équipées d'une literie de qualité. Du côté de l'entrée, le décor se fait plus minéral. L'espace détente est propice à la relaxation avec sa piscine intérieure, son jacuzzi et son sauna. Un spa Decléor est ouvert tous les jours : massages, gommages et soins du visage compléteront ainsi votre moment de détente. L'accueil est à l'image des lieux : impeccable.

© SOUTEROSCOPE

© SOUTEROSCOPE

© SOUTEROSCOPE

SPLENDID HÔTEL & SPA NICE**** €€€

50, boulevard Victor Hugo
✆ 04 93 16 41 00
www.splendid-nice.com

Ouvert toute l'année. Chambre double à partir de 80 € et dès 170 € en haute saison.

Le Splendid est un établissement haut de gamme géré depuis plus de 100 ans par la même famille ; il ne cesse d'être modernisé chaque année. Situé en plein cœur du quartier des Musiciens, il propose certaines chambres bénéficiant d'une terrasse extérieure individuelle offrant une vue imprenable sur Nice. Au 8e étage, le bar Le Transat est idéal pour prendre son petit-déjeuner. Piscine de plein air (sur le toit), bain bouillonnant, hammam et sauna sont à la disposition de la clientèle.

© HOTEL SPLENDID

© HOTEL SPLENDID

HYATT REGENCY NICE PALAIS DE LA MÉDITERRANÉE***** €€€

15, promenade des Anglais
✆ 04 93 27 12 34
www.hyatt.com
Accueil 24h/24. 187 chambres (et 9 suites). Chambre double dès 160 € en basse saison et dès 350 € en haute saison.

Cet établissement offre le meilleur d'hier et d'aujourd'hui. Au 3e étage sont réunis restaurant, bar, cinq salles de séminaires, piscine et salle de fitness. Du 4e étage au 9e étage, les chambres et suites possèdent pour la majorité un large balcon permettant de profiter d'une vue panoramique sur la Méditerranée, les collines de l'arrière-pays niçois ou le patio intérieur. Sur la terrasse, les gourmets apprécieront les spécialités méditerranéennes du restaurant au bord de la piscine.

LE MÉRIDIEN NICE**** €€€

1, promenade des Anglais
✆ 04 97 03 44 44
www.marriott.com/hotels/travel/ncemd-le-meridien-nice
Chambre double dès 165 € en basse saison et dès 330 € en haute saison.

Situé sur la Promenade des Anglais, le Méridien vous accueille dans un esprit résolument moderne et contemporain avec vue directe sur la Méditerranée. Les gourmands apprécieront la belle cuisine méditerranéenne avec au premier étage le restaurant Le Colonial Café qui propose notamment des plateaux de fruits de mer et une carte snacking, et au second étage - sur le toit de l'hôtel - La Terrasse et son bar qui procurent de beaux moments de détente. Les amateurs de farniente apprécieront la piscine chauffée et le solarium situés également sur le toit de l'hôtel.

LE NEGRESCO***** €€€

37, promenade des Anglais ✆ 04 93 16 64 00
www.hotel-negresco-nice.com
Accueil 24h/24. 100 chambres et 25 suites. Chambre double dès 200 € en basse saison et dès 400 € en haute saison.

Comment évoquer les palaces de la Côte d'Azur sans parler du Negresco ? Ouvert en 1913 sur la Promenade des Anglais et classé aux Monuments Historiques, il est un véritable musée vivant. Rénové récemment, du hall d'entrée, au salon royal, en passant par la verrière Gustave Eiffel, l'implantation d'une terrasse à La Rotonde et la création d'un executive floor avec ses suites et chambres entièrement domotisées, le prestigieux hôtel à la façade immaculée fait du mariage de l'ancien et du contemporain sa nouvelle marque de fabrique. Une expérience emblématique.

MY FLAT IN NICE, APARTMENTS NICE CENTER €€€

7, rue Jules-Gilly
✆ 04 93 87 30 64
www.myflatinnice.com
Ouvert toute l'année. A partir de 50 € la nuit par personne.

My Flat In Nice propose des appartements meublés loués en courte et moyenne durée à partir de 3 nuits. Tous situés près de la mer, à proximité des lieux réputés comme la promenade des Anglais et le cours Saleya. Décoré dans un style contemporain, chaque appartement dispose d'un mobilier de haute qualité et d'une cuisine entièrement équipée. Ils comprennent aussi un salon ainsi qu'une salle de bains privative. My Flat In Nice, ou comment vivre sur la côte d'Azur comme un Niçois.

NESTOR & JEEVES €€€

43, rue de France
✆ 04 83 76 07 50
www.nestor-jeeves.com
Du lundi au samedi de 10h à 19h. Agence de location saisonnière sur la Côte d'Azur.

Du centre-ville au port, en passant par la promenade des Anglais, le Carré d'Or ou encore le quartier des musiciens, cette agence met à la disposition de ses clients plus d'une centaine d'appartements à la location saisonnière, pour des courts ou longs séjours. Le choix est vaste entre les biens de standing, et les catégories premium ou luxe. Très bien équipés (terrasse, jardin, climatisation, piscine et même parking), les appartements offrent un cadre de vie agréable et des services sur-mesure pour un bon rapport qualité-prix.

RIVIERA HOLIDAY HOMES €€

23, avenue Jean-Médecin
✆ 04 93 16 03 44
www.rivieraholidayhomes.com
Location de villas et d'appartements à Nice, dans l'arrière-pays et sur la Côte d'Azur.

Voici une agence de location saisonnière à taille humaine qui propose depuis de nombreuses années des studios, appartements meublés et villas indépendantes à la location. La location est possible à partir de 4 nuitées d'occupation. Les biens à louer sont d'une grande qualité : de beaux appartements, bien équipés, situés dans le centre-ville de Nice ou de Villefranche-sur-Mer, ou encore des villas avec piscine sur l'ensemble des Alpes-Maritimes. L'agence peut gérer votre transfert, le linge de maison est fourni et vous pouvez même commander vos courses.

SE RÉGALER

Un séjour à Nice rime forcément avec de succulentes découvertes gastronomiques. Le choix est immense, avec des centaines de restaurants parsemés à travers la ville, dont une bonne moitié dans la vieille ville. L'offre est tout bonnement incroyable. Mieux : cette quantité d'établissements rime souvent avec qualité. Si cette votre première visite de la ville, évitez les attrape-touristes et testez la «cuisine Nissarde», cette cuisine traditionnelle méditerranéenne qui regorge de légumes, de saveurs et de senteurs. Acchiardo, Lou pistou, le Tchitchou, Lu Fran Calin et une dizaine d'autres établissements peuvent se prévaloir de porter haut les plats typiques locaux (petits farcis, daube, socca, pissaladière...). Une fois les saveurs niçoises digérées, vous pourrez vous tourner vers une cuisine française plus classique, entre tables étoilées et autres plus cachées, vers l'incontournable cuisine italienne ou vers des saveurs plus exotiques.

© VERONIKA IDIYAT - STOCK.ADOBE.COM

LE 3E RESTAURANT €€

13, promenade des Anglais
✆ 04 92 14 77 19
www.le-3e-bar-restaurant-nice.com
Ouvert tous les jours, midi et soir. Plat + dessert : 40 €.

C'est au 3e étage du mythique Palais de la Méditerranée que se situe ce restaurant à la vue imprenable sur la Grande Bleue. En terrasse ou en salle à manger, savourez une cuisine créative et internationale réalisée avec des produits locaux et de saison rigoureusement sélectionnés : ceviche méditerranéen aux fruits de la passion, chips de Socca et guacamole au piment d'Espelette ; tartine de mozzarella Burrata et paleta ibérique, roquette et olives niçoises, gaspacho andalou ; pêche locale, petits pois à la française, sauce au vin rouge de Provence…

L'ATELIER €€

17, rue Gioffredo
✆ 04 93 85 50 74
www.l-atelier-restaurant-nice.com
Ouvert du mardi au samedi, midi et soir. Plat + dessert : 25 €.

Moderne et chaleureux, l'espace intérieur de ce restaurant plein de charme allie pierres apparentes et mobilier en acajou face à la cuisine ouverte qui distille l'esprit atelier. On y observe toutes les étapes d'élaboration des plats qui mettent à l'honneur les produits du marché. Si la rôtissoire et la plancha proposent de belles pièces de viandes et des poissons, la spécialité de la maison reste la socca revisitée. L'équipe du restaurant prend le parti de l'innovation et de la création dans cette adresse gourmande où tout est fait maison.

L'ANIS ÉTOILÉ €€

10, rue Clément-Roassal
✆ 04 93 01 65 99
Ouvert toute l'année. Le lundi, le mardi et du jeudi au samedi le midi et le soir. 25 € plat + dessert.

Ce restaurant sans prétention situé dans le quartier en vogue de Libération se révèle être une belle adresse. L'équipe vous accueille avec amabilité et professionnalisme autour d'une cuisine fraîche et maison. On s'attable ainsi dans la jolie petite salle intérieure ou sur la terrasse ensoleillée. Les assiettes sont bien dressées qu'il s'agisse de viandes, de poissons et de plats traditionnels français. L'ardoise propose plusieurs options qui raviront tous les appétits. Une chouette adresse qui mériterait plus qu'une étoile anisée !

L'AUTHENTIC €€

18, bis rue Biscarra
✆ 04 93 62 48 88
www.lauthentic-nice.com
Du lundi au samedi midi et soir. Plat + Dessert : 20 €. Accueil des groupes. Terrasse.

Cette adresse authentique possède le prestigieux label «Maître Restaurateur ! Et l'on comprend rapidement pourquoi : Ici, tout est frais, fait maison et absolument succulent ! Des recettes créatives, une cuisine traditionnelle fraîche et généreuse, des assiettes joliment dressées et savoureuses sans oublier un service impeccable. Salades, tartares, viandes, poissons, gnocchis, pâtes, légumes frais… À l'heure de l'apéritif, on s'y retrouve autour d'une assiette de tapas (assiette de formage, chorizo poêlé, tempera de crevettes…).

ASIAN FACTORY €€

19, rue Bonaparte
✆ 04 92 04 22 09
www.asianfactorynice.com
Ouvert tous les jours, midi et soir. Plat + dessert : 25 €.

Voilà un très beau restaurant asiatique situé sur la place du Pin. La belle terrasse attire le regard avec son immense carte terrestre placardée au mur. Dans la décoration, le mobilier, la vaisselle, tout est fait pour rendre votre repas agréable. Dans l'assiette, les chefs proposent des saveurs asiatiques raffinées et différentes de ce que l'on a l'habitude de manger. On a particulièrement adoré les menus à partager, avec plusieurs petites entrées et plats, l'idéal pour ceux qui aiment goûter un peu de tout et varier les saveurs.

LE BISTROY €

37, rue Maréchal-Joffre
✆ 09 82 47 33 44
www.le-bistroy.fr
Ouvert du lundi au vendredi midi, et le soir vendredi et samedi. Plat + dessert : 20 €.

Une salle lumineuse et joliment décorée à base d'objet de récupération. Le chef propose une sélection de plats préparés à partir des produits du marché. La carte est originale et détourne les classiques comme le double œufs cocotte plein air aux légumes. Les cuissons sont précises et les prix très raisonnables. Vous pouvez également vous concocter un repas Bistroy grâce à un joli choix de plats, de desserts et de boissons à emporter chez vous. Contraction de « apéro » et « dîner », Le Bistroy propose en fin de semaine un buffet à volonté façon tapas.

LE BOUDOIR €€

10, rue Chauvain
✆ 04 93 87 55 54
www.leboudoirnice.fr
Ouvert du mercredi au lundi le midi et le soir. Plat + dessert : 25 €.

Dans ce petit restaurant du centre de Nice, d'une trentaine de couverts, au décor baroque et à l'ambiance intimiste, découvrez une ardoise qui évolue régulièrement au gré du marché et des saisons. La carte met à l'honneur des produits de qualité, principalement autour de l'univers de la truffe et du foie gras : viandes, poissons, salades, ravioles, risotto, etc. Une belle adresse où les produits sont travaillés et déclinés de manière originale. L'accueil agréable et le service attentionné finissent de nous satisfaire. On y revient avec plaisir.

LES BURGERS DE PAPA €€

26, rue de l'Hôtel-des-Postes
✆ 04 93 87 43 23
www.lesburgersdepapa.fr
Ouvert tous les jours, midi et soir. Carte : 13 € environ pour un menu.

Cette adresse conjugue avec humour cuisine, amour des bons produits et authenticité. Papa décline ici ses burgers à la saveur inégalée et aux noms toujours décalés : Fils à Papa (cheddar + oignons frits), Grand Papa (steak de bœuf, jambon cru, oignons confits, champignons), ou encore Poulette (poulet pané agrémenté de cheddar + rondelles de tomate + roquette + sauce curry). Beaux et savoureux, ils se déclinent en version végétarienne. Les petits pains sont préparés par un boulanger, les accompagnements et la bière sont maison. Maman peut aller se reposer !

LE CAFÉ MARCHÉ €

2, rue de la Barillerie
✆ 09 81 84 92 49
Ouvert de 12h à 14h du lundi au vendredi. Formule : 15 €.

Cette adresse de charme à la décoration épurée et lumineuse cultive l'art de la grignote gourmande dès le matin avec cafés, thés, cookies, cupcakes et autres délices sucrés. À la convivialité de cette adresse s'ajoute la découverte de produits de la table aux saveurs innovantes et revisitées, parfois traditionnelles locales, parfois françaises, parfois plus exotiques, toujours originales. Cette cuisine simple plaira aux amateurs de viandes et de produits bio. Le brunch du dimanche est fabuleux. Ajouter à cela un service impeccable est vous obtenez un must.

CASA NISSA €€

55, rue Gioffredo
✆ 04 93 80 30 19
www.casa-nissa.com/fr
Du lundi au samedi, midi et soir. Plat + dessert : 30 €

Vous serez charmé par la décoration lumineuse et élégante de ce bel établissement sur deux étages. La carte propose une cuisine à picorer avec des spécialités aux accents d'ici et d'ailleurs comme les toastinis, bruschetta, pizzas, salades, tapas (patatas bravas gratinées, chorizo frais, poulpe à la Gallega, calamars grillés en persillade...) et autres plats typiquement locaux, italiens et français. Il y en a pour tous les goûts et toutes les bourses. De nombreuses animations musicales enchantent également les lieux régulièrement. Une très belle adresse.

LE CENAC €€

18 bis, rue Biscarra
✆ 04 93 92 46 93
www.lecenac.fr
Ouvert du lundi au samedi, midi et soir. Plat + dessert : 25 €

La réputation de la cantine des amoureux du Sud-Ouest n'est plus à faire : nul besoin de vous dire à quel point cette table est appréciée tant par les fins gourmets que par les épicuriens qui veulent profiter de son emplacement exceptionnel et de sa belle terrasse ensoleillée. Les suggestions changent au gré des saisons : escargots de Bourgogne, foie gras de canard, foie de veau, croustillant de lotte… En ce qui concerne les douceurs, pas de déception possible avec le tiramisu, le riz au lait ou encore le clafoutis aux fruits de saison.

LE CHANTECLER €€€

37, promenade des Anglais ✆ 04 93 16 64 00
www.hotel-negresco-nice.com/les-restaurants/le-chantecler
Ouvert du mardi au samedi soir. Plat + dessert : 100 €.

Le restaurant gastronomique du Palace Le Negresco propose une cuisine des plus subtile, des plats originaux, vrais et généreux qui revisitent avec brio les saveurs azuréennes. Que dire des assiettes, dressées à la perfection elles donnent envie d'y succomber. On prolonge le plaisir avec une jolie carte de desserts innovante et savoureuse. Le service, dans la grande tradition de la gastronomie française, est exceptionnel. La cave, réputée pour abriter 15 000 bouteilles, complétera à merveille ce moment inoubliable dans un décor somptueux. Une vraie expérience.

LE CLIN D'OEIL €€

2, rue Chauvain
✆ 06 44 13 29 78
www.leclindoeil-restaurant.com
Ouvert du mardi au samedi, midi et soir. Plat + dessert : 30 €.

Dans un cadre soigné et intimiste, ce nouvel établissement propose une cuisine française savoureuse élaborée à partir de produits frais et de saison. La pêche du jour se retrouve aussi dans vos assiettes. Les desserts sont sublimes ; le clin d'œil à la tarte au citron réserve d'ailleurs ses secrets aux plus curieux. Mention très spéciale à la belle carte des vins, aux expositions artistiques temporaires ainsi qu'à l'accueil, professionnel, agréable et convivial. Les clients sont soignés aux petits oignons. Des débuts très prometteurs. On reviendra.

LES ÉPICURIENS €€

6, place Wilson
✆ 04 93 80 85 00
www.les-epicuriens-restaurant-nice.com
Ouvert du lundi au samedi du matin au soir. Plat + dessert : 25 €.

Ce bistrot chic niçois propose une cuisine raffinée et des assiettes généreuses composées de produits frais : belle salade César, délicieux Barbajuans, foie gras maison cuit en terrine chutney de framboise, filet de Saint-Pierre cuisiné au pistou, calamars frais saisis à la plancha, succulente sole meunière, rognons à la moutarde à l'ancienne ainsi que de succulents desserts. Cuisine apparente et décoration contemporaine donnent le ton de cette adresse située dans le centre de Nice offrant une échappée tranquille et gourmande.

CRÊPERIE BRETONNE CORENTIN €

3, rue de Russie
✆ 04 93 16 02 98
www.creperiecorentin.fr
Ouvert du lundi au samedi, midi et soir. Crêpe + dessert : 15 €.

Passez la porte de cette crêperie et envolez-vous pour une évasion gourmande bretonne ! Le voyage commence avec le drapeau emblématique noir et blanc de cette région. Le voyage se poursuit dans l'assiette avec des recettes originales et traditionnelles de crêpes salées à la farine de sarrasin. Vous trouverez également une farandole de crêpes sucrées avec une belle variété de flambées et de spécialités mélangeant saveurs et parfums. Le service est agréable et l'accueil sympathique.

LA FEMME DU BOULANGER €

3, rue du Commandant-Raffali
✆ 04 89 03 43 03
Ouvert tous les jours, midi et soir. Plat + dessert : 20 €.

Accueil attentionné et décoration soignée dans la vaste salle intérieure et sur l'agréable terrasse de cet établissement. Les assiettes sont généreuses et les plats - tous concoctés maison - suivent les saisons. Ne manquez pas de goûter les spécialités du chef : des tartines Poilâne cuites au feu de bois qui se déclinent sous toutes leurs saveurs. Sans oublier les délicieux plats traditionnels, salades et soupes maison. Vous pouvez également prendre vos petit-déjeuners, apéros dînatoires et brunch le dimanche. Une adresse gourmande à souhait.

LES DEUX CANAILLES €€€

6, rue Chauvain
✆ 09 53 83 91 99
www.lesdeuxcanailles.com
Ouvert du lundi au vendredi midi. Le vendredi et samedi soir. Plat + dessert : 40 €

Situé en plein centre de Nice, près de la promenade du Paillon, cet établissement se révèle assez unique. Le chef propose des créations gastronomiques françaises aux consonances azuréennes et japonaises qu'il dresse à la perfection, enchantant les papilles comme les pupilles. En totale harmonie avec la cuisine cet univers culinaire, il faut souligner l'excellent service de la sommelière qui nous amène à la découverte de nouveaux vins choisis avec passion, ainsi que l'accueil du maître d'hôtel, toujours agréable et prévenant.

FLAVEUR €€€

25, rue Gubernatis
✆ 04 93 62 53 95
www.restaurant-flaveur.com
Ouvert du mardi au vendredi midi et soir, le samedi soir. 1 étoile Michelin. Menus à partir de 120 €.

Cette table vous invite à voyager au pays des saveurs. Jouant une partition à quatre mains toujours dosée à la perfection, nourris par l'enfance en Guadeloupe des chefs, elle ose avec justesse toutes les mélodies de saveurs pour livrer une cuisine originale. Pas de carte mais des menus qui subliment les produits locaux et les spécialités régionales à travers des accords audacieux venus d'ailleurs. Le sommelier vous conseillera quant à lui de délicieux vins choisis avec minutie. Un joli décor complète cette exploration dont on ne se lasse pas.

© AUX DEUX CHEFS

© AUX DEUX CHEFS

© AUX DEUX CHEFS

AUX DEUX CHEFS €€

56, rue Dabray ✆ 04 93 52 56 50
www.auxdeuxchefs.fr

Ouvert du lundi au mercredi midi ; du jeudi au samedi midi et soir. Plat + dessert : 25 €.

Des chaises en bois, des livres de cuisine et des casseroles en cuivre aux murs... un décor digne des bistrots d'antan ! Ici, la cuisine se vit : on la goûte, on la voit et on la respire.

Olivier en cuisine, Vivian en pâtisserie et Sandy au service. Ils se sont rencontrés derrière les fourneaux du Negresco, et exécutent aujourd'hui une cuisine niçoise et méditerranéenne. Tout est fait maison, fidèle aux produits de saison. Une ambiance conviviale, un service généreux et efficace, des assiettes précises et originales vous feront passer un moment des plus gourmand !

© AUX DEUX CHEFS

© AUX DEUX CHEFS

FRANCHIN €€€

10, rue Massenet
✆ 04 93 87 15 74
www.franchin.fr
Ouvert du mercredi au dimanche, midi et soir.
Plat + dessert : 45 € environ.

Situé dans l'agréable quartier piéton jouxtant la place Massena, Franchin affiche une déco et une atmosphère élégante de type bistrot chic. La carte évolue au fil des produits du marché et propose des mets délicieux qui font honneur à une cuisine traditionnelle française saupoudrée de saveurs du sud de la France. Des classiques plats de viandes et de poissons aux trop rares escargots, foie gras frais et joue de veau, tout est exquis. Ajoutez à ces merveilles un service de qualité, des prix justifiés et vous obtenez une adresse à découvrir savoureusement.

LE GESÙ €

1, place Jésus
✆ 04 93 62 26 46
Ouvert du lundi au samedi, midi et soir.
Plat + dessert : 20 €.

Cet établissement est une véritable institution du vieux Nice. Il propose des spécialités niçoises (pissaladière, poivrons à l'huile, beignets de courgette, gnocchis, daube de bœuf, salade niçoise, petits farcis, lasagnes), ainsi qu'un vaste choix de pizzas. Les maîtres des lieux mettent leur savoir-faire et leur expérience pour offrir un excellent rapport qualité-prix. Fort de sa réputation et de son affluence, il vous faudra peut-être parfois prendre l'apéritif sur les marches de l'église voisine en attendant une table : c'est aussi cela, la convivialité !

LE GALET €€

3, promenade des Anglais
✆ 04 93 88 17 23
www.galet-plage.fr
Ouvert du lundi au dimanche, midi et soir.
Plat + dessert : 30 €.

Rendant hommage au célèbre galet niçois, cette plage affiche un décor chic exceptionnel où dominent le bleu azur, le blanc, le bois et les galets dans une harmonie parfaite. Découvrez une cuisine savoureuse aux inspirations méditerranéennes et italiennes ainsi que de la mozzarelle absolument délicieuse. Les assiettes sont colorées, bien présentées et appétissantes tandis que le service est aux petits soins. Les confitures servies au petit-déjeuner, les desserts et les glaces sont préparés maison. Un endroit de rêve où se détendre, les pieds dans l'eau.

GIOIA €€

10, boulevard Dubouchage
✆ 04 93 88 56 57
https://www.gioia-restaurant-nice.com/
Ouvert du lundi au vendredi, midi et soir,
et le samedi soir. Plat + dessert : 25 €.

Situé entre la gare et la vieille ville, le Gioia propose une cuisine bistronomique copieuse et de qualité, emprunte des saveurs du sud, dans une ambiance industrielle soignée et un niveau sonore parfois élevé. Les viandes, poissons pâtes et burgers portent haut les couleurs azuréennes pour un prix abordable. Le Gioia est aussi un endroit fabuleux pour prendre un verre de vin accompagné d'une planche de charcuterie ou de fromages. Coup de cœur pour la jolie verrière qui s'ouvre à la belle saison, apportant chaleur et convivialité.

LE GAMBETTA €

1, place Général-de-Gaulle
✆ 04 93 84 76 07
brasserielegambetta.fr
Ouvert tous les jours, midi et soir. Plat + dessert : 25 €.

Le Gambetta rappelle les authentiques brasseries parisiennes d'antan. Situé au cœur du marché de la Libération, vous serez installé sur la terrasse extérieure, dans la salle intérieure, ou à l'étage et apprécierez la gentillesse et le professionnalisme des serveurs, même aux heures d'affluence. La carte met notamment à l'honneur des produits de la mer à la fraîcheur incontestable avec de merveilleux plateaux de crustacés et de fruits de mer. De viandes, pâtes et autres plats de brasserie complètent la carte. De quoi ravir les palais les plus fins.

LA HALLE DE GARE DU SUD €€

35, avenue Malaussena
www.lagaredusud.com
Etablissements ouverts du mardi au dimanche, du matin au soir en haute saison et du jeudi au Samedi en basse saison.

Entièrement dédiée à la gastronomie, au vintage et à la culture, elle est plus décalée, vivante, artistique et gourmande que jamais. Première Halle de ce genre en France, qui s'apparente aux *Mall* anglo-saxons, elle abrite une trentaine d'enseignes gourmandes. Toutes les cuisines du monde sont représentées : spécialités niçoises, japonaises, maghrébines, indiennes, italiennes, nordiques, libanaises, restaurants de viandes, de burgers et de truffes, bar à huitres, bar à vins, tex-mex, coffe shop, glacier... il y en a pour tous les goûts et toutes les bourses.

HARD ROCK CAFÉ €€

5, promenade des Anglais
✆ 04 93 62 71 80
www.hardrock.com/cafes/nice
Ouvert tous les jours, midi et soir. Plat + dessert : 20 €.

Le 138e Hard Rock Café se trouve sur la promenade des Anglais ! Décoration branchée où les guitares électriques et autres objets rock'n'roll s'exposent sur les murs. Côté assiette, les mets sont copieux comme l'incontournable hamburger - frites ou les salades de poulet, gargantuesques. Le rez-de-chaussée accueille un bar dont la carte affiche des cocktails classiques et d'autres, plus originaux. Avant de partir, on fait bien sûr un petit tour dans le Rock Shop pour faire le plein de souvenirs emblématiques. Un endroit pop rock où passer un agréable moment.

LA LANGOUSTE €€€

7, avenue Georges-Clemenceau
✆ 04 93 88 79 23
www.lalangouste.fr
Ouvert du lundi au samedi, midi et soir. Plat + dessert : 40 €.

Dans un bel écrin de verdure raffiné installé au cœur de Nice, La Langouste offre un immense jardin ombragé et deux salles séparées pour déguster des mets délicats mettant à l'honneur les saveurs méditerranéennes pour des plats de viandes et de poissons emplis de soleil. Les langoustes et homards grillés accompagnés de risotto à la bisque sont inimitables. Des plats végétariens, sans gluten et sans arachides de qualité sont également proposés. Les repas se terminent par de merveilleuses douceurs. Une adresse où la langouste est reine dans son beau vivier.

KEISUKE MATSUSHIMA €€€

22 ter, rue de France
✆ 04 93 82 26 06
www.keisukematsushima.com
Ouvert du lundi au samedi, le soir ; du mardi au vendredi, le midi. Menus à partir de 30 €.

Keisuke Matsushima, ou l'histoire d'un enfant japonais qui rêvait d'ouvrir son restaurant en France. Non seulement son rêve a été exaucé, en plein quartier du Carré d'Or, mais, en plus, il est reconnu et considéré comme l'un des Chefs représentatifs de Nice. Dans un décor épuré et moderne où flotte une ambiance japonaise, on aime déguster cette cuisine inventive aux inspirations internationales et aux touches raffinées du pays du soleil levant. Les desserts reflètent cette diversité de saveurs, avec le même succès. Une découverte gustative étonnante.

LE LODGE €€

14, rue Halévy
✆ 04 93 88 41 89
www.lelodgerestaurant.com
Ouvert tous les jours, midi et soir. Plat + dessert : 25 €.

Un cadre avenant, une salle extérieure s'ouvrant sur une belle terrasse au milieu d'une rue piétonne sympathique et une carte aux tonalités françaises et méditerranéennes. Le choix est varié : tartare de saumon frais à l'aneth, moules marinières frites, salades diverses et variées, farandoles de pizzas, lasagnes maison... Aux beaux jours, le soleil baigne les lieux. Tous les vendredis, appréciez la soirée musicale à partir de 19h. Le Lodge est assurément une excellente adresse où le rapport qualité/quantité/prix est inégalé dans le quartier.

LE KOUDOU €€€

28, promenade des Anglais
✆ 04 93 87 33 74
www.koudouresto.com
Ouvert tous les jours, midi et soir. Plat + dessert : 40 €.

Située sur la Promenade des Anglais avec une terrasse ensoleillée et des espaces intérieurs à l'ambiance coloniale, cette agréable brasserie affiche une cuisine soignée qui s'accorde aux produits régionaux de saison et privilégie les produits de la pêche. Parmi les spécialités maison, le foie gras maison au Sauternes, le saumon fumé au bois d'olivier, la marmite du pêcheur façon bouillabaisse, le risotto aux Saint-Jacques fraîches et gambas, des viandes, des fruits de mer et des poissons. Une belle maison, au service impeccable, qui perdure au fil des années.

MAÏDO €€

29, rue Tonduti-de-l'Escarène
✆ 04 93 87 97 28
www.restaurant-maido.fr
Ouvert du mercredi au samedi, midi et soir. Réservation recommandée. Plat + dessert : 30 €.

Voilà un bistrot japonais très charmant qui propose de découvrir, attablé derrière le grand comptoir central ou sur la discrète terrasse à l'arrière, une belle carte de vins à connotation naturelle et bio tout en dégustant des tapas japonais ou d'autres suggestions maison concoctés avec les produits frais du marché : poisson cru mariné sauce soja, omelette japonaise, tataki de bœuf, pot au feu japonais, tempura de camembert... Dans une atmosphère colorée et chaleureuse, cette belle adresse s'adresse aux amateurs de nouveautés culinaires asiatiques.

LA MAISON DE MARIE €€

5, rue Masséna
✆ 04 93 82 15 93
www.lamaisondemarie.com
Ouvert tous les jours, midi et soir. Plat + dessert : 25 €.

Au cœur de la zone piétonne existe un véritable havre de paix. Passez le porche au sol pavé puis dirigez-vous jusqu'à l'agréable patio fleuri, la seule terrasse privée du Carré d'Or. Cet établissement incontournable vous accueille dans un cadre élégant, moderne et lumineux. La carte change au fil des saisons sublimant tour à tour les saveurs méditerranéennes, les spécialités niçoises et des plats typiques corses. Les assiettes sont généreuses, à l'image de l'équipe, accueillante et attentive. Un sans-faute pour cette adresse de charme à découvrir.

LE MARCEL €€

11, rue de l'Abbaye
✆ 04 97 20 14 84
www.marcelbistrochic.com
Ouvert du lundi au samedi, midi et soir. Plat + dessert : 30 €.

En plein cœur de la vieille ville de Nice, dans un univers raffiné qui combine avec perfection l'élégance et la poésie des belles brasseries parisiennes des années 20, le chef dévoile des plats du terroir et de saison, qu'il s'agisse de viande ou de poisson. Les parfums du sud et des recettes traditionnelles françaises sont aussi savoureuses que joliment dressées. Authenticité et saveurs sont les maîtres mots de cette table où les produits sont frais et travaillés avec passion. Une belle carte des vins complète l'ensemble pour un moment parfait.

MIAMICI €€

20, Bd Victor Hugo
✆ 04 97 03 22 25
www.mi-amici.com
Ouvert tous les jours, midi et soir. Plat + dessert : 20 €.

Cette trattoria à l'italienne contemporaine offre une décoration intérieure à la fois pop et chaleureuse, la grande salle qui s'ouvre sur la cuisine et l'espace bar et ses admirables mosaïques bleues. La cuisine saine et équilibrée, s'inspire du fameux régime crétois. La carte est composée uniquement de produits purement italiens : une focaccia délicieuse, des pizzas dont la pâte originale est un secret bien conservé par le chef, des « pastas » bien sûr ou des carpaccios viandes et poissons. C'est frais, c'est bon et dans une atmosphère conviviale… *La bella vita !*

NICE @RT BISTROT €€

16 bis, rue Dellile
✆ 04 93 91 57 98
nice-artbistro.fr
Ouvert du mardi au samedi, midi et soir. Plat + dessert : 35 €.

Le nissart qui fait référence au nom de l'établissement est le dialecte niçois traditionnel. Dans cet établissement du centre de Nice, le chef offre une cuisine moderne et respectueuse du produit et de la tradition. La carte est volontairement atypique, quel que soit le produit : crustacés, poissons, fruits de mer, viandes et légumes. L'accueil est très plaisant. Si vous passez par la rue Delille, n'hésitez pas à vous asseoir sur les chaises de cet établissement pour profiter de cette cuisine innovante d'une grande fraîcheur.

NOORI'S €€

1, place Grimaldi
✆ 04 93 82 28 33
www.nooris.com
Ouvert tous les jours, le midi et le soir. Plat + dessert : 30 €.

Dans un cadre sobre et relaxant, le Noori's ravit les amateurs de cuisine indienne authentique, avec une petite touche à la française pour satisfaire toutes les bouches. Sa grande terrasse et la salle privatisable à l'étage ajoutent à l'attrait d'un lieu dont les plats transitent par toutes les provinces de l'Inde. Des saveurs douces aux plus relevées, on fait son choix entre les traditionnels tandooris, Borthons, Birianies, pains indiens et pâtisseries maison. Noori's organise aussi vos événements selon une thématique indienne, Bollywood ou orientale.

ORIGINES €€

15, rue Tonduti de l'Escarène
✆ 09 86 34 36 85
www.originesrestaurant-nice.com
Ouvert du mardi au vendredi, midi et soir, et le samedi soir. Plat + dessert : 35 €.

Ce restaurant traduit la volonté des deux chefs passionnés de créer un lieu où ils pourraient revenir aux fondamentaux de la dégustation culinaire. Pour cela, ils souhaitent éveiller vos cinq sens sans vider votre portefeuille. Un effort particulier a été fait dans la décoration, l'accueil, le service, le dressage des assiettes et, bien sûr, dans la cuisine. Les mets sont raffinés qu'il s'agisse de viandes, de volailles ou de produits de la mer. Les recettes sont originales et sublimes la saveur des produits. Nul doute que votre repas restera un doux souvenir.

RUHL PLAGE €€€

1, promenade des Anglais ✆ 04 93 87 09 70
www.ruhl-plage.com
Ouvert tous les jours de mars à octobre. Restaurant ouvert le midi (vendredi et samedi soir l'été). Plat + dessert : 50€

Créée en 1920, c'est l'une des plus anciennes plages niçoises. Accueil convivial et service discret mais toujours prévenant sont au rendez-vous dans ce cadre prestigieux avec terrasse-solarium, cabines privées équipées de douches chaudes et piscine d'eau de mer destinée aux enfants surveillés par un maître-nageur. Le restaurant, ouvert sur la mer, propose une cuisine raffinée de spécialités provençales avec des plats élaborés à partir de poissons frais. Attablé dans ce cadre élégant et épuré, les sens titillés par l'air marin, on savoure ces moments de détente.

LE SAINT-PAUL €€

29, boulevard Franck-Pilatte
✆ 04 93 89 39 57
www.lesaintpaul-hotel.com
Ouvert du lundi au dimanche midi et soir. Plat + dessert : 35 €.

Cette bâtisse dispose d'atouts incroyables parmi lesquels une vaste terrasse avec une vue sur la mer époustouflante, une décoration contemporaine alliant cuir, bois et aluminium brossé et, bien sûr, une carte délicieuse. Le Chef propose des plats à consonances méditerranéennes qui changent au fil des saisons : tempura de crabe mou et purée d'avocat, dos de loup grillé, pluma de cochon ibérique rôtie ou encore linguines aux fruits de mer. Les gourmands termineront avec quelques savoureux desserts. Une adresse à découvrir absolument.

LES SENS €€

37, rue Pastorelli
✆ 09 81 06 57 00
www.les-sens-nice.fr
Ouvert midi et soir du lundi au vendredi. Plat + dessert : 35 €.

Un cadre agréable et convivial, une cuisine locale et maison, dans ce restaurant bien nommé, tous vos sens sont mis en éveil ! La carte affiche une savoureuse cuisine traditionnelle française : entrées généreuses, poissons idéalement cuits, et viandes parmi lesquelles des pièces de choix de cerf et de lièvre. Tous les plats sont élaborés à partir de produits régionaux de saison. Les assiettes sont inventives, joliment dressées. Même le pain et les pâtisseries sont faits maison. L'établissement détient le label Maître Restaurateur. Une adresse gourmande à souhait.

LE TCHITCHOU €€

29, avenue Georges-Clemenceau
✆ 09 83 32 15 30
Ouvert du mardi au samedi, midi et soir. Plat + dessert : 20 €.

Le Tchitchou : son nom résonne déjà à lui tout seul comme une spécificité du Sud. Fort de son label Cuisine Nissarde, cet établissement vous fait découvrir quelques spécialités niçoises maison à travers des assiettes copieuses : gnocchis, raviolis, Lou Capoun niçois, fleurs de courgette farcies, salade de poulpe, traditionnelle daube... La carte des vins réserve, quant à elle, de belles surprises. Une excellente adresse, située entre la gare et le quartier des musiciens, à l'ambiance familiale. Son équipe dynamique assure un service très amical.

TEMPLE BAR €

12, rue Halévy
✆ 04 93 87 80 60
www.temple-bar-restaurant-nice.com
Ouvert tous les jours, midi et soir. Plat + dessert : 20 €.

Entre la place Massena et la mer, au milieu d'une foule d'autres restaurants, le Temple Bar déploie son agréable terrasse et joue en salle sur un décor gris et rouge. Bar et mobilier insufflent ainsi l'atmosphère d'une élégante brasserie où les chemins de tables courent sur les tables carrées. La présentation des assiettes généreuses donne le ton d'une cuisine provençale et française de caractère, le tout organisé dans un souci du détail, notamment dans la mise en assiette qui valorise même les hamburgers joliment garnis. Un bon rapport qualité - prix.

LE TERRE DEL SUD €€

2, rue Dalpozzo
✆ 07 82 30 82 96
leterredelsud.fr
Ouvert tous les jours, midi et soir (fermé le mercredi). Plat + dessert : 25 €.

Situé dans l'un des plus beaux quartiers de Nice, le restaurant Le Terre Del Sud vous accueille autour de sa cuisine savoureuse et généreuse 100 % italienne. Les poissons frais, viandes, légumes, charcuterie, risottos, salades et pâtes se déclinent avec simplicité dans cet établissement à l'ambiance familiale qui conjugue à merveille les traditions culinaires du sud de la Botte (Pouilles et Gragnano). Assis en terrasse ou dans l'agréable salle aux tonalités douces, cette adresse est idéale pour un déjeuner ou un dîner au calme.

TERROIR DIVIN €€

11, rue Delille
✆ 09 54 19 66 51
www.terroirdivin.com
Ouvert du mardi au samedi midi et soir. Plat + dessert : 30 €.

Découvertes œnologiques et gastronomiques sont au programme de cette adresse près du musée d'art contemporain. La cuisine est ouverte et l'on peut admirer les cuissons de viandes sur une broche artisanale ainsi que l'évident plaisir des cuisiniers à préparer des plats traditionnels du terroir. On déguste ainsi des viandes, poissons et salades de saison au rez-de-chaussée, en suivant le travail au piano, ou au sous-sol, dans la magnifique cave en pierres donnant sur la cave à vins comptant plus de 60 références. A découvrir sans hésiter.

THE HEALER €€

16, boulevard Jean-Jaurès
✆ 07 86 98 68 21
www.thehealer.fr
Ouvert du mardi au samedi de 10h à 18h. Formule : 16 € (salade + boisson + dessert).

Situé à deux pas de la place Garibaldi, The Healer est un bar à jus qui propose également des plats élaborés à l'aide d'un nutritionniste et composés de produits frais et bio. Vous avez le choix entre différentes salades d'inspirations françaises et asiatiques, tartines artisanales, soupes maison, recettes vegan et suggestions à l'ardoise. Les jus réalisés à partir d'un extracteur conservent un maximum de vitamines, d'enzymes et de minéraux. Laissez-vous aussi tenter par un smoothies aux ingrédients locaux ou une salade de fruits pour faire le plein de fraîcheur.

TRADISWISS €€

11, rue Massenet
✆ 04 93 53 62 90
https://tradiswissnice.com/
Ouvert du mercredi au samedi midi et soir ; du dimanche au mardi le soir. Plat + dessert : 30 €.

Poussez la porte de cet établissement à l'accueil charmant et plongez dans un décor qui vous rappellera un authentique chalet d'alpage suisse. Le voyage continue autour de la table avec des plats traditionnels helvétiques savoureux et gourmands. Découvrez les röstis, assiettes valaisannes, fondues, raclettes et salades, généreuses et joliment dressées. Les gros appétits termineront ce festin sur une belle note sucrée typique. L'accueil des groupes se fait dans un petit chalet en face du restaurant. Dépaysement visuel et culinaire garanti.

VEGAN GORILLA €€

7, rue du Lycée
✆ 04 93 81 32 98
www.restaurant-vegan.fr
Ouvert lundi, mardi et du jeudi au samedi, midi et soir. Plat + dessert : 25 €.

Ce restaurant à la décoration organique met à l'honneur la cuisine végane. Véritable havre de paix, les connaisseurs, les curieux et les épicuriens sont ravis de profiter d'un restaurant végétalien et crudivore digne de ce nom ! La carte propose un choix de plats et de desserts qui se renouvelle toutes les semaines selon l'inspiration du chef. Les produits utilisés sont frais et tout est fait maison. Sans oublier les jus vitaminés variés et la carte des vins bio. Une adresse gourmande qui permet de découvrir des saveurs nouvelles bonnes pour le corps et l'esprit.

VILLA PARADIS €€

5, impasse Longchamp
✆ 09 67 38 85 31
www.villa-paradis.eatbu.com
Ouvert le midi uniquement. Bar en soirée. Carte : 25 € environ (plat + dessert).

Du petit déjeuner au restaurant le midi en passant par le salon de thé de l'après-midi, au bar en soirée, la Villa Paradis séduit avec son ambiance cosy et son accueil chaleureux. Installée dans une impasse au calme et pourtant en plein centre-ville, entre la place Massena et la gare ferroviaire, dans un cadre préservé, raffiné et rare. Votre déjeuner sera coloré et savoureux, avec une cuisine résolument française aux consonances méditerranéennes et asiatiques... Une évasion à la fois bucolique, agréable et gustative à découvrir.

LE VINGT 4 €€

24, rue Alphonse-Karr
✆ 04 93 88 45 49
www.levingt4.fr
Du lundi au vendredi le midi et le soir. Fermé le samedi, le dimanche et le lundi soir. Plat + dessert : 30 €.

Ici, pas de congélateur, pas de micro-ondes ni de machines sous vide, mais un accueil chaleureux et une cuisine qui a du cœur. En véritable gourmet, les propriétaires règnent sur la salle pour anticiper chaque demande et parler, avec amour, des suggestions du jour présentant des pâtes, viandes et autres poissons. Certains plats sont proposés sans gluten. Tous sont créatifs et généreux et s'accompagnent à merveille d'une sélection de très bons vins se déclinant en fonction des saveurs. Un commentaire de dégustation détaillé permet de faire le juste choix.

VOLUPTÉ ANYTIME €€

26, boulevard Victor Hugo
✆ 04 93 39 60 32
www.volupte-anytime.com/salon/volupte-nice/
Ouvert tous les jours du matin en fin d'après-midi. Plat : 15 € environ.

Elégant sans être trop guindé, ouvert du petit déjeuner à l'heure de l'apéritif, ce salon de thé situé près de l'artère commerçante de Nice aura de quoi séduire les palais en quête de douceurs et les plus pressés à la recherche d'une adresse où déjeuner sur le pouce. On aime l'accueil réservé aux enfants, la carte enrichie de copieuses assiettes salées préparées avec des produits frais à la minute, l'offre brunch du samedi et la jolie terrasse couverte décorée avec soin par des fleuristes locaux. Plat du jour, dessert du jour et boisson du jour selon l'humeur.

MA YUCCA €€

26, rue de la Buffa
✆ 04 93 88 39 84
https://mayucca.fr/
Ouvert le lundi et du mercredi au samedi midi et soir. Carte : 30 € environ (plat + dessert).

Passionnées et désireuses de transmettre leur curiosité, les deux chefs japonaises, qui sont sœurs, ont pris le pari de faire découvrir le Japon sous un jour nouveau. Loin des sushis et du poisson cru, la cuisine est raffinée, diététique et gourmande. On trouve à cette table beaucoup de viandes et de poissons à l'image du filet de bœuf poêlé sauce oignons doux, du saumon poêlé sauce vierge au soja, purée de patates douces et légumes du marché ou du magret de canard sauce teriyaki. Mélange harmonieux des gastronomies réussi et dépaysement garanti !

YUYU BENTO €

27, rue Tonduti de l'Escarène
✆ 04 93 79 73 53
yuyubento.com
Ouvert du lundi au vendredi de 11h30 à 14h30. Formule à partir de 12 €.

Entrez dans ce petit établissement aux couleurs et aux saveurs nippones pour découvrir, non pas les fameux sushis, mais bien un autre aspect de la cuisine japonaise : le bento. Ce plat est en fait une boîte-repas, véritable équilibre de saveurs où se marient harmonieusement du riz, de la viande et/ou des légumes. Le chef nous apprend qu'au Japon, nombreux sont les personnes à privilégier cela pour une pause déjeuner saine et variée. Facile à transporter pour déguster chez vous ou au bureau, c'est une très belle découverte culinaire.

Z RESTAURANT TAPAS €€

2, rue Meyerbeer
✆ 04 89 22 35 53
www.zrestauranttapas.com
Ouvert du mardi au dimanche, le midi et le soir. Plat + dessert : 25 € environ.

A quelques mètres de la Promenade des Anglais, ce restaurant propose un large choix de tapas d'inspiration méditerranéenne et fusion. Les tapas salées, qui mettent à l'honneur les produits de la mer, des viandes, fromages et autres charcuteries, sont variées, bien présentées et excellentes. Les tapas végétariennes et sucrées le sont tout autant. Ces mets, élaborés maison à partir de produits frais, s'apprécient dans un décor exotique rafraîchissant dopé par un accueil souriant. Côté boissons, essayez un cocktail à base de gin, c'est leur spécialité.

ZEN CUISINE BY ETSUKO €€

6, rue Prince-Maurice
✆ 06 35 33 10 24
https://www.zencuisine.fr/
Ouvert toute l'année le mercredi midi, sur réservation uniquement. Déjeuner : 25 € environ.

Évadez-vous au pays du Soleil Levant ! Etsuko prépare une authentique cuisine japonaise, avant-gardiste et créative, centrée sur la santé. Ouverte uniquement sur rendez-vous, cette table d'hôtes est un petit paradis gourmand à l'ambiance zen et conviviale. La macrobiotique est mise à l'honneur autour de plats de saison, savoureux, bio et équilibrés. Etsuko est également renommée pour sa maîtrise exceptionnelle du tofu, de sa fabrication à ses multiples déclinaisons. Sa recette de steak de tofu plaira aux enfants. Cours de cuisine promulgués du jeudi au dimanche.

LES AMOUREUX €€

46, boulevard Stalingrad

Ouvert du mardi au samedi soir. Pizzas à partir de 8 €. Vente à emporter.

On adore cette adresse minuscule, mais authentique à l'accueil charmant, où vous pouvez découvrir la pizza napolitaine préparée avec un réel savoir-faire et des ingrédients 100 % italiens ou bio. Des recettes traditionnelles aux pizzas plus originales à pâte croustillante, vos sens seront mis en éveil. Cette adresse cultive avec brio une gastronomie napolitaine délicieuse et généreuse. Victime de son succès, le restaurant est souvent rempli. Pensez à vous armer de patience pour attendre qu'une table se libère, car les réservations sont impossibles.

LE BANTHAÏ €

29, rue Droite

✆ 09 73 57 19 06

Ouvert tous les jours sauf le mercredi, midi et soir. Plats à 12 €.

En plein cœur du vieux Nice, embarquez pour un voyage au pays du sourire - la Thaïlande - et découvrez une dizaine de plats typiques, incontournables et rigoureusement choisis : soupes, salades, woks, viandes, mélanges de plantes, etc. Les saveurs et les senteurs se mêlent ici dans l'assiette puis dans la bouche, et tous les sens sont mis en éveil pour une évasion gourmande des plus divines. Une carte restreinte pour des plats cuisinés minute, gage de fraicheur. Les nems sont tout bonnement fabuleux. Service efficace. L'essayer, c'est l'adopter.

D'AQUI D'AIA €€

12, rue Cassini

✆ 06 20 34 06 33

Ouvert lundi midi, du mardi au samedi midi et soir. Plat + dessert : 20 €.

Il fait bon vivre dans cet établissement dont le nom niçois signifie « d'ici et d'ailleurs ». La décoration affiche les couleurs locales : écharpes, maillots dédicacés et photos rappellent en effet Nissa La Bella et son club de football. Dans les assiettes, la cuisine du terroir et autres spécialités régionales sont mises à l'honneur, ainsi que des pâtes, lasagnes, pizzas ou encore différents abats (tripes, foie de veau..). On aime les prix bas et l'accueil chaleureux de l'équipe. Véritable coup de cœur futé à tester les yeux fermés.

LE BAR DES OISEAUX €€

6, rue de l'Abbaye

✆ 04 93 80 27 33

Du mardi au samedi, midi et soir. Carte : 25 € environ (plat + dessert).

Le Bar des Oiseaux est une adresse incontournable du vieux Nice. La carte propose quotidiennement des mets de saison revisités, écrits sur une grande ardoise à l'entrée. Assis dans la salle, on regarde la brigade en cuisine préparer avec passion une cuisine de marché, des spécialités niçoises et méditerranéennes. On aime aussi l'équipe souriante, très aimable et professionnelle aussi bien en salle qu'en cuisine. Cerise sur le gâteau : d'octobre à juin, chaque semaine, découvrez une programmation de groupes musicaux et de soirées à thème.

LE BAM - BAR À MANGER €€

4, rue Martin-Seytour,

✆ 09 80 74 42 72

Ouvert du lundi au jeudi le midi, le vendredi et le samedi midi et soir. Carte : 25 € environ (plat + dessert)

Dans le petit Marais Niçois s'ouvre une salle au décor vintage absolument charmant ; celui du BAM. Cet établissement propose une cuisine de saison inventive et délicieusement terroir : viandes, poissons, terrines, soupes et légumes Bio sont régulièrement à la carte. Les produits sont frais et sélectionnés localement. En dessert, on se régale aussi. La cave de vins Bio accompagne idéalement les plats. Le service est parfait, toujours chaleureux. Une adresse sans prétention qui offre une cuisine généreuse et savoureuse à prix raisonnables.

LE BARBECUE €

3, rue du Four

✆ 04 93 53 02 59

Ouvert du mercredi au lundi, midi et soir. Plat + dessert : 20 €.

Les prioritaires respirent la convivialité et la générosité lorsqu'il vous accueillent dans leur charmant établissement situé dans une ruelle colorée de la vieille ville. La carte met à l'honneur la gastronomie portugaise dont les saveurs se mêlent avec délicatesse à la cuisine locale. Les plats sont copieux à l'image des accras de morue maison ou des traditionnelles grillades. Du côté des desserts, laissez-vous tenter par les pasteis de nata, ces délicieux petits gâteaux portugais. Une pause repas agréable que l'on apprécie aussi bien en terrasse qu'en salle.

LE BISTROT D'ANTOINE €€

27, rue de la Préfecture
✆ 04 93 85 29 57

Ouvert du mardi au samedi, midi et soir. Carte : 20 € environ (plat + dessert).

Petite adresse niçoise par excellence, l'équipe vous accueille avec le sourire et professionnalisme. Le chef propose une cuisine traditionnelle française et méditerranéenne revisitée, créative et merveilleusement préparée, accompagnée de légumes de saison. En dessert, on se fait plaisir avec la poire pochée ou le baba au rhum délicatement et minutieusement confectionnés. Pour ne rien gâcher, les prix sont très abordables. Nous vous conseillons vivement de réserver car habitués et touristes s'y précipitent et le nombre de places est limité.

LE BISTROT DU PORT €€

28, quai Lunel
✆ 04 93 55 21 70

Ouvert du jeudi au lundi, midi et soir. Carte : 25 € (plat + dessert)

En terrasse, face au port, ou dans la salle claire dont les baies s'ouvrent largement, cet établissement à tout pour séduire. La cuisine est résolument dédiée aux saveurs niçoises et méditerranéennes. Le chef travaille avec soin et créativité des produits frais quotidiennement déclinés à l'ardoise. La carte varie en fonction des saisons malgré certains incontournables comme les petits farcis, figatelli et polenta. Les gourmands se laisseront séduire pour les desserts maison. Liqueur de mandarine et crème de Limoncello maison accompagnent la fin des repas.

LE BISTROT GOURMAND €€€

3, rue Desboutin
✆ 04 92 14 55 55
www.lebistrogourmand.fr

Ouvert le lundi, le mardi et du jeudi au samedi, le midi et le soir. 45 € environ (plat + dessert)

Le chef en cuisine et son épouse au service offrent un beau visage de la gastronomie. Dans la salle lumineuse à la décoration contemporaine et au mobilier coloré, l'art de la table est au diapason. Toujours à l'affût de nouveaux produits à travailler avec audace, le Bistrot Gourmand propose une élégante cuisine méditerranéenne, mélange de genres, aux touches fraîches, parfois sucrées, parfois salées ; les risottos, viandes et volailles sont sublimés. Le personnel est de haut niveau et fait tout pour vous satisfaire. Tout est parfait.

CAFÉ DES CHINEURS €

1, rue Cassini
✆ 04 93 89 09 62

Ouvert du lundi au samedi, midi au soir. Carte : 25 € environ (plat + dessert). Tapas à partir de 6 €.

Le Café des Chineurs est avant tout l'histoire de trois Niçois passionnés qui, après avoir baroudé à travers le monde, ont posé leurs valises dans leur ville natale pour créer ce café pas comme les autres... Une décoration atypique composée d'objets de récupération et de meubles chinés un peu partout. On adore le bar, les fauteuils club ou encore les tables en formica. La grande terrasse extérieure est un point de passage obligé pour prendre son café le matin, boire un verre, grignoter quelques tapas, ou dîner des produits du marché.

CASA LEYA €€

36, cours Saleya
✆ 04 92 47 80 90
www.casaleya.com

Ouvert toute l'année, du lundi au dimanche, midi et soir (brunch le dimanche). Carte : 20 € environ (plat + dessert).

Authentique trattoria italienne qui affiche un cadre convivial et lumineux, Casa Leya propose une cuisine italienne maison. Les produits sont frais et rigoureusement sélectionnés localement et en Italie. La carte généreuse et gourmande satisfera tous les appétits : pizza, salades composées, pâtes, risottos, poissons et viandes. La carte de plats « fait maison » est renouvelée deux fois par an. Vous pourrez également opter pour des assiettes à partager sur l'une des deux terrasses. Le goût de l'Italie posé au cœur de la vieille ville niçoise !

CI GUSTA €€

13, avenue de la République
✆ 04 92 12 18 10
www.cigusta.com

Ouvert du lundi au samedi, midi et soir. Carte : 20 € environ (plat + dessert).

Ci Gusta Nice est une adresse franchisée pleine de charme qui propose des produits artisanaux italiens sucrés et salés choisis pour leurs qualités gustatives. Élaborés avec originalité et faits maison, découvrez la pancrocchino - la nouvelle version de la traditionnelle pizza - mais aussi les lasagnes gratinées au four, un régal ! Côté douceur, on goûte au cake maison à la crème. Ci Gusta sert dès le petit-déjeuner cappuccino, café latte, expresso et café italien aromatisé, le tout accompagné de viennoiseries. Une adresse qui séduira les gourmands.

COMPTOIR DU MARCHÉ €€

8, rue du Marché
✆ 04 93 13 45 01
Ouvert du mardi au samedi, midi et soir. Carte : 20 € environ (plat + dessert)

De la déco à l'assiette en passant par l'accueil, c'est un sans faute. Clin d'œil aux années 1950, la cuisine affiche un décor où le bleu ciel et le jaune poussin prédominent laissant une place toute trouvée au mobilier en Formica. Derrière l'espace de travail ouvert, le chef concocte des plats du terroir : risotto de homard au citron, cabillaud rôti bouillon de truffes, risotto à l'encre… Côté douceurs, c'est un régal également. L'ardoise change au gré du marché et des inspirations mais les prix restent très accessibles. Coup de cœur assuré.

ÉDUSA €€

11, rue Bavastro
✆ 04 93 56 47 42
www.edusa-restaurant.com
Ouvert du du mercredi au samedi soir et le dimanche midi. Carte à 25 € environ (plat + dessert)

Edusa vous envoûte au premier coup d'œil par son cadre exotique et son ambiance moderne dans une salle chic et tendance. Côté assiette, l'originalité continue puisque la cuisine contemporaine se marie ici harmonieusement aux cocktails, avec ou sans alcool. Chacun peut aussi composer sa propre formule en fonction de son appétit et de ses envies : adieu au traditionnel entrée + plat + dessert, vous pouvez goûter plusieurs petits plats joliment présentés. En bouche, l'accord entre les saveurs est parfait. Edusa propose aussi un brunch les week-ends.

LE CONGRÈS €€

14, boulevard Risso
✆ 04 93 56 13 97
Ouvert le mid et le soir, sauf le mercredi. Carte environ 20€ (plat + dessert).

Voilà une adresse authentique et sans prétention qui vous fera redécouvrir les saveurs d'autrefois ! La carte met à l'honneur quelques spécialités du comté de Nice à l'instar des délicieux farcis niçois mais également des plats méditerranéens comme les beignets de légume, raviolis et gnocchis maison, tripes à la niçoise, gambas à l'anis, daube provençale, raviolis, onglet de veau à l'échalote confite, pavé de boeuf à la cuisson parfaitement maîtrisée. Le service est agréable et courtois. Quant à l'ambiance ? Elle est définitivement chaleureuse.

FINE GUEULE €€

2, rue de l'Hôtel-de-Ville
✆ 04 93 80 21 64
finegueule.fr
Ouvert du lundi au samedi soir ; du mardi au samedi midi. Carte : 35 € (plat + dessert).

Voici un temple du bien manger, dans l'esprit bistrot. Les gérants vous accueillent avec le sourire tandis que le service est aux petits soins. Découvrez une cuisine française de grande qualité et haute en saveurs. La carte se décline en une dizaine d'entrées et tout autant de plats et de desserts. Mention spéciale à la tarte au chocolat, chantilly vanille, cacahuètes aux figues rôties au miel et glace vanille. Une adresse à découvrir dans un cadre contemporain, lumineux et chaleureux, ou sur la terrasse face à la mairie de Nice.

DÉLI BO €

5, rue Bonaparte
✆ 04 93 56 33 04
delibo.fr
Ouvert du lundi au dimanche, du matin en fin d'après-midi (jusqu'à 14h le dimanche). Plat + dessert : 20 €.

Ce restaurant - boutique - salon de thé vous accueille dans une atmosphère rappelant les boudoirs d'antan ou sur la terrasse joliment aménagée. Les assiettes sont généreuses ce qui ne nous empêche pas de craquer pour une pâtisserie appétissante. Le dimanche, le brunch est délicieux. Cette table, on l'adore d'autant que l'accueil est sympathique et les prix raisonnables. Et pour continuer le plaisir, vous pouvez emporter quelques confiseries et retrouver l'établissement sur la plage des Marinières à Villefranche-sur-Mer, durant la saison estivale.

LE FROG €€

3, rue Milton-Robbins
✆ 04 93 85 85 65
www.restaurantgroupesnice.fr
Ouvert du lundi au dimanche, midi et soir. Plat + dessert : 35 €.

Dans une petite ruelle tranquille à quelques pas de l'Opéra de Nice, l'équipe du Frog vous accueille chaleureusement. La cuisine et les plats réservent de belles surprises dignes de grands chefs ! Côté pupille, on se délecte déjà des assiettes joliment dressées tandis que les papilles frémissent sous le mariage réussi des saveurs. On déguste ainsi quelques incontournables de la cuisine française et provençale… Le chef laisse la part belle aux spécialités de la mer et de la terre. Sur la terrasse ou dans la belle salle intérieure, le service est attentionné

LE GAGLIO €€

2, place Saint-François

✆ 04 93 85 42 13

www.restaurantgaglio.com

Ouvert tous les jours, midi et soir. Plat + dessert : 25 €.

Digne des plus grandes brasseries parisiennes, Le Gaglio a conservé le nom et la façade de la bijouterie séculaire où il s'est installé. Idéalement située dans la vieille ville, cet établissement élégant fait face aux jardins de la Promenade du Paillon. Sa grande terrasse ensoleillée est le lieu propice pour prendre un petit déjeuner copieux. Sur deux étages, la belle salle dévoile quant à elle des couleurs poudrées et des lustres à pampilles. La cuisine est de tradition méditerranéenne et révèle de beaux produits frais. Une belle adresse gourmande.

LE GRAND BALCON €€€

10, rue Saint-François-de-Paule

✆ 04 93 62 60 74

www.legrandbalcon.net

Ouvert tous les jours, midi et soir. Carte : 40 € environ (plat + dessert).

Ici, le raffinement n'est pas un vain mot, dans la gastronomie autant que dans la décoration et le service. En franchissant la porte, on entre dans l'espace Rembrandt avec plusieurs tableaux qui rendent hommage au célèbre maître. Dans l'arrière-salle, la bibliothèque offre ses secrets. Un endroit idéal pour un repas en tête-à-tête. Le Chef propose une cuisine fusion et des recettes traditionnelles entièrement faites maison. Les saveurs locales et étrangères se mélangent dans les assiettes joliment dressées et les produits de saison sont sublimés. Belle terrasse.

INDIAN LOUNGE €€

34, rue Droite

✆ 04 28 31 69 47

www.restaurant-indianlounge-nice.com

Ouvert tous les jours le midi et le soir. Plat + dessert : 30 €

Une immersion au cœur de New Delhi, voilà l'invitation lancée par ce restaurant du vieux Nice. Grands drapés de tissus colorés au plafond et images de Bollywood sur les murs, l'évasion est autant dans le décor qu'à la carte où les parfums d'épices et les saveurs indiennes se conjuguent avec brio. En soirée, le voyage culinaire se fait également autour du buffet et se poursuit dans l'espace lounge au sous-sol qui accueille des événements de groupes. Des soirées animées avec chants et danses rythment régulièrement l'ambiance. Un régal.

JAN €€€

12, rue Lascaris

✆ 04 97 19 32 23

www.restaurantjan.com

1 étoile au guide Michelin. Ouvert le soir du mardi au dimanche.

Le chef fait découvrir une cuisine française contemporaine dotée d'une touche d'héritage sud-africain. Ici, élégance et chic se côtoient en toute grâce : de la façade extérieure à la décoration intérieure qui laisse apparaître de beaux murs en pierres jusqu'au service effectué par un maître d'hôtel stylé, tout rime avec raffinement. Le chef propose un menu gastronomique inventive, haut en couleur et de saison. Le pain est fait maison. Une belle adresse pour de nouvelles découvertes gastronomiques à travers des menus joliment équilibrés.

LE JARDIN D'HÉLÈNE €

15, rue de Orestis

✆ 04 93 89 17 94

Du lundi au samedi, midi et soir, le dimanche midi. Plat + dessert : 20 €.

Ce bel espace vins et dégustations vous accueille toute la journée autour de spécialités niçoises et de vins d'exception. Derrière ce joli décor d'antan qui nous rappelle incontestablement l'époque de nos grands-parents, découvrez une cuisine maison, généreuse et de tradition : pissaladière, socca, farcis niçois, salade niçoise, tourte de blettes et beignets de fleurs de courgettes. Le restaurant détient le célèbre label Cuisine Nissarde. Le service est accueillant et chaleureux. Le Jardin d'Hélène est l'endroit idéal pour vos apéritifs dînatoires.

L'ÂNE ROUGE €€€

7, quai des Deux-Emmanuel

✆ 04 93 89 49 63

www.anerougerestaurantnice.com

Ouvert tous les jours, midi et soir, sauf le mercredi et le jeudi midi. Plat + dessert : 50 €.

L'Âne rouge est un incontournable de la gastronomie à Nice, idéalement situé face au port et la colline du château. Le chef propose des produits frais préparés avec art et subtilité. Le poisson est livré quotidiennement par l'un des derniers pêcheurs à la palangre niçois. La carte affiche ainsi de délicieux poissons comme le cabillaud rôti aux lentilles, courge confite à l'ail. Les viandes n'ont pas à rougir, leur cuisson est divine. Ajoutez à cela un service professionnel et convivial, et vous obtenez une belle expérience gustative.

LOU BISTROT NISSART €€

26, boulevard Risso
✆ 04 22 16 25 81
Du lundi au samedi, midi et soir (sauf le mercredi soir). Carte : 20 € environ (plat + dessert).

Avant un spectacle de danse ou d'opéra, rien de tel qu'un plat traditionnel niçois dans un décor folklorique : photos d'époque, affiches du carnaval, maillots et drapeaux du club de football. La carte propose des spécialités locales : daube, raviolis, des gnocchis, petits farcis, pissaladière, tripes, tête de veau ou encore, plus surprenant, des testicules de mouton panées à savourer avec une bière brassée localement ! Les portions sont généreuses et le service charmant. Labellisée Cuisine Nissarde, cette adresse régale par sa cuisine et ses prix abordables.

MAMMA MARIA €

16, boulevard Saint-Roch
✆ 09 53 60 61 86
Ouvert du lundi au jeudi midi, le vendredi midi et soir. Carte : 20 € environ (plat + dessert).

Cet agréable petit restaurant fait la promesse de belles découvertes culinaires avec des mets aux accents méditerranéens et aux touches américaines. Les plats sont réalisés à base d'ingrédients savoureux, les cuissons sont maîtrisées et les produits travaillés. C'est aussi beau que bon. Il est possible d'acheter à emporter des sandwichs frais préparés sur place. Le service est courtois et dynamique tandis que la bonne humeur règne dans la salle joliment décorée. Un excellent rapport qualité-prix qui se résume en deux mots : tutto è perfetto !

LOU TRAMBALAN €

8, rue de Sospel
✆ 04 93 26 83 11
Ouvert du lundi au samedi, le midi. Plat + dessert : 20 €.

S'il y a bien un restaurant nissart, c'est celui-là ! Les maillots de l'OGC Nice accrochés aux murs en sont la preuve, tout comme son nom : Lou Trambalan, qui signifie le tramway en niçois. Chaque jour, on déguste des recettes traditionnelles élaborées à partir de produits frais. C'est un bistrot vivant, toujours complet à midi où il faut impérativement réserver car habitués, étudiants de la faculté voisine et touristes viennent régulièrement découvrir un véritable établissement local au cœur d'un quartier qui a toujours gardé son âme.

MARINETTE €€

13, rue Colonna-d'Istria
✆ 04 93 88 29 52
www.marinette-kitchen.com
Ouvert du mercredi au dimanche, pour le petit-déjeuner et le déjeuner, de 8h à 19h. Plat + dessert : 25 €.

Attention, coup de cœur de la rédaction du Petit Futé ! Avec sa décoration authentique un brin rétro où flotte un air de convivialité, cet établissement propose une cuisine maison créative et savoureuse préparée avec des produits de premier choix et de saison : viandes, produits de la mer, spécialités italiennes, burgers... Des plats joliment présentés, de nombreuses références de vins Bio. Les desserts et petits-déjeuners sont particulièrement inspirés et sont accompagnés d'un large choix de boissons. Mention spéciale à l'accueil, sympathique et courtois.

LE MAKASSAR €€

5, rue Alexandre-Marie
✆ 04 93 80 99 09
www.lemakassar.wordpress.com
Ouvert du mardi au samedi midi et soir, le dimanche midi. Plat + dessert : 25 €.

Ambiance élégante et colorée dans ce charmant restaurant situé à l'entrée de la vieille ville. La cuisine honore les produits frais de qualité et opte pour les saveurs sucrées-salées comme le mille-feuille de rougets, carpaccio de la mer aux agrumes et des tapas très appétissants et délicieux. Le week-end, le brunch complet s'offre à la carte et évolue en fonction des saisons. De quoi se régaler ! Et si vous voulez un peu de musique live, vous pouvez suivre leur programmation pour passer une belle soirée dans cet établissement accueillant.

LE MILLÉSIME €€

17, rue Smolett
✆ 04 93 56 00 13
www.restaurant-millesime.fr
Ouvert du mardi au samedi midi et soir. Plat + dessert : 35 €.

Originaire de Bretagne, le Chef propose une carte des plus appétissantes. Sa cuisine traditionnelle française est raffinée est élaborée à partir de produits frais, locaux et de saison. Il marie avec élégance et dextérité les saveurs dans ses plats de poissons, avec la pêche du jour, ou de viandes avec notamment son filet de cerf qui connaît un véritable succès. En dessert, même les glaces sont faites maison ! La poire pochée au vieux Rhum croustillant breton est fabuleuse. Vous l'aurez bien compris, ce Chef met également ses origines au service de sa cuisine.

O POINTU €€

8, quai des Docks
✆ 04 89 03 36 80
https://opointu-restaurant.fr/
Ouvert tous les jours, midi et soir. Plat + dessert : 25 €.

La carte du restaurant décline des recettes simples et gourmandes, hautes en couleur, aux consonances françaises. Les assiettes sont copieuses, les produits frais et la cuisine savoureuse. Ici tout est fait maison avec des éléments de qualité. Côté décoration, on est à la fois charmé par le mélange des tonalités claires et sombres et par l'agréable terrasse donnant sur le port. La carte est variée. Cette adresse ravira aussi vos petits-déjeuners, typiquement français ou anglo-saxon, ainsi que vos goûters, autour de délicieuses pâtisseries maison.

LES PÊCHEURS €€

18, quai des Docks
✆ 04 93 89 59 61
www.lespecheurs.com
Ouvert du mardi au dimanche, midi et soir. Plate + dessert : 40 €.

Labellisée Maître Restaurateur, cette adresse met à l'honneur des spécialités de la mer depuis 1945. De la traditionnelle bouillabaisse réputée comme la spécialité de la maison, aux plateaux de fruits de mer (huîtres, homards, tourteaux, palourdes, couteaux, langoustines, crevettes roses..), ici le fil rouge est la recherche de goûts simples mais variés ainsi qu'une cuisine créative méditerranéenne mariée aux influences contemporaines. Les produits sont frais et de qualité. Le personnel est très agréable. Une belle surprise à découvrir sur le port de Nice.

PEIXES €€

2, rue de l'Opéra
✆ 04 93 85 96 15
Ouvert toute l'année du mardi au samedi, midi et soir. Carte : 25 € environ (plat + dessert).

Ce restaurant met à l'honneur les ceviches et différentes déclinaisons de marinades de fruits de mer servies froides ou crues. Peixes, dont le nom signifie «poissons» en portugais, est une table orientée vers les saveurs de la mer. Confortablement installé dans la petite salle ou sur la terrasse, on déguste des produits sont frais, préparés à la minute dans une cuisine qui se laisse d'ailleurs admirer depuis le comptoir. Les recettes sont audacieuses et savoureuses. On poursuit la découverte avec des desserts aussi beaux que bons.

LA PETITE COCOTTE €€

11, rue Saint-Augustin
✆ 04 97 08 48 61
https://www.la-ptitecocotte-nice.com/
Ouvert du lundi au vendredi soir (fermé le mardi). Et le weekend midi et soir. Menu à 28 € (entrée + plat + dessert).

Cette enseigne qui évoque les saveurs authentiques de la ferme nous accueille dans une charmante salle aux murs de pierres et au mobilier de bois pour nous servir des plats du terroir traditionnels : viandes, risottos, raviolis, poissons... Des plats de grand-mère revisités à partir de produits frais et de saison qui font appel à nos souvenirs. Pour le dessert, les saveurs sont plus contemporaines mais toujours délicieuses. Les menus changent toutes les semaines et sont élaborés à partir de produits frais. Un super rapport qualité - prix.

CHEZ PIPO €

13, rue Bavastro
✆ 04 93 55 88 82
www.chezpipo.fr
Ouvert du mardi au samedi, midi et soir, et le dimanche midi. Sans réservation. Plat + dessert : 20 €.

Voici un temple des mets traditionnels niçois. Dans un décor rustique avec tables et bancs en bois où règne une bonne odeur du feu de bois, vous dégusterez des plats aux saveurs locales : tartinades, pissaladière, pan bagnat, mesclun et autres pizzas. La reine de votre repas sera la socca : ni trop fine ni trop épaisse, croustillante et moelleuse à la fois... De la farine de pois chiche, de l'eau, un peu de sel, de l'huile d'olive et une bonne dose de savoir-faire, voilà la recette de la vraie socca. On dit même qu'il s'agit ici de la meilleure socca niçoise.

PLAGE BEAU RIVAGE €€

107, quai des Etats-Unis ✆ 04 92 00 46 80
www.plagenicebeaurivage.com
Restaurant ouvert midi et soir (le midi en basse saison). Plage ouverte de 10h à 19h. Plat + dessert : 30 €.

C'est l'une des plages les plus branchées du littoral niçois grâce à ses deux ambiances : un espace zen et un espace tendance qui combleront les attentes de chacun. On peut y déjeuner toute l'année grâce à la présence d'une structure fermée et chauffée permettant un accueil en extérieur confortable par tous les temps. Le Beau Rivage propose des pauses gourmandes aux saveurs méditerranéennes autour d'une carte courte et savoureuse. Les plats de viandes, de pâtes et de poissons sont déclinés à base de produits frais et de légumes de saison. Large choix de cocktails.

LE PLONGEOIR €€

60, boulevard Franck-Pilatte
✆ 04 93 26 53 02
www.leplongeoir.com
Ouvert du lundi au dimanche, midi et soir (sauf mardi midi). Plat + dessert : 45 €.

Lieu emblématique de la ville de Nice, dans un décor de charme, bleu azur, hors du temps et de l'espace, cet établissement surplombe littéralement les flots, entre deux espaces : le plongeoir et le rocher. Au premier, les pieds dans l'eau, le bar lounge qui propose une atmosphère tendance pour boire un verre accompagné d'assiettes de dégustation. Au-dessus, le restaurant offre une carte résolument méditerranéenne, de saison et gourmande. Les assiettes de produits de la mer et de la terre sont joliment dressées, colorées et copieuses. Une superbe adresse.

LE RAJA €€

24, quai Lunel
✆ 04 93 89 57 36
www.leraja-nice.fr
Ouvert du lundi au dimanche midi et soir. Plat + dessert : 30 €.

Voici un établissement qui promet un dépaysement agréable. On s'évade d'abord grâce à la décoration soignée racontant des histoires mythologiques indiennes. Côté assiettes, l'invitation au voyage continue : copieuses, elles présentent des mets raffinés, gourmands et variés permettant d'embrasser toute la richesse de la cuisine indienne. La viande et le poisson sont cuits au four traditionnel indien tandis que les spécialités au curry sont tout aussi délicieuses. En plus, on vous accueille avec le sourire. Une adresse à (re) découvrir absolument.

LA RÉSERVE €€€

60, boulevard Franck-Pilatte
✆ 04 97 08 14 80
www.lareservedenice.fr
Maître Restaurateur. Ouvert tous les jours, midi et soir. Carte à 65 € environ (plat + dessert).

Le chef de cette adresse mythique dressée face à la mer impose sa cuisine dans cette figure de proue ancrée à l'entrée du port de Nice. Il élabore, au fil des saisons et à partir des produits du marché, une cuisine méditerranéenne légère et subtile qui mélange des saveurs traditionnelles de la mer et de la terre. Les desserts sont exquis et les assiettes créatives. Les prix sont élevés mais parfaitement justifiés. En saison, profitez du deck et du bar qui surplombent la mer : on se croirait sur un bateau ! Un moment privilégié dans un lieu chargé d'histoire.

RESTAURANT LES GARÇONS €€

3, rue Centrale
✆ 04 93 80 87 90
www.restaurant-lesgarcons.fr
Ouvert tous les soirs. Prix à la carte : 36 €. Formule dîner à 29,90 € (entrée + plat + dessert).

Dans une ambiance tendance et *underground*, l'endroit décline deux atmosphères : au rez-de-chaussée, la partie restaurant affiche un mobilier industriel et, au sous-sol, on s'assoit dans de confortables fauteuils sous une étonnante cave voûtée. Les Garçons proposent une cuisine française revisitée réalisée à partir de produits frais du terroir dénichés auprès des commerçants et producteurs locaux : salades, viandes, poissons, etc. Les cocktails sont originaux pour l'apéritif ou à déguster après le dîner. *Relax, Eat, Enjoy* ! Attention : réservation obligatoire.

LE SAFRAN €€

28, quai Lunel
✆ 04 93 81 71 53
www.restaurant-safran.com
Ouvert tous les jours midi et soir. Plat + dessert : 30 €.

Seul restaurant iranien de Nice, cette adresse célèbre de belle manière la cuisine perse et méditerranéenne. Les couleurs de l'intérieur sont safranées et des touches de poivre rose, menthe ou citron parfument les plats et les desserts. Un véritable voyage en bouche. Le service traiteur du Safran propose un large choix de formules (menu végétarien, bio, casher, hallal...) et assure la mise en place de buffets et cocktails à domicile ou à l'extérieur. L'accueil est chaleureux, le service rapide et toujours agréable. Une bonne adresse.

LE SAINT'F €€

5, place Saint-François
✆ 06 87 44 47 02
Ouvert du mardi au samedi midi et soir, le dimanche midi. Carte à 25 € environ (plat + dessert).

Au cœur du Vieux-Nice, sur la place Saint-François dont il porte le nom de manière originale et créative, installez-vous en salle ou sur l'agréable terrasse ensoleillée bordée de jolies façades colorées typiquement niçoises. Succombez aux délicieuses recettes traditionnelles françaises travaillées avec passion par le chef. Une cuisine comme celle de «grand-mère» avec des produits de saison et du marché finement préparés. Les habitués et les touristes de passage s'y retrouvent aussi pour boire un verre de vin, siroter un cocktail ou encore grignoter quelques tapas.

© SAFARI

© SAFARI

LE SAFARI €€

1, cours Saleya
✆ 04 93 80 18 44
www.restaurantsafari.fr

Ouvert tous les jours, midi et soir. Service non-stop. Carte : 35 € environ (plat + dessert).

Avec sa situation privilégiée sur le cours Saleya, Le Safari affiche de jolies tables bien dressées, une ambiance chaleureuse, une belle terrasse ensoleillée et une carte du terroir labellisée Cuisine Nissarde ! Cette adresse indémodable de la vieille ville propose une déclinaison de pâtes fraîches tandis que les poissons grillés, bagna cauda et autres spécialités locales vous régaleront, sans oublier les nombreuses pizzas au feu de bois. Côté vins, les références sont principalement issues du Sud servies par un personnel discret, efficace et sympathique.

© SAFARI

© SAFARI

LA TABLE À JULIE €

50, rue Arson
✆ 04 92 04 43 50
latableajulie.eatbu.com
Du lundi au jeudi midi, le vendredi et samedi, midi et soir. Labellisé cuisine niçoise. Carte : 20 € (plat + dessert).

La Table « à » Julie vous propose une cuisine élaborée sur place avec des produits frais et de saison. Surfant sur un esprit Nissarde, les spécialités niçoises vont ici à l'essentiel : Gnocchis, raviolis niçois faits sur place, daube de joue de bœuf aux cèpes, mesclun d'entrées à partager à l'apéro, galette de socca, poivrons grillés, pissaladière composent les incontournables de la maison et sont quotidiennement complétés d'un plat du jour et de suggestions au gré du marché. La carte des vins (au verre) dévoile une belle sélection de références locales.

LA TABLE ALZIARI €€

4, rue François-Zanin
✆ 04 93 80 34 03
Ouvert du mardi au samedi, midi et soir. Carte : 25 € environ (plat + dessert).

Même si la Table Alziari figure en bonne place dans les guides, ce restaurant n'en demeure pas moins un repère pour les Nissarts. Il faut dire que cette superbe adresse familiale et authentique sublime les plus beaux produits niçois (sardines farcies, pâtes au pistou, petits farcis, alouettes sans tête, daube...) Avec son ambiance conviviale, et sa décoration traditionnelle et authentique, découvrez la cuisine niçoise de ce charmant restaurant labellisé Cuisine Nissarde niché au cœur de la vieille ville. Les assiettes sont généreuses, à l'image du patron.

L'UZINE RESTAURANT €€

18, rue François-Guizol
✆ 04 93 56 42 39
Ouvert du mardi au samedi, midi et soir. Plat + dessert : 20 €.

L'Uzine Restaurant propose une cuisine méditerranéenne dans un cadre atypique et convivial au cœur du port de Nice. Sur la grande terrasse, attablé autour d'une table ou lové dans un canapé pour prendre l'apéritif : Artichauts « Alla Romana », crème infusée au thym et à l'ail, Tartine de boudin noir de Bigorre, compotée de pommes et Oeufs de cailles au plat, Bouillon de ravioli wonton de gambas, choux chinois, pousses de soja et condiment asiatique. Une excellente adresse avec des prix parfois un peu élevés et un service efficace.

AU VIEUX FOUR €

1, rue Emmanuel-Philibert
✆ 04 93 89 00 89
Ouvert du lundi au samedi, le midi et le soir (sauf lundi midi). Carte : 25 € environ (plat + dessert).

Dans un chaleureux décor d'auberge rustique, l'ambiance est à la convivialité autour de savoureuses pizzas cuites au feu de bois. Entre les murs aux pierres apparentes, les longues étagères chargées de bouteilles de vin et le vieux four de briques niché derrière le bar, l'animation va bon train autour de plats simples et traditionnels. Côté desserts, on se régale. Le service est agréable et souriant dans une salle le plus souvent bondée en fin de semaine. Si la place manque, pas d'inquiétude, vous pouvez commander à emporter. Une valeur sûre.

VINI MUNDO €

32, avenue de la République
✆ 04 93 56 34 13
Ouvert du lundi au dimanche, midi et soir. Plat + dessert : 20 €.

Dans un cadre de style bistrot et cave à vins contemporain et épuré, les suggestions à l'ardoise se déclinent quotidiennement et mettent à l'honneur les produits frais du marché : sauté de veau aux sauces variées, bœuf bourguignon, papillotes de saumon, tarte poires-frangipane, fondant au chocolat... Tout est fait maison. Côté cave, les amateurs de vins trouvent un vaste choix de crus classiques ou issus du terroir et s'adonnent au plaisir de la pause apéritive à partir de 18h autour d'assiettes de charcuterie ou de fromages dûment sélectionnés.

LA VOGLIA €€

2, rue Saint-François-de-Paule
✆ 04 93 80 99 16
www.lavoglia.com
Ouvert tous les jours, midi et soir. Service non-stop. Carte : 30 € environ (plat + dessert).

C'est l'une des tables du cours Saleya les plus fréquentées ! L'ambiance est rythmée, l'accueil souriant et le cadre élégant. La terrasse ensoleillée située près du marché aux fleurs attire touristes et habitués pour déguster des plats à l'accent transalpin qui font la part belle aux pizzas au feu de bois, aux risottos, aux pâtes brillamment cuisinées et aux antipastis disposés en buffet. Fraîcheur et générosité s'imposent à votre table : les portions sont généreuses ! Pas de réservation possible, il faut parfois faire preuve de patience.

LA SOCCA D'OR €

45, rue Bonaparte
✆ 04 93 56 52 93
www.restaurant-soccador-nice.fr

Ouvert midi et soir. En été, fermé samedi et dimanche. En hiver, fermé mercredi et dimanche.

Voici une belle adresse nichée au cœur du Petit Marais niçois. La Socca d'Or séduit d'abord par l'accueil chaleureux et souriant de l'équipe. Cette adresse gourmande et savoureuse labellisée Cuisine Nissarde est l'endroit incontournable où déguster la vraie socca niçoise, cette fameuse galette de pois chiche préparée ici au four de manière traditionnelle, dorée et croustillante à souhait. Parmi les autres spécialités locales : pissaladière, pizza, pan panisse, tourtes de blettes, pan bagnat avec son pain maison ou encore salades variées dont la célèbre niçoise…

BOOTGRILL BBQ RESTAURANT €€

328, boulevard du Mercantour
✆ 04 93 17 11 08
www.bootgrill-restaurant-nice.com
Ouvert du lundi au samedi midi. Plat + dessert : 35 €.

Bootgrill décline 2 concepts pour un seul lieu : un restaurant et une cave à vins. Avec leur slogan *#No Beef No Beer No Life*, on comprend rapidement que la convivialité et la bonne humeur sont ici les maître-mots de cette adresse qui réunit les gourmands autour de *Ribs*, camembert chaud, magret de canards, poulpe, écrevisse... Les saveurs façon BBQ réveillent les papilles, les produits sont choisis avec soin tandis que le service est effectué avec gentillesse et efficacité. C'est sans oublier un bel assortiment de bières et de vins d'importation. Tout est parfait !

BRASSERIE DE L'UNION €€

1, rue Michelet
✆ 04 93 84 65 27
Ouvert tous les jours, midi et soir. Plat + dessert : 20 €.

Cette adresse promeut avec passion une cuisine fraîche et authentique depuis 1949. Pizzas, spécialités niçoises, tartares, carpaccios, viandes, grillades, poissons et autres saveurs de la mer, découvrez une cuisine mijotée tendrement au coin du feu par le chef. La maison propose également les gnocchis et les pâtes fraîches et toute une gamme de raviolis aussi beaux que bons. Sans oublier le plat du jour et les suggestions à l'ardoise au rapport qualité-prix imbattable. Du goût, un accueil sympa et un cadre tendance, tout est parfait !

CALADE ROOFTOP RESTAURANT €€

223, promenade des Anglais
✆ 04 97 17 72 79
www.calade-rooftop-restaurant.com/fr
Ouvert tous les jours, midi et soir. Plat + dessert : 40 €.

Perchée sur l'hôtel Radisson, en front de mer, le Calade Rooftop Restaurant vous séduira par son panorama grandiose sur la Baie des Anges et sa décoration tendance. La cuisine locale est fraîche, créative et savoureuse. Découvrez des plats originaux qui font la part belle aux produits de la mer, aux légumes de saison et à quelques classiques de la cuisine française et méditerranéenne. L'ambiance conviviale et la carte des vins et des bières locales complètent le plaisir sybarite.

CUISINES DES ÎLES €

34, avenue Saint-Augustin
✆ 04 89 08 07 18
www.cuisinesdesiles.com
Ouvert du mardi au samedi, midi et soir. Carte : 20 € environ (plat + dessert).

Envie d'évasions gourmandes ? Filez à cette adresse qui propose toute la chaleur de la cuisine réunionnaise et malgache. Loin des quartiers touristiques de Nice, c'est dans un décor modeste à l'ambiance conviviale que vous pouvez déguster de savoureux plats exotiques aux noms surprenants qui régalent tous les appétits, comme le cari et le rougail, des plats sauce typiques de l'île par excellence.. Les desserts fruités sont parfaits pour se rafraîchir après ces assiettes épicées. Petit plus très futé : livraison possible à domicile.

LA GAITÉ NALLINO €€

72, avenue Cap-de-Croix
✆ 04 93 81 91 86
www.lagaitenallino.fr
Ouvert du lundi au samedi midi. Plat + dessert : 25 €.

Ce restaurant de quartier au charme authentique, qui perdure depuis plus de quatre générations, détient le label Cuisine Nissarde. Le chef met à l'honneur les produits niçois : Farcis, salade niçoise, poivrons à l'huile, assiette manjuca, gnocchis, tripes à la niçoise, pan bagnat, pissaladière, gnocchis, raviolis, *tourta de blea*... Des recettes savoureuses et typiques à déguster dans une salle lumineuse ou sur l'agréable terrasse. La gentillesse et l'efficacité de l'équipe font de cet endroit un petit coin de paradis sur les collines niçoises.

L'INIZIO €€

342, avenue Sainte-Marguerite
✆ 04 93 28 91 88
www.restaurant-inizio.fr
Ouvert du lundi au samedi de 9h à 22h. Terrasse. Vente à emporter.

Auparavant aux manettes de l'hôtel Bahia à Villeneuve Loubet, la famille Falco s'est installée depuis novembre dernier dans son quartier de cœur pour y reprendre l'Inizio. L'accueil chaleureux et la carte authentique qu'elle propose en font un repère des gourmands amateurs d'une cuisine italienne familiale et copieuse. Pizzas au feu de bois, pasta, burgers, dolce et autres suggestions du jour auront de quoi satisfaire vos fringales. En salle ou installé sur la grande terrasse, nul doute que vous apprécierez ce moment de dolce vita !

Ô SAVEURS DU MARCHÉ €

118 bis, boulevard de Cessole
✆ 04 93 52 28 08

Ouvert du lundi au vendredi midi et soir. Fermé le samedi midi et le dimanche. Carte : 20 € environ. Terrasse.

Ô Saveurs du Marché propose des plats de saison qui évoluent en fonction des trouvailles du chef sur les étals du marché. Les produits sont sublimés, et les assiettes savoureuses et colorées. Au programme ? Salade paysanne au magret de canard fumé et son œuf poché ; filet de lieu noir sauce tomate et basilic ; émincé de poulet, crème et champignons ; maquereaux grillés et salade d'été ; salade Caesar ou niçoise (entre autres) ; colinot sauce au poivre... Accueil fort sympathique de la part de l'équipe, et décoration qui mêle authenticité et contemporanéité.

LOU PANTAIL €€

107, avenue Saint-Lambert
✆ 04 93 52 02 51
www.loupantail.com

Du mercredi au dimanche midi et soir. Carte : 30 € environ (plat + dessert).

Une véritable institution. Avec une décoration un brin rustique mais originale, un accueil convivial et un service irréprochable, cet endroit plaira aux amateurs de cuisine locale et italienne. A la carte, des salades composées, des pâtes fraîches en sauce - carbonara, daube ainsi que tout un panel de pizzas traditionnelles cuites au feu de bois. C'est sans oublier les grillades particulièrement savoureuses. Régulièrement, d'autres spécialités locales sont concoctées sur place de manière artisanale par cette famille attachée aux traditions culinaires niçoises.

LE POTIRON GOURMET €€

3, avenue de Carras
✆ 04 93 83 44 67
https://www.lepotirongourmet.com/

Ouvert du mardi au vendredi soir et du jeudi au samedi midi. Plat + dessert : 25 €.

Ce petit établissement situé à l'ouest de Nice, non loin du quartier de l'Arénas et à quelques enjambées de la mer, ne paye pas de mine à l'extérieur, pourtant, c'est un véritable trésor dans l'assiette. La cuisine française maison, raffinée et créative, est élaborée à partir des produits du marché et mêle subtilement les légumes de saison, viandes et poissons à travers des plats savoureux et généreux. Les desserts ne sont pas en reste. Le tout se conjugue à un accueil presque parfait. Une adresse cachée dans un lieu peu fréquenté : hautement futée.

PUB CARLONE €€

61, boulevard Edouard-Herriot
✆ 04 92 15 08 53

Ouvert du lundi au vendredi, midi et soir. Service non-stop. Plat + dessert : 20 €.

C'est dans un cadre *cosy* aux murs gris en pierres que ce restaurant de quartier vous accueille en continue tout au long de la journée dans une ambiance chaleureuse, décontractée et très conviviale. La carte affiche des recettes traditionnelles et locales élaborées sur place uniquement à base de produits frais et de saison : filet mignon de porc, moutarde à l'ancienne et pomme au four ; aïoli ; poulet au curry et ananas... Le service est accueillant et sans reproche, les conseils judicieux. Une chouette adresse à l'écart de l'effervescence du centre-ville.

RÉGENCE PLAGE BY RADISSON BLU €€

223, promenade des Anglais ✆ 04 97 07 03 09
www.radissonblu.fr/hotel-nice

Ouvert tous les jours le midi en basse saison, midi et soir en été. Plage de 12h à 16h. Plat + dessert : 35 €.

Cette plage privée n'est pas exclusivement réservée à la clientèle de l'hôtel éponyme. Les prix sont très raisonnables et vous y serez accueilli comme un client privilégié. Allongé sur un transat à l'ombre d'un parasol, c'est la promesse d'un agréable moment de détente. Le service est assuré sur la plage ou sur une table du vaste pont de bois abrité pour apprécier les suggestions du jour, les salades ou les poissons grillés. Tous les plats sont préparés minute avec des produits frais.

AU RENDEZ-VOUS DES AMIS €€

176, avenue de Rimiez
✆ 04 93 84 49 66
www.rdvdesamis.fr

Ouvert le midi et soir du jeudi au lundi. Plat + dessert : 30 €.

Aucune fausse note pour ce restaurant situé sur les hauteurs de Nice, dans une jolie bâtisse des années 1930. En hiver vous serez installé dans la salle chaleureuse aux couleurs acidulées et aux beaux jours sur la belle terrasse ombragée par des tilleuls centenaires. Aux fourneaux, le chef concocte à partir de produits frais et locaux une cuisine raffinée du terroir qui s'allie à merveille aux spécialités niçoises : viandes, poissons, raviolis, terrines, petits choux farcis, etc. Le service est impeccable, l'accueil cordial et le rapport qualité-prix excellent.

FAIRE UNE PAUSE

Lorsqu'on visite Nice, les distances peuvent être longues, surtout à pied, et les pauses s'avèrent les bienvenues. Entre l'ouest de la ville (aéroport) et l'est (port), comptez plus de 8 km de parcours sur la Promenade des Anglais et, lorsque vous visitez la vieille ville, les allers et venues d'une petite ruelle à l'un des innombrables monuments se multiplient. En journée, Nice propose un large choix de pauses gourmandes, entre coffee-shop, salons de thé, cafés, confiseries, pâtisseries, glaciers d'exception et terrasses secrètes comme le Rooftop 17 De L'hôtel Monsigny. De quoi vous détendre en faisant le plein de vitamines et en étanchant votre soif. Le soir, une multitude de pubs anglo-saxons et de bars à vins et à cocktails vous ouvriront leurs portes. Certains sont de véritables institutions comme Les 3 Diables ou The Healers et d'autres sont plus confidentiels mais tout aussi géniaux comme le Old Sport Club ou le Shakpo Bar.

LES 3 DIABLES

2, cours Saleya
✆ 06 62 27 47 17
www.les3diables.com
Ouvert toute l'année. 7j/7 de 17h à 2h du matin. Terrasse. Animations. Concerts.

Quand les 3 Diables ouvrent les portes de leur royaume, un vent de chaleur souffle sur le cours Saleya. Au rez-de-chaussée, sur la belle terrasse ou dans la petite salle située à l'étage, l'ambiance est festive et conviviale pour des soirées endiablées jusqu'au milieu de la nuit. Si la décoration est plutôt minimaliste, avec des murs en briques qui donnent à cet établissement une ambiance sombre et feutrée, quelques verres suffisent à détendre les convives, sur un fond sonore bien rythmé et durant les soirées thématiques. Une belle adresse où faire la fête !

BADABOOM

11, rue Francois-Guisol
✆ 04 93 31 38 53
https://badaboom.one/
Ouvert du lundi au vendredi de 9h à 16h (jusqu'à 15h le lundi).

Badaboom est un bistrot végétal que l'on adore ! La déco boisée et épurée nous plonge dans un bain de tranquillité. À la carte, retrouvez jus et légumes pressés à froid sur place, thés fermentés entièrement concoctés maison et sans pesticide, kombucha et jun (boissons fermentées), ainsi que des vins bio et des bières artisanales niçoises. Côté plats, le choix est vaste : salades, sandwichs, wraps, soupes et gâteaux crus... De quoi faire le plein d'énergie avec des produits frais et bio. Des événements et ateliers sont organisés pour prolonger le plaisir.

BAO.LAB

39, rue Pastorelli
✆ 06 27 24 88 71
www.baolabcafe.com
Ouvert du lundi au vendredi de 8h à 18h (jusqu'à 15h le samedi).

Voilà une adresse *green* en centre-ville où l'on se sent comme à la maison. Le BAO.Lab est un bar à café où l'on peut déguster de savoureux cafés, cappuccinos, lattes, chocolats chauds ou chaï lattes, mais aussi des thés et des jus de fruits maison. Coté restauration, la cuisine est saine, orientée vers les produits frais, de saison et à tendance végétarienne : mijotés et soupes, tartines, buddha bowl, etc. La touche sucrée gourmande et l'accueil charmant finissent de nous convaincre. Le site web vend de nombreux accessoires pour préparer le meilleur des cafés.

LE BATELEUR

12, cours Saleya ✆ 04 93 81 36 82
www.lebateleur.com
Ouvert 7j/7 de 10h à minuit (jusqu'à 2h vendredi et samedi). Brunch à 10 € environ. Entrée + plat à 20 €.

Dans un cadre cosy à la décoration contemporaine, Le Bateleur propose un bel éventail de boissons : vins, cocktails, alcools premium et des dizaines de bières pression et en bouteille. Côté restauration, on découvre une carte appétissante, de la charcuterie et des fromages, sans oublier l'incontournable coca niçoise. Le matin, le petit déjeuner se décline en version française (pain, croissants et boissons chaudes) ou anglaise (pancakes, bacon, œufs brouillés et jus de fruits). Mélange de cabinet de curiosités et de pub à l'anglaise, cet endroit est sympathique.

LE BIG BAR

4, ruelle de la Boucherie
✆ 09 81 34 29 64
www.bigbar.eatbu.com
Ouvert du jeudi au dimanche de 13h à 22h.

Le Big Bar vous accueille avec le sourire et la bonne humeur pour un apéritif sympathique et tendance ! La carte des cocktails avec ou sans alcool est originale et variée, complétée par des thés glacés, softs, bières, champagnes et vins qui honorent les 3 couleurs. Installé dans la charmante salle agrémentée de sièges-balançoires ou sur la terrasse au cœur du Vieux-Nice, on se régale autour de produits frais : planches de charcuterie ou de fromages, tartinades, etc. Chaque mois le Big Bar organise une soirée thématique incontournable.

BRICOLITÉS

14, rue de Paris
✆ 0493889857
www.bricolites.com
Ouvert du mercredi au samedi de 9h30 à 12h30 et de 14h à 19h.

Imaginez un cadre insolite où vous pourriez chiner des objets tout en dégustant un thé et une part de cake maison. Ce cabinet de curiosités existe. Logé dans une ancienne boulangerie, il vous accueille pour des moments de convivialité et de partage. Passionnés et amis de longue date s'y retrouvent pour chiner, se détendre et bricoler. Oui, bricoler. Accompagné et dirigé par vos hôtes, vous redonnerez vie à des luminaires, vaisselle ancienne, linge d'époque, radios vintage et autres objets d'antan qui racontent une histoire... Un lieu atypique comme on aime !

BOSTON BAR

11, place Île-de-Beauté
✆ 06 11 75 14 62
Ouvert du mardi au samedi de 19h à 2h30.

Situé dans le quartier du vieux port, le Boston Bar est l'endroit idéal pour prendre un apéro et passer une agréable soirée entre amis. À l'intérieur, déco vintage aux accents industriels. Depuis la terrasse cosy, vue imprenable sur le port. Carte de cocktails variée, tapas à grignoter et fond musical tendance, tout participe à l'ambiance qui évolue au fil de la nuit, lorsqu'un DJ résident met le feu au Dancefloor. On aime aussi la convivialité de l'équipe. Une adresse incontournable où la bonne humeur est distillée sans retenue.

CAFÉ DU CYCLISTE

16, quai des Docks
✆ 09 67 02 04 17
www.cafeducycliste.com
Ouvert dimanche et lundi de 8h30 à 14h, du mardi au samedi de 8h30 à 18h.

La jolie découverte de l'année, sur le Port de Nice, face aux bateaux : boire un café fraîchement moulu au sein d'un lieu consacré à la petite reine ! Dans un très beau décor, le Café du Cycliste a aménagé le lieu en plusieurs espaces : boutique abritant des collections pour hommes et femmes (vêtements de route, articles d'extérieur et accessoires), location de vélos et vestiaire. Et si vous n'êtes pas passionné de cyclisme, vous serez malgré tout totalement séduit par ce lieu atypique et si convivial. Des sorties vélos sont organisées chaque semaine.

CAFÉ PAULETTE

15, rue Bonaparte
✆ 04 92 04 74 48
https://www.cafe-paulette-nice.com/
Du mardi au samedi de 8h à 00h30. Terrasse. Restauration. Animations.

Chez Café Paulette, l'ambiance change au fil des heures. Le matin, vous pouvez prendre votre petit déjeuner. À l'heure du déjeuner, vous découvrez une carte fraîche et des plats réalisés à partir des produits du marché. Pour le goûter, l'endroit se transforme en salon de thé. À l'heure de l'apéritif, vous dégustez de délicieux tapas bistronomiques. On aime aussi le charme fou de la décoration qui rappelle d'anciennes brasseries avec ses murs aux pierres apparentes et sa verrière ouvrant sur une terrasse couverte. L'ambiance conviviale ajoute à la qualité du lieu.

CHOCOLATERIE ALEXIS MONOD

18, Rue Pairolière
✆ 04 93 14 52 66
www.facebook.com/chocolateriealexismonod
Ouvert de 10h à 19h30 en continu. Fermé le lundi.

Une chocolaterie, confiserie à découvrir dans le Vieux-Nice ! Un espace vitré s'ouvre sur l'atelier de cet enfant du pays, en témoigne le fanion du club de foot de la ville, où toute la production est réalisée. Ici, on parle d'Artisanat et de production avec des matières premières provenant du commerce équitable pour le chocolat et des fruits du terroir niçois pour les confitures. Les gourmands seront comblés par un choix important et des tarifs qui restent très sages. A découvrir !

CONFISERIE FLORIAN

14, quai Papacino
✆ 04 93 59 32 91
www.confiserieflorian.com
Ouvert tous les jours de 9h à 19h.

La réputation des confiseries Florian n'est plus à faire : c'est devenu une institution au point que l'établissement s'est improvisé musée de la Confiserie dans l'arrière-pays niçois. Mais c'est bien dans la boutique située au port de Nice que sont fabriqués fruits confits, confitures, confits de fleurs, caramels, nougats, calissons, gels de fruits, bonbons acidulés, fleurs cristallisées et chocolat maison qui font sa réputation. Profitez-en pour vous faire plaisir ! L'atelier de fabrication peut être visité gratuitement, sauf le week-end.

DISTILLERIES IDÉALES

24, rue de la Préfecture
✆ 04 93 62 10 66
www.lesdistilleriesideales.fr
Ouvert toute l'année. Tous les jours de 9h à 0h30.

Pour boire une bière bien fraîche, grignoter une bonne assiette de charcuteries ou de fromages, ou pour une simple pause café, Les Distilleries Idéales valent qu'on s'y arrête. Situé dans le vieux Nice, c'est à la fois un salon et un comptoir de dégustation qui nous ramène quelques siècles en arrière. La décoration est magnifique, de style ancien, mêlant métal cuivré et boiseries, dans une ambiance agréable. Un vrai bistrot, au style chic, d'un autre temps. De notre côté, on a adoré s'installer à l'étage, pour observer la décoration du bar.

L'ÉLÉMENT TERRE

58, rue Dabray
✆ 04 83 39 45 64
l-element-terre.com
Ouvert mardi, jeudi et vendredi de 10h à 19h, et mercredi et samedi de 9h à 13h.

Ce lieu décline trois concepts : un atelier de poterie/céramique, un lieu d'exposition pour les artistes et plasticiens locaux, ainsi qu'une boutique composée d'un comptoir de thés bio à déguster sur place et de céramiques créées dans l'atelier. Installez-vous dans cet univers design à l'ambiance sereine et chaleureuse, et passez un agréable moment autour d'un verre aux délicates saveurs douces et fruitées. Côté boutique, les créations sont originales, parfaites pour un cadeau inattendu, unique et authentique. Une belle adresse à l'accueil tout simplement parfait.

FARAGO ON THE ROOF

59, promenades des anglais
✆ 04 93 97 90 90
www.faragoontheroof.com/
Ouvert dès le mois de mai du mercredi au dimanche de 11h à 21h. Piscine chauffée. DJ de 16h à 20h. Tapas, brunch.

Apprêtez-vous à en prendre plein la vue ! Tout en haut de l'AC Hotel à Nice, se cache une de ces adresses futées qu'on aime partager. Farago on the roof, c'est le rooftop qui revient chaque année l'été pour égayer les fins de journées. Tapas ibériques à tomber, carte des cocktails très élaborée, piscine chauffée et panorama à 360 degré sur Nice : tous les éléments sont réunis pour passer un bon moment. A cela s'ajoute une très bonne programmation musicale, avec présence d'un DJ tous les soirs et des suggestions pour le brunch originales.

FENOCCHIO

2, place Rossetti
✆ 04 93 80 72 52
www.fenocchio.fr
Ouvert tous les jours de 9h à minuit.

Ce célèbre glacier niçois a ouvert cette première boutique en 1966. Des dizaines de crèmes glacées et de sorbets y sont confectionnés dans la tradition artisanale. Dans la longue vitrine donnant sur la place Rossetti, le large choix de parfums proposés révèle des saveurs classiques, originales ou insolites – cactus, tomate-basilic, tourte de blettes – et privilégie les saveurs locales comme le romarin, la rose ou l'olive noire. Servies en pots ou en cornets, on emporte ces douceurs ou on les déguste en terrasse. Deux autres boutiques existent dans le vieux Nice.

GINICE

25, Promenade des Anglais
✆ 04 93 80 72 84
Ouvert tous les jours jusqu'à 2h30.

Le gin fait un retour remarqué derrière les comptoirs des bartenders les plus branchés du moment. Et à Nice d'emboîter le pas avec le tout premier bar à gin de la Côte d'Azur. Installé sur la Promenade des Anglais, cet antre du gin attire déjà une clientèle d'habitués. London Dry, floral ou aromatique, retrouvez pas moins de 150 gins venant du monde entier accompagnés de plus de 10 tonics différents à déguster avec une assiette de Pata Negra Puro de Bellota, un délice ! Une adresse qui ne manque ni de peps ni de créativité, à fréquenter sans modération !

AU FÛT ET À MESURE

2, rue Jules-Gilly
✆ 04 83 39 67 64
Ouvert du lundi au dimanche de 17h30 à 00h30.

Les amateurs de bière ont trouvé leur enseigne. Ce concept permet de déguster des bières trappistes ou d'abbaye, aromatisées, blondes, brunes et blanches, de manière innovante : sur chaque table, une pompe à bière permet au client de jouer au barman. Muni d'une carte, vous remplissez directement votre chope dans une ambiance pop/rock conviviale. Une brasserie est mise à l'honneur chaque mois. Saucissons, planches de charcuteries et fromages complètent la carte. Des soirées quiz, Happy Hour, Apéro Mix, évènements sportifs et musicaux sont régulièrement organisés.

LES GOURMANDISES D'ANGÉA

6, rue de la Poissonnerie
✆ 04 93 80 92 69
Ouvert toute l'année de 10h à 17h45.

Dans un précieux écrin qui rappelle une maison de poupées, découvrez leurs spécialités locales réalisées artisanalement : macarons niçois aux amandes et cœur de fruit, macarons à la ganache et aux arômes naturels, perles de bonbons aux fleurs « Les Coquettes », sardines de Nice en chocolat, brioche aux fleurs cristallisées et fruits confits sans oublier le surprenant MaGlagla, un macaron géant rempli de glace... Quelques douceurs s'emportent sous le bras. L'orchestration est parfaite, le savoir-faire irréprochable et l'accueil charmant.

GELATERIA PINOCCHIO

2, rue Masséna
✆ 06 98 80 40 83
Ouvert de 6h à minuit en hiver et jusqu'à 2h du matin en été. Crêpe. Gaufre. Cocktail. Cafétéria.

Pinocchio vous offre ses beaux cornets en forme de rose ornés de boules colorées aux parfums variés. Que ce soit dans la zone piétonne ou sur la Promenade des Anglais, la situation de ce glacier est idéale pour entamer une balade tout en dégustant sa savoureuse gourmandise. La spécialité maison : la Coupe Pinocchio, un majestueux assortiment de boules de sorbet aux fruits surmonté d'une gracieuse rose de glace. Pinocchio est le seul glacier de Nice à fabriquer de la crème glacée bio. Il est également possible de manger des crêpes, gaufres et pizzas.

MAMAN LES P'TITS BATEAUX

21, rue Delille
✆ 09 83 56 93 23
www.cafe-poussette-nice.jimdo.com
Ouvert du mardi au samedi de 9h30 à 18h. Ateliers créatifs pour enfants. Plat du jour + dessert : 16 €.

Pas facile de trouver un endroit où manger et boire un verre quand on a des enfants ! Il n'en fallait pas plus à deux mamans enthousiastes pour ouvrir le premier café-poussette de Nice ! Côté cuisine, la carte propose des boissons et des assiettes chaudes ou froides, des produits bio, formules pour le goûter, quiches, purées maison, moelleux au chocolat... Des ateliers inventifs sont également proposés aux enfants et une salle de jeu occupera les plus jeunes. Une boutique complète l'offre : papeterie, bijoux, produits d'épicerie fine et livres jeunesse.

MASTER HOME

11, rue de la Préfecture
✆ 04 93 80 33 82
www.masterhome.fr
Ouvert du lundi au samedi de 7h30 à 2h30, le dimanche de 15h à 0h30. Ambiance club à partir de 22h30.

Cet établissement incontournable de la vie niçoise se fréquente à n'importe quel moment de la journée. De l'instant dégustation thé, à l'heure de l'apéro où vous savourez un délicieux cocktail de fruits accompagné de tapas gratuits, et plus tard lorsque l'établissement se transforme en moment clubbing, les activités ne manquent pas et les prix sont doux. Dans une ambiance conviviale, vous partagez ce moment autour de jeux de société mis à disposition l'après-midi et en soirée, sur un air de musique joué par des groupes de talent ou mixé par un DJ.

OUI, JELATO

5, rue de la Préfecture
✆ 04 93 54 10 32
www.ouijelato.fr
Ouvert tous les jours de 11h à 19h

Créé en 2005 sur la place du Palais de justice, ce glacier devenu avec le temps Oui, Jelato propose des parfums de glace tous plus savoureux les uns que les autres. Dans ce temple de la gourmandise glacée où tout est fabriqué artisanalement sur place, sans colorant et avec des matières premières de qualité, les délices sont servis à la spatule dans la pure tradition italienne dans de petits verres transparents. Elles peuvent être dégustées sur place ou à emporter. Les pralines glacées sont un vrai régal et les gâteaux cône, une découverte inédite.

NÉRON GLACIER PÂTISSERIE

15, Place Saint François
✆ 04 89 22 34 39
Ouvert du mardi au dimanche de 9h30 à 19h.

Une adresse gourmande dont la jolie devanture s'ouvre sur la place Saint-François. On hume avec plaisir un effluve sucré qui vous donne envie de croquer les pâtisseries exposées. Le plaisir des yeux est également suscité, par la créativité et la présentation des douceurs. Les glaces sont réalisées à base de produits d'exception (pistache d'Iran, vanille de Tahiti, chocolat noir 85 %) et les sorbets avec des fruits frais locaux. Les gâteaux, peu sucrés, n'utilisent pas de colorants ni d'arômes artificiels. À tester sans modération !

PÂTISSERIE CAPPA SERAIN

7 et 9, place Garibaldi
✆ 04 93 62 30 83
https://www.patisserie-serge-serain.fr/
Ouvert du mardi au dimanche de 8h à 19h30.

Serge Serain, grand maître pâtissier-chocolatier, et son équipe vous régalent avec leurs délices maison réalisés à base de produits frais. Le midi, une formule de restauration rapide proposant omelettes et tartes salées pour un déjeuner équilibré. Les desserts sont de véritables bijoux à grignoter. Une belle adresse où l'on s'arrête à n'importe quelle heure pour un thé ou café que l'on accompagnera d'un petit plaisir gourmand. L'établissement propose également un service traiteur avec des compositions de buffet froid salé et sucré. Livraison possible.

OLD SPORT CLUB

✆ 06 51 48 87 53
https://www.oldsport.club/me
Ouvert tous les jours de 19h à 1h30.

Le Old Sport Club, c'est le seul et unique bar caché à Nice. Mais alors, comment peut-on s'y rendre ? C'est simple, soit un connaisseur vous y emmène, soit vous prenez contact avec les patrons, qui enregistreront votre réservation et vous transmettront le code d'entrée. On ne dévoile donc pas l'adresse, mais on vous conseille fortement d'y aller car à l'intérieur, l'ambiance est tamisée et intimiste sur fond de musique soul, jazz ou hip-hop. Et que dire des cocktails, généreux, variés et préparés sur mesure selon vos goûts. Une vraie réussite !

CHEZ PAULINE

4, rue Bavastro
✆ 09 81 48 42 80
Du mercredi au dimanche, de midi à minuit (18h le dimanche).

Cette charmante adresse moderne et lumineuse à l'ambiance conviviale se décline en salon de thé, bar et café culturel. Midi et soir, il est possible de se restaurer avec des petits plats originaux. Mais ce qui nous a véritablement séduits, c'est la diversité des activités : des animations culturelles, des concerts, des afterworks ou encore des expositions. Le calendrier est rythmé par des soirées à thème qui raviront tout le monde. Chez Pauline est le lieu idéal pour faire de belles rencontres et aussi faire la fête sans prise de tête.

LE PÉCHÉ MIGNON

41, rue Bonaparte
✆ 04 93 89 75 56
www.peche-mignon-nice.com
Ouvert du mardi au samedi de 7h30 à 12h30 et de 15h à 19h15. Le dimanche de 7h à 12h30.

Traiteur, confiseur, chocolatier et pâtissier, cette adresse propose un grand choix de produits et de créations originales. Du salé au sucré, tout est élaboré au jour le jour avec des produits frais soigneusement sélectionnés. Côté glaces et sorbets, plusieurs parfums se déclinent avec la possibilité de créer son propre sorbet au fruit. La maison propose aussi un service traiteur, des macarons, pièces montées et chocolats maison. La présentation est raffinée, élégante et généreuse. L'accueil toujours charmant. Ce Péché Mignon deviendra le vôtre, assurément !

LA PETITE JAVA

20, rue Emmanuel-Philibert
✆ 06 52 45 29 02
Ouvert du jeudi au samedi de 18h30 à 00h30.

Situé au cœur du quartier des antiquaires, ce bar à vin et cocktail vous accueille pour boire un verre et déguster quelques tapas. La carte des vins est séduisante, le service dynamique tandis que la décoration finira de vous enchanter, très moderne et joliment boisée. L'ambiance est conviviale et c'est bien normal car régulièrement, les vendredis et samedis, La Petite Java propose des soirées karaoké débridées pour les chanteurs en herbe et des représentations de stand-up pour découvrir de nouveaux talents à mourir de rire.

POOL BAR & LOUNGE DU RADISSON BLU

223, promenade des Anglais
✆ 04 97 17 71 77
Ouverture du bar d'avril à octobre et selon les conditions météorologiques. Horaires variables d'une saison à l'autre.

Profitant de l'une des plus belles vues sur la Promenade des Anglais, le Pool Bar & Lounge du Radisson Blu Hotel est devenu un lieu incontournable des nuits branchées niçoises, notamment au moment du Festival de Jazz et en haute saison. L'atmosphère est chic mais détendue et le service est à la hauteur du lieu : le personnel est aux petits soins et tout est fait pour passer une agréable soirée. Situé sur la terrasse panoramique de l'hôtel, comment pourrait-il en être autrement ?

ROOFTOP 17 DE L'HÔTEL MONSIGNY

17, avenue Malausséna ✆ 04 93 88 27 35
www.hotelmonsignynice.com
Ouvert de mai à septembre, tous les jours de 10h à 20h et en soirée également durant la haute saison.

Perché sur le toit de l'hôtel Monsigny, cet endroit jouit d'une vue imprenable sur les toits de la ville. Le bar est suspendu sur la terrasse. On y vient le matin pour faire une pause jacuzzi ou flâner autour d'un petit déjeuner. La journée appartient aux amateurs de transats et de bronzette, à l'abri des regards. C'est à l'heure de l'apéritif que le cadre dévoile toute sa splendeur, autour d'un cocktail ou d'un verre de vin, accompagné de tapas, dans une ambiance musicale branchée.

ROSALINA BAR

16, rue Lascaris
✆ 04 93 89 34 96
Ouvert du mardi au samedi, midi et soir.

Voici une adresse délicieusement atypique cachée vers le port de Nice, loin de la foule de la vieille ville. Dans cet ancien garage Renault réhabilité avec goût, on se sent comme à la maison, dans une atmosphère romantique avec des poutres apparentes et une verrière. La clientèle de trentenaires, fidèle, y vient pour boire un verre de vin ou un cocktail, lovée dans les confortables fauteuils, pour déguster quelques tapas, un brunch dominical ou un bon dîner. Véritable coup de cœur de la rédaction pour cette adresse à (re) découvrir.

SHAPKO BAR

5, rue Rossetti
✆ 06 15 10 02 52
www.shapkobar.fr
Ouvert tous les jours de 21h à 5h. Concerts de 22h à 2h.

Voici un établissement pas comme les autres à découvrir absolument. Ce bar jazz de la vieille ville draine des passionnés de ce genre musical en quête de valeurs sûres et d'artistes locaux. Les concerts live y sont quotidiens. La programmation variée. L'éclairage et la proximité entre le public et la scène ajoutent à l'ambiance tandis que les chaises bistrot et les tables rondes habillent les différents espaces. Que l'on prenne un verre au bar ou sur la mezzanine avec vue sur la scène, c'est LE lieu pour se détendre en écoutant du jazz. Enorme coup de cœur.

THE HEALER

16, boulevard Jean-Jaurès
✆ 07 86 98 68 21
www.thehealer.fr
Ouvert tous les jours de 10h à 18h. Facebook : @ thehealer.nice

Attention, adresse furieusement tendance : The Healer est LE bar à jus de la capitale azuréenne. Retrouvez une gamme de délicieux smoothies et autres salades de fruits aux ingrédients bio et locaux. Sans oublier des raw cakes ou energy balls : ces dernières - crues et végétales - sont préparées maison. Les milkshakes sont réalisés à partir de lait d'amande ou de riz. Le rayon épicerie «nutrition sportive végétale» ravira notamment les sportifs de haut niveau qui trouveront sur les étagères compléments alimentaires et protéines végétales. Une adresse healthy.

WAKA BAR

57, quai des Etats-Unis
✆ 04 93 87 94 61
Ouvert tous les jours de 9h30 à 2h.

Le mot «waka» signifie canoë en langue maorie. Cet établissement tendance situé face à la Méditerranée porte bien son nom puisqu'il était jusqu'au début du XIXe siècle occupé par des pêcheurs. D'ailleurs, le patron néo-zélandais appartient à la tribu des Ngati Kuri ! Venir au Waka Bar, permet de savourer de délicieux cocktails, bières et alcools divers mais aussi des smoothies préparés sur place. L'établissement propose aussi une petite restauration à consommer sur place ou à emporter : fish and chips, burgers, tapas... L'accueil est agréable.

TRIBECA

1 bis, rue Dalpozzo
✆ 06 25 86 40 26
https://tribecawinebarkitchen.eatbu.com/
Ouvert tous les jours, de 18h30 à minuit.

Le Tribeca accueille sa clientèle fidèle dans une ambiance tamisée et une décoration moderne, épurée. Le cadre est soigné. À la carte, quelques bons vins français et étrangers, et des cocktails. En terrasse, en salle ou à l'étage, vous pouvez accompagner vos boissons d'ardoises gourmandes, de burgers, buns, tartares et salades. Les soirées à thèmes sont nombreuses : blind test, ginguette, musique française, lounge, disco, toutes les occasions sont bonnes pour faire la fête. Ajoutez à cela un accueil aimable et vous obtenez un endroit où passer une agréable soirée.

WAREHOUSE

73, quai des Etats-Unis
✆ 06 16 24 45 27
www.warehouse-nice.com
Ouvert tous les jours de 11h à 00h30.

Ce bistrot chic et moderne à la décoration qui évoque l'ambiance new-yorkaise propose une cuisine française revisitée élaborée à partir de produits locaux de qualité bio. En fin de journée, on se réunit entre amis autour de fabuleux cocktails et d'une myriade de tapas maison pour écouter un *live music* ou une cession de DJ. Une belle adresse proposant un bon rapport qualité - prix, un service sympathique, à défaut d'être très rapide, et un petit salon-terrasse confortable face à la mer où il fait bon faire une pause ou se poser pour la soirée.

LE VANILLIER

7, avenue Auber
✆ 04 93 88 71 77
https://www.le-vanillier.com/
Ouvert du mardi au samedi de 8h à 19h. Présent sur le marché du Cours Saleya de 9h à 13h.

Ouverte en 1940 puis reprise en 1993 par le Maître artisan François Ducroux, cette pâtisserie-chocolaterie est située au cœur du quartier des Musiciens. Dans une belle boutique colorée des spécialités portent les noms de grands artistes du monde de la musique, en hommage à ce coin bourgeois de la ville de Nice. Chocolats noirs ou pralinés, cake au citron, macarons, amaretti et pâtes de fruits maison à la présentation soignée titillent déjà les papilles côté vitrine ! Un savant mélange de couleurs et de formes pour une pâtisserie gourmande et traditionnelle.

WAYNE'S BAR

15, rue de la Préfecture
✆ 04 93 13 46 99
Ouvert tous les jours de 10h à 2h.

C'est une institution dans le vieux Nice ! Ce pub affiche une bonne ambiance et les deux salles sont souvent pleines à craquer. Ici, on parle anglais à tous les étages, hiver comme été. Dans la première salle, vous pourrez déguster un bon burger tout en regardant une rencontre sportive tandis que dans celle du fond, vous serez attablés pour boire un verre face à la scène, où des groupes jouent en live leur son pop-rock. Plus les heures passent et plus la température monte : résultat, tout le monde finit par danser sur les tables dans une atmosphère survoltée !

(SE) FAIRE PLAISIR

Partir à la découverte d'une métropole comme Nice est synonyme de délicieuses découvertes gastronomiques, œnologiques et artisanales. Certaines sont représentatives de la Côte d'Azur et plus largement de la Provence comme l'huile d'olive, et d'autres sont plus typiques de la ville comme la socca. Si quelques journées passées à arpenter les rues de la ville permettent de s'en imprégner et de les tester, en flânant par exemple à l'incontournable marché aux fleurs, aux fruits, aux légumes et aux brocanteurs du cours Saleya, vous pouvez également apprendre à les reproduire à l'Atelier Cuisine Niçoise ou faire des emplettes à ramener avec vous à la maison. Les boutiques de souvenirs Trésors Publics et la maison de Nice paraissent idéales pour cela. Les gourmands se rueront à Le goût de Nice, avec ses centaines de produits (vins, huiles d'olive, pâtes d'olives, confitures...) issus d'artisans et agriculteurs locaux.

GALERIES LAFAYETTE NICE MASSÉNA

6, avenue Jean-Médecin
✆ 04 92 17 36 36
www.galerieslafayette.com
Ouvert toute l'année, tous les jours de 9h30 à 20h (11h à 20h le dimanche).

Les Galeries Lafayette participent au rayonnement de l'art de vivre à la française : accessoires, mode, beauté, jeux, lingerie, maison, bijoux et maroquinerie... Le magasin de la place Masséna est ouvert depuis 1916. Depuis sa rénovation, il donne accès, en plus des boutiques existantes, à un espace dédié au luxe. De nombreux services sont toujours à disposition pour vous faciliter la vie et... le shopping. Une adresse incontournable qui regroupe les plus grandes marques de la mode.

LE CHÂTELARD 1802

2, rue du Pont-Vieux
www.le-chatelard-1802.com
Ouvert tous les jours de 10h à 19h.

L'histoire du Châtelard commence en 1802 avec une famille de producteurs de père en fils. A la fin des années 1990, l'entreprise définit sa propre gamme de produits en se basant sur son histoire, son expérience, son amour pour la lavande et sa connaissance des plantes aromatiques qui font le charme de la Provence : Lavande, Tilleul, Thym, Romarin.... Retrouvez la gamme complète de ses produits (sachets senteurs, parfums, savons et eaux de toilette) dans la boutique. Idéal pour parfumer naturellement sa maison ou son linge, et pour offrir.

LA MAISON DE NICE

19, rue Saint-François-de-Paule
✆ 04 97 13 45 34
maisondenice.fr
Ouvert du lundi au samedi de 10h à 13h et de 14h à 18h.

La Maison de Nice propose en exclusivité une cinquantaine de produits français et étrangers : vêtement, accessoire, jeu, médaille, équipement de maison... Tous dérivés des marques déposées par le territoire azuréen comme #I Love Nice, Nice Jazz Festival ou Carnaval de Nice, vous aurez ainsi l'occasion de faire le plein de souvenirs originaux et cultiver les richesses patrimoniales Azuréennes. La Maison de Nice devient aussi lieu de rencontres à l'occasion de manifestations avec par exemple des séances de dédicaces lors d'événements culturels et sportifs.

TRÉSORS PUBLICS

11, rue du Pont-Vieux
✆ 04 97 08 19 67
www.tresorspublics.com
Ouvert tous les jours de 10h30 à 19h30.

Nouvelle adresse tendance de la vieille ville niçoise, ne vous y méprenez pas : Trésors Publics est une jolie boutique où faire le plein de souvenirs ! Dans cette droguerie à l'ancienne où dominent le bleu, le blanc et le rouge en l'honneur à notre chère patrie, dénichez plus de 250 produits traditionnels garantis 100 % fabriqués en France : papeterie, arts ménagers, épicerie, textile, jouets, cosmétique, parfumerie... De quoi puiser des idées cadeaux issus de l'art de vivre à la française. La boutique peut même être privatisée sur demande.

WINTREBERT TRANSPARENCE

2, rue Jules-Gilly
✆ 04 93 13 91 67
www.wintrebert.com
Prix moyen d'un petit objet en Plexiglas 40 €.

Thierry Wintrebert crée depuis plus de 30 ans des luminaires en Plexiglas ainsi que des objets de décoration insolites, artistiques et étonnants. Sa spécialité ? L'inclusion dans de jolies compositions de Plexiglas de divers objets du quotidien en bronze ou en laiton : poissons, coquillages, instruments de musique, tubes de peintures, montres à gousset, chaises, bateaux, cannettes... Parmi l'éventail de possibilités, on trouve notamment de nombreuses maquettes marines d'un réalisme à couper le souffle. Une idée cadeau originale.

CAVE BIANCHI

7, rue Raoul-Bosio
✆ 04 93 85 65 79
www.cave-bianchi.fr
Ouvert du lundi au dimanche de 9h30 à 19h30.

Dans le cadre authentique d'un musée avec collections de bouteilles soigneusement mises en valeur, le vin prend le temps de vieillir comme il se doit depuis 1860. Les Caves Bianchi proposent tous les grands crus français mais aussi des vins locaux et de Provence, des grands crus étrangers, eaux-de-vie, champagnes, spiritueux et - plus surprenant - de l'huile d'olive artisanale ! Au fil des saisons, des dégustations de vins déclinées sous différentes formules sont organisées : cocktails, initiations œnologiques, anniversaires, événements privés.

À L'OLIVIER

7, rue Saint-François-de-Paule
✆ 04 93 13 44 97
www.alolivier.com
Ouvert tous les jours de 10h à 13h et de 14h à 19h.

On entre dans ce magasin comme dans un musée, où la décoration minimaliste et moderne joue avec le bois et le métal. Des rayons soignés exposent toutes sortes d'huiles d'olive, de produits dérivés qui inspirent nos idées cadeaux et s'offrent à la réalisation de paniers composés. La marque a fait ses preuves depuis 1822, date de la première huile d'olive faite par cette maison. Depuis, l'entreprise a fait son bout de chemin, et le charme des lieux autant que la qualité des produits incitent à chiner avec plaisir, quel que soit le magasin (Cannes, Grasse, Nice).

CHARCUTERIE GHIBAUDO-POTTIER

29, rue Pairolière
✆ 04 93 85 60 34
https://maisonghibaudopottier.com
Du mardi au vendredi (8h-12h30 et 15h-19h), le samedi (8h-19h).

Nicolas et Marine Pottier vous accueillent dans cette boucherie familiale de renom. Découvrez des produits de très grande qualité fabriqués artisanalement. Parmi eux, nous pouvons citer l'«oreiller de la belle Aurore» (caille, pigeon, lapin, chevreuil, foie gras, truffe, filet de volailles de Pierlas, pistache, ris de veau, pintade, filet mignon). Mais aussi des charcuteries sèches et cuites, de la rôtisserie ainsi que de la viande label rouge. Les plats traiteurs sont excellents.

APÉRITIV

4, rue Cassini
✆ 04 83 55 37 09
www.aperitiv.fr
Ouvert du lundi au samedi, de 10h à 13h et de 14h30 à 19h30.

Ce concept store situé à deux pas de la Place Garibaldi, propose des produits alimentaires (jambon de Parme et de Bayonne, saucissons d'Arles, tapenades, olives, chips...), des boissons avec et sans alcool ainsi que toute une gamme d'accessoires (coupes de champagne, shakers, girafes à bières, tire-bouchon, décapsuleurs...) rigoureusement sélectionnés auprès de petits producteurs pour vous permettre de préparer le plus beaux des apéritifs. Le must reste sans doute la gamme de coffrets Apéritiv : des écrins élégants et pratiques que l'on peut composer soi-même.

CHARCUTERIE PONS

9, boulevard Joseph Garnier
✆ 04 93 84 68 05
www.ponsoler.com
Du mardi au vendredi de 7h à 12h45 et de 16h à 19h45, le samedi de 7h à 13h et de 16h à 19h45, le dimanche de 7h à 13h.

Véritable institution pour les amateurs de charcuterie méditerranéenne, cette adresse est tenue par la famille Pons et propose un large choix de spécialités espagnoles, maltaises ainsi que des recettes pieds-noirs. Longuanisse (merguez locale), merguez épicées, saucisses, pâté de tête, mahonnaise, saucisson aux cèpes, soubressade douce ou piquante (la meilleure de Nice), pâtés, boudin noir... Tous les produits sont fabriqués maison avec de la viande française. Le coin épicerie permet de compléter son panier avec d'autres bons produits.

LE GOÛT DE NICE

34, boulevard Jean-Jaurès
✆ 04 97 13 55 80
https://legoutdenice.fr/
Ouvert toute l'année du mardi au samedi.

Découvrez les secrets, les saveurs et les richesses du territoire de Nice dans cette jolie boutique qui propose sur ses étagères des centaines de produits issus de quelques dizaines d'artisans et agriculteurs locaux. Vins, huiles d'olive, pâtes d'olives, confitures… Il y en a pour tous les goûts. Une belle vitrine pour les producteurs locaux issus du monde rural et agricole : l'ensemble de leur travail est ici largement valorisé autour d'une décoration authentique et lumineuse où dominent les matériaux nobles comme le bois. Une adresse incontournable.

CHOCOLATERIE ALEXIS MONOD

18, Rue Pairolière
✆ 04 93 14 52 66
www.facebook.com/chocolateriealexismonod
Ouvert de 10h à 19h30 en continu. Fermé le lundi.

Une chocolaterie, confiserie à découvrir dans le Vieux-Nice ! Un espace vitré s'ouvre sur l'atelier de cet enfant du pays, en témoigne le fanion du club de foot de la ville, où toute la production est réalisée. Ici, on parle d'Artisanat et de production avec des matières premières provenant du commerce équitable pour le chocolat et des fruits du terroir niçois pour les confitures. Les gourmands seront comblés par un choix important et des tarifs qui restent très sages. A découvrir !

DIFE

6, Avenue du Mont Alban
www.rhum-dife.com
Boutique en ligne de rhum arrangé. Revendeurs à Nice et Vence.

Le nom Difé vient de la terre natale du propriétaire, qui signifie en Créole «le feu». Originaire de Guadeloupe, il est également à l'origine des productions artisanales de rhums arrangés qu'il vend sur son site web et chez quelques revendeurs partout en France. Un hommage à ses origines. Préparés avec la macération de plantes, de fruits, d'épices ou encore de mélange de jus de fruits dans la plus pure tradition antillaise, sans colorants, ni conservateurs, les rhums sont un vrai plaisir en bouche. La macération des alcools est assurée à Nice.

DOMAINE DU FOGOLAR - COLLET DE BOVIS

370, chemin de Crémat ✆ 04 93 37 82 52
www.vin-de-bellet.com
Ouvert tous les jours sur rendez-vous. Visite guidée avec dégustation : 15 € par personne (prix dégressif en groupe).

Ce petit vignoble situé sur une colline face à la plaine du Var est le plus au sud du terroir. Ses vins sont réservés quasiment d'une année sur l'autre pour une clientèle fidèle, attirée par la fraîcheur et l'équilibre des produits. Le domaine a obtenu des récompenses prestigieuses pour leur vin rouge : Médaille d'Argent au Concours Général de Paris, Médaille d'Or Médaille d'Or au concours des Féminalise de Beaune et la médaille d'Argent au concours des Vignerons Indépendants.

JEAN DE LA TOMATE

3, rue Tonduti de l'Escarène
✆ 06 11 79 84 24
https://www.jeandelatomate.fr/
Ouvert toute l'année, du mardi au samedi de 10h à 19h.

Et si on consommait local ? C'est ce que propose cette jolie épicerie avec ses produits 100 % d'*aqui*. Amoureux de son territoire et soucieux de l'environnement le propriétaire a choisi de mettre son expérience au service de l'économie locale. Ses rayons mettent en valeur des centaines références, de l'alimentaire aux produits d'entretien en passant par les cosmétiques. Il privilégie le côté qualitatif de ses produits qu'il souhaite de saison et issus de petits producteurs et artisans régionaux. Une adresse Futé, à (re) découvrir.

GIROFLE & CANNELLE

4, rue Pairolière
✆ 04 93 54 43 13
www.girofle-et-cannelle.com
Ouvert tous les jours de 10h à 19h.

Les flots de touristes se succèdent dans cette épicerie, emportés par l'euphorie, et de locaux à la recherche de différences, de nouveauté, d'originalité. Il faut dire qu'elle propose une diversité incroyable, déployant des couleurs, senteurs et saveurs par milliers. On y trouve une sélection variée d'épices, des sels et des poivres du monde entier, d'authentiques vinaigres balsamiques de Modène, des versions millésimées, huiles précieuses, coffrets gourmets et un choix de thés rigoureusement sélectionnés... Une escapade réjouissante pour nos yeux et notre palais.

MAISON PELLEGRINO

9, rue du Marché
✆ 04 93 16 12 13
www.maison-pellegrino.com
Ouvert tous les jours de 9h à 19h. Dimanche et lundi ouvert de 9h à 14h.

Le propriétaire, originaire de Lyon, partage dans cette épicerie fine et cave à vins à la fois, ses délicieuses trouvailles. On y déniche notamment quelques fleurons de la gastronomie lyonnaise. Les épicuriens apprécieront les spécialités régionales françaises avec l'incomparable Porc noir de Bigorre, les délicieuses petites sardines La marseillaise, les biscuits et autres gourmandises du Berry… Côté vins, le choix est exceptionnel et les amateurs se délecteront des conseils avisés. Livraison partout en France et dégustation sur place.

LES GRANDES CAVES CAPRIOGLIO

16, rue de la Préfecture
✆ 04 93 85 66 57
www.caprioglio.fr/
Ouvert du mardi au samedi de 8h à 13h et de 15h à 19h30. Le dimanche de 9h à 13h.

Véritable institution du Vieux Nice, d'abord située dans les rues voisines, elle s'est installée dans ses murs actuels au début des années 30. La cave à vin existe depuis un siècle et le temps semble s'y être figé, ce qui fait son charme emblématique. L'accueil est souriant. Le maître des lieux vous fait découvrir un vaste choix de vins, des grands crus aux spiritueux les plus fins. Si vous êtes dans le quartier, allez faire un tour dans cette magnifique cave.

MARCHÉ AUX LIVRES

Place du palais de justice
www.nicetourisme.com/nice/1399-marche-de-la-place-du-palais
Ouvert tous les samedis de 7h à 17h (jusqu'à 19h en haute saison).

Sur la belle et vaste place du palais de Justice a lieu ce charmant marché aux livres. Vous y trouverez surtout de l'ancien, des éditions rares qui feront le bonheur de tous les collectionneurs. Mais il y a aussi quelques ouvrages originaux qui feront le bonheur de tous les lecteurs, adultes ou enfants, ainsi que des cartes postales. Que ce soit en vrai amoureux des livres ou en simple curieux, ce marché vaut le détour, ne serait-ce que pour s'imprégner de la belle ambiance artistique qui y règne. Les stands sont nombreux et leurs propriétaires hauts en couleur.

MARCHÉS DU COURS SALEYA

Cours Saleya

Ouverts tous les jours sauf le lundi. Marché aux fleurs de 6h à 17h30 (13h30 le dimanche), fruits&légumes de 6h à 13h30.

Le cours Saleya est l'un des endroits les plus courus de Nice, notamment pour ses marchés ! Toute l'année, deux s'y déroulent sur toute sa longueur. Le marché aux fleurs, classé par le Conseil National des Arts Culinaires parmi les marchés d'exception en France, est incontournable. Endroit idéal pour se frotter à l'authentique vie niçoise, les étals affichent leurs fleurs colorées et odorantes sous les tentures rayées : mimosa, lys, dahlias, anémone et plantes succulentes... Plus classique, le marché aux fruits et légumes propose d'excellents produits locaux.

LA PART DES ANGES

17, rue Gubernatis

✆ 04 93 62 69 80

lapartdesanges-nice.com

Ouvert du lundi au samedi de 10h à 20h30. Jusqu'à minuit les vendredis et samedis.

La Part des Anges réunit 3 concepts en un seul et même lieu : cave à vin, bistrot le midi, et bar à vin. La boutique, notamment spécialisée dans les vins « naturels » et issus de l'agriculture biologique, en référence près de 300. Laissez-vous guider par le sympathique maître des lieux ; ses conseils et nouvelles trouvailles valent de l'or. Quelques tables sont dressées à l'arrière de la boutique afin de pouvoir déguster votre vin accompagné d'une assiette de fromages. Un rayon épicerie fine propose aussi des huiles d'olives, vinaigres, poivres et sels.

AU BONHEUR DES COCOTTES

19, rue Lascaris

✆ 06 11 57 68 80

Ouvert du mardi au samedi 10h30 à 19h (plus tard les vendredis et samedis)

Ambiance 100% hétéroclite pour cette jolie boutique aux allures Art Déco, Au Bonheur des Cocottes propose à la vente meubles, vêtements, pièces d'art, accessoires et antiquités dans une ambiance de charme un brin rétro qui nous plonge dans le passé. Les amatrices de belles pièces originales et authentiques, les férus de la chine et toutes les cocottes coquettes trouveront dans ce délicieux écrin leur bonheur. Les Cocottes proposent aussi de privatiser leur espace : l'occasion d'organiser anniversaires, apéro-trocs ou vide-dressing dans un cadre insolite.

COCO'N SHOPPING

5, rue de la Liberté

✆ 04 93 01 58 29

www.coconshopping.com

Ouvert du lundi au samedi de 10h à 19h.

La boutique se compose de plusieurs « Corners » dédiés à un créateur de mode, dont la notoriété peut être internationale voire simplement locale. L'offre proposée pour chaque marque est éphémère et sans cesse renouvelée. Vous pouvez donc dénicher des pièces inédites qui ne seront pas portées par tout le monde et trouver des marques de créateurs issues du monde entier ! Il y en a pour tous les budgets. La propriétaire organise régulièrement des défilés de mode pour présenter ses collections. Ce sont ses propres clientes qui jouent les mannequins à cette occasion !

L'ATELIER CUISINE NIÇOISE

2, rue du Sénat

✆ 04 97 13 44 56

lateliercuisinenicoise.fr/

Cours de cuisine niçoise. Cours classique (durée : 2h30) : 50 € / pers. Tarif duo : 75 € / deux pers.

Craquez pour les cours de cuisine traditionnelle de l'Atelier Cuisine Niçoise. Le concept cartonne auprès des locaux et des gens de passage. Il s'agit de reproduire des mets typiques de Nice, dont les recettes sont proposées dans une salle dotée de 12 postes de travail. Les gourmands pourront assister à des cours, conférences et présentations de produits artisanaux afin de découvrir les secrets de fabrication des douceurs nissardes, à déguster sur place ou à emporter.

ATELIER GALERIE SYLVIE T

14, rue Droite

✆ 04 93 62 59 15

boutique.sylvie-t.com

Ouvert du mercredi au samedi de 10h30 à 18h.

Cette artiste passionnée puise son inspiration dans les rues sinueuses et étroites du vieux Nice, dans ses monuments majestueux et imposants, dans ses endroits insolites et incontournables, dans ses couleurs tantôt douces tantôt plus intenses ou dans sa végétation si particulière. Enfant du pays, elle propose dans son atelier galerie des dessins réalisés à l'aquarelle ou à l'encre de Chine sublimant la capitale azuréenne et vous donne la possibilité d'effectuer des stages et de suivre des ateliers pour enfants sur le thème de l'art et de l'architecture.

BOUGER & BULLER

Les caractéristiques climatiques et géographiques de la ville de Nice permettent la pratique de disciplines diverses et variées, entre mer, air urbaine et montagne, avec un taux d'ensoleillement annuel parmi les plus élevés en France. Recenser toutes les activités représentées est impossible, il en existe des centaines toutes aussi enthousiasmantes les unes que les autres pour faire du sport, se détendre, s'émerveiller, faire monter l'adrénaline, se remettre en forme ou simplement pour se déplacer de manière originale et découvrir la ville sous un autre jour. Tout dépend de vos envies. Il en existe pour tous les goûts et tous les budgets. Le French Riviera Pass donne accès à un certain nombre de ses activités à prix réduits. Attention toutefois : nombre d'entre elles sont accessibles uniquement durant la belle saison, c'est-à-dire entre mai et octobre. En basse saison, l'offre est moindre mais il vous restera le soleil !

AZUR HÉLICOPTÈRE

Aéroport Nice Côte d'Azur
✆ 04 93 90 40 70
www.azurhelico.com
Ouvert du lundi au dimanche. A partir de 160 € par personne pour un trajet Nice-Cannes.

Azur Hélicoptère propose à ses clients des services encadrés par une équipe de professionnels : école de pilotage, organisation de transports aériens, circuits touristiques sur Cannes et Nice. La compagnie assure aussi votre accompagnement lors de vos baptêmes en hélicoptère. Prêts pour vous déplacer autrement, tout en découvrant de nouvelles sensations ? Une solution simple et fun pour relier les sites les plus prestigieux de la Côte d'Azur et les stations des Alpes, ou simplement survoler les paysages exceptionnels de la région, voire au-delà.

FÉDÉRATION FRANÇAISE DE VOL LIBRE

1, place du Général Goiran
✆ 04 97 03 82 82
https://federation.ffvl.fr/
Bureaux ouverts du lundi au vendredi de 8h à 12h et de 13h à 16h45.

Une envie de vous envoyer en l'air ? La Fédération Française de Vol Libre regroupe diverses activités telles que le deltaplane, le parapente, le cerf-volant, le kite et même le boomerang ! De la découverte à la compétition, cette fédération a pour première finalité de permettre leur apprentissage pour acquérir la maîtrise et la beauté des gestes, des évolutions, de l'expérience quasi magique du vol. Pour commencer, participez aux journées découvertes et aux stages d'initiation.

CLUB HIPPIQUE DE NICE

8, boulevard des Jardiniers
✆ 04 93 83 15 04
www.nicecheval.com
Ouvert tous les jours, l'après-midi. Ouvert le matin uniquement le mercredi, samedi et dimanche.

Les passionnés d'équitation trouveront entière satisfaction dans ce club hippique situé au nord-ouest de Nice. Avec une superficie de 10 ha, il comprend neuf aires d'évolution et les écuries peuvent accueillir une centaine d'équidés. Vos enfants pratiqueront ici plusieurs disciplines : équi-thérapie, voltige, dressage, hunter, éthologie ou encore attelage... Les activités hippiques sont aussi variées que complètes. La structure accueille les groupes et organise des stages tout au long de l'année, principalement pendant les vacances scolaires.

GLISSE ÉVASION

29, promenade des Anglais
✆ 06 10 27 03 91
www.glisse-evasion.com
Ouvert tous les jours de 8h30 à 19h de mai à fin septembre. Tarifs sur le site Internet.

Glisse Évasion propose plusieurs types d'activités nautiques encadrées par des moniteurs diplômés qui veillent à votre sécurité pendant les sorties : wakeboard, ski nautique, stand up paddle, flyfish, slydsit, bouées tractées et kayaks de mer. Mais leur spécialité, c'est bien le parachute ascensionnel, en solo ou à deux, afin d'apprécier toute la baie de Nice sous un autre angle inédit et magnifique. Glisse Évasion propose également des coffrets cadeaux à prix doux directement consultables, achetables et imprimables depuis le site Internet. Futé !

GOLF COUNTRY CLUB DE NICE

698, boulevard du Mercantour
✆ 04 93 29 82 00
www.golf-club-nice.com

Ouvert 7j/7. Parcours 9 trous, practice, école de golfe, magasin, restaurant.

Beauté du parcours 9 trous et qualité des installations, tous est réuni pour apprendre ou améliorer la précision de son jeu dans les meilleures conditions. Le parcours propose un éventail de situations variées et techniques avec reliefs, bunkers et obstacles d'eau. Quant au practice, 27 postes de tir couverts équipés, dont 11 éclairés, sont à votre disposition. La pause déjeuner en terrasse et le cadre chaleureux du Club House sont un plus indéniable.

NIKAIA WATER SPORT

99, Quai des Etats-Unis
✆ 06 09 16 02 16
www.nikaiaglisse.com/fr

Ouvert tous les jours de 8h à 20h du 1er mai au 30 septembre. Ski nautique et Wakeboard à partir de 30 €.

Découvrez en saison estivale tous les plaisirs des sports de glisse avec Nikaia Water Sport. Au programme : wakeboard, stand up paddle, flyfish, kayak de mer... de quoi profiter pleinement des plaisirs maritimes en étant encadré par une équipe professionnelle. Pour prendre de la hauteur, testez le parachute ascensionnel ! Côté tarifs, les prix sont très corrects avec des formules à l'heure ou selon le nombre de participants. L'occasion est belle de découvrir la baie des Anges sous un autre jour, de manière plus fun, plus sportive.

NICE DIVING

13, quai des Deux-Emmanuel
✆ 06 14 46 04 06
www.nicediving.com

Ouvert tous les jours d'avril à décembre. Tarifs à l'unité ou au forfait.

Vous souhaitez explorer les merveilleux sites de plongée de Nice et de ses alentours ? Nice Diving vous invite à partager la passion de ses formateurs, de la plongée d'exploration à la plongée technique, du simple baptême aux formations de plongeur encadré à 40 m. Salle de cours, matériel haut de gamme, douches, entrepôt de matériel, magasin pour acheter ou louer du matériel, atelier de réparation, station de gonflage jusqu'à 300 bars... mais aussi, et surtout, un accueil chaleureux, un apéro d'après-plongée en musique, une bonne ambiance et du professionnalisme !

TRANS CÔTE D'AZUR

Quai Lunel
✆ 04 92 98 71 30
www.trans-cote-azur.com

Transport en bateau en direction des îles de Lérins, Monaco, Saint-Tropez et Cannes.

Trans Côte d'Azur est une compagnie maritime spécialiste des croisières, excursions, affrètements et navettes aux départs des ports de Cannes et de Nice. Découvrez le littoral azuréen lors d'une balade en mer, faites la traversée de Cannes aux les îles de Lérins, promenez-vous le long de la Corniche d'or ou naviguez jusqu'à Monaco et Saint-Tropez. La compagnie couvre aussi des événements exceptionnels comme les feux d'artifices dans la baie de Cannes ou le Grand Prix de F1 à Monaco. Vous pouvez aussi composer vous-même votre journée pour une sortie à la carte.

BERTRAND PONCET MASSAGES

✆ 06 62 21 11 44
www.massageadomicile.com
Massages de bien-être sur rendez-vous 7j/7 à domicile ou en entreprise. Formation et stages massages.

Confiez votre corps et votre esprit à Bertrand Poncet Massages pour un moment de bien-être. Chaque masseur/masseuse se déplace à domicile, hôtel et entreprise avec sa table de massage portable, ses serviettes/draps, ses huiles essentielles 100 % biologiques et ses musiques relaxantes. Les massages proposés, d'une durée de 60 à 90 min sont variés : suédois, deep tissue, californien, réflexologie plantaire, thaï, chinois, shiatsu, sur chaise, etc. Bertrand Poncet propose également des cours de yoga, de qi gong, de méditation, de sophrologie et des soins esthétiques.

LE NUANCIER

24, rue de France
✆ 04 93 88 94 07
https://lenuancier-nice.fr
Ouvert lundi au samedi 9h-19h ; mercredi 9h-13h. Fermé le dimanche. Hommes et femmes. Coupe à partir de 25 €.

Carole gère à merveille ce petit salon douillet à souhait au cœur de la ville. Elle s'est forgé une solide expérience dans la coiffure et maîtrise notamment à merveille les colorations, les mèches et toute la « technique » plus généralement. Le cadre est coquet, décoré avec raffinement, on adore le côté intimiste du salon ! Si vous souhaitez changer de tête, elle vous conseille avec justesse et modération. Bref, vous l'aurez compris, un petit salon pas comme les autres, pour faire bichonner votre chevelure en toute simplicité et convivialité.

HAMMAM NYRVANA

7, avenue de Fabron
✆ 04 92 10 96 35
Ouvert du lundi au samedi. Tarif : 40 €.

Ce très beau hammam aux tons colorés promet des heures de détente associant soin et bien-être. Ici, les soins pour le corps optimisent les bienfaits de la chaleur humide du hammam : massages californiens, gommages, modelage ancestral aux huiles naturelles parfumées, modelage aux pierres volcaniques au beurre de karité et aux huiles parfumées et des soins esthétiques. Chaque séance peut être suivie de soin du visage, soins des mains à l'orientale, soins des pieds ou enveloppement au rassoul. L'après soin s'effectue dans la salle de détente autour d'un thé.

SPA SPLENDID

50, boulevard Victor-Hugo
✆ 04 93 16 41 68
www.spa-splendid.com
Ouvert tous les jours de 10h à 19h, le mercredi jusqu'à 16h.

Au sein du Splendid Hôtel & Spa, les 110 m² du spa constitue une oasis de calme dans une atmosphère de luxe et de sérénité. Une multitude de massages différents sont prodigués, aux huiles essentielles issues de la gamme de produits Decléor ainsi que la large gamme de soins Phytomer. Vous découvrirez également les massages suédois, revitalisant, à quatre mains, drainant, minceur, énergétique ou encore déstressant. Le spa prodigue aussi des soins pour le corps et des épilations pour les femmes et les hommes. Tout pour se faire chouchouter.

NICE & SPA

1, rue Voltaire ✆ 04 93 54 40 02
https://www.niceandspa.fr/
Lundi, mercredi, jeudi, vendredi et samedi, de 11hà 19h. Le mardi, sur rendez-vous, le dimanche, de 14h à 19h.

Evacuez le stress en passant la porte de ce temple des Mille et une nuits. Dans cet endroit chaleureux et inspirant, l'équipe vous prodigue des soins issus d'un savoir-faire oriental ancestral avec le traditionnel hammam, un gommage au savon noir et une salle de relaxation. Optez pour un modelage relaxant et apaisant aux huiles chaudes de 30 ou 60 minutes. A tester : le masque au rassoul suivi d'un massage crânien relaxant et d'un shampoing charme d'orient. Un thé à la menthe et une pâtisserie orientale vous sont offerts pour parfaire votre moment d'évasion.

L'ART EN MOUVEMENT

✆ 06 20 66 86 50
www.divertissements06.fr/
Parcs d'attractions ouverts tous les jours pendant les vacances scolaires. Horaires et prestations sur le site web.

Manèges, spectacles, ateliers, marionnettes : l'Art en Mouvement, c'est le complice joyeux des âmes d'enfants ! Comptant pas moins de 3 parcs d'attractions à Nice (Parc « Belle Epoque » 100% écologique à propulsion parentale des Arènes de Cimiez, Parc Carol de Roumanie avec folles structures gonflables et Parc Castel des deux rois avec un trampoline géant), et proposant de multiples prestations ludiques et spectacles chargés d'émotions, ce concept atypique aura de quoi séduire petits et grands enfants, en mal d'enchantement et de gaieté.

SORTIR

Après avoir passé la journée à arpenter la plage de galets et les jolies ruelles de la vieille ville, un restaurant s'impose. Et après ? Nice abrite pléthore de bars mais assez peu de boites de nuit pour une ville de cette taille. Une dizaine à peine dont les incontournables High Club et Glam. Heureusement, de nombreux pubs et bars de la vieille ville ouvrent leurs portes jusqu'à tard dans la nuit, ou plutôt jusqu'à tôt le matin (parfois 5h). C'est notamment le cas au Wayne's bar, au Bulldog-Pub / Pompei, au Waka Bar, au Boston Bar ou encore au Ma Nolan's Pub. Les casinos de la ville ouvrent également tard leurs portes. L'occasion de prendre un verre tout en se divertissant en espérant faire sauter la banque. Pour les personnes privilégiant la culture, Nice propose un joyau : l'Opéra. Il est devenu théâtre municipal en 1882 suite à un terrible incendie, et reconstruit selon les plans de François Aune, élève de Gustave Eiffel.

LE CHOKO

6, rue Halevy
✆ 06 28 74 33 50
Ouvert de 23h à 3h du mardi au samedi.

Voici un apéro club qui a su conserver l'esprit convivial de la restauration. On y rentre par l'étage supérieur, idéal pour commencer la soirée en sirotant un cocktail, installé sur les banquettes. A l'étage du dessous, se trouve la piste de danse avec un autre bar en son centre. L'ambiance est festive, l'atmosphère feutrée et intimiste. L'intérieur, luxueux, joue sur les lumières tamisées. La hauteur sous plafond permet d'avoir une vraie sensation d'évasion. L'établissement peut être assez sélectif à l'entrée ; il est conseillé de porter une tenue standing.

LE GLAM

6, rue Eugène-Emmanuel
✆ 04 93 87 29 67
Ouvert toute l'année. Du vendredi au dimanche de 23h45 à 5h. Entrée + conso à partir de 10 €.

Le Glam est une enseigne mythique, véritable espace de fête, un endroit de vie, de shows et de performances, où se mélange une clientèle gay et hétéro friendly. La déco est chic, le mobilier baroque est nouveau et une scène de spectacle a trouvé sa place dans cet univers de la nuit proposant des animations, soirées music live, DJ électro ou disco, karaokés, défilés de mode ou encore shows transformistes. La programmation est variée. Le site Internet de l'établissement permet de retrouver toutes les photos prises pendant les soirées, ravivant ainsi les souvenirs.

HIGH CLUB, STUDIO 47 & SK'HIGH

45-47, promenade des Anglais
✆ 07 81 88 42 04
www.highclub.fr

3 salles. Ouvert toute l'année, les vendredi, samedi et dimanche de 23h45 à 6h du matin.

Cet immense complexe dédié aux festivités nocturnes propose trois ambiances musicales pour trois types de clientèle. Le High ravit les amateurs de sets branchés, tandis que les trentenaires apprécient l'ambiance plus décontractée du Studio 47 avec sa musique orientée années 80. L'ambiance est plus dingue au Sk'High, l'étage gay friendly et lesbienne. En cas de fringales nocturnes, les clubbers peuvent se ruer dans l'espace restauration. Une boutique vend des souvenirs insolites.

AU SON DES GUITARES

38, rue de France
✆ 06 45 49 11 10

Ouvert le vendredi et samedi de minuit à 5h du matin. Entrée libre.

Au son des Guitares est un club incontournable grâce à un concept simple mais résolument génial. À l'intérieur, tout ressemble pourtant à un club classique, avec le bar en longueur, une grande piste de danse entourée de tables, des jeux de lumière, etc. Du classique. Mais lorsque le groupe se met à chanter en live, l'ambiance chavire et tout devient différent, presque jubilatoire, préparez-vous à danser ! L'un des établissements de nuit les plus conviviaux de Nice, si ce n'est le plus convivial. Lorsque les bars ferment, c'est clairement l'endroit où être.

LE VELVET CLUB

11, rue Alexandre-Mari
✆ 06 64 28 62 99

Ouvert du mardi au samedi de 23h à 5h30.

Chaque soir, Le Velvet Club constitue une belle occasion de faire la fête en plein cœur du carré d'or et à deux pas de la célèbre promenade des Anglais. C'est le rendez-vous des artistes, bobos chic et hipsters locaux. La page Facebook de cet établissement à l'ambiance survoltée affiche une programmation riche, variée et complète. Les soirées thématiques se succèdent mais ne se ressemblent pas avec aux platines différents DJs. Un restaurant Before & Club aux influences cosmopolites est accessible. Autant d'occasions de se retrouver pour partager de bons moments.

L'ART EN MOUVEMENT

✆ 06 20 66 86 50
www.divertissements06.fr/

Parcs d'attractions ouverts tous les jours pendant les vacances scolaires. Horaires et prestations sur le site web.

Manèges, spectacles, ateliers, marionnettes : l'Art en Mouvement, c'est le complice joyeux des âmes d'enfants ! Comptant pas moins de 3 parcs d'attractions à Nice (Parc « Belle Epoque » 100% écologique à propulsion parentale des Arènes de Cimiez, Parc Carol de Roumanie avec folles structures gonflables et Parc Castel des deux rois avec un trampoline géant), et proposant de multiples prestations ludiques et spectacles chargés d'émotions, ce concept atypique aura de quoi séduire petits et grands enfants, en mal d'enchantement et de gaieté.

OPÉRA DE NICE

9, rue Raoul-Bosio
✆ 04 92 17 40 00
www.opera-nice.org

Selon la série : opéras à partir de 10 €, concerts à partir de 7 €, ballets à partir de 8 €.

Situé dans la vieille ville, l'Opéra de Nice peut accueillir environ 1 100 spectateurs dans son décor à l'italienne paré d'or et de rouge. Il est doté d'un orchestre philharmonique, d'une compagnie de danse et d'un chœur professionnel. La saison artistique propose une programmation lyrique, symphonique et chorégraphique essentiellement tournée vers la découverte. Les œuvres rendent hommage au répertoire classique mais également aux créations contemporaines, aux opéras pour enfants et aux spectacles réalisés par de jeunes chorégraphes et créateurs.

THÉÂTRE LA COMÉDIE DE NICE

12, rue Auguste-Gal
✆ 04 93 56 99 74
www.comediedenice.com

Ouvert du mardi au samedi soir et les dimanches après-midi. Prix des spectacles variable selon programmation.

Comme son nom l'indique, le rire est privilégié dans cette belle salle de couleur pourpre. Les premières représentations et tour de chauffe sont régulièrement accueillis entre pièces de café-théâtre et one man (woman) show. À la différence des petits théâtres du vieux Nice, la salle est spacieuse et propose trois catégories différentes. Ce théâtre accueille souvent des artistes connus et des pièces célèbres revisitées. Pour le plaisir et pour le rire.

AURON
96.1
KISS FM
L'ESPRIT DU SUD
ISOLA 2000
89.0
ANTIBES
90.9 / 94.6
DAB+
NICE
90.9 / DAB+
DRAGUIGNAN
97.8
CANNES
94.6 / DAB+
AIX - EN - PROVENCE
DAB+
SAINT - RAPHAËL
90.8
FRÉJUS
90.8
LA CIOTAT
101.6
RSEILLE
DAB+
TOULON
DAB+
VOTRE RADIO
RÉGIONALE
WWW.KISSFM.FR

BOWLING ACROPOLIS

5, esplanade Kennedy
✆ 04 93 55 33 11
www.bowling-nice.fr/
Ouvert 7j/7, de 10h à 20h. Bowling, billard, restauration, formules packages possibles. Terrasse. Parking.

Tout est permis dans ce temple du jeu azuréen qui comporte 24 pistes de bowling, 13 tables de billard anglais et un restaurant, le Warm'Up. Pour s'échauffer ou se détendre entre deux parties, on peut profiter des nombreuses formules qui permettent de manger des pizzas, salades ou burgers. Mêler gourmandises et loisirs à un prix accessible, c'est le mix idéal pour une sortie en famille ou entre amis. Possibilité d'organiser des après-midi d'anniversaire pour vos enfants. Il n'y a pas que les adultes qui s'amusent de cet endroit chaleureux et convivial.

CASINO DU PALAIS DE LA MÉDITERRANÉE

15, promenade des Anglais
✆ 04 92 14 68 00
www.casinomediterranee.com
Ouvert tous les jours de 10h à 3h ; le week-end et les jours fériés jusqu´à 4h. Restauration.

Idéalement situé face à la Méditerranée et à quelques pas du vieux Nice, ce casino propose 170 machines à sous, 7 tables de jeu et 52 postes de jeux traditionnels accessibles (roulette anglaise, Texas hold'em poker, black-jack, etc.) Des animations et spectacles variés sont proposés. Pour finir, un bar restaurant se trouve près des machines à sous, pour ceux qui ne peuvent pas jouer sans boire, ni manger. Un bel endroit pour se divertir ou simplement passer un moment convivial.

CASINO RUHL

1, promenade des Anglais
✆ 04 97 03 12 22
www.casinosbarriere.com/fr/nice.html
Ouvert tous les jours de 9h à 4h. Roulette Anglaise Electronique dès 11h. Jeux de table entre 20h30 et 4h.

Mythique temple du divertissement et du jeu doté d'un cadre majestueux, on se laisse ici bercer par les mots magiques des croupiers et le claquement des cartes de Black Jack avant de jeter son dévolu sur l'une des 300 machines à sous constituant l'un des plus importants parcs de la Côte d'Azur. Si vous préférez les spectacles aux jeux, laissez-vous tenter en fin de semaine par la programmation du cabaret, digne des grands lieux parisiens. Un restaurant à la cuisine méditerranéenne et deux bars permettent aux joueurs de faire une pause.

MENTON ★★★★

Cité du citron, où il est à l'honneur chaque année en février lors d'une grande parade, Menton est également une ville de caractère, dopée par un climat exceptionnel, une longue plage de galets où se prélasser, et des jardins particulièrement bien aménagés. Entre nature luxuriante, culture et art, la ville est riche d'un patrimoine naturel et historique exceptionnel. Vous pourrez y découvrir de sublimes palaces Belle Epoque, de l'architecture baroque où parfums et couleurs si typiques de la région ont su leur donner un cachet incomparable. En effet, un microclimat privilégié y a fait éclore jardins et essences de fleurs et de plantes rarissimes tel l'arbre mythique de l'île de Pâques.Des végétaux à la fois superbes et originaux que vous aimerez découvrir en sillonnant les sept jardins disséminés dans la ville. Porte d'entrée sur l'Italie puisque c'est la dernière ville française avant la frontière, l'influence architecturale italienne y est bien évidemment omniprésente. « La perle de la France » comme la nommait le géographe Élisée Reclus est devenue l'une des plus célèbres stations touristiques de la Côte d'Azur. Comptant parmi l'une des 120 villes françaises dotées du label Ville d'Art et d'Histoire, c'est une cité de songes où chaque pas est un voyage à travers six siècles d'histoire et de patrimoine.

JARDIN DE MARIA-SERENA

21, promenade Reine-Astrid
✆ 04 92 10 33 66
www.tourisme-menton.fr
Ouvert toute l'année. Du lundi au samedi de 8h à 12h30 et de 14h à 18h. Gratuit jusqu'à 18 ans. RDV sur place.

Enserrant une villa magnifique de la fin du XIXe siècle, ce jardin est une véritable serre à ciel ouvert sur plus d'un hectare, il abrite des plantes tropicales et subtropicales, un rarissime dragonnier des Canaries, une importante collection de palmiers ainsi que des sujets aux dimensions gigantesques comme le *strelitzia augusta* d'Afrique du Sud de 12 m de haut. La villa attenante construite en 1886 constitue aujourd'hui un lieu de réception pour la municipalité mentonnaise. Le promeneur découvrira une vue unique sur la vieille ville de Menton.

JARDIN DES COLOMBIÈRES

312, route de Super-Garavan
✆ 04 92 10 97 10
www.lescolombieres.com
Visites guidées sur rdv organisées par le propriétaire ou les services du patrimoine. Animaux non admis.

Le jardin des Colombières, créé par Ferdinand Bac, indissociable de la belle bâtisse attenante, s'étend sur une propriété de 6 ha dont l'objectif était de construire un jardin représentatif du bassin Méditerranéen mêlant diverses époques et régions, le tout sans fleur car elles « lui rappelaient trop son mariage malheureux et son enterrement qu'il voulait aussi lointain que possible ». La promenade est ainsi jalonnée de sculptures et de céramiques dédiées à des figures de la mythologie antique ou à des artistes de la Renaissance.

Fête du citron.

JARDIN DU CLOS DU PEYRONNET

Avenue Aristide-Briand
✆ 04 92 10 97 10
www.tourisme-menton.fr
Visite guidée (organisées par l'Office de Tourisme, uniquement à l'occasion d'événements spéciaux).

Son propriétaire, William Waterfield, est le dernier représentant des grands jardiniers anglais de Menton. Ce lieu enchanteur rassemble plus de 600 espèces subtropicales où couleurs et formes s'entremêlent. Un escalier d'eau constitué de bassins glissant lentement la mer. Le jardin entoure une villa Belle Epoque bâtie en 1897. L'ensemble alterne les parties où la main de l'homme a façonné la nature, et d'autres où celle-ci reprend ses aises. Le potager et le verger y valent le détour.

JARDIN DU PALAIS DE CARNOLÈS

3, avenue de la Madone ✆ 04 93 35 49 71
www.menton.fr/Visite-guidee-le-jardin-d-agrumes-du-Palais-de-Carnoles.html
Ouvert toute l'année, tous les jours, sauf mardis et jours fériés, de 10h à 12h et de 14h à 18h. Visite libre gratuite.

L'ancienne résidence d'été des Princes de Monaco accueille aujourd'hui le musée des Beaux-Arts de Menton dont le jardin est devenu le conservatoire spécialisé de la grande famille des rutacées. Avec plus de 400 sujets et 137 espèces, vous pourrez ainsi admirer la collection d'agrumes la plus importante d'Europe qui participe au rayonnement international de Menton dont le citron est d'ailleurs devenu l'emblème mis à l'honneur chaque début d'année avec l'événement Fête du Citron®.

JARDIN FONTANA ROSA

Avenue Blasco-Ibanez
✆ 04 92 10 97 10
www.menton.fr/Jardin-Fontana-Rosa.html
Ouvert toute l'année. Visites guidées uniquement sur rdv. Gratuit jusqu'à 18 ans. Adulte 6 €

Classé Monument historique, ce site est l'œuvre du romancier et homme politique espagnol, Vicente Blasco Ibáñez qui recréa ici un véritable jardin hispano-mauresque, coloré de céramiques valenciennes et mentonnaises, Au gré de votre promenade, découvrez la collection de 12 bustes en bronze représentant Boccace, Dostoïevski, Flaubert, Goethe, Hugo, Poë, Stendhal, Tolstoï, Zola... commandés au sculpteur letonnien Léopold Bernstamm. Une superbe rotonde dédiée à Cervantès est quant à elle ornée de cent illustrations de Don Quichotte.

JARDIN BOTANIQUE EXOTIQUE DU VAL RAHMEH ★★

Avenue de Saint-Jacques ✆ 04 93 35 86 72
www.jardinbotaniquevalrahmehmenton.fr
Fermé le mardi, le 1er mai et le 25 décembre. Visite guidée les jeudis matin.

Le jardin du Val Rahmeh, labellisé Jardin remarquable depuis 2014 est la propriété du Muséum national d'Histoire naturelle depuis 1966, le jardin botanique exotique du Val Rahmeh est un domaine de 1,5 ha où se côtoient près de 1500 plantes, des espèces venues des quatre coins de la planète. On y découvre des plantes des régions tropicales humides, une zone méditerranéenne où s'épanouissent des oliviers quadricentenaires ou encore le bassin aux nénuphars géants. Le site est « ethnobotanique » et montre combien l'homme et la nature sont liés, notamment grâce aux plantes alimentaires et médicinales tout au long du parcours. Demeure créée en 1875 par une vieille famille mentonnaise, les de Monléon, elle est achetée par Sir Percy Radcliffe qui s'y installe à partir de 1904 avec son épouse, Rahmeh, dont le nom (qui se traduit par « tranquillité ») sera donné au domaine. Il ajoute des bâtiments à la maison initiale, rachète des terrains agricoles attenants et dote l'entrée d'une superbe allée de palmiers. En 1957, Miss May Bud Campbell, une riche anglaise passionnée de botanique, acquiert la propriété qu'elle agrandit et décore de sublimes plantes ornementales comme les daturas.

Dans les sixties, le MnHn le transforme en véritable jardin botanique et centre de recherches.

Aujourd'hui, le Val Rahmeh joue un rôle majeur dans l'acclimatation des plantes exotiques, la conservation d'espèces menacées et la transmission des savoirs.

JARDIN SERRE DE LA MADONE

74, route de Gorbio
✆ 04 93 57 73 90
www.menton.fr/Jardin-Serre-de-la-Madone.html
Fermé lundi et mardi, novembre, décembre. Ouvert de 10h à 17h. Visites guidées. Restauration. Label Jardin remarquable.

En 1924, le Major Lawrence Johnston crée un jardin exotique à l'architecture paysagère. Sur 7 ha de terrasse où les essences rares sont acclimatées entre bassins et statues, ce jardin classé Monument historique est un havre de paix. Il accueille des végétaux exotiques rapportés d'Asie et d'Afrique du Sud. Oubliés pendant de longues années, ces merveilleux jardins ne connaissaient plus que la visite d'un fidèle jardinier avant d'être redécouverts en 1982.

© MNHN - Jérôme Munier

JARDIN BOTANIQUE

VAL RAHMEH-MENTON

Un Jardin exotique à l'âme préservée

Ouvert tous les jours sauf les mardis
Avenue Saint-Jacques
06500 Menton

MUSÉUM
Nal Hist
NATURELLE

Menton.

JARDINS BIOVÈS

Avenue Boyer
www.tourisme-menton.fr
Ouvert toute l'année.

Situés au cœur de la ville en face de l'Office de tourisme de la ville de Menton, ces jardins portent le nom d'Emile Biovès, maire de Menton à la fin du XIXe siècle. Ils offrent une belle promenade fleurie de 800 mètres arbore, tout au long de l'année. C'est notamment dans ces jardins que de nombreuses animations sont organisées durant les fêtes de fin d'année et la Fête du Citron®. Ainsi, chaque année, le jardin revête de nouvelles fleurs, plantes, graminées ou encore massifs exubérants pour le plus grand plaisir des promeneurs.

KOALAND

5, avenue de la Madone ✆ 04 92 10 00 40
www.koaland.fr
Ouvert toute l'année. Horaires d'ouverture variables selon les vacances scolaires. Ouvert tous les jours en été.

C'est le paradis des enfants : ce parc d'attraction à deux pas de la plage offre de nombreuses attractions en plein air : des manèges, des structures gonflables, un carrousel, un petit train, une grande roue, des montagnes russes. Chacun y trouvera son compte. Koaland est aussi l'endroit idéal pour fêter l'anniversaire de votre enfant. Un espace restauration, le Koala's Burger propose des boissons fraiches, des menus burgers et frites maison, et différents sandwichs ainsi qu'une grande variété de salades, assiettes de charcuterie aux petits et grands gourmands.

MUSÉE DES BEAUX-ARTS

3, avenue de la Madone
✆ 04 93 35 49 71
www.tourisme-menton.fr
Le Palais de Carnolès est actuellement fermé pour travaux. Le jardin reste ouvert tous les jours.

Ancien Palais de villégiature aux portes de Menton, cet endroit magnifique accueille des collections de peintures anciennes et modernes qui réservent de belles surprises. L'exposition se découvre dans le Palais et dans le parc, ne manquez pas le fabuleux jardin qui abrite la plus importante collection d'Europe d'agrumes. Un lieu enchanteur où l'on ne voit pas le temps passer. Notez que le Palais de Carnolès est fermé pour rénovation mais qu'il est possible de se promener dans le jardin qui reste ouvert tous les jours et ce, gratuitement.

MUSÉE JEAN COCTEAU - LE BASTION

2, quai Napoléon III ✆ 04 89 81 52 50
www.museecocteaumenton.fr
Ouvert du mercredi au lundi de 10h à 18h. Gratuit jusqu'à 18 ans. Adulte : 3 €.

Alors qu'il travaille aux décors de la salle des mariages de la ville, Jean Cocteau repère un fort abandonné du XVIIe siècle et en tombe amoureux. Le maire de l'époque lui propose de le transformer en musée pour présenter son œuvre. Le Prince des Poètes est charmé par l'idée, mais il réfute la dénomination de musée. Pour lui, la présentation de ses œuvres doit rester surprenante et pleine de spontanéité. Il s'engage donc à changer la présentation de ses œuvres dès que celles-ci revêtiront un caractère d'habitude. Le projet prend vite des allures testamentaires, et Cocteau s'y engage corps et âme. Il supervise tous les détails, du décor des embrasures à l'étage à celui du frontispice, en passant par le sol du rez-de-chaussée représentant un lézard « symbole de la paresse méditerranéenne », tous trois réalisés en mosaïques de galets. De 1958 à 1963, il établit également une liste des œuvres qu'il souhaite présenter. Malheureusement, il ne verra jamais ce projet se réaliser et c'est son fils qui achèvera les travaux selon les directives de son père. Le musée est inauguré en 1966 devenant le premier lieu au monde consacré au génial artiste. Le fonds originel comporte 102 œuvres, complété au fil du temps d'autres donations et acquisitions. En 2005, il a été fusionné avec la donation Wunderman pour former un ensemble de plus de 2 000 pièces.

▶ Pour parfaire votre visite et vivre pleinement l'expérience Cocteau à Menton, un passage à la salle des mariages de l'hôtel de ville s'impose !

OFFICE DE TOURISME : MENTON, RIVIERA & MERVEILLES

8, avenue Boyer
✆ 04 83 93 70 20
www.menton-riviera-merveilles.fr
Qualité Tourisme. Ouvert du lundi au samedi à partir de 9h. Horaires variables selon la saison.

Vous y trouverez toutes les informations sur les activités et les sorties organisées sur les 15 communes de la Riviera française, de Menton, la ville du citron, jusqu'aux sommets du massif du Mercantour, en passant par la vallée de la Roya et ses trésors cachés côté nature. Le nouvel office de tourisme propose des circuits « découverte » entre mer et montagne sur l'histoire et le patrimoine, accompagné d'un guide conférencier ainsi que des visites, dégustations etc.

HÔTEL LEMON** €

10, rue Albert 1er
✆ 04 93 28 63 63
www.hotel-lemon.com
Ouvert toute l'année. Réception de 8h à 20h Terrasse.

Voilà une petite adresse charmante comme on aime en dénicher. Sobres et élégantes, les chambres de cet hôtel convivial garantissent un confort maximum. Soucieux de l'environnement, les propriétaires proposent un petit déjeuner certifié bio délicieux et utilisent des produits d'entretien en écolabel professionnel ainsi que du mobilier et de la vaisselle recyclés. Un établissement propre, naturel et accessible à toutes les bourses. Un établissement qui jouit également d'une situation idéale ; à 300 m du bord de mer et 5 min de la gare de train de Menton.

BEST WESTERN PLUS HÔTEL PRINCE DE GALLES**** €€

4, avenue du Général-de-Gaulle ✆ 04 93 28 21 21
www.princedegalles.com/fr
Ouvert toute l'année. Chambres aménagées PMR. Animaux acceptés. Restauration. Terrasse panoramique. Solarium.

Cet établissement historique fut auparavant l'ancienne caserne des carabiniers des Princes de Monaco. Les chambres offrent une superbe vue panoramique sur la Méditerranée ou sur les montagnes. La majorité d'entre elles bénéficient d'un balcon, des dernières technologies et de boissons à disposition. Vous pourrez prendre vos repas au restaurant Le Petit Prince situé au rez-de-jardin ou installé sur la plage le Solenzara, les clients de l'hôtel bénéficient de remises sur les transats.

HÔTEL DE LONDRES*** €€

15, avenue Carnot
✆ 04 93 35 74 62
www.hotel-de-londres.com
Accueil 24h/24. 27 chambres. Chambre double à partir de 59 €. Une chambre aménagée PMR. Animaux acceptés. Jardin. Bar

Au cœur de Menton, cette bâtisse à la façade ocre et au jardin fleuri possède des chambres à la décoration moderne, chaleureuse et cosy des plus confortables. L'accueil y est agréable, familiale et chaleureux. À la belle saison, on profite notamment du jardin luxuriant et odorant le temps d'une pause rafraîchissante. Et pour vos après-midi à la mer, il est possible de louer sur place matelas et parasols pour vous prélasser sur la plage située à moins de 25 mètres. Farniente et découvertes régionales au départ de cette petite perle sont au rendez-vous.

HÔTEL LA BERGERIE €€

68, chemin Saint-Antonin - **CASTILLON**
✆ 04 93 04 00 39
www.bergerie-castillon.com
Ouvert toute l'année. Animaux acceptés. Wifi gratuit. Fermé à la restauration le dimanche soir et le lundi.

La Bergerie constitue une halte agréable et authentique dans l'arrière-pays mentonnais. Sur place, vous pourrez profiter de chambres, studios ou appartements rénovés, bien équipés et joliment décorés. La vue sur les montagnes est à couper le souffle. Pour vous restaurer, l'hôtel dispose d'un restaurant ouvert à tous qui propose des plats typiques du terroir avec des produits de saison : farcis, raviolis maison, tourtes ou encore daube à la Provençale. L'accueil est charmant et le service courtois. Un véritable petit havre de paix.

HÔTEL LE DAUPHIN*** €€

408, promenade du Soleil
✆ 04 93 35 76 37
www.hoteldauphin-menton.com
Ouvert toute l'année. 28 chambres. Basse saison : à partir de 70 €. Animaux acceptés.

Situé en bord de mer, doté de jolies chambres à la fois spacieuses et bien équipées dont certaines sont équipées de balcon offrant une vue magnifique sur la Méditerranée. Cet hôtel offre également un accueil très sympathique et discret à ses clients qui apprécieront le professionnalisme des équipes. Le petit déjeuner est tout à fait correct avec l'immense plus d'avoir une terrasse équipée, donnant également sur la mer. Le centre est très facilement accessible à pied, parking public au pied de l'hôtel. Rapport qualité-prix irréprochable.

HÔTEL MENTON RIVIERA*** €€

57, avenue De Sospel
✆ 04 93 28 28 38
www.hotelmentonriviera.com
Ouvert toute l'année. Chambre double à partir de 70 €. 2 chambres aménagées PMR. Animaux acceptés. Jardin. Jeux

On aime cet établissement pour son emplacement idéal à quelques minutes à pied du centre-ville et des plages, ses chambres propres charme à la décoration moderne, l'atmosphère chaleureuse et conviviale et bien entendu le personnel très attentionné qui n'hésite pas à donner de très bons conseils aux vacanciers. Particulièrement soucieux de garantir une ambiance conviviale et familiale à ses invités, l'hôtel offre notamment des équipements pour bébé de qualité et un espace de jeux pour enfants avec baby foot. De quoi contenter toute la famille !

NAREV'S HÔTEL €

12 bis, rue Lorédan-Larchey
✆ 04 93 35 21 31
www.hotel-narevs.com

Ouvert toute l'année. 2 chambres accessibles aux personnes à mobilité réduite. Garage fermé. Chambre à partir de 44 €.

Proche de la rue piétonne et des plages, le Narev's Hôtel est au cœur de Menton. Il vous propose 35 chambres tout confort et climatisées. Le petit-déjeuner continental vous est servi en salle ou chambre. Le Narev's Club, salle de sport de l'établissement, vous réserve un accueil privilégié. Pour les séminaires, une salle de réunion est également accessible sur demande. Etablissement familial. Pascale, la gérante des lieux, et son fils Joël sont à votre disposition pour vous accueillir et vous faire découvrir Menton et le Pays mentonnais.

HÔTEL PARIS-ROME*** €€

79, porte de France
✆ 04 93 35 73 45
www.paris-rome.com

Ouvert toute l'année. 17 chambres (et 2 junior-suites). Chambre double à partir de 95 €. Patio intérieur.

Le Paris-Rome s'affiche comme une adresse de charme où la tradition se mêle à la modernité avec brio. Il bénéficie d'un cadre chaleureux favorable au bien-être et à la quiétude. Les chambres sont confortables, décorées de manière élégante sur le thème du voyage, invitation à l'évasion et possèdent un mobilier aux matières nobles. A la belle saison, vous serez charmé par le joli patio arboré d'essences méditerranéennes dans lequel vous pourrez prendre votre petit-déjeuner. Une belle adresse au cœur de Menton, à quelques pas seulement de la gare.

HÔTEL PAVILLON IMPÉRIAL** €€

9, avenue de la Madone ✆ 04 93 35 75 69
www.hotel-pavillon-imperial.com

Fermé de la mi-novembre à début février ainsi que quinze jours en mars. Bar, salon de thé. Accès direct à la plage

Un accueil très chaleureux, un petit déjeuner copieux, des chambres spacieuses certaines pourvues d'une jolie vue sur la mer avec leur grande terrasse, un bar où on peut y prendre le team time, un accès direct à la plage et de très bonnes recommandations offertes par une équipe aux petits soins et un parking sécurisé : le Pavillon Impérial est un petit hôtel qui a décidément tout d'un grand ! Proche du centre-ville, face à la mer et à quelques minutes de la frontière italienne, il est idéalement situé pour de jolis balades en bord de mer.

HÔTEL PRINCESS ET RICHMOND**** €€

617, promenade du Soleil
✆ 04 93 35 80 20
www.princess-richmond.com/fr/

Fermé de début novembre à mi-décembre. Chambre double à partir de 90 €. 2 chambres aménagées PMR. Animaux acceptés.

Avec leur magnifique vue sur la Méditerranée face à l'établissement ou sur les montagnes alentour, les chambres à la fois spacieuses et très confortables sont très accueillantes. Vous pourrez y prendre vos petits déjeuners à moins que vous n'optiez pour le buffet, servi sur la terasse ou dans la salle commune, face à la mer. Au dernier étage, pour parfaire votre journée, profitez du jacuzzi et du matériel de sport mis à disposition. Une très belle adresse.

HÔTEL RIVA ART & SPA*** €€

30, avenue du Général-de-Gaulle
✆ 04 92 10 92 10
www.rivahotel.com

Ouvert toute l'année. Animaux acceptés. Vente de produits. Spa. Bar. Salon de thé. Galerie d'Art Contemporain.

Ce très bel établissement d'inspiration italienne est situé à deux pas du centre-ville. Il est bon de savoir que certaines chambres bénéficient d'une grande terrasse face à la Méditerranée. Au dernier étage, se trouve la terrasse panoramique exceptionnelle où vous pourrez vous faire chouchouter sur près de 350 m² avec le Prâna Spa qui propose solarium, Jacuzzi, balnéothérapie, hammam, soins esthétiques et massages ! Les prestations, bien entendu haut de gamme, comprennent un bar, un salon de thé, une galerie d'art contemporain et deux salles de séminaires.

HÔTEL NAPOLÉON**** €€€

29 porte de France ✆ 04 93 35 89 50
www.napoleon-menton.com

Ouvert toute l'année. Fermeture en janvier. 44 chambres (parking 15 € par jour). Chambre double à partir de 87 €.

L'hôtel Napoléon : c'est un lieu remarquable situé tout près du bord de mer, baie du Garavan, en face de la plage. L'ambiance y est simple, décontractée, mais des plus élégantes puisque les équipements sont haut de gamme et le service de très bon standing. Son emplacement privilégié offre un accès direct aux restaurants de bord de plage et à la vieille ville qui n'est qu'à quelques minutes de marche. Vous pourrez également profiter sur place d'une piscine et d'un espace lounge où vous détendre ainsi qu'une salle de fitness pour rester en forme. Un petit bijou !

O'FRAIS €

9, avenue de Verdun ✆ 04 93 94 95 96
www.o-frais.fr

Ouvert du lundi au samedi de 11h à 15h et de 17h30 à 0h30. Happy Hours de 17h à 19h. Terrasse. Animations.

Régulièrement animée par des groupes de musique live, c'est une adresse qui met de bonne humeur. Le midi, choisissez votre salade selon vos envies parmi plusieurs ingrédients rigoureusement sélectionnés à moins que vous ne préfériez opter pour un savoureux petit plat du jour. En soirée, O'Frais vous réunit entre amis ou collègues autour d'apéros dînatoires réussis : tapas, hors-d'œuvre, amuse-bouche, cocktails, vins au verre au vin... Tout est là pour passer un moment agréable ! En prime : des défis organisés chaque jour pour gagner boissons ou plats... On adore !

© HOTEL RICHELIEU

© HOTEL RICHELIEU

© HOTEL RICHELIEU

HÔTEL RICHELIEU** €

26, rue Partouneaux
✆ 04 93 35 74 71
www.richelieu-menton.com

Ouvert toute l'année. Chambre double à partir de 49 €. Petit déjeuner français. Animaux acceptés.

Ce bel édifice du XIXe siècle est une ancienne maison de maitre situé en centre-ville. Elle propose des chambres confortables (une grande attention a été portée au choix de la literie) et agréables à la décoration à la fois dépouillée et chaleureuse. Certaines bénéficient de la présence de cheminées et possèdent des balcons avec vue sur les orangers de la rue des Partouneaux. En plus des tarifs très doux offrant un rapport qualité/prix remarquable, vous y trouverez un accueil exceptionnel et des prestations personnalisées très appréciables. Attention, bon plan !

© HOTEL RICHELIEU

© HOTEL RICHELIEU

LE 31 €

31, Quai Bonaparte
✆ 06 40 65 07 92
www.le31menton.fr

Ouvert du vendredi au mardi de 12h à 22h30, mercredi et jeudi 19h-22h30. Chèque Vacances, Chèque Restaurant. Terrasse.

A la fois restaurant, bistrot, brunch bar où l'on aime également profiter de l'happy hour, cette adresse futée située au pied de la cité médiévale de Menton a de quoi séduire les gourmands à toutes heures. Aux manettes, on retrouve un ancien comédien : Amar Elachi qui sait faire le show que ce soit en cuisine, en salle et bien-sûr dans l'assiette. L'accueil y est chaleureux, les plats variés, de saison et de bonne qualité. Enfin, la carte présentée à l'ardoise est renouvelée chaque semaine. Un joli repère pour se régaler en toute simplicité.

LE VINTAGE €

25, rue de la République
✆ 04 93 57 63 68

Ouvert du lundi au samedi le midi et le soir. Carte : 25 € environ. Sandwich et paninis à partir de 4 €.

Le Vintage est un concept de snack, restaurant et salon de thé qui rend hommage au King Elvis ! Le patron, également créateur du Fan Club National en Italie, compte parmi les 10 plus grands collectionneurs au monde d'objets liés de près ou de loin à l'univers de la légende du rock. Avis aux passionnés les plus gourmands du Roi du rock ! Au menu : plats du jour gourmands, pizzas généreuses, milk-shakes, smoothies, chocolat chaud ou encore sandwichs et paninis très abordables... De quoi apprécier l'ambiance conviviale décidément rock'n roll.

LE RIGHI €

1, place du Fort
SAINTE-AGNÈS ✆ 04 92 10 90 88
www.restaurant-lerighi.fr

Fermé du mi-décembre à mi-janvier. Ouvert du jeudi au mardi de 9h à 18h. Ouvert le soir juillet et août. Salon de thé.

Restaurant, bar, glacier et salon de thé, le Righi possède de nombreux atouts à commencer par son incroyable emplacement, perché sur les rochers du village à plus de 780 m d'altitude. Mais plus encore que pour sa vue spectaculaire, c'est pour le contenu de votre assiette que vous reviendrez avec une cuisine traditionnelle et familiale où tout est fait maison avec des produits frais et de saison. Faites une halte gourmande au Righi pour un repas en apesanteur dans un véritable «nid d'aigle», loin de l'agitation touristique du littoral.

LA VOLTA €

1, promenade de la Mer
✆ 06 45 97 25 40

Ouvert toute l'année. Fermé le dimanche et lundi. Musique live le soir. Tapas de 5 à 13 euros. Terrasse. Animations.

Idéalement situé en contrebas de la Promenade de la Mer face au vieux port, ce restaurant qui est aussi un bar à tapas et musique live, affiche une atmosphère conviviale appréciable. Dans la journée, La Volta est un restaurant qui propose les produits locaux, les poissons et spécialités régionales mais aussi des recettes plus originales. La place largement disponible en terrasse permet les pauses et moments de tranquillité qui accompagnent les belles soirées. On aime particulièrement la programmation musicale variée qui permet à chacun de trouver son bonheur.

SI MENTON SAVAIT €

2, rue du Vieux-Collège
✆ 04 89 97 21 16

Ouvert toute l'année. Ouverts midi et soir. Livraison. Terrasse. Vente à emporter. Chèques non acceptés

On s'y sent comme à la maison. Une petite adresse à retenir pour le service bienveillant et soigné, les plats à la fois délicieux et originaux, fruits de subtils mélanges de cuisines de rue, de plats cocottes, de viandes et de poissons sans oublier les desserts maison à tomber. On aime l'originalité des spécialités telles que les Gaufr'burger made in Gascogne ou encore Normandie et les planches gourmandes à partager, idéales pour l'apéritif accompagnées des bières locales. Que demander de plus ? Une adresse à tester, où on aime revenir.

LE BEAUSÉJOUR €€

14, place de la République
GORBIO
✆ 04 93 41 46 15

Fermé d´octobre à mars. Ouvert le soir. Tous les jours sauf le mercredi. CB non acceptée. Terrasse.

Ici, les objets d'art donnent une atmosphère toute particulière à la salle du restaurant offrant une vue époustouflante sur la vallée. On adore l'agréable terrasse sur la place qui se trouve à deux pas du célèbre arbre trois fois centenaire de Gorbio. Après l'accueil chaleureux des hôtes et la découverte de la décoration de charme de ce lieu authentique, place à la cuisine avec à la carte des spécialités locales concoctées avec des produits frais du potage. Un restaurant poétique, parfait pour une évasion culinaire. Attention, pas de règlements par Carte bleue !

SINI €

7, rue des Marins
✆ 04 89 98 71 77

Ouvert toute l'année du mardi au dimanche de 9h à 17h et de 9h à 22h en juillet/août. Vente à emporter.

Offrez-vous un p'tit bout d'Italie avec cet agréable comptoir à pizza qui propose également quelques spécialités locales. Frédéric Sini aux commandes de ce sympathique établissement est également un chanteur polyphonique corse ! Il vous régale de ses pizzas al taglio réalisées à partir de farines Bio italiennes. Elles se déclinent en fonction des produits du marché. Focaccia, pissaladières, pans-bagnats, barbajuans, pichades et salades fraîcheur complètent généreusement l'offre que l'on savoure sur place ou à emporter. Idéal pour bien manger sur le pouce !

LE CAFÉ DES ARTS €€

16, rue de la République © 04 93 35 78 67
www.cafe-des-arts-restaurant-menton.com/
Ouvert du lundi au vendredi de 12h à 14h et de 19h à 22h. Réservation recommandée. La carte change tous les trois mois.

Entre tradition et modernité, le Café des Arts : c'est un condensé de couleurs et de saveurs, en salle comme dans l'assiette. L'adresse, sympathique, propose une cuisine méditerranéenne sans chichi à base de bons produits, bien préparés, le tout pour un rapport qualité/prix des plus intéressant. L'accueil y est souriant et chaleureux, le service rapide et les conseils en vin avisés. Si l'occasion s'y prête vous aurez même la chance de discuter avec le patron, un moment sympathique en perspective. L'endroit idéal pour une pause gourmande dans le centre de Menton.

LES INCOMPRIS €€

8, Quai Gordon Bennett
© 09 77 87 31 39
www.lesincompris.com/
Terrasse. Animations.

Forts du succès de leur premier restaurant, les fondateurs de « Maison Martin », ouvre cette année une adresse où on mange bien et surtout, où on fait la fête ! Plus qu'un restaurant, « Les Incompris », c'est un mode de vie ! Ambiance farniente en terrasse avec vue imprenable sur le vieux port et cocktails festifs sont au programme. Aucun doute : vous aimerez prolonger ce moment autour des viandes, maturées cuites sur le grill et/ou des plateaux de fruits de mer de qualité ! Le tout accompagné d'un excellent vin local… On a trouvé un nouveau QG mentonnais !

CARNIVAL €€

29, quai Monléon
© 04 93 35 99 95
www.restaurantcarnival.com
Ouvert du lundi au mercredi, le vendredi, le samedi le midi et le soir, ouvert le lundi soir. Terrasse. Vente à emporter

Vous cherchez des alliances originales : vous allez être servi ! À la fois restaurant italien et thaï, le Carnival est le rendez-vous des amoureux de poissons sauvages et produits frais et biologiques, cuisinés avec passion et sans chichi par le chef Riccardo, originaire de Brescia. Une démarche gourmandes et cela se ressent dans les portions qui sont copieuses. Le service est agréable, chaleureux et on apprécie également la terrasse ombragée et on se laisse tenter par un dessert maison avec une mention spéciale pour le tiramisu.

L'IMPÉRIAL PLAGE €€

5, promenade de la Mer
© 04 93 28 29 65
Ouvert du 1er mai à début novembre. Activités nautiques sur place ou à proximité. Espace de jeux pour enfants.

L'Impérial Plage propose une cuisine gourmande qui met à l'honneur le poisson frais et les fruits de mer. Durant la saison estivale, vous pourrez vous détendre à l'ombre d'un parasol au bord de l'eau après un bon repas. Hors saison, l'Impérial propose aussi des repas et des transats à des prix très attractifs. Vous aurez la possibilité de profiter à proximité du centre nautique ou sur place des diverses activités nautiques. Plage familiale, elle offre aux enfants de passer de bons moments dans l'espace de jeux spécialement aménagé pour eux.

L'ENVOL €€

51, porte de France
© 04 89 22 76 22
https://lenvolementon.wixsite.com/lenvole
Ouvert du lundi au vendredi de 7h jusqu´à minuit. Samedi 9h–minuit, dimanche 8h–22h. Terrasse. Vente à emporter.

Une cuisine traditionnelle aux accents provençaux, des plats réalisés avec des produits frais pour un rapport qualité/prix imbattable, une jolie terrasse... Ce petit restaurant a décidément tout pour plaire. Et ce, grâce au duo que forme Sandrine et Jean-Marc, deux passionnés de restauration que vous pourrez retrouver tantôt en cuisine, tantôt en salle, pour un service irréprochable. On adore : les suggestions du jour et pizza à déguster sur place ou à emporter, la carte des boissons faisant la part belle aux vins au verre et l'emplacement de choix.

LE COLOMBALE €€

2, avenue Félix Faure © 04 92 10 16 16
www.casinosbarriere.com/fr/menton/le-colombale.html
Ouvert du mercredi au dimanche le midi et le soir. Carte : 20 € environ. Accueil des groupes. Terrasse. Animations.

Se dressant majestueusement face à la mer, cet établissement est situé dans l'enceinte du complexe du Casino Barrière et demeure accessible par une entrée extérieure dédiée. On aime particulièrement la décoration de la grande salle face Art déco qui insuffle au lieu une ambiance très élégante. Dès que les rayons de soleil réchauffent l'atmosphère, la terrasse extérieure ouverte sur la grande bleue est des plus sympathique. La cuisine est authentique, méridionale et de bonne qualité avec un menu «reflets du marché» abordable, le service est très agréable.

© MAISON MARTIN

© MAISON MARTIN

© MAISON MARTIN

MAISON MARTIN €€

7, Quai Gordon Bennett
✆ 04 93 35 74 67
www.restaurant-menton.fr/
Ouvert du mardi au samedi de 12h à 15h et de 19h30 à 23h. Réservation recommandée. Terrasse. Vente à emporter

Auparavant située face au vieux marché de Menton, cette adresse incontournable et sympathique a déménagé pour s'installer face au vieux port de Menton, sous la protection de la Basilique Saint Michel. Les gourmets locaux et de passage pourront alors y découvrir et y apprécier ce que la gastronomie mentonnaise a de meilleur. Pissaladière, barbajuans, socca, tourte de blettes ou encore pichade : aucunes spécialités ne manquent à l'appel ! L'occasion de les découvrir à la carte et de les partager à table en toute convivialité est trop belle !

© MAISON MARTIN

© MAISON MARTIN

LOVING HUT €€

649, promenade du Soleil
© 04 92 07 32 57
www.lovinghut-commande.fr
Du mercredi au samedi midi et soir. Le mardi et le dimanche midi. Fermé le lundi, le mardi soir et le dimanche soir.

Cette chaîne internationale de restaurants végétaliens s'est installée à Menton dans un cadre romantique. Sur la belle terrasse, face à la mer on se délecte d'une cuisine saine à base de produits frais et souvent bio ainsi que bien d'autres plats inventifs qui composent la carte vegan de cette enseigne. Côté desserts, le choix est vaste avec de belles glaces et de multiples gâteaux. Une adresse savoureuse et gourmande, offrant un excellent rapport qualité - prix, que l'on apprécie aussi pour la qualité de l'accueil, très amical.

LE PETIT PRINCE €€

69, promenade du Soleil
© 04 22 17 10 35
https://lepetitprince-menton.fr/
Ouvert du lundi au samedi de 19h à 22h. Accessible aux PMR. Terrasse.

Situé au rez-de-jardin de l'Hôtel Prince de Galles, vous dégusterez à l'ombre des palmiers une cuisine méditerranéenne traditionnelle qui émerveillera vos yeux tout en étonnant vos papilles. Le menu, élaboré par le Chef Nouari Benkerrache issu de tables prestigieuses et son équipe, change tous les jours, rythmé selon les saisons et le marché. Un cadre chic à proximité de la mer, un service impeccable et souriant, une cuisine raffinée à un prix raisonnable : tout y est ! Une adresse futée à tester que vous soyez en famille ou en amoureux.

LE QUAI 29 €€

21, quai de Monléon
© 04 89 24 52 56
https://lequai29.business.site/
Ouvert du mardi au jeudi et le dimanche de 9h à 18h ; le vendredi et le samedi de 9h à 22h30. Terrasse.

Le Quai 29 est le fruit d'une passion partagée par 2 copains, originaires de Menton, serveurs de métier qui rêvaient de créer leur propre affaire. C'est chose faite avec ce restaurant lounge ! Côté lounge on profite d'une terrasse avec de beaux fauteuils blancs qui vous invitent à siroter un cocktail au soleil… Un coin restaurant avec une terrasse amovible l'été. La cuisine est de type traditionnel aux accents méditerranéens et les plats copieux. On apprécie l'accueil courtois, et le bon rapport qualité/prix de cette adresse agréable près du port

LES SABLETTES BEACH €€

2, promenade de la Mer
© 07 76 14 18 32
www.sablettesbeach.com
Restaurant ouvert tous les jours de 9h à minuit. La plage est ouverte d'avril à fin octobre. Transat à partir de 15 €.

Cette belle plage affiche une décoration tendance très épurée. L'été, les lumières tamisées confèrent en soirée à ce cadre chic et lounge une atmosphère à la fois intimiste et branchée. La cuisine méditerranéenne maison est élaborée avec des produits frais met à l'honneur des poissons, viandes, salades et pâtes. Les assiettes sont copieuses et le service aussi efficace que souriant. Le restaurant reste ouvert toute l'année, la douceur du climat mentonnais permettant bien souvent une pause déjeuner au bord de l'eau en toute saison.

LE SAINT-YVES €€

76, rue des Sarrasins - **SAINTE-AGNÈS**
© 04 93 35 91 45
www.le-saint-yves.fr/
Ouvert toute l'année. Du samedi au jeudi le midi et le soir. Terrasse. 15 chambres. Menus de 21 € à 43 €

Cette belle bâtisse en pierre jouit d'un panorama exceptionnel à plus de 700 m d'altitude sur la grande bleue. Entre mer et montagne, vous pourrez vous relaxer dans une ambiance chaleureuse le temps d'un repas ou pour une escale de quelques jours car cette adresse conviviale propose également des chambres à des tarifs très abordables. Une jolie occasion prendre de la hauteur pour admirer les étoiles. La carte met à l'honneur les spécialités régionales. La gentillesse de l'équipe et le service attentionné font également de cet endroit un lieu à retenir.

ULIVO €€

21, place du Cap
© 04 93 35 45 65
www.restaurant-lulivo-menton.com
Ouvert le lundi soir de 18h30 à 22h30 et du mardi au dimanche de 11h30 à 14h30 et de 18h30 à 22h30.

Un incontournable pour les amateurs de spécialités sardes et de recettes copieuses qui sentent bon la tradition ! Tous les plats sont préparés à la minute tandis que les desserts sont de saison et bien entendu, réalisés maison. L'ambiance est sympathique, l'accueil est chaleureux et le service impeccable. Pascal va également chercher lui-même dans les collines environnantes les herbes aromatiques qui agrémentent les plats affichés à la carte. Un souci de la qualité et de l'authenticité qui séduit les nouveaux clients comme les habitués.

MIRAZUR €€€

30, avenue Aristide-Briand ✆ 04 92 41 86 86
www.mirazur.fr

Ouvert mercredi soir et du jeudi au dimanche le midi et le soir. 3 étoiles Michelin. Jardin. Terrasse. Vente à emporter.

À l'intérieur de cette bâtisse, le chef Relais & Châteaux Mauro Colagreco, offre une approche culinaire créative et respectueuse de la nature et des produits. Au gré des saisons et de son inspiration, il propose des assiettes fraîches et colorées qui pourront paraître pour certains, comme de véritables œuvres picturales. Une cuisine toute en finesse, inspiré par la mer, la montagne, le potager et les fruits, récompensée par trois étoiles au Guide Michelin et qui classe le Mirazur comme étant l'un des meilleurs restaurants du monde. Avis aux épicuriens et curieux !

LE 31 BIS

31, Quai Bonaparte
✆ 06 40 65 07 92
www.le31menton.fr

Ouvert toute l'année. Ouvert de 17h à minuit. Happy hours. Wifi.

Vous connaissez le restaurant Le 31, le bistrot, resto joyeux ? Vous allez adorer le 31 bis, le bar qui juxtapose le restaurant éponyme. C'est à la fois un bar à vin, un bar à bières et un bar à cocktails. La décoration s'harmonise avec le décor de la terrasse du restaurant à côté. On aime les planches (fromagère, Trois P'tits Cochons et l'asiatique) réalisées avec des produits frais à dévorer à l'heure de l'apéritif mais aussi l'humour des serveurs et l'ambiance détendue. Une jolie adresse où prendre le temps de se détendre avant de se régaler, à côté !

CAFÉ DES SPORTS

Avenue Félix-Faure ✆ 09 92 10 16 16
www.casinosbarriere.com/fr/menton/le-cafe-des-sports.html

Ouvert tous les jours de 12h à 13h45 et de 19h30 à 21h45. Accès possible sans pièce d'identité. Snacking et boissons.

Auparavant discothèque baptisée Le Brummell, le café des sports offre un cadre agréable et une cuisine savoureuse pour une pause gourmande entre deux tables de Casino. Dans une atmosphère chic et décontractée où subsiste au plafond la rosace qui marquait autrefois la piste de danse, vous pourrez y déguster un cocktail (avec ou sans alcool) au comptoir circulaire surplombé d'anneaux entrelacés et grignoter des plats (salades, pâtes, burgers…) copieux. Une adresse conviviale où sont également retransmis les plus grands événements sportifs.

CONFITURES HERBIN

2, rue Palmaro
✆ 04 93 57 21 00
www.confitures-herbin.com

Ouvert du lundi au samedi de 9h30 à 12h30 et de 14h à 19h ; le dimanche de 10h30 à 12h30 et de 14h30 à 17h30.

Ne quittez pas Menton sans avoir découvert les douceurs de la maison Herbin. Lors de votre visite, vous percerez les secrets de la fabrication des confitures artisanales et apprécierez particulièrement celles aux mélanges étonnants car l'"établissement est sans cesse à la recherche de nouvelles associations de goûts, pour le plus grand plaisir des clients les plus fidèles et les curieux. Possibilité de vous rendre à la boutique sans passer par la visite de la confiturerie en allant directement au n°2 rue du vieux collège à Menton.

CÔTÉ CITRON

27, rue Saint-Michel
✆ 04 93 86 42 18
www.mentoncotecitron.com/

Basse saison : ouvert tous les jours de 10h à 19h. Haute saison : tous les jours et les jours fériés de 10h à 0h.

Si Menton rime avec citrons, le citron rime avec de délicieuses liqueurs, apéritifs, huiles d'olive et autres produits artisanaux à découvrir dans cette jolie boutique, épicerie fine, ayant pris ses quartiers dans un ancien couvent de la zone piétonne de la vieille ville. Joliment décoré et orné d'une fresque au plafond, l'établissement travaille avec une dizaine de producteurs locaux et propose de délicieux limoncellos maison et bien d'autres produits fabriqués de manière artisanale à venir découvrir, déguster et pourquoi pas embarquer dans vos valises.

MOULIN À HUILE DE GORBIO

64, chemin de Menton -
GORBIO
✆ 04 93 35 44 16
www.aumoulindegorbio.com

Boutique ouverte du lundi au samedi de 8h à 12h et de 15h à 18h. Vente en ligne.

Huile de qualité vierge extra, d'excellentes olives salées et une délicieuse pâte d'olive : c'est une adresse de famille destinée aux plus gourmands qui découvriront également avec joie, le verger d'agrumes avec les célèbres citrons de Menton, les oranges, les mandarines, les clémentines, les kumquats, etc., vendus sur les marchés et pouvant également être envoyés ou transformés en d'exquises confitures, gelées ou condiments. Ne manquez pas la spécialité Citrolive®, une huile d'olive vierge extra aux citrons de Menton qui relèvera vos recettes estivales.

AU PAYS DU CITRON

24, rue Saint-Michel
✆ 04 92 09 22 85
www.aupaysducitron.fr
Ouvert tous les jours de 10h à 19h.

Le citron à Menton, c'est un emblème mais dans cet atelier-boutique familiale pionnière du genre, c'est avant tout une histoire de passion. On y découvre dans un espace moderne, le fameux citron de Menton IGP qui se décline sous toutes ses formes, allant du traditionnel Limoncello en passant par les vins d'agrumes, les confitures, les canardises ou encore l'étonnante vodka. La boutique propose également une jolie collection de références bien être. Les produits proposés sont tous fabriqués de manière artisanale. Possibilité de commander via le site Internet.

CENTRE NAUTIQUE

Promenade de la Mer
✆ 04 93 35 49 70
www.voile-menton.fr
Ouvert tous les jours de 9h à 18h en mai, juin et septembre. Juillet et août de 9h à 19h

Amateur de glisse mais peu friand de moteur ? Envie de pratiquer ou d'essayer le wakesurf wakeboard ou encore le ski nautique ? Le Centre Nautique de Menton propose toute l'année des cours, initiations et perfectionnements de voile, de ski nautique et de wakeboard, avec un encadrement spécialisé et professionnel. L'établissement loue également du matériel de planche à voile, catamaran, laser, optimist et kayak de mer (simples ou biplaces). Une offre complète pour les amateurs de sensations fortes, qu'ils soient enfants, adolescents ou adultes.

LES PÊCHERIES

Marché Municipal
✆ 04 93 35 71 38
www.lespecheries.fr
Service commande 24h/24h. Livraisons 7j/7

Envie de déguster des produits de la mer ? Direction Les Pêcheries ! Depuis quatre générations, les Lorenzi ont les pieds dans l'eau ! Outre la variété et la fraîcheur des produits proposés, on apprécie le respect des techniques de pêches artisanales et responsables. Une entreprise qui allie savoir-faire, éthique, produits d'exception, authenticité, sympathie, et qui réunit un équipage de plus de 20 matelots, de toutes les origines, de tous les talents mais qui ont tous ont un point commun : la passion des produits de la mer.

SENTIERS DE RANDONNÉES

CASTILLON

Découvrez la promenade autour du village (1h) qui permet de rejoindre les ruines de la chapelle saint-Antonin (XVe). Un autre chemin part du col de Castillon à l'emplacement des ruines de deux anciens villages et mène à Sainte-Agnès par la piste forestière (2h aller simple) ; une balade sans difficulté majeure sur cet ancien chemin muletier. Un court sentier (10 minutes) démarre sous le viaduc du Caramel et conduit à un site d'escalade. Parcourez aussi la forêt de l'Ubac Foran (1h) où au sommet, une table d'orientation offre une vue panoramique époustouflante.

LA BALADE EN MER MENTONNAISE

41, quai Napoléon III
✆ 06 09 60 11 72
www.balade-en-mer-menton.fr
Promenades en mer entre 20€ et 35€/personne pour 1h15. Sorties baignade en mer, pêche en mer, de louer un bateau.

Plusieurs départs quotidiens pour des balades, des circuits «découverte» de la côte azuréenne et de ses richesses, de Menton à Nice, mais aussi pour des sorties au clair de lune, des casse-croûtes et des parties de pêche en mer pour lesquelles il faudra être matinal. Notez toutefois qu'en cas d'intempéries, les sorties peuvent être modifiées ou annulées. Une excellente idée de loisir pour découvrir le littoral et jouer les moussaillons d'un jour.

CASINO BARRIÈRE DE MENTON

2, avenue Félix-Faure
✆ 04 92 10 16 16
www.casinosbarriere.com/fr/menton.html
Du lundi au jeudi et le dimanche de 10h00 à 03h/04h le vendredi et samedi. Restauration. Bar. Discothèque.

Situé face à la mer dans le prolongement des jardins Biovès, le Casino Barrière de Menton se dresse fièrement sur la Promenade du Soleil avec son nouveau look moderne et lumineux. Avec ses nombreuses machines à sous, ses jeux traditionnels et ses 3 tables de Poker Texas Hold'em No Limit pouvant accueillir chacune 10 joueurs, l'établissement demeure une sortie incontournable, qui fut le décor du film de Woody Allen tourné dans le département en 2014.

SOSPEL ★★

Point de passage obligé sur la route du sel par où transitaient les marchandises de Turin à Menton, Sospel possède encore un vieux pont à péage à deux arches avec une tour de contrôle construite sur la pile centrale. En 1388, Sospel « se donne » aux ducs de Savoie : ce fut en quelque sorte l'âge d'or de la ville. Plus tard, sous l'autorité et la protection des rois de Sardaigne, tout exalte la grandeur du style baroque : la nouvelle église, les confréries, les couvents, le collège royal, les maisons des riches notables. Mais en 1794, les armées révolutionnaires partent à la conquête du royaume de Piémont-Sardaigne et Sospel devient une simple commune.

MUSÉE DES FORTIFICATIONS ALPINES FORT SAINT ROCH

✆ 04 93 04 14 41
www.sospel-tourisme.com
De septembre à juin, ouvert samedi et dimanche. Juillet et août, tous les jours sauf le lundi. Adultes 6 €.

Ce fort édifié en 1932 est l'un des plus importants de la ligne Maginot construite pour défendre la frontière italienne. Il a nécessité 5 000 m^3 de béton et 385 tonnes d'acier. Une centrale de production d'énergie électrique avec filtrage et ventilation de l'air lui assurait un confort certain. Il est encore équipé d'un canon de 149 mm pesant 13 tonnes et plusieurs salles sont toujours équipées et ouvertes à la visite, expliquant la vie quotidienne des troupes des chasseurs alpins.

BUREAU D'INFORMATION TOURISTIQUE DE SOSPEL

1, Place Saint-Pierre
✆ 04 83 93 95 70
www.sospel-tourisme.com
Ouvert du lundi au samedi de 9h30 à 12h30 et de 13h30 à 17h00

Où manger, où dormir, que faire à Sospel, quel patrimoine découvrir ? On vous accueille ici avec le sourire pour concocter avec vous le programme de votre visite de cette jolie ville située aux portes du parc du Mercantour. Brochures et documentations sont disponibles gratuitement pour connaître les points d'intérêt et manifestations organisées en toutes saisons à Sospel mais aussi dans les communes alentour. Ne manquez pas «Les Baroquiales» le festival de l'art baroque.

AUBERGE PROVENÇALE** €€

Route du col de Castillon ✆ 04 93 04 00 31
www.aubergeprovencale.fr
Ouvert toute l'année. 13 chambres. En cas d'arrivée tardive : contacter l'hôtel. Animaux acceptés. Restauration.

Cette maison accueillante et confortable située en pleine nature au milieu des arbres possède des chambres lumineuses : on vous conseille lors de votre réservation de demander celles avec la jolie vue sur le village de Sospel. Dotées d'un décor moderne, elles sont également très bien équipées (climatisation dans chaque chambre). Accueil agréable et chaleureux. Sur place, le restaurant de l'hôtel propose une cuisine provençale que l'on déguste sur la terrasse panoramique sur Sospel ou dans la salle intérieure à la décoration claire et authentique.

CAMPING SAINTE MADELEINE*** €€

3803, Route du Moulinet, ✆ 04 93 04 10 48
camping-sainte-madeleine.com
Ouvert du 1er avril au 30 septembre. Réservation recommandée. Aire pour camping-cars. Location de chalets.

Sur la route de Moulinet, à quatre kilomètres de Sospel, ce camping s'étale sur plusieurs terrasses ombragées dans un parc de 3 hectares. L'établissement offre plusieurs types de logements, de l'emplacement classique à la location de chalets et d'une maisonnette pour 5 personnes (40 m^2) complètement équipée. L'accueil est simple et sympathique, le lieu est particulièrement agréable l'été pour sa fraîcheur. On trouve au camping même toutes les possibilités d'activités sportives de la vallée. A noter qu'une belle et grande piscine est à la disposition des clients.

LE SAINT PIERRE €€

14, rue Saint-Pierre
✆ 09 53 29 00 15
www.sospello.com
Ouvert toute l'année. Location à la semaine possible. Chambre double de 60 € à 120 €. Petit déjeuner compris.

Cette maison de caractère au cœur du village médiéval de Sospel fait plonger dans la vie authentique de l'intérieur du pays. Un accueil chaleureux, des pierres apparentes, un décor traditionnel, c'est une invitation à partager une passion pour la région. L'appartement est situé au 5e étage avec ascenseur et escaliers. Il se compose d'un espace de vie avec cuisine, coin repas et salon, d'une chambre principale et d'une deuxième chambre en mezzanine spacieuse ainsi que d'une salle de bains avec douche, machine à laver et étendoir à linge.

LA CABRAÏA €

1, place de la Cabraïa
✆ 04 93 04 00 54
www.la-cabraia.com

Ouvert du vendredi au mardi le midi et le soir ; du vendredi au mercredi le midi. Réservation recommandée. Terrasse.

Dans un cadre ravissant à mi-chemin entre la montagne et le littoral azuréen, la carte de ce charmant établissement affiche une cuisine française traditionnelle (salades, viandes, poissons) et quelques spécialités italiennes (pâtes, raviolis). Ces plats savoureusement et copieusement préparés par le Chef se dégustent dès l'arrivée des beaux jours sur la belle terrasse. On apprécie également l'accueil souriant et dynamique de Marjorie qui opère en salle. Une ambiance conviviale et un décor parfait pour une belle escapade gourmande.

© CABRAIA

© LA CABRAIA

LE RELAIS DU SEL €€

3, boulevard de Verdun
✆ 04 93 04 00 43
www.le-relais-du-sel.fr

Ouvert toute l'année. Du mardi au samedi le midi et le soir ; le dimanche midi. Carte : 30 € environ.

Le Relais du Sel propose des assiettes goûteuses et bien présentées : viandes accompagnées de produits frais de saison, pintade aux pruneaux, salade de fruits de mer ou encore tarte aux pommes maison pour la note sucrée. Lors de votre visite, ne manquez pas de demander les plats du jour qui sauront satisfaire vos papilles. En plus, des menus gourmands et autres plats sont à déguster le soir et le week-end. Fleurs fraîches, lumières tamisées, terrasse romantique installée au bord de l'eau et décoration de goût posent le décor de ce petit coin de paradis.

SOUTT'A LOGGIA €€

5, place Saint Nicolas
✆ 04 93 87 93 75

Ouvert toute l'année. Du mercredi au lundi de 10h à 22h. Fermé janvier et février. Vin au verre. Terrasse.

Sous les arcades de la place Saint Nicolas, le Soutt'a Loggia est en été un coin d'ombre où l'on se ressource. Sophie et Fabrice y proposent une cuisine de produits frais, en provenance directe des producteurs ou du marché. La carte change régulièrement au gré des achats du matin, et fait la part belle aux beaux morceaux de viande. Vous pourrez donc y déguster aussi bien de l'agneau, du magret, un pavé de bœuf ou des gnocchis, que des calamars ou du poisson. Les prix sont raisonnables et les assiettes bien garnies. Une bonne adresse futée dans le coin.

LES RUCHERS DES OLIVIERS

Route de Moulinet
✆ 04 93 04 02 46
www.lesruchersdesoliviers.com

Pour les visites, il est conseillé de téléphoner avant. Ouvert jeudi, vendredi et samedi toute l'année.

Cela fait trente ans que Catherine et Marc, consacrent leurs journées de travail à leurs abeilles et à la fabrication de miels délicieux, primés au Concours général du Salon de l'Agriculture de Paris : 43 médailles et trois prix d'excellence sont à leur actif ! Dans leur point de vente à Sospel découvrez leurs produits phares comme les miels liquides ou crémeux (acacia, pin, romarin, fleurs de printemps, châtaignier…) mais aussi le nougat et le pain d'épice. Une belle idée cadeau à offrir ou pour se faire plaisir. Possibilité de commander en ligne.

BEAULIEU-SUR-MER ★★

Beaulieu-sur-Mer dispose d'une situation géographique exceptionnelle où la mer et la montagne se côtoient. Cet oasis de rêve agrémenté d'oliviers centenaires, de palmiers et d'une végétation luxuriante offre un riche patrimoine architectural qui a attiré les plus célèbres têtes couronnées de la Belle-Époque. On compte deux ports de plaisance dont un de renommée internationale ainsi que très belles plages aux noms évocateurs comme « La petite Afrique » et « la Baie des fourmis ». On y apprécie également son centre-ville, ses restaurants, son marché aux saveurs avec couleurs et odeurs provençales assurées et son casino, absolument incontournable !

VILLA GRECQUE KÉRYLOS

Impasse Gustave-Eiffel
✆ 04 93 01 01 44
www.villakerylos.fr
Ouvert du 2 mai au 31 août, tous les jours de 10h à 19h. Librairie-boutique ouverte aux horaires de la villa.

Cette villa est l'un des monuments les plus incroyables de la Riviera : construite au début du XXe siècle par l'archéologue mécène Théodore Reinach et l'architecte Emmanuel Pontremoli, c'est la reconstitution unique au monde d'une demeure grecque antique jouissant de tout le luxe inhérent à sa beauté. Inspirée des maisons nobles de l'île de Délos au IIe siècle avant J.-C., le site est une véritable invitation au voyage avec des décors extraordinaires et un mobilier en marbre, en bronze ou en ivoire qui sont autant de parures qui jalonnent les salons et le jardin.

BUREAU D'INFORMATION TOURISTIQUE

Place Georges-Clémenceau
✆ 04 93 01 02 21
www.beaulieusurmer.fr
Juin à août du lundi au dimanche 10h à 13h et de 14h à1 8h (13h dimanche et jour férié). Brochures gratuites.

Le Bureau d'Information Touristique de la Ville (anciennement appelé Office de Tourisme) met à votre disposition brochures et plaquettes d'informations gratuites pour que vous puissiez trouver vos idées de sorties et de loisirs. Des bonnes adresses où dormir, en passant par le calendrier des évènements à ne pas rater sans oublier les plus beaux coins à découvrir, l'équipe de professionnels se tient à votre disposition pour vous aiguiller. Très belle accueil.

SEAZEN

✆ 06 52 73 95 54
www.seazen.fr
Haute saison : tous les jours à partir de 9h et à partir de 19h. Sorties nocturnes possibles.

Envie de profiter des eaux de la Méditerranée pour un journée, une demi-journée ou pour une heure ? Louez un bateau solaire ! SeaZen vous propose de voguer en toute tranquillité à bord d'agréables bateaux électro-solaires. Silencieux et haut de gamme, leur confort est égal à celui d'un catamaran. Que vous soyez titulaire ou non d'un permis bateau, les possibilités sont multiples. L'équipe, sympathique, saura vous proposer une excursion qui répond à vos envies, quelle que soit la période de l'année ! Pour aller à sa rencontre, rendez-vous sur le port de Beaulieu !

HÔTEL MARCELLIN** €€

18, avenue Albert-Ier
✆ 04 93 01 01 69
www.hotel-marcellin.com
Ouvert toute l'année. 21 chambres (100% non fumeur/PMR). Chambre double de 75 € à 145 €. Animaux interdits.

Situé à proximité des plages, ce petit hôtel est l'endroit parfait pour un séjour dans la station balnéaire de Beaulieu-sur-Mer à moindre frais. Les chambres sont confortables, dotées d'équipements modernes, la décoration est raffinée et les prestations de qualité. Aux beaux jours, le petit déjeuner vous sera servi sur une petite terrasse ombragée très agréable. De quoi commencer la journée avec le sourire et profiter pleinement, dès les premiers instants, des bienfaits de la Côte d'Azur ! Une jolie petite adresse assez traditionnelle.

HÔTEL SELECT** €€

1, rue André-Cane
✆ 04 93 01 05 42
www.hotelselect-beaulieu.com
Fermé pendant le mois de janvier. Chambre double à partir de 64 €. Aucun lit d'appoint, à l'exception d'un lit bébé.

Situé en plein cœur de la ville sur la place centrale ombragée si agréable l'été, le Select est un établissement style Belle Epoque à la fois familial et convivial aussi bien tenu que fréquenté. Les chambres bénéficient de beaux volumes et d'une décoration personnalisée chic et sobre. Au troisième étage, elles sont plus grandes et peuvent accueillir des familles plus ou moins nombreuses. Equipement très correct : climatisation, insonorisation, télévision et WiFi à l'accueil. Accueil sympathique et très bon rapport qualité/service/prix.

LA RÉSERVE DE BEAULIEU HÔTEL & SPA***** €€€

5, boulevard du Maréchal Leclerc
✆ 04 93 01 00 01 - www.reservebeaulieu.com
Fermé de mi-octobre à mi-décembre. Accueil 24h/24 (langues parlées à l'accueil : anglais, italien, allemand, français).

La Réserve de Beaulieu & Spa est un lieu mythique niché dans une superbe villa Renaissance. Il comprend 39 chambres et suites décorées élégamment dans des couleurs claires et chaudes. L'hôtel possède trois restaurants, un spa et bien d'autres services luxueux. Plongez dans ce havre de paix, de plaisir et de noblesse où le dépaysement est plus que garanti tant au niveau du décor, de la vue ou des talents des Chefs qui régalent tous ceux qui poussent la porte de cette adresse somptueuse.

ANAO PLAGE €€

Avenue Fernand Dunan
✆ 04 93 54 07 89
www.anaoplage.fr
Ouvert tous les jours de 10h à 0h30. Restaurant du lundi au dimanche de 12h à 22h30. Dîner du 24 mai au 1er octobre.

Au cœur d'un patrimoine et d'une nature encore préservée, Anao plage, est une plage privée comme on en rêve : un cadre d'exception, un personnel chaleureux et attentionné, une ambiance chic et pétillante, un restaurant raffiné avec au menu des spécialités régionales concoctées avec des produits frais. Vous aurez aussi la possibilité de profiter d'une promenade en bateau si l'envie vous en dit. Une adresse gourmande et futée aussi bien pour faire la fête que pour se prélasser au soleil un cocktail la main et les pieds dans l'eau.

LE POINTU €

10, boulevard Général-Leclerc
✆ 04 93 87 52 66
Ouvert toute l'année. Du lundi au jeudi de 8h30 à 14h. Vendredi de 8h30 à 14h et de 18h30 à 21h. Terrasse.

Installé à quelques pas du port de plaisance et de ses pointus, découvrez une cuisine aux accents méditerranéens, généreuse. La terrasse extérieure est agréable, protégée en hiver et ensoleillée d'hiver. Affable, souriant et courtois, l'accueil de toute l'équipe ajoute une note des plus agréables à cette adresse de charme. Au programme, salade italienne, pizzeria, viandes et pâtes. Des valeurs sûres et traditionnelles qui ravissent aussi bien une clientèle d'habitués que de passage. Les plaisanciers apprécient le lieu pour ses pizzas disponibles à emporter.

L'ATELIER D'ÉMILE €€

Port de Plaisance
✆ 04 93 80 03 45
www.latelierdemile.com
Ouvert le mercredi, le jeudi et le dimanche le midi. Vendredi, samedi midi et soir. Terrasse.

Restaurant convivial sur le port de Beaulieu-sur-Mer, l'Atelier d'Émile est tenu par la même équipe que l' incontournable African Queen. Le Chef Olivier Bellone cultive le beau et le bon avec des produits frais. Au programme : thon frais, wok de légumes croquants, espuma de wasabi ; cassoulet ; risotto venere au safran, moules et palourdes... La carte évolue toute les deux semaines en fonction des arrivages du marché, pour surprendre les visiteurs lors de chacune de leur dégustation. Une adresse futée à faire et à refaire sans modération.

AFRICAN QUEEN €€

Port de plaisance
✆ 04 93 01 10 85
www.africanqueen.fr
Maître Restaurateur. Ouvert tous les jours le midi et le soir. Chaises bébé. Terrasse. Vente à emporter. Boutique.

La carte de cet établissement idéalement située sur le port de Beaulieu permet de se régaler parmi l'arrivage journalier de poissons et de fruits de mer tandis que les suggestions se déclinent en fonction du marché. Les becs sucrés eux craqueront pour les desserts gourmands et généreux ! L'odyssée de l'African Queen avec sa belle salle cossue complétée d'un salon pour les amis et prolongée d'une agréable terrasse avec une vue imprenable sur le port et les yachts amarrés commence et finit par un service impeccable ce que de nombreux clients VIP apprécient.

CAFÉ DE LA PAIX €€

7, boulevard Maréchal-Joffre
✆ 04 93 01 04 18
Ouvert tous les jours de 6h à 22h30. Carte : 25 € environ. Terrasse. Vente à emporter.

A la fois typique et traditionnel, le café de la paix c'est une jolie petite salle de restaurant située à l'arrière du café, une terrasse accueillante et une carte simple, gage de savoureuses recettes de saison. Des plats plats authentiques et préparés avec soin à partir de produits frais et ce, de l'entrée au dessert. Tout le personnel est charmant du patron aux serveurs, les prix maîtrisés et l'ambiance « comme à la maison » des plus agréable. Une belle adresse, qui plus est extrêmement bien placée, à découvrir au plus vite !

LE CATALAN €€

52, boulevard Général-Leclerc
✆ 04 93 01 02 78

Ouvert du lundi au samedi de 12h à 14h30 et de 19h à 22h30. Terrasse. Carte à emporter.

Avec sa belle devanture et sa superbe terrasse, Le Catalan est une adresse absolument charmante. On y déguste une cuisine du terroir, tournée vers la Méditerranée, des pizzas cuites au feu de bois dotées d'une garniture fraîche et maison ! Gage de qualité, vous pourrez lire sur l'ardoise en arrivant que «dans ce restaurant on y fait de la vraie cuisine : on épluche, on saisit, on coupe...». En cuisine, c'est une cheffe qui officie avec passion ! Le service affable ajoute à la qualité de ce lieu dont on vous recommande de découvrir la cuisine soignée et généreuse.

LE FABULEUX DESTIN €€

Port de Plaisance
✆ 04 93 01 13 23

Ouvert 7j/7 jours, midi et soir. Réservation recommandée. Terrasse. Animations en saison.

Le Petit Futé conseille particulièrement ce restaurant pour l'accueil chaleureux que vous réservera Yves et son équipe, la belle terrasse se déployant sur le port de Beaulieu-sur-Mer et, bien entendu la carte du moment. Au programme on oscille entre cuisine méditerranéenne, suggestions italiennes et grands classiques breton. Pour le dessert, les plus gourmands se laisseront très certainement tentés par une crêpe ou une gaufre sucrée gourmande. A tester, notamment le midi où la formule bistrot offre un rapport qualité/prix inégalé.

FABRIK €€

13, boulevard Maréchal Joffre
✆ 04 93 80 23 29
www.fabrikbistrot.com/

Ouvert du lundi au samedi de 12h à 14h et de 19h à 22h. Carte à emporter. Réservation recommandée.

Ce restaurant de type bistrot mêle avec talent une décoration moderne et stylée avec une ambiance à la fois conviviale et trendy fortement appréciée. Tout comme la cuisine, raffinée et gourmande à la fois simple mais élaborée de manière à ne pas trop esquinter le porte-monnaie. Le midi on apprécie les suggestions du moment et le soir la sélection de cocktails signature qu'on accompagne de charcuterie corse ou encore d'une belle salade de poulpe. Un lieu de découverte et de convivialité et une jolie surprise à tester sans plus tarder !

MARCELLO RESTAURANT €€

Port de Plaisance
✆ 06 07 93 61 66

Ouvert toute l'année, dès 8h30. Fermé le mercredi. Terrasse.

Originalité, qualité et saisonnalité sont ici les mots d'ordre de cette institution Monégasque également installée sur le port de Beaulieu-sur-Mer ! Au menu, on apprécie les recettes italiennes gorgées de soleil ; une cuisine pleine de saveurs réalisées avec des produits frais. Citons alors les fettucine al ragu, les spaghetti alle vongole, les lasagnes all'Emiliana, la focaccia au saumon mariné et sa crème aux herbes.... Bref, autant de mets délicieux disponibles dans une carte variée et gourmande à souhait, qui ravit tous les appétits.

CÔTE LITTORAL

Coucher de soleil sur la mer Méditerranée - Beaulieu-sur-Mer.

LA TABLE DE LA RÉSERVE €€€

5, boulevard Général-Leclerc
✆ 04 93 01 00 01
www.reservebeaulieu.fr

Ouvert du mercredi au dimanche midi et soir. Tenue chic-décontractée exigée. Animaux acceptés. Jardin. Terrasse.

C'est dans le cadre absolument magnifique de la Réserve de Beaulieu où se mêlent luxe, calme et raffinement que la Table de la Réserve propose une cuisine élégante où les saveurs méditerranéennes et celles du terroir font voyager les papilles. Ne manquez pas la bouillabaisse comme une soupe de poissons, rouille et croûtons, un incontournable de tous les vendredis. Un bistro azuréen définitivement chic, où les tons clairs se mêlent à de délicates notes cuivrées pour une ambiance visuelle à la fois douce et rythmée. On aime la terrasse à l'ombre des oliviers.

LA CAVE DE BEAULIEU

46, boulevard du Maréchal-Leclerc
✆ 04 93 01 26 02

Ouvert du mardi au samedi de 10h à 13h et de 15h à 20h.

A la recherche d'un millésime ? Envie de déguster un bon cru ? Vous êtes au bon endroit ! Le choix et la variété des vins est grande, dans cette cave à l'univers décalé. Et si toutes les bonnes bouteilles des vignobles de France répondent à l'appel, la Provence est cependant particulièrement mise à l'honneur dans les trois couleurs. Pour compléter votre dégustation, la Cave de Beaulieu vous propose également une excellente charcuterie ibérique. A noter qu'il est aussi possible d'acheter des bouteilles, de quoi (s') offrir un joli cadeau !

PÂTISSERIE MESIANO

35, boulevard Marinoni
✆ 04 93 01 35 85
www.patisserie-mesiano.fr/

Ouvert du lundi au samedi de 9h à 12h30 et de 15h à 19h15, et le dimanche de 9h à 13h.

Du goût, des saveurs, du choix : tout n'est que douceur dans cette délicieuse boutique à la décoration tendance et épurée. Macarons, glaces, sorbets, chocolats et pâtisseries qui se dégustent sans faim, à l'équilibre délicat et subtil sont disposés comme de précieux joyaux tous signés par le chef Patrick Mesiano. Du très haut niveau pour les amateurs du genre qui, comme beaucoup de fidèles, en feront rapidement leur QG gourmand. Possibilité de commander vos desserts et/ou gâteaux personnalisés pour vos événements (mariage, baptême, anniversaire...).

CASINO DE BEAULIEU-SUR-MER

4, avenue Fernand-Dunan ✆ 04 92 00 60 00
www.casinodebeaulieu.com

Ouvert toute l'année. Accès réservé aux personnes majeures, sur présentation d'une pièce d'identité. Restauration.

Ce casino historique situé face à la mer mêle décoration d'antan et modernité avec élégance. Déambulez au gré des quatre salons communiquant où s'exposent 75 machines à sous dernières générations équipées en « full tito » sans manipulation de pièces et 12 tables de jeux traditionnels. Sur place également, un restaurant au cœur des machines à sous, un autre avec terrasse extérieure, un bar et un espace lounge ouvert tout l'été. Concerts et spectacles sont également au programme.

BEAUSOLEIL

Stué au-dessus de la Principauté de Monaco, entre 40 et 560 m d'altitude Beausoleil jouit d'un emplacement exceptionnel qui lui offre un atout de taille : une vue panoramique sur la Principauté, le Rocher jusqu'en Italie. Cette situation géographique très favorable lui permet d'entretenir une très forte attractivité tout en développant son dynamisme et ses propres atouts. Les origines de ce territoire remontent à l'Antiquité comme en témoignent les vestiges de l'Oppidum du Mont des Mules classé Monument historique. Mais c'est avec la naissance de Monte-Carlo que Beausoleil va véritablement connaître son essor économique, démographique et touristique.

© MAIRIE DE BEAUSOLEIL

Le Quartier des Moneghetti.

LE MARCHÉ GUSTAVE-EIFFEL

Rue du Marché ✆ 04 93 78 01 55
www.menton-riviera-merveilles.fr/agenda/marche-couvert-gustave-eiffel/
Ouvert toute l'année. Tous les jours de 7h à 13h. Accès libre. Parking Belle Époque (franchise moins de 1h gratuit).

Partiellement couvert par une architecture attribuée à Gustave Eiffel, ce marché typique a lieu régulièrement la matinée du lundi au dimanche. Il abrite une vingtaine d'étals colorés qui proposent des produits frais et de première qualité issus de producteurs locaux : fruits, légumes, fromages, charcuterie, miels, etc. Des objets artisanaux sont également proposés. Le tout dans une ambiance très conviviale. De quoi goûter ou ramener un peu des Alpes-Maritimes avec vous. Le nombre d'exposants et les produits proposés sont variables selon les saisons.

LE MONT DES MULES

Accès par le boulevard des Combattants d'Afrique du Nord
Ouvert toute l'année. Accès libre dans le respect du Monument historique.

Il vous faudra grimper sur les hauteurs de la ville de Beausoleil, à 291m d'altitude, pour accéder à ce magnifique site de l'oppidum celto-ligure du Mont des Mules. Surplombant la méditerranée et offrant une vue incomparable sur la Principauté de Monaco jusqu'aux côtes italiennes, ce camp a été Classé aux Monuments historiques en 1939. Il constitue une étape de l'itinéraire transfrontalier du patrimoine romain « Via Julia Augusta. Lors de votre randonnée, découvrez et sentez les essences méditerranéennes rares et préservées qu'offre la nature environnante.

BUREAU D'INFORMATION TOURISTIQUE DE BEAUSOLEIL

32, boulevard de la République
✆ 04 83 93 95 35
https://villedebeausoleil.fr/loffice-de-tourisme/
Ouvert du lundi au vendredi de 9h à 12h et de 14h à 18h ; le samedi de 10h à 14h. Ouvert le dimanche (de 9h à 14h).

Retrouvez toute l'actualité de Beausoleil et des merveilles de la Riviera française à l'office de tourisme. Sur place, on vous renseignera agréablement et avec beaucoup de professionnalisme pour que votre visite, sur le thème de la culture ou de la gourmandise, soit inoubliable. Vous pourrez également collecter diverses informations sur l'offre de sorties, les bonnes adresses et activités de loisirs de la ville et de celles alentour. N'hésitez pas !

SENTIER DU TROPHÉE D'AUGUSTE, BEAUSOLEIL - LA TURBIE

Durée : 3 heures 30.

Prêts pour une randonnée d'environ 6,5 km au départ de Beausoleil qui vous permettra de rejoindre le village de La Turbie et son célèbre Trophée d'Auguste ? Alors, prenez la direction Beausoleil et empruntez à gauche la petite avenue d'Alsace à la sortie de la gare de Monaco, puis continuez à monter, pour emprunter sur votre droite un petit passage qui longe le cours d'eau « le Moneghetti ». En haut des escaliers, prenez à gauche jusqu'à la Place des Moneghetti et remontez à droite le boulevard homonyme. Vous pourrez ensuite rejoindre le départ du chemin de La Turbie en direction de la Moyenne Corniche (escaliers) et prenez en face le chemin de La Turbie Supérieur. Une fois que vous serez arrivé à un croisement de sentiers sous le lotissement « Les Hauts de Monte-Carlo », suivez vers la droite l'itinéraire qui domine Beausoleil pour atteindre la pinède de La Turbie par une piste en terre. Vous pourrez rejoindre le centre du village (avenue de la Pinède puis via Julia) et accéder au Trophée d'Auguste, son parc aménagé, et son musée ; colonnes et sculptures imprègnent les lieux. Notez qu'il existe 30 lieux remarquables accessibles et depuis le sentier ou à proximité dans un rayon de 30 km du tracé de cette randonnée. Un patrimoine notamment composé de la « tête de chien », un promontoire à la fonction militaire située sur la commune de la Turbie qui tire son nom du niçois Testa de camp pour « extrémité du camp militaire », qui se prononce comme testa de can, « tête de chien ».

VISITE GUIDÉE DE BEAUSOLEIL ET DU RIVIERA PALACE

✆ 04 83 93 95 35
https://villedebeausoleil.fr/loffice-de-tourisme/
Réservation obligatoire. Nombre de places limité. Gratuit. Durée de la visite 1h15.

Découvrez le majestueux Riviera Palace et son magnifique jardin d'hiver. Datant de 1868, cet hôtel luxueux dont la façade est inscrite à l'inventaire des Monuments historiques fut à l'époque un haut lieu de villégiature de l'aristocratie russe, austro-hongroise puis anglaise, du début du XXe siècle. Symbole des fastes de la Belle Époque, le lieu a pu accueillir des personnalités comme Colette, Apollinaire et bien d'autres avant d'être agencé en appartements à l'entre-deux-guerres.

ADAGIO MONACO MONTE CRISTO €€

2 a, rue des Martyrs-de-la-Résistance
✆ 04 92 10 52 50 - www.adagio-city.com
Ecolabel européen. Ouvert toute l'année. Tarifs dégressifs. 6 appartements accessibles PMR. Animaux acceptés

Situés à quelques minutes à pied de la célèbre place du Casino de Monte-Carlo et de la gare SNCF de Monaco, les spacieux studios et appartements entièrement rénovés disposent de tout le confort nécessaire. C'est l'endroit idéal pour vos vacances en famille ou vos voyages d'affaires. A noter que 6 appartements sont adaptés aux personnes à mobilité réduite. Les tarifs varient suivant la saison, le nombre de personnes et de nuitées. Des promotions sont également proposées toute l'année.

HÔTEL CAPITOLE*** €€

19, boulevard Général-Leclerc
✆ 04 93 28 65 65
www.hotel-capitole.fr
Qualité Tourisme. Ouvert toute l'année 24h/24. Chèque Vacances. Chambre PMR. Jeux pour enfants. Animaux interdits.

Entièrement rénové dans un style au charme contemporain, l'hôtel a été repensé afin d'offrir le confort et les services de notre temps. Situé à seulement 300 m du Casino de Monte Carlo, cette propriété familiale à la décoration contemporaine se situe à la frontière entre Beausoleil et la Principauté de Monaco. L'établissement dispose de belles prestations et possède des chambres spacieuses et confortables avec, pour certaines, une jolie vue sur la mer. Ajoutez à cela la gentillesse des maîtres des lieux et votre séjour sera un véritable succès !

HÔTEL FORUM*** €€

16, avenue d'Alsace
✆ 04 93 78 96 36
www.forumhotel.net
Ouvert toute l'année. Accueil 24h/24. Parking public à 150 m. Enfant gratuit jusqu'à 12 ans. Terrasse. Solarium

Modernes et lumineuses, les chambres de l'Hôtel Forum mêlent confort et fonctionnalités. Certaines jouissent même d'une agréable vue sur le port de la Principauté de Monaco. Pour compléter votre expérience, le restaurant de l'établissement propose une cuisine savoureuse et ensoleillée à base de produits frais. En prime, vous pourrez profiter d'une terrasse panoramique située sur le toit du bâtiment offrant une vue imprenable sur tout Monaco ! Sans oublier le solarium, idéal pour s'offrir rapidement le joli teint halé typique des vacances.

HÔTEL OLYMPIA*** €€

17 bis, boulevard Général-Leclerc
✆ 04 93 78 12 70
www.olympiahotel.fr
Ecolabel européen. Accueil 24h/24 toute l'année. De 85 à 220 €. Animaux interdits.

À deux pas de la Principauté de Monaco, son emplacement exceptionnel vous permettra d'accéder facilement à différents lieux tels que le Casino de Monte-Carlo, le Port de Monaco, le Théâtre Princesse Grace, la Plage du Larvotto etc. Authentique, cet Hôtel de style vous fera revivre le temps d'une ou plusieurs nuits dans l'une des 33 chambres la vie façon « Belle Epoque ». L'hôtel dispose également d'une suite et deux chambres pour personnes à mobilité réduite toutes équipées ; sans oublier un parking public surveillé juste à côté de l'hôtel.

INDIAN STAR RESTAURANT €

23, boulevard de la République
✆ 04 93 41 94 34
www.indianstar.fr
Ouvert du lundi au vendredi de 12h à 14h30 ; tous les soirs de 19h à 23h30. Terrasse. Commande en ligne. livraison

Fort d'une réputation solide auprès d'une clientèle fidèle, et d'une carte variée élaborée à partir de produits aussi épicés que savoureux, cet établissement sait contenter les papilles en mal d'ailleurs. A grand renfort d'assiettes dépaysantes à coup sûr, embarquez pour un voyage de saveurs dont vous reviendrez rassassier et heureux ! Envie de profiter des tandoori et curry depuis votre canapé, un excellent service de commande depuis le site internet est également proposé. Pratique ! Excellent rapport qualité/prix et service impeccable.

O CANTINHO DA SAUDADE €€

Place de la Libération
✆ 04 92 10 84 78
Ouvert tous les jours de 12h à 14h30 et de 19h à 22h sauf le mercredi. Carte à emporter. Terrasse.

De bons produits, des assiettes copieuses pour un excellent rapport qualité-prix : ce restaurant faisant la part belle aux recettes méditerranéens et plus particulièrement aux spécialités portugaises, est une valeur sûre. C'est une bonne adresse pour déguster des incontournables du genre à l'image d'un bacalhau délicieux ou encore d'une cataplana de lotte, moules typique de l'Algarve sans oublier l'étonnant sauté de porc aux palourdes...On apprécie également l'accueil, chaleureux et la jolie terrasse très agréable en saison.

CAP-D'AIL

Cap-d'Ail est la dernière commune avant d'entrer sur le sol monégasque. Ancien quartier de La Turbie devenu station balnéaire prisée au début du XXe siècle, Cap-d'Ail possède de très jolies plages bien abritées. Vous pourrez y admirer de nombreuses façades datant de la Belle Époque à l'image du Château des Terrasses construit à la fin du XIXe siècle, du Château de l'Hermitage où séjourna la Reine Victoria en 1897, de l'Hôtel Éden ou de la Villa Le Roc Fleuri, un bâtiment à l'italienne datant des années 1900. Cap-d'Ail : c'est aussi une dizaine de parcs et jardins qui abritent toute la flore méditerranéenne ainsi que quelques espèces rares.

LE SENTIER DES DOUANIERS

Chemin déconseillé en cas d'intempérie et les jours de grand vent.

Entre criques et rochers escarpés avec vue plongeante sur la rade, découvrez la balade du sentier des douaniers. Sur plus de trois kilomètres, ce sentier va de la Principauté de Monaco jusqu'au cap d'Ail dans un cadre privilégié où les espèces exotiques, les curiosités géologiques et le luxe des villas et des hôtels particuliers sont au rendez-vous. Pour le rejoindre, abordez ce chemin à partir de la plage Marquet puis le cap Rognoso et le cap Mala. Ne manquez pas de jeter un œil aux somptueuses demeures datant de la Belle Époque tout au long de votre randonnée.

CHÂTEAU DE L'ERMITAGE

Avenue du 3-Septembre

Ne se visite pas. La façade du bâtiment peut s'admirer depuis la rue.

Appelé aussi Château Malet, il a été conçu en 1894 par le célèbre architecte Hans-Georg Tersling à qui l'on doit de nombreuses constructions régionales. Cet édifice représentait alors un mélange et un condensé de tous les principaux styles d'architecture. Le site a été accidentellement bombardé durant la Seconde Guerre Mondiale et a été partiellement détruit : il n'en reste que la moitié nord et la salle de bal à l'italienne. En 2000, une campagne de restauration a été réalisée pour restituer les décors muraux et le plafond peint de la salle de bal.

BUREAU D'INFORMATION TOURISTIQUE DE CAP-D'AIL

87 bis, avenue du 3-Septembre

✆ 04 93 78 02 33

https://cap-dail.fr/

Ouvert du lundi au vendredi de 9h à 12h30 et de 13h30 à 17h. Label Tourisme & Handicap.

Aux portes de la Principauté de Monaco, Cap d'Ail et son littoral offre des paysages encore sauvages que vous prendrez plaisir à découvrir à pied. Entre mer et montagne, ses plages remarquables sont bordées de pinèdes. Le Bureau d'Information Touristique propose des visites commentées payantes autour de thématiques plurielles : se renseigner pour connaître les prix et les horaires. L'équipe d'accueil se tient à votre entière disposition pour vos informer des actualités de la ville.

Le port de Cap-d'Ail.

LE CHÂTEAU DES TERRASSES

1, avenue Général-de-Gaulle
✆ 04 93 78 02 33
http://www.cap-dail.com
Possibilité de privatiser le lieu pour un événement privé.. Visite guidée. Animations.

Construit vers 1890 pour le banquier britannique William Mendel, le château des Terrasses, troisième villa Belle Époque construite à Cap-d'Ail, connaît son heure de gloire quand, en 1895, le grand-duc Georges Alexandrovitch, frère du tsar Nicolas II, loue la villa pour l'hiver pour y soigner sa phtisie. Il est vite rejoint par sa mère, l'impératrice Maria Feodorovna accompagnée du prince Michel et de la princesse Olga. Le président Félix Faure leur rendra visite, la reine Victoria elle-même séjournera à Cap-d'Ail pour l'occasion. Le château devient ainsi un haut lieu de l'aristocratie alors de plus en plus présente sur la Côte d'Azur en saison hivernale. La demeure devient ensuite propriété d'une prima donna de l'opéra de Saint-Pétersbourg avant de passer dans les années 1930 aux mains du vice-consul d'Angleterre, Mr Buckingham. Cédée ensuite par son fils en 2001 à la ville de Cap-d'Ail, le site a été restauré à l'identique. Si bien que son confort et sa beauté, d'une rare perfection, donnent à ce lieu la sensation de découvrir une pierre précieuse patinée et forgée par le temps. Ce véritable joyau d'architecture et d'histoire est installé dans un parc de verdure d'environ 2 000 m^2. Un véritable petit paradis, d'autant plus que l'endroit offre une vue exceptionnelle sur la mer. Le château permet également l'organisation de différentes manifestations tandis que les terrasses, le jardin et les deux salles de réception accueillent congrès ou réceptions privées dans son cadre Belle Époque lumineux et moderne.

HÔTEL MIRAMAR** €€

126, avenue du 3-Septembre ✆ 04 93 78 06 60
https://miramar-beachspa.tiara-hotels.com/
Fermé en janvier et février en fonction des vacances scolaires. Parking. Chèque Vacances. Animaux non autorisés.

A quelques minutes à pied de la plage Mala, à proximité de la Principauté de Monaco et du jardin exotique de Monte-Carlo, l'hôtel offre en plus de ces chambres coquettes et équipées, un cadre naturel superbe. Un panorama parfait pour prendre son petit déjeuner et commencer une belle journée. Les budgets plus restreints opteront pour une chambre avec douche avec W.C sur le palier. Les gérants de ce charmant établissement se mettront en quatre pour vous satisfaire avec une gentillesse incroyable. Cet hôtel chaleureux affiche un excellent rapport qualité-prix.

HÔTEL DE MONACO €€€

1, avenue Pierre-Weck ✆ 04 92 41 31 00
www.hoteldemonaco.com
Réception de 7h à 23h. Une chambre adaptée PMR. Bar, Terrasse. Animaux interdits. Fermé deux semaines durant l'hiver.

Dans une atmosphère élégante et confortable, vous serez logé dans une villa de grand standing. Sa position géographique idyllique, à seulement quelques minutes de la plage de la Mala et aux portes de la Principauté en fait un établissement de choix. L'espace est très lumineux et les chambres rénovées disposent d'un excellent confort. On apprécie le jardin ombragé et la terrasse privée qui posent le cadre d'un lieu privilégié où se reposer et se retrouver en toute convivialité. Synonyme de détente, le lounge bar est ouvert toute la journée. Une très belle adresse.

RIVIERA MARRIOTT HÔTEL LA PORTE DE MONACO €€€

Porte de Monaco ✆ 04 92 10 67 67
www.marriottportedemonaco.com
Ouvert toute l'année. 171 chambres. Garde d'enfants. Animaux acceptés. Label Clef Verte. Wifi gratuit.

Idéalement situé sur le port de Cap-d'Ail aux portes de la Principauté, le Riviera Marriott propose des chambres et suites entièrement rénovées offrant une vue imprenable sur Monaco et sur les plages de Cap-d'Ail. L'établissement met à votre disposition coiffeur, terrain de tennis, piscine extérieure, salle de réunion et tant d'autres équipements pour que vous passiez un séjour agréable. Et n'oubliez pas de venir déguster de bons plats méditerranéens au restaurant de l'hôtel.

LA CAMBUSE €

4-6, digue du Front-de-Mer
✆ 04 93 78 03 11
Ouvert du lundi au vendredi de 9h à 23h30. Réservation recommandée. Parking sur le port offert aux clients. Terrasse.

Une belle surprise vous attend sur le port de Cap-d'Ail. Trônant en face des yachts, cette adresse est une pépite qu'on aime partager pour l'ambiance conviviale et charmante du lieu, la belle terrasse où profiter du soleil couchant, sans oublier les mets à la carte. Si la carte est traditionnelle le midi faisant la part belle aux tartares de bœuf ou de poisson que l'on pourra accompagner d'un bon vin avec des suggestions de toutes les appellations, elle s'affiche plus élaborée pour le dîner. On y vient pour profiter de l'ambiance musicale lors d'un afterwork.

VILLA LES CAMÉLIAS

17, avenue Raymond-Gramaglia
✆ 04 93 98 36 57
www.villalescamelias.com

Ouvert du mardi au vendredi de 9h30 à 12h et de 14h à 17h30. Samedi, dimanche et jours fériés : 11h00 à 17h30.

Dans une magnifique villa Belle Époque transformée en un musée privé, le visiteur découvre au rez-de-chaussée de la bâtisse l'histoire de la commune de Cap d'Ail au travers d'archives, de photographies et d'objets qui témoignent de l'expansion de la station balnéaire qui attirait une société internationale attirée par la douceur hivernale et les animations de la Riviera. Les étages abritent des expositions temporaires dont une collection singulière de peintures, dessins et émaux du peintre basque Ramiro Arrue (XXe siècle) présentée de manière thématique.

EDMOND'S €

87, avenue du 3-Septembre
✆ 04 93 78 01 01
www.capresort.com

Ouvert tous les jours midi et soir. Réservation recommandée. Salon de thé. Chambre double à partir de 95 €. Terrasse.

Amateur de style Belle Époque dans la tradition du début du XXe siècle des brasseries parisiennes ? Vous allez adorer cette adresse futée ! Les tables portent les noms de grands artistes peintres des XIXe et XXe siècles gravés sur de belles plaques en laiton. Ainsi vous ne réserverez pas la numéro 4 mais plutôt la table « Matisse » ou « Picasso ». La carte est élaborée par le chef Jean-Marc Troussard à chaque nouvelle saison avec les produits du marché. C'est également l'endroit idéal pour une pause douceur à l'heure du thé.

LE COMPTOIR €€

11, avenue du 3-Septembre ✆ 04 93 35 27 54
https://le-comptoir-french-restaurant.business.site/

Ouvert toute l'année. Du lundi au samedi de 6h à 15h. Live music. Retransmission d'événements sportifs. Terrasse.

Le Comptoir rassemble de nombreux habitués, il faut dire que c'est un restaurant de choix, proposant à sa carte des plats de grande qualité, faits maison et cuisinés avec les produits frais du marché. L'accueil et le service sont irréprochables ; les assiettes colorées et gourmandes, et l'ambiance façon « bistrot parisien » séduit. Une excellente adresse où on aime revenir sans modération. Pensez tout de même à réserver pour vous assurer d'avoir une place de choix les soirs de concert ou lors de retransmission d'évènements sportifs.

A'TREGO €€

Port de Cap-d'Ail
✆ 04 93 28 58 22
www.restaurantatrego.com

Ouvert 7j/7 de 11h30 à 23h30. American Express. Terrasse. Voiturier. Animations. Vegan et gluten free friendly.

L'accueil est irréprochable, les serveurs à l'écoute et les plats exquis, mention spéciale pour les poissons et la proposition de plats 100 % vegans et sans gluten. La cuisine tournée vers les recettes et les spécialités provençales, régionales et italiennes est fine et sans fausse note. Avis aux amateurs de fruits de mer qui seront ici élégamment bien servis. Une adresse qui n'a décidément rien à envier aux restaurants de Monaco dont la frontière n'est qu'à quelques dizaines de mètres de cet établissement aussi exceptionnel qu'attachant.

EDEN PLAGE MALA €€

Allée Mala
✆ 04 93 78 17 06
www.edenplagelamala.com

Ouvert en été tous les jours de 9h à 0h. Service continu au restaurant. Boutique. Massages. Maître nageur sauveteur.

C'est l'un des plus beaux endroits de Cap-d'Ail et de la Côte d'Azur mais son accès se mérite : il faut marcher un peu et descendre des escaliers assez raides depuis le centre de la ville ou suivre l'agréable sentier des Douaniers depuis le port. Ensuite, la récompense est là : une plage splendide à l'eau turquoise, nichée au milieu des rochers... L'Eden Plage Mala vous accueille dans ce cadre de rêve pour un doux moment de *farniente*. Ici, tout est à portée de main, du petit déjeuner au dîner, pour un moment agréable de bien-être et de dégustation.

LE CABANON €€

Pointe des Douaniers
✆ 04 93 78 01 94
www.capresort.com

Fermé annuellement de novembre à février. Accueil des groupes. Jardin. Terrasse. Voiturier. Terrain de pétanque.

Pour se rendre dans ce refuge perdu entre terre et mer, il faut emprunter le chemin des Douaniers. Le cadre est idyllique, face à la Grande Bleue et abrité du soleil par les arbres qui ornent la place, vous aurez l'étrange impression de pique-niquer dans un jardin de type provençal. Le chef, Jean Botticini propose une cuisine « locale » teintée d'influences italiennes et niçoises. Le service est agréable et le lieu est tout simplement magique. Pensez à réserver lorsque le soleil pointe le bout de son nez car le Cabanon est très sollicité, même hors saison.

JETMALA WATERSPORTS

Eden Plage Mala
✆ 06 63 48 04 70
www.jetmala.com

Ouverture de Mai à septembre, de 10h à 20h, 7J/7. Accueil de groupes. Gare de Cap d'Ail à quelques minutes à pieds.

Amateur de sensations fortes et de sports nautiques ? L'établissement propose à ses clients toutes sortes d'activités comme le jet-ski, flyboat, les bouées tractées ou encore des randos en bateau avec un équipage de professionnels. Son équipe, disponible et dynamique, accueille également des groupes lors de séminaires, d'événements incentives ou privés. Également à votre disposition, depuis l'Eden Plage Mala : un service de navettes par bateau à toute heure sur simple demande pour rejoindre la commune du littoral de votre choix, de Menton à Saint-Tropez.

EZE ★★★★

« Èze a les pieds dans la Méditerranée, la tête dans le ciel et les montagnes pour couronne. ». A vous de le constater en vous rendant de ce qui est considéré comme l'un des plus beaux villages des Alpes-Maritimes. Son territoire est scindé en trois parties : la Grande Corniche, perché au-dessus de la mer à 700 m d'altitude, offre un splendide point de vue. Il y a ensuite le vieux village d'Eze situé à 429 m en nid d'aigle et ses ruelles médiévales dégageant un esprit de tradition et d'authenticité. Enfin, il y a Èze en bord de mer, sur la Basse Corniche, abrité de la houle par Saint-Jean-Cap-Ferrat, l'endroit propose tous les plaisirs balnéaires.

ASTRORAMA

Col d'Eze - Route de la Revère

✆ 04 93 85 85 58

www.astrorama.net

Ouvert toute l'année. Réservation obligatoire. Chèque Vacances. Accueil de groupes. Restauration. Animaux non-acceptés.

La tête dans les étoiles ! Envie de connaître les dernières avancées technologiques, l'histoire de l'astronomie ou encore l'actualité de l'Espace ? L'Astrorama est un lieu idéal pour prendre le temps de lever les yeux et d'observer, si ce n'est comprendre l'univers. Entièrement consacré à l'observation des étoiles, vous découvrirez l'astronomie et l'espace à l'aide de télescopes dotés d'un miroir de 200mm et rencontrerez des professionnels et des scientifiques passionnés lors d'animations, des concerts, soirées et journées à thèmes, spectacles et stages.

PARC DÉPARTEMENTAL ET FORT DE LA REVÈRE

Route de la Justice

www.departement06.fr/les-parcs/parc-de-la-grande-corniche-2115.html

Ouvert toute l'année. Ouvert du 1er avril au 31 octobre : de 7h30 à 20h et du 1er novembre au 31 mars : de 8h à 18h.

Ne manquez pas la vue à 360 degrés offerte depuis le Fort de la Révère et qui s'étend de Saint-Tropez à San Remo ainsi que sur la Méditerranée. Les levers et couchers du soleil s'y révèlent d'une beauté rare. Quant aux forts de la Drête et de la Revère, leur construction date de la fin du Second Empire : ils servaient à la protection de Nice. Sur le site, la Maison de la nature propose deux expositions permanentes : la première sur la géologie et l'autre axée sur la faune et la flore..

JARDIN EXOTIQUE ★★

Rue du Château ✆ 04 93 41 10 30

www.jardinexotique-eze.fr

Jardin remarquable. Ouvert toute l'année. Visite guidée du village médiéval couplée avec le jardin exotique. Chien admis

Voici un paradis terrestre perché à 429 mètres d'altitude au-dessus de la Méditerranée. Installé au pied des ruines de l'ancienne forteresse médiévale (XIIe siècle), le site mêle beauté de l'art et de la nature depuis plus de 65 ans. Le panorama offert sur le littoral azuréen, de Saint-Tropez à l'Italie, est tout bonnement époustouflant. Une quinzaine de « déesses de terre » signées par le sculpteur Jean-Philippe Richard seront vos hôtesses pour un parcours artistique entre botanique et poésie. À noter que le Jardin Exotique est également labellisé Jardin Remarquable.

- **La partie située au sud du jardin** est un espace chaud et sec aménagé en 1949 qui présente une collection de cactées et de plantes succulentes dont certains spécimens rares à ce niveau de développement sur la Côte d'Azur.
- **La partie au nord** est plus méditerranéenne et subtropicale. Ombragée et humide, cette zone a subi d'importantes rénovations permettant sa réouverture en juillet 2014. Le visiteur se promène ici entre entrelacs d'escaliers, allées, poches végétales, rochers et courettes en découvrant myrtes, cistes ou arbousiers, entre autres. Vous serez également séduit par les grottes avec stalactite d'où s'écoule un mince filet d'eau et petite cascade dont le bruit s'entend depuis la place de l'église en contrebas et appelle les visiteurs à rejoindre cette oasis après l'éprouvante grimpée du village en plein été.
- **L'espace zen** est planté d'espèces subtropicales avec un brumisateur, un banc et une pergola face à la Méditerranée.

OFFICE DE TOURISME MÉTROPOLITAIN D'EZE

Place Général-de-Gaulle

✆ 04 93 41 26 00

http://eze-tourisme.com

Ouvert tous les jours de 9h à 19h de juin à septembre. Horaires variables en basse saison.

Trois corniches – la basse, la moyenne et la haute – traversent Èze qui révèle différents panoramas et différentes histoires. Autant de promenades et de vues magnifiques à découvrir. Pour ce faire, le Bureaux d'Information Touristique vous propose alors à travers diverses activités (location de boules de pétanque, visites commentées…) et de découvrir la commune de diverses manières. Commune qui bénéficie d'ailleurs du label «stations classées de tourisme».

CAP ESTEL***** €€

1312, avenue Raymond-Poincaré
© 04 93 76 29 29
www.capestel.com

Fermé du début janvier à début avril. Hammam, bain bouillonnant, sauna. Spa. Accès direct à la plage ; piscine chauffée.

Le Cap Estel est un lieu d'exception. Tout d'abord par sa situation : l'hôtel est bâti sur une presqu'île privée et bénéficie d'une tranquillité absolue. Puis pour ses chambres, à la fois lumineuses et panoramiques, bénéficiant d'une vue sur la mer exceptionnelle, d'un confort inégalable et d'un personnel très attentif. La piscine à débordement avec Jacuzzi en front de mer est une merveille. Le restaurant La Table de Patrick Raingeard ne fait que confirmer le plaisir qu'on peut éprouver dans un tel lieu. Un luxe inoubliable.

EZE HERMITAGE HÔTEL*** €€

1951, avenue des Diables-Bleus
© 04 93 41 00 68
www.ezehermitage.com

Accueil 24h/24. Chambre double à partir de 75 €. Chèques non acceptés. 1 chambre PMR. Animaux acceptés (8 €/jour).

Ce petit hôtel offrant une vue imprenable sur la Méditerranée et les montagnes du Parc National du Mercantour a tout pour plaire. A commencer par ses chambres confortables, décorées dans un style provençal. L'été, la piscine de l'établissement vous offre toute la joie de la baignade tandis qu'en toute saison, vous profiterez des splendides balades dans le Parc de la Grande Corniche et sur le plateau de la Justice. Du petit-déjeuner au dîner, c'est chez «Gaston « qu'on apprécie une cuisine inventive et savoureuse. Pour un cocktail, rendez-vous au lounge bar.

CHATEAU DE LA CHÈVRE D'OR***** €€€

Rue du Barri © 04 92 10 66 66
www.chevredor.com

Relais & Châteaux. Accueil 24h/24. Animaux acceptés. 4 restaurants. Piscine. Hammam, bain bouillonnant, sauna.

Voici un palace pas comme les autres. Les 32 chambres et 8 suites à la fois modernes et romantiques se nichent à l'intérieur du village d'Eze. Un véritable joyau où raffinement rime avec douceur de vivre. Pour votre détente, vous disposerez d'une piscine chauffée, d'une salle de fitness, d'un sauna ainsi que d'une salle de massages. Côté gastronomie, vous serez gâté avec un restaurant double étoilé au guide Michelin, deux restaurants terrasse et un bar offrant un point de vue magique.

CHÂTEAU EZA***** €€€

rue de la Pise
© 04 93 41 12 24
www.chateaueza.com

Accueil 24h/24. Réceptions et mariages. Restauration 1 étoile Michelin. Fermeture du 1er novembre au 21 décembre.

Au beau milieu du village médiéval d'Èze, le Château Eza, boutique hôtel de luxe, offre une vue incomparable sur la Côte d'Azur et la mer Méditerranée. Dotées d'un panorama époustouflant, les chambres sont vastes et bien équipées, les salles de bains sont lumineuses...Un confort moderne et luxueux qui s'ajoute au talent du nouveau Chef Matthieu Gasnier qui prépare au restaurant de l'hôtel une cuisine créative et gourmande. Profitez-en grâce au forfait gourmet comprenant un repas gastronomique et un petit déjeuner d'exception.

ANJUNA PLAGE €€

Avenue de la Liberté
© 06 98 46 48 36
www.anjunabay.com

Ouvert d'avril à septembre 7j/7 de 10h à 1h30. Restaurant ouvert midi et soir l'été. Animations

Hors des sentiers battus, ce petit coin de paradis qui renaît de ses cendres chaque année se situe au cœur d'une baie préservée. Une plage privée que l'on aime pour son côté sauvage, à la « Robinson » mais aussi son ambiance chic et festive. La carte élaborée par le Chef propose une cuisine aux accents méditerranéens élaborée à base de produits frais. C'est une table à la fois généreuse et raffinée où le service soigné et l'accueil sympathique ajoutent à la qualité des lieux. Possibilité d'établir des menus pour vos événements privés ou professionnels.

GASTON €€

1951, avenue des Diables-Bleus
© 04 93 57 43 63
www.ezehermitage.com/fr/restaurants

Ouvert toute l'année. Fermé le lundi. Réservation recommandée. Terrasse.

Changement de direction et de style pour cet établissement situé dans l'enceinte du ravissant hôtel Ermitage du col d'Eze. Gaston se positionne sur le retour à la cuisine française traditionnelle : le chef, Arnaud tabarec revisite de vieilles recettes du terroir français à l'image de la blanquette de veau ou du pain perdu. Ici, les produits sont issus du terroir, rigoureusement sélectionnés. Côté décor, la terrasse extérieure est, dès les beaux jours venus, absolument magnifique. Une belle adresse gourmande à découvrir dans la région.

© HÔTEL LES TERRASSES D'ÈZE

© HOTEL LES TERRASSES D'ÈZE

© HOTEL LES TERRASSES D'ÈZE

HÔTEL LES TERRASSES D'ÈZE**** €€€

1138, route de la Turbie
✆ 04 93 29 80 68
www.hotel-terrasses-deze.com

Ouvert toute l'année. 87 chambres et suites. Wifi gratuit. Restauration. Spa.

Avec son architecture qui rappelle les ponts des bateaux, cet hôtel invite au dépaysement le plus total au cœur même de la Côte d'Azur. L'établissement propose de nombreuses activités : spa, terrain de tennis, piscine à débordement de laquelle vous pourrez admirer un panorama exceptionnel sur la Méditerranée, restaurants... Outre le décor élégant, vous serez également séduit par la gentillesse et le service attentionné de toute l'équipe. Une très belle adresse.

© HOTEL LES TERRASSES D'ÈZE

© HOTEL LES TERRASSES D'ÈZE

© OFFICE DU TOURISME D'EZE - P. MASSON

Vue générale d'Eze.

METS VINS CHICS €€

1, place de la Colette
✆ 04 93 41 03 17
http://mvcezevillage.fr/

Ouvert du lundi au dimanche de 9h à 22h. Service déjeuner / dîner 12h à 22h non stop. Terrasse. Réservation recommandée.

A la fois restaurant bistronomique et cave à vin accueillante, on aime cette adresse sympathique dirigée par Pierre Louis Bousquiel pour les plats copieux et faits maison qu'on déguste avec une bonne bouteille savamment sélectionnée et ce, pour des prix vraiment très abordables. Tarte poire, chèvre et miel, sauté d'agneau confit façon Tajine, tiramisu : ici, pas de chichi, les gourmets apprécient la simplicité et l'efficacité qui prime en cuisine comme en salle. Service souriant et chaleureux et jolie terrasse appréciable aux beaux jours.

LE NID D'AIGLE €€

1, rue du Château
✆ 04 93 41 19 08
www.leniddaigle-eze.com

Ouvert toute l'année. Du jeudi au mardi de 9h à 17h non stop. Fermé le soir à partir du 27 août. Terrasse. A emporter :

Ce restaurant aux belles façades de pierre, perché tout en haut du vieux village, se situe au pied des ruines du château et à proximité de l'entrée du Jardin Exotique. La salle intérieure offre un panorama exceptionnel avec une vue imprenable sur Saint-Jean-Cap-Ferrat, le Cap d'Antibes et Saint-Tropez mais également sur les toits du village et sur la chapelle des Pénitents Blancs. La terrasse, ombragée, est bienvenue l'été. Vous y dégusterez des plats issus d'une cuisine de terroir de bonne qualité dans une ambiance familiale.

CHATEAU DE LA CHÈVRE D'OR €€€

Rue du Barri
✆ 04 92 10 66 66
www.chevredor.com

Fermé de novembre à mars. Service de 12h30 à 14h et de 19h30 à 22h. 2 étoiles au guide Michelin. Réservation impérative.

Apprêtez-vous à vivre une expérience exceptionnelle ! Tout y est pour ravir les papilles et les yeux ! Les tarifs sont à la hauteur de cette expérience culinaire d'exception. Trois autres points de restauration sont à découvrir sur le site : Les Remparts pour déjeuner à l'extérieur ; L'Éden pour dîner face à la Méditerranée et le Café des Jardins. Tous proposent de savoureux plats méditerranéens, des cuissons justes et maîtrisées, et des assiettes parfaitement dressées.

LE MAS PROVENCAL €€€

Avenue de Verdun
✆ 04 93 41 19 53
www.restaurant-mas-provencal.fr

Ouvert du lundi au samedi à partir de 19h30 et le dimanche en été. Fermé d´octobre à mars. Parking. Menu unique à 98 €.

Attention les yeux, cet établissement est hors normes. On se croirait dans un jardin où des espaces intimes sont aménagés au milieu d'un décor luxuriant fait de bibelots et de fleurs fraîches. Côté cuisine, on se laissera volontiers tenter par les spécialités de la maison : le cochon de lait, le carré d'agneau ou encore le risotto aux cèpes cuisiné dans le parmesan de 100 kg. Les saveurs proposées sont à la hauteur du cadre, mais sachez qu'on ne vient pas ici pour faire des économies, mais pour se faire plaisir ! Une adresse à la fois insolite et romantique.

LA TABLE DE PATRICK RAINGEARD €€€

1312, avenue Raymond Poincaré
✆ 04 93 76 29 29
www.capestel.com
Fermé du début janvier à début avril. Ouvert tous les jours midi et soir. 1 étoile Michelin. Gault & Millau d'or PACA.

L'audacieux chef Patrick Raingeard mise sur la fraîcheur des produits locaux qu'il récolte directement dans les carrés de son jardin potager ou auprès des agriculteurs de la région. Ses assiettes à la composition géométrique sont bien maîtrisées tant au niveau de la précision des cuissons que de l'éclat des saveurs. Quant aux desserts, ils restent dans le même esprit de légèreté et de fraîcheur. Le brunch du dimanche avec champagne inclus et également un immanquable.

LE TILLAC €€€

1138, route de la Turbie
✆ 04 93 29 80 68
www.hotel-terrasses-deze.com
Ouvert tous les jours de 12h à 14h et de 19h à 22h. Menu déjeuner 22 €, menu dîner 45 €.

Le pittoresque village médiéval d'Eze abrite cette excellente adresse gourmande offrant une vue sur la Méditerranée à couper le souffle ! En cuisine, le chef et sa brigade exercent leur art avec sensibilité et sincérité autour d'une cuisine créative, goûteuse et colorée où les produits locaux de saison rencontrent avec élégance et étonnement les herbes et les fleurs de la région...Une cuisine bistronomique méditerranéenne qui s'accompagne d'une belle sélection de vins Bio. Une adresse délicate nichée dans un bel écrin à (re) découvrir savoureusement.

SPA LES TERRASSES D'EZE

1138, route de la Turbie ✆ 04 93 29 80 68
www.hotel-terrasses-deze.com
Ouvert toute l'année de 10h à 19h en basse saison et de 10h à 20h l'été. Escale Découverte à 79 €.

Au cœur de l'hôtel 4 étoiles raffiné se cache un spa de 500 m² offrant une vue splendide sur le front de mer d'Eze. L'expérience bien-être s'annonce hors du commun grâce à une offre complète de soin allant du « Parcours bien-être » en quatre étapes avec séance de relaxation suivi du Tepidarium, du hammam, du bio sauna et sauna finlandais. Mais aussi la chambre de flottaison, où vous pourrez apprécier un moment de détente qui équivaut à un sommeil profond de 4 à 6h ! sans oublier les soins traditionnels et les gommages.

LA TURBIE ★★★

Située à 500 m au-dessus de la mer, La Turbie est le point culminant de la Via Julia Augusta qui reliait Cimiez, capitale de la province romaine des Alpes-Maritimes, à Gênes. C'est donc ce site remarquable qui a été choisi par le Sénat romain pour élever un trophée à la gloire de l'empereur Auguste, vainqueur des Ligures des Alpes et d'autres peuplades. Ce trophée a été fortement malmené au cours des siècles puis fut partiellement restauré au début du XXe siècle, en partie sous l'impulsion et avec la contribution sonnante et trébuchante d'un mécène américain, Edward Tuck, qui confia les travaux de restauration à l'architecte Jules Formigé.

TROPHÉE D'AUGUSTE

Avenue Albert 1er ✆ 04 93 41 20 84
www.trophee-auguste.fr
Ouvert du mardi au dimanche de 9h30 à 13h et de 14h30 à 18h30. Gratuit mineur. Boutique. Animaux non admis.

Érigé à la frontière entre l'Italie et la Gaule en l'an 6 avant Jésus-Christ à la gloire du neveu de l'empereur Auguste, ce monument devenu musée symbolise la puissance de l'Empire romain que la pacification des Alpes. Un trésor d'architecture et d'histoire composé d'une colonnade dorique circulaire qui comportait alors des niches où été placées des statues de tous les généraux s'étant illustré pendant les campagnes d'Auguste. À l'intérieur de l'enceinte du trophée se trouve une maquette de la reconstitution du monument ainsi que de nombreux documents et objets.

HOSTELLERIE JÉRÔME €€

4, avenue du Général-de-Gaulle
✆ 04 92 41 51 51
www.hostellerie-jerome.com
Ouvert toute l'année. Tarif des chambres sur demande. Restauration L'Hostellerie Jérôme et Le Café de La Place.

L'Hostellerie Jérôme, c'est une très belle table de La Turbie, mais aussi un très joli point de chute où dormir. Au total, trois chambres à la décoration raffinée allient modernité et authenticité pour vous accueillir. Vous aurez le choix entre celles offrant une vue sur le village ou celles dévoilant un panorama absolument fabuleux sur la mer. Sur place, pour vous restaurer vous pourrez vous délecter des plats gastronomiques signés Bruno Cirino ou vous attabler au Café de la Place, l'autre adresse gourmande de l'Hostellerie Jérôme, 2 étoiles au guide Michelin.

CÔTE LITTORAL

CAFÉ DE LA FONTAINE €

4, avenue du Général-de-Gaulle
© 04 93 28 52 79
www.hostellerie-jerome.com
Ouvert tous les jours le midi et le soir.

Une valeur sûre ! Ce café est l'annexe bistrotière de l'Hostellerie Jérôme. L'ambiance est détendue, et le service aimable. Après quelques travaux, le bistrot d'antan offre un espace modernisé sans pour autant dire adieu à l'esprit conviviale qu'e vous aimerez certainement tout autant que nous. On y déguste des recettes élaborées à base de produits du marché et l'ardoise ensoleillée du chef Bruno Cirino change quotidiennement, véritable gage de fraîcheur. Les assiettes sont jolies, soignées et ce pour un excellent rapport qualité-prix.

HOSTELLERIE JÉRÔME €€€

4, avenue du Général-de-Gaulle
© 04 92 41 51 51
www.hostellerie-jerome.com
Ouvert au dîner seulement. Fermeture hebdomadaire : dimanche et lundi, sauf en juillet et août. Terrasse.

Dans cette merveilleuse maison du XIIIe siècle dressée au sein du vieux village, une vaste salle voûtée abrite vos repas orchestrés par le talentueux Bruno Cirino. Vos papilles apprécieront ici une carte riche en saveurs, sans cesse renouvelée, qui fait la part belle aux produits de saison. Que votre choix se porte sur un plat à base de viande ou de poisson, le résultat est toujours créatif et délicat. Et ce moment devient absolument divin si vous avez la chance d'occuper l'une des tables en terrasse s'ouvrant vers la mer. Très belle cave à vin.

LA TABLE GOURMANDE - BARBERA 1902 €

13, avenue de la Victoire
© 04 93 41 58 49
http://latablegourmande-laturbie.fr
Ouvert toute l'année. Du mardi au samedi le midi et le soir. Service de livraison du mardi au dimanche soir. Terrasse.

A la fois restaurant traditionnel, existant depuis 1902 et spécialiste du sushi/maki, cet établissement propose des recettes élaborées à base de produits de qualité et de saison tandis que le savoir-faire se transmet de génération en génération. Côté sushis, c'est le maître Ming et sa femme qui préparent chaque jour sous les yeux des clients les spécialités japonaises. L'accueil est avenant et chaleureux, le sourire et l'humour de rigueur. Un endroit futé !

LE COIN DU FROMAGER

9-11, place Théodore-de-Banville
© 04 93 57 52 19
www.coindufromager.com
Boutique ouverte du mardi au samedi de 9h à 13h et de 15h30 à 20h. Le dimanche de 9h à 13h. Dégustation de 19h à 22h.

Le Coin du Fromager, c'est une fromagerie, bien entendu mais c'est aussi une épicerie fine et une cave à vins où l'on se plait à découvrir et déguster de bons produits du terroir. Vous pourrez alors y composer votre propre plateau ou sélectionner yaourt, beurre et crème fraîche parmi un vaste éventail de produits affinés avec un délicat savoir-faire. Un arrêt incontournable où l'ambiance à la fois détendue et familiale ajoute à la qualité du lieu déjà affable et intemporel. Possibilité de petite restauration sur place ou sur la belle terrasse dès les beaux jours.

LA CAVE TURBIASQUE €€

Place Théodore de Banville
© 04 93 41 15 02
Ouvert toute l'année. Fermeture annuelle entre février et mars. Du jeudi au mardi de 8h à 23h30. Terrasse.

Voici une très belle adresse qui propose une cuisine méditerranéenne simple, variée et authentique. L'ensemble des plats proposés sont savoureux, frais et de saison, d'ailleurs tout est fait maison. Les suggestions évoluent chaque semaine selon l'humeur du chef et le marché. D'agréables surprises dans l'assiette s'associent à une décoration cosy et à un accueil généreux. Le service est irréprochable et le patron plein de gentilles attentions. On aime beaucoup cette excellente adresse qui compte de nombreux habitués. Bon rapport qualité-prix.

MONTE-CARLO GOLF CLUB

Route du Mont-Agel
© 04 92 41 50 70
https://golfdemontecarlo.com/
Ouvert toute l'année. Location matériels. Caddy. Driving range. Proshop. Vestiaire gardé. Restauration. Boutique.

Ce parcours de 18 trous situé à 900 m d'altitude construit en 1911 est l'un des plus beaux de la Côte d'Azur. Que ce soient pour les perspectives qu'il offre sur les montagnes environnantes depuis sur les onze premiers trous ou le point de vue sur la mer depuis le treizième, le spectacle de la nature est grandiose. Le restaurant de cuisine traditionnelle, réservé uniquement aux membres, est ouvert du mardi au dimanche midi. Le bar propose quant à lui un service snack (sandwichs, croque-monsieur...) tout au long de la journée.

ROQUEBRUNE-CAP-MARTIN ★★

Prolongement naturel de Roquebrune, la presqu'île du cap Martin est quelque peu comparable à celle d'Antibes. Ce site hautement résidentiel est parsemé de majestueuses résidences qui se dissimulent dans des parcs aux arbres centenaires. Il est possible d'en effectuer le tour à pied en empruntant le sentier des douaniers dit Le Corbusier en souvenir du célèbre architecte qui possédait à l'époque un cabanon sur le cap. Le chemin longe des plages magnifiques et des jardins fleuris. Découvrez également pins d'Alep, palmiers et autres arbres méditerranéens procurant fraîcheur et ombrage, et constituant un décor grandiose typiquement local.

© LUCENTIUS

Ruelle du village de Roquebrune-Cap-Martin.

CHÂTEAU DE ROQUEBRUNE

Vieux village

✆ 04 93 35 07 22

www.rcm-tourisme.com

Ouvert du 1er juin au 30 septembre : de 10h à 13h et de 14h30 à 19h. Horaires variables en basse saison.

Alors qu'à l'origine le château englobait le village tout entier, le donjon seul au cœur du village de Roquebrune a aujourd'hui pris la dénomination de « château ». Haut de 26 m, il témoigne du rôle militaire important joué autrefois par la cité. On visite d'abord la grande salle du château puis la salle des Gardes, le magasin des vivres et les prisons. Au deuxième étage, une petite salle des gardes et le dortoir des archers. Au troisième étage, la demeure seigneuriale, l'étage noble du château. La plate-forme d'artillerie offre une vue exceptionnelle.

OFFICE D'ANIMATION TOURISTIQUE

218, avenue Aristide-Briand ✆ 04 93 35 62 87

www.rcm-tourisme.com

Juillet et août ouvert de 9h30 à 13h et de 14h à 18h30, les dimanches et les jours fériés de 10h à 13h.

Toute l'année, de nombreuses visites commentées payantes comme celle du village médiéval ou du fort du Cap Martin sont organisées. Inscription au minimum la veille de la visite. Pour plus d'informations et de renseignements, l'ensemble des équipes se tient à votre disposition. Adresses gourmandes, lieux de découvertes à l'image de l'olivier millénaire, l'église Sainte-Marguerite, le fort du Cap Martin, le monument dédié à l'impératrice Sissi : il y a tellement de choses à y découvrir !

LE CABANON DE LE CORBUSIER

Sentier du littoral des Douaniers ✆ 04 92 15 01 41

https://capmoderne.com/fr/lieu/le-cabanon/

Visite guidée sur réservation uniquement. Prévoir des chaussures adaptées à la marche. Animaux non admis.

La cabane primitive revue par un designer de renom voilà comment décrire le cabanon de Le Corbusier ! Minimaliste, c'est en 1952 que ce lieu de vie riche en anecdotes a été créé. Sommairement meublée, c'est le pied à terre de l'artiste et de sa femme lors de ses séjours au bord de la Méditerranée.

▶ La fragilité du cabanon nécessite une limitation dans le nombre de visiteurs. L'entrée dans le Cabanon n'est autorisée que par groupe de 4 personnes maximum accompagnées d'un guide.

VILLA E-1027 EILEEN GRAY

Avenue Le Corbusier

✆ 06 48 72 90 53

https://capmoderne.com/fr/lieu/villa-e-1027/

Visites sur réservation uniquement. Réservation obligatoire pour tous les publics.

Icone moderne à elle seule, cette magnifique demeure située en bord de mer et classée aux Monuments historiques depuis l'an 2000 est désormais ouverte au public. La bâtisse fut la propriété de la décoratrice et architecte Eileen Gray et de Jean Badovici. L'endroit allie dès 1929 modernité et science du confort climatique. Le nom de la maison est un code pour ses propriétaires : *E* pour Eileen, *10* pour le *J* de Jean, *2* pour le *B* de Badovici et *7* pour le *G* de Gray. A l'intérieur, de superbes fresques ont été peintes par Le Corbusier.

CÔTE LITTORAL

LE VILLAGE MÉDIÉVAL ET SON CHÂTEAU

✆ 04 92 10 48 48
https://roquebrune-cap-martin.fr/
Ouvert toute l'année. Visites libres avec audio guide. Gratuit jusqu'à 6 ans. Adulte : 5 €.

Le château fut construit en 970 par le comte de Vintimille, Conrad Ier, dans le but de défendre ses terres. La forteresse comprenait alors tout le village. Au XVe siècle, les Grimaldi augmentèrent la puissance militaire de ce donjon. Vendu comme bien national en 1808, il fut revendu en 1911 à un riche touriste britannique qui en fit don à la ville en 1921. Depuis 1927, il est inscrit à l'Inventaire supplémentaire des Monuments historiques. Promenade ensoleillée en perspective.

MONTE CARLO BEACH***** €€€

Avenue Princesse-Grace ✆ 04 93 28 66 66
www.monte-carlo-beach.com
Accueil 24h/24. Accès direct à la plage. Piscine. Jardin. Bar. Restauration 1 étoile au Guide Michelin. Fitness. Hammam.

Créé à l'aube des années folles pour accueillir le gotha dans un palace « les pieds dans l'eau », le Monte Carlo Beach Hôtel demeure un lieu d'exception hors du temps. C'est l'architecte et designer India Mahdavi qui a repensé les lieux en imaginant une romance dans l'esprit des années 30. Les chambres et suites sont équipées de haute technologie ce qui n'enlève rien au charme poétique des espaces gorgés de lumière avec la mer pour seul horizon. Les fresques murales, réminiscences de Matisse, sont une ode poétique, et la déco est une invitation au farniente.

HÔTEL REGENCY** €€

98, avenue Jean-Jaurès
✆ 04 93 35 00 91
www.hotelregencymonaco.com
Ouvert toute l'année. Accueil de 8h à 22h. Chambre double à partir de 90 €. Animaux acceptés. Jardin.

Construit à flanc de colline, à 900 m de la Principauté de Monaco, l'hôtel donne accès direct à la plage du Golf Bleu en contrebas. Les chambres, entièrement rénovées, offrent pour certaines une vue époustouflante sur la mer. Toutes sont confortables, et très bien équipées. Le petit-déjeuner est servi à la belle saison dans un agréable jardin fleuri et ombragé ; l'hiver dans un salon véranda. L'idéal pour commencer la journée, quelle que soit la saison. Accueil professionnel et courtois. Une adresse de charme, aux tarifs attrayants.

LA DIFFÉRANCE €

Sentier des Douaniers ✆ 04 92 07 35 51
www.ladifferance.com
Fermeture annuelle entre novembre et février. Ouvert du jeudi au mardi le midi et le soir. Terrasse. Vente à emporter.

Le *a* de La DifférAnce (pour amour) est le mot clé car ici, tout est fait avec affection dans ce restaurant accroché aux rochers au-dessous des tennis du Monte-Carlo Country Club. Sa grande terrasse domine la Grande Bleue et le cap Martin : de quoi vous donner envie de vous installer et de passer un bon moment. S'y ajoute un accueil chaleureux et familial. Les assiettes soigneusement dressées confirment le reste : de la qualité, des produits frais avec des suggestions journalières suivant le marché servis copieusement. Sentier des douaniers en contrebas.

LE ROQUEBRUNE*** €€

100, avenue Jean-Jaurès
✆ 04 93 35 00 16
www.le-roquebrune.com
Ecolabel européen. Ouvert toute l'année. Chèque Vacances. Label Tourisme & Handicap. Animaux acceptés. Restauration.

Si vous recherchez un hôtel romantique où séjourner alors cet établissement fait office de choix idéal. Les chambres sont dotées d'une vue à couper le souffle et de terrasses face à la Méditerranée. Pour bien commencer la journée, le petit-déjeuner est aussi copieux qu'appétissant, l'après-midi rendez-vous au salon de thé, le service est aimable et souriant, sans oublier la proximité de l'hôtel avec les différents lieux de visite. Quant au restaurant, la table doit être réservée : commandez le menu élaboré à partir des récoltes du terroir et de la pêche locale.

LE FANAL €€

31, promenade Robert-Schuman
✆ 04 93 35 53 80
www.restaurant-lefanal.com/
Ouvert tous les jours le midi et le soir l'été. Transats : 12 € la journée. Terrasse. Vente à emporter.

Le Fanal est un restaurant de plage situé les pieds dans l'eau. On aime cette belle terrasse élégante dans les tonalités de gris perle et de blanc. La cuisine s'affiche à l'ardoise et change toutes les semaines. C'est frais, savoureux et le personnel est souriant. En hiver, les habitués se retrouvent en terrasse dès que le soleil pointe son nez. A la belle saison, on se prélasse sur les transats sur la plage en sirotant un cocktail. N'hésitez pas à vous renseigner sur leur page Facebook pour connaître les événements organisés durant l'été.

RÉSIDENCE LE GOLFE BLEU €€

5, avenue Georges Drin ✆ 04 92 10 45 00
www.legolfebleu.com

Ouvert toute l'année. Du studio (3 pers) au 2 pièces (6 pers) de 380 à 1 000 € la semaine selon saison.

Une résidence hôtelière bien entretenue et merveilleusement située face à la « grande bleue ». L'atout indéniable est cette vue splendide sur la côte de Menton à Monaco. Les appartements sont répartis sur 3 bâtiments tous orientés plein sud. Vous avez un accès direct à la plage en contrebas. L'établissement dispose d'une piscine avec solarium. Côté confort, tous les hébergements sont entièrement équipés et bénéficient d'une terrasse individuelle. Certaines ont de très beaux volumes. A conseiller même en hiver, si vous souhaitez profiter de tarifs vraiment très abordables pour la région !

HÔTEL-RESTAURANT LES DEUX FRÈRES €€

1, place des Deux-Frères ✆ 04 93 28 99 00
www.lesdeuxfreres.com
Maître Restaurateur. Ouvert du mercredi au dimanche le midi et le soir ainsi que pour le petit déjeuner.

En toute saison, découvrez la cuisine du chef Giuseppe Crespa dans ce restaurant où une magnifique terrasse reposante offre une vue magique sur la mer. Avec une touche bistrot-chic, la cuisine proposée sera ravir les palais les plus délicats à grands renforts de saveurs locales. Incontournable le saumon fumé «maison», est à découvrir absolument. A noter que le restaurant est cité comme étant «très bon» par Vanessa Paradis et Romain Duris dans le film L'Arnacoeur.

SOLENZARA €€

4, avenue Robert-Schuman ✆ 04 22 17 03 13
www.plage-solenzara.fr
Ouvert toute l'année. D'avril à septembre ouvert tous les jours dès 9h. Terrasse. Bar. Jeux pour enfants. Espace lounge.

Un cadre incroyable, une plage idéalement située, des plats excellents, un personnel sympathique : voici une adresse qui saura séduire vos cœurs et vos estomacs. Avec sa décoration épurée et ses impressionnantes verrières en métal qui s'ouvrent et se ferment au fil des saisons, la salle intérieure de l'établissement donne accès à un espace lounge, puis à une immense terrasse arborée où trône un bar central. La terrasse débouche sur une profonde plage de galets jusqu'à la Grande Bleue. Les lève-tôt seront eux aussi comblés avec un petit-déjeuner servi dès 9h.

RESTAURANT L'HIPPOCAMPE €€

44, avenue Winston-Churchill
✆ 04 93 35 81 91
www.hippocampe-restaurant.com
Fermeture annuelle du 12 novembre au 5 décembre. Ouvert le midi du mardi au dimanche et les vendredis et samedis soir.

Le restaurant familial L'Hippocampe met tout en œuvre depuis 1963 pour vous satisfaire ! Ici, tous vos sens sont mis en éveil. D'abord la vue puisqu'on vous propose de déjeuner ou dîner avec une vue imprenable sur toute la baie de Menton. Puis l'odorat où l'air iodé vous embarque dans un autre univers, et enfin le goût d'une cuisine authentique, inventive et traditionnelle à la fois. Le plus difficile reste de choisir ! L'été, prolongez la détente et le plaisir en louant un transat : prélassez-vous alors sur la plage privée située en contrebas du restaurant.

LE DECK €€€

Avenue Princesse-Grace
✆ +377 98 06 41 51
www.monte-carlo-beach.com
Ouvert du lundi au vendredi de 12h30 à 15h30. Jusqu'à 16h le week-end et en été. Jardin. Terrasse. Boutique. Animations.

Un air de vacances souffle sur cette terrasse ouverte en été seulement. Le cadre pour y déjeuner ou prendre le fameux brunch du dimanche est idyllique : face à la magnifique piscine-miroir du Monte Carlo Beach. Le chef propose ici une cuisine fraîche et créative de grande qualité aux accents italiens bien marqués, qu'il s'agisse de salades de saison, de viandes rouge et blanche, de pâtes à l'italienne, de poissons frais et de desserts gourmands. Une belle adresse qui marie à merveille luxe, calme et volupté. Possibilité d'organiser des évènements.

LA ROQUEBRUNOISE €€

12, avenue Raymond-Poincaré
✆ 04 93 35 02 19
www.laroquebrunoise.com
Maître Restaurateur. Ouvert tous les soirs de la semaine. Mercredi, samedi et dimanche midi et soir. Jardin. Terrasse.

Labellisé maître restaurateur, ce restaurant propose aux gourmets d'une cuisine certifiée faite maison de terroir et de tradition, cherchant à allier les saveurs traditionnelles françaises aux épices et aux aromates. De belles assiettes élaborées par le chef Raluca Bila Cosmina et servies sur une terrasse agréablement ombragée offrant une vue absolument exceptionnelle sur le château et la mer. Un cadre atypique pour une cuisine raffinée et authentique. Une adresse incontournable à Roquebrune, d'autant que le service est de qualité.

RESTAURANT ELSA €€€

Avenue Princesse-Grace
✆ 04 93 28 66 66
www.monte-carlo-beach.com
Relais & Châteaux. Tous les jours de 12h30 à 14h30 et de 19h30 à 22h de début mars à fin octobre. 1 étoile Michelin.

Elsa, c'est une expérience de goût à ne pas manquer si vous êtes férus de recettes bio. Le Chef Benoit Witz séduit avec une cuisine élaborée avec un choix de produits locaux et régionaux certifiés AB. Le pain est même confectionné deux fois par jour avec de la farine biologique. Dès la belle saison, on profite de la terrasse élégante et immaculée qui offre l'une des plus belles vues de la Principauté comme suspendue au-dessus de l'eau. Le service est professionnel sans être guindé, mention spéciale au sommelier qui saura accorder à merveilles mets et vins.

LA VIGIE €€€

Avenue Princesse-Grace ✆ +377 98 06 52 52
www.montecarlosbm.com/en/restaurant-monaco/the-vigie-lounge-and-restaurant
Ouvert à partir de juin à mi-septembre. Lounge de 17h à minuit. Restaurant de 19h30 à 23h30. Jardin. Terrasse.

L'endroit est préservé comme une presqu'île minuscule donnant sur la Méditerranée. On déjeune dans une nature chic des plats régionaux confectionnés avec passion aussi beaux que bons, de poissons surtout mais que les amateurs de viandes se rassurent, celles à la carte sont absolument fabuleuses. Un voyage des sens qui continue jusqu'au coucher de soleil où champagne et DJ viennent prendre le relais dès 17h. L'été, la Vigie propose le généreux et convivial *brunch* dominical qui peut se prolonger sur un transat ou dans l'espace lounge jusqu'à minuit.

GLA'SS

21, avenue Francois de Monléon
✆ 04 92 10 98 98
Ouvert tous les jours de 14h à 19h. Ouvert de mars à fin octobre. Ouvert tard le soir l'été. Glaces à emporter.

A quelques encablures de la promenade du bord de mer, cette petite boutique toujours assaillie de monde est un petit bijou de gourmandise fort apprécié des amateurs de vraies glaces artisanales. Le maître des lieux est un passionné, formé en Italie dans la pure tradition. Toutes les glaces et sorbets sont préparés avec des fruits frais de qualité, en respectant les saisons et sans ajout de colorant artificiel ni de conservateur. Résultat ? Des saveurs délicieuses ! Ajouter à cela la gentillesse du propriétaire et son sens de l'accueil... Un véritable délice !

MONTE CARLO BEACH CLUB

Avenue Princesse-Grace
✆ +377 98 06 52 63
www.monte-carlo-beach.com
Ouvert de mi-avril à mi-octobre. Sports et activités nautiques. Espace piscine et spa. Restauration.

Le Monte Carlo Beach Club bénéficie d'un cadre paradisiaque pour un pur moment de farniente. Passez une journée sur un transat de la jolie plage privée ou profitez de la piscine d'eau de mer chauffée à 24°C pour vous relaxer. Les plus actifs privilégient les activités nautiques à la traditionnelle séance bronzette. Notez toutefois que pour toutes les activités nautiques, les enfants doivent être accompagnés par leurs parents. Les pieds dans l'eau, vous pourrez également en profiter pour faire une halte gourmande au restaurant Elsa ?

LE PICCADILLY €€

16, avenue François-de-Monléon
✆ 04 93 35 87 16
www.lepiccadilly.com
Ouvert lundi, mardi et du jeudi au samedi de 8h à 2h ; le dimanche de 10h à 2h. Fermé le mercredi. Vente à emporter.

Il règne dans ce café-restaurant-bar une ambiance conviviale où bonne humeur et entente sont ici les maîtres-mots. Si la salle est de style anglais, si la carte du menu a la forme d'un plan de métro londonien et si la présentation de l'équipe sur le site Internet ne manque pas d'humour, la cuisine est résolument méditerranéenne : les pâtes se déclinent avec des sauces savoureuses classiques et originales ; sans oublier les traditionnelles pizzas. Les plats et suggestions changent régulièrement mais le sourire et la bonne humeur restent. Une adresse bien futée !

© LE PICADILLY

© LE PICADILLY

CÔTE LITTORAL

SAINT-JEAN-CAP-FERRAT ★★★

Entre Beaulieu et Villefranche-sur-mer, le sentier des Douaniers se fraye un passage discret à travers les falaises calcaires jusqu'au phare du Cap Ferrat édifié en 1827 par les Sardes puis rebâti en 1951 après la seconde guerre mondiale. Il donne accès à quelques plages qui raviront tous les publics. Attention : passage déconseillé les jours de grands vents. Sauvage, voire difficile d'accès par endroits, le sentier se faufile aux dessus des flots et permet de rejoindre de magnifiques plages.

Plage de Passable

Idéale pour les familles. Elle est large, profonde et, en saison, est occupée par une plage privée sur un tiers de sa surface. Aisément accessible depuis la route (se garer à proximité en pleine saison relève de l'impossible), on y accède aussi par le sentier des Douaniers depuis le petit port de pêche.

Anse des Fosses et Anse des Fossettes

Après avoir fait le tour du cap, les Anses permettent de se rafraîchir. Le stationnement est payant pour les deux plages. Sur la première, l'eau y est turquoise et les petits galets côtoient le sable. Elle est souvent prise d'assaut l'été alors que la deuxième, plus à l'écart, se révèle plus tranquille.

Plage de Paloma

Non loin des Anses, en direction de la Pointe de Saint-Hospice, cette plage offre une belle vue sur les montagnes, à l'abri du mistral. On y accède par le sentier des Douaniers et la route. Elle est privatisée une bonne partie de l'année.

Plage du port

En allant vers la pointe de la Fontaine, juste après le port de plaisance, une large plage de sable, orientée est, permet de profiter pleinement du soleil, dans l'eau et en dehors.

Baie des Fourmis

Une fois parvenu à la fin du sentier, la baie des Fourmis est l'ultime occasion de profiter de la mer, tout en récupérant sur la plage de sable privatisée qui sert d'excellents repas. Le cadre est magnifique, bordé de pins parasols.

VILLA & JARDIN EPHRUSSI DE ROTHSCHILD

1, avenue Ephrussi-de-Rothchild
✆ 04 93 01 33 09
www.villa-ephrussi.com

La villa est ouverte tous les jours de 10h à 19h en haute saison. Gratuit jusqu'à 6 ans. Visite guidée. Boutique

Témoin de la grandeur de la Belle Époque, cette villa est l'une des plus belles demeures de la Côte d'Azur. Inspirée des grandes bâtisses Renaissance de Venise et Florence, la maison présente une douzaine de salons et d'appartements qui abritent un mobilier et des éléments décoratifs d'un grand raffinement ainsi qu'une collection extraordinaire d'œuvres d'art. En vous promenant dans les neuf jardins thématiques, vous passerez d'un continent à l'autre, d'un siècle à l'autre et d'une civilisation à l'autre. On voyage ainsi au travers des jardins à la française, japonais, espagnol, florentin, provençal, exotique, lapidaire, ainsi qu'une roseraie absolument magnifique et un jardin de Sèvres. Depuis le promontoire, on domine la mer avec pour seul bruit, le doux murmure d'une petite fontaine. Des soirées musicales et visites nocturnes sont organisées ponctuellement pour profiter autrement de ce lieu majestueux. Des brunchs sont sont également proposés tous les premiers dimanches de janvier, février, mars, novembre et décembre. En semaine, vous pourrez aussi vous restaurer à l'heure du déjeuner ou du goûter, au salon de thé-restaurant installé dans l'ancienne salle à manger de Béatrice Ephrussi de Rothschild. En cuisine, la cheffe Aude Filipowski dresse avec finesse des assiettes simples et toutes aussi élégantes que le lieu dans lequel elle officie. A l'arrivée des beaux jours, vous pouvez prendre place sous les orangers de la terrasse, un véritable enchantement.

VILLA SANTO-SOSPIR

14, avenue Jean-Cocteau
✆ 04 93 76 00 16
www.villasantosospir.fr

La Villa Santo Sospir est fermée au public pendant les travaux de restauration, de juin 2018 jusqu'en septembre 2021

Propriété de Francine et Alec Weisweiller depuis 1946 et utilisée comme maison de vacances, les murs de la villa étaient restés vides. Proche amie de Jean Cocteau qui y résida un été en 1950, l'artiste demanda à Francine s'il pouvait dessiner au fusain la tête d'Apollon au-dessus de la cheminée du salon… De fil en aiguille, il tatoua des fresques sur tous les murs de la maison ; même les plafonds. Notez que la Villa Santo Sospir est fermée au public pendant les travaux de restauration, allant de juin 2018 jusqu'en septembre 2021.

BUREAU D'INFORMATION TOURISTIQUE ST JEAN CAP FERRAT

5, avenue Denis-Séméria ✆ 04 93 76 08 90
www.saintjeancapferrat-tourisme.fr/
Ouvert l'été du lundi au samedi de 9h à 18h30. Dimanches et jours fériés et d'octobre à avril de 9h à 13h et 14h à 17h.

Le Bureau d'Information Touristique dispose de deux bureaux d'accueil, l'un en centre-ville et l'autre à l'entrée de ville en arrivant par la basse Corniche. En plus de fournir toutes les informations pratiques sur le secteur, son équipe organise des sorties en mer en partenariat avec la compagnie AMV. Le circuit débute au port de Saint-Jean-Cap-Ferrat, pour faire le tour de la rade de Villefranche-sur-Mer, avant de revenir à la plus intime Baie des Fourmies. Réservation obligatoire.

HÔTEL BRISE MARINE*** €€

58, avenue Jean-Mermoz
✆ 04 93 76 04 36
www.hotel-brisemarine.com
Fermeture annuelle de novembre à mars. Accueil jusqu'à 21h30. Chambre double à partir de 155 €. Parking payant.

Cet établissement situé dans un environnement exceptionnel propose seize chambres et studios aux tonalités provençales dans une ancienne villa italienne construite en 1878 située à 50 mètres des plages et quelques minutes du port. Propriété des époux Yves Maîtrehenry, l'Hôtel Brise Marine propose des chambres confortables qui, pour certaines, offrent une jolie vue mer. Une belle terrasse face à la mer et un jardin fleuri qui invite au farniente le temps d'un après-midi d'été... Un cadre idéal pour se reposer en toute tranquillité.

HÔTEL L'OURSIN** €€

1, avenue Denis-Semeria
✆ 04 93 76 04 65
www.hoteloursin.com
Ouvert toute l'année. 15 chambres. Chambre double à partir de 79€. Animaux acceptés.

À seulement 50 m du port et en plein cœur du village, ce petit hôtel est atypique ! Et pour cause, il ressemble d'avantage à une boutique d'antiquités...Les amateurs de «vintage» seront servis ! La propriétaire des lieux adore les vieux objets de valeur et tout l'établissement regorge de meubles de caractère. Les chambres sont confortables, bien équipées et climatisées : toutes différentes, certaines ont vue une agréable vue sur la mer. Une petite adresse sans prétention où l'accueil est conviviale. Chambres abordables pour des vacances agréables.

GRAND HÔTEL DU CAP-FERRAT***** €€€

71, boulevard Général-de-Gaulle ✆ 04 93 76 50 50
www.fourseasons.com
Ouvert toute l'année. Accueil 24h/24. Piscine. kids club. Animations. Spa avec jardin privatif et soins en extérieur

Imaginez une majestueuse bâtisse blanche nichée au cœur d'un immense jardin plongeant sur la mer... Certaines suites sont dotées de leur propre piscine et d'une terrasse de 30 m2. Un Spa propose quant à lui une gamme complète de soins. En terme de restauration, La Véranda offre une atmosphère détendue et une cuisine légère. Pour des dîners élégants, direction le restaurant gastronomique Le Cap, étoilé au guide Michelin. Pour déjeuner au bord de la piscine, ce sera Le Club Dauphin.

HÔTEL ROYAL-RIVIERA***** €€€

3, avenue Jean-Monnet
✆ 04 93 76 31 00
www.royal-riviera.com
Fermé fin de novembre à janvier. 94 chambres. Restauration. Boutique. Spa. Plage privée de mai à septembre. Piscine.

En bordure de la baie des Fourmis face à la Villa Kérylos, ce palace de la chaîne Leading Hotels of the World a fière allure. La décoration à l'esprit Art Déco et néo-hellénique apporte élégance et sérénité. Les chambres, spacieuses et lumineuses, s'ouvrent sur les luxuriants jardins, la Méditerranée ou la montagne. Les vastes terrasses ensoleillées, la piscine à débordement et la plage privée de sable fin apportent à votre séjour un bonheur supplémentaire. La « Table du Royal » ajoute le complément culinaire parfait à ce splendide 5 étoiles.

CAPITAINE COOK €€

11, avenue Jean-Mermoz
✆ 04 93 76 02 66
Ouvert du jeudi au mardi le soir ; du vendredi au mardi le midi. Terrasse.

Captain Cook propose une cuisine méditerranéenne qui allie nouveauté, tradition et saveurs de la mer autour des bons produits du marché. Spécialiste dans la préparation de poissons et de fruits de mer et ce, depuis 1986 l'établissement propose à sa carte de la salade de poulpe, des ravioles de saumon, des sardines farcies, du loup grillé ou encore de la bisque bouille (petite bouillabaisse). Vous apprécierez tout autant les plats de viandes. Une excellente table, qui propose une cuisine à base de produits frais, un service impeccable et des prix raisonnables.

CÔTE LITTORAL

LE PACHA DU SLOOP €€

Port de plaisance © 04 93 01 48 63
www.le-pacha-du-sloop-restaurant-st-jean-cap-ferrat.com/
Ouvert du vendredi au mardi midi et soir ; Jeudi le soir. Fermé le mercredi. Terrasse. Vente à emporter.

Situé sur le port de Saint-Jean-Cap-Ferrat, Le Pacha du Sloop affiche une bonne ambiance et un accueil des plus chaleureux. On découvre la carte confortablement installé sur la très belle terrasse de cet établissement charmant et entièrement réaménagé. La vaste salle intérieure est quant à elle très conviviale. La cuisine est traditionnelle et savoureuse : les plats sont essentiellement préparés avec des produits frais et de saison, selon l'arrivage. Une belle adresse, peu onéreuse au vu de l'emplacement, à découvrir absolument.

PASSABLE €€

8, Chemin de Passable
© 04 93 76 06 17
www.plage-de-passable.fr
Plage ouverte de la mi-avril à fin septembre de 10h à 00h. Voiturier. Ponton privé. Activités nautiques.

Face à la baie de Villefranche, la charmante plage de Passable, véritable joyau sauvage, vous propose une journée sous le signe de la détente. Vous pourrez vous prélasser au soleil, faire du paddle ou encore louer un bateau. Pour déjeuner ou dîner, les pieds dans l'eau, le restaurant offre une carte d'inspiration méditerranéenne. Et si vous souhaitez de l'intimité, il est aussi possible de vous faire livrer sur le bateau. Le soir venu, sirotez un cocktail face au coucher de soleil. Vous vous sentirez transportés par le cadre idyllique de cet endroit.

LE PIRATE €€

Nouveau Port de Plaisance
© 04 93 76 12 97
www.restaurant-le-pirate.com
Fermé d´octobre à avril. Ouvert de le lundi midi ; du mardi au dimanche le midi et le soir en haute saison. Terrasse.

Le drapeau noir flotte sur la marmite de ce sympathique restaurant où la terrasse côtoie les yachts du port de plaisance. On propose ici une cuisine traditionnelle forcément orientée vers les poissons et les fruits de mer – livraison possible pour les plaisanciers qui voudraient déguster un plateau de fruits de mer sans quitter leur bateau. Pour les autres, découvrez des poissons frais, crustacés, spaghettis, raviolis, risottos, pissaladière et autres salades composées. On trouve aussi pour les carnassiers des plats de viande, sans oublier les desserts maison.

LA SALADERIE DU PACHA €€

Terre-plein du nouveau port © 04 93 54 98 36
Ouvert tous les jours de 8h à 22h, fermé le mercredi. Accueil des groupes. Terrasse. Vente à emporter.

Idéalement situé sur le petit port de plaisance de Saint-Jean-Cap-Ferrat, La Saladerie du Pacha est une adresse à retenir pour tous les amateurs d'assiettes certifiées maison à la fois copieuses et goûteuses. La carte fait la part belle aux salades et aux moules et offre également de savoureux plats traditionnels et provençaux en guise de suggestion. Une table que l'on aime fréquenter pour son accueil attentionné, chaleureux et convivial toute l'année mais également dès les beaux jours sur la magnifique terrasse ensoleillée.

LA TABLE DU ROYAL €€

3, avenue Jean-Monnet © 04 93 76 31 00
www.royal-riviera.com/la-table-du-royal-restaurant-st-jean-cap-ferrat/
Ouvert tous les jours le midi et le soir. Menus de 70 € à 100 €. Carte : 60 € environ. Réservation recommandée.

La Table du Royal donne une approche contemporaine et gourmande de la gastronomie à ce superbe cinq étoiles qu'est l'hôtel Royal Riviera. La carte propose de nombreux plats raffinés, élaborés par le chef Anthony Cadei : crustacés, coquillages, risotto, viandes et volailles. Des menus sans gluten et végétariens sont également proposés. Pour terminer, des fromages affinés par Maître Bordier et des desserts maison, de saison, réalisés par un chef pâtissier. Egalement une belle carte des vins. Le dimanche, la formule brunch est à découvrir.

LA VOILE D'OR €€

7, avenue Jean-Mermoz
© 04 93 01 13 13
www.lavoiledor.fr
Restaurant ouvert de mai à septembre le soir. Hôtel ouvert de mai à octobre. Bar de plage. Terrasse.

Dans un cadre paisible et intimiste, ce restaurant respecte les traditions et les saisons. Véritable écrin, cette adresse gourmande sublime une cuisine méditerranéenne et bistronomique. C'est un lieu à découvrir, face au port, surplombant la mer dans une bâtisse construite en 1925 qui a su conserver au fil des siècles sa grandeur et son élégance. Le restaurant de la plage privée, plus décontracté, propose quant à lui une cuisine simple, légère et estivale : salade niçoise, poissons grillés proposés selon arrivage, suggestions du jour et desserts traditionnels.

LE CAP - GRAND HÔTEL DU CAP FERRAT - FOUR SEASONS €€€

71, boulevard Général-de-Gaulle ✆ 04 93 76 50 50
www.fourseasons.com/fr/capferrat

Fermé d´octobre à avril. Ouvert tous les jours le soir. 1 étoile au guide Michelin. Jardin. Terrasse. Boutique.

Savourez la cuisine gastronomique d'inspiration marine élaborée par Yoric Tièche ; une cuisine épurée, savoureuse et raffinée. Les spécialités provençales et méditerranéennes sont élaborées à l'aide de produits frais, dont certains issus des jardins de l'hôtel ! Tout s'exprime dans l'assiette grâce à la qualité des produits et à un service impeccable, au sein d'un cadre enchanteur. Le Grand Hôtel dispose de deux autres restaurants, la Véranda et le restaurant club Le Dauphin.

CAP-FERRAT DIVING

10, quai Lindbergh
✆ 06 89 26 95 25
www.capferratdiving.com

Ouvert toute l'année, tous les jours de 9h à 18h. Sortie à la journée et à la demi-journée.

Découvrez les richesses des fonds marins azuréens à bord d'un chalutier typique de la Méditerranée, le *Corto*. Vous pouvez choisir d'explorer les différents sites sous marins à travers un baptême de plongée encadré par des professionnels, vous former à la plongée profonde, améliorer votre flottabilité, votre orientation, vous essayer au scooter sous-marin ou encore à la photographie sous-marine. Cap-Ferrat Diving a récemment fait l'acquisition d'un deuxième bateau, Le Maltèse, pour proposer des randonnées aquatiques d'une journée ou d'une demi-journée.

SOS GRAND BLEU

✆ 04 93 76 17 61
www.sosgrandbleu.asso.fr

Ouvert toute l'année. Sortie en mer à la journée adulte. Observation des cétacés. Sortie côtière. Sentier sous-marin.

Depuis 1989, SOS Grand Bleu met en place des actions visant à protéger la faune et la flore de Méditerranée, plus spécifiquement les espèces menacées par le développement des activités humaines sur mer comme les dauphins et les baleines. Des balades sont organisées permettant de découvrir le patrimoine naturel local à travers la découverte du sentier d'interprétation de la pointe Saint-Hospice ainsi que des sorties en mer. Il est possible de fêter son anniversaire à bord du Santo-Sospir, reproduction authentique d'un caïque du XVIe siècle.

VILLEFRANCHE-SUR-MER ★★★★

Nichée au cœur de l'une des plus belles rades du monde, Villefranche-sur-Mer a su garder au fil des siècles son charme pittoresque. La commune doit son nom au comte de Provence qui la dota d'un statut spécial de franchise de commerce. Dès le XVIe siècle, le duc de Savoie entreprit de fortifier la belle rade pour en faire un abri contre les incursions des Barbaresques et une base de mouillage pour les galères armées. Il fit creuser le port de la Darse et bâtir la citadelle. Jusqu'au XVIIIe siècle, Villefranche fut le grand port de l'État sarde. Rattaché ensuite à la Savoie, il déclina lorsque Nice se dota à son tour d'un port. Port de pêche à l'origine, Villefranche peut également s'enorgueillir d'un long passé consacré à la marine de guerre. Prêtée à la marine impériale russe après 1856 qui en fit une base de maintenance et d'approvisionnement jusqu'à la Première Guerre mondiale, la rade abrita la VIe flotte américaine pendant plusieurs années après la Seconde Guerre mondiale et jusqu'à la sortie de la France de l'Otan en 1962. Aujourd'hui, c'est à nouveau un port de pêche et de plaisance constituant l'une des étapes les plus importantes de toutes les croisières en Méditerranée. Ville haute en couleur, gorgée de soleil et d'art, vous ne vous y ennuierez pas !

CITADELLE SAINT-ELME

✆ 04 93 76 33 27

Ouvert du lundi au vendredi de 9h à 12h et de 13h à 16h. Le weekend, sur rendez-vous. Boutique. Monument historique.

Site classé Monument historique en 1932, la Citadelle abrite les Musées Volti, Goetz- Boumeester et Roux et domine l'impressionnante rade de Villefranche. C'est le duc de Savoie Emmanuel-Philibert qui fit construire en 1566 cette citadelle afin de défendre le port et plus largement le pays niçois. Dessinée par les ingénieurs italiens, elle intègre des innovations en matière d'artillerie et notamment d'utilisation de la poudre. L'endroit garde sa vocation militaire jusqu'en 1965, date à laquelle elle est rachetée par la Commune de Villefranche-sur-Mer.

MUSÉE GOETZ BOUMEESTER

La Citadelle ✆ 04 93 76 33 27

https://villefranche-sur-mer.fr/goetz-boumeester/

Ouvert du lundi au vendredi de 8h à 12h et de 13h à 16h30. Visite guidée.

Cette donation d'art contemporain qu'Henri Goetz, peintre et graveur franco-américain, a fait à la commune de Villefranche-sur-Mer occupe tout l'étage de l'ancien bâtiment du casernement entièrement restauré. Le musée expose une cinquantaine d'œuvres de Christine Boumeester, à peu près autant d'Henri Goetz et quelques œuvres souvenirs de grands maîtres contemporains que les deux artistes ont fréquentés comme Picasso, Picabia, Miro ou Hartung. Le musée propose aussi des tableaux tactiles en résine reproduisant des œuvres qui illustrent leur parcours artistique.

MUSÉE VOLTI

La Citadelle

✆ 04 93 76 33 27

https://villefranche-sur-mer.fr/volti/

Ouvert d'octobre à mai de 10h à 12h et de 14h à 17h30 et de juin à septembre de 10h à 12h et de 15h à 18h30.

Niché au fond de la citadelle, ce musée abrite tout un peuple de femmes aux courbes voluptueuses en bronze, terre cuite ou cuivre signées Volti, l'enfant du pays qui s'inscrit dans la lignée des Rodin, Maillol et Bourdelle. Dans cet écrin de pierres brutes, ces sculptures sont un hymne à la beauté et à la féminité. Amoureux de la femme, l'œuvre de Volti glorifie le corps féminin, en combinant sculptures et architecture militaire, les rondeurs et la grâce étant pour l'artiste une source d'infinie d'inspiration. Un Musée pour les non-voyants et les mal-entendants.

BUREAU D'INFORMATION TOURISTIQUE DE VILLEFRANCHE

Jardins François-Binon

✆ 04 93 01 73 68

www.villefranche-sur-mer.com

Ouvert d'avril à septembre de 9h à 12h30 et de 14h à 17h30. En juillet et août, 7jrs/7 de 9h à 18h30.

Villefranche-sur-Mer conjugue avec talent charme et prestige. Ces multiples facettes vous seront dévoilées par une équipe souriante à travers les activités culturelles et sportives et aussi sur les bonnes tables. A noter que des visites guidées de la vieille ville et de la citadelle sont régulièrement organisées au départ de l'office de tourisme. Pour les groupes à partir de 15 personnes, des formules à la journée ou à la demi-journée sont également disponibles sur réservation.

DARK PELICAN

6, quai Amiral-Courbet

✆ 04 93 01 76 54

www.darkpelican.com

Ouvert tous les jours. De mai à octobre (uniquement sur rdv l'hiver).

À quelques minutes de Nice dans le port de Villefranche, Dark Pelican propose à la location des bateaux sans permis, ou avec permis, à l'heure, la 1/2 journée ou à la journée, et également des bateaux avec skipper, afin de naviguer de Monaco jusqu'aux îles de Lérins. Sans permis : capacité de 5 personnes, coques de 4,50 m et 5 m. Avec permis : capacité de 6 à 12 personnes, au choix gamme Prestige coques de 9 m à 13 m, Cat Camarat coques open de 5,45 m à 7,15 m, Seapioneer semi-rigide de 5 m, Master 730 open ou Arimar 730. L'enseigne loue aussi des kayaks.

Villefranche-sur-Mer.

EASY BOAT BOOKING

2, quai de l'Amiral Courbet
✆ 06 64 05 20 93
www.easyboatbooking.com
Ouvert tous les jours. Location à partir de 250 € par jour, selon le type de bateau.

Cette agence de location de bateaux vous propose un large choix sur toute la Côte d'Azur à la demi-journée, journée ou semaine selon vos besoins : semi-rigide, catamaran, péniche, moteur, voilier, yacht... Une charte du skipper Eazy Boat Booking vous sera présentée, et il vous sera possible de louer tout ou presque ! Un Cigarette boat pouvant aller jusqu'à 60 nœuds pour rallier Saint-Tropez à 5 amis ? Possible ! Un voilier pour 7 ? Encore possible ! On peut même louer des yachts de plus de 60 m, c'est vous dire, mais ceux-là, on les laissera aux plus aguerris.

HÔTEL DE LA DARSE** €

32, avenue du Général-de-Gaulle
✆ 04 93 01 72 54
www.hoteldeladarse.com
Accueil jusqu'à 21h30 (22h de mai à septembre). 21 chambres. Chambre double à partir de 72 €. Terrasse.

C'est une adresse familiale très bien placée avec une position dominante sur la rade de Villefranche. Les chambres de l'hôtel disposent pour la plupart d'un balcon, le port de plaisance ou sur le jardin. Le confort est moderne et les équipements appropriés (planche et fer à repasser mis à disposition). Les petits déjeuners sont servis sur la grande terrasse face à la Méditerranée. Un bar est également à votre disposition pour siroter un verre. C'est le paradis avec la rade de Villefranche-sur-Mer à contempler à toute heure du jour. Elle est pas belle la vie ?

HÔTEL PATRICIA** €

310, Avenue de l'Ange-Gardien
✆ 04 93 01 06 70
www.hotel-patricia.riviera.fr
Ecolabel européen. Ouvert toute l'année. Jardin. Bain bouillonnant. Terrasse. Parking.

Cet établissement accueillant, intime et discret installé dans une jolie maison provençale à cinq minutes à pied des plages est intégralement rénové : literie est neuve, peintures et décoration revues, parquet au sol... On se croirait dans une chambre d'hôtes de charme. À la belle saison, vous flânerez aisément au petit déjeuner au soleil dans le ravissant patio intérieur. Accueil sympathique assuré par des propriétaires qui optent pour une démarche éco-responsable dans les produits utilisés pour le petit-déjeuner et l'entretien. Un excellent rapport qualité-prix.

LA FIANCÉE DU PIRATE*** €€

8, boulevard de la Corne d'Or
✆ 04 93 76 67 40
www.fianceedupirate.com
Ouvert toute l'année. Check-in 14h/22h. 15 chambres. Chambre double à partir de 80 €. Parking. Spa extérieur.

Si la bâtisse rouge est facilement repérable depuis la route, passé la porte d'entrée, la lumière et les couleurs chaudes du Midi prennent le relai. Les chambres décorées avec goût offrent une vue splendide sur Saint-Jean-Cap-Ferrat et la rade de Villefranche-sur-Mer. Toutes les chambres sont parfaitement équipées. Certaines bénéficient même d'un petit jardin privatif donnant sur la piscine avec vue panoramique sur la baie ! La Fiancée du Pirate est un havre de paix accueillant situé à moins de 5 minutes du port de Villefranche-sur-Mer.

HÔTEL VAUBAN*** €€

11, avenue du Général de Gaulle
✆ 09 62 64 25 66
hotel-vauban-villefranche.com
Ouvert toute l'année. 14 chambres.

L'hôtel Vauban est un ravissant hôtel familial, récemment rénové et niché dans un jardin à quelques minutes à pied de la mer et de la vieille ville. Les chambres, décorées avec élégance s'orientent soit face à la mer ou sur le petit jardin coquet à souhait. Celles orientées en rez-de-jardin disposent d'un lit double, d'une salle de bain, et d'un accès au jardin privé. Celles qui bénéficient de la vue mer ont un lit double, une salle de bain, et un joli balcon équipé. Un remarquable « nid douillet » au cœur de la station de Villefranche-sur-Mer.

HÔTEL WELCOME**** €€€

3, quai Amiral-Courbet
✆ 04 93 76 27 62
www.welcomehotel.com
Fermeture annuelle fin novembre/mi-décembre. 35 chambres avec balcon vue mer. Garage avec service voiturier. Sauna. Bar

Face à la mer, cet hôtel a été fréquenté par le poète Jean Cocteau qui, sur un dessin laissé à l'Hôtel, affirme y avoir passé le «meilleur de sa vie». Toutes les chambres ont un style différent. Fonctionnelles et climatisées, elles sont confortables et toutes dotées d'une jolie vue sur la mer. Le Wine Pier, un excellent bar à vins présent sur place vous permettra de contempler les couchers de soleil tout en savourant un verre. Le dimanche, il est possible de profiter d'un excellent brunch jusqu'en début d'après-midi. Saluons aussi l'accueil fabuleux du personnel.

ACHILL'S €€

2, quai de l'amiral Courbet
✆ 06 17 44 10 28
www.achills.com/
Haute saison : tous les jours le midi et le soir. Rooftop en haute saison le jeudi, vendredi et samedi. Terrasse.

On aime la décoration claire de cet établissement branché du petit port de plaisance dont on apprécie aussi l'accueil professionnel de l'équipe souriante. Le Chef travaille les produits de la région et met un point d'honneur à utiliser des poissons frais de pêche locale. L'ambiance est chaleureuse et la vue sur le port et la mer, depuis le toit terrasse notamment en haute saison, est sublime. Restaurant tendance, bar pour afterwork, rooftop animé avec DJ, bar à vin, champagne et cocktails : décidément cet Achill's a beaucoup de talent !

LA BELLE ÉTOILE €€

1, rue Baron de Brès ✆ 04 97 08 09 41
www.labelleetoile-villefranche.com
Maître Restaurateur. Ouvert le lundi et du jeudi au samedi ; le dimanche midi et soir. Menu unique à 32 €. Terrasse.

Niché dans la vieille ville à quelques mètres des quais dans une ancienne maison, la décoration contemporaine, intime et raffinée fait de ce restaurant un endroit convivial à l'ambiance chaleureuse. En salle ou sur la terrasse arborée vous y découvrirez des mets succulents aussi délicats que raffinés, qui en font une des meilleures tables de la Côte d'Azur. Une adresse charmante, promesse d'un beau moment de gastronomie qu'on vous conseille pour la qualité des produits locaux et de saison que vous pourrez retrouver dans votre assiette et le savoir-faire du chef.

LA CUISINE €€

15, rue du Poilu
✆ 04 93 88 42 20
Ouvert du mardi au dimanche le midi et le soir. Carte : 33 € environ. Terrasse. Animations.

Cette petite adresse réserve bien des surprises ! Côté cuisine, vous aimerez retrouver dans différentes spécialités, plus créatives les unes que les autres, des produits frais et de qualité ! Au besoin, n'hésitez pas à demander l'une des différentes options végétaliennes au menu. La Cuisine, c'est aussi une belle sélection de vins et une déco charmante qui mêle avec authenticité vieilles pierres et végétal. De quoi passer un moment gourmand dans une atmosphère des plus sympathiques. Une excellente table qui est devenue une valeur sûre pour de nombreux habitués.

LES GARÇONS €€

18, rue du Poilu
✆ 04 93 76 62 40
Ouvert toute l'année. Tous les jours midi et soir en été. Du jeudi au lundi le midi et le soir.

Une cuisine créative avec une agréable petite terrasse sur la place et une belle décoration en bois. On aime la fraîcheur des produits du marché dont les poissons frais livrés le jour même, que l'on retrouve dans les assiettes. Au programme : salades, légumes frais, risottos, viandes et desserts gourmands. Les suggestions changent tous les jours et le menu du midi varie régulièrement. Un endroit où vous passerez des moments savoureux ! Très bon rapport qualité/prix. En couple pour un moment romantique ou en famille pour un moment gourmand, c'est une bonne adresse.

LE MAYSSA BEACH €€

Place Wilson
✆ 04 93 01 75 08
www.mayssabeach.fr
Maître Restaurateur. Ouvert tous les jours le midi et le soir. Terrasse extérieure. Terrasse couverte. Salle intérieure.

Ce petit bijou à l'abri des regards surplombe la rade et offre une vue époustouflante depuis les toits de la gare maritime. Côté cuisine, on apprécie la fraîcheur des produits et le poisson pêché du jour préparé avec justesse et créativité. Ils sont grillés entiers et préparés en filets à table. Les pâtes, risottos, viandes, volailles et sashimis sont eux aussi particulièrement soignés. L'accueil et le service de ces professionnels depuis 1948 est sans fausse note, ce qui participe à faire de ce lieu une des plus belles adresses du coin.

LE SERRE €€

16, rue de May
✆ 04 93 76 79 91
Ouvert toute l'année, tous les jours le soir. Terrasse.

Au cœur de la vieille ville de Villefranche-sur-Mer se niche une petite adresse futée authentique et charmante. Dans une ambiance conviviale où officie une équipe dynamique et efficace, découvrez une cuisine simple et familiale aux accents méditerranéens. Ici, des entrées aux desserts, tout est frais et fait maison. Des assiettes copieuses, une atmosphère agréable, une salle à la décoration chaleureuse et une jolie terrasse posée dans la rue piétonne... Une cantine où l'on mange et on échange à (re) découvrir de toute urgence !

LA TRINQUETTE €€

30, avenue du Général-de-Gaulle
✆ 04 93 16 92 48
www.restaurant-trinquette-villefranche.com/fr
Ouvert du lundi au Dimanche de 16h à minuit. Animation. Terrasse. Vente à emporter. Prix moyen à la carte : 20 €

Vous êtes un gourmand mélomane ? Cette adresse est faite pour vous ! Dans la descente menant au port de la Darse, la Trinquette est un restaurant qui vous fera goûter les spécialités de la maison à l'instar des raviolis niçois, du loup frais grillé, des linguines à la provençales sans oublier les délicieux morceaux de charcuterie et les fromages du Mercantour. La Trinquette est aussi un lieu d'animations dynamiques qui propose de nombreuses animations et concerts. Un lieu pour voyager à table avec une vue sur les voiliers ancrés dans le port.

WINE PIER

3, quai A. Courbet
✆ 04 93 76 27 40
www.wine-pier.com
Ouvert tous les jours toute l'année de 7h à 23h en hiver et 1h30 en été. Musique live samedi soir. Petit-déjeuner buffet

Propriétaire du charmant Hôtel Welcome, la famille Galbois vous accueille avec le sourire au Wine Bar. Situé en rez de quai, la chaleureuse décoration, le service convivial et l'ambiance *cosy* permettent de passer un moment agréable, face à la mer. La carte est signée par un maître sommelier de l'Union de la Sommellerie Française. Vous avez ainsi le choix entre des vins français issus de petits et grands vignobles, une vingtaine de millésimes d'armagnacs sans oublier les incontournables cocktails et improvisations du barman. Soirées musicales très appréciées.

L'OURSIN BLEU €€€

11, quai de l'Amiral-Courbet
✆ 04 93 01 90 12
www.restaurant-oursin-bleu.com
Maître Restaurateur. Ouvert toute l'année. Tous les jours le midi et le soir. Boutique. Terrasse. Vente à emporter

Attablé au soleil sur le port face à la rade de Villefranche ou dans la salle au décor qui évoque les grandes cabines des transatlantiques, Jérôme Deloncle et Hervé Lelu - issus des maisons parisiennes les plus prestigieuses - vous font découvrir une cuisine fraîche et savoureuse sur le thème de la mer : poissons frais selon arrivage issus de la pêche locale, coquillages et crustacés, bouillabaisse et viandes. Après votre repas, faites un tour à la boutique de L'Oursin Bleu située à côté du restaurant où vous pourrez faire des emplettes gourmandes.

RAND'EAU ÉVASIONS

32, avenue du Général-de-Gaulle
✆ 06 18 79 62 33
www.randeauevasion.com
Tous les jours sur réservation, le matin ou l'après-midi. Rendez-vous à 9h ou à 14h.

Cette équipe de moniteurs Brevetés d'Etat vous proposent de découvrir les richesses de la Méditerranée par une simple balade sur le sentier sous-marin ou en plongée sous-marine pour plus de sensations. Amateurs, chevronnés ou curieux, toutes les sorties se font en petits groupes et sont encadrées : plongées simples, safaris plongée (2 plongées dans la sortie), plongées profondes, plongées sur épaves, plongées sur sec, plongées sur tombant, plongées en grotte, plongées de nuit, plongées nitrox... Possibilité de louer le matériel sur place.

LA MÈRE GERMAINE €€€

9, quai Amiral-Courbet
✆ 04 93 01 71 39
www.meregermaine.com
Maître Restaurateur. Fermé de novembre à février. Ouvert tous les jours le midi et le soir. Terrasse.

L'histoire a débuté en 1938 alors que les marins américains allaient se restaurer chez Germaine Halap. Si Germaine n'est plus là, l'établissement est toujours aux mains de la même famille. Leur préoccupation première reste la qualité de la restauration faisant de cette enseigne déjà renommée un haut lieu gastronomique. Si quelques viandes figurent sur la carte, les poissons, huîtres et fruits de mer sont mis à l'honneur comme les Gambas sauvages rôties ou le risotto façon paella. Pour terminer, optez pour moelleux au chocolat (Guayaquil 64%) glace yaourt..

YOLE DE VILLEFRANCHE

16, quai de la Corderie
✆ 06 80 23 04 03
www.yolevillefranche.com
Ouvert toute l'année. Date des sorties publiées sur le site web. Sorties dans la rade de Villefranche et alentours.

Envie de prendre le large ? Montez à bord de cette sublime reconstitution historique de 1716 et partagez un pur moment de convivialité pour une balade à voile ou en aviron dans la rade de Villefranche-sur-Mer et ses environs. Pour la voile, le chef de bord vous déléguera à chacun une « mission » pour faire de cette sortie en mer un instant unique. Vous apprendrez quelques techniques de voile, notamment à vous diriger par rapport au sens du vent mais aussi à travailler en équipe ! Les prix sont abordables, alors n'attendez plus, à l'abordage !

ANTIBES ★★★

Fondée par les Grecs aux alentours du Ve siècle avant J.-C., Antibes, ou Antipolis, fut pendant longtemps une plaque tournante terrestre et maritime avant de devenir la place forte du royaume de France face au comté de Nice et de Savoie.

Dotée d'une architecture très intéressante, on aime ainsi déambuler dans les ruelles étroites de la vieille ville, profiter de sa plage de sable, admirer les bateaux amarrés au port de plaisance, se perdre dans le quartier du Safranier et se laisser bercer par les odeurs du marché provençal. On s'y arrête quelques instants au gré des terrasses des places ombragées et l'on apprécie le charme d'un lieu hors du temps.

Tourisme

Dotée d'un climat très doux, c'est surtout l'été qu'Antibes fait parler ses meilleurs arguments : touristes et locaux se mêlent alors sur les nombreuses plages de sable fin pour profiter du soleil et de la chaleur.

Ainsi, si Antibes attire surtout par l'atmosphère de sa vieille ville perchée au-dessus des flots, elle peut se prévaloir d'abriter quelques-unes des plus belles plages de sable de la Côte d'Azur. Il faut dire que le cap d'Antibes, qui relie la ville à Juan-les-Pins, offre un cadre unique, avec ses plages aux eaux turquoise et ses criques bordées de pins parasols. Côté Antibes : la Gravette au pied des remparts, le Ponteil et la Salis en amont du cap d'Antibes, la Garoupe et ses eaux turquoise. Côté Juan : l'Olivette et ses barques, les Ondes et sa tour, la Galice à côté du port, puis la longue plage s'étendant jusqu'à Golfe-Juan. Vous avez l'embarras du choix, même si la plage des Ondes est notre coup de cœur pour ses somptueux couchers de soleil.

Mais ne vous laissez pas absorber uniquement par le soleil : il y en a pour tous les goûts à Antibes, et en toute saison ! Ainsi, ceux pour qui Côte d'Azur rime avec culture seront également ravis de pouvoir s'éloigner des sentiers battus en découvrant les fastes de la villa Eilenroc, la majesté du Fort Carré ou encore les trésors du musée Picasso, l'artiste ayant été, comme tant d'autres, un amoureux de cette jolie ville dont les remparts massifs de dressent au-dessus de la Méditerranée. La « perle de la Côte d'Azur » est un surnom qui convient bien à Antibes.

ANTIBES LAND

301, route de Biot
✆ 09 81 37 68 03
www.antibesland.fr

Ouvert de mi avril à fin septembre. Juillet / août : 7j/7 de 17h à 1h30, dimanche de 16h à 1h30. Entrée gratuite.

Antibes Land est le plus grand parc d'attractions de la Côte d'Azur ! Avec ses trois univers de jeux, il y en a vraiment pour tous les goûts : trampolines, manèges, petit train, maison du rire, palais des glaces, toboggan, voitures électriques, mur d'escalade, train fantôme, simulateur 3D, jeux vidéo, bouées à moteurs, bulles gonflables, coaster aquatique, pendule géant, centrifugeuse, plateau tournant, nuage volant, booster et bien d'autres manèges à sensations fortes. Des stands gourmands (snack, glacier, etc.) sont également là pour se restaurer.

FORT CARRÉ

Avenue du 11 Novembre
✆ 04 92 90 52 13
www.antibes-juanlespins.com

Ouvert toute l'année. L'été : du mardi au dimanche de 10h à 13h et de 14 h à 18h. Adulte : 3 €. Visite guidée possible.

Situé sur la presqu'île Saint-Roch, le fort carré est un symbole à l'entrée de la ville, bâti sur un rocher culminant à 26 m au-dessus du niveau de la mer. Entouré d'un parc protégé de 4 ha et devenu propriété du Conservatoire du Littoral, il fut construit sur ordre du roi Henri II pour servir de sentinelle et de poste de défense d'Antibes, dernier port français avant la frontière avec le comté de Nice. Son chemin de ronde s'élève à 43 m et offre une vue panoramique à 360 degrés. Sa construction s'est déroulée en plusieurs temps : la tour centrale en 1550 puis les quatre bastions en 1570. Le fort ne fut envahi partiellement qu'une fois en 1592 par l'armée du duc de Savoie. Vauban termina la ceinture fortifiée et le site demeura stratégique jusqu'au XIXe siècle. Quand Nice fut rattachée à la France, il fut déclassé militairement. Au pied du fort, l'armée installa des casernes et un centre de formation sportif militaire de haut niveau qu'elle céda ensuite au Ministère des Sports en 1967. Laissé à l'abandon, le fort fut restauré par des bénévoles entre 1979 et 1985. La ville d'Antibes le racheta en 1997, l'ouvrit au public en 1998 et installa des infrastructures sportives au pied des remparts. Depuis, des concerts et diverses manifestations sont organisés dans l'amphithéâtre en plein air.

Et si vous ne souhaitez pas entrer dans l'enceinte des murailles, on vous conseille la belle balade en extérieur autour du fort carré. L'accès est libre et ouvert à tous, et la vue vaut vraiment le détour !

MARINELAND

306, avenue Mozart
✆ 08 92 42 62 26
www.marineland.fr

Fermé en janvier et février. Haute saison : ouvert 7j/7 de 10h à 19h. Adulte : 39,50 € (réduction internet à 27,9 €).

Créé il y a plus de 30 ans, Marineland est le plus grand parc marin d'Europe, avec des milliers de spécimens recensés. Malgré les polémiques nées après les inondations dramatiques survenues en 2015, sa vocation est de sauvegarder la faune marine en faisant découvrir au public les richesses et la diversité du monde marin dans ses dimensions pédagogiques, ludiques et spectaculaires. En témoigne la place accordée à l'information avec un cinéma 5D nous plongeant dans l'univers des animaux marins. Les orques évoluent ici dans un bassin de 40 millions de litres d'eau pour 11 mètres de profondeur avec une vitre de 64 mètres de long permettant une vision sous-marine. L'espace de 2 200 m² qui accueille les ours polaires est unique en Europe : il est constitué de bassins d'eau de mer et d'eau douce, de plantes de prairie, de rochers, de lacs et de cascades créant des abris ombragés. Le tunnel des requins traverse sur 30 mètres de long un aquarium géant rempli avec près de 2 millions de litres d'eau qui offre un face-à-face étonnant avec les squales. Des spectacles avec dauphins, orques et otaries rythment les journées et de nombreuses autres espèces sont visibles dans les différents aquariums et bassins : phoques, manchots, raies, méduses, poissons…

Néanmoins, la problématique revient souvent sur le tapis concernant ces magnifiques animaux sauvages maintenus de force en captivité. Alors, on aime ou l'on n'aime pas le concept Marineland, mais il demeure encore une activité unique en son genre… En attendant une alternative !

MUSÉE D'ARCHÉOLOGIE

Bastion Saint-André ✆ 04 93 95 85 98
www.antibes-juanlespins.com/culture/musee-d-archeologie

Ouvert toute l'année. De février à octobre, du mardi au dimanche : de 10h à 12h30 et de 14h à 18h. Adulte : 3 €.

Le bastion Saint-André, fortification militaire construite par Vauban en front de mer, offre un panorama superbe sur la vieille ville et le Cap d'Antibes depuis la terrasse. Il abrite depuis 1963 le musée d'archéologie. Dans les galeries voûtées rénovées, un parcours retrace les origines d'Antibes pendant l'Antiquité. Des séries de céramiques et de vases peints témoignent du commerce entre les peuples méditerranéens. On aborde ensuite le cadre urbain avec des mosaïques, des enduits et une monumentale fontaine en marbre. On finit sur les faubourgs de la ville.

MUSÉE PEYNET ET DU DESSIN HUMORISTIQUE

Place Nationale
✆ 04 92 90 54 29
www.peynet.com/vf/pages/musees.php

Ouvert toute l'année. De février à octobre, du mardi au dimanche : de 10h à 12h30 et de 14h à 18h. Adulte : 3 €.

Ce musée propose de découvrir les œuvres de Raymond Peynet, créateur des célèbres « Amoureux ». Résidant à Antibes, il a fait don à la ville d'une importante et riche collection. On y découvre les différentes facettes de l'artiste, illustrateur pour la presse et le théâtre, ses lithographies et affiches (qui rappellent qu'il a débuté dans la publicité), des porcelaines, des bijoux, etc. Des expositions sont aussi consacrées aux dessinateurs humoristiques contemporains.

Antibes.

MUSÉE PICASSO, ANTIBES ★★

Promenade Amiral de Grasse ✆ 04 92 90 54 28
www.antibesjuanlespins.com/fr/art-et-culture/le-mus%C3%A9e-picasso
Gratuit jusqu'à 18 ans. Adulte : 8 € (réduit 6€). Fermé le lundi.

Le site où se niche le musée est superbe : au sein du château Grimaldi, qui fut la résidence d'une branche de la famille au Moyen Âge avant d'être transformé en hôtel de ville durant la révolution française. De 1820 à 1924, il servira de caserne. Le château est ensuite acquis par la ville d'Antibes en 1925 pour abriter un musée historique et archéologique régional. Vingt ans plus tard, Romuald Dor de La Souchère, son conservateur, invite Pablo Picasso à y installer son atelier : l'artiste, très épris de la Côte d'Azur et de son arrière-pays, accepte cette offre et se met au travail avec entrain. À son départ, Picasso laisse en dépôt certaines de ses œuvres créées sur place. Il s'agit de dessins et de peintures telles que *La Joie de vivre*, *Satyre, faune et centaure au trident*, *Le Gobeur d'oursins*, *La Femme aux oursins*, *Nature morte à la chouette et aux trois oursins*, *La Chèvre*... Dans les années qui suivent, les collections du musée s'enrichissent d'autres créations du génial artiste, notamment de céramiques conçues dans l'atelier Madoura de Vallauris. En 1966, le site prend le nom de musée Picasso, la première institution de France à s'intituler ainsi. Une autre collection du musée est également consacrée à Nicolas de Staël. Ce peintre d'origine russe était un homme tourmenté qui se suicida à Antibes en 1955. À mi-chemin entre la figuration et l'abstraction, ce grand maître de la couleur a créé des tableaux à l'intensité singulière. Grâce à un don de sa veuve puis à des acquisitions, le musée peut aujourd'hui présenter une belle sélection de ses œuvres. Pour terminer, l'art moderne tient une place importante dans ce beau musée, notamment représenté par des pièces issues d'une donation effectuée par la Fondation Hans Hartung et Anna-Eva Bergman ainsi que par des tableaux ou des sculptures d'autres artistes. La plupart des tendances de ces cent dernières années sont présentes à travers des créations d'Arman, Jean-Michel Atlan, Balthus, Ben, Vincent Bioulès, Pierre Buraglio, Pol Bury, Alexander Calder, Louis Cane, Denis Castellas, César, Eduardo Chillida, Antoni Clavé, Robert Combas, Olivier Debré, Daniel Dezeuze, Max Ernst, Albert Gleizes, Henri Goetz, Simon Hantaï, Christian Jaccard, Yves Klein, Jean Leppien, Alberto Magnelli, Robert Malaval, Paul Mansouroff, Georges Mathieu, Amedeo Modigliani, Zoran Mušič, Francis Picabia, Jean-Pierre Pincemin, Martial Raysse, Sarkis, Daniel Spoerri, Claude Viallat... Vous apprécierez d'aller prendre un verre dans le café du musée situé au cœur d'un jardin ombragé (superbe sur le cap d'Antibes).

PARC EXFLORA ★★★

Avenue de Cannes
✆ 04 97 21 42 60
www.antibes-juanlespins.com/environnement/parcs-jardins-espaces-boises/parc-exflora
Entrée gratuite. Ouvert en été de 9h30 à 21h30. Au printemps de 9h30 à 19h. L'hiver de 9h30 à 17h.

Le parc Exflora est un sublime jardin public de 5 hectares, conçu par l'architecte paysagiste Alain Goudot. Autour d'une grande oliveraie, il regroupe les différentes expressions du jardin méditerranéen, depuis la Rome antique jusqu'à l'exubérante Riviera du XIXe siècle, en passant par des inspirations provençale, florentine, grecque, romaine ou mauresque. Dès l'entrée du parc, la terrasse principale, conçue dans la tradition de celles de la Renaissance italienne, offre au visiteur la vue la plus complète sur le jardin. On peut admirer une majestueuse fontaine, réplique des fontaines du cours Mirabeau à Aix. Un peu plus loin, une oliveraie de 80 arbres illustre une longue tradition de culture arboricole. Une pièce d'eau permet d'admirer des carpes aussi impressionnantes que celles du château de Fontainebleau mais certainement moins vieilles. La fausse voie romaine dallée à l'ancienne est ombragée de cyprès et de pins parasols. La Renaissance italienne est, elle aussi, représentée avec un théâtre de plein air bordé d'arcades de verdure d'allure toscane. La luxuriance de l'Espagne est évoquée dans une orangeraie hispano-mauresque et le Maroc lui fait suite avec ses jardins typiquement plantés en forme de croix tandis qu'un gracieux kiosque marocain complète l'illusion. Une roseraie ferme le décor floral, avec une salle fraîche comme le veut la tradition provençale, le long du sentier piétonnier qui permet de gagner le bord de mer. Ce parc est d'autant plus dépaysant qu'il est situé juste aux portes de la ville.

BOOKING BIKES LOCATION DE 2 ROUES

93, boulevard du Président Wilson
✆ 04 93 61 51 51
www.loca-bike.fr
Ouvert toute l'année. Tous les jours de 9h30 à 18h30. Ouvert le dimanche (uniquement en juillet et août).

C'est le royaume des deux-roues ! Des vélos aux scooters en passant par les gros cubes (125 cc et 600 cc) et jusqu'aux vélos électriques, vous pouvez tout louer auprès de booking Bikes à des prix très raisonnables. Vous pouvez d'ores et déjà réserver votre location en ligne. Le site est très bien conçu, en français et anglais. La livraison est possible à votre hôtel, votre appartement ainsi qu'à l'aéroport. Accueil toujours très sympa de toute l'équipe.

ANTIBES BATEAUX SERVICES

300, chemin de la Suquette
✆ 06 15 75 44 36
www.antibes-bateaux.com

Ouvert toute l'année. En hiver, ouvert sur réservation. Permis bateaux. Bateau Open : dès 120 € la demi-journée.

Société de location de bateaux créée il y a 20 ans par un couple de passionnés, sa flotte est composée de bateaux à moteur scindés en 3 catégories : les sans permis, les coques dures (appelées Open) et les coques semi-rigides. Le départ se fait du port Vauban à partir duquel plusieurs zones de navigation sont possibles : la baie des milliardaires, le Cap d'Antibes, les Iles de Lérins et tout le littoral azuréen de Menton à St Tropez. Antibes Bateaux Service est aussi une école agréée pour passer votre permis côtier. Une adresse très futée pour s'évader en mer.

LE PONTEIL** €

11, impasse Jean Mensier ✆ 04 93 34 67 92
www.leponteil.com

Fermé en décembre et janvier. Chambre double à partir de 128 €. Petit déjeuner buffet : 8 €. Parking fermé : 5 €.

À quelques pas des ruelles du vieil Antibes, au bout d'une impasse paisible, cette villa provençale des années 1920 est entourée d'un agréable jardin. Les chambres, sobrement décorées et confortables, sont réparties dans toute la propriété. Elles assurent calme et tranquillité pour un séjour de détente garanti. Pascal Gianni et son épouse veillent à préserver un accueil chaleureux et attentionné dans cet établissement familial qui met à disposition de ses clients un service de transfert, chauffeur privé, depuis l'aéroport de Nice et des locations de voiture.

HÔTEL BAIE DES ANGES**** €€

770, chemin des Moyennes-Breguières
✆ 04 92 91 82 00
www.thalazur.fr/hotel-baiedesanges

Ouvert toute l'année. Haute saison : chambre double à partir de 210 €. Pension complète : 94 €. Thalassothérapie et Spa.

Cet hôtel entièrement rénové dispose de chambres spacieuses, et de suites junior et famille réparties entre deux bâtiments reliés par une galerie de verre. Toutes les chambres possèdent une terrasse individuelle avec vue sur les Alpes ou la Méditerranée. Et pour la détente : deux piscines extérieures dont une chauffée, une piscine intérieure d'eau de mer, sauna, hammam, bains bouillonnants et salle de cardio-training. Le restaurant de l'hôtel installé sous une agréable véranda offre une cuisine riche en saveurs méditerranéennes ainsi qu'une cuisine diététique.

MAS DJOLIBA*** €€

29, avenue de Provence ✆ 04 93 34 02 48
www.hotel-djoliba.com

Ouvert de mi-mars à début novembre. Haute saison : chambre double à partir de 145 €. Petit déjeuner buffet : 12 €.

Situé dans un quartier calme, à 10 minutes à pied du centre-ville et à 500 mètres de la plages de sable du Ponteil, cette grande maison de maître, construite en 1920 et à présent gérée par Delphine et Mike, est nichée dans un parc verdoyant. Elle dispose de chambres spacieuses et de belles suites, de grand confort, dont certaines avec vue sur la mer ou jardin privatif, toutes décorées dans un style différent. La belle piscine vous permettra également de bons moments détente dans un petit coin de paradis, au calme loin des enseignes surpeuplées de la côte d'Azur.

ROYAL ANTIBES**** €€€

16, boulevard Maréchal-Leclerc
✆ 04 83 61 91 91
www.hotelroyal-antibes.com

Fermé en janvier et février. Haute saison : chambre double à partir de 215 €. 2 Restaurants : Café Royal et Royal Beach.

Situé face à la mer et disposant d'une plage privée, cet établissement haut de gamme interpelle par son design ultra contemporain qui connote les lignes d'un bateau. Cette architecture novatrice et longiligne marque le bord de mer antibois, et la déco se démarque dès l'entrée grâce à sa cour intérieure et son mur végétal. L'esprit d'écoute, de service et de bonne humeur est associé à la haute qualité de cette adresse atypique à la fois résidence, hôtel avec deux restaurants, plage privée et spa. Le spa Phytomer est ouvert à la clientèle extérieure.

L'ÉVOLUTION €€

16, boulevard Albert 1er
✆ 09 51 45 96 06

Ouvert tous les jours de 8h à 19h. Terrasse. Vente à emporter.

Des tartines vraiment très gourmandes, des croques croustillants, des salades copieuses et gorgées de produits frais, des petits-déjeuners complets pour bien commencer la journée, des boissons ou encore des pâtisseries à tomber : l'Evolution sait parler aux gourmands que nous sommes et que vous êtes très certainement ! En prime un choix de recettes sans gluten et végétariennes, vous n'aurez qu'à vous laisser tenter par ce qui vous fait envie ! Une jolie petite adresse futée que nous vous recommandons grandement, notamment pour la magnifique vitrine de desserts.

O'KEBEC €

7, rue de Sade
✆ 04 93 74 07 70
www.okebec.fr
Ouvert toute l'année. Du mardi au dimanche le midi et le soir. Non-stop. Carte : 15 € environ.

Un vent de nouveauté souffle dans cet établissement dont la cuisine rend hommage, comme son nom l'indique, aux spécialités québécoises. La fameuse Poutine est mise à l'honneur à toutes les sauces : la classique, celle au bœuf façon chili, celle au poulet mariné ou encore une végétarienne. Des salades s'offrent à ceux qui tiennent à leur ligne. Des bières importées du Québec accompagnent le tout, dans un cadre chaleureux et une atmosphère légère. À mi-chemin entre un restaurant et un snack, le O'Kebec c'est de la restauration rapide de qualité à petit prix.

32 PIZZA BAR €

32, Boulevard d'Aguillon
✆ 06 82 68 34 24
Ouvert tous les jours le midi et le soir. Carte : 13 € environ (pizza). Terrasse.

Un nouveau restaurant italien à Antibes ? Rien de bien original, sauf lorsque les pizzas proposées sont vraiment excellentes. Situé dans le vieil Antibes, au pied des remparts, cet établissement à l'ambiance feutrée a vu le jour durant l'été 2019. Si sa grande terrasse invite à la détente et son accueil est sympathique, on retient surtout cette pâte à pizza, croustillante, généreuse, pleine de goût, les produits frais posés dessus de manière étonnante et la taille XXL des « pizzas des copains ». À tester pour les amoureux des pizzas… et des focaccias !

CHARLIE'S €

4, rue du Championnet
✆ 09 81 73 93 82
www.fish-and-chips-antibes.com/
Ouvert du mardi au samedi le midi et le soir (non-stop le samedi). Carte : 20 € environ. Terrasse.

Voici l'adresse idéale pour déguster des spécialités anglo-saxonnes dans le centre d'Antibes. Tout est fait maison avec des produits frais : du Fish and Chips bien copieux aux burgers succulents dont le pain est à tomber par terre. On apprécie la déco de l'établissement constituée d'objets atypiques comme des cantines militaires faisant office de rangement, de vieilles machines à écrire, des affiches, publicités et plaques d'immatriculation d'un autre âge. Le service est convivial et l'atmosphère décontractée. On y revient avec plaisir !

PIZZA & CO €

1, Rue Casemates
✆ 04 93 34 64 86
Ouvert du mardi au samedi le midi ; le vendredi et le samedi le soir. La part de pizza : 4 € environ. Vente à emporter.

Voici un minuscule établissement caché en plein cœur d'Antibes. Il divise parfois sur l'accueil mais remporte tous les suffrages sur la qualité des pizzas. Ce n'est pas un restaurant classique : une dizaine de places exiguës à l'intérieur, quelques tables en terrasse l'été, une grande vitrine où les pizzas affichent leurs couleurs. Vous commandez directement au comptoir, la gérante réchauffe les parts de pizza au four et, la plupart du temps, vous les emportez pour les déguster. Même les plus gourmands seront rassasiés avec deux ou trois parts.

POMODORO €

11, rue du Migrainier
✆ 04 93 34 57 12
Ouvert du mercredi au lundi le soir. Réservation recommandée. Carte : 20 € environ (plat + dessert).

Au cœur du vieil Antibes, cette enseigne rend hommage au fruit qui lui sert de nom : la tomate (*pomodoro* en italien), véritable symbole de la cuisine transalpine mise ici à l'honneur sous toutes ses formes. Dans la salle aux murs peints en rouge, on s'attable pour manger de savoureuses pizzas, lasagnes et pâtes (certaines sont sans gluten). Une cuisine simple, sans prétention, et qui a le mérite d'être goûteuse. Le choix est restreint, comme un gage de fraîcheur. L'accueil est familiale et chaleureux à l'image de notre pays voisin : l'Italie !

THE GREEN BURGER FACTORY €

36, rue des Revennes
✆ 04 92 93 88 52
https://thegreenburgerfactory.com/
Ouvert du lundi au samedi le midi et le soir. Réservation recommandée. Carte : 20 € environ. Terrasse. Vente à emporter.

Lorsqu'un food truck décide de se sédentariser, ça donne The Green Burger Factory. Au menu de ce minuscule établissement caché au détour d'une ruelle du vieil Antibes : des burgers, salades, frites et desserts faits maison et surtout… Totalement végétarien ! Privilégiant les circuits courts pour leur approvisionnement, le gérant et sa cheffe garantissent certains plats sans gluten et issus de l'agriculture biologique. Le falafel burger et la mousse au chocolat valent effectivement le détour. À tester, d'autant que l'accueil est très professionnel.

CÔTE LITTORAL

L'ARAZUR €€

8, rue des Palmiers
✆ 04 93 34 75 60
www.larazur.fr
Maître Restaurateur. Ouvert toute l'année. Haute saison : du mardi au dimanche le midi et le soir. Menu à 60 €.

Dans ce restaurant de charme idéalement situé dans la vieille ville, on déguste une cuisine gastronomique et créative qui change au fil des jours et des saisons, garantissant ainsi la fraîcheur des produits issus du marché. Les propriétaires proposent une carte réduite cuisinée minute et composée de plats de viandes et de poissons originaux et généreux. Les desserts suivent la même tendance ; ils sont à fondre de plaisir... Un lieu authentique et convivial où les saveurs se mélangent pour le plus grand bonheur des gourmets et des gourmands.

AUTOUR DU JARDIN €€

5, rue Sade
✆ 04 93 34 64 74
https://autourdujardin-antibes.fr/
Ouvert du mardi au dimanche le midi et le soir. Réservation recommandée. Carte : 30 € environ. Jardin. Terrasse.

Idéalement situé à deux pas du marché provençal d'Antibes, voici un restaurant aux teintes dorées, provençales et ensoleillées qui offre un jardin ombragé insoupçonnable où l'on s'installe les soirs d'été pour profiter d'un peu de fraîcheur. Côté cuisine, le Chef célèbre les saveurs traditionnelles françaises dans des compositions originales. La carte affiche de nombreux poissons et quelques viandes, autant de plats raffinés rehaussés par de succulents desserts traditionnels en fin de repas. Quand on ajoute l'accueil prévenant et charmant... Tout y est !

BISTROT MARGAUX €€

17, avenue du 11 Novembre
✆ 04 93 34 20 20
www.bistrot-margaux-antibes.fr
Fermé sam midi. Dim-ven 12h-14h30 et 19h-22h30. Carte 40 € environ. Formule du midi 13,90 €. Vin au verre. Terrasse.

Né de la rencontre entre le chef Frédéric Buzet et Vincent Halby, restaurateur antibois, le Bistrot Margaux est une adresse futée qui séduira les amateurs de gastronomie française en mal d'authenticité dans l'assiette. On y va entre amis ou en famille pour déguster des plats aussi bons que généreux, arrosés de cuvées disponibles au verre ou en fillette lyonnaise. On y apprécie l'accueil aussi attentionné que chaleureux et la salle décorée façon bistrot contemporain. La carte change très régulièrement. Rapport qualité/prix des plus correct. Pensez à réserver !

LA BRASSERIE DE L'ILETTE €€

24, boulevard Maréchal-Leclerc
✆ 04 93 63 00 00
Ouvert du mardi au samedi de 7h à 23h. Carte : 20 € environ. Terrasse. Cave à vin et à whisky.

A deux pas de la plage de la Salis, ce restaurant-bar à la décoration contemporaine et épurée abrite une cave à vin et à alcool, à déguster sur place ou à emporter. On peut venir ici profiter des premiers rayons du soleil dès le petit-déjeuner, mais c'est à midi ou le soir que l'on profite le mieux de l'esprit bistrot de quartier. A l'ardoise : tapas, plats apéro, tartare de saumon, salade de poulpe... Sans oublier les excellentes pâtisseries de David Orhant. L'accueil est convivial et le service bien exécuté dans cette brasserie au bon rapport qualité/prix.

BRASSERIE L'ALCYON €€

13, avenue du 11-Novembre ✆ 04 93 34 07 42
https://www.brasserie-lalcyon-restaurant-antibes.com/
Ouvert toute l'année. Du jeudi au samedi midi et soir ; mardi, mercredi et dimanche midi. Carte : 30 € environ.

Cette adresse située sur le port Vauban se positionne dans le registre des saveurs de la mer avec ses plateaux de fruits de mer dont les crustacés sont choisis avec soin et les poissons cuisinés selon arrivages. L'esprit brasserie se retrouve avec la salade Cæsar au saumon frais, quelques viandes à la carte, des pâtes et des raviolis... La salle intérieure fait la part belle aux grands espaces tandis que la jolie terrasse arborée et ombragée est un petit havre de paix où il fait bon passer du temps. Pour couronner le tout, le service est impeccable.

LE BRÛLOT €€

3, rue Frédéric-Isnard
✆ 04 93 34 17 76
www.brulot.fr
Ouvert toute l'année. Du lundi au mercredi le soir ; du jeudi au samedi le midi et le soir. Carte : 35 € environ.

Depuis plus de vingt ans, c'est en toute simplicité que l'équipe du Brûlot vous accueille avec le sourire entre les vieux murs de cette adresse du vieil Antibes chargée d'histoire. On y déguste une cuisine provençale copieuse dédiée aux viandes et aux poissons frais du jour, cuits au feu de bois : magret de canard entier, côte de bœuf, entrecôte, loup, rougets du pays, daurade, gambas... À la carte variée, s'ajoutent également des menus étudiés et un plat du jour, qui font l'attrait de ce restaurant authentique et chaleureux.

LE MALOUNA €€

9, avenue du 11 Novembre
✆ 04 93 34 98 62
Ouvert tous les jours le midi et le soir. Non-stop. Carte : 25 € environ. Terrasse.

Situé au niveau du port d'Antibes, cet établissement propose une cuisine traditionnelle familiale inspirée du terroir, tout en offrant également les classiques d'une brasserie : pizzas à la pâte maison, viandes, moules marinières et salades composées dotées de belles compositions qui font le succès de la maison depuis de nombreuses années ! Des suggestions à l'ardoise sont également proposées quotidiennement selon l'inspiration du chef. L'accueil est sympathique dans ce joli cadre. Un lieu simple et agréable, comme on les aime.

L'OURSIN €€

16, rue de la République
✆ 04 93 34 13 46
https://www.restaurant-oursin.fr/
Ouvert du mardi au dimanche le midi et le soir. Carte : 40 € environ. Plateau de fruits de mer à partir de 22 €.

On embarque ici pour un agréable voyage en mer : hublot, boiserie, cordage, carte… La salle est magnifiquement décorée ; on se croirait dans un navire d'époque ! Dans cet espace atypique ou en terrasse, on se délecte de spécialités copieuses et raffinées de poissons entiers, de fruits de mer, de crustacés, d'une succulente mini-bouillabaisse qui fait l'unanimité ou encore d'un aïoli. Il est possible d'acheter vos plateaux de fruits de mer à emporter. Quelle que soit l'option choisie, la fraîcheur est au rendez-vous et le service chaleureux. Une excellente adresse.

LE MISTINGUETT €€

28, Rue des Casemates
✆ 04 93 95 14 67
Ouvert toute l'année. Brunch le dimanche de 11h à 15h. Haute saison : tous les jours de 9h à 2h. Plat du jour : 12 €.

Au cœur d'Antibes, si un type d'établissement manquait à l'appel jusqu'à présent, c'était bien une brasserie dans le plus pur style des bistrots parisiens. C'est désormais le cas, avec ce restaurant joliment décoré et idéalement situé, au pied des remparts. La carte, réduite mais excellente, révèle une cuisine française variée, concoctée avec des produits frais. Des plats à l'ardoise permettent de déguster des spécialités provençales ou étrangères. Cerise sur le gâteau : des desserts maison, un accueil décontracté, un service impeccable et des serveurs prévenants.

LE P'TIT CAGEOT €€

5, rue du Docteur-Rostan
✆ 04 89 68 48 66
www.restaurantleptitcageot.fr
Mar-sam midi et soir. Menu unique 30 €.

Au cœur du Vieil Antibes, le P'tit Cageot peut accueillir jusqu'à trente couverts dans un décor mêlant poutres et pierres apparentes. La carte de ce bistrot chaleureux change régulièrement, au gré du marché et des produits de saison tandis que l'équipe diffuse son sourire et sa bonne humeur en salle. On se laisse tenter par la cuisine colorée et généreuse du chef, Maître-Restaurateur, qu'il s'agisse de plats de viandes ou de poissons, tous très réussis. Côté desserts, le choix fait saliver. Une adresse pleine de charme à découvrir de toute urgence !

NACIONAL TRATTORIA €€

61, place Nationale
✆ 04 93 61 77 30
Ouvert toute l'année. Du mardi au samedi le midi et le soir. Carte : 25 € environ. Terrasse. Patio.

Ce restaurant *wine bar* à la décoration bien sentie avec, en son centre, une jolie fontaine, possède deux espaces distincts dédiés à la gastronomie, dans la plus pure tradition italienne. Au restaurant, on apprécie des viandes rouges issues des meilleurs races, notamment le Chateaubriand de Galice, des viandes cuites au four à 850° C avec temps de repos mais également des antipasti, rissoto, ravioli, pizzas, salades, viandes, poissons et planches de charcuterie et de fromages. Au *wine bar*, un choix intéressant de vins au verre et de tapas est proposé.

LA TAILLE DE GUÊPE €€

24, rue de Fersen
✆ 04 93 74 03 58
Ouvert du mardi au samedi le midi et le soir. Carte : 30 € environ (plat + dessert).

Le restaurant La Taille de Guêpe pourrait être résumé en trois mots : une superbe adresse. Tout est presque parfait dans son cadre intimiste : de l'accueil, souriant et professionnel, à la décoration, mélange de pierres anciennes et d'objets plus modernes, à la cuisine française, somptueuse et créative, composée de plats traditionnels, de produits de la mer et de saveurs exotiques. Le mi-cuit de thon au sésame, risotto au curry Thaï atteint des sommets de gourmandise. À cette gamme de prix, il parait impossible de faire mieux sur la Côte d'Azur, tout simplement.

© FIGUIER DE SAINT ESPRIT

© FIGUIER DE SAINT ESPRIT

© FIGUIER DE SAINT ESPRIT

LE FIGUIER DE SAINT-ESPRIT €€€

14, rue Saint-Esprit ✆ 04 93 34 50 12
www.restaurant-figuier-saint-esprit.com

Maître Restaurateur. Ouvert toute l'année. Carte : 60 € environ (plat + dessert). 1 étoile au guide Michelin.

Le Figuier de Saint-Esprit est une adresse gastronomique étoilée incontournable où évolue Christian Morrisset, maître cuisinier de France. Entouré de sa fidèle brigade et épaulé par ses deux fils, Jordan et Matthias, il régale les papilles avec des produits frais au service d'une cuisine provençale à la créativité débordante. Un espace lounge donnant sur les remparts permet à la clientèle de prendre un verre avant de rejoindre la salle du restaurant et le patio couvert où trône le fameux figuier.

© FIGUIER DE SAINT ESPRIT

© FIGUIER DE SAINT ESPRIT

LES VIEUX MURS €€

25, promenade Amiral-de-Grasse
✆ 04 93 34 06 73
www.lesvieuxmurs.com

Tous les jours le midi et le soir. Carte : 50 € environ. Terrasse. Voiturier. Vente à emporter. Boutique.

Décoration raffinée aux tonalités chaudes, terrasse extérieure très agréable sur les remparts, face à la mer, le restaurant Les Vieux Murs est une véritable institution à Antibes ! Côté cuisine, entre terre et mer, les mets goûteux et cuisinés minute de Stéphane Arnal sont au diapason : un régal. Les savoureux desserts viennent clôturer cette délicieuse carte. De nombreux menus sont proposés, pour toutes les bourses. Un espace boutique est à votre disposition où vous pouvez acheter de nombreux produits italiens de Terre Bormane et Tartuflanghe.

LE VILLAGE €€

31, rue James-Close
✆ 04 93 34 19 66

Fermé mercredi toute la journée et le jeudi midi. Menu unique à 22,50 € (entrée + plat + dessert). Carte : 25 € environ.

Dans l'atmosphère de « village » si typique du vieil Antibes, ce restaurant porte bien son nom. Les tables sont dressées avec soin dans la salle lumineuse, on s'y installe pour tester une cuisine traditionnelle aux accents provençaux, entre terre et mer. A noter d'excellentes tartes aux fruits en dessert, qui se déclinent selon les saisons. Des suggestions quotidiennes à l'ardoise viennent compléter la carte. Ajoutez à cela une belle carte de vins à des prix modérés et un accueil des plus chaleureux. Adresse recommandée pour un bon moment.

LE 44 RIVIERA €€€

44, boulevard Albert-1er
✆ 09 73 29 41 85
www.le44riviera.com

Maître Restaurateur. Ouvert du mercredi au dimanche le midi et le soir. Carte : 55 € environ.

À mi-chemin entre le Cap d'Antibes et la vieille ville, ce restaurant dédié à la haute gastronomie vous accueille dans sa salle moderne et épurée ou sur la terrasse animée pour savourer les créations tout en finesse du jeune et talentueux Chef, particulièrement scrupuleux sur les producteurs avec lesquels il travaille. Il en ressort une cuisine méditerranéenne authentique et créative qui sublime à merveille le produit, frais et de saison, qu'il s'agisse de viandes, de poissons ou de risottos, pour le plus grand plaisir de nos sens.

CHER MÔ - ALBERT 1ER €€€

46, boulevard Albert-1er
✆ 04 93 34 33 54
www.restaurant-albert-1er.com

Ouvert toute l'année. Tous les jours midi et soir. Carte : 45 € environ. Terrasse. Vente à emporter. Poissonnerie.

Cette grande maison de famille spécialiste des poissons sauvages et des fruits de mer, s'est adjoint sa propre poissonnerie «Chez Mô» à l'entrée du restaurant. À sa carte des produits frais et souvent bio : soupe de poissons maison, banc de fruits de mer ou crustacés, poissons sauvages, légumes en marinière, paella de la mer et même quelques viandes ou plats traditionnels français. Les desserts finissent le travail en beauté. Cuisine raffinée, accueil chaleureux, terrasse, grande véranda lumineuse et confortable. En bref, une belle adresse !

MAMO LE MICHELANGELO €€€

3, rue des Cordiers
✆ 04 93 34 04 47
www.michelangelo-mamo.com

Ouvert du mardi au samedi le midi et le soir. Carte : 30 € environ (plat + dessert). Accueil des groupes. Terrasse.

Entre les murs de pierres de cette ancienne cave où s'entremêlent les couleurs et la convivialité de l'Italie, le pittoresque maître des lieux calabrais reçoit depuis toujours les grands noms du monde artistique et les anonymes avec la même chaleur. Antipasti, pizzas, risottos et pâtes fraîches déclinent des saveurs italo-provençales que viandes et poissons adoptent également. Produit roi des tables à l'accent italien, la truffe fraîche parfume ici les pâtes et risottos. La carte des vins et la farandole de desserts maison baladent aussi du côté de l'Italie.

PLAGE JOSEPH €€€

1081, Chemin de la Garoupe, Cap d'Antibes
✆ 04 93 61 36 52

Plage privée ouverte de mai à octobre. Restaurant ouvert le soir à partir de fin juin. Accueil des groupes.

La Plage Joseph est la « petite sœur » de la prestigieuse **Plage Keller**, une véritable institution azuréenne depuis plus de 30 ans. Le cadre est tout aussi idyllique, avec une vue inouïe sur les montagnes et sur la baie des Anges. Joseph se distingue par sa carte qui invite au voyage vers l'Asie. L'atmosphère se veut un peu plus jeune, avec un personnel aux petits soins pour les clients. On apprécie l'ambiance musicale, la carte des cocktails, les transats entre ciel et mer… Détendez-vous grâce à la surveillance d'un maître-nageur et d'un filet anti-méduses.

LE VAUBAN €€€

7 bis, rue Thuret
✆ 04 69 00 13 23
www.levauban.fr

Maître Restaurateur. Ouvert du mercredi au dimanche le midi et le soir. Carte : 45 € environ.

Le meilleur moyen d'apprécier l'intéressante cuisine du chef est d'opter pour le menu dégustation, qui comprend deux entrées, un poisson, une viande, un dessert, et qui peut être accompagné de quatre verres de vin. Une belle manière de déguster divers crus en rapport avec les mets commandés. Dégustez aussi les spécialités de la maison comme le risotto à la truffe tuber melanosporum et le filet de boeuf Rossini, installé confortablement dans un cadre élégant, avec ses tables joliment dressées. Une excellente table antiboise, où vous êtes accueilli avec le sourire.

ABSINTHE BAR

25, cours Masséna
✆ 04 93 34 93 00

Boutique ouverte en journée et le bar jusqu'à 00h30 les vendredis et samedis. De 7 à 10 € le verre d'absinthe.

Dans le vieil Antibes, la boutique Balade en Provence propose la vente d'absinthe, de pastis et de produits gourmands régionaux. Au sous-sol, la cave voûtée abrite un bar à absinthe unique avec un mobilier en étain daté de 1860. On découvre cette boisson jadis muse des artistes à laquelle le propriétaire redonne vie à travers 50 sortes d'absinthes à la carte et une collection unique de fontaines à absinthe, de verres, d'affiches et d'objets anciens. Des soirées piano bar sont organisées le week-end où il règne une ambiance assez incroyable. À essayer absolument.

BAM

6, rue des Palmiers
✆ 06 28 65 23 46

Ouvert du lundi au samedi de 17h à 2h30. Restauration. Animations. Concerts.

Au cœur du vieil Antibes, le BAM vous accueille sur trois niveaux dans un cadre cosy et soigné, tout en proposant un concept unique et varié. Tout d'abord, le Bar à Manger, avec à la carte des tapas faits maison ou des planches gourmandes qui se marient subtilement avec une belle sélection de vins. Mais aussi la Boîte à Musique en sous-sol, dans une cave voûtée pleine de charme aux murs de pierre, où l'on découvre une véritable scène pouvant recevoir des DJ ou des soirées en tout genre. Un très beau mélange pour passer d'agréables moments.

FRANKETTE

3, rue du Migrainier
https://frankette.com/
Ouvert toute l'année. Lundi - Dimanche, 18h - 00h. Bières artisanales. Animations.

Quelques chaises et tables hautes, un joli bar, une ardoise de tapas faits maison délicieux (burrata, tartines, planches mixtes ou végétariennes) qui change toutes les semaines : tous les éléments d'une bonne soirée sont rassemblées dans ce petit bar du centre du vieil Antibes. L'ambiance est détendue, la gérante aux petits soins et le lieu, une petite cave voûtée aux murs de pierre, très chaleureux. Pour résumer, on est très loin des pubs et des grands cafés bondés qu'on connaît par cœur ; et c'est justement ce qu'on aime chez Frankette.

PABLO

22, Rue Aubernon
✆ 04 93 34 19 10
Ouvert du mardi au dimanche de 18h à minuit. Tapas à partir de 9 €. Plat à 18 € environ.

Ce bar à manger a tout pour plaire : une localisation idéale entre le port d'Antibes et le marché provençal, un service professionnel et avenant, des cocktails variés, des références de vins espagnols, une grande salle intérieure moderne à l'ambiance tamisée, une jolie petite terrasse et, bien-sûr, des tapas de charcuterie, houmous, guacamole, produits de la mer, de succulentes boulettes risotto parmesan pannées ainsi que quelques plats pour vous restaurer (salades, risottos, tartines). Chez Pablo, c'est un bon endroit à découvrir.

LILIAN BONNEFOI

2, place du Safranier
✆ 04 93 33 23 32
lilianbonnefoi.com
Ouvert du mardi au dimanche de 8h30 à 13h et de 15h à 19h. Pâtisseries et chocolats.

Lilian Bonnefoi est plus qu'un pâtissier, c'est un artiste. Dans sa boutique lumineuse située dans un quartier paisible du vieil Antibes, il accueille les gourmands pour une expérience savoureuse. Les jolies vitrines donnent envie : chocolats, gâteaux, macarons, confiseries et autres spécialités comme le gâteau de crêpes soufflées. Vous pouvez les déguster sur place, à l'intérieur ou sur la terrasse ensoleillée. Accompagnés d'un thé, d'un café ou d'un jus pressé, vous succomberez forcément. Le brunch du dimanche est tout aussi délicieux. Une belle adresse.

WELCOME BAR

33-35, rue Vauban
✆ 06 27 83 55 70
Ouvert du mercredi au samedi. De 18h à 5h du matin. Assiette de tapas à partir de 8 €. Concert live.

Situé juste à côté du restaurant le Don Camillo, en plein centre d'Antibes, le Welcome Bar propose des *afterworks*, des tapas, des *happy hours* en début de soirée, ainsi qu'une petite restauration. À partir minuit, on pousse les tables et on monte le son : la discothèque commence pour vous faire danser jusqu'au bout de la nuit. Ici, on ne s'ennuie pas d'autant que des soirées à thèmes sont régulièrement organisées pour marquer les différentes étapes de l'année : Beaujolais nouveau, Halloween... Tous les vendredis et samedis : concerts en live.

ONEWAY CAFÉ

21, Impasse Andreossy
✆ 06 82 10 78 23
Ouvert toute l'année. Du mardi au vendredi de 16h30 à 21h30. Terrasse. Bar à bière. Cave. Grossiste.

Voici une adresse cachée, fûtée comme on les aime. Le propriétaire, grossiste en boissons Antibois, a récemment ouvert ce petit café situé en plein cœur du vieil Antibes. Dans une ambiance cosy, il vous fera découvrir, avec le sourire, un large choix de cafés et de thés provenant de tous horizons, à déguster sur place ou à emporter. Les amateurs de bières brassées testeront également quelques jolies trouvailles artisanales (sa clientèle anglophone en atteste) et les amateurs de whiskys pourront acheter des merveilles provenant des quatre coins du monde.

BALADE EN PROVENCE

25, cours Massena
✆ 04 93 34 93 00
Ouvert tous les jours, de 10h à 18h.

Cette enseigne possède deux visages : d'un côté, il y a une boutique gourmande où sont présentés des produits du terroir, huiles d'olive, tapenades, liqueurs et autres savons. L'épicerie fine est ouverte en journée, mais le soir, l'établissement prend donc un autre visage : au sous-sol, dans une belle salle voûtée, il y a un bar à absinthe. Une adresse incontournable quand on sort à Antibes ! Véritable hommage à la fée verte, le patron collectionne ici tous les objets liés à ce précieux breuvage. Laissez-vous plonger dans cet univers hors du temps.

LA COUTELLERIE DU VIEIL ANTIBES

19, place Nationale ✆ 04 93 34 81 22
coutellerie-du-vieil-antibes.fr

Du mardi au samedi de 9h30 à 12h30 et de 15h à 19h30. Prestation d'aiguisage et d'entretien des couteaux.

C'est dans sa petite boutique du vieil Antibes que Bernard Pagès partage avec vous sa passion des belles lames. On en découvre de toutes sortes : couteaux automatique, papillon, de cuisine, de collection... mais aussi des ciseaux, des sabres, des épées ainsi que des rasoirs traditionnels, coupe-chou. Et si le propriétaire des lieux vous conseille avec enthousiasme et amabilité, des services d'aiguisage et de réparation sont également proposés. Un savoir-faire rare au cœur d'Antibes.

MARCHÉ PROVENÇAL

Cours Masséna
www.antibesjuanlespins.com/fr/pages/les-march%C3%A9s

Basse saison : ouvert du mardi au dimanche de 6h à 13h. Haute saison : tous les jours de 6h à 13h45.

Ce marché est sans conteste l'un des plus beaux et des plus populaires du littoral azuréen. Locaux et touristes s'y retrouvent pour goûter et évaluer des produits frais locaux. Fleuristes, maraîchers, poissonniers, charcutiers, fromagers... Les étals se déploient sous la superbe halle métallique située au cœur de la vieille ville. Le marché est agréablement bordée de bars, restaurants et boutiques de spécialités régionales, pour se restaurer après les achats. La halle est réservée l'après-midi aux artisans (sculpteurs, peintres, etc.) qui exposent leurs créations.

ADVENTURE GOLF

306, avenue Mozart ✆ 08 92 42 62 26
www.marineland.fr/parcs-marineland/adventure-golf

Fermeture annuelle de novembre à février. Juillet et août, de 15h à minuit. Entrée : 11,50 €. Restauration. Boutique.

Adventure Golf, c'est un mini-golf qui propose des prestations géantes ! Vous trouverez pas moins de 3 parcours de mini-golf de 18 trous à choisir selon le niveau de difficulté voulu, pour satisfaire les petits et les plus grands. Dans un cadre apaisant et à travers un joli décor inspiré des aventures imaginées par Jules Verne, la journée promet de beaux moments en famille. Rassurez-vous, il ne faut pas 90 jours pour en faire le tour, les parcours sont assez rapides à finir. Vous pourrez célébrer votre victoire à la terrasse du Club House.

CENTRE THALASSO THALAZUR

770, chemin des Moyennes-Bréguières
✆ 04 92 91 82 00
http://antibes.thalazur.fr/

Ouvert toute l'année. Séjour de 1 à 5 jours à partir de 173 € (prix avec soin(s) + nuitée(s) + demi-pension(s)).

Cet établissement de renom niché sur les hauteurs de la ville baigne dans un univers de calme et de volupté. Les 116 chambres profitent d'une vue exceptionnelle sur la baie des Anges et d'une décoration lumineuse. Les cures à la journée ou sur plusieurs jours permettent de se ressourcer. Le spa met à disposition un bain bouillonnant, un sauna, un hammam, des piscines extérieures ainsi que deux bassins intérieurs d'eau de mer chauffée. L'espace cardio-training, beauté et la tisanerie sont des services supplémentaires pour purifier votre corps et votre esprit.

CASINO JOA LA SIESTA

Route du Bord-de-Mer
✆ 04 93 33 31 31

Ouvert du dimanche au jeudi. Jeux traditionnels ouverts à partir de 21h. Restaurant ouvert tous les jours, midi et soir.

Jouer, Oser et s'Amuser, telle est la devise qui se cache derrière acronyme JOA du Casino La Siesta. Mais ici, vous serez servis : à la fois casino avec machines à sous, jeux traditionnels, animations et tournois, night-club et restaurant, cette institution en bord de mer est desservi par un vaste parking gratuit. L'établissement offre également de belles pistes de danse, une décoration subjuguante et des terrasses à ciel ouvert avec vue sur la Méditerranée. En saison estivale, des milliers de clubbers de tous les âges dansent jusqu'au petit matin.

PLANET EXPERIENCES

172, avenue Weisweiller
✆ 04 97 21 90 67
https://www.planetexperiences.fr

Ouvert mercredi de 14h à 00h, jeudi et vendredi de 17h à 00h, samedi de 14h à 00h et le dimanche de 14h à 22h.

Planet Experiences est un concept d'Escape Game situé dans un complexe d'établissements loisirs « indoor ». Si l'Escape Game ne vous parle pas, il s'agit d'un principe d'énigmes à résoudre en équipe, enfermés dans une pièce de laquelle il faut réussir à sortir en un temps record. Avec ses 1200 m², Planet Experiences est le plus grand Escape Game des Alpes Maritimes, mais propose également d'autres activités telles que la simulation automobile (F1 ou rallye) ainsi qu'un bar à jeux de société. Un lieu unique pour allier amusement et réflexion !

LE CAP-D'ANTIBES ★★

Magnifique presqu'île, symbole de la Côte d'Azur et point de jonction sublime entre Antibes et Juan-les-Pins, le cap d'Antibes est un site privilégié et résidentiel où la végétation méditerranéenne a conservé toute sa place. En faire le tour en voiture ou en vélo par la route du bord de mer ou à pied par le sentier des douaniers est un véritable enchantement. Côté est, les pics du Mercantour enneigés contrastent avec la Méditerranée. Côté ouest, les sommets de l'Estérel se dressent au-dessus des îles de Lérins. Souvent, une mer d'huile aux eaux topaze caresse le sable fin du littoral, parfois des flots saphir se cassent contre des roches blanches aiguisées comme des lames. À travers la verdure qui forme un écran naturel, on devine certaines des somptueuses propriétés, soigneusement protégées. Le palace Eden-Roc, enchâssé dans un domaine de 8 ha, est sans conteste le plus beau fleuron du cap qui accueille les stars et les VIP du monde entier, notamment lors du Festival International du Film de Cannes. Inauguré en juin 1870, l'Américain Gordon Benett l'a relancé bien plus tard en sponsorisant les premières courses automobiles. Agrandi en 1914, il est devenu avec le Negresco à Nice et le Carlton à Cannes, l'archétype des somptueux palaces de la Côte d'Azur.

Fort heureusement, le Cap d'Antibes n'est pas que luxure : il offre également de magnifiques petites balades en pleine nature, le long de la mer ou en prenant un peu plus de hauteur, afin de toujours profiter d'un magnifique paysage. À ne manquer sous aucun prétexte !

Histoire

Si le sommet du plateau de la Garoupe vaut le détour pour son panorama unique à 180° qui s'étend du massif de l'Estérel jusqu'à Nice avec, en toile de fond, le moyen pays et les montagnes des Alpes du Sud, son charme repose aussi sur les beaux monuments qu'il abrite.

- La chapelle : joyau du cap d'Antibes, la chapelle de la Garoupe permet d'admirer deux fresques entièrement restaurées, l'une réalisée en 1948 par le peintre Édouard Collin et l'autre par Jacques-Henri Clergues en 1952-1953. Classée à l'inventaire des Monuments historiques et lieu de culte.

- Le phare : c'est l'un des plus puissants de la région ! Du haut de ses 103 mètres et avec une portée de 65 km pour les bateaux, le phare de la Garoupe se situe au sommet du plateau de la Garoupe et domine le cap d'Antibes. On ne peut pas y accéder, même s'il est toujours visible de l'extérieur.

- À bon port : le sanctuaire de la Garoupe possède le Bistrot du Curé, qui accueille aussi bien le pèlerin venu faire une halte spirituelle, l'Antibois qui prend de la hauteur sur sa ville, ou le voyageur qui veut découvrir la côte depuis un sommet unique. C'est aussi une boutique où vous pourrez trouver des souvenirs et objets religieux.

Pour accéder au sommet de la Garoupe, vous pouvez opter pour la voiture (parking gratuit) ou tenter la montée à pied. La marche est courte et abrupte depuis la plage de la Salis, en traversant les pentes du bois (20 min), et plus douce mais plus longue depuis le littoral Juanais, par la route (30 min depuis la plage des Ondes).

ESPACE MER ET LITTORAL

Boulevard J.-F. Kennedy
✆ 04 93 61 45 32
Ouvert du 15 juin au 31 août, y compris les jours fériés. Du Mardi au samedi de 10h à 18h30. Entrée libre.

Aménagé dans l'ancienne casemate de la batterie côtière du Graillon sur un site naturel de 2,2 hectares, le musée et sa tour du Grillon (ou Graillon) surplombent les vestiges d'une ancienne batterie qui, face aux îles de Lérins, commandait l'un des accès de la plage de Golfe-Juan où Napoléon, quittant l'île d'Elbe, débarquait le 1er mars 1815. Ce passé militaire étant à présent révolu, on y découvre des expositions sur la faune marine et terrestre de la région. Depuis le haut de la tour, superbe panorama sur les îles de Lérins et les Alpes.

JARDIN BOTANIQUE DE LA VILLA THURET

90, chemin Raymond ✆ 04 97 21 25 00
www6.sophia.inra.fr/jardin thuret
Ouvert du lundi au vendredi de 8h30 à 17h30 en hiver et de 8h à 18h en été. Tarif : 3 € par personne.

Ce jardin d'acclimatation est géré par l'Institut national de recherche agronomique (INRA), créé en 1865 par le botaniste Gustave Thuret. Séduit par le climat et la nature sauvage du cap, il acheta un terrain de 5 ha sur lequel il étudia l'acclimatation des plantes exotiques. Le jardin n'a rien perdu de sa mission principale et on découvre ainsi des collections d'arbres et d'arbustes en cours d'expérimentation (1 600 espèces) pour tester leur adaptation aux conditions méditerranéennes.

BALADE

BALADE AU CAP D'ANTIBES

C'est l'une des plus belles balades du littoral : le Cap d'Antibes et sa somptueuse presqu'île, protégés en raison de sa faune et de sa flore unique, offrent un panorama sur la méditerranée à couper le souffle. Sur la route, les villas de prestige et les criques aux eaux cristallines se succèdent. Avec quelques sections plus raides, ce sentier nécessite de bonnes chaussures, mais demeure parfaitement sûr que soyez un pro de la randonnée ou débutant. Appelé sentier de Tirepoil, il relie la plage de la Garoupe à l'anse d'Argent Faux, et fait une boucle. Vous commencerez et finirez donc à la plage de la Garoupe **(1)**, où vous pourrez garer votre voiture. Point de départ au bout de la plage en direction de la pointe sauvage. Continuez à suivre le large chemin et vous arriverez à une crique magnifique. Le sentier se transforme ensuite en un chemin pavé, pour vous mener jusqu'au Cap Gros **(2)**. Continuez à contourner le promontoire, en traversant deux autres baies, en passant devant le château de la Croé **(3)**, et la Villa Eilenroc **(4)** et jusqu'à arriver à la Baie des Milliardaires **(5)**. De là, prenez le chemin de l'intérieur des terres, qui vous ramènera à la plage de la Garoupe d'où vous êtes parti. L'itinéraire fait environ 4,8 km de long, et il vous faudra environ 2 h pour le parcourir.

VILLA EILENROC

460, avenue L.D. Beaumont
✆ 04 93 67 74 33
Ouvert toute l'année le 1er et le 3ème samedi de chaque mois et tous les mercredis après-midi de 14h à 17h.

La Villa Eleinroc vaut le détour lors d'une de vos balades au cap d'Antibes. C'est un château français de style néoclassique entouré d'un parc de 11 hectares situé au cœur du cap d'Antibes. Construit par l'architecte Charles Garnier entre 1860 et 1867 qui l'a baptisé « Eilenroc », anagramme de Cornélie, le prénom de son épouse, ce lieu composé d'un parc et d'une villa sont parfois ouverts à la visite (vérifiez les horaires). Le parc aux essences rares et méditerranéennes, d'où émanent calme et sérénité, bénéficie de très belles échappées sur la mer.

HÔTEL LA JABOTTE** €

13, avenue Max-Maurey ✆ 04 93 61 45 89
www.jabotte.com
Ouvert toute l'année. Haute saison : chambre double à partir de 164 €. Vente de produits. Sauna. Vélo / kayak gratuits.

Ce ravissant boutique-hôtel abrite sept chambres ouvertes sur le jardin et deux situées à l'étage de la villa. Le fuchsia et l'orange illuminent la salle intérieure où sont servis les petits-déjeuners en hiver. Le patio extérieur arbore un magnifique mimosa et bon nombre de petites plantes entretenues avec soin. Les chambres de rez-de-chaussée, colorées, s'ouvrent sur le jardin où se mêlent quiétude et parfums floraux. L'été, un chanteur avec guitare acoustique vient jouer une fois par semaine. Une adresse atypique à conseiller vivement pour un séjour en amoureux.

BEACH HÔTEL***** €€€

10, boulevard Maréchal-Juin
✆ 04 92 93 13 30
www.ca-beachhotel.com
Relais & Châteaux. Fermé d´octobre à mars. Haute saison : chambre double à partir de 594 €. Restaurant gastronomique.

Cet hôtel à l'architecture contemporaine est merveilleusement intégré dans la végétation, avec son jardin ourlé par une plage de sable fin qui glisse lentement dans la mer. Il offre des chambres luxueuses et confortables qui s'ouvrent sur des terrasses et jardins privatifs. Un espace entièrement dédié aux massages et aux soins esthétiques est également mis à disposition de la clientèle. Deux étapes gourmandes sont à votre disposition, la table gastronomique Les Pêcheurs avec sa belle terrasse, ainsi que le restaurant de la plage privée Le Cap.

IMPÉRIAL GAROUPE***** €€€

770, chemin de la Garoupe
✆ 04 92 93 31 61
www.imperial-garoupe.com
Relais & Châteaux. Fermé d'octobre à avril. Haute saison : chambre double à partir de 780 €. Restaurant Le Pavillon.

Ce Relais et Châteaux donne un accès aux eaux turquoise de l'anse de la Garoupe. Il propose un cadre verdoyant avec profusion de fleurs, une véranda et une orangeraie, des chambres confortables aux couleurs chatoyantes, avec vue sur les jardins et la piscine, et toutes dotées d'un balcon ou d'une terrasse. Pour ne rien gâcher, sont mis à disposition un espace bien-être avec sauna, une table de massothermie et deux restaurants : le Pavillon, gastronomique cuisine méditerranéenne, et le Pavillon Beach, qui est situé sur la plage privée de l'hôtel.

RESTAURANT LE CÉSAR ET LA PLAGE KELLER €€

1035, chemin de la Garoupe ✆ 04 93 61 33 74
www.restaurant-plage-cesar-antibes.fr
Tous les jours de Mi-Mars à mi-Oct. (9h-20h). Le César : tous les jours à partir d'Avril (12h-23h). Carte 35€ environ

Le bleu turquoise du cap d'Antibes domine lorsque l'on arrive sur cette plage naturelle. Voici une vraie institution dans la région, tenue par la même famille depuis plus de 33 ans, le lieu se réinvente chaque année. Le chef du restaurant, Olivier Condat, fidèle à la maison depuis plus de 20 ans, propose une cuisine aux tendances marines, conçue à partir des meilleurs produits méditerranéens, frais et de saison. On trouve aussi une belle sélection de vins de Provence. Incontournable.

RESTAURANT DE BACON €€€

664, boulevard de Bacon
✆ 04 93 61 50 02
www.restaurantdebacon.com
Ouvert toute l'année. Haute saison, ouvert tous les jours. Carte : 100 € environ. Jardin. Terrasse. Voiturier. Boutique.

Créée en 1948, cette institution recensée par le guide Michelin est située à côté de la plage de la Salis, dans un cadre exceptionnel, face à la mer. L'accueil est en tout point parfait. Vous aurez le plaisir de vous régaler en terrasse avec le meilleur de la pêche locale : homards, rougets, daurades, turbots, pageots, etc. Vous apprécierez la fameuse bouillabaisse et différentes préparations de langoustes. Des plats traditionnels s'offrent également à ceux qui n'ont pas le pied marin. Et pour accompagner ce beau moment gustatif, une carte des vins très riche.

RESTAURANT EDEN-ROC €€€

Boulevard J.-F. Kennedy
✆ 04 93 61 56 63
www.hotel-du-cap-eden-roc.com
Fermé de novembre à mars. En saison, ouvert tous les jours le midi et le soir. Carte : 110 € environ. Terrasse.

Mettez-vous à la place des célébrités qui fréquentent ce palace d'exception au cap d'Antibes, en prenant place sur la terrasse en teck, véritable proue, face à la baie magique de Juan-les-Pins soulignée par les îles de Lérins verdoyantes et les sommets ocre de l'Esterel. L'équipage se charge de vous faire voyager gustativement avec des mets d'excellence, élaborés à partir de produits saison et souvent locaux, qu'il s'agisse des prises fraîches, des récoltes saisonnières et des légumes et herbes aromatiques du potager. Un moment Magique.

JUAN-LES-PINS ★★★

Juan-les-Pins est une charmante station balnéaire avec sa belle esplanade qui offre une vue imprenable sur les îles de Lérins, sa longue plage de sable fin où se pressent les bonnes tables et bars à cocktails, et son petit centre dynamique où les cafés, glaciers et boutiques de vêtements abondent, pour le plus grand plaisir des visiteurs. On aime donc surtout venir à Juan pour se détendre en journée, autant que pour profiter de la vie nocturne particulièrement animée pendant la saison estivale. Et puis la ville peut aussi se targuer de vous offrir des couchers de soleil à couper le souffle, avec vue sur le massif de l'Estérel.

En outre, on ne peut dissocier la commune de Juan-les-Pins de la musique jazz, ce courant musical qui fit sa grande notoriété en s'installant ici dans les années 1920, suivant ainsi le sillage des touristes américains et les flonflons des premiers charlestons. Devenue lieu de rendez-vous des grands noms du jazz à l'image de Sydney Bechet, vinrent aussi Claude Luther, Lionel Hampton, Ella Fitzgerald, Duke Ellington, Dizzy Gillespie, Charly Parker, Stéphane Grappelli, Michel Petrucciani et tant d'autres, la ville organise chaque année au mois de juillet, la manifestation « Jazz à Juan » qui attire les amateurs du monde entier tout autour de la pinède Gould où l'animation nocturne est intense.

HÔTEL ALEXANDRA** €€

15, rue Pauline ✆ 04 97 21 76 50
www.hotelalexandra.net
Ouvert toute l'année. Haute saison : chambre double à partir de 116 €. Restaurant Au jardin d'Alexandra (le soir).

Tout proche du centre ville mais posé à l'abri de l'agitation dans une rue calme, cet hôtel de grand charme daté du XIXe siècle est classé « bâtiment remarquable » du patrimoine architectural de Juan-les-Pins. Récemment rénovées, les chambres réparties sur deux étages dévoilent un décor différent pour chacune et bénéficient d'un grand confort, d'un balcon ou d'une terrasse et offrent un cadre lumineux aux tons doux. Le bar du « jardin d'Alexandra » propose des rafraîchissements en soirée, avant de déguster à l'heure du dîner des plats aux accents provençaux.

HÔTEL LE PRÉ CATELAN*** €€

27, avenue des Palmiers ✆ 04 93 61 05 11
www.precatelan.com
Ouvert toute l'année. Haute saison : chambre double à partir de 169 €. Vente de produits. Terrasse. Solarium.

C'est à l'ombre des palmiers et à 200 m des plages de sable que se trouve cette charmante bastide provençale datant de 1920. Le cadre est idyllique et offre des chambres rénovées aux ambiances différentes. Les couleurs sont douces et chaleureuses, surtout lorsqu'on se trouve au solarium ou au bord de la piscine. C'est tout l'espace qui invite à la détente et l'on s'y sent un peu comme chez soi. En point d'orgue, on peut même profiter d'un bain bouillonnant. Un vrai havre de paix en plein cœur de Juan-les-Pins et à quelques minutes à peine du vieil Antibes.

HÔTEL MADEMOISELLE*** €€

12, avenue Docteur-Dautheville ✆ 04 93 61 31 34
www.hotelmademoisellejuan.com
Ouvert toute l'année. Haute saison : chambre double à partir de 200 €. Salon de thé de 14h à 19h avec pâtisserie maison.

En plein cœur du centre-ville, à seulement 50 m des plages, l'hôtel Mademoiselle est une halte colorée qui vous ramènera à vos rêves d'enfant. Les 14 chambres ont été rénovées comme dans un conte de fée et offrent des volumes différents de 14 à 30 mètres carrés : 2 chambres standards, 8 supérieures et 4 suites. Le patio est agréable pour des petits déjeuners à base de jus de fruits fraîchement pressés dès les beaux jours. Le salon de thé est ouvert l'apreès-midi pour une pause sucrée, avec pâtisseries et autres douceurs. Une adresse totalement atypique. On adore !

HÔTEL BELLES RIVES***** €€€

33, boulevard Édouard-Baudoin ✆ 04 93 61 02 79
www.bellesrives.com

Fermé de janvier à mars. Haute saison : chambre double à partir de 600 €. Restaurant La Passagère. Espace de massages.

Dressé au-dessus de la mer, ce superbe bâtiment des années trente qui fut la demeure de Scott et Zelda Fitzgerald offre le maximum de charme et de confort : lambris d'acajou et style bateau, chambres Art-Déco toutes différentes, dotées d'un balcon et de salles de bains luxueuses. Salon, piano-bar pour démarrer la soirée en toute sérénité, plage privée de sable fin, grande terrasse avec vue panoramique sur les îles de Lérins et restaurant gastronomique «La Passagère» animé avec brio par son chef étoilé, sont autant d'atouts pour passer un séjour de rêve.

HÔTEL JUANA***** €€€

19, avenue Georges-Gallice ✆ 04 93 61 08 70
www.hotel-juana.com

Fermé en novembre et décembre. Haute saison : chambre double à partir de 420 €. Bistrot terrasse. Ateliers d'œnologie.

C'est un pur bijou Art déco, dont la façade, classée aux Monuments historiques attire tous les passionnés d'architecture. À un mobilier luxueux s'ajoute un équipement haut de gamme avec les services d'un 5 étoiles, dans le respect de la grande tradition hôtelière française. La plage et ses activités nautiques sont à 100 mètres (plage privée du Belles Rives). Quel que soit le moment de la journée, vous profitez de la piscine en marbre d'un blanc immaculé, du hammam ou de la salle de fitness. Le bistrot chic permet d'apprécier des saveurs du sud et du terroir.

HÔTEL SAINTE-VALÉRIE**** €€€

13, Rue de l'Oratoire ✆ 04 93 61 07 15
www.hotel-sainte-valerie.fr

Fermé de novembre à mars. Haute saison : chambre double à partir de 250 €. Bar lounge et snacking. Bain bouillonnant.

Cette belle maison de famille est nichée dans un parc ombragé à quelques pas de la mer. Passée l'entrée de l'établissement, vous êtes déjà séduit par le jardin fleuri aux couleurs de la Méditerranée. La piscine vous attend et les chaises longues vous invitent au repos. Les chambres et suites aux noms de fleurs, toutes décorées différemment, sont réparties entre deux villas. La décoration allie l'élégance et la sobriété, un doux mélange de couleurs provençales et un mobilier de très bon goût. Un hôtel de charme à conseiller vivement à une clientèle exigeante.

LA VILLA**** €€€

Avenue Saramartel ✆ 04 92 93 48 00
hotel-villa-antibes.com

Fermé de novembre à mars. Haute saison : chambre double à partir de 265 €. Petit déjeuner buffet : 20 €.

Une ravissante bâtisse cachée au cap d'Antibes, qui abrite des chambres de caractère. Le bâtiment principal est décoré dans un style contemporain chic : de noir et d'or, de la tapisserie aux murs en passant par les meubles avec de grandes portes fenêtres s'ouvrant sur des terrasses – avec vue mer de surcroît au deuxième étage. Puis il y a un petit pavillon privatif de l'autre côté de la piscine où les six chambres donnent sur le jardin. Une déco sobre et élégante, à l'image de l'hôtel. À noter : un bar d'extérieur à côté de la piscine, ouvert de mai à septembre.

BISTROT €€

26, avenue Louis Gallet
✆ 04 93 74 51 28

Ouvert du jeudi au mardi le midi et le soir. Haute saison : tous les jours le midi et le soir. Carte : 30 € environ.

Ce petit établissement à l'écart de la cohue, et pourtant à quelques pas de l'esplanade du bord de mer, est une belle surprise. Tout est fait pour que vous y passiez un bon moment, de la cuisine, succulente, au service, aux petits soins et souriant, à la salle, joliment décorée, sans oublier le jardin terrasse où il fait bon manger. La carte est variée. Des plats traditionnels français côtoient la pêche du jour, des burgers et autres recettes 100 % vegan. Les suggestions du jour démontrent la créativité du chef et son amour des traditions. Un excellent Bistrot.

LA DOUCE PLAGE €€

10, boulevard Edouard Baudoin
✆ 04 03 61 04 27

Haute saison : tous les jours de 8h30 à 23h. Non-stop. Réservation recommandée. Carte : 30 € environ. Terrasse. Plage.

Ce restaurant de plage au beau nom de La Douce, idéalement situé dans le petit centre de Juan-les pins, fait partie des rares établissements encore ouverts toute l'année en bord de mer. Le chef propose de nombreux plats à base de poissons et des spécialités méditerranéennes de bonne qualité. Les assiettes sont joliment présentées et le service professionnel. Vous pouvez déguster votre repas sur la terrasse ou les pieds dans le sable, à un mètre de l'eau. La digestion se passe ensuite sur un transat. Un bonheur à vivre hors saison, de préférence.

MAMMA MIA €€

37, boulevard Charles Guillaumont
✆ 06 15 54 30 39
www.mamma-mia-restaurant.eatbu.com
Ouvert du mercredi au dimanche, midi et soir. Haute saison : tous les jours le midi et le soir. Carte : 30 € environ.

Ce restaurant à l'ambiance simple mais conviviale est tenu par 2 cuisiniers ayant travaillé dans des restaurants étoilés. Dynamiques, ils sont désireux de faire goûter à leur clientèle une cuisine variée et bien travaillée, dans un décor sobre et élégant. Les plats sont généreux et délectables : poissons entiers ou en filets, pizzas, belles viandes, délicieuses pâtes ainsi que de bonnes omelettes. Les desserts «faits maison» sont classiques et gourmands. Le restaurant dispose également d'une belle sélection de vins médaillés. Mamma Mia porte bien son nom !

PLAGE DES ÎLES €€

41, Boulevard Charles Guillaumont
✆ 04 93 93 34 94
Fermé de novembre à mars. Ouvert tous les jours et les jours fériés de 9h à 22h30. Carte : 25 € environ.

Ici, le cadre agréable face à la méditerranée est là pour vous procurer de magnifiques instants de détente. La cuisine délicieusement simple saura vous combler entre deux bains de mer. Vous pourrez déguster des plats à base de poissons, de viandes et, en dessert, optez pour une salade de fruits frais. Pour la digestion, l'espace transat vous assure une sieste au calme, les pieds dans l'eau, à écouter le bruit des vagues. Le cadre est excellent et la déco zen est totalement en phase avec la beauté naturelle du site. Un très bon rapport qualité / prix.

PLAGE LES PIRATES €€

23, boulevard Édouard-Baudoin
✆ 04 93 61 00 41
www.plage-les-pirates.fr
Fermé en novembre et décembre. Haute saison : tous les jours le midi et le soir. Carte : 30 € environ. Terrasse.

Dans un cadre couleur bleu turquoise avec un mobilier en teck clair, les Pirates affichent ici leur véritable trésor : un vaste espace de sable, deux pontons, un solarium face à la Méditerranée, des tables posées à même le sable ainsi qu'une véranda ouverte sur l'horizon et chauffée ou climatisée selon les saisons. L'abordage de charme se poursuit en cuisine avec les moules à l'italienne, les salades fraîches et colorées, les pastas ou bruschettas, sans oublier le large choix de desserts maison pour les gourmands ! Un lieu entre mer bleue et pins parasols.

RÊVE PLAGE €€

8, boulevard Charles-Guillaumont
✆ 04 92 90 34 08
Fermé en janvier février. Restaurant ouvert 7j/7 de 12h à 16h en basse saison et de 10h à 22h en haute saison.

Cette plage privée se situe au début de la jetée piétonne qui surplombe le sable fin de l'anse protégée de Juan-les-Pins. La décoration chic et tendance donne le ton. Bien installé sur la terrasse panoramique ou sur la terrasse basse qui s'avance dans la mer, la cuisine méridionale se mêle à merveille aux saveurs d'ailleurs pour proposer des mélanges novateurs et délicieux. Dès la fin d'après-midi, vous profiterez de l'espace lounge et de sa musique d'ambiance pour siroter un verre devant le coucher de soleil et jusqu'à tard dans la nuit. Le rêve quoi !

ULTIMO €€

2, boulevard Baudoin
✆ 04 93 61 22 46
ultimo-juanlespins.fr
Ouvert toute l'année. Tous les jours le midi et le soir. Non-stop. Carte : 25 € environ (plat + dessert). Terrasse.

La cuisine de cet établissement Juanais se veut traditionnelle. La carte qui se décline à l'ardoise propose une belle variété de salades, des viandes mais aussi des poissons. Du simple mais efficace ! Quelques pizzas complètent l'offre ainsi que des clubs sandwiches concoctés par le Chef. L'Ultimo est aussi un bar à tapas, à partager (calamars, accras, chipirons, petits boudins...). Cette brasserie propose enfin des glaces Barbarac - célèbres sur le port de St Tropez, crêpes et gaufres, sur place ou à emporter. Une bonne cuisine qui devrait vous surprendre.

LA PASSAGÈRE €€€

33, boulevard Édouard-Baudoin ✆ 04 93 61 02 79
www.bellesrives.com/fr/bars-restaurants/restaurants/la-passagere/
Fermé généralement en janvier. 1 au guide Michelin. Ouvert du mercredi au dimanche le soir. Carte : 120 € environ.*

Avec en toile de fond l'horizon de la Grande Bleue, le Chef Aurélien Véquaud distille une cuisine méditerranéenne, goûteuse, harmonieuse et maîtrisée. Il s'est notamment illustré avec son menu invitation au voyage, qui sublime les trésors sous-marins locaux. Chaque produit est élaboré de façon à en extraire la quintessence et à faire ressortir ses particularités, qu'il s'agisse de poissons, de crustacés ou encore de ravioles, de gnocchis ou de fromages frais. Les desserts du chef pâtissier suivent également cette ligne directrice saupoudrée de tonalités exotiques.

LE PROVENÇAL BEACH €€€

22, boulevard Edouard-Baudoin ✆ 04 93 65 59 82
www.provencal-beach.com
Ouvert de mi-avril à fin octobre. Tous les jours de 9h à minuit. Carte : 45 € environ. Transat + parasol : 20 €.

Face aux îles de Lérins et avec sa décoration dans les tons chocolat, cette plage privée respire la convivialité. Au menu d'une journée de farniente : baignade, bronzage, déjeuner gourmand, pause café, apéritif au *lounge* bar, dîner au bord de l'eau... Le chef propose une cuisine traditionnelle méditerranéenne : petits farcis du pays niçois, tomates mozzarella, carpaccio de boeuf, linguini aux fruits de mer, les poissons frais du jour... Les desserts gourmands permettent de terminer le repas en beauté. Un bel établissement pour une belle journée au bord de l'eau.

LA SUITE - WINE BAR

12, boulevard Ardisson
✆ 04 93 67 40 75
Ouvert toute l'année. En pleine saison ouvert 7j/7. Planches à partir de 12 €. Terrasse. Concert live le vendredi.

On aime ce style urbain et chic pour déguster du bon vin accompagné d'assiettes de charcuteries, de fromages, de saumon ou de foie gras maison. La Suite est un wine bar cosy, où l'on peut profiter d'un verre au calme en terrasse tout autant que faire la fête, car le lieu se veut convivial à l'image de ses propriétaires. De nombreuses soirées sont organisées : concert de musique live, diffusion d'événements sportifs, soirée à thèmes... Un établissement chaleureux et décontracté où il fait bon passer ses soirées. Une adresse futée !

CASINO PARTOUCHE

3, Avenue Guy de Maupassant
✆ 04 92 93 71 71
www.casinojuanlespins.com
Ouvert toute l'année, tous les jours de 10h à 4h du matin. Restaurant Le Bistrot ouvert midi et soir.

Ce casino situé dans le cœur de Juan-Les-Pins, à deux pas de la mer, vous promet de belles soirées et des nuits endiablées. Plusieurs types de jeux s'offrent à vous : 115 machines à sous, dont le Mégapot qui cotise en simultané au jackpot commun de 42 établissements, vidéo rouleaux et vidéo poker, 19 roulettes électroniques et tous les jeux traditionnels comme la roulette anglaise, le Texas hold'em poker ou encore le black-jack. Nouveauté : le black-jack électronique. Vous pourrez également faire une pause gourmande au restaurant du Casino Le Bistrot.

CAGNES-SUR-MER ★★

Située entre Cannes et Nice, Cagnes-sur-Mer est riche d'un patrimoine touristique et culturel exceptionnel. La ville se scinde en plusieurs districts : le centre-ville avec ses places animées et ses rues commerçantes, le Haut-de-Cagnes, ce bourg pittoresque perché au sommet de la colline du château, le Cros-de-Cagnes, plus vieille station de sauvetage en mer de la côte d'Azur anciennement tournée vers la pêche et aujourd'hui vers les activités et les loisirs nautiques, et la jolie esplanade du bord de mer avec ses 3 km de plages de galets bordées de palmiers et ses nombreux bars, glaciers, boutiques de souvenirs et établissements culinaires.

CHÂTEAU-MUSÉE GRIMALDI

Place du Château ✆ 04 92 02 47 35
Fermé le mardi. Billet couplé pour le château-musée et le musée Renoir 8 €. Tarif 4 €. Gratuit -26 ans.

Construite en 1309 pour Rainier Grimaldi, seigneur de Cagnes, cette bâtisse resta la demeure familiale des Grimaldi avant d'être acquise par la commune de Cagnes-sur-Mer en 1937. Le château fut alors transformé en musée, puis classé aux Monuments historiques en 1948. Sa silhouette de forteresse contraste avec des intérieurs lumineux et aériens issus des embellissements de l'époque baroque. Ne manquez pas : le patio entouré d'arcades, la porte Louis XIII avec encadrement de marbre surmontée d'un balcon d'honneur, le musée de l'Olivier...

MUSÉE RENOIR

19, Chemin des Collettes ✆ 04 93 20 61 07
www.cagnes-tourisme.com/fr/decouvrir/musee-renoir/presentation.html
Ouvert toute l'année. De juin à septembre de 10h à 13h et de 14h à 18h (jardins ouverts en non-stop). Adulte : 6 €.

Située au cœur d'un parc arboré d'oliviers centenaires de plus de 2ha, la maison du peintre Auguste Renoir, transformée depuis en un fabuleux musée, fut construite en 1908. En 1960, la ville de Cagnes-sur-Mer racheta la demeure pour la transformer en un musée, constitué à la fois des pièces de vie qui ont conservé leurs dispositions et leurs meubles d'origine, et des salles d'exposition où sont présentés 14 tableaux de Renoir, 25 sculptures réalisées en collaboration avec Richard Guino et une cinquantaine d'œuvres dues à des artistes qui lui étaient proches.

BUREAU D'INFORMATION TOURISTIQUE

6, boulevard Maréchal-Juin ✆ 04 93 20 61 64
www.cagnes-tourisme.com
Ouvert toute l'année. Antennes également au Cros-de-Cagnes (bord de mer) et au Haut-de-Cagnes (village médiéval).

Il propose des visites guidées sur différents thèmes : Cros-de-Cagnes village de pêcheurs et traditions maritimes, Hippodrome de la Côte d'Azur dans les coulisses du monde des courses et des boules carrées sous la lumière de Renoir, le Haut-de-Cagnes, ce petit Montmartre de la Côte d'Azur, ses mystères du Moyen Âge, sur les traces de Renoir à la découverte des 5 sens, l'Olivier avec ses secrets et saveurs de Provence ou encore La Côte d'Azur des peintres, sur les pas de grands maîtres.

CAMPING LE VAL FLEURI*** €€

139, Vallon-des-Vaux
✆ 04 93 31 21 74
www.campingvalfleuri.fr
Ouvert d'avril à septembre. Emplacement pour 2 de 20 € à 30 €. Mobil-homes pour 2 à 5 de 290 € à 700 € la semaine.

Ce camping est un écrin de verdure niché dans un parc de 2 hectares, entre Cagnes-sur-Mer et Saint-Paul-de-Vence. Il offre des emplacements en terrasses spacieux, ombragés, délimités sur plusieurs niveaux et proches de la mer. Le cadre est idéal, paisible et agrémenté d'une belle piscine extérieure. Il incite à faire une partie de pétanque, de ping-pong ou piquer une tête. Un snack-bar, une aire de jeux pour enfants et une laverie sont également disponibles. Le complexe sportif des Acacias qui se situe à côté permet d'élargir ses activités (tennis et restaurant).

DOMAINE HÔTELIER AÉVA - APPART'É**** €€

22, boulevard de la Plage ✆ 04 93 73 39 52
www.hotel-aeva.fr
Ouvert toute l'année. Haute saison : chambre double à partir de 135 €. Restaurant ouvert 7 jours sur 7 midi et soir.

L'immeuble arbore fièrement sa façade rouge toscan et son jardin fleuri face à la Méditerranée. Les chambres, certaines orientées face à la mer, les autres ouvertes sur le jardin, sont décorées dans un style résolument design. Et si vous préférez le concept de la résidence, une autre structure, Appart'é, abrite des studios et des suites avec balcon, terrasse ou jardinet. Restauration sur place aux accents du Sud, en salle et sur le toit-terrasse pour surplomber la grande bleue.

LE GRIMALDI €€

6, place du Château
✆ 04 93 08 67 12
www.hotelgrimaldi.com
Ouvert toute l'année. Le restaurant est fermé les lundis et mardis. Haute saison : chambre double à partir de 119 €.

Cet hôtel bénéficie d'un cadre d'exception et allie le moderne et le pittoresque pour un résultat harmonieux. Les chambres, bien équipées, sont décorées avec goût dans des tons pastel qui accompagnent bien le bois et la pierre. La suite est une merveille en la matière avec sa belle cheminée, et la vue depuis le toit-terrasse est superbe. Le restaurant de type bistro offre une cuisine méridionale maison réalisée avec des produits frais. Enfin, le bar en terrasse sur la place du Château Grimaldi permet de se détendre au son des notes de jazz le vendredi soir en été.

CÔTE LITTORAL

Le Cros-de-Cagnes.

TIERCÉ BEACH HÔTEL*** €€

33, boulevard John-Fitzgerald-Kennedy
✆ 04 93 20 02 09
www.hoteltiercebeach.com

Ouvert toute l'année. Haute saison : chambre double à partir de 85 €. Petit déjeuner : 10 €. Parking : 10 €.

Les propriétaires ont redonné un coup de jeune à l'établissement et repensé la décoration des chambres qui disposent d'un balcon avec vue sur la mer ou sur l'hippodrome. L'atmosphère est contemporaine et les quatre types de chambre (standard, supérieure, privilège ou suite) possèdent toutes un bon niveau d'équipement pour la catégorie. La plage se trouve face à l'hôtel, de l'autre côté de la route. Un bar *lounge* est à votre disposition avec une carte de vins, bières et boissons non alcoolisées à déguster dans un décor à l'ambiance solaire.

CHÂTEAU LE CAGNARD**** €€€

54, rue Sous Barri ✆ 04 93 20 73 22
www.lecagnard.com

Fermeture annuelle de début janvier à mi février. Haute saison : chambre double à partir de 229 €. Demi-pension.

Cet établissement d'exception perché sur les hauteurs du bourg médiéval écrit un nouveau chapitre de l'histoire de cette bâtisse du XIIIe siècle. Après une période de restauration, les suites et chambres, baptisées du nom d'éminents artistes (Renoir, Modigliani, Bonnard, Picasso, Fujita...) ont été décorées avec raffinement dans l'esprit des lieux et modernisées pour le confort. Certaines possèdent un accès privatif depuis l'une des ruelles du village. Le restaurant, dont la salle principale est connue pour son joli plafond coulissant, propose une carte de saison.

HÔTEL LE VAL DUCHESSE €

11, rue de Paris
✆ 04 92 13 40 00
www.levalduchesse.com

Ouvert toute l'année. Studio 2 personnes : 66 € à 97 €. Appartement 4 personnes de 100 € à 139 €. Petit déjeuner 8,50 €.

Que l'on vienne du centre de Cagnes-sur-Mer ou du bord de mer, on ne peut imaginer l'existence de ce charmant établissement situé en retrait et à l'écart du bruit, dans une petite rue calme, et ce, à 100 mètres à peine de la plage… Ici tout est familial et convivial : de la porte d'entrée aux sympathiques membres de la famille Mougeot qui gèrent les lieux, de la réception jusqu'à l'architecture, en partie en pierre. Un petit clin d'œil aux villas des années 60, à découvrir. Vous vous sentirez comme chez vous et n'aurez qu'à profiter du Farniente.

VANILLE HÔTEL** €€

39, promenade de la Plage
✆ 04 93 20 16 09
www.vanillehotel.com

Ouvert toute l'année. Haute saison : chambre double à partir de 100 €. Salon de thé, glacier.

Le sens de l'accueil de ses propriétaires illumine le cadre zen et épuré de cet établissement à l'esprit voyageur. Les meubles chocolat et les touches végétales font écho aux murs immaculés et au linge de maison aux tons doux. Balcon ou terrasse privative offrent une belle échappée aux chambres ouvertes sur la mer ou sur le jardin. La terrasse extérieure carrelée, où est servi le petit-déjeuner, est habilement préservée par des fleurs et de la verdure qui offrent un espace de détente ombragé, et permet de savourer des pâtisseries, gourmandises et autres cocktails.

CAFÉ DE LA PLACE €

1, place Charles-de-Gaulle
✆ 04 93 22 54 90

Ouvert toute l'année. Ouvert du lundi au samedi de 6h à 21h non-stop. Carte : 20 € environ (plat + dessert). Terrasse.

Ce restaurant est idéalement situé en plein cœur de la ville et aux abords du marché. Ici on y mange aussi bien des spécialités locales (pissaladière, pan bagnat, etc.) à emporter que des suggestions du chef en salle. Les plats sont élaborés avec des produits frais et locaux venus du marché et sélectionnés le matin même. En somme, une cuisine «de retour du marché», simple et familiale, comme on aime. À noter une très belle terrasse extérieure pour déjeuner au soleil ou pour un snack dans l'après-midi. Idéal à tout moment de la journée !

ÉLECTRIC CAFÉ €

12, place du Général-de-Gaulle
✆ 04 93 20 88 29

Ouvert toute l'année. Du lundi au samedi de 5h30 à 20h. Carte : 15 € environ (plat). Terrasse.

En plein cœur de Cagnes-sur-mer, cette brasserie conviviale située sur une agréable place se veut avant tout chaleureuse et accessible... Les ingrédients principaux pour passer un bon moment convivial ! Ici, on se régale d'une cuisine simple et généreuse, qui évolue au gré des saisons et de l'inspiration quotidienne du Chef. L'été par exemple, il fait bon savourer pizzas et tartare de bœuf accompagné de frites maison sur la terrasse ombragée. Des plats du jour égaient quotidiennement la carte du déjeuner. Le service est attentif et rapide.

LA CABANE DE L'ÉCAILLER €€

24, avenue des Oliviers ✆ 04 93 31 68 60
www.lacabanedelecailler.com

Maître Restaurateur. Ouvert toute l'année. Du mardi au dimanche le midi et le soir. Carte : 50 € environ. Poissonnerie.

Dans un cadre chic d'inspiration exotique, on déguste tout un panel de poissons de première qualité. Spécialiste des produits de la mer, ce restaurant possède une carte riche en poissons frais sauvage, crustacés vivants, fruits de mer en plateaux, mais aussi quelques plats à base de viande, de pâtes et de risottos. Les poissons, issus de la pêche du jour, sont préparés devant vous et accompagnés par des légumes de saison. Le service est impeccable et l'accueil sympathique. Une adresse incontournable pour passer un moment convivial, frais, gourmand et iodé.

LE PETIT NIÇOIS BIO €

99, promenade de la Plage
✆ 09 51 40 68 94

Maître Restaurateur. Ouvert toute l'année. Du jeudi au mardi de 7h30 à 15h. L'été, le samedi soir. Carte : 20 € environ

Le petit niçois bio a, comme son nom l'indique, fait le choix d'une cuisine locale créative, élaborée à partir de produits 100 % frais, naturels et surtout bio. Ici, tout est fait maison, des poissons aux spécialités azuréennes, en passant par les plats végétariens. Les assiettes sont généreuses et bien dressées. L'accueil est très agréable et souriant, les prix sont doux et en somme, on a l'assurance de passer un bon moment. Cerise sur le gâteau : si le soleil pointe le bout de son nez, la belle terrasse avec vue mer s'offre aux gourmands !

LE CIGALON PLAGE €€

55, Promenade de la plage
✆ 04 93 07 74 82
lecigalon.com

Ouvert toute l'année. Haute saison : tous les jours le midi et le soir. Carte : 25 € environ. Transat parasol 14 € jour.

Depuis 1966, la même famille de propriétaires vous accueille dans la convivialité. Assis sur la terrasse boisée qui surplombe la mer ou allongé sur la plage de galets, vous savourerez la cuisine aux accents méditerranéens et asiatiques du nouveau chef, travaillée à base de produit frais et de la pêche du jour, excellente et qui sait se réinventer. Les assiettes sont joliment dressées et les desserts réellement gourmands. Et l'addition ? Légère, pour profiter d'un bon moment de quiétude, de farniente et de dégustation, les pieds dans l'eau, sans se ruiner.

STONE BEACH €

15 ter, promenade de la Plage
✆ 04 93 89 96 28
www.plagestonebeach.com

Ouvert toute l'année. Plage ouverte de juin à septembre. Transat 11 €, 15 € pour le premier rang. Carte : 20 € environ.

Cette adresse est la destination idéale pour goûter aux plaisirs d'une journée de détente au bord de l'eau sans se ruiner. Couleurs clairs et épurées sur la vaste terrasse qui surplombe la plage de galets, confortables transats avec coussins et parasols assortis, musique branchée, équipe conviviale, ambiance familiale et décontractée... Côté restauration au comptoir, on compose soi-même son saladier à choisir dans un buffet varié de produits frais. On trouve également des burgers, bruschettas, pan bagnats, steack frites... Une plage qui a réellement de quoi ravir.

DOMAINE DE COCAGNE €€

30, chemin du Pain-de-Sucre ✆ 04 92 13 57 77
domainedecocagne-restaurant.fr

Ouvert tous les jours le midi et le soir. Petit-déjeuner jusqu'à 10h30. Carte : 35 € environ. Jardin. Terrasse.

Là-haut sur la colline, loin des nuisances urbaines, vous pouvez déjeuner sur la terrasse de l'hôtel domaine de Cocagne, à proximité de la piscine, en appréciant une cuisine simple et légère ou dîner dans une ambiance plus feutrée pour déguster des plats gastronomiques. Le Chef, passé par les plus belles tables étoilées de la côte Belge, surprend par sa créativité au service des meilleurs produits bio de la côte d'Azur. Des plats adaptés aux végétariens, végétaliens, sans gluten ou sans lactose sont également préparés sur demande. Un excellent moment culinaire.

LE GRIMALDI €€

6, place du Château
✆ 04 93 08 67 12
www.hotelgrimaldi.com
Ouvert toute l'année. Le restaurant est ouvert toute la semaine sauf le mardi. Carte : environ 35 €.

Le Grimaldi est la table « bistronomique » de l'hôtel éponyme, situé sur les hauteurs de Cagnes-sur-Mer, au cœur du village médiéval. Ici on ne sert que des produits frais et la cuisine est d'inspiration méridionale. Installé en terrasse ou dans la salle intérieure, vous apprécierez certainement les recettes du chef, goûteuses et généreuses. La carte des vins privilégie les petits viticulteurs locaux, la plupart en bio. En version bar, on apprécie faire une pause pour contempler la place et son château tout en sirotant un cocktail (alcoolisé ou non).

AUX PLANCHES €€

3, promenade de la Plage
✆ 04 93 20 23 02
restaurant-auxplanches.com
Fermé en janvier. Ouvert du jeudi au lundi le midi et le soir. Carte : 35 € environ. Terrasse.

C'est face à la mer que Chloé en salle, et Pierre aux fourneaux, ont décidé d'installer leur adresse qui fait la part belle aux produits de saison. Le cadre est magnifique. Outre les suggestions aux accents méditerranéens, le restaurant propose une cuisine moderne, simple et savoureuse au travers de planches de charcuterie et de produits de la mer, de poissons, de viandes, sans oublier les burgers maison. Côté dessert, on craque pour le véritable Kouign-amann breton. Quant à la carte des vins, elle vous fera voyager parmi les plus beaux vignobles de l'hexagone.

LE MAESTRO €€

2, avenue de la Gaude
✆ 04 93 20 31 92
www.lemaestro.fr
Ouvert toute l'année. Du mardi au samedi le midi et le soir. Carte : 20 € environ (plat + dessert). Vente à emporter.

Dans ce restaurant familial de Cagnes-sur-Mer, à la décoration sobre et l'ambiance conviviale, on vient d'abord et avant tout se régaler des savoureuses pizzas cuites au feu de bois, toutes servies avec une garniture généreuse et une pâte bien fine. Outre leur choix varié, on retrouve des spécialités traditionnelles de viandes et de poissons, des grillades au feu de bois, ainsi qu'un menu du jour élaboré par le Chef avec des produits frais et de saison. Quant à la carte des vins, efficace et sans chichi, elle fait la part belle à la Provence.

LE POURQUOI PAS €€

61, promenade de la Plage
✆ 09 83 54 52 28
http://restaurant-lepourquoipas.fr
Ouvert toute l'année. Tous les jours le midi et le soir. Carte : 30 € environ. Terrasse. Vente à emporter

Cet établissement du bord de mer à la décoration soignée offre une agréable terrasse pour tester une cuisine de saison aux accents méditerranéens. Au menu : un large choix de pâtes, des entrées ensoleillées, des pizzas, sans oublier quelques viandes et poissons frais qui allient les saveurs françaises et italiennes. Les desserts et les glaces sont au diapason avec le reste de la carte : généreux, colorés et copieux. Et pour vous régalez à toute heure, le chef prévoit de bons petits plats à emporter. Alors, pourquoi pas y faire un tour ?

PLAGE CARRÉ BLEU €€

61, promenade de la Plage
✆ 04 93 31 00 00
www.plagecarrebleu.com
Ouvert toute l'année. Plage ouverte tous les jours de 10h à 19h de mai à fin septembre. Transat + parasol : 15 € jour.

Dès qu'on entre dans cet établissement, on est marqué par la luminosité qui règne dans la salle intérieure grâce aux immenses baies vitrées ouvertes sur la mer. Le décor est soigné, comme la terrasse panoramique qui domine la méditerranéenne et la plage ombragée. En cuisine, le Chef prépare des recettes régionales et italiennes, ainsi que de belles salades et des produits de la pêche du jour. Tout est frais, fait maison, et ça se sent. L'ambiance est conviviale, décontractée et le service, impeccable en toute saison. Une valeur sûre.

RESTAURANT LE PÉROUSIN €€

4, rue Hippolyte-Guis ✆ 09 53 55 61 92
restaurantleperousin.eresto.net
Ouvert toute l'année. Du jeudi au mardi le soir ; le mercredi midi. Carte : 30 € environ.

Ce petit établissement niché dans les hauteurs de Cagnes propose une décoration intime, chaleureuse, avec un mobilier et des encadrements en bois, nappages blancs, poutres apparentes et coin cheminée. Un style rétro et d'époque, pour une cuisine traditionnelle aux consonances provençales et méditerranéennes, inspirée par le marché et les produits de terroir de saison, qui se veut 100 % maison. La présentation des assiettes est soignée autant que le service. Le rapport qualité-prix est excellent. Qu'attendez-vous pour l'essayer ?

LA ZAGARA €€

9, Boulevard Kennedy
✆ 04 89 97 86 55
www.lazagara06800.blogspot.com
Ouvert tous les jours le midi et le soir. Carte : 30 € environ (plat + dessert). Pizzas : 13 € environ. Terrasse.

Lorsqu'un Chef bien connu des Cagnois (anciennement chez Gusto) monte son restaurant, ça donne la Zagara. Ouvert durant l'été 2019 à côté de l'hippodrome, l'établissement propose une cuisine italienne à base de produits frais, généreuse et subtile à la fois. Si les pizzas, gigantesques, sont évidemment à l'honneur, les risottos et plats de poissons tirent également leur épingle du jeu. On ne vient pas à la Zagara pour sa terrasse donnant sur une avenue passante (bien qu'agréable), mais on y vient pour se régaler et être bien servi. C'est bien là l'essentiel.

CHÂTEAU LE CAGNARD €€€

54, rue Sous Barri ✆ 04 93 20 73 22
www.lecagnard.com
Ouvert toute l'année. Haute saison : tous les jours le soir. Menu unique à 45 €. Terrasse.

Ce restaurant gastronomique faisant partie du bel hôtel éponyme niché sur les hauteurs du Haut-de-Cagnes, dispose d'une lumineuse salle au plafond coulissant permettant de déjeuner ou de dîner à ciel ouvert. La belle terrasse vue mer embrasse le paysage du château, de Villeneuve-Loubet jusqu'au cap d'Antibes. La cuisine française, savoureuse et raffinée, mais ô combien conviviale, s'appuie avec beaucoup de charme sur une déclinaison autour de thématiques régionales et de saison. Une belle sélection des vins accompagne à merveille le repas.

MIC MAC MACARON

50, chemin du Val-Fleuri
✆ 04 89 14 33 47
www.micmac-macaron.com
Ouvert toute l'année. Du lundi au samedi de 8h à 15h30. Cours de macarons dès 8 ans. Durée 3h environ. Tarifs : 85 €.

Cette boutique est entièrement dédiée au macaron ! Pour apprécier ce petit dessert ludique et gourmand, elle offre un choix exceptionnel de parfums avec plus de 40 créations différentes, dont des éditions limitées, à déguster sur place ou à emporter. L'enseigne propose également des ateliers animés par le chef pâtissier pour apprendre à les confectionner, et vous repartirez même avec vos propres créations. Il est enfin possible d'y organiser ses événements et de profiter de pièces montées originales, à la demande. À découvrir, sans modération.

LA COMPAGNIE DES HUILES

Rue Jean-Raymond Giacosa ✆ 04 92 02 83 27
Ouvert de 7h à 13h du mardi au dimanche. Vendredi, toute la journée. Expédition possible dans le monde entier.

Véritable caverne d'Ali Baba en termes d'épices, d'huiles, sels et autres gourmandises. Cet étalage installé au cœur de la Cité marchande de Cagnes-sur-Mer propose un panel exceptionnel de produits du monde entier. Ces aromates sont sélectionnés avec soin par Patricia, passionnée de cuisine de goût et de voyages gustatifs. Attiré par la profusion de couleurs chatoyantes, vous vous arrêterez forcément devant ce présentoir où les multiples parfums d'huiles d'olive se mêlent aux arômes de poivres, de gingembre et de feuilles de menthe cristallisés.

CASINO TERRAZUR

421, avenue de la Santoline ✆ 04 92 27 14 40
www.casinoterrazur.com
Groupe Tranchant. Ouvert toute l'année. Ouvert 7j/7 à partir de 10h jusqu'à 4h. Bars, restaurants, concerts, spectacles.

Ce casino de 5 000 m^2 implanté dans le centre Polygone Riviera vous permet d'assouvir vos envies de jeux avec les 212 machines à sous, roulettes anglaises, black-jack, stud-poker et boule 2000. Au restaurant du 1er étage, dans un décor cosy et contemporain, ou sur la terrasse lounge, vous profiterez d'un moment de détente alliant cuisine du terroir et produits régionaux. À noter aussi la présence d'un *snack* dans les salles de jeux de tables et de machines à sous. Terrazur organise toute l'année diverses animations : musicales, gastronomiques, commerciales…

HIPPODROME DE LA CÔTE D'AZUR

2, boulevard Kennedy ✆ 04 92 02 44 44
www.hippodrome-cotedazur.com
Ouvert du lundi au vendredi de 9h à 12h et de 13h30 à 17h Entrée : 5 € (gratuit -18 ans).3 restaurants panoramiques.

Créé en 1952 en bord de mer, l'hippodrome de Cagnes-sur-Mer est l'un des plus réputés de France. D'une surface totale de 60 hectares, il peut accueillir 12 000 spectateurs. Il organise chaque année plus de 80 réunions hippiques et accueille des courses prestigieuses à l'image du Grand Prix de plat, du Grand Prix de la Côte d'Azur et du grand critérium de vitesse. Vous aurez la possibilité de déjeuner au restaurant gastronomique « Le Pesage » ou encore à la brasserie « Le Paddock ».

CANNES ★★★★

Nommée d'après les cannes de son ancien rivage de roseaux, la ville de Cannes a probablement été colonisée par des tribus ligures et occupée successivement par des Phocéens, des Celtes (ou des Gaulois) et des Romains. Au IVe siècle, elle est placée sous la protection des moines de Lérins, dont les abbés sont seigneurs de Cannes et qui, au Xe siècle, construisent des fortifications sous la pointe du Chevalier pour se protéger des pilleurs de mer musulmans. Napoléon, la première nuit de son retour d'Elbe, a campé sa petite armée dans les dunes à l'extérieur du village. Devenue une destination de rêve, les stars de cinéma en ayant fait un mythe et les grandes marques installées leurs vitrines, la réputation internationale de la station de Cannes est due à Lord Brougham qui, empêché par des mesures de quarantaine d'entrer en Italie en 1834, s'est arrêté au village de pêcheurs de Cannes ; il a ensuite construit une villa et y est revenu chaque hiver pendant 34 ans, emmenant avec lui une partie de la noblesse anglaise. Ici se côtoient dans une atmosphère incomparable les palaces de la Croisette, les pierres chargées d'histoire du quartier du Suquet, l'authenticité de l'ancien port de pêche, la beauté lumineuse des îles de Lérins, les plages baignées de soleil et l'effervescence des grands événements programmés au célèbre palais des Festivals et des Congrès. Sa promenade de la Croisette, plantée de palmiers, suit la courbe de la plage de sable et est bordée d'hôtels de luxe. Le port est une escale pour les yachts et les paquebots transatlantiques. Cannes révèle aussi un précieux patrimoine
historique, naturel et artistique. Le coeur de son histoire palpite dans les ruelles piétonnes et pentues du Suquet, quartier situé en suspens au-dessus du vieux port, qui dévoile une âme provençale. La rue commerçante Meynadier piétonne de bout en bout et le marché Forville préservent une atmosphère de village ; quant aux îles de Lérins, poumon vert chargé d'histoire, elles sont toujours habitées (Saint-Honorat) par les moines où ils fabriquent une liqueur de type chartreuse appelée Lerina.

MUSÉE DES EXPLORATIONS DU MONDE

Place de la Castre ✆ 04 89 82 26 26
www.cannes.com/fr/culture/musee-de-la-castre/presentation-du-musee-de-la-castre.html
Ouvert du mardi au dimanche de 10h à 13h et de 14h à 17h. Ouvert jusqu'à 18h d'avril à juin et 19h en juillet - août.

Ancienne possession des abbés de Lérins, ce château médiéval situé en haut de la colline du Suquet surplombe le vieux port. Classé aux Monuments historiques, il abrite depuis 1952 les collections du musée de Cannes, fruits de voyageurs érudits et passionnés du XIXe siècle : Ginoux de La Coche, fasciné par les atolls océaniens, les îles Marquises et l'Amérique précolombienne, et le baron Lycklama, curieux des civilisations du Moyen-Orient, amateur d'antiquités égyptiennes et méditerranéennes. Le baron néerlandais légua à la ville les deux collections réunies par ses soins pour fonder le premier musée de la commune. On peut aujourd'hui y admirer d'intéressantes collections d'art primitif du monde entier (Himalaya-Tibet, Arctique, Océanie) et d'archéologie méditerranéenne ainsi qu'une très belle collection d'instruments de musique du monde. D'autres salles présentent de la peinture de paysages du XIXe siècle. Du haut de la tour du château datée du XIe siècle, et après avoir grimpé 109 marches, un vaste panorama s'ouvre sur la baie de Cannes et les îles de Lérins. A l'entrée du musée, le jardin parsemé d'essences méditerranéennes, notamment de grands pins parasols, est une véritable invitation à la promenade. Désormais baptisé « Musée des explorations du monde », il propose un calendrier éclectique et fourni d'expositions temporaires mettant en valeur toute la variété des collections cannoises ainsi que de nombreuses animations et ateliers pour les enfants toute l'année.

CENTRE D'ART LA MALMAISON ★

47, boulevard de la Croisette
✆ 04 97 06 44 90 - www.cannes.com/fr/culture/centre-d-art-la-malmaison.html
Ouvert du lundi au vendredi de 9h à 17h. Le tarif varie en fonction de l'exposition en cours.

La Malmaison, aujourd'hui propriété de la Ville de Cannes, est le seul pavillon qui subsiste de l'ensemble primitif du Grand Hôtel. Ce dernier, construit en 1863, fut habité jusqu'à la fin des années 1950 puis démoli et reconstruit en 1963. Il abritait alors des salons de jeu et des salons de thé. Le rez-de-jardin accueille désormais deux grandes expositions par an en mettant régulièrement à l'honneur des peintres de renom tels que Matisse, Picasso, Miró, César ou Chu Teh-Chun.

DES EXPOSITIONS
MAIRIE DE
CANNES

CANNES 2021
EXPOS

papier - 38x28cm - # W23055 - © Courtesy Bandjoun Station et Galerie Lelong & Co. © Barthélémy Toguo, Paris Adagp 2021

FEMMES FATALES : ARTEMISIA GENTILESCHI ET JUDITH DE BÉTHULIE

JUSQU'AU 5 SEPT.

MUSÉE DES EXPLORATIONS DU MONDE

Artemisia Gentileschi - Judith et Holopherne (détail) - Musée des explorations du monde © CICRP Emilie Hubert Jaly

BARTHÉLÉMY TOGUO

26 JUIL. - 14 NOV.

CENTRE D'ART LA MALMAISON PAMOCC

Jean Gabriel Domergue, *le corset rose*, 73 x 60 cm, huile sur toile ©Jean Gabriel Domergue, Adagp Paris 2021

JEAN GABRIEL ET ODETTE DOMERGUE, LA DONATION

24 JUIN - 19 SEPT.

VILLA DOMERGUE

L'arbre rencontre le Vent et la Mer 1 © Bae Bien-U (2016)

VISIONS DE SAINTE-MARGUERITE

29 JUIN - 14 NOV.

MUSÉE DU MASQUE DE FER ET DU FORT ROYAL

Mairie de Cannes - Communication - Mai 2021

+ d'infos sur cannes.com

CANNES PASS CULTURE · PASS CÔTE D'AZUR · CANNES PASS 2021 EXPO

CANNES
VILLE PRÉCAUTIONNEUSE
COVID-19 SÉCURITÉ SANITAIRE

PORT DU MASQUE OBLIGATOIRE

CANNES CÔTE D'AZUR FRANCE

BOULEVARD DE LA CROISETTE ★★

Restauration. Boutique.

D'abord baptisé simplement «crouseto» ou « Le chemin de la Petite-Croix » au début du XIXe siècle, le chemin du bord de mer promenade reçut le nom de « Promenade de la Croisette » en 1838, à l'occasion des travaux d'aménagement du port. Artère la plus prestigieuse et connue de Cannes, elle est aujourd'hui bordée de palaces à la renommée internationale dont les noms évoquent l'aristocratie, la jet set et le cinéma. Parmi eux : l'Intercontinental Carlton, hôtel mythique classé monument historique, l'hôtel Majestic Barrière ou encore le Grand Hyatt Cannes Hôtel Martinez. Tous reçoivent au mois de mai la fine fleur du cinéma international. À la pointe de la Croisette, admirez le panorama sur le massif de l'Estérel, le golfe de la Napoule, Golfe-Juan, le cap d'Antibes, les Pré-alpes et les îles de Lérins. Poursuivez votre balade jusqu'au Palm Beach avec ses espaces plus calmes et ombragés : légèrement excentrées, les plages sont ici plus discrètes et moins peuplées. Le long de cette large voie piétonne vous adorerez vous promener après un repas dans l'un des nombreux Beach Club qui s'y trouvent ou encore sortir votre chien, comme il est coutume de faire pour de nombreux locaux. La Croisette dispose également d'aires de jeux pour les enfants à chaque extrémité et vous y trouverez de nombreux événements et activités gratuits, comme des concerts de musique, pendant les mois d'été. Un lieu de vie à part entière absolument incontournable à Cannes.

ÉCOMUSÉE SOUS-MARIN

www.cannes.com/fr/culture/ecomusee-sous-marin-par-jason-decaires-taylor.html

Gratuit et accessible avec un masque et un tuba.

C'est une première en France et c'est sous les profondeurs des rivages cannois que cela se passe ! Exposés à quelques mètres de profondeur aux abords de l'île Sainte-Marguerite, six visages sculptés, réalisés par l'artiste britannique Jason DeCaires Taylor, viennent tenir compagnie aux poissons qui y trouveront alors refuge, un sanctuaire. Un projet écologique et artistique étonnant dont le but est de favoriser la biodiversité et de sensibiliser à la question de la protection de la Méditerranée. Un écomusée gratuit et accessible avec un masque et un tuba.

HÔTEL BARRIÈRE LE MAJESTIC CANNES ★★

10, boulevard de la Croisette ✆ 04 92 98 77 00

www.hotelsbarriere.com/fr/cannes/le-majestic.html

Ouvert toute l'année. Restauration. Rooftop, terrasse, piscine, plage privée, cinémathèque, spa ; fitness center.

Construit dans le style Art déco de 1923 à 1926 par l'architecte Théo Petit puis agrandi par Charles Nicod et Émile Molini, le bâtiment est inscrit dans l'inventaire général du patrimoine depuis 2001. Sa situation stratégique, à deux pas du Palais des Festivals, en a fait un pied à terre des stars du cinéma. Offrant des prestations multiples, (spa, fitness, cinémathèque, piscine, rooftop, plage privée, restaurants), le Majestic promet des instants de bonheur inoubliable.

MONASTÈRE ET ABBAYE NOTRE-DAME-DE-LÉRINS ✝

Ile Saint-Honorat

✆ 04 92 99 54 24

www.abbayedelerins.com

Vente à la boutique de liqueurs, huile d'olive, vins rouges et blancs produits par les moines.

L'abbaye de Lérins, fondée vers 410 sur la magnifique et paisible île Saint-Honorat, est aujourd'hui habitée par une communauté de moines cisterciens. La tour-monastère, imposant donjon médiéval en bord de mer, où les moines vécurent de 1392 à 1788, fut le premier édifice des Alpes-Maritimes classé Monument Historique (en 1840). On visite aussi l'église abbatiale. Les moines cultivent 8 ha de vignes et 150 oliviers, et distillent plusieurs liqueurs, dont la célèbre *Lerina*.

LES ÎLES DE LERINS ★★★★

Départs des navettes maritimes toutes les 20 minutes en été. Depuis le quai Laubeuf ou au départ du port de Golfe-Juan.

À quelques encablures de la célèbre Croisette se trouve l'archipel de Lérins, dont les deux plus grandes îles offrent aux visiteurs une belle sortie mêlant nature, terroir, histoire, légende, spiritualité et contemplation. Autrefois très connues des navigateurs, ces îles constituaient une étape régulière et importante des principaux itinéraires marins de l'Antiquité.

▸ **Saint-Honorat :** c'est la plus petite des deux (1,5 km de rivages et 400 m de large). Elle raconte l'histoire de Cannes. Autrefois appelée Lerinum, elle tient son nom de l'ecclésiastique Honorat d'Arles, futur saint Honorat, qui y trouva la solitude. Mais bientôt rejoint par de nombreux disciples, il fonda au Ve siècle un monastère dont l'ascétisme rigoureux fit école dans toute la Provence. Vers 1703, pour protéger les moines des pirates, une forteresse y fut bâtie, constituant l'un des rares exemples de monastère fortifié : la porte était située en hauteur et il fallait descendre une échelle pour entrer ou sortir ! Des moines y habitent toujours : priant, méditant et cultivant la vigne, ils produisent d'excellents crus ainsi qu'une liqueur devenue la spécialité locale : la Lérina. Aujourd'hui, l'île est un lieu de quiétude très spirituel (tenue de rigueur obligée et interdiction de fumer) dont on peut aisément faire le tour à pied grâce au chemin de ronde qui longe le littoral.

Un bras d'environ 700 m de long, appelé le canal du Frioul, sépare les deux îles.

▸ **Sainte-Marguerite :** les plaisanciers ont un faible pour ce bel endroit et ses fonds sous-marins très riches. Depuis Cannes, la rive est toute proche et les plus téméraires pourraient presque s'y rendre à la nage, car seulement 1 100 m séparent la pointe du Palm Beach du fort royal de l'île ! La particularité de l'île Sainte-Marguerite réside dans sa forêt de pins et d'eucalyptus, la seule forêt littorale de tout le département des Alpes-Maritimes. Oiseaux migrateurs, eaux cristallines, essences rares… Le cadre est idyllique. Au nord se dresse le fort royal construit par Richelieu puis renforcé par Vauban au début du XVIIIe siècle. Ancienne prison d'État, le site est tristement connu pour avoir retenu pendant 11 ans le Masque de Fer. Transformé en geôle militaire, l'endroit abrite le Musée du Masque de fer et du Fort Royal.

Peu importe l'île sur laquelle on se trouve, la vue sur les chaînes de montagnes environnantes y est spectaculaire avec à l'ouest les contours du Massif des Maures ou de l'Estérel, et de l'autre côté, l'arrière-pays grassois avec la chaîne pelée du Cheiron surmontée au loin par la frange du Mercantour.

MUSÉE DU MASQUE DE FER ET DU FORT ROYAL

Île Sainte-Marguerite ✆ 04 89 82 26 26
www.cannes.com/fr/culture/musee-de-la-mer.html
Ouvert du mardi au dimanche de 10h30 à 13h15 et de 14h15 à 16h15. Juin à Septembre du Lun - Dim de 10h à 17h45.

Ce musée occupe la partie la plus ancienne du fort Royal de Sainte-Marguerite, une des îles de Lérins. Classé aux Monuments historiques, il abrite des citernes romaines dans lesquelles sont exposés des objets d'archéologie sous-marine dont une épave romaine et une épave sarrasine découvertes près de l'île. Dans la partie prison d'État, se trouve la cellule du Masque de fer. Le panorama de l'Estérel jusqu'au cap d'Antibes depuis la terrasse qui surplombe la prison vaut le coup d'œil.

VISITE GUIDÉE DU PALAIS DES FESTIVALS

1, boulevard de la Croisette ✆ 04 92 99 84 22
www.cannes-destination.fr/visites-guidees/visite-palais-festival-cannes
Le bureau est ouvert 7j/7, 9h-19h de mars à octobre, 10h-18h de novembre à février, et 9h-20h en juillet et août.

Jouez les stars «Au cœur du mythe» ! Les portes s'ouvrent au grand public sauf pendant le Festival du Film. Montez les célèbres marches au tapis rouge, observez les empreintes laissées par les stars sur l'esplanade Georges-Pompidou, visitez la salle mythique qui accueille les cérémonies d'inauguration et de clôture du célèbre festival. Enfin, depuis les terrasses, vous pourrez admirer la vue sur la vieille ville, la colline du Suquet, le vieux port, la Croisette et les îles de Lérins.

SUQUET DES ARTISTES

7, rue Saint-Dizier
✆ 04 97 06 44 90
www.cannes.com/fr/culture/suquet-des-artistes.html
Ouverture au public de 10h à 13h et de 14h à 18h, tous les week-ends.

Lieu dédié à l'art et à la créativité, installé dans les locaux insolites de l'ancienne morgue de la ville, le Suquet des Artistes poursuit la réflexion du Pôle Art Moderne et Contemporain de Cannes et met en lumière la création plastique contemporaine locale. Dans l'esprit d'un laboratoire de création, cette maison d'artistes abrite de nombreux enfants du pays ayant trouvés ici un lieu dédié à l'expression complète de leur art. La galerie éphémère réunissant leurs créations artistiques est ouverte au public tous les week-ends.

GARE SNCF DE CANNES

1, avenue Jean-Jaurès
✆ 08 00 11 40 23
www.sncf.com
Espace de vente ouvert tous les jours de 5h50 à 21h.

Desservie par des dizaines de TER, TGV et Intercités chaque jour, la gare principale de Cannes est située au cœur de la ville au bas du boulevard Carnot, axe principal d'entrée dans la cité cannoise. La ligne entre Cannes et Menton suit le littoral, offrant une vue imprenable aux voyageurs sur le paysage époustouflant, sur les villas abritées par des pins parasols, sur les nombreuses petites plages et les communes aux façades colorées. Le TER Provence-Alpes-Côte d'Azur propose un large choix d'offres adaptées à vos besoins.

OFFICE DE TOURISME DE CANNES

1, boulevard de la Croisette
✆ 04 92 99 84 22
www.cannes-destination.fr
Ouvert tous les jours de 10h à 17h. Label Tourisme & Handicap.

Véritable mine d'informations, vous trouverez ici tout ce dont vous aurez besoin pour découvrir Cannes et ses multiples facettes. S'y trouve également une boutique avec T-shirts, livres, DVD, sacs mais aussi stylos, cartes postales, briquets ou porte-clés, idéal pour faire le plein de souvenirs ! **Visites guidées selon différentes thématiques** : «Visite du Palais», «Petit train touristique», «visite en segway»... Contactez l'office du tourisme pour réserver et connaitre les tarifs.

BOOKING BIKES CANNES

19 Avenue Maréchal Juin,
✆ 04 97 06 30 63
www.loca-bike.fr
Ouvert toute l'année. Tous les jours en saison (de juin à août) de 9h30 à 12h30 et de 14h30 à 18h30.

Des vélos aux scooters en passant par les gros cubes (125 cc et 600 cc) et jusqu'aux vélos électriques, vous pouvez tout louer auprès de Holiday Bikes à des prix très raisonnables. En plus des deux adresses niçoises, vous trouverez des agences de location à Cannes, Juan-les-Pins et Villeneuve Loubet. Au royaume des deux-roues, les véhicules sont d'excellente qualité et la location comprend une assurance. Casque et antivol fournis. La livraison est possible à votre hôtel, votre appartement ainsi qu'à l'aéroport. Accueil toujours très sympa de toute l'équipe.

© PALM BUS

© PALM BUS

LIGNE DE BUS PALM IMPÉRIAL

6, place Cornut Gentille ✆ 08 25 82 55 99
www.palmbus.fr/fr/fiches-horaires/79/palm-imperial/31

Ouvert toute l'année. Ne circule pas le 1er mai uniquement. Tous les jours de 6h25 à 20h45. 1,50€ le ticket

Le Palm Impérial est doté de bus cabriolets décorés spécialement par l'artiste Robert Combas ! Du quai Lauboeuf jusqu'au Palm Beach, vous aurez droit à un parcours bordant intégralement le bord de mer, avec des arrêts en face des principaux lieux cannois : Hôtel de ville, le Vieux Port, palais des congrès, Majestic, Pont Alexandre III, Carlton, Martinez... Le trajet ne dure que 15 minutes mais rien ne vous empêche de faire le retour pour être certain de n'avoir rien raté !

© PALM BUS

© PALM BUS

MISTRAL LOCATION

4, rue Georges Clemenceau
✆ 06 20 33 87 64
www.mistral-location.com
Ouvert du lundi au samedi de 9h à 19h. Dimanche de 10h à 12h et de 16h à 18h.

Cette société propose un grand choix de véhicule pour vous déplacer sur Cannes. Vous pourrez ainsi louer un vélo de ville, VTC et VTT. Des scooters sont aussi disponibles, idéal en ville pour se déplacer et se garer. Large choix de scooter 50cc et 125cc et même de motos. Le casque et l'antivol sont inclus dans la location. Si vous voyagez à plusieurs, vous pouvez louer une voiture 4, 5, 7 places ou un cabriolet.. Première catégorie en kilométrage illimité au tarif le plus bas ou catégorie supérieure pour un plus grand confort.

PALM BUS

Agence Commerciale – Gare Routière de Cannes ✆ 0 825 825 599
www.palmbus.fr
Agence commerciale de Cannes et guichets ouverts du lundi au vendredi de 7h00 à 19h00, et le samedi de 9h00 à 18h.

Simplifiez-vous la vie pour vos déplacements sur le territoire de la Communauté d'Agglomération de Cannes-Pays de Lérins grâce au réseau de transport urbain Palm Bus. Avec ses 30 lignes régulières, la compagnie vous permet de sillonner Cannes, Le Cannet, Mandelieu-La-Napoule, Mougins et Théoule-sur-Mer en toute facilité ! En soirée, et jusqu'à 2h30 du matin, à bord d'un « bus cabriolet » ou encore avec la Navette City Palm lors d'une sortie shopping, oubliez les embouteillages et soucis de stationnement.

PART'IMMO

✆ 06 73 85 19 84
https://partimmobilier.com
Agences à Cannes et dans le secteur Rhônes-Alpes.

Vous êtes de passage à Cannes et vous avez le coup de foudre pour la ville ? Vous êtes propriétaire d'un bien et vous souhaitez le vendre ? Part'Immo est une agence à taille humaine, gérée par des professionnels implantés dans la région depuis longtemps. (Hôtel Festival à Cannes). Ils vous accompagnent de A à Z dans la réalisation de votre projet immobilier, de la recherche du bien à acheter, jusqu'à la décoration et l'aménagement de ce dernier. Leur secret ? Un réseau de partenaires fidèles et un sens inné des relations humaines.

HÔTEL ATLANTIS** €

4, rue du 24 Août
✆ 04 93 39 18 72
www.cannes-hotel-atlantis.fr/fr
Ouvert toute l'année. Demi-pension. Fitness. Animaux acceptés. Bain bouillonnant, sauna. Excursions.

Situé en plein cœur de Cannes dans une rue commerçante et piétonne, cet hôtel dispose de chambres bien agencées et fonctionnelles, de tailles et de styles classiques. Les parties communes arborent une décoration soignée et l'insonorisation a été pensée au niveau des portes et des couloirs. Le maître des lieux privilégie avant tout le bien-être de ses hôtes et vous conseillera sur les activités à exercer sur place. L'hôtel peut aussi proposer des formules en restauration avec des établissements proches ainsi qu'avec des plages privées.

HÔTEL OXFORD*** €

148, boulevard de la République ✆ 04 93 68 40 83
www.oxfordhotel.fr
Ouvert toute l'année. 12 chambres. Parking (privatif fermé). Chèques non acceptés. Bar. Jardin. Fitness.

Charmante et atypique, dotée d'un magnifique jardin de 1 500 m² véritable paradis végétal planté de pins parasols, yuccas, etc : cette villa victorienne du XIXe siècle qui abrite des chambres confortables a de quoi émerveiller. De la chambre simple aux chambres doubles supérieures en passant par des studios pour plus d'indépendance, vous trouverez tout le confort pour passer un bon moment. Et le petit-déjeuner sur la terrasse entourée du jardin en été est un véritable plaisir pour bien commencer la journée. Cet hôtel-villa préserve un bel esprit de maison d'hôtes.

BASTIDE DE L'OLIVERAIE**** €€

7, allée des Oliviers
✆ 04 92 99 35 00
www.bastideoliveraie.com
Ouvert toute l'année. 32 chambres. Animaux acceptés. Spa, Bain bouillonnant et piscine chauffée.

Les oliviers centenaires ornent l'entrée et la belle bâtisse jaune pâle pose le cadre provençal. Situé à 10 min à pied du centre ville, cet hôtel de charme dispose d'une agréable piscine chauffée nichée dans un écrin de verdure ainsi qu'un spa (hammam, sauna, jacuzzi, solarium, salle de massage et de fitness). Les chambres confortables et intimes possèdent une décoration raffinée et élégante dans l'esprit de la région. Tous les éléments sont ici réunis pour passer un séjour inoubliable dans cette ville légendaire de la Côte d'Azur.

CROISETTE BEACH HÔTEL**** €€

13, rue du Canada ✆ 04 92 18 88 00
www.croisettebeach.com
Check in 15h, check out 12h, arrivée tardive sur demande. 94 chambres. Animaux acceptés. Plage privée. Fitness.

A deux pas de la Croisette, cet hôtel affiche un cadre moderne et raffiné et ce, grâce à l'architecte parisien Jean Philippe Nuel. On aime les services haut de gamme proposés : piscine extérieure, jardin, sauna, salon d'affaires, espace fitness, petit déjeuner buffet de qualité. En période estivale, la plage privée Croisette Beach située à 150 m sur la Croisette propose des tarifs privilégiés aux clients de l'hôtel qui peuvent pratiquer diverses activités nautiques au départ du ponton : parachute ascensionnel, bouée tractée, ski nautique…

HÔTEL & SPA CÉZANNE**** €€

40, boulevard d'Alsace
✆ 04 92 59 41 00
www.hotel-cezanne.fr
Chambre double à partir de 99 €. Parking. Tout l'été pour 4 nuits réservées, payez en 3. Animaux acceptés. Spa

Au cœur du centre-ville, à quelques minutes à pied de la Croisette, cet hôtel et spa offre une entrée par le jardin et sa terrasse ouverte, un véritable oasis de verdure très agréable. Les chambres très design, aux couleurs sobres et bien équipées sont conçues comme des espaces discrets, spacieux et élégants. L'équipe d'accueil est très chaleureuse et efficace. L'hôtel dispose également d'une belle plage privée sur la Croisette, la CBeach, dans un cadre exceptionnel au bord de la mer, et d'un spa qui peut être privatisé pour se détendre.

HOTEL ALBERT 1ER*** €€

68, avenue Grasse
✆ 04 93 39 24 04
www.hotel-albert1er-cannes.com
Ouvert toute l'année. 12 chambres (non fumeur). Parking gratuit. Terrasse ombragée.

Très bien située, à quelque dizaine de minutes des plages de la Croisette et du palais des festival et des Congrès, tout en étant au calme, cette belle villa blanche style Art déco offre la quiétude nécessaire à un séjour reposant. Les chambres, simples ou doubles, supérieures ou avec terrasse, sont décorées dans une ambiance chic et épurée aux délicieux tons beiges. Pour vous détendre, vous profiterez au choix de la terrasse ombragée où prendre également le petit-déjeuner, ou bien du salon, dans lequel vous pourrez lire un livre ou jouer aux cartes entre amis.

HÔTEL CHALET DE L'ISÈRE*** €€

68, avenue Grasse ✆ 04 93 38 50 80
www.hotel-chalet-isere-cannes.com/fr/
Accueil jusqu'à 18h. 8 chambres (non fumeur). Garage : 15 €.Jardin.

L'ancienne maison où séjourna Guy de Maupassant pendant les dernières années de sa vie à la fin du XIXe siècle abrite aujourd'hui un hôtel 3 étoiles coquet tenu par Elisabetta qui vous accueillera comme si vous étiez un membre de la famille. Vous pourrez ainsi dormir dans la chambre de l'écrivain ou encore dans sa bibliothèque transformée en chambre double. L'hôtel offre une vue charmante sur le quartier du Suquet et sur la mer depuis certaines chambres. Un petit nid douillet à quelques pas de l'agitation du centre de Cannes et de la Croisette.

HÔTEL DE PROVENCE*** €€

9, rue Molière
✆ 04 93 38 44 35
www.hotel-de-provence.com
Fermé du 14 janvier au 23 février. Chambre double à partir de 146 €. 1 chambre PMR. Vente de produits.

Véritable oasis de tranquillité au cœur de la ville, ce petit hôtel de charme ne manque pas d'atouts. Les chambres confortables à la décoration sobre et de bon goût donnent sur un jardin à la végétation préservée. La suite sur le toit (terrasse de 70 m²) est grandiose ! Ajoutez à cela un accueil chaleureux et familial. Aux beaux jours, le petit-déjeuner se prend sur la belle terrasse aménagée à l'ombre des palmiers centenaires. Au bar, vous découvrirez un excellent rosé, le domaine de Sainte-Marie, qui est géré par la famille des propriétaires.

HÔTEL MOLIÈRE*** €€

5, rue Molière
✆ 04 93 38 16 16
www.hotel-moliere.com
Fermé du 15 décembre au 1er avril. Accueil 24h/24. 24 chambres. Animaux acceptés. Jardin.

Apprêtez-vous à passer un moment de sérénité dans un cadre chic et verdoyant. Les chambres, confortables, épurées et chaleureuses possèdent pour la plupart un balcon et une vue sur le jardin. En plus de jouir d'une situation idéale, en plein centre-ville, à seulement 100 m de la Croisette, l'hôtel possède un agréable jardin où se détendre en prenant son petit déjeuner sous les rayons du soleil cannois. Alliant sérénité et raffinement, cet établissement correspond à tous les types de séjours : romantique, en famille, entre amis ou business. À vous de choisir !

BEST WESTERN PLUS CANNES RIVIERA & SPA**** €€

16, boulevard d'Alsace
✆ 04 97 06 20 40
www.cannes-riviera-hotel.com/fr

Ouvert toute l'année. 61 chambres (et 5 suites). 3 chambres PMR. Petit déjeuner buffet. Piscine, bar, spa

C'est sur sa façade que règne le visage de Marilyn Monroe, immanquable à tous les passants ! Mythique, il rappelle que nous sommes dans la ville du cinéma où cet hôtel est prêt à nous accueillir avec élégance. Les chambres disposent de tout le confort nécessaire tandis que la décoration, contemporaine et raffinée, invite à passer un séjour des plus agréables. L'hôtel dispose notamment d'un spa et d'un rooftop équipé d'une piscine et vue panoramique.

HÔTEL SPLENDID**** €€

4, rue Félix-Faure
✆ 04 97 06 22 22
www.splendid-hotel-cannes.com/
Ouvert toute l'année. Accueil 24h/24. 62 chambres (dont PMR). Animaux acceptés. Séminaires. Réceptions et mariages.

Situé face au vieux port de Cannes qu'il domine avec son élégante architecture d'époque, l'Hôtel Splendid offre à ses visiteurs des chambres d'un très grand confort. Certaines possèdent une vue mer ou sur le charmant quartier du Suquet. Sa position centrale est idéale pour profiter des longues soirées d'été sur la Croisette ou en bord de mer. L'esprit maison de famille qui règne ici permet à cet établissement de perpétuer un service très professionnel et au petit soin de sa clientèle, toujours enchantée par son séjour. Un fleuron de l'hôtellerie cannoise.

HÔTEL VERLAINE**** €€

58, boulevard d'Alsace
✆ 04 93 43 30 80
www.hotel-verlaine-cannes.com
46 chambres (dont 1 suite et 6 chambres dans « L'Atelier »). Bar / salon de thé. Plage partenaire.

Entièrement rénové, avec une annexe appelée L'atelier, ainsi qu'un salon de thé et un bar lounge qui vous accueilleront tous les jours, l'endroit est un vrai havre de paix. Comme dans les autres enseignes du groupe Boucau, vous y trouverez tout le confort nécessaire pour passer un agréable séjour. Ce qui caractérise cet établissement, c'est le mélange de couleurs et l'alliance d'une décoration moderne et classique. Et la jeune équipe internationale se fera un plaisir de vous accueillir. Situation idéale à proximité des plages de la Croisette.

OKKO HÔTEL**** €€

6, place de la Gare
✆ 04 92 98 30 30
www.okkohotels.com/hotels/cannes
Ouvert toute l'année. Petit déjeuner buffet inclus. -10% en réservant via le site web Okko.

Vêtu de blanc, l'hôtel OKKO s'intègre avec beaucoup d'élégance dans ce quartier de la gare complètement revisité. On y accède par une entrée assez discrète et un ascenseur vous fera prendre de la hauteur jusqu'au 6e étage à la réception. Le concept du groupe OKKO est résolument moderne et généreux avec une offre « tout compris ». avec le petit déjeuner proposé en buffet, le wifi, la vidéo à la demande, les petits en-cas à grignoter et pour terminer l'apéro à l'italienne (avec ses tapas et son bar à vins). Une belle réussite qui conjugue liberté et convivialité.

RADISSON BLU HÔTEL & THALASSO***** €€

2, boulevard Jean-Hibert ✆ 04 92 99 73 20
www.radissonblu.fr/hotel-cannes
La Clef Verte. Ouvert toute l'année. World Luxury Hotel Awards. Thalassothérapie et spa. Piscine. Terrasse panoramique.

Confort absolu et équipement de pointe préside ici, dans un décor au design ultra contemporain. Les chambres et les suites bénéficient d'un panorama ouvert sur la baie de Cannes qui s'offre en apothéose depuis la terrasse lounge et le restaurant sur le toit où l'on déguste une cuisine gastronomique raffinée. Un centre de thalassothérapie haut de gamme de 2 700 m² dédié au bien-être du corps et de l'esprit est directement relié à l'hôtel et propose des forfaits nuitées et soins.

LE CAVENDISH**** €€€

11, boulevard Carnot
✆ 04 97 06 26 00
www.cavendish-cannes.com
Accueil 24h/24. 34 chambres (certaines fumeurs). Bar offert pour les clients de l'hôtel de 18h à 21h.

Niché dans une demeure classée datant du XIXe siècle, ce boutique-hôtel est situé à quelques minutes de la Croisette. Le concept novateur privilégie le haut de gamme « à échelle humaine ». Coup de cœur pour les chambres nichées dans les rotondes Belle Époque au charme tout particulier. Christine et Guy Welter, reçoivent chaque client comme un hôte privilégié, ils vous feront profiter avec plaisir de leur partenariat avec une plage privée qui vous permet d'avoir votre matelas offert à partir de 3 nuits et l'apéritif est offert tous les jours de 18h30 à 20h30.

FIVE SEAS HOTEL CANNES***** €€€

1, rue Notre-Dame ✆ 04 63 36 05 05
www.fiveseashotel.com/
Fermé de décembre à janvier. Accueil 24h/24. 45 chambres. Wifi gratuit. Restauration. Spa By Cinq Mondes et Carita.

Idéalement situé, le Five Seas est un luxueux hôtel qui vous reçoit pour un séjour détente. L'invitation à l'évasion se prolonge au spa Cinq Mondes et Carita, ou depuis la piscine à débordement sur le toit-terrasse qui offre une vue époustouflante sur la ville de Cannes. Vous pourrez aussi profiter de l'ambiance cosy du rooftop pour y manger ou siroter un cocktail au rythme du DJ résident pour un bel afterwork. L'équipe met un point d'honneur à ce que votre bien-être soit une priorité. Le cadre, les prestations et l'accueil fera de votre séjour un moment unique.

© HOTEL FESTIVAL

© HOTEL FESTIVAL

© HOTEL FESTIVAL

HÔTEL FESTIVAL*** €€

3, rue Molière
✆ 04 97 06 64 40
www.hotel-festival.com

Ouvert toute l'année. 14 chambres (non fumeur). Spa. Bain bouillonnant, sauna. Animaux acceptés.

Un hôtel *cosy* et charmant situé en plein cœur de la Croisette pour vivre un moment de « cocooning » parfait dans une atmosphère calme et intime. Les chambres y sont spacieuses et possèdent tout le confort permettant de passer un séjour des plus agréable. Autre point fort de l'établissement : un spa avec bain bouillonnant et sauna proposés gracieusement à disposition des clients promettant de se délasser en toute tranquillité. Ici pas de doute, vous serez chouchoutés quel que soit le motif de votre séjour, affaires ou loisirs.

© HOTEL FESTIVAL

© HOTEL FESTIVAL

LE GRAND HÔTEL••••• €€€

45, la Croisette
✆ 04 93 38 15 45
www.grand-hotel-cannes.com

Fermé de décembre à janvier. Accueil 24h/24. Wifi gratuit. Restaurants Le Park 45, bar Le Cercle et Hyde Beach Cannes.

Le Grand Hôtel bénéficie d'une situation idéale face à la mer. Il dispose d'un parc propice à la détente. Les chambres offrent une vue splendide sur les jardins et la Méditerranée. L'établissement est un acteur pleinement engagé en matière d'éco-tourisme et de luxe responsable, placé en retrait des nuisances de la Croisette, et dispose également d'un restaurant étoilé Michelin, d'une plage privée, ouverte uniquement en saison située juste en face de l'hôtel, avec ponton et activités nautiques. L'un des fleurons de l'hôtellerie cannoise !

HÔTEL LE CANBERRA•••• €€€

120, rue d'Antibes
✆ 04 97 06 95 00
www.hotel-cannes-canberra.com

Groupe «Hôtels Ocre et Azur». Wifi gratuit. Restaurant Le Café Blanc ouvert de 9h à 23h. Parking public à proximité.

Situé sur la prestigieuse rue d'Antibes, Le Canberra, profite d'une localisation idéale à proximité des plages ainsi que du Palais des Festivals. Au sein d'une bâtisse du 19e siècle, cet hôtel dévoile un mobilier design, de beaux luminaires contemporains et des photos en noir et blanc aux murs qui rappellent la capitale mondiale du cinéma. Côté jardin, entre bambous et bougainvillées se trouve la petite piscine qui fait face à la terrasse du restaurant lounge bar Le Café Blanc, ouvert tous les jours, midi et soir. Une adresse charmante.

HÔTEL BARRIÈRE LE MAJESTIC CANNES••••• €€€

10, boulevard de la Croisette ✆ 04 92 98 77 00
www.hotelsbarriere.com/fr/cannes/le-majestic.html

Accueil 24h/24. 258 chambres (91 suites). Animaux acceptés. Hammam, sauna. Plage privée. Restauration. Spa. Boutique.

Le palace emblématique de la Croisette situé face au Palais des Festivals représente l'excellence en matière d'hôtellerie de luxe, des décors aux prestations. En plus, sa démarche de développement durable est certifiée, avec l'attribution de la certification ISO 14001. Au 7e étage de l'hôtel se trouve la suite Majestic Barrière, la plus somptueuse d'Europe ; 450 m² de luxe et 150 m² de terrasse avec piscine privée et vue imprenable sur la Croisette, les îles de Lérins et l'Estérel.

HÔTEL MARTINEZ••••• €€€

73, boulevard de la Croisette ✆ 04 93 90 12 34
www.hyatt.com/fr-FR/hotel/france/hotel-martinez/jcagh

Ouvert toute l'année. 409 chambres. Animaux acceptés. Restauration, bar. Piscine, sauna. Plage privée. Green globe.

Ce fleuron de la Croisette offre des chambres et des suites aux espaces généreux et la décoration privilégie un luxe feutré et raffiné. La technologie, discrète mais présente, permet d'offrir au client tout le confort attendu. Si sa capacité d'accueil est parmi l'un de ses principaux atouts, l'Hôtel Martinez compte également sur d'autres valeurs. Il en est ainsi de son offre gastronomique diversifiée, de son bar renommé pour sa convivialité et de sa plage privée. Au septième et plus prestigieux étage de l'hôtel se trouve le spa, havre de détente et de bien-être.

HÔTEL CHÂTEAU DE LA TOUR•••• €€€

10, avenue Font-de-Veyre ✆ 04 93 90 52 52
www.hotelchateaudelatour.com

Fermé de janvier à février. Accueil 24h/24. 34 chambres. Séminaires. Réceptions et mariages. Wifi gratuit. Restauration.

Le Château de la Tour est un lieu entouré d'un magnifique jardin qui conjugue le cachet d'un bâtiment d'époque avec des prestations d'un hôtel moderne. L'hôtel discret et charmant domine la baie de Cannes et le massif de l'Estérel ce qui offre une vue imprenable sur la Méditerranée. Les chambres sont confortables, spacieuses et bien équipées. Côté restauration, le snacking permet de manger tout au long de la journée. Le soir venu, le Chef décline une cuisine régionale goûteuse. Enfin, pour l'after work, l'hôtel dispose d'un bar cosy. Une excellente adresse.

HÔTEL RENOIR•••• €€€

7, rue Edith-Cavell
✆ 04 92 99 62 62
http://hotel-renoir.fr

Accueil 24h/24. 31 chambres (et suites non fumeur). Plage privée. Bar.

Ce bâtiment Belle Époque, datant du début du siècle dernier, affiche une atmosphère design aux accents hollywoodiens des années 1950, à quelques minutes de la Croisette seulement. Ses chambres et suites de belle superficie affichent un décor original et actuel : murs tapissés de cuir blanc parfois damassés en trompe-l'œil, moquette et rideaux mariant le beige et le blanc, et mobilier d'époque réactualisé incrusté de miroirs et orné à la feuille d'or ou d'argent. Aux équipements haut de gamme s'ajoutent des services de qualité.

VILLA GARBO**** €€€

62, boulevard d'Alsace
✆ 04 93 46 66 00
www.villagarbo-cannes.com
Fermé de décembre à mars. 12 chambres. Hammam. Spa. Salle de fitness, salle de massage. Bar. Accès plage privée.

La Villa Garbo, à la façade datée de 1884, est une résidence hôtelière qui marie les prestations de luxe, tout en offrant discrétion et indépendance. Les appartements répartis sur les 3 étages de la maison offrent des prestations haut de gamme et un raffinement très actuel. Du style, un confort absolu, une cuisine ultra équipée, offrent tous les attraits d'une résidence à l'esprit « maison d'hôtes de standing ». L'open bar vous offre l'apéritif, de 18h à 20h, tous les soirs, dans le lounge et l'espace bien-être complètent ces lieux au charme chic et tendance.

VILLA SAINT BARTH**** €€€

5/7, avenue de France
✆ 04 93 43 50 50
www.cannesvillastbarth.com
Ouvert toute l'année. Chambre double à partir de 205€. Animaux acceptés. Restauration. Hammam, bain bouillonnant.

Un véritable concept novateur situé à mi chemin entre l'hôtel de luxe et la maison d'hôtes de prestige. On se laisse transporter par l'atmosphère confidentielle et exotique de cette villa insolite sur les hauteurs de Cannes où chaque détail est étudié pour que vous vous sentiez ailleurs. Matières nobles et naturelles, jardin luxuriant et superbe piscine vous promettent d'agréables moments. Spa, hammam et bain bouillonnant se privatisent pour la détente. Une restauration aux saveurs métissées est servie presque à toute heure.

BIG FERNAND €€

6, rue Teisseire ✆ 04 93 30 28 41
www.bigfernand.com/restaurant/cannes
Ouvert le dimanche de 17h à 20h30. Ouvert du mardi au samedi le midi et le soir. Chèques non acceptés.

Ici on ne l'appelle pas « hamburger » mais bien « hamburgé » à la française. Viande 100% française, fromages sélectionnés avec soin, pain fourni par un boulanger « made in Cannes » : chez Big Fernand on ne plaisante pas avec le goût. Ouvert depuis l'été 2016, la célèbre enseigne s'est installée dans la cité du cinéma, distillant son concept de sandwich américain en le rehaussant d'ingrédients audacieux. Les hamburgés sont accompagnés de « falade » ou de « Fernandines », de délicieuses frites maison. Un concept qui fonctionne ! Accueil très sympathique.

CACTUS CAFE €

12, rue Hélène vagliano ✆ 04 93 99 16 38
Ouvert du lundi au samedi de 9h à 17h.

Cactus Café, c'est une petite adresse cannoise jolie et cosy, idéale si vous cherchez à prendre un petit-déjeuner ou une pause déjeuner à la fois sain et abordable. Au menu on retrouve des tartines salées, des plats chauds fait maison et autres salades dont les très tendances bowl, ces salades géantes aussi belles que bonnes pour la santé puisqu'elles permettent de déguster un plat complet, composé de légumineuses, de crudités, et légumes cuits savamment assaisonnés. L'accueil sympathique, la terrasse agréable et le service rapide.

BELLA PIZZA €

9 Rue maréchal joffre ✆ 04 93 99 25 10
www.bella-pizza-cannes.eatbu.com
Du lundi au vendredi le midi et le soir. Ouvert samedi et dimanche de 18h à 21h. Vente à emporter. En livraison.

Bella Pizza est une délicieuse petite pépite nichée au cœur du centre de Cannes, à quelques encablures de la rue Meynadier. Dans un mouchoir de poche, la salle abrite quelques tables joliment décorées. Tony et son épouse sont de grands spécialistes de la Pizza et ont remporté plusieurs fois le titre de Champion de France de pizzas. Vous avez ici de vrais passionnés qui mettent un point d'honneur à utiliser des produits frais de qualité, de la farine bio uniquement et des matières premières en provenance d'Italie. L'accueil très sympathique complète leurs atouts.

FRENSH €

43 bis, rue Félix Faure
✆ 04 93 30 20 54
www.cannes-nightlife.com/frensh-fr
Ouvert tous les jours de 9h à 22h30. Chaises bébé. Vente à emporter. Terrasse.

FREnSH c'est la brasserie French and Fresh du quartier du vieux port de Cannes qu'on aime pour y manger sur le pouce des produits frais dans un décor moderne et chaleureux. Les carreaux de ciment au sol, le comptoir en bois et les banquettes en cuir molletonné vous donneront envie d'entrer et prolonger le moment. Dans l'assiette on ne vous propose que du frais, que ce soit au petit déjeuner comme pour la pause de midi. Sur la carte on retrouve les clubs sandwich, des burgers, des fish & chips... Ne manquez pas le brunch servi les samedis et dimanches matin !

LUX CAFÉ €

144, rue d'Antibes
✆ 04 93 45 07 65

Ouvert toute l'année. Du lundi au samedi de 10h à 19h. Réservation recommandée. Pâtisseries à emporter. Terrasse.

Idéalement situé dans la rue d'Antibes, ce restaurant ouvre ses portes dès le petit-déjeuner jusqu'en fin d'après-midi avec une formule salon de thé accompagnée d'excellentes pâtisseries maison qui fait fureur. Le midi, la restauration faite maison très variée et réalisée dans un esprit brasserie avec des produits frais permet aux gens pressés de manger sur le pouce : au choix des plats asiatiques (bo bun, différents woks...) ou plus classiques (quiches, tartare de poisson), installé dans la petite salle conviviale ou sur la belle terrasse.

UVA €

13, boulevard de la République
✆ 04 93 68 57 01
www.restaurant-uva-cannes.fr

Ouvert du lundi au vendredi le midi et le soir ; le samedi soir. Carte à emporter.

Uva signifie le raisin dans de nombreuses latines, et l'on comprend donc que cette très belle table nous propose, en plus du restaurant, une cave à vin bien garnie. Mais ce qui nous marque tout d'abord en entrant, c'est bien l'accent mis sur la décoration sublimée par des détails éclectiques aux quatre coins de la pièce. Les plats sont vraiment délicieux et le rapport qualité/prix est remarquable, avec des produits frais et bien mitonnés. Les 3 propriétaires ont misé sur la convivialité et la générosité, des valeurs que l'on retrouve jusque dans notre assiette.

LA PIAZZA €

9, Place Bernard Cornut Gentille
✆ 04 92 98 60 80
https://restaurant-lapiazza.com

Ouvert 7/7 jours de 8h à minuit. Happy hour de 17 à 18h. Addition moyenne 22/25 €. Grande terrasse extérieure.

Un vent de renouveau, transmis par la nouvelle direction, souffle sur cette institution cannoise. L'établissement retrouve son panache grâce à un gros coup de neuf côté décoration. Le personnel est revigoré, et enthousiaste ! Quant à la cuisine, le chef mise sur des produits de qualité, conservant le concept qui a toujours fait ses preuves : un bon rapport qualité-prix avec une addition qui reste sage. On apprécie les excellentes pizzas, réalisées au feu de bois par le maître pizzaiolo dans les règles de l'art, et la carte brasserie aux influences italiennes.

WELCOME TO KEY WEST €

2, square Mérimée ✆ 04 83 28 35 04
welcometokeywest.fr

Ouvert du lundi au jeudi de 8h à 20h30, vendredi 8h à 22h, samedi 8h30 à 22h, dimanche 10h à 19h. Terrasse.

Cette adresse de charme joue la carte de la gourmandise à l'américaine. Dans un chaleureux cadre on s'installe au chaud ou en terrasse pour se régaler de bagels garnis, de salades de saison et de soupes dont les saveurs originales varient chaque semaine. Côté douceurs, l'appel délicieux des muffins et des cookies maison animent l'instant « breakfast » dès 8h, concluent les déjeuners en beauté ou prolongent les après-midis gourmands. Autre clin d'œil à l'art de vivre made in USA, tous les produits sont proposés à emporter y compris les boissons chaudes !

RESTAURANT L'ETOILE €

60, Avenue du Dr Raymond Picaud,
CANNES-LA-BOCCA
✆ 04 93 47 54 24

De mai à septembre ouvert du lundi au samedi midi et soir. En basse saison ouvert le midi. Carte : 22 €. Terrasse.

Une belle découverte que ce petit restaurant familial tenu par Tony, le chef propriétaire. Il a acquis une solide expérience gastronomique dans de grandes maisons étoilées, qu'il partage avec générosité à ses clients. Sa cuisine est gourmande, ses plats « faits maison » sont très soignés et l'addition reste sage. La carte se dévoile à l'ardoise et change tous les 15 jours avec au choix 3 entrées, 4 plats et 4 desserts. Ici vous l'avez compris tout est frais et conçu maison. Une petite étoile qui monte, sans chichi mais avec constance.

CHEZ ASTOUX €€

43, rue Félix-Faure
✆ 04 93 39 06 22
www.chezastoux.com

Ouvert tous les jours le midi et le soir. Réservation recommandée. Carte : 35 € environ. Terrasse.

Une institution cannoise depuis 1953 pour déguster les fruits de mer sans modération. La carte des huîtres et des coquillages a de quoi satisfaire les plus exigeants. On retrouve également au menu la bouillabaisse, la paella marine, la bourride de lotte façon Astoux et pour finir, tous les desserts sont faits maison. À l'ardoise, on découvre une sélection de poissons de la pêche journalière. La terrasse extérieure laisse entrevoir la mer… histoire de vous rappeler votre assiette. L'établissement propose aussi la vente à emporter de plateaux de fruits de mer.

LA FARIGOULE €

82, rue Meynadier
✆ 04 93 38 94 95

Tous les jours le midi et le soir. Terrasse

C'est dans la jolie rue commerçante Meynadier que se situe ce petit restaurant aux allures de bistrot. L'ambiance est conviviale, tableaux aux murs et tables à carreaux Vichy rouge et blanc, on profite d'un service efficace et attentionné. La cuisine est simple mais la qualité est toujours au rendez-vous : filet de rouget grillé, assiette du pêcheur, légumes farcis, tarte au citron meringuée... Et le menu complet est un excellent rapport qualité/prix. Une halte sympathique dans l'un des quartiers les plus authentiques de la belle Côte d'Azur.

AUBERGE DE LA CHÈVRE D'OR €€

Place des Puits - **CABRIS** ✆ 04 93 60 54 22
www.lachevredor.fr
Tous les jours sauf le mardi et mercredi (septembre à mai) et le lundi (juin, juillet et août). Menus de 31 € à 41 €

Dans une salle rustique très agréable, l'accent est mis sur des produits maison de qualité. Au choix, on dégustera : le foie gras maison, risotto végétarien aux petits légumes, pavé de truite de montagne et ses tortellini aux cèpes, ballotine d'agneau de lait, mousseline de carottes aux épices douces et petites pommes de terre rôties. En dessert, on apprécie le financier aux fruits de saison et sa glace vanille ou le parfait glacé à la crème de marron et son coulis de chocolat.

BISTROT GOURMAND €€

10, rue du Docteur-P-Gazagnaire
✆ 04 93 68 72 02
www.bistrotgourmandcannes.fr
Maître Restaurateur. Ouvert le soir. Vendredi et samedi midi et soir, dimanche midi. Vente à emporter. Terrasse.

Ce bistrot à l'air contemporain dispose aux beaux jours d'une terrasse qui ajoute au charme de sa salle au parquet foncé, aux murs clairs et au mobilier crème et chocolat. Les ardoises en façade annoncent les plats de tradition aux accents parfois italiens et provençaux mitonnés par le Chef Guillaume Arragon - finaliste 2015 des «talents gourmands Crédit agricole» - à partir de produits frais chinés sur le marché Forville tout proche. Une belle carte de vins accompagne ses plats gourmands, qui changent au gré de la saison et des trouvailles du marché.

BFIRE BY MAURO COLAGRECO €€

La Croisette ✆ 04 92 98 77 00
www.hotelsbarriere.com/fr/cannes/le-majestic/restaurants-et-bars/bfire-by-mauro-colagreco.html
Ouvert du jeudi au dimanche inclus de 10h00 à 16h00 - Restaurant de 12h00 à 14h30. Terrasse.

Cet espace de 2 600 m2 bénéficie de la plus large façade ouverte sur la baie de Cannes. Cette plage offre deux particularités : sa conception éco-responsable tant au niveau des matériaux qui la composent que de la gestion des produits et des déchets. Prénommé BFire, B pour Barrière et Fire pour la cuisine au feu de bois, on vous laisse deviner la spécialité de l'établissement. Des photos de stars en noir et blanc ayant séjourné à l'Hôtel Majestic Barrière ornent les surfaces planes et vous accompagnent pour vos repas qui subliment les spécialités méditerranéennes.

AUX BONS ENFANTS €€

80, rue Meynadier
✆ 06 18 81 37 47
www.aux-bons-enfants-cannes.com
Maître Restaurateur. Fermé de décembre à janvier. Ouvert du mardi au samedi de 8h à 23h.

Créé en 1935 et après être passé par plusieurs générations, c'est aujourd'hui Luc Giorsetti, petit-fils des créateurs, qui est aux commandes et aux fourneaux. Les recettes ont évolué en gardant cette petite touche classique qui fait leur saveur et les produits frais qui les composent sont sélectionnés quotidiennement au marché Forville ou auprès de producteurs locaux. Dans les spécialités, on apprécie : les petits farcis ou la morue à la niçoise. Et si les bons enfants ont été sages, on opte en dessert pour un baba au rhum maison. Un délice.

BISTRO LES CANAILLES €€

12, rue Jean-Daumas
✆ 04 93 68 12 10
www.bistrolescanailles.com
Ouvert du mardi au samedi de 12h à 14h30 et de 19h à 1h. Terrasse. Boutique. Parkings à proximité.

Les Canailles : Lysiane Levivier et Carole Peretti ont accordé leur savoir-faire en salle à l'expérience du chef Michel Cortesi pour proposer un lieu gourmet où l'ardoise qui varie régulièrement propose des plats de belle tradition et des produits de saison. Entre les murs aux pierres apparentes, les suspensions, le mobilier : les lieux s'affichent contemporains et offre une ambiance bistrot à l'heure du déjeuner et un cadre feutré au dîner. Les verres de vin s'accompagnent d'assiettes de charcuterie pour une dégustation gourmande en début de soirée.

LA BROUETTE DE GRAND'MÈRE €€

9 bis, rue d'Oran ✆ 04 93 39 12 10
www.labrouettedegrandmere.fr
Ouvert tous les jours de 19h à 23h. Réservation recommandée. Menu unique à 49 €. Formule du midi : 17,90€.

Ce restaurant au cadre rétro élabore une cuisine familiale traditionnelle et copieuse où les produits sont frais et faits maison, dans la bonne ambiance du terroir. La formule du menu a de quoi satisfaire : coupe apéritive, entrées à partager, gravlax de saumon fumé et son verre de vodka, terrine maison, choix du plat principal, cailles rôties, filet mignon sauce camembert, suprême de volaille vallée d'Auge ou plat du jour, assortiment de desserts au choix et boissons. Qui dit mieux ?

L'ARDOISE €

5, rue Rouguière
✆ 04 93 68 60 43

Ouvert tous les jours le midi et le soir. Chèque Restaurant. Terrasse. Carte : 20 € environ.

C'est dans un cadre traditionnel que l'on déguste des plats aux consonances régionales comme la daube provençale maison, l'assiette du pêcheur façon bouillabaisse ou encore l'assiette provençale bien garnie. La cuisine est faite avec des produits frais garantissant la qualité de la carte. Quant aux desserts, ils sont faits maison. En été, on s'attable sur la terrasse pour profiter de la vie animée du quartier. L'heure du dîner insuffle une ambiance cosy. À essayer à toute heure de la journée pour l'ambiance conviviale d'ailleurs très appréciée par les habitués.

LE CABANON €€

Boulevard du Midi
✆ 06 21 56 26 09
www.lecabanoncannes.com
Ouvert toute l'année 7/7 pour le déjeuner et le soir en saison (juillet, août). Réservation recommandée.

Attention : coup de cœur pour cette plage privée qui se cache presque au bout du boulevard du midi ! Ici, les clients sont des habitués et ils se retrouvent dans ce petit coin de paradis tout au long de l'année. Il faut dire que ce Cabanon à la fois restaurant et plage privée est un vrai havre de fraîcheur gustative pour qui souhaite se rassasier avec une cuisine authentique et savoureuse, les pieds dans l'eau. Les plats sont élaborés à partir de produits frais et de saison. Un excellent rapport qualité-prix et un accueil toujours charmant.

LE CAFÉ BLANC €€

120, rue d'Antibes
✆ 04 97 06 95 05
www.hotel-cannes-canberra.com/services/le-restaurant/
Ouvert du mardi au samedi le midi et le soir. Chèque Restaurant. Jardin. Terrasse.

Le Café Blanc est le restaurant ainsi que le lounge bar de l'hôtel Le Canberra. Il se niche dans un patio très lumineux qui s'ouvre sur le jardin et la piscine en été. La déco, à l'image de l'hôtel ; fait référence au glamour des années 1950, avec en prime, une entrée sur tapis rouge façon festival de Cannes. Une clientèle cannoise fidèle fait ici sa pause lunch en toute quiétude. Un cadre chic pour une cuisine du marché dédiée aux saveurs du sud avec quelques touches asiatiques à apprécier lors de la haute saison uniquement.

CAFÉ LENÔTRE €€

63, rue d'Antibes
✆ 04 97 06 67 65
https://lenotre.com/
Ouvert du lundi au samedi de 9h à 19h.Terrasse. Vente à emporter. Boutique.

C'est un endroit très agréable en plein cœur de Cannes, où vous avez la possibilité de grignoter à toute heure dès le petit-déjeuner, mais surtout de déguster un bon déjeuner. L'après-midi, entre deux shoppings, le salon de thé permet d'apprécier les délicieuses pâtisseries qui font la réputation de la maison. Sur place ou à emporter, il y a fort à parier que vous allez succomber aux desserts ici. Les nouvelles créations proposées chaque saison et issues du savoir-faire Lenôtre séduiront votre regard avant de flatter votre palais.

CASA CORSA €€

11, rue de la Miséricorde
✆ 06 12 20 08 23
www.lamaison-corse.fr/
Ouvert toute l'année. Restaurant et épicerie corse. Ouvert en haute saison du lundi au dimanche, tous les soirs.

Au cœur du Suquet, attablez-vous et dégustez un verre tout en vous régalant d'une assiette composée typiquement corse. Ici, les produits sont authentiques et de qualité, directement importés de l'Île de Beauté. De quoi enchanter vos papilles pour un moment gustatif ensoleillé aux saveurs de la Méditerranée. Retrouvez côté épicerie les produits artisanaux qui font l'identité de la gastronomie corse : charcuterie fermière, fromages ou encore plats mitonnés sans oublier de bonnes bouteilles ainsi que d'autres spécialités à (re) découvrir. Buon appetitu !

LA CAVE €€

9, boulevard de la République
✆ 04 93 99 79 87
www.lacavecannes.com/
Ouvert le lundi et le samedi le soir ; du mardi au vendredi le midi et le soir. Carte : 25 € environ. Terrasse.

Ce bistrot de grande classe installé dans une ancienne boutique à vins – ce qui explique l'enseigne – sert une cuisine provençale et traditionnelle, entre grands classiques et plats canailles. Mais on vient ici surtout pour la carte des vins qui est exceptionnelle, 350 références, tout de même, ce qui est rare dans la région. N'oublions pas que le patron est un véritable passionné ! L'ambiance est agréable et le service courtois et efficace. On sent battre ici le cœur du vrai Cannes, où une terrasse, d'une vingtaine de couverts, a été joliment aménagée.

CAVE FORVILLE €€

5, place du Marché-Forville
✆ 04 93 99 60 98
Ouvert toute l'année. Du mardi au dimanche de 8h à 15h. Terrasse. Vente à emporter. Boutique. Animations

Dans cet espace entouré de bouteilles de vin (600 à 1 000 références suivant l'approvisionnement dont un grand choix de champagnes) ou sur la terrasse en prise directe avec le marché Forville, on se restaure excellemment autour du meilleur de la charcuterie ibérique et d'une sélection pointue d'huîtres grand cru en provenance directe des producteurs de Bretagne, Marennes d'Oléron, Roumegous et Gillardeau ou bien de Méditerranée, étang de Thau, Tarbouriech, de crustacés et fruits de mer cuits maison sans colorant, ni conservateur.

LE CAVEAU 30 €€

45, avenue Félix-Faure ✆ 04 93 39 06 33
www.lecaveau30.com

Ouvert tous les jours le midi et le soir. Menus de 30 € à 42 €. Plateau de fruits de mer pour 2 personnes 80€. Terrasse

Elégant, ce caveau des années 30 et dévoile à sa large carte une belle sélection de produits de la mer. Face au vieux port, cette institution cannoise réunit les amoureux des saveurs de la mer. Plateaux composés de fruits de mer variés, poissons de saison et crustacés travaillés dans le respect du produit (pot au feu de la mer, daurade grillée, bouillabaisse, homard thermidor, bourride provençale, paella marine...) définissent l'identité résolument marine de la cuisine, complétée par de belles pièces de boucher pour les amateurs de viandes de première qualité.

CBEACH €€

45, boulevard de la Croisette
✆ 04 93 38 14 59
www.cannesbeach.eu

Ouvert de mars à octobre. Ouvert tous les jours de 9h à 18h. Réservation recommandée. Carte : 46 € environ. Terrasse.

D'une très belle décoration blanche et bleuté, l'espace couvert s'ouvre sur la mer et laisse entrer la lumière à travers les baies vitrées. La carte estivale est basée sur des produits de toute fraîcheur et s'oriente vers des déclinaisons de salade César, de tartare de saumon, de thon, de bœuf (tataki de bœuf), hamburger, linguini ou risottos, assiettes à partager ou pour finir en fraîcheur, un thé ou café glacé gourmand. Idéalement situé au cœur de la Croisette, c'est un endroit sympathique et accueillant à ne pas rater cet été, « the beach to be »...

CIRÒ €€

33, Rue Bivouac Napoléon
✆ 04 93 39 21 24
https://cirocannes.com/fr

Ouvert du lundi au vendredi midi et soir. Samedi 19h - 00h. Réservation recommandée. Accueil des groupes. Chaises bébé.

Au cœur de Cannes, à quelques mètres du Palais des Festivals, ce petit restaurant sait faire honneur à ce que l'Italie a de meilleur. Au menu, les grands classiques de la botte : antipasti, pâtes ou risotto, viandes et poissons cuisinés à l'italienne, sans parler des pizzas dont le rapport qualité/prix demeure imbattable. Les assiettes sont copieuses et le vin, proposé au verre, bon. Le service est également aux petits oignons. Petite terrasse très agréable dès l'arrivée des beaux jours. Rapport qualité/prix très satisfaisant.

LE CIRQUE €€

30, rue Hoche
✆ 04 93 30 02 38
www.lecirquecannes.com

Fermé de fin janvier au 1er mars. Ouvert du lundi au samedi de 12h à 22h30.

Dans ce café bistro, la bonne humeur est de mise : on entre ici dans un univers où la convivialité règne en maître entre les murs de pierres et les luminaires dentelés. Ce restaurant, situé en plein cœur de la ville, propose des créations drôles et originales élaborées avec des produits issus de productions locales et de saison. La carte qui évolue au gré des saisons est un régal. Nul doute que vous aimerez accompagner les recettes proposées d'une bonne bouteille de vin puisque Le Cirque possède également une cave bien fournie !

CÔTÉ JARDIN BY CHRISTOPHE FERRÉ €€

12, avenue Saint-Louis ✆ 04 93 38 60 28
www.christopheferre.com/restaurant-cannes-cote-jardin

Du mardi au samedi midi et soir. Réservation recommandée. Carte : 30 € environ.

Chez Christophe Ferré, on retrouve une cuisine de marché inventive, délicate et subtile dans un menu-carte renouvelé régulièrement avec beaucoup d'inventivité. Les plats sont délicieux avec des produits frais et une présentation élégante. L'accueil est toujours très convivial et le sourire en salle apporte une satisfaction supplémentaire à cette table de charme, à l'écart de l'agitation cannoise, dans ce bel écrin de verdure. Le très bon rapport qualité/prix en fait une adresse idéale.

CROISETTE BEACH €€

65, boulevard de la Croisette
✆ 04 92 18 88 00
www.croisettebeach.com/plage-privee-cannes/

Ouvert en saison tous les jours de 9h à 18h. Restauration. Forfaits transat. Sports nautiques au départ du ponton.

On apprécie l'atmosphère zen et épurée, insufflée par les couleurs sable, blanc et turquoise et le mobilier en bois exotique de cette jolie plage privée vivement conseillée pour une pause « transat et bronzette », un apéro face à la magnifique baie de Cannes ou un déjeuner au soleil... Le chef offre une carte toute en fraîcheur, bien étudiée et éclectique où tous les goûts seront exaucés. Ajouter à cela une addition qui reste sage, même sur la Croisette ! La plage est fréquentée par les habitués qui se mêlent aux clients de l'hôtel dans une ambiance familiale.

DA LAURA €€

8, rue du 24-Août
✆ 04 93 38 40 51

Ouvert du lundi au samedi de 7h30 à 22h. Carte : 20 € environ (pour un plat). Vin au verre. Terrasse.

La machine à trancher le jambon de Parme, le poivrier géant, l'exposition de bouteilles de bons crus transalpins et la présentation du plateau de pâtisseries font la réputation des lieux reconnus comme souriants et gourmands. Laura accueille ses convives dès le petit déjeuner et leur apporte gourmandises et saveurs avec une cuisine italienne simple, fraîche et savoureuse que l'on accompagne de vins issus de toutes les régions italiennes. Si on aime le charme de la salle conçue comme l'intérieur d'une maison, les beaux jours installent la bonne humeur en terrasse.

LE DUPLEX €€

122, boulevard Eugène-Gazagnaire
✆ 04 83 14 83 69

Fermé de décembre à avril. Ouvert tous les jours de 9h à 15h30. L'été, le soir également. Chèque Restaurant. Terrasse.

Ce restaurant du bord de mer offre un cadre privilégié. L'ardoise décline un choix de salades composées, de poke bowl tendances, de burgers gourmands ou encore de tartares toujours très frais. Sur le toit, la terrasse sous pergola avec sa grande table d'hôtes et sa table haute, affiche un cadre contemporain et convivial avec vue sur la mer. Un espace idéal pour un apéro dînatoire entre amis. Ici les espaces lumineux et la carte pleine de fraîcheur s'accordent à partager des moments de farniente tout trouvés dès l'arrivée des beaux jours.

GASTON & GASTOUNETTE €€

6-7, quai Saint-Pierre ✆ 04 93 39 49 44
www.gastongastounette.wixsite.com/gastongastounette

Ouvert tous les jours le midi et le soir. Réservation recommandée. Menus de 36 € à 42 €. Formule du midi : 29 €

Voici une institution cannoise pour déguster des repas dédiés aux produits de la mer. On s'installe dans un cadre chic et coloré à l'esprit moderne et baroque, entre lustres-chandeliers, tables rondes conviviales nappées de blancs, banquettes et fauteuils irisés de violet. La carte annonce des spécialités régionales copieuses et pleines de saveurs telles que : bourride, bouillabaisse, poisson en croûte de sel, langouste, homard ou mixed grill de poissons. Quant aux desserts, comme la pavlova à la mangue et fruits de la passion, ils sont bien exécutés.

LE GRAIN DE SEL €€

25, Rue Hoche
✆ 04 93 38 83 65
www.legraindesel-cannes.com

Ouvert du lundi au samedi de 9h à 22h30. Salon de thé l'après-midi entre les deux services. Terrasse

Quand vous passez la porte de l'établissement, vous comprenez immédiatement que Laetitia est dotée d'un goût certain pour la décoration ! la magnifique bibliothèque et le mur végétal étant résolument admirables. En cuisine, le Chef propose une véritable cuisine de marché alliant les saveurs d'ici et d'ailleurs. La carte est assez élaborée et fait saliver. Le midi, les suggestions à l'ardoise se renouvellent tous les jours. L'après-midi, le Grain de Sel reste ouvert version salon de thé. À l'heure de l'apéro, on sirote un cocktail, accompagné de quelques tapas.

La Croisette.

GRILL AND WINES €€

5, rue Notre-Dame
© 09 82 58 63 65
www.grillandwines.com
Ouvert toute l'année. Du mardi au samedi de 12h à 14h30 et de 19h à 23h. Terrasse. Animations.

Dans ce bistrot chic qui fait également bar à vin, les viandes, grillées ou cuites à la rôtissoire sont reines : épaule d'agneau, chateaubriand, entrecôte grillée black Angus, côte de bœuf simmental et son os à moelle, fameuse parillada (pièces de viande entières à la découpe sur planche), les carnivores s'en lèchent les doigts. Mais il ne faut surtout pas oublier de découvrir les diverses terrines maison et le loup en croûte de sel pour 2 personnes. A noter : la belle carte des vins, le tout servi dans une ambiance sympathique et chaleureuse.

IL FESTIVAL BY TRIPODI €€

2, rue Félix Faure © 04 93 38 57 39
Ouvert toute l'année. Tous les jours de 8h à 1h. Carte : 25 € environ (pour un plat). Vin au verre. Terrasse.

Tripodi, c'est le nom de la famille calabraise qui tient ce magnifique restaurant ! Et ici, le festival se fait bien dans votre assiette ! C'est donc un véritable festival de saveurs qui s'offre à vous, avec des plats plus copieux les uns que les autres et des desserts maison où les superlatifs nous manquent ! Pour couronner le tout, les terrasses ensoleillées sont un vrai plaisir, et on en parle au pluriel parce qu'en plus de celle que vous découvrirez, il y en a une autre plus secrète, à l'étage, offrant une vue sublime sur Cannes.

LE JARDIN SECRET €€

2, rue des Frères
© 04 93 38 72 63
Ouvert du lundi au samedi de 19h à 0h. Fermé les jours de pluie. Tapas entre 12 € et 20 €.

Situé dans le quartier historique du Suquet, ce restaurant atypique promet de belles découvertes gustatives pour les personnes en quête de nouvelles saveurs. Dans un décor un brin vintage, composé d'objets chinés et de verdure, on s'installe dans la charmante cour intérieure, à l'abri des regards, pour goûter une cuisine régressive. La carte est simple mais les assiettes à tapas très gourmandes. Pour la note sucrée, on se régale d'une ribambelle de jolis desserts. L'accueil sympathique et décontracté, vient parfaire une cuisine maison à base de produits frais.

L'AFFABLE €€

5, rue Lafontaine
© 04 93 68 02 09
www.restaurant-laffable.fr
Ouvert du lundi au vendredi de 12h à 14h et de 19h à 22h et le samedi de 19h à 22h. Réservation obligatoire.

Le restaurant de Jean-Claude Battiglia, vous offre une ambiance chic et sobre. Cette adresse est reconnue pour sa qualité d'accueil et de service ainsi que son rapport qualité-prix. Le chef propose des plats variés au sein d'une carte courte qui garantit la fraîcheur des produits : 5 entrées, 5 plats et 5 desserts, différents selon le midi, le soir. Il existe aussi une formule déjeuner (entrée + plat ou plat + dessert). Pour accompagner votre repas, une belle carte des vins est proposée. Vous pouvez le déguster au verre ou à la bouteille.

L'ANTIDOTE €€

60, boulevard d'Alsace
© 04 93 43 32 19
www.lantidote-christopheferre.fr
Ouvert toute l'année. Du mardi au samedi de 12H00 à 13H30 et de 19H30 à 21H30. Réservation recommandée. Terrasse.

Le chef Christophe Ferré a ouvert ce restaurant familial avec sa femme Karin, afin de vous faire partager sa passion pour la cuisine de sa région, la Provence. Cette cuisine méditerranéenne authentique et savoureuse est préparée par le chef avec cœur et savoir-faire. Les produits de saisons proviennent du marché afin qu'il soient le plus frais possible. Profitez des menus variés et ne ratez surtout pas les délicieux desserts du chef pâtissier de formation. Du dôme chocolaté à son incontournable soufflé au Grand-Marnier, ses douceurs raviront vos papilles.

L'ASSIETTE PROVENÇALE €€

9, quai Saint-Pierre
© 04 93 38 52 14
Ouvert tous les jours le midi et le soir. Carte : 34 € environ. Vin au verre. Terrasse.

Les tables en terrasse bénéficient de l'agréable environnement du Vieux-Port. Sur les murs clairs de la salle des ardoises affichent les plats pour la plupart tournés vers la mer, soupe de poissons maison avec sa rouille et ses croûtons ou autres poissons entiers, selon le marché, aux senteurs de la garrigue. Un choix d'entrées et de viandes comblent tous les goûts en ce lieu, où des portraits en noir et blanc de grands acteurs français donnent une touche nostalgique et artistique, qui fait écho au travail culinaire soigné et plein de respect pour les produits.

LA LIBERA €€

17, rue Commandant-André
✆ 04 92 99 00 19
http://restaurant-libera.com/

Ouvert du lundi au mercredi et le vendredi de 12h à 22h ; le jeudi et le samedi de 12h à 23h30. Terrasse.

Située à deux pas de la Croisette, cette vraie *trattoria italiana* est un bon plan que nous vous recommandons pour le voyage culinaire qu'elle offre à travers des assiettes aussi généreuses que bien présentées. En cuisine, les chefs sont tous de «là-bas» et partagent avec passion leurs meilleurs produits. Antipasti, pasta fesca, carne... : pas de doute sur la qualité. On adore ! Une salle intérieure climatisée tout en bois et une terrasse extérieure ouverte sur une des rues branchées de Cannes. Accueil chaleureux et bon rapport qualité-prix.

MEAT €€

16, rue Saint-Antoine
✆ 04 93 30 18 31
https://meatcannes.fr/

Ouvert toute l'année. Du mardi au dimanche de 18h30 à 22h. Terrasse.

En plein cœur du Suquet, le Meat vous accueille dans une ambiance chaleureuse et conviviale. Ici, le chef portugais Rodrigues, amateur de cuisine authentique, propose un plat unique constitué d'une viande ou d'un poisson. À vous de choisir votre sauce et votre garniture. La carte des vins est généreuse et offre un panel varié pour accompagner votre plateau de fromages. Et s'il vous reste de la place opté pour un dessert gourmand 100 % maison. Si vous souhaitez goûter à la cuisine française réalisée sur place avec des produits frais, le Meat est l'adresse qu'il vous faut.

LA MÔME €€

6, impasse Florian
✆ 04 93 38 60 95
www.lamomecannes.com

Ouvert tous les soirs. Réservation impérative.

Dans un décor élégant et chic, découvrez la cuisine des frères Cazalas, Léo et Julian. Ils proposent des plats d'inspirations méditerranéennes. De la burrata crémeuse à l'entremet chocolat noisette en passant par la bavette black Angus ou encore le poulpe braisé. Si vous avez une envie de risotto ou de pâtes, les chefs satisferont vos désirs. La Môme vous accompagne aussi pour la conception, l'élaboration et l'organisation de vos événements. Vous pouvez profiter de la privatisation partielle ou totale du restaurant pour vos cocktails, rendez-vous d'affaire...

PEPPERONI €€

37, rue Hoche
✆ 04 92 98 69 45

Ouvert tous les jours de 8h à 23h. Terrasse. Options sans gluten et végétariennes

Dans ce restaurant-bar et salon-de-thé aux allures de trattoria, la carte est dédiée aux mets italiens avec les pâtes et risottos pour porte-drapeau ! Couleurs chaudes et larges miroirs assurent un cadre confortable et chaleureux d'inspiration baroque dans lequel il fait bon s'attabler et se régaler. Il est également possible de profiter des trois terrasses du restaurant qui donnent sur la rue piétonne cannoise : au calme, on y déguste son plat ou l'on s'y délecte d'un thé, d'un café ou d'une gourmandise sucrée tout au long de la journée.

PLAGE DU FESTIVAL €€

52, boulevard de la Croisette ✆ 04 93 39 37 37
www.plage-festival-cannes.com

Restaurant ouvert midi et soir en haute saison, et le midi uniquement hors saison. Réservation recommandée.

La Plage du Festival créée par le publicitaire Jean Mineur, pionnier de la publicité en France, se trouve au pied du célèbre hôtel Carlton. Cette plage mythique possède un restaurant qui offre une cuisine méditerranéenne et raffinée. Le chef François Valada propose des mets divers tels que la célèbre côte de bœuf de Salers rôtie et fumée au romarin ou le cabillaud en fish and chips ou encore le cookie et crémeux au chocolat. Cette cuisine raffinée d'inspiration méditerranéenne est servie dans un cadre sobre et chic. Le bruit des vagues accompagnera votre dégustation.

PLAGE VEGALUNA €€

61, boulevard de la Croisette
✆ 04 93 43 67 05
https://vegaluna.fr/

Maître Restaurateur. Ouvert tous les jours de 12h à 18h et tous les soirs en juillet, août. Transat à partir de 30€.

Située face à l'hôtel InterContinental Carlton, la plage Vegaluna séduit par son atmosphère détendue et son cadre enchanteur mariant avec sobriété, convivialité et élégance. Tout a été conçu pour se mêler harmonieusement aux éléments naturels, et contraster avec la plage et la mer juste en face. Sous la responsabilité de son chef Antoine Regnault, les plats joliment présentés offrent d'authentiques saveurs de la Méditerranée. Une cuisine savoureuse et raffinée à laquelle s'ajoute le formidable accueil de la sympathique équipe pour vous servir.

LA POTINIÈRE DU PALAIS €€

13, square Mérimée ✆ 04 93 39 02 82
alapotiniere.fr
Maître Restaurateur. Fermé en janvier. Ouvert du lundi au samedi le midi et le soir. Carte : 30 € environ. Terrasse.

C'est en 1948 que Henry et Elisabeth Léopold créent ce restaurant toujours aussi prisé des touristes et des habitués locaux. Et parce que «La bonne cuisine est la base du véritable bonheur», le Chef sublime les produits en donnant corps à une cuisine inspirée, légère, simple et authentique. De par son emplacement privilégié, l'ambiance de La Potinière varie selon la vie cannoise. Brasserie paisible, elle plonge dans un rythme plus agité et grisant lors des grands événements de la ville. Pour autant l'ambiance reste chaleureuse et l'accueil extrêmement agréable.

RADO BEACH HELEN PLAGE €€

La Croisette
✆ 04 93 94 20 68
radobeachhelen.com
Fermeture annuelle du 6 janvier au 10 février. Le dimanche, lundi, jeudi de 9h à 19h et le vendredi, samedi de 9h à 23h.

En face du Miramar, la plage du Rado est l'une des plus anciennes plages de la Croisette. Tenue, depuis 1958, par la famille Rotondaro, elle a été rénovée et s'est associée au groupe Helen (traiteur Grand Sud) en 2019. Le restaurant vous accueille dans une ambiance chaleureuse face à la mer pour déguster les plats concoctés par le chef Brunacci à l'aide de produits locaux. En effet, le restaurant a pour politique de choisir des produits locavores auprès de fournisseurs engagés. Le Rado vous offre aussi la possibilité de privatiser la plage pour vos événements.

LE RENDEZ-VOUS €€

35, rue Félix-Faure
✆ 04 93 68 55 10
www.rendez-vous-cannes.com
Ouvert du lundi au samedi le midi et le soir. Bistrot à Huîtres. Terrasse. Vente à emporter.

Les amateurs de poissons et de fruits de mer seront ici comblés. Derrière la devanture moderne posée en retrait du palais des festivals, le cadre élégant, gris et blanc annonce qualité et raffinement. Spécialiste des huîtres Gillardeau, la maison sert fruits de mer et poissons frais (selon arrivage). Des viandes variées et quelques plats de pâtes sont également proposés en ce lieu qui offre deux terrasses, dont une est située sur le toit, vue mer. Une seconde adresse, Le Bistrot à Huîtres, vous accueille à 10 mètres du Rendez-vous.

LA TONNELLE €€

Abbaye de Lérins - Île Saint-Honorat
✆ 04 92 99 54 08
http://tonnelle-abbayedelerins.fr/
Ouvert tous les jours de 12h à 14h30. Ouvert de 9h30 à 16h30 pour la limonade. Terrasse. Vente à emporter. Boutique.

Vous pourrez ici déjeuner face à Cannes dans le cadre idyllique de l'île Saint-Honorat. Le chef privilégie une cuisine d'inspiration méditerranéenne à base de produits de saison à l'image du poulpe façon «Riviera», des gourmandes Troffi au pistou à la Génoise, ou encore de la soupe de poissons, rouille et croûtons, sans oublier les belles coupes glacées pour finir en fraîcheur. Les vins de l'abbaye permettront d'accompagner votre déjeuner, des accords mets et vins sont également suggérés. Des formules associent également au menu la traversée en bateau.

TREDICI €€

13, Rue Louis Perrissol
✆ 06 52 54 64 63
https://tredici-cannes.eatbu.com/?lang=fr
Ouvert du mardi au samedi de 19h à 0h. Dimanche soir de 19h30 à 00h00. Vegan et Gluten free friendly. Terrasse.

Une cuisine du marché, une carte bien ficelée et l'assurance de manger bien et sain : c'est la promesse d'Alix Cuoq et Loïc Perret, couple cannois pure souche, à la tête de ce bisrot convivial. Ils mettent un point d'honneur à faire rimer simplicité et authenticité. Dans l'assiette d'abord, à travers des produits locaux et frais qu'on accompagne d'une bouteille de vin ou d'un cocktail maison. Côté service, l'ambiance est chaleureuse, l'accueil sympathique et le cadre charmant. Plus que jamais, nous vous conseillons de réserver.

LE TUBE €€

10, rue Florian
✆ 04 93 68 51 69
www.le-tube.com
Ouvert du mardi au samedi de 19h à 2h. Accueil des groupes. Terrasse. Réservation recommandée.

C'est dans un cadre atypique, c'est dire un ancien garage transformé en espace restaurant de 200 m² à la fois moderne et chic, qu'évoluent le Chef et sa brigade. Les amateurs de viande sont les bienvenus puisque la carte fait la part belle au bœuf (principalement), et la cuisson dans le four à 800°C avec un succulent mélange d'épices promettent un goût unique à la viande ! Votre menu pourra également se composer de plats de la mer ou de délicieux desserts fait maison. En prime, un DJ vous assure une ambiance enflammée à partir de 23h du jeudi au samedi.

3.14 PLAGE €€€

La Croisette
✆ 04 93 94 25 43
www.314plage.com/la-plage/

Gluten-free friendly. Fermé d´octobre à mars. Ouvert tous les jours midi et soir. Plage : tous les jours de 10h à 18h.

Cuisiner local, faire rimer gastronomie et bien-être, proposer des plats à la fois sans gluten et surtout bio et locavore, sans oublier de faire découvrir des saveurs d'ailleurs : c'est le défi que se lancent en cuisine les chefs Bruno Laplace et Frédéric Nortier, aux fourneaux de cet incontournable et très tendance restaurant de plage privée cannois. Pour les becs sucrés, la cheffe pâtissière Olivia Kakou signe une carte gourmande à tester et apprécier les pieds dans le sable avec vue mer ! Une expérience sensorielle à part entière.

LE COSI €€€

10, rue du Suquet
✆ 04 93 68 66 79
www.lecosi.fr

Ouvert toute l'année. Tous les jours de 19h à 1h. Menus de 32 € à 58 €. Terrasse. Vente à emporter.

Après son passage dans les cuisines de l'hôtel de la Rotonde du Negresco à Nice, Robert La Spina, Chef propriétaire et créateur du restaurant vous promet de belles découvertes. Côté dégustation, autour des produits régionaux de saison, le Chef travaille une cuisine du Sud traditionnelle et personnelle. A la carte, on retrouve des plats soignés qui assurent une belle escapade gastronomique. À l'extérieur, des tables posées sur une estrade en bois permettent de dîner au cœur de cette ruelle typique du vieux quartier de Cannes.

ASTOUX & BRUN €€€

41, rue Félix Faure
✆ 04 93 39 06 22
www.chezastoux.com/

Ouvert tous les jours le midi et le soir. Vin au verre. Terrasse. Vente à emporter.

Astoux & Brun, c'est une institution à Cannes, un repère des amoureux des produits de la mer depuis 1953. Pas moins de 3 générations ce sont succédé pour partager leur cuisine savoureuse et authentique. Ici, tout est frais, de grande qualité et préparé maison, qu'il s'agisse du poisson sublimé par le chef, des plateaux de fruits de mer, du saumon fumé maison ou encore des desserts élaborés par le chef pâtissier. Autant de recettes à retrouver également au sein de la Brasserie voisine, quant à elle ouverte en continu de 9h à 23h.

FRED L'ÉCAILLER €€€

7, place de l'Étang
✆ 04 93 43 15 85
www.fredlecailler.com

Fermé de janvier à février. Ouvert tous les jours le midi et le soir. Terrasse.

À quelques pas du Palm Beach, cette table fait le bonheur des amateurs de cuisine de la mer. Adresse de référence en matière de coquillages, huîtres, crustacés et poissons frais, elle propose une quinzaine d'entrées et un large choix de plats cuisinés qui respectent la saveur des produits issus pour la plupart de la pêche côtière locale. Les plats de poissons crus sont l'une des spécialités de Fred, reconnaissable à son bonnet rouge. L'accueil est attentif, les conseils avisés, et aux beaux jours on se plaît à déjeuner ou dîner sur la terrasse ombragée.

CARLTON RESTAURANT €€€

58, boulevard de la Croisette
✆ 04 93 06 40 21
www.carlton-cannes.com/fr/

Ouvert toute l'année. Du mardi au dimanche le midi et le soir ; le dimanche midi. Terrasse. Voiturier. Boutique.

Une cuisine de saison traditionnelle est servie soit dans l'agréable décor Belle Époque de la salle à manger, soit sur la terrasse qui surplombe la Croisette. Toute l'année, petits déjeuners, formules, repas thématiques autour du homard et du champagne, de la Saint-Jacques, et un pantagruélique brunch à ne rater sous aucun prétexte se succèdent pour le plus grand bonheur des épicuriens. Une belle occasion de (re) découvrir cet endroit de prestige et de déguster les plats confectionnés avec savoir-faire et des produits de qualité par le chef Laurent Bunel.

HYDE BEACH CANNES €€€

45, la Croisette
✆ 04 93 38 15 45
www.grand-hotel-cannes.com

Ouvert de juin à fin octobre. Ouvert tous les jours. Jardin. Terrasse. Restauration, plage privée.

C'est la plage du Grand Hôtel situé à quelques pas de là, de l'autre côté de la Croisette : une décoration à la fois exotique et contemporaine avec sa végétation de bambous et ses tissus colorés. On apprécie le magnifique ponton et ses grands lits de relaxation VIP, des « gazebos » (lits balinais), sans oublier un superbe bar posé dans le sable. Un lieu chic et tendance pour boire un verre en fin de journée, déjeuner ou se prélasser au soleil, tout simplement. Cette saison, c'est Stéphanie Le Quellec qui signe la carte, et ça promet d'être délicieux !

JW MARRIOTT CANNES €€€

50, la Croisette ✆ 04 92 99 70 00

www.marriott.fr/hotels/travel/ncejw-jw-marriott-cannes/

Ouvert toute l'année. Tous les jours et les jours fériés le midi et le soir. Petit déjeuner, snack dès 14h30. Terrasse.

L'espace de restauration de l'Hôtel JW Marriott Cannes avec sa terrasse vue sur la mer est le temple de la viande. Mention spéciale pour la côte de bœuf Aberdeen Black Angus bio Irlandais ou le cœur de filet Blonde de Galice Maturée 45 jours du Nord Ouest de l'Espagne, deux des plats les plus appréciés de la carte. On trouve également des plats plus traditionnels cuisinés à la méditerranéenne et des salades diverses. Des plats végétariens sont également proposés. Côté sucré, le restaurant présente une jolie ribambelle de douceurs.

LE PARK 45 €€€

45, Boulevard de la Croisette ✆ 04 93 38 15 45

https://www.grand-hotel-cannes.com/fr/restaurant-cannes-bord-de-mer.html

Ouvert du lundi au samedi midi et soir et le dimanche midi. Jardin. Terrasse. Parking. 1 étoile au guide Michelin.

Déjeuner ou dîner sur la Croisette sans les nuisances citadines (bruits, pollutions...), c'est possible ! Installez-vous dans la salle de restaurant avec sa cave à vins apparente ou sur la terrasse devant un large et long tapis vert ombragé de palmiers. Le Chef Herve Busson vous propose une carte aux saveurs méditerranéennes. Ces plats raffinés sont cuisinés avec des produits frais et de saison soigneusement sélectionnés. La combinaison des mets gastronomiques et de l'ambiance chic et élégante vous fera passer un agréable moment.

LUCKY YOU €€€

5, rue du Docteur Pierre Gazagnaire

✆ 04 93 68 96 86

luckyoucannes.com

Ouvert du mercredi au lundi le soir. Samedi et dimanche midi et soir. Carte : 39 € environ.

Ici, la carte offre un incroyable choix de viande de bœuf ainsi que de la charcuterie italienne. Vous l'aurez compris, la tendance est carnivore mais ce n'est pas tout, car les amoureux de fruits de mer seront également servis, avec des produits d'exception comme le homard bleu et les huîtres Gillardeau papillon. Tous les produits sont de qualité et cuisinés sous vos yeux : ce lieu au décor sobre et élégant vous offre en effet une vue imprenable sur le chef Riccardo Cuccurullo. Pour couronner le tout, l'ambiance est très chic, le service impeccable.

LA PLAGE DU MARTINEZ €€€

73, la Croisette ✆ 04 92 98 73 19

www.hyatt.com/fr-FR/hotel/france/hotel-martinez/jcagh/dining/la-plage.html

Ouvert tous les jours de 12h30 à 17h. Bar ouvert de 9h30 à 19h. Animations. Animations. Certification Green Globe

Plage privée du prestigieux Grand Hyatt Cannes Hôtel Martinez, cette adresse est l'un des must sur La Croisette. Celle-ci promet une expérience émotionnelle inoubliable sous couvert d'un tout nouveau style, où les beaux cocktails se mêlent aux bons plats. Mais ce que l'on aime, c'est la possibilité de bénéficier d'une ambiance musicale des plus agréable. Les Dj et groupes résidents seront en effet présents dès le début de l'après-midi pour vous gâter de leurs doux sons ou de shows très hauts en couleur ! Jolis souvenirs les pieds dans l'eau garantis.

LA PALME D'OR €€€

73, la Croisette

✆ 04 92 98 74 14

www.lapalmedor-restaurant.fr/

2 étoiles au Guide Michelin. Certification Green Globe. Ouvert du mardi au samedi le soir ; le samedi midi. Terrasse

Cette table doublement étoilée est menée depuis 2007 par le chef de cuisine Christian Sinicropi toujours fidèle à son concept qui propose de nouvelles pièces de vaisselle faites main destinées à accueillir ses compositions culinaires. Cette démarche, certainement unique au monde, suit un processus bien précis : recherche du design, identité et reflet de l'artiste puis sélection du produit et élaboration de la recette. On trouve de l'originalité, du goût, de la minutie et de la persévérance dans chacun des plats. Un voyage gustatif des plus délicats !

LE ROOF €€€

1, rue Notre-Dame

✆ 04 63 36 05 06

www.fiveseashotel.com/le-roof-five-seas-hotel

Fermé de mi-décembre à fin janvier. Ouvert tous les jours de 19h à 0h30. Réservation impérative. Terrasse. Animations.

Le restaurant posé sur le toit du célèbre Five Seas surplombe la ville de Cannes et vous offre un magnifique panorama. Le bar central offre un espace séparé, qui se prolonge vers la terrasse, lounge idéal pour prendre un apéritif. En cuisine, la cheffe Lori Moreau propose une carte élaborée avec des produits aussi sains que savoureux. Venez vous détendre au sein de son cadre d'exception dans une ambiance bistro-chic. Vous pourrez déguster de la bonne cuisine, des cocktails les pieds dans l'eau ou profiter des shows de DJ reconnus.

TABLE 22 €€€

22, rue Saint-Antoine
✆ 04 93 39 13 10
www.restaurantmantel.com
Châteaux & hôtels collection. Collège culinaire de France. Ouvert tous les jours le soir. Boutique. Chef à domicile

Noël Mantel, un ancien de la mouvance Ducasse, est une référence culinaire cannoise qu'il est inutile de présenter à un public initié. Son restaurant niché au milieu de cette rue grouillante de monde qui monte vers les hauteurs du Suquet offre un décor résolument contemporain et propose une carte allèchante élaborée aux couleurs méditerranéennes qui évolue au gré du marché Forville situé tout près. L'accueil de Brenda Mantel est charmant et le service de l'équipe, notamment de l'excellent sommelier en salle très professionnel.

LA TOQUE D'OR €€€

11, rue Louis Blanc
✆ 04 93 39 68 08
la-toque-dor.e-monsite.com
Maître Restaurateur. Ouvert du mardi au samedi le midi et le soir. Ouverture le dimanche en haute saison.

Dans ce beau restaurant gastronomique, on se laisse guider au gré des saisons et de l'inspiration de Magalie et Steven Trucco. Bien connu des amateurs d'émissions culinaires pour avoir participé en 2016 à l'émission Le Meilleur Menu de France, la réputation de l'établissement n'est plus à faire. Et on ne cesse pas d'être surpris par les belles compositions fines et délicates de la carte changeante. Soyez certain en allant y prendre votre repas que vous aurez l'assurance de déguster des produits frais ainsi que de découvrir de nouvelles saveurs.

L'ATELIER JEAN-LUC PELÉ

36, rue Meynadier
✆ 04 93 98 59 79
www.jeanluc-pele.com/
Ouvert tous les jours de 7h à 19h. Ouvert toute l'année. Chèques non acceptés. Chèque Restaurant.

Véritable royaume du chocolat et du macaron, le plaisir des yeux précède celui du palais. L'envie de surprendre préside à l'imagination de l'artiste-artisan qui décline des dizaines de parfums de macarons des plus classiques aux plus audacieux... Les bonbons chocolat au détail sont présentés dans des contenants eux-mêmes réalisés en chocolat de haute qualité dont les fèves de cacao sont sélectionnées chez des planteurs en Amérique du Sud notamment. Spécialités pâtissières, verrines et gâteaux cultivent aussi le désir de surprendre.

MA NOLAN'S IRISH PUB

6, rue Buttura
✆ 04 93 99 63 72
www.ma-nolans.com
Ouvert tous les jours de 12h à 2h. Terrasse. Restauration. Animations. Concerts.

Avec le palais des festivals et des congrès en ligne de mire, ce troisième établissement sur la Côte d'Azur (après ceux de Nice, vous offre la possibilité de boire des bières ou des whiskys irlandais, et de vous restaurer toute la journée dans une ambiance de pub de Dublin ou de Cork. C'est également un lieu de rencontres pour regarder des retransmissions sportives sur grand écran, assister à des concerts en *live* et tester vos connaissances au quiz deux fois par semaine pour remporter des lots sous forme de commandes au bar.

BARISTA

6, rue Tesseire
✆ 04 93 38 17 92
www.cannes-nightlife.com/barista-fr
Fermeture annuelle 15 jours en novembre. Ouvert du lundi au samedi de 8h à 18h30. Terrasse.

Restaurant mais aussi Espresso bar, le Barista séduit par les plats qu'il propose et par son café dont les amateurs sont friands. Dès le matin, l'établissement propose une formule petit-déjeuner avec jus d'orange, viennoiserie, tartines et boisson chaude. Le midi et jusqu'à 15 h, différents plats sont proposés. Ensuite, pour le plus grand bonheur des gourmands, ce sont les gaufres et les crêpes qui débarquent. Tout est fait avec des produits frais dans cet établissement à la décoration très moderne. L'accueil y est toujours soigné et l'ambiance agréable.

GLACIER VILFEU

18, rue du Bivouac-Napoléon
✆ 04 93 39 26 87
Ouvert du lundi au samedi de 11h à 18h ; le week-end de 14h30 à 18h. Terrasse. Service snack à l'américaine.

Le maître glacier Gilles Vilfeu rend un hommage nostalgique aux années 1950-1960 *Made in USA* avec une déco colorée et une ambiance très *Grease*. Le choix de glaces et de sorbets maison est très vaste avec plus d'une centaine de parfums allant des plus classiques aux plus originaux ; il y a même une gamme allégée. Les vitrines exposent également sablés, donuts, meringues mais également une gamme snack typiquement new-yorkaise. Vous pouvez déguster toutes ces spécialités à emporter mais aussi sur place, confortablement installés sur la terrasse de 45 places.

MORRISON'S LOUNGE

8, rue Teisseire
✆ 04 93 39 34 57
www.cannes-nightlife.com/the-lounge
Ouvert tous les jours de 17h à 2h30.

Le petit frère du Morrison's Pub, le Lounge, offre une atmosphère différente, mais complémentaire à ce dernier. Ici, les soirées sont un peu plus branchées, mais toujours dans un décor original boisé. Venez siroter un verre installé sur de jolis tonneaux en profitant d'un fond de musique live, électro, house, du mardi au samedi. Dans un style différent de l'Irish Pub, on se détend ici sur les rythmes du Dj Résident, qui surplombe la piste de danse, dans un décor élégant et tamisé. Cette boîte de nuit différente des autres vous fera passer une soirée mémorable.

MORRISON'S IRISH PUB

10, rue Teisseire ✆ 04 92 98 16 17
www.cannes-nightlife.com/morrisons-fr
Ouvert du lundi au vendredi de 17h à 2h30 ; le week-end de 12h à 2h30. Happy hours. Terrasse. Animations. Concerts.

Ambiance festive où la bière coule à flot, ce pub cannois est digne de ceux que l'on peut trouver en Irlande. Le décor typique, couleur ocre et agrémenté de bois, invite à des pauses conviviales entre amis. Ce lieu incontournable de la vie nocturne cannoise est le seul établissement qui possède une scène avec une programmation régulière de groupes de rock, de blues ou de musique irlandaise en live. Depuis la terrasse, on peut aussi profiter les soirs de matchs, de leur diffusion sur grand écran, en compagnie d'un cocktail ou d'un whisky.

LE BAR À VIN

10, rue Marceau ✆ 06 23 73 44 43
www.cannes-nightlife.com/bar-a-vin-fr
Ouvert du lundi au samedi. De 17h à 2h du matin. Terrasse. Restauration. Vin au verre.

C'est dans une ambiance intimiste que les amoureux du vin, connaisseurs, amateurs ou novices se retrouvent pour savourer les différents nectars proposés parmi la large variété de vins français et internationaux inscrits sur la carte. L'allure décontractée de ce bar invite les épicuriens à accompagner leur verre d'un plateau de fromages, de charcuterie ou d'antipasti, installés sur une chaise haute attenante au bar, en terrasse, ou dans les fauteuils sur la mezzanine. Ce lieu charmant vous offre l'occasion de passer un moment convivial autour d'un bon verre.

THE QUAY'S IRISH PUB

17, quai Saint-Pierre ✆ 04 93 39 27 84
www.cannes-nightlife.com/the-quays
Ouvert toute l'année. Ouvert 7j/7 de midi à 2h du matin. Terrasse.

Le Quay's offre une vue sur le vieux port de Cannes, et affiche une ambiance conviviale garantie ! La décoration boisée rajoute du charme à l'endroit. Ce bar rassemble une diversité de personnes. Vous pourrez y rencontrer des matelots venus faire une pause, des amateurs de sports qui profitent des écrans pour regarder le match dans une bonne ambiance. Des touristes qui jouissent d'un moment de détente après leur journée chargée ou encore des groupes d'amis ou des amoureux qui souhaitent se ressourcer et passer un bon moment en écoutant de la bonne musique live.

PÂTISSERIE CHOCOLATERIE PHILIPPE BRITO

79, avenue du Maréchal-Juin
✆ 04 93 94 43 48
www.philippebrito.com
Ouvert du mardi au samedi de 8h à 19h ; le dimanche de 8h à 13h. Terrasse. Boutique en ligne.

Dans cette boutique, les gourmands n'auront que l'embarras du choix : mignardises, macarons, gâteaux, pâtisseries, chocolats carrés au look très sympa... Les créations sont originales avec des matières simples et la pâtisserie peut être riche non seulement en saveurs mais aussi en couleur. Redécouvrir des textures, jouer avec les parfums, étonner avec les formes, tel est le credo de cette entreprise artisanale familiale. On peut aussi déguster ces douceurs sur la jolie terrasse.

LE VIN SUR VIN

42, rue Jean Jaurès
✆ 06 37 39 38 30
Ouvert toute l'année. Du lundi au samedi de 18h à 0h30. Concerts (soirées live selon la programmation).

Le Vin sur Vin est situé à Cannes. Une fois poussée la porte de ce bar à vin, vous serez immédiatement séduit par la décoration chaleureuse, cosy et coquette à souhait. L'idéal est de venir au Vin sur Vin pour partager un apéro dînatoire en bonne compagnie et continuer votre soirée dans une atmosphère musicale lounge qui invite à danser. À la carte, le bar vous propose une sélection de très bons vins qui pourront être accompagnés d'assiettes de charcuterie, de fromages, d'antipasti. Vous passerez, à coup sûr, une soirée détente des plus agréable.

ASTOUX & BRUN, LA BOUTIQUE

3, Rue Louis Blanc
✆ 04 93 39 98 94
www.chezastoux.com/la-boutique/
Ouvert tous les jours de 8h à 20h.

Une envie de fruits de mer ? Si vous connaissez déjà les restaurants Astoux & Brun, vous savez alors que leurs poissons, coquillages et crustacés sont à tomber ! En boutique, l'institution cannoise propose à la vente à emporter la pêche du jour, des plateaux de fruits de mer ainsi que des plats traiteurs réalisés par le Chef dont certains sont de véritables best-seller ! Quiche au crabe, accras de morue, sont autant de recettes au goût inimitable signés Astoux, à ramener chez vous !

CASA CORSA

11, rue de la Miséricorde
✆ 06 12 20 08 23
www.lamaison-corse.fr/
Ouvert du mardi au dimanche de 18h à minuit. Cantine et épicerie fine.

C'est avec le sourire que le patron de cette charmante épicerie fine installée en plein cœur du Suquet vous installera à une table pour déguster un verre, accompagné d'une assiette composée typiquement corse. Tous les produits proviennent directement de l'Île de Beauté et enchanteront vos papilles pour un moment gustatif ensoleillé aux saveurs de la Méditerranée. En boutique, vous trouverez tous les produits artisanaux qui font l'identité de la gastronomie corse, de la charcuterie, des fromages ainsi que d'autres spécialités à découvrir. À dopu, buon appetitu !

LE CHÂTELARD 1802

4, rue Meydanier
✆ 04 93 68 34 01
www.le-chatelard-1802.com/fr
Ouvert du lundi au samedi de 10h à 19h. Boutique en ligne.

L'histoire du Châtelard commence en 1802 avec une famille de producteur de père en fils. A la fin des années 1990, l'entreprise définit sa propre gamme de produits en se basant sur son histoire, son expérience, son amour pour la lavande et sa connaissance de cette plante emblématique. Retrouvez la gamme complète de ses produits (sachets senteurs, parfums, savons et eaux de toilette) dans la boutique. Des produits idéaux pour parfumer naturellement sa maison ou son linge mais également pour offrir. Possibilité de se faire livrer à domicile.

MARCHÉ FORVILLE

http://marcheforville.com/
Ouvert du mardi au dimanche de 7h à 13h. Parkings Forville et Suquet à proximité. 1 heure gratuite.

Ce marché authentique, historique et couvert se situe au pied du quartier historique du Suquet. Ici se dévoilent les étals de fruits, de légumes et de fleurs ainsi qu'un petit marché aux poissons. Tous les lundis, l'espace du marché est occupé par les antiquaires et les brocanteurs. Le reste de la semaine, c'est bien des produits frais que l'on y trouve. Dans tous les cas, les abords piétons de la rue Meynardier ou la proximité avec le littoral et le vieux village de Cannes permettent d'envisager une belle balade, avant ou après ses courses.

VIGNOBLE DE L'ABBAYE DE LÉRINS

Abbaye Notre-Dame-de-Lérins
✆ 04 92 99 54 32
excellencedelerins.com
Ouvert tous les jours de 10h30 à 12h et de 13h à 16h30. Boutique en ligne.

Ce vignoble s'étend sur plus de 8 hectares. La découverte de 5 micro-terroirs a permis d'adapter au mieux l'implantation des différents cépages, d'appliquer et de perpétuer la vinification parcellaire (méthode inventée par les moines cisterciens) qui permet d'affirmer l'identité du terroir et la singularité des crus. Des particularités que l'on retrouvent dans les 6 cuvées de l'Abbaye de Lérins pour lesquelles aucun herbicide n'est utilisé. Des cuvées d'exception.

CANNES JET LOCATION

110, boulevard du Midi
CANNES-LA-BOCCA
✆ 06 23 33 98 98
www.cannesjetlocation.com
Ouvert tous les jours de 9h à 19h. Prix variables disponibles sur le site Internet.

Seule base azuréenne de jet-skis située dans un port, la société saisonnière Cannes Jet Location propose à la location des scooters de mer accessibles avec ou sans permis. Les engins sont tous neufs, loués à titre individuel. Les équipes proposent des initiations de 20 minutes à 1h ainsi que des randonnées à la journée ou à la demi-journée encadrées par des moniteurs diplômés. Nouveauté à ne pas rater, le flyboard, un engin qui permet de se propulser aussi bien dans les airs que sous l'eau devrait séduire les amateurs de sensations fortes.

FUN PARACHUTE

110, boulevard du midi
✆ 06 26 59 10 77
http://funparachute.com
Ouvert tous les jours de 9h à 19h. Vol solo 45 €, vol double 90 €, vol triple 120 €. Durée 10 min.

Pour passer un moment amusant et fort en sensations, rien de tel que de monter dans les airs et de profiter de la magnifique vue sur le littoral tout en étant tiré par un bateau. Chez Fun Parachute, vous êtes en totale sécurité et assuré de passer un moment inoubliable : l'ascension dure 10 minutes et promet un instant de surprise et de fraîcheur à partager en famille ou entre amis jusqu'à 5 personnes, et même en solitaire pour les plus téméraires ! D'autres activités de jeux nautiques sont également proposées. Alors, vous embarquez ?

RIVAGE CROISIÈRE

20, quai Saint-Pierre
✆ 04 92 98 71 31
www.rivage-croisiere.com
Ouvert du lundi au samedi de 9h à 19h ; le dimanche de 9h à 17h. Renseignements par téléphone ou sur le site Internet.

À Cannes, le Rivage Croisière est un catamaran à voiles d'un genre nouveau et écologique avec un faible impact environnemental (grâce à ses moteurs Cummins de 400 CV, soutenus par des moteurs électriques servant aux sorties et aux entrées de port), qui rassemble sous sa voile l'innovation, le plaisir, le design et l'efficacité écologique. Avec lui, on peut s'offrir une croisière en baie de Cannes à la journée, demi-journée avec déjeuner, coucher de soleil, ou encore une sortie feux d'artifice... avec au programme : baignade, snorkeling, détente... Le rêve !

SPA DIANE BARRIÈRE

10, la Croisette
✆ 04 92 98 77 49
www.hotelsbarriere.com/fr/cannes/le-majestic/activites/le-spa-diane-barriere.html
Ouvert tous les jours de 10h à 19h. Espace sensoriel et espace fitness, cardio et musculation.

Dans un espace baigné de lumière vaste de 450 m² situé au dernier étage de l'hôtel Majestic Barrière, on s'offre une parenthèse de douceur entre les mains expertes de ces professionnels. Dans une ambiance design et urbaine, les soins prodigués ici sont signés Biologique Recherche et Ligne St Barth, deux marques expertes. L'espace fitness propose également un vaste choix d'activités encadrées par des entraîneurs spécialisés. Pour les habitués, profitez aussi des formules annuelles qui affichent des prix intéressants en devenant membre du Club.

THERMES MARINS DU RADISSON BLU

47, rue Georges-Clémenceau
✆ 04 92 99 50 10
http://thermes-marins-de-cannes.thalion.com/fr/institut-beaute-cannes-tel-0492995010/institut
Ouvert tous les jours de 9h à 19h.

Espace de thalassothérapie et spa dédié au bien-être du corps et de l'esprit, ce centre d'excellence offre luxe et volupté sur presque 3000 m² d'espaces design répartis sur plusieurs niveaux en fonction des soins choisis. Idéal pour se ressourcer et faire un break. Pour parfaire cette journée, le restaurant des termes propose un déjeuner diététique avec un repas composé d'ingrédients sains et cuits à la vapeur conçu pour restaurer et maintenir l'équilibre naturel de votre corps.

BAÔLI

50, Boulevard de la Croisette
✆ 04 93 43 03 43
baolicannes.com
Ouvert tous les jours à partir de mai de 20h à minuit. Fermeture annuelle fin octobre.

Splendide décoration tout en bois et canapés cosy dans les coins... La Baôli c'est un concept unique où se mêlent un restaurant, un bar et un club ! La carte allie une cuisine méditerranéenne raffinée aux notes asiatiques. Les *people* fréquentent l'endroit, véritable incontournable de la Côte d'Azur ! Temple des nuits cannoises et azuréennes, la musique est tendance et l'ambiance folle qui a fait la réputation du lieu promet des soirées magiques jusqu'au petit matin. Petit bémol : l'accueil du personnel à l'entrée qui peut être un peu froid.

LE CANNET ★★

L'Histoire du Cannet est liée à celle des Romains ayant la culture de l'olivier sur ce territoire alors appelé Olivetum. Le tracé de la voie romaine, la via Julia, est encore visible aujourd'hui et traverse les collines qui entourent le site planté d'oliviers centenaires. Par delà la baie cannoise, le panorama depuis la place Bellevue située dans le cœur historique du vieux Cannet s'ouvre sur les îles de Lérins et la corniche de l'Estérel. La rue Saint-Sauveur dans la vieille ville est bordée de galeries d'art, de petits restaurants et d'ateliers d'artistes. Vous pourrez y découvrir le musée dédié au peintre postimpressionniste Pierre Bonnard.

TAXIS CANNES

11-13, chemin de l'Industrie
✆ 04 93 99 27 27
www.taxi-cannes.net

Taxis officiels. Système de réservation 24h/24 et 7j/7. Visites de Cannes en taxi.

Que vous soyez congressistes, touristes ou professionnels, les 154 taxis officiels de la ville de Cannes proposent un accueil personnalisé afin de vous conduire partout sur la Côte d'Azur et alentours au départ de Cannes. La flotte de véhicules est composée de plus de cent cinquante véhicules de tous types pour votre confort et vos besoins. Dès votre appel, réservation par Internet ou sur l'application, la société contacte le taxi le plus proche de l'endroit où vous vous trouvez. La compagnie propose également divers circuits pour visiter Cannes en taxi.

MUSÉE BONNARD

16, boulevard Sadi Carnot ✆ 04 93 94 06 06
www.museebonnard.fr

Ouvert du mardi au dimanche. De 10h à 18h de début octobre à fin mai. De 10h à 20h de juin à septembre. Boutique.

Un musée unique au monde rend hommage au peintre Pierre Bonnard dans un bâtiment au label « Musée de France ». Les collections se déploient sur trois niveaux d'exposition répartis entre une villa Belle Époque et une extension au look contemporain qui réunit également de vastes espaces d'accueil, une boutique, une salle pédagogique, une salle de projection et une terrasse ouverte sur un beau jardin. Chaque salle est équipée de fiches permettant au visiteur d'appréhender les œuvres présentées, du mouvement Nabi à la construction d'un monde personnel et complexe.

ZENITUDE HÔTEL LE CANNET*** €€

5, rue de Cannes ✆ 04 93 94 72 72
www.zenitude-hotel-residences.com/fr_FR/residence/le-cannet/148

Ouvert toute l'année. 64 appartements. Restauration. Sauna. Salle de sport.

La touche de charme de ce ravissant hôtel a été donnée par un architecte et décorateur de cinéma qui a opté pour une douce atmosphère provençale. Les logements climatisés disposent tous d'un balcon, d'une kitchenette équipée, d'une salle de bain privative, d'un espace bureau et d'une télévision à écran plat. Le bar et le restaurant s'ouvrent sur un jardin paysager. Les équipements ne manquent pas : bibliothèque, salle de sport, solarium, terrain de pétanque et tables de ping-pong, piscine et sauna. Un lieu agréable où le personnel est attentionné et bienveillant.

OFFICE DE TOURISME DU CANNET

73, avenue du Campon ✆ 04 92 59 14 42
www.lecannet-tourisme.fr

Ouvert tous les jours de 9h à 12h30 et de 13h30 à 18h l'été ; lundi au vendredi de 9h à 12h30 et de 13h30 à 17h l'hiver.

L'équipe charmante vous donnera les informations nécessaires afin que votre séjour dans la commune se passe au mieux. Brochures gratuites en plusieurs langues. Un point info touristique est également disponible pour vous accueillir au boulevard Carnot. Que vous soyez en couple à la recherche d'adresses romantiques, en famille en quête de lieux ludiques, éducatifs, entre amis ou en groupe, vous y trouverez forcément des idées de sorties et de précieux conseils.

L'ATELIER JOSEPH €€

306, rue Saint-Sauveur
✆ 04 92 18 69 70

Ouvert toute l'année. Du mardi au samedi le midi et le soir ; le dimanche midi. Terrasse.

Idéalement situé sur la place Bellevue, avec vue imprenable sur la mer et la baie de Cannes, l'Atelier Joseph vous propose une carte créative, savoureuse et propice à l'évasion. On y déguste une burrata crémeuse, des raviolis à la daube provençale ou encore un Tartare de bœuf. Et pour terminer le repas sur une note sucrée, goûtez les desserts du chef. Que ce soit un tiramisu traditionnel ou un cheesecake aux fruits rouges, chacun y trouvera son bonheur. Et même avec tout cela, vous n'avez pas envie de bouger de chez vous ? L'Atelier Joseph livre à domicile !

LE BISTROT DES ANGES €€

Rue de l'Ouest ✆ 04 92 18 18 28
www.bruno-oger.com/fr/le-bistrot-des-anges.html

Ouvert tous les jours pour le déjeuner et du lundi au samedi pour le dîner. Terrasse. Vente à emporter. Animations.

Annexe de la Villa Archange de Bruno Oger, ce bistrot chic est à la portée de tous les fins gourmets. Ils sauront y apprécier une cuisine traditionnelle axée autour de plats sophistiqués. Et le succès est au rendez-vous grâce à des plats comme le thon mariné ail gingembre très exotique ou encore le risotto à la florentine. En dessert, on préfère vous laisser la surprise de découvrir le chariot des douceurs de Sylvain Mathy, champion de France des desserts 2002... Après le dîner, L'Ange bar qui jouxte le bistrot vous permet de prolonger la soirée autour d'un verre

BISTROT SAINT-SAUVEUR €€

87, rue Saint-Sauveur
✆ 04 93 94 42 03
www.bistrotsaintsauveur.fr

Ouvert tous les jours de 12h à 14h et de 19h à 22h sauf dimanche soir et lundi. Plat du jour : 15 €. Vente à emporter.

Claude Sutter, ancien Chef étoilé au restaurant À la Barrière à La Wantzenau dans les années 1990, redonne toute sa valeur à la cuisine de bistrot avec des plats intemporels et traditionnels très goûteux : pâté en croûte grande tradition et salade du marché, foie de canard poêlé, endive en vinaigrette à l'orange et pain d'épices, saumon rôti sur la peau et lentilles acidulées, joue de boeuf braisée en miroton, etc. La cave ouverte qui trône à l'entrée de la salle, riche en excellents crus, est l'autre excuse pour s'enticher de cette adresse.

CHEZ CLAUDE EX LOU MIEDJOU €€

5, rue des Orangers
✆ 04 93 46 99 03

Ouvert du lundi au vendredi le midi et le soir.

Ce petit restaurant niché au cœur du Cannet est un havre de douceur. L'accueil de Claude, la propriétaire des lieux, est adorable. Elle vous attable dans une ambiance intimiste pour vous servir une cuisine française d'inspiration provençale. Un choix qui se décline en trois par trois à l'ardoise (3 entrées, 3 plats, 3 desserts) et qui change tous les jours car la propriétaire ne travaille qu'avec des produits frais. Un gage de qualité dont on se délecte à chaque plat !

KASHIWA €€

12, boulevard Gambetta
✆ 07 49 45 58 88
https://restaurantkashiwa.wixsite.com/kashiwa

Ouvert du mercredi au dimanche de 12h à 14h30 et de 19h30 à 22h30. Chèque Restaurant. Terrasse. Vente à emporter.

À quelques pas du Vieux Cannet, cette adresse est une pure merveille pour les amateurs de cuisine japonaise authentique. Tenu par la famille Takasaki, ce restaurant installé dans un ancien atelier de tapissier possède une jolie salle intérieure décorée avec soin ainsi qu'une charmante petite terrasse où il fait bon se réfugier sous la pergola sur laquelle court une vigne grimpante. La carte fait le tour des principales spécialités japonaises : tempuras, donburis, sushis et makis, etc. Tout est parfait, des mets jusqu'à l'accueil, particulièrement souriant.

LA VILLA ARCHANGE €€€

Rue de l'Ouest ✆ 04 92 18 18 28
www.bruno-oger.com

Relais & Châteaux. Maître Restaurateur. Fermé dimanche - lundi. Chèque Restaurant. Vente à emporter. 2 étoiles Michelin.

La Villa Archange de Bruno Oger, imaginée dans un esprit de maison privée, est divisée en deux salons et s'ouvre sur une cour intérieure ombragée, pour les dîners d'été. Si vous êtes parmi les 26 privilégiés qui peuvent y prendre place, vous pourrez déguster des mets aussi savoureux que recherchés, sans oublier de prendre un dessert signé Sylvain Mathy. Vous l'aurez compris, vous êtes dans l'une des plus grandes tables de la Côte d'Azur et tout ici est forcément remarquable. 8 convives peuvent aussi être installés au cœur des cuisines pour un instant exceptionnel.

LE PALET FONDANT

19, boulevard Sadi Carnot
✆ 09 81 77 38 57
www.lacarte.com/10035/infos

Ouvert du mardi au samedi de 8h30 à 18h30. Ouvert le lundi de 0h30 à 16h. Terrasse. Boutique.

Face au musée du Bonnard, ce charmant salon de thé et chocolaterie répond aussi bien aux envies sucrées que salées. En terrasse ou dans la salle intérieure à l'ambiance cosy (banquettes couleur beige et chocolat), on y vient pour déguster toutes sortes de gourmandises : pâtisseries et douceurs (macarons, viennoiseries...) accompagnées d'un chocolat chaud maison ou d'un grand cru de thé (le choix est vaste) pour le petit déjeuner ou le goûter, tourtes, pâtes ou salades composées pour la pause déjeuner. On peut aussi se laisser tenter par la vitrine de chocolats.

MANDELIEU-LA-NAPOULE ★

Située à l'extrême ouest des Alpes-Maritimes, Mandelieu-la-Napoule se trouve aux portes du massif de l'Estérel. Deux châteaux remarquables sont présents sur la commune : le château de la Napoule (XIIe siècle), rénové et transformé au début du XXe siècle par le couple de millionnaires américains Henry et Marie Clew, et le château d'Agecroft (XXe siècle), construit en 1918 par Harry Leland de Langley, dans un style rappelant les manoirs écossais de son enfance. Ce château et son domaine sont aujourd'hui la propriété d'un village-vacances (le Domaine d'Agecroft). Au sud de la ville, le San Peyre, une colline d'origine volcanique domine le golfe.

Plage à Mandelieu-La Napoule.

OFFICE DE TOURISME DE MANDELIEU-LA-NAPOULE

806, avenue de Cannes
✆ 04 93 93 64 64
www.ot-mandelieu.fr

Ouvert du lundi au vendredi de 9h30 à 12h30 et de 14h à 17h. Juillet/Août : lundi au Samedi : 9h30-13h / 15h-18h.

Pour la qualité de ses prestations aux visiteurs, l'office de tourisme classé 4 étoiles a reçu les labels Tourisme & Handicap, Qualité Tourisme et Famille Plus. Possibilité de réaliser sur place tous types de prestation : réservations d'hébergements, formules tout compris, sélection d'activités et de loisirs en fonction de vos intérêts et de votre budget. Meilleurs plages, activités en famille, lieux où faire du sport, golf... Organiser votre séjour n'aura jamais été aussi simple !

CHÂTEAU DE LA NAPOULE

453, avenue Henri-Clews
✆ 04 93 49 95 05
www.chateau-lanapoule.com

Ouvert toute l'année. Gratuit jusqu'à 7 ans. Label Jardin remarquable. Accueil enfants. Restauration.

Haut lieu touristique de la Côte d'Azur, ce château, offrant une vue sans pareille sur la mer, fut la demeure des comtes de Villeneuve. Racheté à l'état de ruine en 1918 par Henry et Marie Clews, un couple d'artistes américains grands amateurs d'art, la bâtisse fut reconstruite dans un style néo-médiéval. Après 17 années de restauration, le château de la Napoule avec ses tours est redevenu un véritable lieu d'exception, un joyau du patrimoine dédié à la promotion de l'art et des échanges culturels internationaux. Baptisé le Clews Center for the Arts, le lieu s'emploie aujourd'hui à soutenir et inspirer les talents et la création artistique. Les jardins à la française y sont magnifiques et couvrent pas moins de 3 hectares de terrain, alors aménagés autour d'une grande allée centrale qui donne accès à des petits espaces de styles italien, vénitien ou anglais. Entre un petit pont, des bassins et des parterres fleuris, on déambule dans ce labyrinthe de verdure, hors du tumulte de la ville. Le parc accueille des expositions temporaires et a d'ailleurs obtenu le label national « Jardin Remarquable ». Enfin, le restaurant situé sur les remparts surplombant la mer est ouvert d'avril à mi-septembre tous les jours pour le déjeuner : les formules offrant un excellent rapport qualité prix, il est recommandé de réserver. L'après-midi, le site devient salon de thé. Reste qu'une balade digestive en bord de mer face à la baie de Cannes viendra clore une journée placée sous le signe de la culture et de la gourmandise de manière exceptionnelle.

HÔTEL LA CORNICHE D'OR** €

Place de la Fontaine ✆ 04 93 49 92 51
www.cornichedor.com/l-h%C3%B4tel/

Ouvert toute l'année. Chambre double à partir de 69 €. Chèque Vacances. Animaux acceptés (10 €). Bar.

Au cœur du village de la Napoule, cet hôtel de charme se situe sur une petite place typiquement méditerranéenne, à seulement quelques minutes à pied des plages et du port. Chacune des chambres arborent un décor à la fois provençal et contemporain et disposent au minimum d'un balcon ou d'une terrasse privative offrant un panorama sur les alentours. Le restaurant-pizzeria «Le Papounet» propose des plats simples mais élaborés. Aux beaux jours, vous pourrez vous installer sur la terrasse «Le Lounge d'Or» pour le petit-déjeuner ou vous désaltérer en fin d'après-midi.

CAMPING PLATEAU DES CHASSES*** €€

1198, rue Jean Monnet
✆ 04 92 97 23 92
www.campingduplateaudeschasses.fr
Fermé d´octobre à mars. Jeux pour enfants. Restauration. Tennis de table. Animations.

Pour des vacances artistiques au cœur de la nature, c'est ici que ça se passe ! Ici, l'art est omniprésent au milieu d'une belle végétation. De nombreuses animations sauront égayer les journées ensoleillées. Si l'envie de vous baigner se fait sentir, vous pourrez profiter de la belle piscine. Toute la journée, un service de restauration est possible. Un très bel endroit pour passer des vacances différentes sur la Côte d'Azur, tout en étant à quelques minutes de la mer !

LES CIGALES**** €€

505, avenue de la Mer ✆ 06 77 01 01 61
www.lescigales.com
Ouvert toute l'année. Terrain de 2 ha. 115 emplacements. Jeux pour enfants. Animaux acceptés. Aire pour camping-cars.

Ce superbe camping familial tout confort de 2 hectares est situé à moins d'un kilomètre des plages et du centre-ville. Il comprend des emplacements ombragés, avec des mobile-homes dotés de terrasse et des studios. Il dispose d'une piscine avec lagon enfant et solarium avec transats (chauffée au printemps et à l'automne), deux aires de jeux pour les petits avec toboggan et balançoire, un espace de street-basket et des tables de ping-pong. À noter également un appontement bateau dans le port privé et pour les adeptes, pêche à la ligne depuis les berges de la Siagne.

LES SUITES DE ROBINSON**** €€

778, avenue de la Mer ✆ 06 74 02 74 73
https://les-suites-de-robinson.fr
Ouvert toute l'année. 36 chambres (appartements 2 et 3 pièces et studios). Studio de 80 € à 100 €.

Un nouvel élan est insufflé grâce à la rénovation de cette résidence hôtelière, située en plein cœur d'un somptueux jardin à proximité d'un parcours de golf, d'une rivière et à seulement 900 m des plages. Elle est composée d'un bâtiment de style contemporain et d'un autre à l'allure plus provençale. Les appartements sont agréablement décorés et disposent d'une cuisine entièrement équipée et d'une terrasse ou un balcon. Le farniente peut se prolonger sur les transats au bord de la piscine (refaite à neuf). De nombreuses activités sont disponibles au départ du site.

CASAROSE**** €€€

780, avenue de la mer
https://hotelcasarose.fr/
Ouvert toute l'année. 56 chambres. Restauration.

Le golf park hôtel devient le Casarose. Situé à moins de 400 m de la plage, et voisin du Golf Old Course, l'établissement 4 étoiles s'offre une nouvelle jeunesse dans un style mixant Californie rétro et colorée aux codes plus classiques des beaux hôtels de la French Riviera des sixties. Une rénovation complétée dans les années à suivre par diverses extensions. Un look vintage élaboré et une ambiance à la fois chic et cool, le tout dans un immense parc paysager en bordure de la Siagne. A ses 56 chambres et suites dernier cri, s'ajoutent un restaurant et une piscine.

ERMITAGE DE L'OASIS**** €€€

3300, avenue de Fréjus ✆ 04 93 49 42 41
www.domainedebarbossi.fr/hotel-ermitage-de-loasis/
Ouvert toute l'année.

Face à la baie de Cannes et aux Iles de Lérins, l'hôtel est une halte chic depuis sa création en 1958. Après une année de rénovation, la bastide ouvre ses portes et offre 3 nouvelles chambres, 1 suite avec terrasse vue mer, une piscine chauffée et la création d'un espace fitness. Avis aux amateurs d'art, une palette d'œuvres est à découvrir au détour d'un couloir et jusqu'à l'ombre des pins de ses jardins. Les férus de golf y trouveront également leur bonheur puisque la maison est partenaire du Riviera Golf de Barbossi, situé à quelques minutes de l'hôtel.

L'ÎLOT DU GOLF**** €€€

681, Avenue de la Mer
✆ 04 22 46 19 04
http://ilotdugolf.fr/
Ouvert toute l'année. Bain bouillonnant, sauna, piscine, bar, terrasse, ponton privatif. Restaurant.

Après deux ans de travaux, l'Îlot du Golf, hôtel 4 étoiles franchisé Best Western Premier Collection ouvre ses portes en lieu et place de l'Acadia. Bénéficiant d'un emplacement de choix, entre terrains de golf et mer, en bord de Siagne, il est accessible en bateau. Entre tradition et modernité, il propose à ses visiteurs 41 chambres et suites élégantes et raffinées ainsi qu'un jardin structuré et une piscine invitant au farniente. Des prestations haut de gamme auxquelles s'ajoute un restaurant faisant la part belle aux recettes locales dans un cadre magnifique.

PULLMAN CANNES MANDELIEU ROYAL CASINO**** €€€

605, avenue du Général-De-Gaulle
✆ 04 92 97 70 00
pullman-mandelieu.com

Ouvert toute l'année. 213 chambres. Animaux acceptés. Restauration. Piscine. Plage privée. Bar, discothèque. Fitness.

Les pieds dans l'eau, face à la baie de Cannes, cet hôtel Pullmann est idéalement situé. L'établissement réinvente ici les standards de l'hôtellerie haut de gamme. Ce resort moderne et contemporain met à votre disposition des chambres qui disposent d'une terrasse privative et vous offrira un panorama exceptionnel sur la Méditerranée ou le golf. Le lieu dispose également de bars, restaurants, discothèque, casino, salles de conférences et réunions et 1 500 m² d'espaces modulable.

LA MANDARINE €

18, rue de la Poste
✆ 04 93 49 98 83

Ouvert toute l'année. Du jeudi au mardi le midi et le soir. Menus de 24,50 € à 29,50 €. Vente à emporter.

La devanture originale de ce restaurant invite les curieux à pousser la porte. Une fois à l'intérieur, on découvre une petite salle *cosy* et chaleureuse dont l'accueil sympathique ne peut que ravir la clientèle. Les suggestions de saison changent toutes les deux semaines. La carte propose une cuisine internationale à base de plats de viande et de poisson plus alléchants les uns que les autres ! Mais ce sont surtout les spare-ribs qu'il faut goûter : véritables spécialités, ces « vrais travers de porc » accompagnés de frites et sauces sont incontournables.

QUAI 06 €

161, rue Yves Brayer ✆ 04 92 59 21 92
www.restaurant-quai06.fr

Ouvert du mardi au jeudi de 12h à 14h et de 19h à 22h ; le vendredi et le samedi de 12h à 14h et de 19h à 22h30.

Avec sa déco urbaine et sa carte de type steak house, Quai 06 nous transporte aux États-Unis. Les saveurs nord-américaines raviront les carnivores : burger, viandes grillées, ribs... Mais aussi des salades, pizzas et pâtes. Tout est fait maison. Côté desserts : cheese cake, muffins et donuts sont au rendez-vous. Les samedis soir sont animés quand le restaurant organise des soirées à thèmes. Pour les fans de sports, tous les matchs sont rediffusés avec une formule sympathique à découvrir. Le Quai 06 propose aussi une privatisation pour tous vos événements.

L'ARBRE JAUNE €€

802, avenue des Amazones ✆ 04 86 11 92 14
www.domainedebarbossi.fr/

Ouvert toute l'année. Tous les jours de 12h à 14h30. Vente à emporter : tous les jours de 10h à 16h. Terrasse.

Pas besoin d'être golfeur pour déjeuner au restaurant du Riviera golf de Barbossi. Hors saison, installez-vous dans la magnifique salle et dès les beaux jours profitez de la terrasse panoramique qui fait face au plan d'eau et aux majestueuses roches rouges de l'Estérel. A quelques pas du centre-ville, goûtez une cuisine traditionnelle concoctée par le chef Richard Vicens, accompagnée des vins du domaine Barbossi, produits sur les vignes qui jouxtent le parcours de golf. Cette petite pause hors du temps vous redonnera force et énergie pour continuer votre journée.

LE BISTROT DE L'OASIS €€

26, avenue Henry Clews
✆ 04 93 49 95 52
www.domainedebarbossi.fr

Ouvert du mardi au samedi 12h-14h et 19h-21h30. Dimanche de 12h à 14h. Parking. Une maison signée Collection Barbossi.

Le Bistrot de l'Oasis, cette table traditionnelle installée au cœur de l'hôtel Ermitage de l'Oasis****, face à la Méditerranée, offre un panorama d'exception. Cet établissement se réinvente romantique et luxueux. Quant à la cuisine du chef Richard Vicens, elle est finement élaborée avec les produits du terroir. Ces petits plats méditerranéens vous feront frétiller les papilles. L'équipe se fera une joie de vous accueillir et de partager avec vous sa passion et son savoir-faire. Petit plus, vous pouvez amarrer votre bateau pour venir vous restaurer au bistrot.

LE BISTROT DE LA RAGUE €€

3, port de la Rague
✆ 04 93 49 93 48
www.lebistrotdelarague.com/

Ouvert toute l'année. Le lundi, le mardi et le jeudi de 9h à 17h ; du vendredi au dimanche de 9h à 0h. Terrasse.

Idéalement situé entre la mer et les collines du parc de l'Esterel, le bistrot de la Rague vous accueille dans une ambiance chaleureuse. Cet établissement vous propose des plats composés, selon la saison, avec des produits frais de qualité. Le menu oscille entre terre et mer, à vous de choisir. Un tartare de saumon ou une côte de bœuf, sans oublier la douceur du coulant au chocolat, il y en a pour tous les goûts. L'accueil est convivial et souriant, et les maîtres des lieux mettent tout en œuvre pour vous faire passer un moment d'exception dans un cadre idyllique.

LA CH'TI ALSACE €€

244, rue Jean-Monnet
✆ 04 93 93 06 34
https://lachtialsace.eatbu.com/?lang=fr#home
Ouvert toute l'année. Du mardi au samedi de 9h à 16h et de 19h à 23h ; le dimanche de 9h à 16h. Terrasse. Wi-fi gratuit.

La Ch'ti Alsace vous propose un mélange de cultures culinaires régionales, alsacienne et nordiste. À la carte, vous sont proposés des plats typiques comme la choucroute ou la flammekueche pour l'alsace ou encore le poulet au maroilles et le welsh royal pour le ch'nord. Ainsi que, les moules frites avec quatre sauces. Terminez en douceur avec la tarte au chuc... une tarte au sucre, bien sûr ! Le restaurant propose aussi une privatisation pour vos événements. N'attendez plus pour aller déguster de la bonne cuisine dans une ambiance des plus chaleureuse.

L'UCCELLO €€

217, rue Laurent-Gandolphe
✆ 04 93 49 66 18
www.restaurant-luccello.com/
Ouvert tous les jours le midi et le soir. Terrasse. Service traiteur et chef à domicile. A emporter.

La terrasse bordée de touches végétales et la grande salle lumineuse vous accueillent tous les jours pour vos pauses repas. Vous goûterez à une cuisine aux influences multiples : large choix de pizzas et focaccias, pâtes fraîches, tajines, woks… Vous trouverez également à la carte des plats plus élaborés tels que le filet de St Pierre sauce crémée, romarin et tomates confites., véritables ou encore les petits farcis niçois. Une adresse contemporaine se trouve juste à côté du centre vivant de Mandelieu, son office de tourisme et son Centre expo congrès.

PLAGES DES ÎLES €€

Port de la Rague ✆ 04 93 93 34 94
www.plage-des-iles-restaurant-mandelieu-la-napoule.com/
Fermé de novembre à mars. Haute saison : ouvert tous les jours de 9h à 20h. Transat à la journée à partir de 16 €.

L'endroit qu'il vous faut pour un beau repas les pieds en bord de mer ! Le cadre agréable face à la Méditerranée est là pour vous procurer de magnifiques instants de détente et le personnel attentionné vous y aidera. Salades fraîches, tartare de saumon ou encore carpaccio : la cuisine délicieusement simple saura vous combler entre deux bains. Pour la digestion, l'espace transat vous assure une sieste au calme, les pieds dans l'eau, à écouter le bruit des vagues. Pour couronner le tout, la déco zen est totalement en phase avec la beauté naturelle du site.

ROYAL BAY RESTAURANT & TERRASSE €€

605, avenue du général-de-Gaulle
✆ 04 92 97 70 20
www.pullman-mandelieu.com/restaurants-bars/royal-bay
Ouvert toute l'année de 7h30 à 22h30. Réservation recommandée. Terrasse. Voiturier.

Le Royal Bay : c'est le restaurant incontournable du petit-déjeuner. Situé en rez de plage, vous pourrez profiter d'un copieux buffet en terrasse avec une vue mer panoramique à couper le souffle ! Idéal pour se lever du bon pied et parce qu'on dit que le petit déjeuner est le repas le plus important de la journée, le Royal Bay met le paquet dès le lever du soleil. Accueil aimable et souriant, service aux petits soins... Quand on vous dit que la journée commence bien !

LA VOILE BLEUE DU BISTROT DU PORT €€

4, avenue Henry-Clews ✆ 04 93 49 80 60
lavoilebleue-mandelieu.fr/fr
Ouvert tous les jours de 9h à 22h. Service non-stop en juillet août. Terrasse intérieure et extérieure. Animaux acceptés.

En plein cœur du port, cet établissement, bénéficiant d'une terrasse panoramique sur la promenade au-dessus du restaurant, rend un bel hommage à la grande bleue grâce à sa décoration aux couleurs marines et sa carte dédiée aux produits de la mer. En terrasse, sous la véranda avec vue sur les yachts amarrés, ou encore confortablement installés en salle, vous dégusterez une cuisine destinée aux amateurs de poissons, crustacés et fruits de mer. L'accueil est chaleureux et l'équipe rodée.

LE VOILIER €€

4, avenue Henry-Clews
✆ 04 93 49 56 00
https://levoilier-mandelieu.fr/fr
Ouvert toute l'année. Tous les jours le midi et le soir. Terrasse. Vente à emporter. Livraison.

Le Voilier propose un environnement soft, lounge et contemporain, avec vue imprenable sur le port. Vous pourrez découvrir la carte très variée composée de produits frais. Cette carte oscille entre terre et mer et vous offre un large choix de viandes, poissons, pâtes, salades savoureuses, pizzas maison, burgers copieux et autres mets délicieux. Le tout aux notes méditerranéennes. Quant aux douceurs, vous aurez le choix entre glace, crêpe et autres gourmandises. N'attendez plus pour venir déguster la cuisine du Sud dans un cadre paisible.

LA BOUTIQUE DE L'OASIS

6, Rue Jean Honoré Carle ✆ 04 93 49 42 41
www.domainedebarbossi.fr/la-boutique/
Ouvert du mardi au samedi de 08h00 à 13h00 et de 15h00 à 19h00, le dimanche de 08h00 à 13h00.

Attenant au restaurant éponyme, c'est une adresse de choix pour gourmets et gourmands. On y trouve un grand choix de pains maison, chocolats, pâtisseries, petits fours et divers entremets. L'espace épicerie fine expose caviar, saumon fumé et taramas de la Maison Nordique, beurres Bordier, charcuterie ibérique Bellota-Bellota ou encore de belles saveurs artisanales cultivées sur les terres du Domaine de Barbossi sont à découvrir et apprécier. Pour parfaire l'alliance, la cave de L'Oasis offre un tour d'horizon des vignobles français à la découverte de jeunes talents comme de grandes étiquettes.

DU MOULIN AU CHÂTEAU

467, avenue de la Mer ✆ 04 93 49 94 24
www.cave-mandelieu.com
Ouvert du mardi au samedi de 9h à 13h et de 14h30 à 17h45. Ouvert le dimanche (9h à 13h). Dégustation gratuite.

C'est une adresse incontournable pour tous les amateurs de bons vins. Vous trouverez près de 700 références de vins provenant de toutes les régions françaises ainsi que des crus des pays étrangers. Spécialisé dans les vins rares et les vieux millésimes, cet établissement propose également une large gamme de champagnes (magnums, jéroboams, mathusalems) les plus prestigieux dont le fameux Dom Pérignon ainsi qu'une belle collection de spiritueux avec 85 références de rhums, 70 whiskys, Calvados de Normandie trois ans d'âge, des eaux de vie d'Alsace ou encore gins.

BATEAU ANNETT

678, avenue de la Mer
✆ 06 08 26 27 78
www.nageaveclesdauphins.com
Réservation vivement conseillée. Pêcheur 285 € (accompagnateur 206 €). Nager avec les dauphins 210 € la demi-journée.

Montez à bord du bateau Annett pour une demi-journée ou une journée complète et partez à la découverte des bancs de dauphins du sanctuaire Pelagos repérés en amont par avion. Vous pourrez descendre dans l'eau pour nager avec les cétacés. La compagnie organise également des sorties de pêche au gros et des safaris photo pour les personnes désirant rencontrer et photographier les animaux sans se mettre à l'eau : dauphins, baleines, tortues, raies, globicéphales, poissons-lunes… Toute la richesse de la faune méditerranéenne s'offre à vous !

CENTRE DE PLONGÉE DE LA RAGUE

Rue du capitaine de corvette Marche
✆ 04 93 49 74 33
www.centre-plongee-rague.com
Ouvert tous les jours de 8h à 20h. Location matériel. Labellisés « Famille Plus » - tarif préférentiel. Chèque Vacances.

Géré depuis 2009 par Franco Marrone, directeur de plongée et gérant du Centre, épaulé par les moniteurs professionnels du centre, ce centre accueille des débutants ou plongeurs confirmés à bord du *D'Artagnan* (30 plongeurs) et de *L'Aramis*. Randonnée palmée et terre-mer, baptême de plongée, plongée d'exploration, etc. Il y en a pour toutes les bourses et les envies (tarifs dégressifs). La devise du centre : « la plongée en toute sécurité dans une ambiance conviviale et familiale ».

COMPAGNIE MARITIME NAPOULOISE

Port La Napoule
✆ 04 92 98 71 31
www.compagnie-maritime-napouloise.com
Traversée et sortie en catamaran demi-journée ou journée entière plusieurs formules proposées. Tarifs sur le site web.

Dès les beaux jours, la compagnie organise régulièrement au départ du port de La Napoule ou de Théoule-sur-Mer des sorties en mer vers la Corniche d'Or pour y découvrir les superbes criques rouges du massif de l'Estérel et des Maures ou vers l'île Saint-Marguerite, la plus grande des îles de Lérins dans la baie de Cannes. D'autres excursions sont également possible vers Monaco et Saint-Tropez. Des excursions sont aussi organisées pour assister aux feux d'artifices pyromélodiques..

GOLF OLD COURSE

Route du Golf
✆ 04 92 97 32 00
www.golfoldcourse.fr
Ouvert toute l'année. De 7h à 20h. Vestiaire gardé. Restauration. Boutique.

Le golf de Cannes-Mandelieu est le plus ancien du département. Le golf a été créé en 1891 sous l'impulsion du Grand Duc Michel de Russie. L'endroit était idéal, le 18-trous, un par 71 de 5749 m, bénéficie d'une grande notoriété à l'international. Il est composé de beaux links, de larges fairways et de greens ondulés qui apportent du stress dans un lieu de quiétude. Dans ce magnifique décor, le club-house ne dénature pas, c'est peut-être même le clou du spectacle, il renferme un restaurant ouvert pour vos déjeuners, un bar, ainsi qu'un pro-shop.

MANDELIEU FUN SPORT

Avenue du Général-De-Gaulle ✆ 06 15 78 28 63
www.mandelieu-fun-sport.fr
Ouvert toute l'année. Tous les jours à partir de 8h et à partir de 19h. Activités nautiques, Leçons et initiations

Cette base nautique propose des sorties individuelles ou en famille en, jet ski, ski nautique, paddle wake board, wake surf ou bouée tractée (une séance de 15 minutes peut accueillir trois à six personnes). De la simple promenade au cours de perfectionnement pour tous les âges, il y en a pour tous les goûts. Des stages sont également organisés à la demi-journée, et ce, même pour les plus jeunes. Des packs comprenant plusieurs activités sont également proposés aux plus indécis. Prêt à rejoindre l'équipe de professionnels jeune et dynamique sur le ponton ?

RIVIERA GOLF DE BARBOSSI

802, avenue des Amazones
✆ 04 92 97 49 49
www.domainedebarbossi.fr/riviera-golf
Ouvert toute l'année. De 8h à 18h30. Restauration. Boutique. Green Fee : 18 trous de 90€

Situé dans un magnifique environnement naturel composé de pins parasols, de mimosas et de lacs, ce golf de 18 trous conçu sur les premiers contreforts de l'Estérel par l'architecte américain Robert Trent Jones Sr offre une distance totale de 5 461 m. Le parcours vallonné est plutôt technique, et requiert une grande habileté. Il est agrémenté de quelques difficultés qui feront la joie des golfeurs qualifiés. Un restaurant, avec une merveilleuse terrasse qui s'ouvre sur le green, vous attend pour vous revigorer avant ou après votre parcours.

PULLMAN CANNES MANDELIEU ROYAL CASINO

605, avenue du Général-De-Gaulle
✆ 04 92 97 70 00
pullman-mandelieu.com
Ouvert 7j/7 de 10h à 4h (jusqu'à 5h en haute saison). Parking gratuit. Service bar. Terrasse.

Salle de poker, tables de jeux, machines à sous, le Royal Casino offre un espace de jeux et de divertissements les pieds dans l'eau. Au cœur de cet établissement, découvrez également tout au long de l'année des animations et des rendez-vous conviviaux et chaleureux : buffets magiques, dîners-concerts, apéritifs tapas et bulles du monde, spectacles coquins impromptus, chocolats gourmands à l'italienne, tournois de poker… Ici, vous serez surpris et conquis !

SAINT-LAURENT-DU-VAR ★★

À mi-chemin entre Cannes et Monaco, Saint-Laurent-du-Var attire moins les regards que ses voisines (Nice à l'est et Cagnes-sur-Mer à l'ouest)… Et pourtant, elle possède les atouts d'une ville moderne et d'un vieux village, couplés à un panel de plaisirs nautiques.

Ancienne frontière naturelle du comté de Nice jusqu'en 1860, la ville était le poste-frontière entre la France et le royaume sarde. La traversée du Var s'effectuait souvent à gué lorsque les eaux étaient basses. Le pont de bois qui permettait de traverser le fleuve fut souvent emporté par les eaux ou démoli pendant les guerres. Ce n'est qu'après 1860 qu'un pont de pierre fut construit, permettant le passage de la route et de la voie ferrée côte à côte. La ville, très atteinte par les bombardements de 1943 et 1944, a été reconstruite en grande partie mais de nombreux monuments de l'ancienne ville demeurent, comme l'église de style roman provençal place Castillon, reconstruite au XIIe siècle puis remaniée au XVIe siècle, et ses vieilles rues caractéristiques alentour.

Ne manquez donc pas la visite de la vieille ville. Mais comme toute ville en bord de mer, le port de Saint-Laurent a été bien aménagé pour vous recevoir, tout comme la promenade des Flots bleus. Avec leurs innombrables restaurants et bars, ces deux endroits touristiques constituent le pôle d'animation diurne (avec une belle plage de sable) et nocturne de la commune avec, en point d'orgue, le centre commercial de Cap 3000 qui a fait peau neuve pour dévoiler ses nombreux charmes en bord de mer.

Faune et Flore

Saint-Laurent possède un admirable endroit pour admirer de nombreuses espèces animales. Surnommée la petite Camargue laurentine, cette réserve ornithologique naturelle est située à l'embouchure du Var, entre le centre commercial Cap 3000 et l'aéroport de Nice-Côte d'Azur. Lieu de passage privilégié des oiseaux migrateurs, on y accède librement en garant son véhicule sur le parking du centre commercial. Dans ce site classé réserve naturelle et inscrit au réseau Natura 2000, on recense plus de 260 espèces d'oiseaux soit près de la moitié de celles présentes en Europe. Cette richesse s'explique par la situation géographique particulière de cet estuaire de la Méditerranée (au débouché d'une voie de pénétration dans le massif alpin) mais aussi par la diversité des habitats naturels avec des marécages et des îlots de sable.

Vous y rencontrez donc de nombreux oiseaux migrateurs et aquatiques : les petits gravelots, les chevaliers, les bécassines des marais, les hérons cendrés ou encore des aigrettes garzettes, des flamants roses... Ne pas oublier ses jumelles pour partir à la découverte de cette «promenade verte», même si elle est agrémentée le long du parcours de panneaux en bois indiquant les noms et les principales caractéristiques des oiseaux à observer.
En plus de ces oiseaux, vous risquez également de rencontrer beaucoup de canidés... ou de bipèdes ! En effet, l'espace est très bien aménagé et de nombreux promeneurs viennent ici avec leurs animaux de compagnie, ou simplement pour se balader.

BUREAU D'INFORMATION TOURISTIQUE

1819, route du bord de mer
✆ 04 93 31 31 21
www.tourisme-saintlaurentduvar.com
Ouvert toute l'année. Juillet et août : tous les jours de 9h à 19h.

Situé sur le port de plaisance, le Bureau d'Information Touristique (ex Office de Tourisme) a obtenu la Marque Qualité tourisme en 2013. Classé en catégorie I, il est aussi labellisé Tourisme et handicap pour les 4 handicaps et Famille Plus Mer. La ville s'attache également au bien-être des enfants : elle est à ce titre labellisée « Famille Plus destination Mer » (3 à 12 ans). Les possibilités de distraction dans cette ville sont telles que quelques bons renseignements s'imposent !

TOGETHER RESTAURANT €

Avenue Eugène Donadei ✆ 04 93 89 38 21
www.cap3000.com/restaurants/together
Ouvert toute l'année. Tous les jours le midi et le soir. Carte : 20 € environ. Terrasse. Vente à emporter.

Le centre commercial Cap 3000 s'est agrandi, apportant avec lui son lot de nouveautés, parmi lesquelles ce restaurant snack lumineux (appartenant à la marque de surf Roxy) dont le concept est simple : proposer une restauration rapide latino-américaine de qualité, saine mais généreuse, conçue avec des produits locaux de saison dans un souci environnemental permanent. Pour le petit déjeuner, le déjeuner ou le goûter, le choix n'est pas vaste mais entièrement maison. C'est bon et à un prix abordable. Idéal pour faire une petite pause gourmande durant votre shopping.

LE BISTROT DE NICOLAS €

21, Rue de l'Ancien Pont ✆ 09 61 61 00 38
lebistrotdenicolas.fr
Ouvert du mardi au samedi le midi et le soir. Plat du jour : 13 €. Carte : 30 € environ.

Située dans le centre de Saint-Laurent, le Bistrot de Nicolas fait partie de ces adresses où le soleil est partout, de l'assiette jusqu'à l'accueil souriant et chaleureux. On se régale d'une cuisine généreuse du sud qui varie en fonction des saisons : viandes, poissons, légumes croquants et autres spécialités méditerranéennes. Tout est fait maison à base de bons produits, de l'entrée au dessert. Et quels desserts, d'ailleurs : toujours très créatifs et colorés, on a vraiment adoré ! Une cuisine qui se veut résolument ensoleillée !

LA BUSCA €

635, avenue du Général de Gaulle
✆ 04 93 07 46 95
www.labusca.fr
Ouvert toute l'année. Du mardi au samedi le midi et le soir. Carte : 15 € environ (pour un plat). Terrasse.

La Busca est un très bon établissement de quartier, qui gagne à être connu ! Dès l'arrivée, le dynamisme et la bonne humeur des serveurs vous mettront à l'aise, et l'on se surprend très vite à blaguer avec tout le monde. La convivialité est donc de mise, jusque dans l'assiette. Au choix, vous pourrez déguster de très belles pizzas, de copieux tartares mais aussi de délicieuses suggestions quotidiennes. Personnellement, on a adoré les petits farcis niçois. Veillez tout de même à garder un peu de place pour les desserts, copieux eux aussi !

CRÊPERIE LA GOURMANDISE €

56, Quai la Pérouse
✆ 04 93 07 00 32
creperie-lagourmandise.com/site1
Ouvert tous les jours le midi et le soir. Non-stop. Carte : 20 € environ. Accueil des groupes. Terrasse.

On ne prévoit pas forcément de déguster une crêpe lorsqu'on visite la Côte d'Azur, alors voici une bonne raison de le faire : La Gourmandise. Cette grande crêperie dispose de locaux flambant neufs et d'une décoration épurée suite à une réhabilitation. L'équipe chaleureuse et à l'écoute vous fait découvrir de succulentes galettes bretonnes, crêpes, wraps et crêpes sucrées. Il y en a pour tous les goûts et pour tous les appétits ; la crêpe salée Obélix en atteste ! Un très bon rapport qualité/prix où il fait bon prendre le soleil en terrasse.

LE KASHMIR €

167, promenade des Flots-Bleus
✆ 04 92 27 04 15
www.restaurantlekashmir.com
Ouvert toute l'année. Tous les jours le midi et le soir. Carte : 20 € environ (plat + dessert). Terrasse.

Fort de son succès, ce restaurant indien possède deux adresses : l'une au port de Saint-Laurent et l'autre sur la promenade des Flots-Bleus. Les deux établissements ont été refaits à neuf pour accueillir tous les habitués. Les serveurs vous réservent un accueil chaleureux et attentionné. La carte est complète et toutes les spécialités indiennes imaginables vous seront servies. On apprécie aussi toutes les options végétariennes. Cet endroit possède un rapport qualité-prix tout simplement imbattable. En plus, l'apéritif maison est offert !

SIRTAKI DILAN €

18, port de Saint-Laurent du Var
✆ 04 93 07 51 97
Ouvert toute l'année. Du mardi au dimanche le midi et le soir. Réservation recommandée. Carte : 25 € environ.

Rénové suite à la réhabilitation des commerces et restaurants du port, Le Dilan n'a pas perdu ce qui faisait sa spécificité : un espace minuscule au service d'une cuisine grecque majuscule. Heureusement, la terrasse permet de déguster les mezzés, salades, viandes, volailles et autres poissons au soleil le midi. Les saveurs et parfums du berceau de la civilisation occidentale sont bien au rendez-vous ; on se régale et on aime revenir pour tester de nouveaux plats. Le Dilan et son propriétaire attachant confirment que l'habit ne fait pas le moine. À tester.

LE BAYSIDE €€

167, Promenade des flots bleus
✆ 04 93 89 27 57
Ouvert toute l'année. Du lundi au samedi le midi et le soir ; le dimanche midi. Carte : 25 € environ. Terrasse.

Parmi les innombrables restaurants de la promenade des flots bleus, le Bayside fait figure de coup de cœur. Ce n'est pas tant pour la terrasse ou la vue mer, évidemment agréables, que l'on aime venir dans ce petit établissement, mais bien pour l'accueil souriant, le service professionnel et la cuisine familiale constituée de spécialités niçoises, françaises et méditerranéennes joliment dressées dans nos assiettes. L'arrivage quotidien de poissons et de crustacés frais sont le cerise sur le gâteau. De la simplicité au service d'une grande qualité.

BEACH CLUB €€

2, promenade des Flots-Bleus
✆ 04 92 12 95 53
Du lundi au samedi de 9h à 23h ; le dimanche de 9h à 18h. Réservation recommandée. Carte : 30 € environ. Terrasse.

L'unique plage de sable fin de Saint-Laurent-du-Var sert de décor à cet élégant restaurant situé au début de la promenade des Flots Bleus. On y déjeune et on y dîne à ciel ouvert avec vue sur la mer. La carte du nouveau chef privilégie les produits frais et comblent tous les goûts en déclinant avec originalité des spécialités de viandes, de pâtes et de poisson. Les enfants et les gourmands ne sont oubliés avec un joli choix de desserts variés et un délicat café gourmand. Côté plage, les transats posés sur le sable attendent en saison les amateurs de farniente.

BISTRO QUAI €€

Port de Saint Laurent-du-Var
✆ 04 93 26 48 83
Maître Restaurateur. Ouvert toute l'année. Du mardi au samedi le midi et le soir. Carte : 30 € environ. Terrasse.

Cet établissement a tout pour plaire, de l'accueil attentif et souriant à la qualité des mets qui célèbrent une cuisine de tradition, teintée d'une touche créative goûteuse et bien sentie. Le cadre contemporain ponctué de marron-crème reflète l'esprit d'un bistro élégant fréquenté par une clientèle fidèle. Le dressage des assiettes met bien en valeur la cuisine maison judicieusement accompagnée de vins bio. Face au port de plaisance de Saint-Laurent-du-Var, ce bistro (ou troquet, selon votre goût) est un brin bruyant mais réellement brillant.

LA CANTINE D'OLIVE €€

65, port de Plaisance
✆ 04 97 19 40 41
Ouvert toute l'année. Tous les jours sauf dimanche soir et lundi toute la journée. Bar à vin. Carte : 27 € environ.

La Cantine d'Olive séduit déjà par son accueil convivial et chaleureux. Le plaisir continue avec d'appétissantes suggestions de viandes, de poissons et de spécialités méditerranéennes dont les noms font saliver les papilles. Le dressage des assiettes fait la même impression. Une fois en bouche, on découvre des saveurs raffinées, c'est un régal et on en redemande ! L'équipe est professionnelle, le service souriant et efficace. En soirée, la bonne humeur se décline aussi autour de cocktails, verres de vins et assiettes de tapas. Une belle adresse sur le port.

DAME NATURE €€

167, promenade des Flots-Bleus
✆ 04 92 27 15 45
www.restaurant-damenature.com
Maître Restaurateur. Ouvert toute l'année. Du mardi au samedi le midi et le soir. Suggestion du chef à partir de 19 €.

Voilà plus de 15 ans que Fabienne et Michel Vilain ont créé, en précurseurs du bio, ce restaurant sur la promenade des flots bleus. Mais la petite table du début s'est étoffée et l'arrivée d'un nouveau cuisinier d'expérience a apporté de nouvelles idées. Dans sa cuisine, la margarine a détrôné le beurre ; les farines de riz, de teff et de sarrasin, le blé ; le rapadura ou le sirop d'agave, le sucre raffiné… Bio à 95 % et fortement locale, sa carte propose le meilleur des produits et ce restaurant saura satisfaire tout le monde avec ses plats revisités.

IT VILLAGIO €€

Avenue Eugène Donadeï
✆ 04 84 91 12 35
Ouvert toute l'année. Tous les jours de 10h à 22h. Carte : 10 € environ (pour un plat). Vente à emporter. Boutique.

À la fois restaurant, bar aperitivo, caffè : IT Villaggio, c'est un condensé de ce que l'Italie a de meilleur à offrir aux gourmets dans un espace de 3 000 m², où tout a été pensé pour faire saliver. Pâtes, antipasti pizzas, sans oublier le fameux bar à mozza et la gelateria : tout est « fait maison » sur place avec des produits frais venus de la grande botte. On aime le rapport qualité/prix absolument imbattable de la carte, et la possibilité de pouvoir y manger toute la journée. Une adresse futée à la fois innovante et authentique à Cap 3000.

L'APPART DE FRANCK €€

7, rue Etienne-Brun
✆ 04 92 27 03 23
Ouvert toute l'année. Du lundi au samedi le midi et le soir. Carte : 25 € environ. Chambre à partir de 60 €.

La belle salle claire se compose de multiples niches aménagées qui constituent autant d'endroits intimes. Le cadre est vraiment très original, vous pourrez avoir une petite pièce rien que pour vous, façon salle à manger à la décoration à l'ancienne. La cuisine est de grande qualité et mélanges avec originalité les saveurs méditerranéennes. Le service est agréable et assuré au bon rythme. Tous les ingrédients sont réunis pour passer une bonne soirée dans cet établissement situé dans une impasse du centre-ville qui propose également des chambres pour passer la nuit.

MARCO'S CAFÉ €€

18, rue Desjoberts
✆ 09 83 56 87 46
https://marcos-cafe.business.site
Ouvert du mardi au samedi de 11h30 à 14h et le soir de 19h30 à 21h30. Carte : 30 € environ (plat + dessert).

Né de l'idée d'un couple de voyageurs, ce restaurant propose une cuisine du monde 100 % bio et faite maison. Allant de la cuisine française à l'asiatique, la carte change régulièrement et rassemble de nombreuses spécialités culinaires : bricks, quiches, tartes salées, bagels, burgers, lasagnes, nouilles, assiette de la mer, etc. Il y a toujours plusieurs options végétariennes dans les plats. Le Marco's café propose également d'autres activités : traiteur, cours de cuisine et de pâtisserie pour enfants et adultes, boutique, idées recettes…

PANASIA €€

Avenue Eugène Donadeï
✆ 04 93 26 05 38
www.panasia.fr
Ouvert toute l'année. Du lundi au samedi le midi et le soir ; le dimanche midi. Carte : 30 € environ (plat + dessert).

Le Panasia propose une bistronomie d'Extrême Orient, fusion de grands plats traditionnels de divers pays asiatiques, rassemblant différentes saveurs autour d'une même table. On voyage ainsi en Chine, au Vietnam, en Corée, au Cambodge ou encore en Thaïlande en découvrant l'immense carte : salades, sushis, pad thaï, bo bun, soupes, bento et des dizaines d'autres spécialités. En dessert, on goûte également à des spécialités originales. Un régal gustatif des plus gourmands grâce à la fraîcheur des produits et aux recettes soigneusement élaborées.

LE RAJPOUTE €€

182, quai la Pérouse ✆ 09 81 90 93 81
http://lerajpoute.fr/fr/services
Ouvert toute l'année. Tous les jours le midi et le soir. Carte : 25 € environ (plat + dessert). Terrasse.

Le Port de Saint Laurent a déjà une bonne dose de restaurants, dont même déjà deux aux saveurs indiennes... Mais alors celui-là, on vous le conseille vraiment ! Non pas que les autres ne valent pas le détour, mais ce voyage culinaire au Rajpoute nous a littéralement transportés jusqu'en Inde l'espace d'un instant. L'accueil est des plus courtois et agréable, les plats proposés sont très variés mais surtout vraiment délicieux : essayez le chicken Vindaloo ou les crevettes biryanis... Et surtout, profitez de la magnifique terrasse fleurie pour sublimer ce moment.

RESTAURANT ÉVASION CAP 3000 €€

Cap 3000
✆ 04 92 27 06 50
http://restaurant-evasion.com

Ouvert du lundi au samedi le midi et le soir ; le dimanche midi. Carte : 30 € environ (plat + dessert). Terrasse.

Face à la mer, cet établissement au cadre moderne propose une cuisine traditionnelle aux accents méridionaux. La carte décline des plats et produits frais, influencée par la saisonnalité et le marché du jour. Côté dessert, les classiques et autres suggestions nous permettent de finir le repas sur une agréable note sucrée. Le service est sympathique et le cadre des plus agréables, pour proposer des assiettes créatives à l'influence méditerranéenne.

RESTAURANT LE PLAISANCE €€

Port de Plaisance ✆ 04 93 31 24 18

Ouvert toute l'année. Du jeudi au lundi le midi et le soir ; le mardi et le mercredi le midi. Carte : 30 € environ.

L'établissement est idéalement situé avec son agréable vue sur le port de Saint-Laurent-du-Var. Le Plaisance vous invite pour un voyage placé sous le signe du bien-être. L'équipe est attentionnée et le service impeccable. Côté carte, le plaisir est varié et satisfera toute la famille : viandes, poissons, pizzas au feu de bois, pâtes, woks, salades, etc. Les assiettes sont généreuses et soignées. Une adresse très futée, qui a profité de la pause imposée par les restrictions sanitaires pour refaire intégralement son intérieur, on a hâte de voir ce que ça donne !

LE SANT'ANA €€

Quai la Pérouse
✆ 04 93 07 02 24
www.santana.fr

Ouvert toute l'année. Du jeudi au mardi le midi et le soir. Carte : 30 € environ. Terrasse.

Le Sant'Ana est le plus ancien restaurant présent sur le port de Saint-Laurent-du-Var. Les propriétaires nous régalent de spécialités de poissons frais ou de viandes grillées sur la terrasse ensoleillée face à la mer. Dans une décoration moderne, sobre et élégante, l'équipe vous accueille avec convivialité pour vous permettre de déguster de magnifiques plateaux de fruits de mer, un large choix de poissons entiers selon arrivage, mais aussi des spécialités locales. Une très belle adresse, l'essayer c'est comprendre pourquoi elle perdure depuis si longtemps !

TRIBECA CAP 3000 €€

317, avenue Eugène Donadeï
✆ 04 92 04 90 35

Ouvert toute l'année. Tous les jours le midi et le soir. Non-stop. Carte : 30 € environ (plat + dessert). Terrasse.

Parmi les établissements créés dans le centre commercial, le Tribeca est une brasserie steakhouse « digitale » puisqu'elle propose de commander via une application. La décoration soignée et le brouhaha de la salle intérieure mettent dans le bain. Pour être au calme, privilégiez la superbe terrasse surplombant la mer. Niveau cuisine, une carte immense avec son lot de viandes, de tartares, de salades, de burgers et de pizzas. Ce n'est pas de la grande gastronomie, mais c'est parfait pour prendre un repas consistant entre deux magasins.

MONKEYS

Port de Saint-Laurent
✆ 06 64 75 55 38

Ouvert toute l'année. Tous les jours de 17h à 2h30. Soirées à thème. Happy hours (17h-21h).

C'est la nouvelle institution du port ! En début de soirée, vous pouvez manger sur le pouce des tapas ou des planches à partager par exemple, puis siroter un verre (le cocktail de la semaine est toujours intéressant à découvrir) avant de vous déchaîner sur la piste de danse. Et c'est là que réside l'intérêt de l'endroit : pouvoir faire la fête dans une bonne ambiance ! La programmation des soirées est variée : musique live, ambiance relax, blind test ou mix toute la nuit par un DJ. L'entrée peut être sélective après une certaine heure.

QUAI OUEST

Quai de La Pérouse
✆ 04 92 27 16 00

Ouvert toute l'année. Tous les jours de 18h à 2h. Terrasse. Concerts (live music). Retransmissions sportives.

À l'entrée du port, ce pub de tradition avec son long bar et ses tabourets hauts, sa déco intérieure en bois, ses murs décorés d'affiches, ses étagères remplies de bouteilles de whisky et sa longue carte de bières et de cidres affiche une ambiance pop-rock-folk. Les soirs de match ou de musique live, le pub s'anime. Si l'on souhaite dîner plus calmement, on choisira alors la terrasse avec tables bistrot, aussi agréable l'été que l'hiver, pour commander de généreuses salades, des burgers ou des tapas. Ambiance conviviale et décontractée garantie !

CENTRE COMMERCIAL CAP 3000

Avenue Eugène Donadeï ✆ 04 93 31 10 35
www.cap3000.com

Ouvert toute l'année, du lundi au samedi de 10h à 20h30 ; le dimanche de 11h à 19h. Nombreux restaurants.

Premier centre commercial à avoir vu le jour en France, Cap3000 s'est offert un lifting XXL avec un ambitieux projet d'extension face à la mer. En plus des dizaines de boutiques déjà installées, le centre accueille désormais de nouvelles boutiques comme Diesel, Foot Locker, L'Occitane, Maison du Monde, Levi's, Montblanc, Christian Dior, Sushi Shop, Timberland ou encore Voctoria Secret. L'offre de restauration s'est aussi renouvelée, à l'intérieur ou sur les terrasses avec vue mer.

ÉDITIONS GILLETTA

Avenue Eugène Donadeï
✆ 04 92 07 94 94
www.editionsgilletta.com

Ouvert du lundi au samedi de 10h à 20h30 ; le dimanche de 11h à 19h. Restauration à 15 € environ (plat + dessert).

Depuis 1880, les Éditions Jean Gilletta rendent hommage aux œuvres consacrées au sud-est de la France, et plus particulièrement à Nice, grâce à son fondateur, célèbre photographe qui a immortalisé la Côte d'Azur durant la première moitié du 20e siècle. Avec la création de cette librairie dans le concept-store Capsule du centre Cap 3000, leur objectif est de faire connaître des artistes publiés par des éditeurs locaux. Grâce à une offre de restauration sans prétention, les visiteurs peuvent s'installer confortablement en découvrant les merveilles exposées.

GLISSE PARADISE

176, promenade des Flots Bleus
✆ 06 18 29 46 18
www.glisseparadise.com

Ouvert de mai à septembre, tous les jours de 9h à 20h. Location Jet-ski 65 €. Baptême en Flyboard 70 €.

Glisse Paradise propose un large choix d'activités nautiques accessibles à tous : jet-ski, randonnée jet-ski, parachutisme ascensionnel, flyboard, paddle, ski nautique, wakeboard, bouées tractées, etc. Les professionnels sont diplômés d'État et supervisent ces bases nautiques multi-activités. Tous encadrent aussi des randonnées matinales en jet-ski le long du littoral azuréen avec le petit-déjeuner inclus sur une plage privée. Débutants ou pratiquants confirmés bénéficient de cours et de stages d'initiation ou de perfectionnement.

PASSION SCUBA DIVING - PSDIVING

Môle central ✆ 06 12 91 52 15
www.psdiving.com

Fermé en janvier et février. Duo de baptêmes 90 €. Divers forfaits. Haute saison : ouvert tous les jours de 9h à 15h.

Le bateau du centre de plongée est situé au port de Saint-Laurent-du-Var. Accompagné de moniteurs diplômés d'État, vous partirez à bord du *Plouf 1* découvrir les eaux et la faune de la Méditerranée. Le club propose également toutes sortes de plongées, des sorties exploration ainsi que des formations pour acquérir les niveaux 1 à 4. Divers forfaits de plongée sont possibles, seul, en duo ou en groupe, n'hésitez pas à vous renseigner sur place, l'équipe a à cœur de partager sa passion.

COMPLEXE LE CARRÉ - LE TRENDY

Port de Plaisance
✆ 04 93 14 61 02
http://lecarretrendy.club/

Ouvert le vendredi et le samedi à partir de 23h. Terrasse.

Bien connu des clubbeurs azuréens, cet établissement de nuit propose deux salles pour deux ambiances. Le Trendy est chic, jeune, tendance et passe en boucle les hits du moment et des rythmes latinos. Le Carré est dédié aux plus de 30 ans et propose des tubes d'hier et d'aujourd'hui. Facilement repérable au bout du port, le complexe est un temple de la fête où les danseurs profitent de trois pistes de danse et d'une terrasse au bord de l'eau, ouverte toute l'année.

THÉOULE-SUR-MER ★★★

Reconnue comme l'une des plus belles routes qui borde le littoral Méditerranéen tant elle offre des panoramas superbes, la « Corniche d'Or » inaugurée en 1902 marque véritablement l'extension de la commune. Protégée au creux d'une petite anse, Théoule est aujourd'hui une station balnéaire disposant d'un joli port de plaisance avec son mini-phare en pierre rouge. Le site comble à la fois les amateurs d'activités balnéaires et les amoureux de la nature qui peuvent arpenter les sentiers en direction des sommets environnants tels que ceux des Grosses Grues dont le point culminant offrent des panoramas époustouflants sur le littoral azuréen.

PARC DÉPARTEMENTAL DE LA POINTE DE L'AIGUILLE

www.departement06.fr/les-parcs/parc-de-la-pointe-de-l-aiguille-2082.html

Du 1er avril au 31 octobre : de 7 heures à 20 heures Du 1er novembre au 31 mars : de 8 heures à 18 heures.

Le parc de la Pointe de l'Aiguille, bien que de taille modeste, est sans conteste l'un des plus beaux parcs naturels de la région combinant des panoramas sublimes sur la baie de Cannes et les îles de Lérins avec de nombreuses essences d'arbres et de végétaux. Vous verrez les rochers rouges et ocre, si atypiques de l'Estérel. Pour en profiter au mieux, il est judicieux de pique-niquer sur place : des tables sont prévues à cet effet. Lieu magique !

OFFICE DE TOURISME DE THÉOULE-SUR-MER

2, boulevard Corniche-d'Or

✆ 04 93 49 28 28

www.theoule-sur-mer.org

Ouvert du lundi au samedi de 9h à 19h de mai à fin septembre et le dimanche de 9h à 13h.

Vous trouverez ici tout ce dont vous avez besoin de savoir sur l'actualité, les balades et les activités organisées à Théoule-sur-mer (brochures disponibles en plusieurs langues et gratuites sur les manifestations de la ville et des communes alentour). L'office de tourisme offre également aux visiteurs un accès internet gratuit, pour ceux qui ont un ordinateur ou un smartphone. Espace détente sur le parvis de l'office pour s'installer et consulter ses mails ou de la documentation.

LA TOUR DE L'ESQUILLON*** €€

1, Place Vert Bisson ✆ 04 93 75 41 51

www.esquillon.com

Ouverture fin avril, fermeture début octobre. 19 chambres. Plage privée. Restaurant panoramique.

Au cœur d'un parc arboré et bordé par le massif de l'Estérel et ses roches rouges, l'établissement offre un panorama imprenable sur la Méditerranée depuis la baie de Cannes et les îles de Lérins jusqu'au Cap d'Antibes. Les chambres et suites disposent du principal atout charme de la région : la vue mer avec balcon pour la plupart. À la table du restaurant, doté d'une vue panoramique, on goûte une cuisine locale et traditionnelle dédiée essentiellement aux produits de la mer. Équipée de transats, la plage privée est nichée au sein d'une calanque préservée.

TIARA MIRAMAR BEACH HÔTEL***** €€€

47, avenue de Miramar

✆ 04 93 75 05 05

miramar-beachspa.tiara-hotels.com/fr

Ouvert toute l'année. Restauration. Plage privée. Spa. Fitness. Piscine. Animaux acceptés.

Érigé à flanc de falaise les pieds dans l'eau, cet établissement dispose sur place de tout ce que l'on désire pour passer un formidable séjour. Les chambres ou suites à la décoration raffinée et orientale offrent quasiment toutes une vue sur la Méditerranée. Les services de l'hôtel sont nombreux : piscine couverte chauffée en hiver, plage privée Red Roc l'été, espace détente comprenant spa et fitness mais également deux restaurants, le Bistrot M et le Moya.

L'AIGUILLE €€

Promenade André Pradayrol

✆ 06 29 92 18 05

www.laiguille-restaurant-plage.fr

Ouvert de Pâques à fin septembre - Cabanon ouvert à l'année. Tous les jours à partir de 9h30, midi et soir.

Ce lieu exceptionnel accessible à pied ou en bateau est à la fois plage privée confortable et restaurant dont l'excellence ne se dément pas d'année en année. Le cadre est magnifique avec vue sur la baie de Cannes, les plats sont savoureux, fins, élaborés avec des produits de qualité et de poissons locaux. Le soir, l'ambiance se veut musicale avec la présence de musiciens en live plusieurs soirs par semaine en juillet et août. Enfin, le service irréprochable ne fait que compléter le moment de détente et de magie que vous offre l'établissement.

LE COUP D'FOURCHETTE €€

15, avenue Charles-Dahon
✆ 04 93 93 50 05
www.restaurant-le-coup-de-fourchette.fr
Ouvert du jeudi au mardi le midi et le soir. Chaises bébé. Terrasse. Vente à emporter. Animaux acceptés.

Angel Aparicio aux fourneaux et sa charmante épouse Bornia au service vous accueillent dans leur petit nid situé en centre-ville. Les plats de cette cuisine traditionnelle inspirée de la mer vous seront servis dans un décor soigné et raffiné. Tous les plats proposés à la carte sont réalisés avec des produits frais de belle qualité et ça se ressent à chaque bouchée. Petit coup de cœur pour la brioche perdue de notre enfance façon le coup d'fourchette... Le chef vous propose ses suggestions changeantes mais toujours préparées avec soin, passion et amour !

LA MARÉA €€€

16, avenue du Trayas
✆ 04 93 75 19 03
www.lamarea.fr
Maître Restaurateur. Ouvert du mercredi au dimanche le midi et le soir. Réservation recommandée. Jardin. Terrasse.

À travers les baies vitrées de la salle ou sur la terrasse panoramique, s'offre un bonheur visuel paradisiaque, avec les majestueuses roches rouges de l'Estérel qui plongent dans la Méditerranée, en toile de fond. Un décor exotique, idyllique qui fait rêver les gourmets depuis 1969. Aux fourneaux, l'établissement accueille Jérôme Coustillas, Chef qui ne laissera absolument rien aux hasards pour émerveiller les papilles venues se délecter des meilleurs poissons. Et qui dit nouveau chef, dit nouvelle carte, voilà de quoi éveiller votre curiosité.

RESTAURANT LE POINTU €€

7, avenue du trayas
✆ 04 93 75 02 00
Ouvert 7/7 de 12h à 14h et de 19h à 22h

Direction le Port de la Figueirette pour y rejoindre une adresse imaginée et gérée par deux frères : Mickael en cuisine et Gilles en salle. La décoration y est soignée entre banquettes aux nombreux coussins douillets et ambiance marine modernisée. Une convivialité que l'on retrouve également dans des assiettes aussi copieuses qu'appétissantes. Si la carte fait la part belle aux poissons de la pêche locale version tartare ou tout simplement grillés, les carnivores y trouveront également leur compte. Une charmante adresse face au port.

LE MOYA €€€

47, avenue de Miramar
✆ 04 93 75 05 05
miramar-beachspa.tiara-hotels.com/fr/restaurant-bars/le-moya
Ouvert toute l'année. Réservation recommandée. Carte : 72 € environ. Terrasse.

Une expérience gastronomique face à la mer. Le Moya, restaurant du Miramar Beach hotel & spa, vous accueille pour une dégustation raffinée et plaisante en bord de crique, à l'ombre des parasols turquoise. Midi et soir, le chef Alain Montigny met les petits plats dans les grands pour satisfaire les palais les plus exigeants. On recommande enfin le buffet du brunch dominical : un incroyable mélange de saveurs, du plateau de fruit de mer aux dessert. Pour conclure la journée, vous pourrez digérer en choisissant l'accès au spa. Une bien belle adresse.

L'AIR DU TEMPS €€€

67, boulevard de la Corniche-d'Or
✆ 04 93 49 40 16
Ouvert toute l'année. Du mardi au samedi le midi et le soir. Ouvert dimanche midi. Terrasse.

Ce restaurant de bord de mer a tout bon : un cadre magnifique offrant une vue unique sur le cap d'Antibes et la baie de Cannes pour commencer. A cela s'ajoute un service très professionnel, avec des serveuses disponibles à l'écoute ! Mais aussi et surtout des assiettes savoureuses, concoctées avec amour et produits frais tout droit venus du marché par le chef David Paysant. Une très belle adresse, où vous apprécierez une cuisine simple et de qualité, aux tarifs très corrects à l'heure du déjeuner et à l'ambiance romantique à souhait au dîner.

CHEZ PHILIPPE €€€

Port de Théoule ✆ 04 93 49 87 13
www.restaurantchezphilippe.com
Fermé de novembre à janvier. Réservation recommandée. Menus de 38 € à 55 €. Vente à emporter. Plage privée attenante.

Cet établissement familial les pieds dans l'eau saura conquérir vos cœurs et vos papilles. Pendant qu'on s'occupe de vous accueillir chaleureusement, Sébastien Roudiere, chef de cuisine, se charge de vous proposer une suggestion journalière à l'ardoise et vous concocter une cuisine principalement dédiée aux produits de la grande Bleue. Les amoureux de fruits de mer seront servis avec les plateaux à partager, sans oublier la succulente et généreuse bouillabaisse. Le Paris-Théoule, signé Stéphanie Roudiere, chef pâtissière vous fera alors terminer en beauté.

LE POISSON À PLUMES

5, place Général-Bertrand
✆ 04 92 97 13 79
Ouvert tous les jours de 8h à 19h.

Le Poisson à Plumes, c'est la boutique incontournable du centre-ville pour vos souvenirs de vacances. Objets de décorations et cadeaux insolites, les idées fleurissent rien qu'en voyant la vitrine qui fourmille d'idées originales pour toutes les bourses. Et même si vous entrez juste pour le plaisir des yeux, vous craquerez sûrement tant il y a de choix, de coloris et d'objets. A vous de choisir avec quel trésor repartir. Vous serez toujours accueilli avec le sourire, et si vous avez besoin d'un conseil n'hésitez pas à demander à la propriétaire des lieux !

GOLFE-JUAN ★

Golfe-Juan est une petite station balnéaire entourée de collines qui a su gardé une ambiance de village familial. Elle abrite deux ports : le Vieux Port aux barques et pointus de pêcheurs et le port Camille Rayon, plus récent, où s'ancrent yachts et bateaux de plaisance. Napoléon a participé à sa renommée en y débarquant le 1er mars 1815 à la tête d'une petite flottille après son évasion de l'île d'Elbe. Plus tard, la romancière Juliette Adam s'y installa et y convia l'intelligentsia de l'époque. Picasso y avait ses habitudes sur la plage, tout comme Jean Marais dans certain restaurant...Une douceur de vivre toujours très appréciée aujourd'hui.

BAT'SKI

25, avenue du Trayas
✆ 06 24 23 33 37
www.batski.fr
Label Point Plage. Fermé d´octobre à avril. Ouvert tous les jours de 9h à 18h.

Bat'Ski propose à tous de découvrir ou de se perfectionner aux différents supports nautiques dans un esprit ludique. Le baby ski (4 à 8 ans) propose des stages de découverte en ski nautique avec un matériel adapté aux tout petits et en toute sécurité avec un moniteur diplômé d'État tandis que le water fun permet l'initiation et le perfectionnement en ski nautique ou en wake board. Egalement possibles : multinautic (7 à 12 ans), un stage de loisir d'initiation aux multi-activités, stage fun avec initiation et perfectionnement en voile, catamaran et/ou windsurf.

MER YACHTING SERVICES

Port Camille Rayon
✆ 04 93 61 84 40
www.meryachting.com
Ouvert du lundi au samedi de 9-12h et de 14-18h. Location de bateaux à partir de 420 € et de yachts dès 2 000 € par jour.

Cette société loue des semi-rigides, Key Largo ou bateaux Prestiges, le temps de quelques heures ou plus, pour découvrir les merveilles de la Côte d'Azur. Partez à la découverte du cap Ferrat, de la baie des Anges, du cap d'Antibes, des îles de Lérins, du massif de l'Esterel, etc. La flotte vous permet ainsi d'embarquer à bord de bateaux longs de six à neuf mètres ou sur des yachts de plus de douze mètres. Seul ou accompagné, c'est l'occasion rêvée de faire le plein de sensations, tout en profitant d'un cadre azuréen sans pareil.

JETS'COOL

7, avenue de Trayas
✆ 06 11 14 30 06
www.jetscool.com
Ouvert toute l'année. Tous les jours à partir de 9h.

Située au cœur du port de la Figueirette à 10 minutes du village de Théoule sur mer, Jets'Cool accueille les passionnés de mer et de sensations fortes dans une ambiance zouk très décontractée et… cool ! Des randonnées de 30 minutes à 5 heures encadrées par des moniteurs diplômés d'état par la Fédération Française de Motonautisme sont proposées, aux commandes d'un des 8 scooters des mers VX Sport, 4 temps, 1100cm3 pour un maximum de sensations. Et si vous en voulez plus, l'école propose même des stages de Flyboard pour devenir le prochain Ironman !

LE PROVENCE** €

17, avenue de la Gare
✆ 04 97 21 85 30
www.hotel-leprovence.fr
Accueil du lundi au samedi de 7h à 13h et de 17h à 20h et dimanche matin. 13 chambres de 65 € à 100 €. Terrasse.

Se sentir un peu comme à la maison : voilà le sentiment qu'insuffle Béatrice, propriétaire dans son charmant petit hôtel. Confortables, agréablement équipées, dotées d'une literie de qualité : les chambres répondent à tous les critères d'un bon séjour. Les petits-déjeuners peuvent être pris sur la terrasse côté rue, ensoleillée aux premiers rayons. Les plages de sable fin se trouvent à cinq minutes à pied. Un salon de thé est ouvert toute la journée. Un établissement d'un bon rapport qualité/prix où l'accueil prévenant est un des atouts à relever.

BLANC SABLE HÔTEL*** €€

6, Impasse Beau-Soleil
✆ 04 93 63 63 63
www.blancsablehotel.com
Piscine extérieure, bar. Fermé de janvier à mars. Accueil jusqu'à 22h. Chambre double à partir de 93€. Parking.

Coup de cœur pour ce splendide boutique-hôtel de charme où le blanc omniprésent et les notes boisées confèrent une douceur particulière à l'endroit. Niché au fond d'une impasse tranquille, l'hôtel propose des chambres confortables surplombant une piscine entourée de verdure. Le petit-déjeuner buffet est servi en chambre ou sur la terrasse à l'ombre d'un magnolia. L'hôtel est équipé d'un ascenseur et bénéficie d'un service appréciable. Un chemin piéton mène aux plages à seulement 500 m de là. L'accueil est chaleureux et l'ambiance paisible.

HÔTEL DE LA MER*** €€

226, avenue de la Liberté
✆ 04 93 63 80 83
www.hotelmer.com
Accueil jusqu'à 22h. 34 chambres. Chambre double à partir de 90 €. Petit déjeuner buffet. Parking fermé : 15€

L'établissement a un esprit avant tout familial. D'ailleurs, les familles comme les groupes d'amis peuvent s'y loger à moindres frais, à deux pas des plages et d'activités nautiques. Avec une vue mer ou sur la piscine extérieure, toutes les chambres, dont certaines sont décorées de fresques datant des années 70, sont au calme et bénéficient de belles prestations. En fin de journée, c'est autour de la piscine, du solarium et du bar que l'été prend en température. Un point info touristique permet de créer ses excursions de vacances avec l'aide des hôtes.

LE 61 €

61, avenue des Frères-Roustan
✆ 04 89 89 19 78
Ouvert du mardi au vendredi et le dimanche le midi ; du mardi au samedi le soir. Réservation recommandée.

Un bar à vin où la qualité du produit est le maître mot. On apprécie la décoration et l'amour que cette famille met dans le choix des mets qu'elle présente. Depuis la charcuterie bretonne, corse ou hispanique, jusqu'à la carte des vins, tout est soigneusement réfléchi. Mention spéciale au tartare de bœuf haché au couteau. Gardez une petite place pour une pâtisserie maison. Cette famille de passionnés nous accueille dans une ambiance chaleureuse au fond musical jazzy. L'épicerie propose les produits maisons, des spécialités locales et autres produits artisanaux.

LE BISTROT DU PORT €€

53, avenue des Frères-Roustan
✆ 04 93 63 70 64
www.bistrotduport.com
Maître Restaurateur. Ouvert du jeudi au mardi le midi et le soir. Charte qualité Mer de Lérins 2015. Terrasse.

Idéalement placé sur le vieux port de Golfe Juan, cette adresse est une affaire de famille qui se revendique simple et conviviale, porteuse d'une cuisine authentique, raffinée et savoureuse. La carte offre des produits de saison et des poissons de toute première fraîcheur, qu'il provienne de l'arrivage quotidien ou de la pêche locale. Garanti sauvage, il est préparé aux artichauts, à la provençale, en croûte de sel ou grillé au feu de bois. Langouste ou homard sont servis sur commande. Les desserts maison font preuve d'audacieuse et d'inventivités.

LA CABANE €€

Avenue des Frères-Roustan
✆ 04 93 63 00 60
Ouvert tous les midis et le vendredi et samedi soir en basse saison. Ouvert midi et soir l'été. Fermé le dimanche.

Installez-vous face au port de Golfe Juan pour déguster, sous le soleil, l'une des spécialités maison : aïoli, gnocchi et salade Caesar, autant d'explosions de saveurs qui ne laissent personne indifférent. Le reste de la carte, restreinte mais variée, est un régal également. Les cuissons sont excellentes, les produits frais et de saison, les assiettes joliment dressées et les recettes mêlent classicisme et originalité. Le tout servi par une équipe si souriante, avenante et disponible que nous vient l'envie irrésistible d'y revenir au plus vite.

RIO'S BANANA CAFÉ €€

Port Camille Rayon
✆ 04 93 63 79 79
Ouvert tous les jours le midi et le soir. Billard. Chèque Restaurant. Accueil des groupes. Terrasse. Animations.

Les soirées sont festives, animées par des groupes qui se produisent en live tous les week-ends et organisées selon des thématiques : rock, salsa, halloween... Les couleurs sont acidulées, de quoi donner du pep's à ce bistrot-pub de bord de mer qui bénéficie d'une vue agréable sur le port. La cuisine servie est simple, généreuse, dans d'esprit brasserie. La carte est composée de diverses salades, omelettes, tapas, burgers, poissons, viandes et burgers. Service de commande à emporter midi et soir. Accueil souriant et festif très agréable.

LA SIRÈNE €€

49, avenue des Frères-Roustan
✆ 04 93 63 59 19
www.la-sirene-restaurant.eatbu.com
Ouvert tous les jours de 9h à 16h. Carte : 25 € environ (plat + dessert). Terrasse.

Ouvert depuis 1985, ce restaurant emblématique de Golfe-Juan comble ses clients de génération en génération. L'amabilité, la courtoisie, la gentillesse, le rire et la convivialité sont les maîtres mots de cet établissement familial et chaleureux comme il se fait rare aujourd'hui. Un service impeccable sans pour autant négliger la cuisine. À la carte, des plats simples mais très bien réalisés et élaborés à partir de produits frais : beignets de calamars, scampis grillés, moules frites, pizza, aioli... Et que dire des desserts maison !

LA CAMBUSE

13, avenue Clément-Massier ✆ 04 93 63 77 32
www.lacambuse.com
Ouvert du lundi au jeudi de 9h à 12h et de 14h à 18h ; le vendredi de 9h à 12h et de 14h à 17h. Vente en ligne.

Dédiée aux spécialités gastronomiques italiennes, cette boutique offre aux particuliers et aux professionnels un panel de produits exclusivement transalpins : charcuteries, fromages de maîtres affineurs, pâtes fraiches, antipastis, huiles d'olives, vinaigres, sauces, crèmes de truffe, panettone… Dans le *show-room* qui comprend un espace dégustation, les produits issus de matières premières naturelles de qualité sont sans cesse renouvelés. Sans conservateur ni colorant ou stabilisant artificiel, ils respectent également les recettes dans la pure tradition.

MUSÉE NATIONAL PICASSO - LA GUERRE ET LA PAIX

Place de la Libération ✆ 04 93 64 71 83
www.musee-picasso-vallauris.fr
Tous les jours sauf le mardi, de 10h à 12h15 et de 14h à 17h. En été, de 10h à 12h30 et de 14h à 18h. Adulte : 6 €.

Résidant à Vallauris depuis 1948, Pablo Picasso (1881-1973) est séduit par l'austérité de la chapelle romane du XIIe siècle jouxtant l'ancien prieuré de la ville, dont l'escalier Renaissance est inscrit à l'inventaire des Monuments historiques. Picasso choisit cette chapelle pour y édifier « un temple de la paix », un désir qui témoigne de son engagement pour la paix, au sortir de la Seconde Guerre mondiale. C'est dans son atelier du Fournas à Vallauris que l'artiste espagnol réalise en 1952 ses deux peintures monumentales intitulées *La Guerre et la Paix*, précédées de quelque 300 dessins préparatoires sur 46 panneaux d'isorel qui furent ensuite dressés verticalement sur une structure de bois à l'intérieur de la chapelle.

Après *Guernica* (1937) et *Massacre en Corée* (1951), Picasso exécute en 1952 cette grande fresque politique qui conserve une actualité forte : il y dénonce avec passion et inventivité les horreurs de la guerre. *La Guerre et la Paix* est installée en 1954 dans la chapelle, donnée à l'Etat en 1956. *Les Quatre parties du monde*, placée au fond de l'édifice en 1959, quelques jours avant l'inauguration officielle, complète cet ensemble monumental. Ce n'est ni le plus grand, ni le plus richement doté mais pour autant, le Musée national Picasso - La Guerre et Paix - vaut vraiment le détour. Il vous permettra d'apprécier le symbolisme des fresques grandioses et de ressentir, si ce n'est vivre, les jours heureux de l'artiste dans l'arrière-pays cannois.

CÔTE LITTORAL

ALPHA PLONGÉE 06

264, chemin des Terres-Blanches
✆ 06 18 57 70 28
www.alphaplongee06.com
Ouvert toute l'année. Tous les jours.

Affilié à la Fédération Française de plongée (FFESSM), Alpha Plongée est un club associatif qui a pour vocation de faire partager sa passion pour la plongée. En toute saison, les entraînements en piscine ou des sorties en mer sont organisées le week-end au large d'Antibes, de Golfe Juan et de Cannes pour découvrir la faune et la flore méditerranéennes. Le club propose également des formations, des baptêmes de plongée en mer ou en piscine, et des initiations à l'apnée. L'équipe de passionnées vous attend pour vous faire vivre une aventure hors du commun.

VALLAURIS ★★★

Connu pour sa poterie, une tradition ancestrale, Vallauris voit cette renommée croitre à la fin du XIXe, grâce à l'arrivée du chemin de fer à Golfe-Juan, faisant évoluer les petits ateliers en fabriques de céramique culinaire et décorative. Mais aussi et surtout avec l'arrivée de Picasso qui va alors largement contribuer à la réputation du village. D'abord installé à « la Madoura » puis à la villa La Galloise, il façonnera des sculptures, peintures dont «La Guerre et la Paix» une œuvre majeure à découvrir au musée éponyme. Tous les ans en juillet, la ville d'ailleurs labélisée « Ville et Métiers d'Art » lui rend hommage lors de la Fête Picasso.

MUSÉE MAGNELLI, MUSÉE DE LA CÉRAMIQUE

Place de la Libération ✆ 04 93 64 71 83
www.vallauris-golfe-juan.fr
Ouvert du 16 septembre au 30 juin de 10h à 12h15 et de 14h à 17h. L'été tous les jours de 10h à 18h. Fermé le mardi.

Le musée, ancien prieuré de Lérins, est une imposante maison fortifiée provençale reconstruite en 1568 flanquée de deux tours d'angle. Le second étage, consacré au peintre florentin Alberto Magnelli (1888-1971), pionnier de l'art abstrait, regroupe l'œuvre léguée par sa veuve à la ville ainsi que la collection personnelle qu'il avait constituée. Le premier étage accueille un panorama de la création céramique passée et présente en alternance avec les expositions temporaires.

OFFICE DE TOURISME DE VALLAURIS GOLFE-JUAN

4, avenue Georges-Clemenceau
✆ 04 93 63 18 38
www.vallauris-golfe-juan.fr
Ouvert du lundi au vendredi de 8h à 12h et de 13h30 à 17h.

Dans les bureaux de Vallauris ou de Golfe-Juan, les équipes offrent un accueil personnalisé multilingue. Aux traditionnels guides papier, vous pourrez également retrouvez toutes les informations utiles de la commune, des événements et des guides audio disponibles en ligne, à télécharger gratuitement sur smartphone. Culture (notamment avec Picasso), visites (Madoura, centre historique), artisanat, boutiques, plages de sable fin... Vous allez adorer découvrir Vallauris.

CHAMBRE D'HÔTES LES ENCOURDOULES €€

227, chemin des Encourdoules
✆ +33 6 85 38 69 34
https://lesencourdoules.com
5 chambres de 120 à 250 € la nuit petit déjeuner inclus. Galerie d'art et boutique d'objets chinés, table d'hôtes.

Une superbe maison d'hôtes s'est installée sur les hauteurs de Vallauris, au cœur d'un parc préservé de plus d'un hectare avec une vue remarquable sur la mer et le Cap d'Antibes. Martin & Agathe ont totalement rénové les deux bâtisses avec goût. La décoration est conçue avec des meubles de famille et des objets chinés. La maison est également une galerie d'art : certains objets sont en vente. Un havre de paix à l'abri de la foule mais très proche du littoral.

LE CAFÉ DU COIN €

16, place Jules-Lisnard
✆ 04 92 90 27 79
Ouvert le mardi, le mercredi et le dimanche le midi ; du jeudi au samedi le midi et le soir. Terrasse.

A la terrasse du Café du Coin il fait bon s'y poser dès les beaux jours pour déguster une cuisine fraîcheur aux accents méditerranéens et contemporains. Les tables entre les murs en pierres sont vite prises d'assaut par les habitués. Les suggestions du chef varient chaque jour et les plats proposés à l'ardoise en fonction du marché sont d'une grande fraicheur. C'est Olivier Martera qui vous accueille avec bienveillance à vos attentes. Ce restaurant brasserie est l'une des meilleures tables de la ville et propose un rapport qualité / prix défiant toute concurrence.

LE CLOS COSETTE €€

1, avenue du Tapis-Vert
✆ 04 93 64 30 64
www.lecloscosette.com
Ouvert tous les jours le midi et le soir. Terrasse. Animations. Réservation recommandée.

Situé dans une ancienne poterie des années 1960, le Clos Cosette vous accueille dans différents espaces assurant intimité et confort : la terrasse fleurie, cachée de la rue par une haie d'arbustes. L'entrée, anciennement le salon fumoir, décorée de nombreuses pièces d'artistes ou d'artisans. Enfin, la jolie salle raffinée avec un accrochage permanent de tableaux. Aux fourneaux, le propriétaire des lieux qui tient les fourneaux prépare une sélection de poissons frais et de plats traditionnels familiaux. La clientèle y est fidèle. Une adresse devenue incontournable.

ATELIER DE CÉRAMIQUE CLAUDE AÏELLO

9, rue Hoche
✆ 04 93 64 49 44
www.vallauris-golfe-juan.fr/CERAMIQUE-AIELLO.html
Visites de l'atelier sur rendez-vous uniquement.

Né en Italie dans une famille de potiers arrivée à Vallauris, Calogero (Claude) Aïello y installe en 1974 un atelier de céramiques utilitaires et décoratives. Dans le cadre d'une opération visant à valoriser le savoir-faire des artisans de la ville, il collabore avec de jeunes designers. Sa rencontre avec Ronan Bouroullec est déterminante. Suivent des défis renouvelés avec Laurent Nicolas, Lehanneur, etc. Son petit atelier devient rapidement l'antichambre de la création d'avant-garde.

VILLENEUVE-LOUBET ★

Destination mer et nature par excellence, Villeneuve-Loubet affiche tous les contrastes entre son village provençal blotti autour du château médiéval et son bord de mer situé entre le parc départemental des rives du Loup, le parc de Vaugrenier et le célèbre ensemble architectural Marina-baie des Anges... Seule ville française intégrée à l'Association européenne des villes ayant une marina, Villeneuve-Loubet est également la première « Station Kid » de la Côte d'Azur. Reconnue comme destination consacrée aux séjours en famille, la commune répond à une charte de qualité comportant de nombreux critères en termes d'accueil, d'équipements, d'activités…

Histoire

Curieuse et imposante architecture que l'ensemble immobilier Marina-baie des Anges ! Bien qu'il ne suscite pas l'adhésion au premier regard, il est le témoin des hardiesses architecturales des années soixante. Ainsi, le ministère de la Culture a reconnu le complexe Marina-baie des Anges comme un ensemble architectural caractéristique du patrimoine bâti du XXe siècle. Initiée en 1960, la construction s'est échelonnée sur près de 25 ans. Aujourd'hui, les 16 hectares abritent un port de plaisance et 4 pyramides géantes regroupant 1 500 logement et évoquant d'immenses vagues blanches culminant à 70 m au-dessus du niveau de la mer. À visiter !

GALERIE GILBERT PORTANIER

8, chemin des Potiers
✆ 04 93 63 57 57
www.gilbertportanier.com

Gilbert Portanier est le dernier représentant des céramistes de l'âge d'or de Vallauris puisqu'il s'y est installé en 1948 après une rencontre avec Picasso. Particulièrement intéressé par le décor et la couleur, il signe des pièces uniques éclatantes et fut surnommé le « magicien des couleurs » lors d'une exposition au musée de Sèvres. Également renommé pour les formes de ses réalisations plutôt surprenantes, c'est une œuvre magistrale de coloriste à découvrir.

MUSÉE D'HISTOIRE ET D'ART

Rue de l'Hôtel-de-Ville
✆ 04 92 02 60 39
Ouvert toute l'année. Du mardi au vendredi de 10h à 12h et de 15h à 17h. Le samedi de 10h à 12h. Gratuit.

Ce musée se situe tout près de l'hôtel de ville. Sur plusieurs niveaux, il propose des visites guidées organisées sur rendez-vous. Le premier étage est une galerie d'art qui accueille des expositions permanentes tandis que le second étage est consacré au musée d'Histoire de 1914-1918 à nos jours dédié aux souvenirs des conflits du XXe siècle, de la Première Guerre mondiale à la guerre du Golfe. Entre collections inédites et exposition d'art moderne, il y en aura pour tous les goûts.

MUSÉE ESCOFFIER DE L'ART CULINAIRE

3, rue Auguste Escoffier
✆ 04 93 20 80 51
www.musee-escoffier.com

Ouvert tous les jours 10h-13h et 14h-18h (en juillet et août : jusqu'à 19h) Tarif : 6 €.

Aménagé dans la maison natale d'Auguste Escoffier (1846-1935), ce musée retrace la carrière de ce grand maître. Durant la visite, on découvre certains objets personnels du « Roi des cuisiniers et cuisinier des rois », des documents relatifs à l'art culinaire à travers les âges ainsi que des menus de repas célèbres. Auguste Escoffier est notamment le créateur de la pêche Melba. Ce musée-fondation présente ses collections sur plus de 300 m² dans un cadre charmant aux teintes provençales.

PARC DÉPARTEMENTAL DE VAUGRENIER

Chemin du Parc de Vaugrenier
www.departement06.fr/les-parcs/parc-de-vaugrenier-2076.html

Ouvert du 1er avril au 31 octobre de 7h à 20h. Du 1er novembre au 31 mars de 8h à 18h. Gratuit. Parking.

Ce parc naturel départemental, unique en son genre sur le littoral entre Cannes et Nice, déploie 100 hectares d'espaces verts vallonnés à quelques mètres du rivage, sur la commune de Villeneuve-Loubet. La faune et la flore, étonnamment préservées, sont remarquables dans les immenses prairies, bois et zones humides qui le composent. Le parc abrite le seul étang naturel d'eau douce du littoral des Alpes-Maritimes, autour duquel nichent des oiseaux sédentaires et migrateurs que l'on contemple depuis l'observatoire ornithologique placé par le Conseil Général. Un biotope exceptionnel ! La vie animale est intense : lapins de garenne, écureuils, hérissons, batraciens, couleuvres, renards... Le parc est équipé de nombreuses tables et bancs pour pique-niquer près d'aires de jeux aménagées pour les enfants. Des fouilles archéologiques ont récemment mis à jour les vestiges d'un village romain et d'un temple dédié à Mercure. On vient s'y promener sur les nombreux sentiers pédestres, faire du sport (parcours de santé de 1,9 km) ou simplement se détendre, se ressourcer, profiter au grand air et respirer les poumons grands ouverts. Une véritable oasis de verdure en plein cœur des zones bétonnées ; une halte agréable, autant pour les Maralpins que pour les touristes en manque de calme et de verdure. Des parking attenant au parc permettent de stationner sans encombre. Le parc compte également des aménagements pour personnes à mobilité réduite et cerise sur le gâteau : l'entrée est gratuite.

PARC DES RIVES DU LOUP

Accès au village
www.departement06.fr/les-parcs/parc-des-rives-du-loup-2075.html

Ouvert toute l'année. Du 1er avril au 31 octobre : de 7h à 20h. Parking gratuit. Site ombragé.

Entre plaine et canyon, le parc des Rives du Loup s'étend sur 55 hectares, à cheval sur les communes de Villeneuve-Loubet, Cagnes-sur-Mer et de La Colle-sur-Loup. Au départ du village de Villeneuve-Loubet, on bénéficie d'un vaste parking gratuit et on profite d'une promenade d'environ 1,2 km à pied ou en vélo le long du Loup, petit fleuve côtier. Une aire de pique-nique sur les berges nous accueille à l'entrée du parc. On découvre une faune et une végétation typiques des bords de rivière grâce au parcours d'interprétation à la fois ludique et instructif.

PLAGES DE VILLENEUVE LOUBET

✆ 04 92 02 60 00

Fauteuils de mer disponibles pour les personnes à mobilité réduite.

Villeneuve-Loubet, s'étirant d'Antibes à Cagnes-sur-Mer, bénéficie de 5 km de littoral, dont 4 de plages. Joustant l'hippodrome de Cagnes-sur-Mer justement se trouve la plage de galets des bouches du loup. Facilement accessible et non loin de nombreux points de restauration, c'est un point de chute idéal pour profiter de la mer. Tout comme la plage de la batterie, offrant à ses visiteurs un terrain de beach-volley. Moins accessible, mais aussi moins fréquentée, la plage de vaugrenier.

LE VILLAGE DES FOUS

2559, route de Grasse
✆ 04 92 02 06 06
www.levillagedesfous.com

Ouvert d'avril à novembre de 10h à 19h en haute saison. À partir de 8 ans et adultes : 16 €.

Conçu par des savants fous et des architectes archi dingos, cet espace ludique est follement unique ! Baignoire volante, quartier des cinq glés, cabane kupardessutête, tour affil de 13 mètres de haut, quartier des Zexpériences... Ce village de ouf est un parc d'attraction de 2 hectares entièrement dédiés aux jeux pour petits et grands, et décidément on ne s'ennuie pas. Ici l'absurde est roi. La trentaine de jeux est variée, et il y en a même qui rendent intelligent ! De quoi passer un après-midi d'amusement et de défoulement total en famille.

INTERVIEW

ESCOFFIER : LE CHEF HUMANISTE

Entretien avec Michel Escoffier, l'arrière-petit fils du Chef de cuisine et président de la fondation éponyme à l'occasion du 175e anniversaire d'Auguste Escoffier.

Qui était Auguste Escoffier ?

Un arrière-grand-père dont on peut être fier ! Né à Villeneuve-Loubet, il débute sa carrière à l'âge de 13 ans à Nice. Il tâchera d'être le meilleur et d'être inventif. Grand observateur, il réfléchit à la manière d'améliorer les conditions de travail en cuisine. De sa rencontre avec César Ritz naîtra la création de palaces modernes tels que l'on l'est connaît avec le système des brigades articulées comme une chaîne de production.

Quelle a été son approche de l'art culinaire ?

Une approche humaniste. Pour le bien de ses équipes, il bannit alcool et tabac à proximité des fourneaux et met à disposition une boisson fraîche pour palier la chaleur en cuisine. Il conçoit des instruments que l'on peut retrouver au musée de l'Art culinaire à Villeneuve-Loubet pour gagner en efficacité. Généreux, il décide dès 1890, de donner aux petites sœurs des pauvres de Londres les denrées non consommées au Savoy. Il formule les bases d'une sécurité sociale baptisées « Projet d'assistance mutuelle pour l'extinction du paupérisme ». Lorsque la Première Guerre mondiale éclate, il crée un comité de secours pour les familles des cuisiniers mobilisés. Il participe à la création de la première mutuelle des cuisiniers. Pour financer ces actions sociales, il crée avec ligue des gourmands, les dîners d'Epicure. À caractère caritatif, leur but est de promouvoir la gastronomie française dans le monde et de reverser des bénéfices à la Maison de retraite des Cuisiniers français.

2021 est un millésime tout particulier, quel est le programme des festivités ?

Pour célébrer le 175e anniversaire de la naissance du Chef, la Fondation Escoffier organise avec les Disciples d'Escoffier, les Dîners d'Epicure. Comme le veut la tradition, 40 dîners seront servis en même temps (le 28 octobre) sur les 5 continents pour 10 000 convives environ.

MUSÉE ESCOFFIER DE L'ART CULINAIRE

3, rue Auguste Escoffier
✆ 04 93 20 80 51
www.musee-escoffier.com

© P. GAUTHEY

© FONDATION AUGUSTE ESCOFFIER

© FONDATION AUGUSTE ESCOFFIER

OFFICE DE TOURISME DE VILLENEUVE-LOUBET

16, avenue de la Mer
✆ 04 92 02 66 16
www.villeneuve-tourisme.com

En juillet et août : du lundi au samedi de 9h à 12h30 et de 13h30 à 18h et le dimanche de 9h à 13h. Visites guidées.

Situés le long de la piste cyclable qui relie le village au bord de mer, les bureaux de l'office de tourisme sont labellisés Tourisme & Handicap, avec un personnel sensibilisé. Vous pourrez y trouver des brochures gratuites multilingues. L'accueil est très charmant, dans ce petit immeuble qui sent les vacances ! Accès prévu pour les handicaps moteurs, visuel, auditif et mental. À noter qu'il y a également une annexe rue de l'Hôtel de Ville, dans le vieux village.

VISITE GUIDÉE DE LA FORTERESSE MÉDIÉVALE

16, avenue de la Mer ✆ 04 92 02 66 16
www.villeneuve-tourisme.com/decouverte/visites_guidees.html

7 € adulte (5 € en prévente). Inscription obligatoire. Stationnements gratuits.

Implanté au cœur d'un magnifique parc arboré, poussez les lourdes portes de la forteresse médiévale. Fondé au Moyen Âge et propriété de la famille Panisse-Passis depuis 1742, le site est encore aujourd'hui l'un des rares exemples de l'architecture militaire médiévale du département avec son donjon pentagonal, sa cour intérieure, son pont-levis, ses remparts, sa tour de guet ou encore sa canonnière. Le parc quant à lui recense une multitude d'espèces exotiques et méditerranéennes.

VISITE GUIDÉE PORT MARINA BAIE DES ANGES

✆ 04 92 02 66 16
www.villeneuve-tourisme.com/decouverte/visites_guidees.html

Tarif 3 € (2 € en prévente). Uniquement sur rendez-vous.

Avec près de 1 500 logements, Marina-baie des Anges est un véritable monument érigé à la gloire de la civilisation des loisirs à la fin du XXe siècle. La genèse du projet et les aléas de la construction constituent le point de départ de visites commentées proposées par l'office de tourisme de la commune : on en découvre l'histoire insolite et on visite les vastes jardins posés au bord de la Méditerranée. Admirée ou contestée, cette création remarquable ne laisse jamais indifférent.

PERLA RIVIERA*** €

369, avenue de La-Colle
✆ 04 93 20 97 58
www.perlariviera.fr

Ouvert toute l'année. Haute saison : chambre double à partir de 145 €. Restauration (fermé le lundi midi).

Si vous souhaitez fuir le remue-ménage du bord de mer, cet hôtel et restaurant 3 étoiles entièrement rénové est fait pour vous : 27 chambres donnent sur la piscine à débordement et les collines environnantes, un bar à vins vous attend, avant de passer à table, où le chef vous mitonne une cuisine régionale traditionnelle à base de foie gras, de saumon fumé, d'os à moelle, de cuisses de canard confites. À noter une très belle terrasse de 150 m^2 qui dévoile une vue panoramique sur les collines et le château de Villeneuve-Loubet. Un bon rapport qualité-prix.

HÔTEL LE GALOUBET*** €€

174, avenue du Castel
✆ 04 92 13 59 00
www.hotellegaloubet.com

Ouvert toute l'année. Basse saison : chambre double à partir de 70 €. Haute saison : à partir de 100 €.

Cet établissement est situé sur les hauteurs de Villeneuve-Loubet, en plein cœur d'un quartier résidentiel, à proximité du parc de Vaugrenier et à 15 minutes de marche du bord de mer. L'environnement calme et la belle piscine entourée de verdure jouent dans l'attrait de cet hôtel dont les 22 chambres de grand confort affichent une déco classique. Et un très bon point : elles sont toutes équipées d'un balcon ou d'une terrasse privée. L'hôtel dispose également d'une salle de séminaire et d'un parking privé gratuit. Reposant et agréable !

PIZ'ZATTI €

1, allée de la Plage
✆ 04 92 02 10 21
pizzatti-villeneuveloubet.fr

Ouvert 7j/7 midi et soir. Livraison non-stop. Pizzas à partir de 10 €. Terrasse.

Depuis 2013, le Piz'Zatti est en phase de devenir un incontournable des pizzas villeneuvoises ! Situé en bord de mer, ce sera probablement la queue extérieure de personnes attendant leur pizza qui devraient vous alerter... À moins que ce ne soit la bonne odeur qui se dégage du restaurant ! En terrasse ou sous la véranda, vous apprécierez ces délicieuses pizzas, qui se déclinent toutes en bruschettas si vous le souhaitez. Vous avez également la possibilité de les emporter pour manger sur les galets, face à la mer... Et vous ne serez pas le seul à y avoir pensé !

AU GARCON BOUCHER €

4, place de Verdun
✆ 04 93 08 86 90
www.augarconboucher.fr/
Ouvert toute l'année du mardi au jeudi et le dimanche de 7h à 14h ; le vendredi et le samedi de 6h30 à 20h30. Terrasse.

Cette adresse posée sur la placette à l'entrée du village de Villeneuve-Loubet, près de la célèbre « fontaine moussue », affiche une devanture en gris et rouge et un cadre à l'esprit bistro. La carte se décline autour de belle pièces de viandes (le propriétaire est le boucher voisin, Jean-Claude Beltrando), andouillette et hamburger qui régalent les plus carnivores. Les amateurs de pâtes et de salades composées sont également gâtés et tous peuvent terminer sur une notre sucrée en craquant pour les desserts variés et très inspirés.

PALM CAFÉ €

Quai d'Honneur
✆ 04 93 73 33 05
http://palmcafe.fr/
Ouvert toute l'année. Du jeudi au mardi de 8h à 18h. Carte : 20 € environ (plat + dessert).

Voici un petit établissement qui ravira petits et grands dans la marina Baie des anges. Exposé plein sud et doté d'une terrasse ensoleillée, le Palm Café propose une cuisine de bistrot simple mais copieuse, avec des assiettes joliment dressées : salades, burgers, bagels, omelettes, sandwichs et suggestions du jour (viandes principalement). Les amateurs de brunch à l'anglaise seront conquis par les pancakes maison. Une adresse abordable où il fait bon s'accorder une pause gourmande, d'autant que le service est souriant et chaleureux.

LE LAVOIR €

1001, avenue Batterie
✆ 04 93 20 80 75
Ouvert toute l'année. Du lundi au samedi le midi. Carte : 20 € environ (plat + dessert).

Dans cette brasserie pour le moins originale qui propose un service laverie, pressing et blanchisserie, on apprécie l'accueil convivial, le service professionnel et la proximité des plages. Il fait bon s'installer en terrasse pour profiter de la vue mer, du port de Marina Baie des Anges et du soleil en se délectant d'une cuisine bistrot généreuse et maison : viandes, tartares, salades, omelettes, fritto misto, pâtes. Les desserts sont aussi maison. Un endroit sympathique et, surtout, un bon rapport qualité-prix pour ce lavoir gourmand !

L'AUBERGE FLEURIE €€

11-13, rue des Mesures-Village
✆ 04 93 73 90 92
www.laubergefleurievilleneuveloubetvillage.com
Ouvert du mardi au dimanche le midi ; le vendredi et le samedi le soir. Menu à partir de 30 €. Terrasse. Boutique.

Cette belle adresse propose une cuisine inspirée par les produits frais du marché, qu'il s'agissent de viandes, de fruits de mer ou de poissons. La truffe est également mise à l'honneur selon les saisons. Côté desserts, les grands classiques révèlent une touche créative et beaucoup de raffinement. Hors saison, on s'installe dans la confortable salle colorée avec cheminée et dès les beaux jours, on profite du cadre authentique et verdoyant de la terrasse fleurie posée au cœur du paisible village de Villeneuve-Loubet. En nouveauté, l'auberge propose sa boutique !

METS DIVINS €

369, avenue de la Colle
✆ 09 51 12 99 58
metsdivins.fr
Ouvert toute l'année. Tous les jours le soir ; du mardi au dimanche le midi. Carte : 30 € environ (plat + dessert).

Une table gourmande se cache à Villeneuve-Loubet dans l'enceinte de l'hôtel Perla Riviera. La déco est avenante ; on aime son côté bistrot chic et surtout l'ouverture sur la piscine et la terrasse avec une vue admirablement dégagée. La cuisine se veut quant à elle traditionnelle, respectant les produits de saison et du terroir. Autre spécificité de la maison : le bar à vin qui propose plus de 120 références. Des soirées thématiques sont régulièrement organisées et des vignerons présentent à cette occasion leurs vins, en accord avec un menu dédié.

BLUE PEARL €€

1523, avenue de la Batterie
✆ 04 93 29 31 39
restaurant-bluepearl.com
Maître Restaurateur. Ouvert du dimanche au mardi et le jeudi le midi ; vendredi et samedi midi et soir. Menu à 35 €.

Voilà un très bon restaurant de plage, au style dépaysant dès l'entrée. Ici, on se croirait à Bali plutôt que sur la Côte d'Azur, avec un mobilier en teck et une décoration boisée zen incitant aux voyages. Dans l'assiette, la découverte continue avec un beau choix de poissons, de volailles, de viandes, de pâtes ou encore de risottos. Si vous ne succombez pas au délicieux et complet menu du chef, un burger brioché 100 % végan satisfera les plus exigeants. Des desserts gourmands et glacés complètent le tout. Un bel endroit à la carte métissée comme on aime.

LA CABANE €€

1523 avenue de la Batterie
✆ 04 93 07 07 70
www.cabane-restaurant.com
Ouvert toute l'année. Carte : 30 € environ.

La mythique «Cabane» située sur le port de Saint-Laurent du Var depuis 20 ans a subi un terrible incendie en avril. Christophe et son équipe n'ont pas baissé les bras et ils font renaître l'établissement dans un nouveau décor à Villeneuve Loubet pour commencer la saison 2021. Cette nouvelle cabane sera tout aussi sympathique et conviviale avec les mêmes recettes qui ont fait de ce resto un incontournable de la Côte : produits frais, viandes de choix et poissons sauvages. Pâtes fraîches et salades composées complètent la carte pour des pauses repas conviviales.

LES TERRASSES DU SYRACUSE €€

215, boulevard Eric Tabarly ✆ 04 93 20 45 09
www.terrasses-syracuse.com/restaurant
Ouvert toute l'année. Tous les jours le midi et le soir. Carte : 30 € environ (plat + dessert). Terrasse. Piscine.

Coup de cœur : à deux pas de la marina, cet établissement propose un superbe toit-terrasse en hauteur avec piscine, transats, et vue sur la mer ! Le cadre est contemporain et relativement classe, pourtant c'est bien la simplicité qui règne dans vos assiettes. Le chef propose une carte constituée de produits frais joliment présentés dans le style bistrot-chic. Dans l'assiette ou tout autour de nous, on en prend donc plein les mirettes ! Dernier argument : les prix sont très accessibles.

VILLA MARINA €€

Port Marina Baie des Anges
✆ 04 93 22 61 77
www.restaurantvillamarina.fr
Ouvert tous les jours le midi et le soir. Carte : 30 € environ (plat + dessert).

La Villa Marina bénéficie d'une situation idéale face au port de Villeneuve-Loubet. Sa vaste terrasse ombragée par de beaux palmiers est baignée par les rayons du soleil tandis que l'on s'installe également et tout aussi confortablement dans la grande salle intérieure. Ce restaurant propose une cuisine ensoleillée, italienne et provençale, inspirée par les produits de la mer : grillades de poissons ou viandes, assortiments de pâtes, risottos, gnocchis, pizzas… Les desserts sont faits maison. L'accueil est agréable et décontracté. On y passe un bon moment.

PUB LE PITCHER

Avenue de la batterie
✆ 06 81 44 95 25
Ouvert toute l'année. Du lundi au samedi de 17h à 0h. Terrasse.

Au cœur du port de Marina Baies des Anges, le Pub le Pitcher est le lieu idéal pour se détendre après une journée harassante de travail (ou de plage !) en profitant de la vue sur les bateaux amarrés. Pour un dîner sur le pouce, un afterwork entre collègues, une partie de billard ou de simples retrouvailles entre amis, on se laisse volontiers embarquer par l'ambiance décontractée de ce lieu chaleureux et convivial. Et si une petite faim se fait sentir, le pub propose des flammekueche et des pizzas cuites au feu de bois délicieuses !

ARABELA LOCATION DE BATEAUX

Port Marina-baie des Anges
✆ 06 24 65 19 07
http://arabelalocationbateaux.com/
Ouvert de mai à octobre. Location de bateaux sans permis. 1h : 45 €, 4h : 110 €. Forfait journée (9h-18h) : 170 €.

Envie de prendre le large ? Vous pouvez louer ici des bateaux semi-rigides avec permis et des bateaux sans permis. Après un briefing sur les règles élémentaires de sécurité, vous partez à la découverte du littoral azuréen. Trois promenades sont proposées : la côte est en direction de Nice, Villefranche sur mer et sa rade et la côte ouest vers Antibes puis le long du Cap. Si vous partez à la journée, dirigez-vous vers les îles de Lérins et leur charme enchanteur.

LE BOIS DES LUTINS

2259, route de Grasse ✆ 04 92 02 06 06
www.leboisdeslutins.com
Fermeture de mi-novembre à fin-février. Ouvert 7j/7 de 10h à 19h en juillet et aout. Horaires variables en basse saison

Au cœur du monde magique des arbres, ce parcours de filets aériens pour petits et grands enfants surplombe un espace de 1,5 ha ponctué d'activités sportives et de découvertes variées : on grimpe dans les plus hautes branches des arbres centenaires où vivent lutins, elfes et gnomes pour découvrir des cabanes, des toboggans et des terrasses à la recherche du petit peuple des bois. Au sol, des structures gonflables et un village souterrain peuplé de trolls ponctuent ces quelques heures d'aventure et de balade insolite. Une belle journée en famille en perspective.

GOLF DE LA VANADE

Route de Grasse
✆ 04 92 02 24 61
www.golf-vanade.com

Ouvert tous les jours à partir de 8h. 1 jeton : 4 €, 10 jetons : 31 €. Green Fee : 35 €. Restauration.

Après deux ans de fermeture, le golf de la Vanade a rouvert ses portes en 2018 sous la direction de Dominique Gault, qui a décidé de redynamiser le concept. Au programme : 53 postes de practice, un green naturel, un autre synthétique, deux zones d'approches, un parcours de 9 trous, un club house pour accueillir les golfeurs, des stages pour les enfants et les adultes, des initiations gratuites deux fois par mois, des compétitions et une véritable académie de golf, destinée aussi bien aux seniors qu'aux débutants. Et pour finir, une offre de restauration.

PARCOURS ACROBRANCHE PITCHOUN FOREST

2559, RD 2085
✆ 06 71 93 23 50
www.pitchounforest.com

Ouvert toute l'année. L'été : 7j/7 de 10h à 17h. Pour 5 parcours, 1h30 environ d'activité, prix d'entrée : 16 €.

Tout proche du Village des fous, l'espace Pitchoun Forest propose des parcours adaptés aux enfants de 3 à 10 ans pour les initier aux activités sportives dans les arbres et leur faire découvrir la vie de la forêt de manière ludique. Ces tracés parfaitement sécurisés à l'aide de harnais et d'une ligne de vie automatique se composent d'un quiz éducatif illustré de 30 panneaux sur le thème de la vie de la forêt et de 60 ateliers d'équilibre et de tyroliennes disposés dans les arbres.

PÔLE CULTUREL AUGUSTE ESCOFFIER

269, allée du Professeur-René-Cassin
https://www.ma-mediatheque.net/

Médiathèque en accès libre. Salle de spectacle. Cinéma

Rendant hommage au grand chef cuisinier et enfant du pays Auguste Escoffier, la commune de Villeneuve-Loubet s'est dotée d'un pôle culturel d'excellence conjuguant plusieurs services : médiathèque, spectacle, gastronomie, le tout orienté vers le développement durable. Le site dispose d'une salle de spectacles polyvalente qui accueille concerts de musique du monde et classique, projections de cinéma, dîners cabaret, spectacles jeune public, pièces de théâtre, etc.

THALASSOLEIL & SPA

Marina Baie des Anges ✆ 04 93 73 55 07
www.thalassoleil.fr

Ouvert toute l'année. Ouvert de 8h30 à 18h. Courts séjours (2 à 5 jours) à partir de 89 € par jour.

Le centre Thalassoleil est une étape de choix pour se ressourcer dans un environnement privilégié, entre mer et montagne. Un centre de thalassothérapie à taille humaine où convivialité et professionnalisme sont les maîtres-mots. Depuis 1979, il propose des soins marins classiques pratiqués sous forme de cures de 1 à 3 semaines, mais aussi une gamme de soins plus courts, allant de 1 à 6 jours, pour la remise en forme, les problèmes circulatoires, de dos, d'arthrose, de rhumatismes, de stress... Les différentes cures à la carte distillent des soins variés.

WATERSPORTS - BASES NAUTIQUES

23, boulevard Éric-Tabarly ✆ 06 87 81 55 70
www.watersports.fr

Ouvert tous les jours de 8h30 à 19h30. Wakeboard 50 € la leçon. Bouées tractées à partir de 49 €. Flyfish 59 €.

Toutes les activités nautiques sont encadrées par des moniteurs diplômés d'État dans cette belle base bien complète ! Vous pourrez vous initier au jet-ski, partir en randonnée en scooter des mers, faire du parachute ascensionnel, du flyfish, des bouées tractées, du ski nautique ou du wakeboard... Sensations fortes garanties ! La société organise également sur demande des activités privées : séminaires, anniversaires, enterrement vie de garçon et de jeune fille...

YACHT-CLUB

129, boulevard Eric-Tabarly
✆ 04 92 02 92 67
www.ycvl.fr

Fermeture annuelle à Noël. Basse saison : ouvert du lundi au samedi de 9h à 18h. 170 € la demi-journée.

Club agréé par la Fédération française de voile et l'Éducation nationale, ce centre dispose d'une large gamme d'activités nautiques : optimist, catamaran, planche à voile, dériveur... Vous pouvez louer le matériel ou effectuer des stages. Tous les niveaux sont acceptés, adultes et enfants. Utilisation libre, accueil du matériel des particuliers. Cours particuliers sur tous supports avec possibilité de carte d'abonnement. Trois bases nautiques ouvertes de juin à septembre offrent la possibilité de s'éclater durant la période estivale sur les plages du littoral.

PASSEPORT

CÔTÉ MONTAGNE

Qu'on se le dise : il serait bien dommage de vous limiter uniquement au littoral lors de votre découverte de cette magnifique région ! Alors, n'hésitez pas à prendre de la hauteur pour mieux apprécier le paysage : le côté montagne a également des beautés naturelles à vous dévoiler, à quelques dizaines de minutes seulement de la mer.

D'autant plus qu'il y en a pour tous les goûts : les sybarites apprécieront donc les plaisirs de la vie dans les palaces réputés qui fleurissent dans les vastes domaines du moyen pays, les artistes aimeront retrouver l'inspiration dans les galeries d'art de certains villages provençaux réputés, les fondus de sport prendront de bons bols d'air en montagne pour profiter d'activités parfois extrêmes (VTT de descente, escalade, via-ferrata...), tandis que les randonneurs découvriront la splendeur des paysages et leur diversité selon les différentes vallées, ainsi que leurs petits villages pittoresques.

4 KM
Côté Montagne
D10
D2211 A
D27
TOUDON
UTELLE
M6202
M2565
D2566
LUCÉRAM
D117
Revest-les-Roches
Roquestéron
D17
LEVENS
COARAZE
Touët-de-l'Escarène
D15
GILETTE
D10
Réserve Biologique Dirigée de Cheiron
Les Ferres
Conségudes
D1
Baus Roux
Bouyon
M2209
LA ROQUETTE-SUR-VAR
D615
CIPIÈRES
Sclos
D5
THORENC
BÉZAUDUN-LES-ALPES
BLAUSASC
GRÉOLIÈRES
D8
D2
D2
M14
COURSEGOULES
ASPREMONT
TOURRETTE-LEVENS
CAILLE
D79
D2
ANDON
P.N.R. des Préalpes d'Azur
Cipières
CARROS
M19
Pont de Peille
SÉRANON
COLOMARS
D5
D3
M2
SAINT-JEANNET
Saint-Roman de Bellet
Saint-André-de-la-Roche
D6085
CAUSSOLS
A8
D12
M2210
M2209
LE PLAN
ÈZE
ESCRAGNOLLES
Gourdon
La Gaude
Saint-Isidore
E80
ROQUEBILLIÈRE
D6085
TOURRETTES-SUR-LOUP
BEAULIEU-SUR-MER
NICE
SAINT-VALLIER-DE-THIEY
D3
D2210
SAINT-PAUL-DE-VENCE
Saint-Antoine Ginestière
D6
M18
VILLEFRANCHE-SUR-MER
Mons
LA COLLE-SUR-LOUP
SAINTE-MARGUERITE
D656
D5
D6085
Magagnosc
D7
SAINT-JEAN-CAP-FERRAT
OPIO
Le Rouret
GRASSE
SAINT-LAURENT-DU-VAR
D4
ROQUEFORT-LES-PINS
CABRIS
CHÂTEAUNEUF-GRASSE
CAGNES-SUR-MER
SAINT-CÉZAIRE-SUR-SIAGNE
SPÉRACÈDES
D2085
VILLENEUVE-LOUBET
Mer Méditerranée

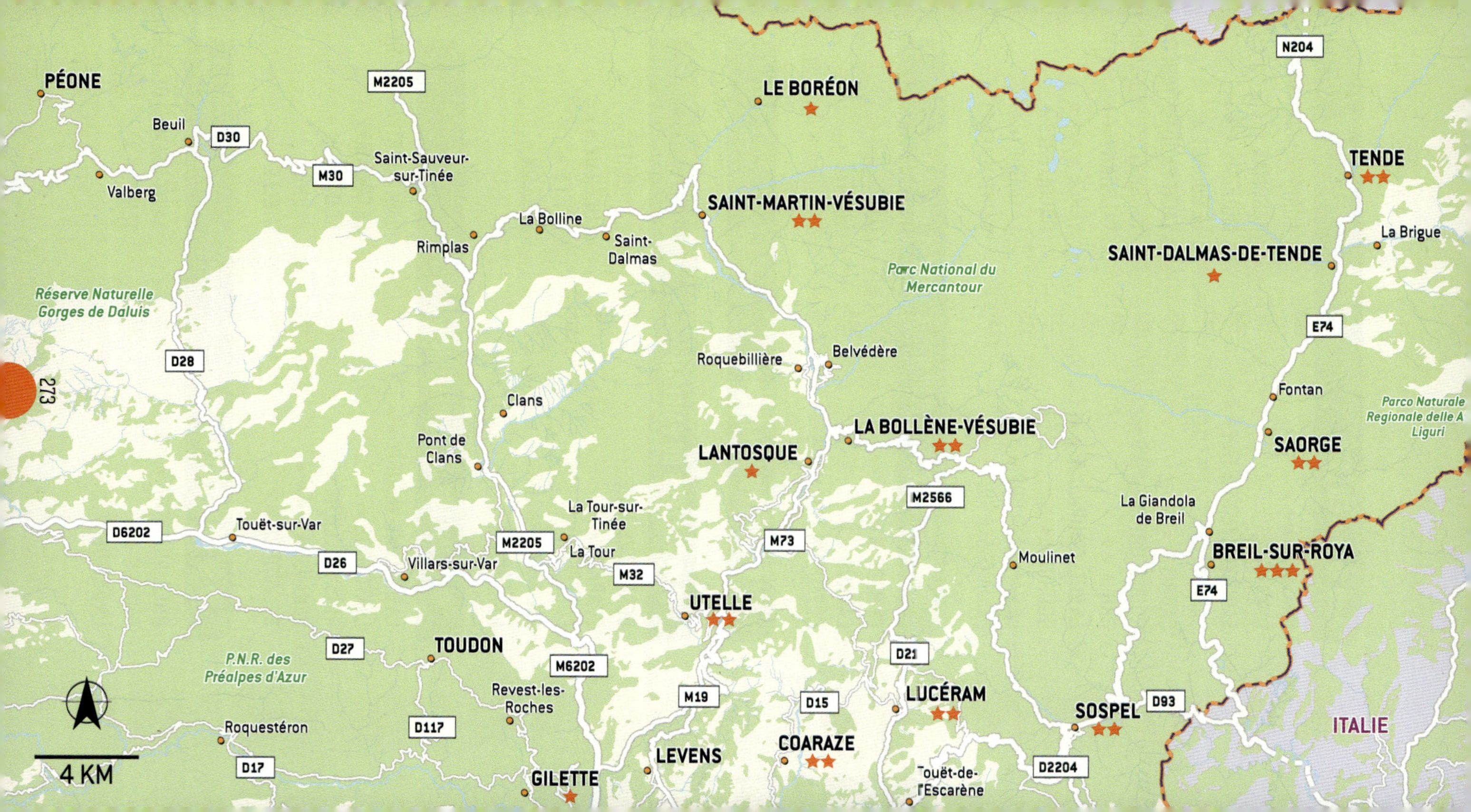
PÉONE
Beuil
Valberg
D30
M2205
M30
Saint-Sauveur-sur-Tinée
Rimplas
La Bolline
Saint-Dalmas
LE BORÉON
SAINT-MARTIN-VÉSUBIE
TENDE
N204
La Brigue
SAINT-DALMAS-DE-TENDE
Parc National du Mercantour
Réserve Naturelle Gorges de Daluis
D28
E74
Roquebillière
Belvédère
Clans
Fontan
Parco Naturale Regionale delle A Liguri
LA BOLLÈNE-VÉSUBIE
SAORGE
Pont de Clans
LANTOSQUE
M2566
La Giandola de Breil
La Tour-sur-Tinée
D6202
Touët-sur-Var
M2205
La Tour
M73
BREIL-SUR-ROYA
D26
Villars-sur-Var
M32
Moulinet
E74
UTELLE
D27
TOUDON
M6202
D21
P.N.R. des Préalpes d'Azur
Revest-les-Roches
M19
D15
LUCÉRAM
SOSPEL
D93
ITALIE
Roquestéron
D117
COARAZE
4 KM
D17
GILETTE
LEVENS
Touët-de-l'Escarène
D2204

PAGES

GRASSE ★★★★

À seulement 15 kilomètres de Cannes, à 300-400 mètres d'altitude, Grasse est une véritable bouffée d'air frais dans un décor verdoyant de montagnes, de forêts et de grottes. Bien qu'étant la quatrième ville du département des Alpes-Maritimes, la ville et ses environs sont également un lieu de villégiature apprécié. Des personnes illustres y ont séjourné, notamment la princesse Pauline Bonaparte, sœur de l'empereur, en 1807-08, la reine Victoria et l'acteur et écrivain Dirk Bogarde. Sans oublier Napoléon lui-même, qui y fit escale à son retour de l'île d'Elbe.
Grasse fut détachée du département du Var en 1860 pour former, avec le comté de Nice, le département des Alpes-Maritimes dont elle est la sous-préfecture. Spécialisée dans le tannage du cuir au Moyen Âge, la ville acquiert une solide réputation auprès de la noblesse en lançant la mode des gants parfumés. Dans la vieille ville, la place aux Aires, traversée par un canal, fut longtemps le fief des tanneurs. Dès la fin du XVIIIe siècle, Grasse connut un extraordinaire développement de la parfumerie qui la fait encore rayonner aujourd'hui. La cité provençale accrochée à flanc de colline est considérée comme la capitale mondiale du parfum.

HUILERIE SAINTE-ANNE

138, route de Draguignan
✆ 04 93 70 21 42
www.huilerie-sainte-anne-boutique.com
Ouvert du lundi au samedi de 9h30 à 12h30 et de 14h à 18h. Vente en ligne sur le site internet. Visite guidée. Boutique

Situé en plein cœur d'une région très riche en oliviers, le dernier moulin à huile traditionnel en activité est géré avec passion et enthousiasme. Une meule de pierre, des bassins de décantation, des outils d'antan, des huiles d'olive issues de méthodes ancestrales : la visite guidée du site permet de se plonger dans une tradition où le savoir-faire des anciens est expliqué avec beaucoup de talent. Pour prolonger ce moment, direction la boutique où l'on retrouve une grande variété de produits du côté de l'épicerie fine sans oublier l'huile Sainte-Anne.

MUSÉE INTERNATIONAL DE LA PARFUMERIE - MIP

2, boulevard du Jeu-de-Ballon ✆ 04 97 05 58 11
www.museesdegrasse.com
Ouvert toute l'année. Gratuit jusqu'à 18 ans. Adulte : 4 € (6 € pendant les expositions temporaires).

Dédié à la sauvegarde et à la promotion du patrimoine international des odeurs, arômes et parfums, ce musée unique au monde est dédié aux métiers de la parfumerie. Sont dévoilés l'histoire des fragrances, les matières premières, la fabrication, l'industrie, l'innovation, le négoce, le design, les usages, au sein de magnifiques bâtiments historiques autour d'une grande nef transparente avec jardins et terrasses. Visites thématiques et expérimentations (ateliers olfactifs, gustatifs).

CÔTE MONTAGNE

© BERNARD GIRARDIN

Ville médiévale de Grasse.

MUSÉE D'ART ET D'HISTOIRE DE PROVENCE - MAHP

2, rue Mirabeau
✆ 04 93 36 80 20
www.museesdegrasse.com/mahp/presentation
Ouvert en été de 10h à 19h et en hiver de 10h à 17h30. Gratuit jusqu'à 18 ans. Adulte : 2 €. Boutique.

Le bâtiment fut construit de 1771 à 1774 par le marquis de Clapiers-Cabris et son épouse, sœur du député Mirabeau, tandis que l'architecte milanais Jean Orello en réalisa les plans. Pour déplaire à sa mère, le jeune marquis fit sculpter au-dessus de la porte d'entrée une tête de gorgone vomissant des serpents. Les dépenses engagées finirent par le ruiner et l'hôtel particulier malheureusement inachevé fut vendu aux enchères par sa fille unique. Il sera saccagé et transformé en appartements avant de devenir propriété de la ville de Grasse puis musée en 1921. Le site offre un cadre idéal aux collections thématiques installées (artisanat, faïences, poteries, verres, costumes, objets archéologiques, fabrication de l'huile d'olive) et restitue l'atmosphère de la vie quotidienne en Provence depuis la Préhistoire d'une part et d'autre part met en lumière les Arts décorations à partir du XVIIIe siècle : reconstitution complète d'une cuisine provençale, rénovation des appartements privés du marquis et de la marquise. Très belle façade du XVIIIe siècle s'ouvrant sur le jardin intérieur à la française de 1 200 mètres carrés inscrit à l'inventaire des Monuments historiques. Le vicomte de Noailles l'a redessiné à l'identique en 1967 pour restituer son aspect d'antan. Témoin de l'histoire grassoise, le bâtiment aux belles salles d'apparat fait plonger les visiteurs dans une époque révolue à travers une collection d'objets et d'œuvres impressionnante.

PARFUMEUR FRAGONARD - USINE HISTORIQUE

20, boulevard Fragonard ✆ 04 93 36 44 65
www.fragonard.com
Ouvert tous les jours de 9h à 18h30. Entrée gratuite. Visite guidée dans toutes les langues européennes. Boutique.

Située au cœur de la vieille ville, l'usine historique de fabrication de parfumerie est l'une des plus anciennes de Grasse. Elle date de 1782 ! C'est en 1926 qu'elle prend son nom actuel, en hommage au peintre Jean-Honoré Fragonard, fils d'un gantier parfumeur grassois. La visite guidée permet de découvrir les procédés de fabrication puis d'admirer la plus belle collection privée d'objets retraçant l'histoire du parfum. Dans la boutique, les produits sont vendus à prix d'usine.

PARFUMEUR GALIMARD

73, route de Cannes
✆ 04 93 09 20 00
www.galimard.com
Visites ouvertes à tous dès 9h et tout au long de la journée avec ou sans réservation pour groupes et individuels.

Jean de Galimard, seigneur de Séranon et fondateur de la corporation des gantiers parfumeurs, vécut à Grasse où il créa en 1747 la parfumerie Galimard. Au cours de la visite guidée de cette usine traditionnelle, vous découvrirez l'histoire de cette industrie et les méthodes d'extraction des matières premières. Vous pourrez également créer votre propre parfum sous la conduite d'un nez. Un diplôme attestant du stage « d'élève parfumeur » vous sera remis et chaque formule est numérotée et conservée en vue d'une commande ultérieure. Mémorable !

PARFUMEUR MOLINARD

60, boulevard Victor-Hugo
✆ 04 93 36 01 62
www.molinard.com
Ouvert tous les jours de 9h30 à 18h30. Visite gratuite du musée et de la fabrique de savons, durée : 25 minutes.

Fondée en 1849, la maison Molinard est restée une entreprise familiale depuis cinq générations. En 1860, Molinard crée des parfums vendus dans d'élégants flacons en cristal de Baccarat. En 1891, la reine Victoria y achète ses eaux de Cologne. En 1900, c'est Gustave Eiffel qui conçoit la charpente du distilloir et les étrangers viennent (déjà) admirer la magnifique collection de meubles des XVIIe et XVIIIe siècles dans le salon provençal. En 1921, Molinard lance l'inimitable Habanita, dont le succès ne s'est jamais démenti ! Au début des années 1930, ce sont Lalique et Baccarat qui signent de magnifiques flacons. Allez vous en rendre compte sur place. On y trouve toute une gamme de parfums (« Prestige », « Habanita », « Collection Icones »...), ainsi que divers bougies et parfums d'ambiance, savons artisanaux (abricot, jasmin, mandarine...). Tout y est, rien n'a changé : l'architecture de la maison est admirable, la collection des flacons anciens est unique ainsi que les meubles sur lesquels sont exposés toutes les collections. Le *made in France* est une valeur portée avec ferveur par la famille. En effet, Molinard est le seul parfumeur grassois à détenir le label Entreprise du Patrimoine Vivant (EPV). Un stage à l'atelier de création s'impose où un nez vous aide à associer les notes. On emporte sa création de parfum en vaporisateur de 50 millilitres et son diplôme numéroté. Magique ! Une activité à expérimenter seul, en couple, ou en famille. Vous l'aurez compris, voici une visite hautement recommandée.

VILLA MUSÉE JEAN-HONORÉ FRAGONARD

23, boulevard Fragonard ✆ 04 93 36 02 71
www.museesdegrasse.com
Fermeture annuelle du 1er décembre à fin mars. Ouvert en été de 13h00 à 18h45 tous les jours. Visite guidée

Cette élégante bastide de la fin du XVIIe siècle, entourée d'un magnifique jardin aux palmiers majestueux, abrite les œuvres (dessins, fresques et tableaux) du célèbre peintre grassois Jean-Honoré Fragonard et de ses descendants. Elle fut l'une des premières demeures édifiées en dehors du cœur de la ville. Elle a appartenu à trois vieilles familles provençales avant d'être rachetée par un riche négociant en parfumerie : Alexandre Maubert. Natif de Grasse, cultivé et musicien, il était le cousin de Jean-Honoré Fragonard qu'il accueillit chez lui en 1790-91 quand la situation politique le força à quitter Paris. La ville de Grasse acquit la demeure lorsqu'elle fut mise en vente en 1977 pour en faire un musée. On peut admirer les œuvres de Fragonard (1732-1806), l'enfant du pays, et celles des peintres de sa famille : son fils Alexandre Évariste (1780-1850), son petit-fils Théophile (1806-1876), sa belle-sœur Marguerite Gérard (1761-1837) et son arrière-petit-fils Antonin (1857-1881), un sculpteur de talent mort prématurément. Dans la cage d'escalier, un extraordinaire décor en trompe-l'œil réalisé par Évariste fut classé aux Monuments historiques en 1957. Pour découvrir cette élégante maison de campagne chargée d'histoire, et participer à diverses activités culturelles et expérimentales, vous devez contacter au préalable les équipes du musée pour prendre rendez-vous. Aucune visite libre n'est possible. Un bel hommage rendu par la ville à l'enfant le plus célèbre du pays.

OFFICE DE TOURISME

Place de la Buanderie
✆ 04 93 36 66 66
tourisme.paysdegrasse.fr
Ouvert du lundi au samedi de 10h à 16h.

Grasse, réputée pour être capitale mondiale du parfum est devenue une grande destination touristique. Mais c'est aussi une ville qui jouxte de nombreuses communes alors regroupées sous ce qu'on appelle le pays grassois. Du centre ville historique aux villages alentour, l'équipe de l'office du tourisme saura vous conseiller et vous guider vers tous les incontournables du coin. Sur place : espace Wifi, aire de repos, boutiques, location de vélos mécaniques et assistés électriquement, centrale d'achat. La place de la Buanderie accueille également la gare routière.

AUBERGE LES ARÔMES €€

115, route de Cannes ✆ 04 93 09 08 01
www.auberge-lesaromes.com
Ouvert toute l'année. 5 chambres. Chambre double à partir de 80€. Parking ouvert. Chèque Vacances. Restauration

Située à mi-chemin entre Grasse et Cannes avec une belle vue sur les collines grassoises, cette jolie auberge est composée de chambres particulièrement grandes et joliment décorées dans des tonalités provençales aux couleurs chamarrées. Sur place, le restaurant Varouj propose des spécialités orientales, arméniennes et grecques ou des plats traditionnels français. Formidable, l'accueil vous fera vous sentir presque comme à la maison, et vous passerez un séjour reposant dans ce cadre bien agréable. Il est prudent de réserver compte tenu du nombre limité de chambres.

HÔTEL LE PATTI*** €€

1, place du Patti ✆ 04 93 36 01 00
www.hotelpatti.com
Ouvert toute l'année. 73 chambres. Chambre double à partir de 99 €. Animaux acceptés (8 €). Restaurant ouvert 7j/7.

Bien placé au cœur du centre historique et médiéval, l'établissement se veut hôtel de charme. Sa décoration est axée sur tous les éléments provençaux : couleurs, fusion tradition contemporaine, terrasse aménagée. Chambres modernes, confortables, insonorisées, climatisées et bien équipées, notamment de les équipements, minibar, room-service. Les chambres, fidèles à leurs thèmes respectifs, sont décorées différemment (renseignez-vous donc avant de réserver). Le restaurant, qui bénéficie d'une terrasse et d'un accès handicapés, peut accueillir jusqu'à 150 couverts.

MOULIN SAINTE-ANNE €€

9, chemin des Prés ✆ 04 83 05 58 05
www.moulinsainteanne.com
Ouvert toute l'année. 3 chambres (2 appartements, location à la semaine). Chambre double de 110 € à 195 €.

Le Moulin Sainte-Anne est une magnifique bâtisse du XVIIIe siècle qui a été rénovée et agencée en chambres d'hôtes. Les amoureux de vieilles pierres vont adorer l'atmosphère qui émane de ce lieu magique chargé d'histoire. Les chambres bénéficient de très beaux volumes, de 34 m² pour la plus petite à 53 m² pour la suite avec une salle de bain balnéo. Deux appartements indépendants complètent l'offre. Jardin, piscine et rivière permettront de passer de doux moments en extérieur aux beaux jours. Le petit déjeuner est copieux et fait la part belle au fait maison.

RELAIS DU PEYLOUBET €€

65, chemin de la Plâtrière
✆ +33 06 16 90 67 39
www.relais-peyloubet.com.fr

Ouvert de mi mars à mi novembre. 5 chambres (dont 2 suites). Chambre double de 100 € à 135 €. Petit déjeuner inclus.

Construit au XVIIIe siècle, alors mas agricoles, la Bastide du Relais du Peyloubet est aujourd'hui une élégante et confortable demeure blottie au sein d'un parc de 3 hectares. Les chambres sont toutes exposées plein Sud et jouissent d'une terrasse indépendante. Elles sont confortables, bien décorées et bien équipées. Une piscine de 18 mètres de long avec balnéothérapie, vous assurera fraîcheur, plaisir et détente ! Pour le petit déjeuner, pains, pâtisseries et confitures faits maison sont servis sous la treille aux beaux jours.

LA BASTIDE DES ANGES**** €€€

2, chemin du Camp-de-la-Besse ✆ 06 82 50 98 23
www.bastidedesanges.com

Ouvert toute l'année. 2 suites indépendantes de 55 ou 60 m2 pour 1 à 4 personnes. Chambre double de 95 € à 105 €.

Elle porte bien son nom cette bastide du XVIIIe siècle… Le cadre est superbe et du haut de la terrasse se dresse un paysage panoramique. Une remarquable piscine, une cascade, des fleurs de toutes les couleurs, des arbres fruitiers, des oliviers… le jardin est un atout indéniable. Deux suites disposent d'un accès indépendant. Chacune est composée d'une chambre avec lit double et d'un salon séparé avec canapé-lit, mais aussi salle de bains avec baignoire, douche, double lavabo, et wc séparés. Leurs prestations sont réellement haut de gamme et l'accueil chaleureux.

LA BASTIDE SAINT-ANTOINE***** €€€

48, avenue Henri-Dunant ✆ 04 93 70 94 94
www.jacques-chibois.com

Relais & Châteaux. Ouvert toute l'année 24h/24. Animaux acceptés. Fitness. Jardin. Restauration (maitre restaurateur).

L'art de vivre provençal dans toute sa splendeur. Nichée au cœur d'une oliveraie de 5 ha, la Bastide Saint Antoine date du XVIIIe siècle. Cette grande maison entourée d'un parc offre une vue imprenable sur l'Estérel et la baie de Théoule depuis le restaurant et les chambres. Des chambres et suites au style chaleureux, élégant et raffiné. Le style est plus contemporain dans l'extension où certaines bénéficient d'un bain bouillonnant privé sur la terrasse. Véritable refuge de douceur et de calme la Bastide complète son offre par une piscine et des massages.

CH9 €

7, Route de Nice - **CHÂTEAUNEUF-GRASSE**
✆ 07 82 14 51 38

Ouvert toute l'année. Du lundi au samedi le midi et le soir. Ouvert le dimanche soir. Terrasse. Vente à emporter.

Cette petite adresse du village de Châteauneuf de Grasse compte une grande communauté de gourmands. Tous répondent présents aux frites maison absolument incontournables et aux copieuses assiettes proposées. Burgers, kebabs, sandwichs, et même salades : nous vous défions de les terminer ! Chaque semaine, une nouvelle suggestion à la carte, à l'image du Chti Burger en hommage aux origines des gérantes. Si vous avez encore un peu de place, les desserts sont aussi succulents. Jolie petite terrasse agréable aux beaux jours mais rapidement prise d'assaut !

PIZZA DOUME €€

33, boulevard du Jeu de Ballon
✆ 09 52 11 60 38

Ouvert du lundi au vendredi de 11h à 14h et de 18h à 22h. Samedi 18h à 22h. Vente à emporter. Livraison à domicile.

Le pizzaiolo star de Grasse est de retour ! Après 6 ans passés à Peymeinade, Dominique Klerous est de retour avec Pizza Doumé ! Au menu, on retrouve donc des pizzas artisanales entièrement réalisées sur place suivant les méthodes traditionnelles. Classiques, gourmandes, elles sont une vingtaine et absolument toutes délicieuses. L'accueillant Doumé propose aussi des salades, des pâtes et un plat du jour que vous pourrez apprécier installés en salle ou en terrasse. La carte est aussi disponible en livraison (offerte midi et soir dans un rayon de 5 km) ou à emporter.

L'ARROSOIR €

6, rue des Moulinets
✆ 09 80 95 38 00

Ouvert du lundi au samedi de 10h à 15h. Vegan et gluten free friendly. Terrasse.

Ici on cuisine locale et responsable, avec des fruits et légumes issus de la permaculture et souvent ramenés du jardin Lou Pantai situé au Plan de Grasse, à quelques kilomètres du restaurant. Dans l'assiette, les recettes maison de saison sont sans chichi et d'une fraicheur inégalée. On apprécie l'aspect très intimiste de ce «tiers lieu» presque caché qui se veut avant tout simple, et l'agréable patio où vous aimerez certainement prendre le temps de discuter autour d'une part de tarte et d'un café. Une jolie découverte à tester au déjeuner.

AUBERGE DE PROVENCE €€

2, place Saint-Donat ✆ 04 93 42 40 83
www.aubergedeprovence.fr

Fermé le mercredi. D'avril à octobre : midi et soir. De novembre à mars : le midi. Formule midi : 16,50 €. Menu Auberge 29€

Plascassier est un des hameaux rattachés à Grasse. La « môme Piaf » s'y est éteinte en octobre 1963. Il mérite une visite car il cache au moins deux perles. L'une est la jolie petite église Saint-Pancrace l'autre est l'Auberge de Provence gérée par Éric et Carine Graziotti. Ils ont déjà un établissement à Valbonne, Le bistrot du Sommelier. Passionné de vins, Eric aime partager une cuisine niçoise qui a bercé son enfance. En salle, Carine vous reçoit avec le sourire. Et la terrasse permet de savourer le tout en profitant du soleil. Une adresse à découvrir.

ASPEN COUNTRY CLUB €

190, route de Cannes
✆ 09 52 77 34 90
www.aspen-countryclub.com/
Ouvert du lundi au samedi de 9h à 19h. Réservation recommandée. Jardin. Terrasse. Vente à emporter. Espace enfants.

L'Aspen est un havre de paix caché dans l'enceinte du tennis-club de Grasse. Pas facile de le dénicher si vous n'êtes pas grassois mais sur place, quel bonheur ! La grande salle intérieure s'ouvre sur une terrasse avec vue sur les courts de tennis et un grand jardin à perte de vue. Inédit pour le quartier, nous sommes tout de même dans une zone urbaine. Florent et son équipe aiment la simplicité et les choses vraies. Ce restaurant offre une cuisine généreuse qui respecte les produits frais. Tous les desserts sont maison, le chef étant pâtissier de métier.

LA CLOSERIE €€

270, route de Cannes
✆ 04 93 09 76 67
golfsaintdonat.com/restaurant-grasse-la-closerie
Maître Restaurateur. Ouvert du mardi au dimanche le midi. Jardin. Terrasse. Boutique. Golf de Saint Donat.

Ce restaurant est ouvert sur le golf country club de Saint-Donat. Depuis la terrasse ou les larges baies vitrées, on peut observer le parcours ainsi que le petit lac avoisinant. Vous l'aurez compris, ici on est au calme pour déguster de bons petits plats, concoctés par le chef Didier Revilliod, Maître restaurateur. Au menu, quelques plats inspirés de saveurs venus d'Asie, ainsi que des grands classiques tels sur côte de bœuf feront chavirer vos papilles. À noter que la beauté des lieux se prête très bien à l'organisation d'événements privés.

MOZART DEL GUSTO €

12, Boulevard du Maréchal Leclerc
✆ 04 93 09 95 25
www.mozart-del-gusto.fr/
Ouvert toute l'année. Tous les jours de 18h à 23h. Carte : 12 € environ (pizza). Vente à emporter. Livraison.

Au début de l'année 2019, une violente déflagration soufflait l'établissement, blessant au passage le gérant et chef Tarek. De retour aux fourneaux, c'est avec d'envie que les habitués reviennent en nombre. Il faut dire que le talentueux pizzaiolo avait manqué a beaucoup d'aficionados de cuisine italienne (avis aux amateurs de tiramisu) et bien entendu de pizzas ! Des pizzas élaborées avec le plus grand soin, de la pâte au levain bio travaillée à la main, aux ingrédients qui les garnissent. Les recettes sont originales, les pizzas copieuses. On en redemande !

LA FLEUR DE LYS €€

2, avenue Chiris
✆ 06 29 67 41 22
http://la-fleur-de-lys-2.lafourchette.rest/
Ouvert du mardi au samedi de 12h à 14h30 et de 19h à 22h30 ; le dimanche de 12h à 14h30. Réservation recommandée.

Repris avec talent dans le même esprit qu'auparavant, c'est-à-dire : une cuisine traditionnelle et raffinée dans un décor soigné. Le chef propose des plats savoureux à base de produits frais et locaux. Pièce de bœuf, espadon mariné, cannelloni ricotta-épinard ainsi qu'une trilogie de la mer composent la carte. Côté desserts, laissez-vous tenter par un duo pomme-spéculoos ou bien le mythique café gourmand. En plein cœur de la cité des parfums, venez profiter de l'accueil chaleureux et de la bonne cuisine pour une pause gourmande bien méritée.

CHALPIE NATUR'O PATE €€

46, route d'Opio - **CHÂTEAUNEUF-GRASSE**
✆ 04 92 60 48 86
www.chalpie.com
Ouvert du lundi au samedi de 9h à 14h et de 16h à 19h30 ; le dimanche de 9h à 14h. Terrasse. Traiteur.

Trois activités pour un seul endroit ! Une fabrique de pâtes fraîches préparées sur place et vendues avec de délicieuses sauces maison. Un traiteur qui propose les plats du restaurant à emporter, et un petit restaurant ! En dehors des pâtes, vous pourrez y déguster une cuisine traditionnelle française et provençale. Chaque jour, deux suggestions sont affichées ainsi qu'une pâte. Installé depuis 10 ans à Châteauneuf, Pierre Chalvin a donc créé un espace tout en un des plus agréable doté d'une jolie terrasse sous un olivier très appréciée des habitués.

LES HALLES DU TIGNET €€

291, route de Draguignan - **LE TIGNET**
✆ 04 93 66 12 33
www.leshallesdutignet.fr/
Ouvert toute l'année du mercredi au dimanche de 9h à 18h. Terrasse. Parking. A emporter ou en livraison.

À la suite de 6 mois de fermeture de leur restaurant brésilien «Rio Je t'aime» due à la pandémie, Olivier Cozan et sa femme Ana Tonani, ont décidé de changer complètement de concept pour dorénavant privilégier les producteurs locaux. Pour ce faire, ils ont alors réinventé l'espace de leur ancien restaurant en mini halles. Fromages et charcuterie, cave à vins, sans oublier les excellentes pizzas italiennes du chef étoilé Jacopo Chieppa devraient faire chavirer vos papilles. Quand solidarité rime avec gourmandise et convivialité, on adore !

LE LAVOIR €€

1, place des Ormeaux
✆ 04 93 70 14 02
www.traiteur-restaurant-grasse.fr
Ouvert du lundi au vendredi le midi. Chèque Restaurant. Terrasse. Traiteur.

Adossé au lavoir qui lui vaut son nom, ce petit restaurant de village charmant est une bonne adresse du Plan. En été, le cadre et la terrasse sont particulièrement agréables car la place des Ormeaux est tranquille et ensoleillée. La cuisine est traditionnelle et régionale ; la carte est réduite et change souvent selon les arrivages de produits frais, majoritairement locaux. Viandes et poissons grillés sont accompagnés de sauces et légumes de saison. Un accueil chaleureux, un bon service, des plats copieux, des prix corrects... On adore !

LOU CANTOUN €€

4, avenue Louis-Pasteur
✆ 04 93 42 22 57
www.loucantoun.e-monsite.com
Ouvert du lundi au samedi le midi ; du jeudi au samedi le soir. Menus de 19 à 29 €.

Situé au Plan, l'établissement est composé d'une salle aux couleurs du Sud et d'une petite terrasse. Un accueil chaleureux et des plats copieux ont fait la réputation de Lou Cantoun. De nombreux habitués s'y retrouvent d'ailleurs chaque midi. Les plats sont différents chaque jour, vous en avez toujours deux au choix. Vous pourrez y savourer une cuisine familiale élaborée et variée qui ravira vos papilles de l'entrée au dessert, le tout pour des tarifs très raisonnables. L'établissement n'étant pas très grand, pensez à réserver.

LA MARMITE ENCHANTÉE €€

20, route de Gourdon - **CHÂTEAUNEUF-GRASSE**
✆ 04 93 09 08 22
https://la-marmite-enchantee.fr/
Ouvert toute l'année. Du mardi au samedi de 10h à 14h et de 19h à 22h. Carte : 15 € environ (pour un plat).

La Marmite Enchantée : c'est une pépite fusion asiatique qui ravira les amateurs de saveurs venues d'ailleurs. Au menu, on retrouve tous les grands classiques et spécialités tels que le Bo-Bun, la soupe Pho, sans oublier les indémodables nems et très tendances Poke Bowl. Côté desserts, les becs sucrés auront l'embarras du choix et quand on sait que tout est fait maison avec des produits frais, locaux et de qualité, on ajoute à sa commande quelques plats à emporter. On y va pour le dépaysement des papilles, la petite terrasse très agréable et l'accueil adorable.

Ô TABLIER DU BOUCHER €€

122, route de la Paoute
✆ 04 93 42 03 91
www.o-tablier-du-boucher.com/
Ouvert tous les jours de 7h à 19h. Dimanche 8h-13h. Formule du midi : 20 € (plats du jour et dessert du jour).

A la fois boucherie, charcuterie, traiteur et restaurant à viandes, cet établissement certifie la qualité et la fraîcheur de chacune de ses assiettes. Ces mêmes copieuses assiettes sont confectionnées avec les pièces de viande que vous pourrez également acheter pour consommer à domicile. On peut difficilement faire plus frais et alléchant. Les végétariens sont bien entendu invités à passer leur chemin mais pour les autres, c'est une belle surprise à découvrir sans plus attendre. Les prix sont accessibles, le service est souriant et le plat du jour économique.

LE PARADISIO €€

70, avenue de Boutiny - **PEYMEINADE**
✆ 04 93 66 22 88
www.restaurantleparadisio.com
Ouvert du mardi au samedi midi et soir. Le dimanche midi uniquement. Terrasse.

Ce joli restaurant réserve de belles surprises, tant dans l'assiette qu'en salle où le service est impeccable. Au menu : une cuisine du Sud, des plancha gourmandes et de copieuses suggestions mais aussi des douceurs et glaces artisanales qui sauront ravir les becs sucrés. Le tout s'arrose suivant les bons conseils et la carte de vins fournie proposée. Foie gras maison et saumon fumé disponibles à emporter. Une bonne adresse jouissant d'une terrasse couverte (non-fumeurs) ainsi que d'une terrasse ombragée (fumeurs) pour satisfaire le plus grand nombre.

LE SAINT JACQUES €€

7, avenue Félix Raybaud
✆ 04 93 36 60 23
Ouvert toute l'année. Tous les jours de 11h à 14h30 et de 19h à 21h30. Carte : 15 € environ (plat).

Une petite enseigne avec une terrasse accueillante, un patron généreux et avenant, une carte simple mais gourmande : le Saint Jacques est une petite brasserie située dans le quartier de St Jacques comme on les aime ! Les assiettes y sont copieuses assiettes et le service efficace et souriant. Selon l'appétit nous vous recommandons de jeter votre dévolu sur les salades, fraiches et bien garnies ou encore sur les plats de viande de grande qualité. Très bon rapport qualité/prix ! Carte spéciale livraison à découvrir sur leur page Facebook.

VAROUJ AUBERGE LES ARÔMES €€

115, route de Cannes ✆ 04 93 09 08 01
www.auberge-lesaromes.com
Ouvert du mardi au samedi le midi et le soir. Ouvert les lundis de mai à septembre. Jardin. Terrasse.

Propriétaire de l'adresse, la famille Andoniand s'affaire depuis maintenant dix ans à faire connaître les délices arméniens et grecs préparés par Monsieur Varouj ! Comme si on y était, de mezzés divers et délicieux, de moussaka, doner kebab... Une véritable invitation au voyage ! Toutefois, si le cœur ne vous en dit pas, le restaurant propose des plats français plus traditionnels, viandes poêlées ou poissons en papillote... Cadre provençal chaleureux et ambiance conviviale.

LA BASTIDE SAINT-ANTOINE €€€

48, avenue Henri-Dunant ✆ 04 93 70 94 94
www.jacques-chibois.com
Relais & Châteaux. 1 étoile au guide Michelin. Ouvert tous les jours le midi et le soir. Menus de 72 € à 190 €. Jardin.

Jacques Chibois a gardé intacte son audace et est toujours un ardent défenseur du goût, des produits frais et de la région, comme l'atteste sa carte qui évolue au fil des saisons et des idées. Il multiplie les repas à thème en fonction des récoltes : truffes, artichauts, morilles, asperges, huile d'olive... Un menu servi le midi en semaine à un tarif plus abordable permet de faire une incursion dans son domaine. Fortement recommandé pour goûter les plats raffinés d'un grand chef, parfaitement servis dans un décor paradisiaque.

MAISON DUPLANTEUR

22, rue Marcel-Journet
✆ 09 67 56 46 69
www.maisonduplanteur.com/
Ouvert du lundi au samedi de 9h30 à 18h30. Visite gratuite de la manufacture. Boutique en ligne.

Depuis 2015, la Maison Duplanteur s'est imposée dans la région comme l'unique manufacture de chocolats de la Riviera ! La boutique est très complète : vous y découvrirez de nombreuses tablettes, boites prestiges et autres créations... Tous ces produits sont disponibles en ligne mais, en vous rendant sur place, vous pourrez aussi avoir le plaisir de suivre une visite guidée de la manufacture afin de découvrir l'origine de la fabrication du chocolat, de la torréfaction à la dégustation... Une bonne excuse pour succomber sans remords à la tentation chocolatée !

MY BEERS GRASSE

159, route du Plan
✆ 04 93 09 03 69
www.mybeers.fr
Le dimanche et le lundi de 17h à 21h ; du mardi au samedi à partir de 11h et jusqu´à 22h. 6€ la pinte en pression.

My Beers a tout pour plaire : plus de 400 références de bières bouteilles du monde, des fûts, des coffrets et des tireuses à bière sans oublier le bar où la bière est forcément reine. On y vient pour se détendre en fin de journée ou s'amuser lors des nombreuses soirées à thème organisées toute l'année ! Enfin, l'endroit dispose d'un écran géant et diffuse certains événements sportifs (n'hésitez pas à vérifier sur leur site Internet ou sur leur page Facebook). En bref, c'est un lieu idéal pour les joyeux buveurs de mousse !

APICULTEUR JEAN-LOUIS LAUTARD

343, avenue Docteur-Belletrud - **LE TIGNET**
✆ 04 93 66 46 57
www.lesproducteursdecaractere.com/fr/12_jean-louis-lautard-apiculteur
Boutique en ligne. Visites de l'atelier boutique sur rendez-vous.

Amateur de miel ? Voici une adresse indispensable : celle de l'apiculteur Jean-Louis Lautard. D'ailleurs, il ne récolte pas que du miel mais aussi des médailles (44 !) récompensant son savoir-faire. La variété de ses miels est large : fleurs, fruitiers, arbustes de maquis, arbres du haut pays ou de montagne... Il transporte ses 800 ruches à travers la Provence de façon à retrouver le biotope idéal à ses espèces. En visitant son atelier, on découvre l'incroyable univers de l'apiculture.

ARTS & LIVRES

153, avenue Jean Maubert ✆ 04 22 10 67 86
www.artsetlivres.com/
Ouvert du mardi au vendredi de 10h à 12h30 et de 14h à 19h. Lundi de 14h à 19h, samedi de 10h à 19h.

Profitant d'un écrin moderne, spacieux et lumineux, Arts & Livres propose un choix immense d'ouvrages : romans, poche, beaux-arts, tourisme, jeunesse, documentaires, albums, scolaire, para-scolaire, régionalisme, avec une mention spéciale pour le rayon BD. Vous y trouverez également un beau rayon papeterie. La librairie reçoit quelques grands noms de la littérature pour des séances de dédicaces, des rencontres et autres débats. A l'écoute, le personnel conseille judicieusement les lecteurs. Une belle alternative aux grosses enseignes culturelles nationales.

AU COMPTOIR

9, rue Dominique-Conte
✆ 04 93 36 90 25
Du mardi au samedi de 11h à 23h. Vente à emporter. Chèque Restaurant.

Sylvain et Nabilla Vauthier ont repris en avril 2014 cet établissement, anciennement Le Pasquier des Vignes. Tout droit descendu de Lyon, le couple est arrivé à Grasse avec l'envie de faire découvrir le vin de manière conviviale. Et c'est Au comptoir qu'ils proposent une belle variété de vins au verre à accompagner d'ardoises copieuses diverses pour se détendre. Ils ont même aménagé la cave voûtée pour y organiser des soirées privées. Un endroit agréable pour découvrir et déguster du vin au cœur du centre historique de la ville.

ESPACE TERROIRS

45, chemin des Castors
✆ 04 93 77 83 23
www.espaceterroirs.com
Ouvert du lundi au samedi de 9h30 à 18h. Membre adhérent du Centre Régional du Goût et des Terroirs.

Créée par Nicolas et Barbara de Choudens pour promouvoir des spécialités de grande qualité issues des terroirs de Provence cette jolie bastide accueille les produits d'une centaine d'artisans et agriculteurs de la région. Un véritable panorama de la gastronomie provençale sur une surface de près de 100 m² où les huiles d'olives côtoient miels, vins, chutneys, moutardes, etc. sans oublier les tissus et objets utilitaires en bois d'olivier. On notera aussi que l'Espace organise et anime des ateliers d'initiation à la cuisine provençale. Réservation indispensable.

MOULIN DU ROSSIGNOL

41, chemin des Paroirs
✆ 04 93 70 16 74
www.moulin-du-rossignol.com
Ouvert du lundi au samedi de 9h à 12h et de 15h à 18h. Visite guidée et dégustations des produits. Vente en ligne.

L'ancien moulin à huile du Rossignol qui date de 1760, a su garder, au fil des années, ses meules en granit. Elles côtoient aujourd'hui une machine moderne sophistiquée qui assure le pressage. Il suffit de 80 kilos de fruits pour prétendre à repartir avec son huile. Pâte et confit d'olive « maison » sont disponibles sur les étals du moulin. Les visiteurs individuels intéressés peuvent demander à faire une visite guidée. La production est en vente à la boutique : huiles d'olive, et tous les produits dérivés de l'olive dont le confit d'olives, une recette maison...

LA NOUVELLE CRÈMERIE

40, place des Pins
CHÂTEAUNEUF-GRASSE
✆ 09 52 37 34 35
Ouvert du mardi au samedi de 8h30 à 12h30 et de 15h30 à 19h30 ; le dimanche de 8h30 à 12h30.

Bienvenue au paradis des amoureux de fromages ! Marie-Alix et Pierre ont créé cette boutique en abandonnant leurs métiers respectifs pour se reconvertir pleinement à leur passion. Pierre a choisi l'oléiculture et Marie-Alix a fait son apprentissage chez un grand fromager parisien. Dans leur boutique, on trouve une large sélection de fromages, confits, huiles, vins..., le tout accompagné par un service événementiel et des conseils de dégustation précieux. Vous pouvez commander les plateaux, coffrets, raclettes et fondues à l'avance.

OPIO ★

Le petit village perché d'Opio est situé au cœur de 450 hectares de forêts où sont aménagés sentiers et allées pour promenades pédestres ou équestres. L'histoire de la commune remonte à l'Antiquité : construite par une tribu celto-ligure, son nom vient probablement du latin *oppidum* (camp fortifié). Seigneurie de l'évêché de Grasse jusqu'à la Révolution, le village possède plusieurs vestiges de l'époque romaine. Son microclimat permet la culture de la rose centifolia pour l'industrie grassoise de la parfumerie. La Grande Bastide – l'une des plus vastes oliveraies du département – fournit le moulin d'Opio.

L'ORÉE D'OPIO €€

30, route de Nice
✆ 04 93 09 45 91
https://oreedopio.eatbu.com/?lang=fr

Ouvert le lundi, mardi, jeudi et samedi midi et soir ; le dimanche midi. Terrasse. Wi-fi. Parking. Animaux acceptés.

Le Chef Erik Bernard aime travailler la cuisine française. Parmi les incontournables : la pizza tartuffo (aux truffes) ou encore les pâtes. Et au rayon desserts la soupe de fraises aux senteurs de Provence et sorbet citron ou bien le cocktail de pêches au thé vert et framboise. L'accueil réservé aux clients est très chaleureux. Le restaurant dispose d'une grande véranda couverte en demi-cercle, très lumineuse et joliment aménagée de plantes. Ce cadre convivial est idéal pour un déguster un bon repas. Le restaurant peut recevoir vos évènements privés.

LA SOURCE €

1, chemin San-Peyre
✆ 04 93 77 23 21
www.lasource-opio.fr

Ouvert du lundi au samedi de 7h à 20h. Menu unique à 15 € (sans gluten ou végétarien). Terrasse. Débit de tabacs.

C'est une vraie adresse futée qui propose une cuisine familiale, des plats traditionnels gourmands frais et faits maison. Le service est efficace, et heureusement, car la terrasse offre un bel espace ensoleillé ou ombragé selon la saison. Agréable, elle est agrémentée de jardinières fleuries et ceinturée de murets en pierres sèches qui l'isolent de la route départementale. Une clientèle fidèle aime s'y retrouver pour l'ambiance décontractée, l'équipe bilingue et compétente qui renseigne sur les bons plans de la région, et l'excellent rapport qualité-prix.

MOULIN D'OPIO

2, route de Châteauneuf
✆ 04 93 77 23 03
www.moulin-dopio.com

Ouvert du lundi au samedi de 9h30 à 12h30 et de 14h30 à 18h. Boutique en ligne.

Situé au pied du vieux village, le moulin d'Opio est en activité depuis 1848. Exploité par la même famille, depuis des générations, ce sont 7 générations de mouliniers qui s'y sont succédé. Aujourd'hui, les eaux de la Brague ne sont plus assez fortes pour activer le moulin, il fonctionne à l'électricité. C'est l'un des rares moulins toujours en activité dans la région. Visite guidée gratuite, initiation à la diversité des crus. La boutique propose des produits de la région, des objets de décoration en bois d'olivier, et, bien entendu, de l'huile d'olive !

La plaine d'Opio.

SAINT-VALLIER-DE-THIEY ★★

Au centre d'un plateau verdoyant, le village de Saint-Vallier tire son nom d'un légendaire évêque d'Antibes martyrisé au Ve siècle par les Wisigoths qui avaient envahi la Provence. En 1957, le site prend l'appellation définitive de Saint-Vallier-de-Thiey en hommage à la montagne qui domine le village et culmine à 1 553 mètres. Le passage de l'Empereur Napoléon dans cette petite commune des Alpes-Maritimes le 2 mars 1815 est marqué par la présence d'une colonne place de l'Apié. A quelques kilomètres de Grasse, ce village bucolique doté d'un pré agréable aux beaux jours est idéal pour se mettre au vert, tout en restant à proximité de la ville.

L'EMBUT DE CAUSSOLS

route départemental N°12 - **CAUSSOLS**

Un *embut*, en provençal, c'est un entonnoir. Un mot tout à fait adéquat pour désigner les avens, pouvant atteindre 450 m de profondeur, dans lesquels disparaissent les eaux de pluie. Ces eaux resurgissent dans les gorges du Loup ou viennent alimenter les sources et les fontaines de la région. L'embut de Caussols est une cavité naturelle, un gouffre de 10 m dans lequel disparaissent les eaux de pluie du plateau de Caussols. Il n'est pas vraiment indiqué, mais on le trouve 1 km environ avant le village, sur la gauche en arrivant de Gourdon.

OBSERVATOIRE DU PLATEAU DE CALERN CAUSSOLS

2130, route de l'Observatoire - **CAUSSOLS**

✆ 04 93 40 54 54

www.caussols.fr

Tous les dimanches de 15h15 à 17h15 à partir du 26 juillet. Adulte : 6 €. Enfant : 3 €. Boutique. Animations.

L'observatoire est installé sur la plateau de Calern, dans un espace semi désertique de 20 km^2, au nord du plateau de Caussols. Inauguré en 1974, le site fut d'abord conçu comme un laboratoire destiné à la mise au point et à l'utilisation d'instruments nouveaux. La vie scientifique est ici active, avec l'observation des mondes solaire, stellaire et intergalactique. Durant la période estivale, des visite guidées sont proposées, avec des présentations des télescopes.

PARC NATUREL RÉGIONAL DES PRÉALPES D'AZUR

1, avenue François Goby

✆ 04 92 42 08 63

www.pnr-prealpesdazur.fr/

Le parc naturel régional (PNR) des Préalpes d'Azur a pour ambition de dynamiser les activités économiques locales par la préservation et la mise en valeur des patrimoines naturels, culturels et paysagers. Créé à l'initiative des collectivités locales, il constitue une opportunité pour les activités touristiques, l'agriculture, les entreprises aussi bien que les habitants.

▸ Ce parc est le 6e de la région PACA, et abrite une population de plus de 30 000 habitants.

RESERVE BIOLOGIQUE DES MONTS D'AZUR

Domaine Le Haut-Thorenc

✆ 04 93 60 00 78

http://www.reserve-biologique.com

Fermeture annuelle du 12 novembre au 1er décembre.

Première réserve animalière d'Europe ayant pour vocation la réintroduction d'espèces ancestrales datant du néolithique, et qui se côtoient, en toute liberté. Un domaine préservé de 700 ha accueillant deux espèces réintroduites en France : le bison d'Europe et le cheval de Przewalski. Plusieurs formules de découverte : à pied, en raquettes, en calèche, en traîneau... Vous pouvez aussi séjourner en écolodge ! Une immersion dans la nature sauvage dans le cadre d'un écotourisme bien pensé.

LES SOURCES DE LA SIAGNE

Lieu-dit la Colette

ESCRAGNOLLES

Site archéologique 24h/24.

La Siagne prend sa source au pied de l'Audibergue sur la commune d'Escragnolles dans les Préalpes de Grasse et se jette dans le golfe de la Napoule à Mandelieu dans la Méditerranée, 42 kilomètres plus bas après avoir creusé des gorges allant jusqu'à 400 mètres de profondeur, taillées dans du calcaire et donnant ce qu'on appelle un relief karstique en amont. Plusieurs randonnées au bord de cette rivière, dont on apprécie fortement la fraîcheur en période estivale, sont possibles au départ du village. De belles balades en perspective !

ÉCO-LODGES LA RÉSERVE DES MONTS D'AZUR €€

Domaine Le Haut-Thorenc
THORENC - ANDON
✆ 04 93 60 00 78
La Clef Verte.

Au sein d'un territoire sauvage de 700 ha abritant bisons, chevaux de Przewalski, cerfs et autres ongulés, élevés en captivité, mais aussi des animaux sauvages de passage, vous pouvez dormir dans des écolodges, à la villa Bioclimatique ou à la petite école ou bien venir à la journée pour un safari guidé en calèche ou à pied. Construits avec de la toile et du bois, ces écolodges sont disposés de manière à offrir aux visiteurs une vue imprenable sur la grande plaine et les lacs de la Réserve.

CHEZ CHICHOUN €€

257, allée Léon-Funel
ANDON
✆ 04 93 60 45 01
Basse saison : ouvert du mercredi au lundi le midi ; du jeudi au dimanche le soir. Menus de 19,50 € à 23 €.

Chez Chichoun, on savoure une cuisine généreuse, à la fois traditionnelle et provençale. Tout est frais, les légumes sont régionaux et les viandes sélectionnées avec grand soin. La devise est simple : une cuisine familiale et conviviale. Et c'est bien ce que viennent chercher tous ceux qui s'y rendent. La salle du restaurant est à la fois rustique et chaleureuse. De quoi passer un bon moment, que l'on soit en famille, entre amis ou en repas d'affaire. Notez qu'il est possible de réserver les jours de fermeture pour les groupes.

LE RELAIS IMPÉRIAL** €€

2/4, place Cavalier
✆ 04 92 60 36 36
www.relaisimperial.com
Logis. La Clef Verte. Ouvert toute l'année. 29 chambres. Restauration (2 cocottes). Animaux acceptés.

A une vingtaine de minutes en voiture de Grasse, l'hôtel situé le long de la route Napoléon propose 29 chambres rénovées et confortables dans une vieille bâtisse dont vous pourrez apprécier le charme rustique et l'ambiance chaleureuse qui y règne. Il est possible de se restaurer sur place, l'hôtel disposant d'un restaurant. Une belle terrasse permet de profiter du soleil et du calme environnant. Une fresque représentant l'empereur Napoléon à cheval marque le passage de ce dernier lors des Cents jours, d'où le nom de l'établissement.

LE GRAND SAULE €€

9948, route Napoléon
SÉRANON
✆ 04 93 60 76 01
Fermé de décembre à février. Ouvert du mardi au dimanche le midi et le soir. Terrasse. Grand parking.

La cuisine est traditionnelle et authentique. Les plats de viandes sont préparés avec une sélection de produits du terroir. Pour vous satisfaire, vous pourrez déguster au choix 3 menus variés, établis en fonction du marché. Desserts maison… On ne peut pas faire plus frais ! Le couple d'Halluin a possédé quelques bonnes tables sur la côte, notamment à Cannes (Brouette de Grand-Mère) et à Mouans-Sartoux (Relais de la Pinède) avant de s'établir dans ce coin de campagne magnifique et paisible. Il fait bon y faire une halte, on y est chaleureusement accueillis.

LES CHASSEURS €€

450, route du Château
ANDON
✆ 07 61 39 01 18
Haute saison : ouvert tous les jours. Fermé pendant la basse saison.

Le restaurant des Chasseurs vous accueille dans un cadre privilégié et très calme entre champs, bois et forêt. Côté fourneaux, on trouve une cuisine artisanale, généreuse et savoureuse avec des plats aux accents du Sud et de la région ainsi que de bonnes pizzas. Deux espaces ludiques – un pour enfants et l'autre pour adultes – ainsi qu'un parking privé sont également à votre disposition. Aux beaux jours, profitez d'un repas sur la jolie terrasse. Attention, l'attente peut parfois être un petit peu longue en saison car tous les plats sont préparés à la minute.

LA LANTERNE €€

3-5, rue Adrien-Guébhard
✆ 04 93 42 67 46
www.restaurant-la-lanterne.com
Ouvert toute l'année. Le lundi soir ; du mardi au dimanche le midi et le soir. Carte : 20 € environ.

La Lanterne est une adresse où l'accueil est agréable, le personnel souriant et la cuisine voyageuse entre tradition (moules farcies, entrecôte du chef avec ses légumes ou ses frites), pizzas (napolitaine, sicilienne, reine, chorizo, orientale, calzone), couscous le jeudi, aïoli le vendredi et spécialités indiennes aux mille épices (samoussa à la viande ou aux légumes, poulet madras, agneau *biryani*), le tout accompagné de naan. Les plats sont mitonnés par le Chef Sathish Nathesan et sont à déguster sur fond de musique indienne.

© SOUTTEROSCOPE

© SOUTTEROSCOPE

© SOUTTEROSCOPE

SOUTERROSCOPE DE BAUME OBSCURE

2600, chemin de Sainte-Anne ✆ 04 93 42 61 63
www.baumeobscure.com

Qualité Tourisme. Ouvert du mardi au dimanche de 10h à 16h. Visite autonomes ou guidées. Gratuit jusqu'à 3 ans.

La grotte de Baume Obscure est un des sites naturels remarquables du Parc Naturel Régional des Préalpes d'Azur. Tout au long d'un parcours souterrain aménagé sur une longueur totale de 700 m, on parcourt à pied une succession de galeries et de salles entièrement éclairées et sécurisées jusqu'à la profondeur de 60 m. Le visiteur est audioguidé par le « Souterroscope » ainsi que des animations musicales et lumineuses magnifiant les merveilles naturelles du site.

© SOUTTEROSCOPE

© SOUTTEROSCOPE

LE RELAIS IMPÉRIAL €€

2/4, place Cavalier
✆ 04 92 60 36 36
www.relaisimperial.com

Logis. Ouvert toute l'année. Tous les jours le midi et le soir. Réservation recommandée. Terrasse. Vente à emporter.

Le Relais Impérial (ancien relais où Napoléon s'arrêta) est une institution. La salle à manger est magnifique avec ses poutres apparentes et sa décoration style relais de chasse du grand siècle. La véranda vitrée la prolonge et permet de manger au grand soleil. Une décoration sobre et soignée, qui permet aussi d'accueillir des réceptions privées. L'établissement propose deux types de restaurations. D'un côté, une cuisine traditionnelle, de l'autre, un grill pizzeria. Un accueil chaleureux et une cuisine gourmande sont la clé du succès de cet établissement.

RESTAURANT LE PRÉJOLY €€

5, Place Rouguière
✆ 04 93 42 60 86
https://www.leprejoly.com/

Ouvert toute l'année midi et soir ; le midi. Menu unique à 19 €. Accueil des groupes. Terrasse.

Aux fourneaux, Charles Pasquier, fils de Philippe Pasquier du Relais Impérial, appartient lui aussi à l'Ordre International des Disciples d'Escoffier, prônant transmission, culture, modernité et respect de l'histoire culinaire. Il renoue ici avec une cuisine de terroir, traditionnelle et savoureuse. La carte change avec les saisons. On profite du beau temps pour s'installer dans la belle véranda qui prolonge la salle. Tous les jours en été, service de glaces, gaufres et crêpes l'après-midi sur la vaste terrasse ombragée qui s'étire sur le grand Pré.

LOU PAÏS

Parc de la Moulière
CAILLE
✆ 04 93 40 89 16
www.lou-pais.com

Ouvert sur réservation en hiver, les week-ends de juin et septembre uniquement, 7j/7 en juillet et août de 10h à 16h.

Lou Païs, association sportive, culturelle et artistique, propose une série d'activités accessibles à tous les âges et tous les niveaux, toute l'année. C'est également la seule association en Europe - et la première mondiale - à proposer la découverte de deux activités simultanées : la via ferrata et la spéléologie. Lou Païs propose également d'autres activités telles que le canyoning, la spéléologie, etc., le tout encadré par des personnes diplômées et spécialisées. Vous pouvez également louer un tipi pour séjourner sur place.

SAINT-CÉZAIRE-SUR-SIAGNE ★

Village médiéval fortifié construit sur les falaises escarpées qui dominent la Siagne, on y entreposait les récoltes lors de la conquête romaine avant de les acheminer jusqu'au port de Forum Julii (Fréjus), ce qui lui a valu le surnom de « grenier de César ». Au XIVe siècle, à la demande du comte de Provence, il fut fermé par trois portes fortifiées de façon à protéger la population des bandits, des pillages ainsi que des épidémies. Le château médiéval, propriété de l'illustre famille Cresp abrite désormais la mairie. Au fil des ruelles escarpées, on découvre les vestiges des remparts, des passages sous voûtes et des portes à linteaux.

GROTTE DE SAINT-CÉZAIRE

1481, route des Grottes
✆ 04 93 60 22 35
www.baumeobscure.com

Ouvert 7/7 en été. A partir de septembre : du mardi au dimanche. Fermé de fin novembre à février. Restauration.

Au cours d'une visite guidée (40 minutes), on découvre le travail de l'eau qui a creusé des roches calcaires durant des milliers d'années : étoiles, coraux, squelettes de calcaire, orgues rouges. Pensez à vous munir d'un lainage et évitez les chaussures glissantes car la température de la grotte est de 15 °C et les galeries sont constamment humides. Terminez la visite par le « sentier découverte » un parcours balisé qui présente en quatorze étapes une sélection des plus belles essences qui composent la garrigue provençale.

PACA ADVENTURE

1481, route des grottes
✆ 06 61 88 74 06
paca-adventure.com

Du 1er juillet au 31 août : ouvert tous les jours, de 10h à 19h. Entre 10 et 20 €. Baskets obligatoires.

A une quinzaine de minutes seulement de Grasse, voici un beau parcours d'accrobranches tous niveaux, situés juste à côté des grottes de St-Cézaire (à visiter pour compléter la journée). Dans les arbre, vous pourrez prendre un bon bol d'air frais et vous défouler en toute sécurité, encadré par une équipe souriante et compétente. Pour les plus petits deux parcours «oustiti» promettent de passer des moments inoubliables. Les plus aventuriers eux, pourront se mettre à l'épreuve des trois parcours à leur disposition. Une jolie journée au vert pour toute la famille !

OFFICE DE TOURISME DE SAINT-CÉZAIRE-SUR-SIAGNE

3, rue de la République
✆ 04 93 40 57 57
www.saintcezairesursiagne.fr
Ouvert du lundi au vendredi : 8h30 à 12h 14h à 18h le lundi 14h à 17h les mercredi et vendredi.

L'office de tourisme propose chaque été des animations hebdomadaires, gratuites ou moyennant une faible participation. Vous pourrez assister à des visites guidées des sites mégalithiques, du moulin à huile du village mais aussi faire des balades en VTT, des randonnées pédestres diurnes ou nocturnes. On peut visiter tous les jours sur rendez-vous le rucher, les chèvreries du bois d'Amon, de la fontaine du Brusquet ou même louer un court de tennis.

CHÈVRERIE DU BOIS D'AMON

1307, route de Grasse ✆ 04 93 40 75 04
www.chevrerieduboisdamon.fr
Vente de produits artisanaux et fromages certifiés bio. Hébergement possible sur place en chambre d'hôte.

Édith et Pascal ont choisi ce petit coin de France pour effectuer un retour à la nature et ont appris le dur labeur qui consiste à s'occuper d'un troupeau caprin. Quelques chevaux, poneys et ânes complètent un cheptel qui ravira les enfants friands de promenades guidées. On peut choisir une balade en famille suivie d'un pique-nique qu'on terminera sur une dégustation de fromages frais aux multiples saveurs. La journée découverte, ludique et pédagogique, permet de participer aux activités de la ferme. Divers fromages et autres produits laitiers en vente au domaine

MOULIN À HUILE BAUSSY

Rue Bourboutel
SPÉRACÈDES ✆ 04 93 60 58 59
www.moulinbaussy.com
Ouvert du mardi au samedi de 9h à 12h30 et de 14h30 à 18h30. Ouvert le lundi après midi en été. Vente en ligne.

Le moulin de Spéracèdes est résolument moderne. Il fonctionne avec des malaxeurs en acier. La fabrication de l'huile s'étend de novembre à mars avec des olives qui proviennent des Alpes-Maritimes mais aussi du Var. La visite du moulin est possible pendant la période de fabrication. Vous pouvez ensuite vous procurer l'huile d'olive, la tapenade, biscuits ou encore l'anchoïade directement à la boutique sur place ou en ligne via leur site internet. Une belle occasion de ramener un peu de Côte d'Azur dans vos valises. Accueil convivial.

LA PARFUMOTEC

485, allée des Senteurs
✆ 04 93 77 45 70
https://laparfumotec.com
Ouvert du lundi au vendredi de 8h à 17h.

Girls Power pour cette petite entreprise née il y a un peu plus de 10 ans maintenant et qui a su s'imposer auprès des plus grands noms de la parfumerie et du luxe. Produites selon un savoir-faire artisanal et traditionnel, les bougies se déclinent sous diverses fragrances élaborées en Pays de Grasse (capitale des Parfums) et peuvent même être créées sur-mesure. Sprays d'ambiance, diffuseurs, bougies... Quel sera votre univers olfactif ? Toutes ces créations sont également disponibles en ligne, pour ceux qui regrettent de ne pouvoir s'en procurer sur place.

CABRIS ★★

Cabris est un joli village perché sur un piton qui tire son nom du latin *capra* (chèvre). Ses ruelles étroites sont groupées autour de l'église surmontée d'une cage à vents. Un belvédère permet de jouir d'une vue extraordinaire sur la plaine de Grasse mais aussi sur la baie de Cannes, les monts de l'Esterel, le golfe de la Napoule, les contreforts du Tanneron et le lac de Saint-Cassien. Le village aime rappeler les noms de personnages qui y ont laissé leurs empreintes. Le plus célèbre d'entre eux est Antoine de Saint-Exupéry (1900-1944) qui vint passer ici ses vacances d'enfant. Albert Camus y fit plusieurs passages entre 1950 et 1953 et André Gide y séjourna.

OFFICE DE TOURISME DE CABRIS

9, rue Frédéric-Mistral
✆ 04 93 60 55 63
ot-cabris0.webnode.fr
Ouvert en haute saison du lundi au samedi de 10h à 13h et de 14h30 à 18h30.

L'office de tourisme organise des visites guidées sur rendez-vous (48h avant) pour découvrir les vestiges d'une histoire qui remonte à la construction du château en 997. Pour vous accueillir, vous renseigner, vous donner les bonnes adresses à visiter dans le village et dans les environs, l'Office reçoit des milliers visiteurs en quête de renseignements chaque année. Le bureau de Cabris compte parmi les vingt offices du tourisme du Pays de Grasse..

AUBERGE DE LA CHÈVRE D'OR €€

Place des Puits © 04 93 60 54 22
www.lachevredor.fr
Tous les jours sauf le mardi et mercredi (septembre à mai) et le lundi (juin, juillet et août). Menus de 31 € à 41 €

Dans une salle rustique très agréable, l'accent est mis sur des produits maison de qualité. Au choix, on dégustera : le foie gras maison, risotto végétarien aux petits légumes, pavé de truite de montagne et ses tortellini aux cèpes, ballotine d'agneau de lait, mousseline de carottes aux épices douces et petites pommes de terre rôties. En dessert, on apprécie le financier aux fruits de saison et sa glace vanille ou le parfait glacé à la crème de marron et son coulis de chocolat.

LE PETIT PRINCE €€

15, rue Frédéric-Mistral
© 04 93 60 63 14
www.lepetitprince-cabris.fr
Ouvert lundi, mardi midi et soir, mercredi midi, vendredi à dimanche midi et soir.

Pour la petite histoire, c'est la Comtesse Marie de Saint-Exupéry ayant vécu à Cabris de 1934 à 1971, elle-même, qui accepta que le restaurant porte le nom du héros de son fils, l'écrivain Antoine de Saint-Exupéry. La salle rustique, aux poutres et pierres apparentes, est décorée de reproductions des aquarelles du livre éponyme. Elle est prolongée d'une véranda, et d'une terrasse entourée d'arbres et plantes ouverte sur le petit pré du village. On y savoure une cuisine d'inspiration méditerranéenne à base de produits frais achetés localement.

AUBERGE DU VIEUX CHÂTEAU €€€

Place du Panorama © 04 93 60 50 12
www.aubergeduvieuxchateau.com
Maître Restaurateur. Ouvert du mercredi au dimanche à partir de 7h30. Chèques non acceptés. American Express. Terrasse.

Cette auberge pas comme les autres a été merveilleusement bien décorée : sols en pierres de Bourgogne, salle à manger à la décoration raffinée, cheminée d'époque... le tout s'ouvrant sur la véranda prolongée par une grande terrasse offrant une vue panoramique sur le littoral et la mer. Les compositions dans l'assiette sont un régal pour les yeux et les papilles et la cuisine minute s'y prête. Les menus changent chaque semaine en fonction des produits de saison. Pour connaître la vie de château, cette Auberge est fortement conseillée !

ROQUEFORT-LES-PINS ★

Il est probable que Roquefort-les-Pins tire son nom du château du Castellas, érigé par les seigneurs d'Antibes (Roque désignant un édifice construit en hauteur). Dès la préhistoire, des hommes avisés avaient choisi cette terre pour s'y installer. On y trouvait en effet des grottes pour s'abriter, des cours d'eau pour s'abreuver et de la terre à profusion pour chasser et cultiver. Au nord de la commune actuelle, c'est autour de la jolie église de Notre Dame de Canlache (XVIe siècle) que le village s'est développé jusqu'au XIXe siècle. Les aléas de l'histoire n'ont pas épargné le territoire, et c'est petit à petit que Roquefort-les-Pins, devenue une commune indépendante en 1790, a construit son identité. Morcelée pendant longtemps en hameaux répartis sur un vaste territoire, la commune s'est récemment recentrée autour d'un nouveau centre-village à l'esprit provençal, où l'on trouve habitat et commerces. Le territoire de la commune est formé par la partie nord du plateau de Valbonne relevé des falaises des gorges du Loup. Cet environnement offre la possibilité de nombreuses promenades. Contrairement à d'autres communes plus touristiques, Roquefort-les-Pins ne se livre pas au premier coup d'œil. Il faut donc aller chercher les lieux d'intérêt touristique, une carte à la main. Ceci, la commune l'a bien compris : elle édite en effet une carte bien renseignée, et disponible en mairie et à la médiathèque. Cette carte en main, nous pouvons partir en randonnée sur l'un des itinéraires balisés à la recherche de ces trésors que Roquefort-les-Pins nous cache. Ici un joli pont romain lavé par les siècles, et qui enjambe la Miaine, un affluent du Loup. Plus loin les vestiges d'une borie en ruines, un puits, un ancien four, et d'autres ruines, celles d'une chapelle. Plus loin encore, les vestiges des tours d'un château qui domine le Loup. Idéalement située à proximité des zones d'emploi de Sophia Antipolis et de la Côte d'Azur toute proche, Roquefort-les-Pins apparaît comme un lieu de villégiature recherché. Les touristes qui visitent la région pourront choisir d'y séjourner, Roquefort-les-Pins occupant une situation centrale au milieu d'une vaste zone touristique.

CÔTE MONTAGNE

L'AUBERGE DU CLOS DES PINS €€

35, route de Notre Dame
✆ 04 93 77 00 23
www.aubergeduclosdespins.fr
Ouvert du mardi soir au dimanche midi. Chaises bébé. Jardin. Terrasse.

On aime tout dans cette auberge, à commencer par l'accueil aimable, le service irréprochable, la déco à la fois cosy à l'intérieur avec son coin bar et sa cheminée, mais aussi colorée sur la grande terrasse-jardin à l'extérieur. En cuisine, le chef maîtrise les classiques méditerranéens qu'il revisite au gré de son inspiration et de ses voyages en Afrique du Sud, à Tahiti, aux Caraïbes… Un melting-pot de saveurs qui détonne et séduit, le tout pour un très bon rapport qualité/prix.

SAO THAÏ €€

2085, Route Départementale
✆ 09 81 03 25 25
www.sao-thai.fr/
Ouvert du Mardi au Samedi de 11h30 - 14h30 / 19h30 - 22h. Vente à emporter. Terrasse.

Embarquement immédiat pour l'Asie avec la cuisine thaïlandaise proposée dans cet établissement qui mérite le détour. Au menu, on retrouve tous les grands classiques de la cuisine thaïe, servis copieusement et avec le sourire par le couple de propriétaires. Le samedi, des concerts live sont donnés pour mettre l'ambiance et si vous n'avez pas pu réserver une table, il est possible de commander à emporter.

BIOT ★★★

Charmant village médiéval connu pour ses verreries, Biot est associé à l'histoire de la création artisanale des potiers. On trouve sur le territoire de la commune tous les matériaux propices à cet artisanat comme l'argile, le sable, le manganèse et la pierre à four. Déjà au XVIIIe siècle, le village comprenait alors une quarantaine de fabriques tandis que la célèbre Jarre de Biot s'exportait vers différents ports méditerranéens et parfois même jusqu'en Inde et aux Amériques. La terre volcanique biotoise a aussi favorisé le développement de la culture des vignes. Au XVIIe, le vin était un acteur essentiel de l'économie de Biot. C'est la période d'après-guerre qui va révéler l'identité artistique de cette commune. C'est à cette époque que Raymond Peynet décide d'y faire vivre « ses amoureux » ou que Fernand Léger taille ses premiers reliefs. En 1997, la ville a obtenu le label « ville et métiers d'art » pour le verre qui exporte le nom du village dans le monde entier. On peut visiter le village en empruntant les itinéraires thématiques : le chemin historique, le chemin géologique, le chemin des verriers ou celui des métiers d'art (brochures disponibles à l'office du tourisme).

Pont romain de Roquefort-Les-Pins.

MUSÉE D'HISTOIRE ET DE CÉRAMIQUE BIOTOISES

9, rue Saint-Sébastien
✆ 04 93 65 54 54
www.musee-de-biot.fr

Ouvert du mercredi au dimanche de 14h à 18h l'hiver, et de 10h à 18h l'été. Gratuit jusqu'à 16 ans. Adulte : 4 €.

Installé dans l'ancien hôpital Saint-Jacques, ce musée est consacré à la céramique de Biot à travers des centaines de documents et objets. 2000 ans d'histoire du patrimoine biotois à travers une importante collection de jarres dont la fabrication s'étale du XVIe au XIXe siècle. Peu à peu, la poterie biotoise évolua vers la céramique. Les fontaines d'intérieur très en vogue aux XVIIIe et XIXe siècles exposées au musée symbolisent parfaitement cet art à la fois populaire et raffiné.

VERRERIE DE BIOT - ÉCOMUSÉE

Chemin des Combes ✆ 04 93 65 03 00
www.verreriebiot.com

Ouvert du lundi au samedi de 10h à 13h 14h à 17h ; le dimanche et les jours fériés de 10h30 à 13h30 et de 14h30 à 17h.

La verrerie présente une collection de plus de 300 modèles en verre bullé signé Biot® et exportés dans le monde entier. Labellisée EPV (Entreprise du Patrimoine Vivant) depuis 2005, il ne faut pas manquer de visiter la « halle des verriers » qui permet de voir les artisans puiser la matière vive dans le feu et façonner des pièces uniques. La Galerie Internationale du Verre Serge Lechaczynski est une exposition permanente où les pièces des jeunes talents côtoient celles des grands noms.

HÔTEL DES ARCADES €€

14-16, place des Arcades
✆ 04 93 65 01 04
www.hotel-restaurant-les-arcades.com

Hôtel de charme dans vieux village. Ouvert toute l'année. 12 chambres. Chambre de 60 € à 100 €. Petit déjeuner : 8 €.

La famille Brothier vous accueille dans cet hôtel-restaurant où Vasarely, Chagall, Picasso ou Fernand Léger ont séjourné et marqué de leur présence les lieux. On raconte qu'Arthur London a mis en page son roman L'Aveu dans la chambre 9 et qu'ici Éric Kadrane a traduit Lolita de l'américain... Il faut dire que le lieu est magique. Le bâtiment date du XVe siècle, les chambres ont chacune une décoration différente qui leur procure une atmosphère particulière. De plus, on peut admirer une magnifique collection d'art contemporain réunie par André Brothier.

MOURATOGLOU HOTEL AND RESORT**** €€€

3550, Route des Dolines ✆ 04 92 96 68 78
www.mouratoglou-resort.com/fr

Ouvert toute l'année. 155 chambres. Petit déjeuner inclus. Parking inclus. Animaux acceptés. Restaurant. Spa. Fitness

Au cœur de la technopole Azuréenne, entre mer et montagne cet hôtel de luxe moderne et élégant abrite des infrastructures sportives et bien-être à la pointe de la technologie. Il faut dire qu'avec des dizaines de courts de tennis, deux piscines, un espace musculation et fitness, un terrain multisupport et un spa, les visiteurs peuvent s'occuper de leur corps tout en reposant leur tête. Sans compter la cuisine créative du restaurant et l'ambiance décontractée du bar lounge. Ressourçant.

FOOD TRUCK JUST VEGAN €

3737, route des Dolines
✆ 06 51 14 53 44
just-vegan.fr

Ouvert toute l'année. Du mardi au vendredi le midi. Carte : 15 € environ.

Just Vegan, c'est un food-truck au menu 100 % végan ! Salades fraîches ou burgers avec une option sans gluten accompagnés de galettes de légumes et garnitures à choisir selon vos envies : ici tout est fait avec des produits bio et locaux. Même les frites et les desserts, à tester absolument ! À emporter ou à déguster sur l'une des tables mises à disposition. La cuisine est saine et responsable avant tout. Le beau camion orange se déplace le midi en semaine sur plusieurs adresses près de Biot, suivez son parcours sur Facebook.

LES ARCADES €€

16, place des Arcades ✆ 04 93 65 01 04
www.hotel-restaurant-les-arcades.com

Basse saison : du mardi au samedi midi et soir ; le dimanche midi. Haute saison : du mardi au dimanche midi et soir.

Cet établissement charmant situé en plein cœur de Biot sur la place des arcades vous accueille chaleureusement pour vous faire découvrir ses spécialités provençales issues de produits de saison frais. Venez goûter la cuisine traditionnelle préparée avec passion par «mimi» Brothier, la propriétaire du lieu. Vous pourrez apprécier une soupe au pistou ou encore les fameux petits pâtés provençaux, les caillettes. Cet établissement charmant situé en plein cœur de Biot sur la place des arcades vous permettra de vous détendre en dégustant un bon plat fait-maison.

BISTROT LES VERRIERS €€

Chemin des combes
✆ 04 93 65 19 26

Ouvert tous les midis, sauf le samedi hors saison. Plat du jour : environ 15 €.

Niché au pied du village médiéval de Biot, ce restaurant se trouve dans un lieu improbable qu'indique son nom. Ici vous pourrez déguster des plats réalisés par un amoureux des bonnes choses, et fabriqués uniquement à base de produits frais, bio et locaux. Sur le tableau, des suggestions qui changent au quotidien selon l'humeur et le marché du chef, quand il ne va pas puiser dans son jardin. Une cuisine succulente et inventive à savourer dans cet écrin de verdure et de paix. Aux beaux jours, vous apprécierez la terrasse. Une adresse connue des initiés !

LE CAFÉ DE LA POSTE €€

24, rue Saint-Sébastien
✆ 04 89 68 52 47

Ouvert du mardi au jeudi de 8h30 à 19h30 ; du vendredi au dimanche de 8h30 à 22h30. Terrasse.

Chargée d'histoire, cette adresse créée en 1885 porte ce nom car la cabine téléphonique publique se trouvait à l'intérieur ! Ancienne salle de cinéma relookée et toujours classée «café historique», elle offre la possibilité de s'installer sur la terrasse ensoleillée de la grande place au cœur du village. La carte change au fil des saisons et propose notamment de généreuses salades composées servies dans de grandes assiettes. On opte pour quelques spécialités de viandes et de poissons frais et la carte des vins est finement élaborée.

MUSÉE NATIONAL FERNAND LÉGER

Chemin du Val-de-Pôme ✆ 04 92 91 50 20
www.musee-fernandleger.fr

Ouvert toute l'année. Tous les jours sauf le mardi. Ouvert de 10h à 17h l'hiver et de 10h à 18h l'été. Restauration.

Inauguré en 1960, le musée est constitué d'une collection de près de 500 œuvres couvrant toute la carrière de Léger : ses débuts figuratifs, sa période cubiste ; sa théorie du contraste des formes et des couleurs qui s'incarne dans une esthétique puissante de la vie moderne ; enfin ses grandes compositions décoratives des années 1950.

En parcourant l'accrochage de cette production artistique qui s'étend sur la 1e moitié du XXe siècle, le visiteur découvre l'éclectisme des talents de Léger : promoteur d'un art accessible à tous, il explore d'autres médiums d'expression tels que le cinéma, le spectacle vivant, le livre d'artiste ou encore l'artisanat d'art (vitrail, mosaïque, céramique, tapisserie). Le parcours de la collection permanente se déploie entre les salles intimistes du rez-de-chaussée et celles plus vastes du 1e étage. L'accrochage est renouvelé régulièrement, suivant la programmation des expos temporaires. Près de l'entrée du musée se situent la librairie-boutique et un vaste atelier dédié aux activités créatives en famille.

Le musée Léger est situé dans un jardin aménagé par Henri Fisch, conçu en collaboration avec l'architecte André Svetchine. Ce parc fait de ce lieu un endroit très agréable pour les visiteurs qui peuvent apprécier par de multiples points de vue les mosaïques et reliefs en céramique décorant les façades, ainsi que les œuvres monumentales réalisées d'après des projets originaux de Léger. La Table du musée propose sur place des boissons et des plats du jour bio.

LES TERRAILLERS €€€

11, chemin Neuf
✆ 04 93 65 01 59
www.lesterraillers.fr
Ouvert du mercredi au samedi le midi et le soir et le dimanche soir. Jardin. Terrasse. 1 étoile au guide Michelin.

Ce restaurant de grand standing aménagé dans une authentique poterie du XVIe siècle, a conservé son charme d'antan En salle, professionnalisme et disponibilité sont au menu. En cuisine, le chef Michaël Fulci crée chaque semaine de nouvelles recettes où le respect des produits de saison se mêle au plaisir de l'œil et à celui du goût. Sa cuisine est passionnée, subtile, créative, contemporaine. La carte des vins fait honneur au repas, avec plus de 300 références, ainsi qu'au magnifique plateau de fromages fermiers sélectionnés par un maître fromager.

LE MAS DES ORANGERS

3, rue des Roses
✆ 04 93 65 18 10
www.lemasdesorangers.com
Ouvert du vendredi au mercredi de 10h à 19h. Boutique en ligne.

Véritable caverne d'Ali Baba, le Mas des orangers propose mille et une gourmandises : des produits du terroir avec des confitures à l'ancienne, des sirops artisanaux, des vins et liqueurs, des pastis, des miels et de nombreuses huiles d'olives. On y trouve aussi des objets de décoration, des savons, des bougies parfumées et des poteries. Le voyage se poursuit à l'étage de la boutique avec un grand choix de thés en provenance du monde entier, ainsi que des chocolats que vous pouvez déguster sur place confortablement installés.

LA COLLE-SUR-LOUP ★★

Le nom vient de la colline qui domine la vallée, *Colle Loubière*, qui signifie en provençal « la colline aux loups ». Lorsque François Ier fit modifier les remparts de Saint-Paul (aujourd'hui Saint-Paul-de-Vence) en 1538, une grande partie de la population fut contrainte d'en partir. Des hameaux se multiplièrent aux alentours dont La Colle. Ses terres abondantes en sources permirent les cultures de l'olivier, des agrumes, des céréales, des vignes et l'artisanat se développa. L'essor perdura et cette commune devint l'un des principaux fournisseurs de l'industrie horticole grassoise en se spécialisant dans la production de roses et de fleurs à parfum. Sa renommée lui valut l'appellation de « cité des roses ». En parcourant les ruelles, on découvre un riche patrimoine religieux, des vieux puits et des fontaines. Une fois passé le porche du Canadel, on est au cœur des rues commerçantes animées et des ruelles anciennes où l'on peut admirer de très belles portes sculptées. Près de l'église Saint-Jacques, quelques antiquaires, brocanteurs et artistes ont installé leurs ateliers et galeries d'objets décoratifs et de meubles. Aussi, située aux portes des gorges du Loup, le village est un point de départ pour de nombreuses randonnées dans une nature préservée.

LE PROVENÇAL GOLF

95, avenue de Roumanille ✆ 04 93 00 00 57
www.leprovencalgolf.com
Ouvert tous les jours de 8h à 19h. Restauration. Green fee 9 trous : 35 €. Carnet de 10 green fee : 320 €.

Golf numéro 1 en PACA, le Provençal Golf propose un parcours 9 trous et dispose d'une école de golf performante : l'Académie Provençal Golf. L'académie a obtenu le label Sportif auprès de la FFGOLF. Une trentaine de postes sur practice sont à disposition des licenciés ainsi qu'une zone de petits jeux composée de 2 putting greens et de 2 greens d'approche. Des enseignants diplômés d'Etat vous accompagneront dans votre apprentissage ou votre perfectionnement. Une boutique permet de se fournir en matériels et le restaurant Le Club permet de faire une pause gourmande.

OFFICE DE TOURISME DE LA COLLE-SUR-LOUP

10, avenue de Provence
✆ 04 93 32 68 36
www.lacollesurloup-tourisme.com
Ouvert du lundi au samedi de 9h à 13h et de 14h à 17h.

L'accueil personnalisé et chaleureux fait de chaque visiteur une personne privilégiée. Un choix de brochures et de documentations bilingues est mis à disposition du public. Des visites guidées sont organisées au départ de l'office de tourisme. Vous pourrez découvrir l'histoire du village, de ses bâtiments et de ses habitants avec une guide conférencière diplômée. De juin à septembre, tous les mardis à 16h30 et les jeudis à 10h. Le reste de l'année, les visites ont lieu sur rendez-vous.

LA BASTIDE GOURMANDE*** €€

660, route de Cagnes
✆ 04 93 22 62 42
www.labastidegourmande.fr

Logis. Ouvert toute l'année. Animaux acceptés. Maître Restaurateur. Cuisine bio label AB. Bain bouillonnant.

Ce petit hôtel à l'ambiance familiale est charmant. Les 12 chambres, qui sont toutes différentes, vous invitent aux voyages avec leur nom évocateur : Kenya, New York, Marrakech… Elles sont modernes et très confortables. Certaines disposent d'une terrasse. La jolie piscine avec solarium et bain bouillonnant sont propices à la détente. Au restaurant, le chef propose une cuisine préparée avec des produits bio, frais, certifiés agriculture biologique, et des recettes très personnelles, qui allient les saveurs et les produits du monde entier.

LE CLOS DE SAINT-PAUL €€

71, chemin de la Rouguière
✆ 04 93 32 56 81
www.leclossaintpaul.com

4 chambres. Chambre double à partir de 115 € la nuit, hors saison 90 €. Petit-déjeuner inclus.

Idéalement située entre Saint-Paul-de-Vence et La Colle-sur-Loup, cette villa possède des chambres confortables, toutes avec terrasse donnant de plain-pied sur un grand jardin, et décorées simplement mais avec beaucoup de goût. Chaque chambre bénéficie d'un coin cuisine pour le petit-déjeuner et votre hôtesse apporte chaque matin pain, viennoiseries et un gâteau maison... Les hôtes gèrent ainsi complètement leur petit-déjeuner ! Vous apprécierez également belle terrasse exposée plein sud et la piscine. Une petite maison indépendante permet des séjours plus longs.

LA MAISON DES ARÔMES €€

1111, route de Cagnes
✆ 07 71 78 50 27

Ouvert toute l'année. 5 chambres.

Ce petit hameau en pierre propose cinq chambres coquettes dont les noms fleurent bon la Provence et le Sud : lavande, thym, marjolaine, citron et romarin. Toutes équipées et décorées avec soin, elles disposent chacune d'une entrée privée. Au cœur des collines de La Colle-sur-Loup, cette chambre d'hôtes est le lieu idéal pour profiter de la quiétude du village. Les petits-déjeuners sont copieux et servis à l'heure qui vous convient. Le soir, vous pouvez dîner au Poisson Rouge, le restaurant de La Maison des Arômes.

LA VILLA 45 €€

45, route du Vieux-Pont
✆ 06 95 05 23 32
www.villa45.fr

Ouvert toute l'année. 5 chambres. Petit déjeuner inclus. Sauna. Massages sur mesure. Activités variées.

La Villa 45 est un petit coin de paradis où vous pourrez vous prélasser tout en profitant d'une vue imprenable sur Saint-Paul-de-Vence. Les 5 confortables chambres disposent chacune d'une entrée privative et d'une terrasse avec vue. La piscine est chauffée d'avril à octobre pour que vous puissiez en profiter toute l'année. Pour plus de détente, la maison met à votre disposition un sauna et propose aussi des massages sur mesure. Une adresse élégante où sérénité et détente sont les maîtres mots. Véritable coup de cœur pour le jardin atypique.

ALAIN LLORCA**** €€€

350, route de Saint-Paul ✆ 04 93 32 02 93
www.alainllorca.com

Ouvert toute l'année. Demi-pension. Parking. Animaux acceptés. Restauration (Maître Restaurateur). Vente. Piscine.

Cet hôtel de charme dispose d'un superbe parc arboré de 2 hectares et propose de vastes chambres-appartements de très grand confort à la décoration raffinée. Chambres Deluxe avec terrasse ou balcon, suite junior terrasse ou jardin, suite prestige avec jardin privé. Chacune des chambres est parfaitement équipée. Orientées plein sud, elles proposent une vue panoramique sur le village de Saint-Paul-de-Vence et un accès privé à la piscine entourée de transats. Une restauration gastronomique est possible sur place, si on choisit de profiter de la sérénité des lieux.

ALAIN LLORCA €€€

350, route de Saint-Paul
✆ 04 93 32 02 93
www.alainllorca.com

Du mardi au samedi soir ; du mardi au dimanche midi. Réservation recommandée. Menus de 80€ à 150€.

La cuisine d'Alain Llorca va à l'essentiel ! Ses influences voguent de Nice à l'Espagne, dont il est originaire, jusqu'à l'Italie puisqu'un artisan italien fabrique en exclusivité raviolis, gnocchis et autres spécialités. L'espace gril est le point fort de cette adresse avec la cuisson en direct de pigeon et foie gras de Chalosse à la braise, d'agneau des Alpes de Haute Provence à la rôtissoire, de bœuf, en provenance de Bavière ou du Charolais, au gril. L'épilogue du repas est signé Jean-Michel Llorca, l'un des meilleurs pâtissiers de la Côte d'Azur.

AU PAYS DE LA FLEUR D'ORANGER

5, chemin du Corse ✆ 06 18 16 26 13
www.aupaysdelafleurdoranger.com/
Ouvert du lundi au vendredi de 9h à 12h30 et de 14h à 17h30. Possibilité de visiter le showroom. Boutique en ligne.

C'est avant tout l'histoire d'une famille, plus précisément celle de Virginie Roux qui a transformé son héritage pour créer l'univers de cette marque de parfum haut de gamme. Au Pays de la Fleur d'oranger est devenue après 18 ans d'existence une marque très haut de gamme de parfums et de cosmétiques conçus par des artisans amoureux de leur travail. La collection « Home » offre toute une gamme de bougies parfumées à base de cire végétale et de parfums d'intérieur.

GOURDON ★★

Nul besoin de se demander pourquoi Gourdon fait partie des plus beaux villages de France... Le site, la vue, l'architecture, le château : tout y est ! Le site, tout d'abord : un véritable balcon sur la Méditerranée accroché sur son piton rocheux, à 760 m d'altitude. Le village a fière allure, massé autour de son imposant château féodal. La vue : un panorama sur 80 km de côte, depuis Nice à l'est, jusqu'aux collines de l'Esterel à l'ouest. Enfin l'architecture : regroupées autour du formidable château, les bâtisses anciennes ont été restaurées et mises en valeur, formant un ensemble harmonieux et conférant au village cette authenticité particulière.

NOTES DE CUISINE

39, rue Yves Klein
✆ 07 83 34 65 94
www.notesdecuisine.fr
Ouvert toute l'année. Sur réservation

Laurence, ancienne élève du Lycée hôtelier de Nice et membre du Cercle de la Capelina d'Or, propose des ateliers de cuisine pour partager ses recettes familiales. Laurence propose deux cours par semaine d'environ 4h durant lesquels petits et grands concoctent un menu entier qu'ils dégustent par la suite. Selon la thématique du cours, les petits farcis niçois, dessert à la nissart ou les plats de saison ne seront plus un secret pour vous ! Alors, vous savez ce qu'il vous reste à faire, enfiler votre toque et vous laisser guider par Laurence.

CASCADES DU SAUT DU LOUP

Route des Gorges
✆ 04 93 70 51 55
https://cascades-sautduloup.com/
Ouvert toute l'année. Visites libres. Restauration snack Saut du Loup. Boutique. Parking.

Le site du Saut du Loup permet d'approcher le Loup et les cascades. On découvre ainsi la Grande Marmite formée par l'érosion du fleuve au tertiaire et au quaternaire, les cascades des Demoiselles, les Pétrifiantes, ainsi que le belvédère perché sur un piton rocheux qui offre un panorama d'où on peut toutes les admirer. Une halte rapide et agréable que vous pourrez volontiers prolonger en allant faire un tour dans la boutique ouverte du 14 juillet au 30 septembre pour y découvrir la production d'huile essentielle locale, eaux florales, et bien d'autres souvenirs.

SELFIE MIRROR

✆ 06 24 33 15 75
selfiemirror.fr
Machine à selfie en location, plus d'informations par téléphone. Devis possible via leur site internet.

Selfie Mirror vous propose la location d'une machine à selfie pour vos mariages, événements corporatifs, etc. Le Mirror Booth est une création faite pour enchanter et animer vos événements : prenez la pose face au miroir, seul ou entre amis, avec filtre ou de manière naturelle, et la machine fera le reste ! L'interface tactile est simple, ludique, et un animateur de Selfie Mirror est toujours présent pour s'occuper des préréglages. Une idée originale qui permettra aux petits et grands de s'amuser et surtout de garder un souvenir instantané de l'événement !

CHÂTEAU DE GOURDON

✆ 04 93 09 68 02
http://www.chateau-gourdon.com
Gîtes à réserver, organisation d'évènements (mariages, séminaires, etc)

Propriété privée, le château est définitivement fermé au public et les collections des musées qu'il abritait ont été dispersées. Toutefois, ses salles aux grands espaces et cheminées monumentales, sa terrasse d'honneur véritable balcon sur la Méditerranée, son jardin de l'apothicaire ou encore le jardin aux magnolia et son boulodrome, seront absolument parfaits pour recevoir et épater les convives invités à un mariage, baptême ou encore à un séminaire professionnel. D'autant qu'il est possible d'être logé dans les gîtes de Gourdon, place du château.

LA SOURCE PARFUMÉE

Rue Principale
✆ 04 93 09 20 00
www.galimard.com

Ouvert toute l'année de 10h à 19h l'été. Jusqu'à 18h l'hiver. Visite des lavanderaies. Se renseigner à la boutique.

Il y a plus de cent ans, Siméon Roux, courtier en fleurs exploitait des plantations d'orangers de jardin. En 1946 son fils, Joseph Roux, distillateur-parfumeur et sa femme, Jeanne, propriétaire de la vieille fabrique de la source parfumée à Gourdon distillaient les fleurs alpestres dans leurs alambics pour en recueillir les plus fines essences. Aujourd'hui, c'est Chantal Roux qui vous accueille à la vieille distillerie. Dans la boutique, il coule une source dans laquelle on jette traditionnellement de la monnaie qui est récupérée et remise à une association..

BUREAU D'INFORMATION TOURISTIQUE DE GOURDON

1, place Victoria
✆ 04 89 87 73 31
www.gourdon06.fr

Ouvert toute l'année de 9h30 à 12h30 et de 13h30 à 17h30Du lundi au dimanche en été, du lundi au samedi en hiver.

Vous trouverez ici une mine d'informations ainsi qu'un large éventail de documentations mis à votre disposition en libre-service. N'hésitez pas à contacter l'accueillante équipe ou encore à aller à sa rencontre pour de plus amples informations sur Gourdon et tout ce que vous pouvez y faire ! Le Bureau d'Information Touristique possède aussi un point poste ouvert en semaine vous permettant d'envoyer une carte postale de vos vacances. Pratique !

AUBERGE DE COURMES €€

3, rue des Platanes
COURMES
✆ 04 92 60 08 17

5 chambres. Chambre simple 65 € ; chambre double à partir de 75 €. Demi-pension : 20 € (par personne).

L'auberge de Courmes a récemment rouvert et c'est une bonne nouvelle. Elle accueille touristes et randonneurs dans ses 5 chambres confortables, au cœur du village. On recommande cette adresse sans prétention pour les produits frais et locaux cuisinés avec beaucoup de talent et ce, de l'entrée au dessert. Une cuisine familiale et généreuse à l'image de l'accueil sympathique et franc que réservent le patron et son épouse. Un moment de bonheur simple dans un cadre reposant ! Une jolie terrasse vient parfaire cette référence futée !

LA CASCADE €€

635 chemin de la Cascade - **COURMES**
✆ 04 93 09 65 85
www.cascade06.com

Fermé du 1er décembre au 30 janvier. 5 chambres. Chambres de 65€ à 85€ par nuit selon la saison. Petit déjeuner inclus.

Eric et Bruno accueillent leurs hôtes dans un cadre exceptionnel : une ancienne bergerie, située en pleine nature, à l'aplomb des gorges du Loup. Les chambres sont spacieuses et donnent directement sur le jardin et la nature environnante. Le soir, un dîner «table d'hôtes» est proposé avec une cuisine gourmande du jour à base de produits frais. Eric et Bruno partagent le dîner avec leurs invités, et peuvent conseiller sur les visites et les itinéraires. Il est aussi possible de privatiser la maison à la semaine pour 12 personnes.

AUBERGE DE COURMES €

3, rue des Platanes
COURMES ✆ 04 92 60 08 17

Ouvert toute l'année. Dîner sur réservation. Fermé le lundi. Plat du jour : 12 €.

À l'Auberge de Courmes on déjeune dans la jolie salle, ou bien sur la terrasse aux beaux jours, avec la délicieuse impression d'être privilégié d'être là. Située au cœur du hameau, l'auberge accueille les randonneurs de passage et les touristes. Lors de notre passage, nous avons noté le menu du jour : assiette champêtre, navarin de bœuf et ses légumes, tarte aux pêches Melba...A noter que l'auberge dispose également de 5 chambres d'hôtes pour une halte privilégiée dans un cadre pittoresque, à l'abri de l'agitation de la côte.

LES GRANDS HOMMES €

2, rue Armand-Fallières
✆ 04 93 77 66 21
www.restaurant-lesgrandshommes.fr

Fermé pour congés annuels en décembre. Ouvert tous les jours le midi. Réservation recommandée. Terrasse.

A la carte : l'assiette Napoléon, le velouté Louis XV, la salade Garibaldienne, la poule au pot au temps d'Henri et le crumble Reine Victoria... Pour ne pas faire de l'ombre à ces grands hommes, la puissante Reine (qui a visité Gourdon en 1891 comme l'atteste la plaque apposée sur le château) est qualifiée de «Grand Homme honoraire» ! La cuisine est traditionnelle, préparée avec des produits frais et les plats joliment présentés. Prenez si possible votre repas sur le toit terrasse qui offre une vue panoramique sur le village et le littoral jusqu'à la mer.

LA TAVERNE PROVENÇALE €€

Place de l'Église
✆ 04 93 09 68 22
http://la-taverne-provencale.zenchef.com/
Ouvert tous les jours de 9h à 19h l'hiver. Bar l'après-midi. Juillet et août service le soir également. Terrasse.

Cette taverne située dans Gourdon est le plus ancien établissement du village. Créé en 1933 par E. Reymond, le restaurant est installé dans une bâtisse centenaire. Il est d'ailleurs géré par la même famille depuis 4 générations Et La vaste terrasse offre un superbe panorama sur toute la Côte d'Azur ! Ici, tout fleure bon la Provence, avec des produits de qualité à la carte. Service salon de thé pour un vin d'orange maison ou un très bon chocolat chaud en hiver et boutique de produits traditionnels à visiter place Sainte-Catherine.

AU VIEUX FOUR €€

4, Rue Basse
✆ 04 93 09 68 60
Addition Moyenne 40 €.

Une belle adresse gourmande à souhait pour faire une pause culinaire dans le vieux village. Ici on aime les produits frais, du terroir de préférence. Les suggestions se présentent en menus à l'ardoise avec 2 entrées, 2 plats et 2 desserts qui changent au gré des saisons. C'est succulent, le cadre est intimiste et le patron a de l'humour ! What Else ?

LA MARQUISETTE

Grandrue
✆ 04 93 09 68 29
Ouvert tous les jours et les jours fériés de 10h30 à 17h.

Depuis une trentaine d'années, cette petite boutique tenue par Francis Saunier fabrique du pain d'épice moelleux et parfumé, sans colorant ni additif d'aucune sorte. Il explique les procédés de confection à ceux que cela intéresse. On trouve son bonheur entre les différentes variétés : nature, orange, figue et noix, orange confite, cerise noisette, abricots amandes. Il s'est également lancé dans le nougat et propose du blanc dur au miel de lavande et du noir tendre au miel et amandes. Tout est artisanal et absolument délicieux !

PARFUMS ALLONGUE

Place de la citerne
✆ 04 93 09 68 21
www.allongue-parfums.fr
Les magasins sont ouverts tous les jours de l'année.

Cette ancienne parfumerie implantée au cœur du village date des années quarante. Jules et Laurent fondèrent à cette époque la « Distillerie de la Grotte », une distillerie artisanale de plantes à parfums. En 1980 l'entreprise est rachetée et change de nom. Les Parfums d'Allongue offrent un panel de senteurs parfumées qui fleurent bon la lavande, le genêt, l'oranger ou la verveine. N'hésitez pas à faire un tour dans la boutique qui se trouve au cœur du village, sinon les commandes en ligne sont aussi possibles via le site web.

ÉCOLE DE PARAPENTE ASCENDANCE

✆ 06 61 42 08 64
www.ascendance06.com
Ouvert toute l'année. L'hiver tous les jours de 9h30 à 17h. L'été tous les jours de 9h à 18h. Tarifs sur le site web.

Une école de parapente agréée a élu résidence au village depuis plus de 30 ans. C'est une activité de plein air, ludique et… paisible affirment les patrons ! Alors, si le cœur vous en dit, vous pouvez vous offrir un baptême, faire un stage ou suivre des cours. Départ des falaises qui dominent la commune de Gourdon, bien protégée des vents, pour découvrir des sensations inoubliables. Les tarifs dépendent de la prestation. Prêt à vous envoyer en l'air ?

FUN KART

Route de Gourdon ✆ 04 93 42 48 08
www.fun-karting.com
Ouvert toute l'année. Tous les jours de 9h30 à 18h30. Fermé les lundis et mardis de novembre à mars.

Envie de sensations fortes ? Fun Kart est la seule piste de kart des Alpes-Maritimes. L'établissement propose différentes formules et des journées accessibles aux plus de 15 ans, que vous soyez un particulier ou une entreprise. Choisissez votre heure, vous disposez d'un système de chronométrage électronique et d'une assistance mécanique pour pratiquer le karting en toute sécurité (casques, combinaisons et gants d'hiver fournis - équipements aux normes de sécurité européennes) sur une piste de 650 mètres entièrement privatisée. À vos marques, prêts ? Kartez !

LE BAR-SUR-LOUP ★

Le Bar-sur-Loup est un village médiéval surnommé « la cité des orangers » car l'économie du bourg où est né l'amiral de Grasse a effectivement longtemps été liée au bigaradier. Les fleurs étaient réservées aux usines de parfumerie de Grasse. La spécialité culinaire est la confiture d'oranges amères et surtout le vin d'orange. Tous les lundis de Pâques a lieu la fête de l'Oranger avec expositions et concours de vins d'orange. Le vieux village séduit par son authenticité. Les maisons très anciennes, serrées les unes contre les autres autour du Château et de l'Eglise, forment un rempart toujours visible rue Estrabarry et rue du Cheiron.

CHÂTEAU DES COMTES DE GRASSE

6, Place Francis-Paulet

Le château est privé et ne se visite pas.

Le château, dont les fondations datent du XIIIe siècle, a appartenu aux comtes de Grasse, seigneurs de Bar jusqu'à la Révolution. En 1792, le donjon, symbole de la puissance seigneuriale, fut rasé et le château pillé avant d'être réquisitionné par la commune révolutionnaire qui le revendra aux habitants en 1832. Aujourd'hui, les caves du château réhabilitées sont destinées à accueillir des expositions, séminaires, concerts et manifestations communales.

BUREAU D'INFORMATION TOURISTIQUE DU BAR-SUR-LOUP

✆ 04 93 42 72 21

www.lebarsurloup.fr

Juin et septembre : ouvert du lundi au vendredi de 9h à 12h30 et de 14h30 à 17h30. Le samedi de 10h à 13h.

Bâti sur un éperon rocheux, le beau village du Bar-sur-Loup propose à ses visiteurs de nombreuses activités en saison, de belles adresses ainsi que de jolis coins encore préservés à découvrir en famille ou entre amis. Présente au bureau d'information touristique, l'aimable équipe se tient à votre disposition pour vous faire découvrir ce village de l'arrière-pays à travers un programme culturel de choix et bien d'autres actualités, fêtes et bons plans.

LOCATIONS 06 - GÎTES DE CHARME €€

614, chemin de saint jean

✆ 06 32 75 51 07

https://www.locations-06.fr

*Meublé 4**** Clévacances 3 clés.Gite Désinfecté - Annulation gratuite. Chèques vacances ANCV.*

© LOCATIONS 06

Les gîtes joliment nommés la maison de Noélie, la Pascaline, l'Eugénie vous attendent en Pays de Grasse. Profitez d'un séjour authentique au calme d'une villa, dans des locations de charme tout confort. L'accueil personnalisé et chaleureux au sein d'une famille de paysans est un excellent atout pour vous reconnecter à la nature. A 300 m à pied, la baignade en rivière est un délice. Autour, de nombreux villages provençaux vous enchanteront et les villes de Cannes, Nice et Antibes ne sont qu'à 30 min.

HOTEL PARTICULIER DES JASMINS €€

938, avenue des écoles

✆ 04 93 60 42 05

www.lesjasmins.fr

Café - Restaurant - Pension de famille

Cette maison de maître surplombant la vallée du Loup a été restaurée avec authenticité en conservant tout le charme d'autrefois. Elle conjugue à merveille luxe et simplicité. C'est une chambre d'hôtes d'un côté et une table gourmande de l'autre. La cuisine du marché est inventive et sobre à la fois. On aime l'hospitalité de l'accueil, le cadre intime et discret de cette belle adresse si particulière. En somme, une belle parenthèse.

CÔTÉ MONTAGNE

LA JARRERIE €€

8, avenue Amiral-de-Grasse
✆ 04 93 42 92 92
Ouvert tous les jours le midi et le soir. Réservation recommandée. Terrasse.

On change d'époque en franchissant la porte de cette bâtisse chargée d'histoire : ancien monastère datant du XVIIe, converti au XIXe en conserverie d'olives et d'huiles gardées dans des jarres qui ont donné au lieu le nom, puis fabrique de parfums et enfin, restaurant. Dès les beaux jours, la terrasse est idéale pour un déjeuner au soleil. Au menu : une cuisine française à la fois traditionnelle et contemporaine et des assiettes soignées. Excellent rapport qualité/prix/quantité/présentation. Tout ici est fait maison, même les petits pains croustillants à souhait.

MOUANS-SARTOUX ★★

C'est au printemps 1858 que Napoléon III réunit officiellement les deux communes distinctes de Mouans et de Sartoux pour donner naissance à la ville actuelle sur la route reliant Grasse et Cannes. Au XVIIIe siècle, l'éducation de vers à soie y était très développée. La « magnanerie » qui appartenait au Seigneur de Mouans a fonctionné jusque dans les années 1940. On y trouvait également des plantes à parfum (jasmin et rose de mai) dont il reste aujourd'hui quelques champs de fleurs. L'économie de la commune s'est ensuite diversifiée par le commerce et l'artisanat puis en favorisant la création d'un parc d'activités qui abrite de nombreuses entreprises.

ESPACE DE L'ART CONCRET

Place Suzanne-de-Villeneuve ✆ 04 93 75 71 50
www.espacedelartconcret.fr
Ouvert tous les jours de mai à septembre à partir de 11h. Du mercredi au dimanche, 13h à partir du 1er octobre. Boutique

Édifié au début du XVIe siècle (1504-1510) par Jean de Grasse, le château de Mouans subit d'importantes destructions sous la Révolution. Il fut réhabilité selon son plan initial d'architecture médiévale triangulaire, très rare en France et abrite aujourd'hui un centre d'art contemporain, ainsi que la donation Albers-Honegger constituant une exposition permanente. Dans les anciennes écuries, on découvre un musée rural retraçant la vie d'antan (gratuit). La ville met ce lieu d'exception à disposition du public pour les manifestations à caractère événementiel.

JARDINS DU MUSÉE INTERNATIONAL DE LA PARFUMERIE

979, chemin des Gourettes ✆ 04 92 98 92 69
www.mouans-sartoux.fr
Fermé du 1/12 au 30/03. Ouvert tous les jours de 10h à 17h30. Jusqu'à 19h de mai à aout. Adulte : 4 €.

Les Jardins du Musée International de la Parfumerie (JMIP) s'étalent sur deux hectares à quelques kilomètres de Grasse où est née l'industrie du parfum. Dédiés au patrimoine floral et botanique, ils reconstituent fidèlement les champs de culture à l'ancienne. Ici, tout est naturel : ni pesticide ni substance artificielle. Les jardins sont irrigués par une source canalisée dans un long bassin. On peut flâner ou joindre une visite guidée gratuite ou pique-niquer à l'ombre des cyprès. On suit les parcours tracés parmi des groupements de plantes : roses, lavandes, jasmins, orangers entre autres. Fragrances boisées, florales, fruitées, musquées, aromatiques... le nombre d'espèces différentes qui peuvent entrer dans la création d'un parfum est étonnant. Bon à savoir : les plantes ont été agencées selon les notes olfactives qu'elles dégagent : florale, boisée, fruitée, musquée... Essayez de les reconnaître ! Lors de votre promenade olfactive, gardez un œil ouvert pour trouver l'arbre dont les branches ont emprisonné pour l'éternité un flacon métallique laissé là par inadvertance il y a des années. Une exposition permanente illustre le lien entre les cultures botaniques et la parfumerie. Depuis quelques années, le jardin est également un refuse LPO (ligue de protection des oiseaux). Le plus : de nombreuses activités et animations viennent compléter la visite avec des audioguides, des ateliers, une mallette pédagogique pour les enfants... Agenda sur le site internet.

OFFICE DE TOURISME DE MOUANS-SARTOUX

258, avenue de Cannes
✆ 04 93 75 75 16
https://www.mouans-sartoux.fr/
Ouvert du lundi au vendredi de 9h30 à 12h30 et de 14h à 17h30 ; le samedi de 9h à 12h. De juin à septembre : jusqu'à 18h

Le mot d'ordre de l'office de tourisme de Mouans-Sartoux : bien recevoir. A la recherche d'indications pour un après-midi au musée ? En quête d'adresses locales pour un bon restaurant en famille ou entre amis ? Toute l'équipe est se tient à votre disposition du lundi au samedi pour vous renseigner, avec le sourire et bienveillance. Il ne vous restera plus qu'à faire vos choix à travers les différentes propositions d'activités, visites ou encore balades proposées.

© BISTROT TRAITEUR

© BISTROT TRAITEUR

© TRAITEUR CAVANI

CAVANI TRAITEUR

7, rue Durand de Sartoux ✆ 04 93 75 63 57
www.bistrotettraiteur.com

Du mardi au samedi de 9h à 13h et de 15h à 18h. Dimanche de 9h à 13h. Anniversaires, réunions familiales, brunchs.

Cavani traiteur, c'est le résultat des 25 ans d'expérience dans la gastronomie. Christophe Cavani s'est forgé une solide réputation auprès de grands noms comme Alain Ducasse ou Jacques Chibois. Pour un avant-goût de ses spécialités, rendez-vous en boutique où les suggestions du jour et autres plats à emporter sont préparés avec des produits frais. L'occasion de découvrir les produits locaux et régionaux disponibles à la vente. Partenaire de tous les moments gourmands, il propose des prestations d'animations événementielles sur-mesure et se déplace à domicile.

© TRAITEUR CAVANI

© TRAITEUR CAVANI

PARC DU CHÂTEAU DE MOUANS-SARTOUX

✆ 04 93 75 75 16

www.departement06.fr/mouans-sartoux/parc-du-chateau-de-mouans-sartoux-16428.html

Ouvert du 1er octobre au 30 avril de 8h à 18h30 et du 1er Mai au 30 septembre de 8h à 20h. Entrée gratuite

Réaménagés par Gilles Clément grand jardinier paysagiste les 3 hectares de ce château ont été pensés de manière à aborder les questions d'occupation de l'espace et l'écologie. Réalisé en collaboration avec le paysagiste François Navarro, il fait circuler le visiteur entre différents espaces bien distincts. Une plateforme carrée en façade du château accueille les manifestations estivales, un jardin des sept couleurs côtoie un pré planté de figuiers et d'oliviers.

HÔTEL LOUISIANE** €

460, avenue de la Quiera

✆ 04 92 92 21 92

www.hotellouisiane.fr

Citotel. Ouvert toute l'année. Le restaurant de l'hôtel est ouvert uniquement les soirs de semaine

Le Louisiane est niché en pleine nature, au cœur d'une pinède, comme un petit complexe aux abords du parc d'activités de Mouans-Sartoux. Les chambres y sont simples et confortables. La piscine est un des atouts supplémentaires de l'établissement. Autre petit détail pratique : on peut oublier sa voiture au parking, grâce à une ligne de bus partant de Cannes qui dessert l'hôtel... un bon plan pour séjourner dans la région ! Des prestations et un accueil de qualité pour un budget très compétitif et avec un accueil très charmant !

LA BASTIDE DES GOLFS*** €€

400, route de Valbonne

✆ 04 93 60 10 57

https://labastidedesgolfs.com

Logis. 12 chambres. Restaurant sur place. Formules de 16 à 34 €.

Idéal pour se ressourcer, ce mas provençal mêlant tradition et modernité est à la fois calme et confortable. On s'y sent bien, que ce soit en voyant le beau jardin méditerranéen ou grâce à l'accueil agréable et chaleureux. Labellisé «cosy», l'hôtel dispose de 12 chambres très bien équipées et d'infrastructures modernes. Ne manquez pas de vous promener dans le parc et surtout au bord de la piscine. Enfin, lors de votre séjour, n'hésitez pas non plus à faire un tour au restaurant Logis « Table gourmande » pour découvrir les saveurs ainsi que les spécialités locales.

L'ARDOISE DU PRIMEUR €

22, rue Durand-de-Sartoux

✆ 06 05 06 85 63

Ouvert tous les jours de 10h à 23h. Carte : 20 € environ. Vin au verre. Terrasse. Vente à emporter. Parkings au village.

Les années passent et rien ne change pour cette très bonne adresse qu'on ne peut que vous conseiller. En plein centre du village, dans la salle à l'esprit bistrot de ce petit restaurant ou sur la terrasse chauffée, on y déguste les mets traditionnels et familiaux de Patrick Girard, certifiés faits maison avec des produits frais : chèvre chaud, petits farcis, raviolis sauce roquefort, tartare avec des frites fraîches, suprême de poulet sauce curry, burgers, tartes... En prime, un accueil chaleureux et des prix défiant toute concurrence, que demander de plus ?

LA PASTA €€

8, rue Pasteur

✆ 04 92 99 07 32

Ouvert du mercredi au dimanche le midi et le soir. Carte : 25 € environ. Chèque Restaurant. Terrasse.

On apprécie particulièrement la tradition de trattoria qui caractérise cette jolie petite adresse : une cuisine transalpine authentique constituée d'antipasti et charcuteries, salades composées, de pâtes fraîches et de risottos servis avec la touche du Chef. Les desserts gourmands et les vins achèvent notre belle balade dans la péninsule voisine. Les suggestions du jour sont élaborées avec des produits frais et des légumes de saison uniquement. Le cadre rustique de la salle est cosy, aux beaux jours les tables s'étalent dans les rues.

LE PETIT BOUCHON €€

4, rue de la République

✆ 04 93 75 65 43

Ouvert toute l'année. Du mardi au dimanche le midi et le soir. Carte : 27 € environ. Chèque Restaurant. Terrasse.

En créant un «bouchon», le pari audacieux des associés Ludovic Lercier et Laurent Boismare était de déplacer ici le patrimoine culinaire lyonnais. Ils ont réussi haut la main à créer cette identité. Aux beaux jours, la terrasse s'étend dans les deux ruelles piétonnes autour du restaurant. La cuisine authentique offre un choix de spécialités plus copieuses les unes que les autres pour notre plaisir. Les vins viennent naturellement de Bourgogne, Beaujolais, Crozes-Hermitage, Côtes du Rhône, etc. La carte suit les saisons afin de garantir fraîcheur et qualité.

LE SOT-L'Y-LAISSE €€

1, place Suzanne-de-Villeneuve
✆ 04 93 75 54 50
Ouvert toute l'année. Du jeudi au lundi le midi et le soir. Réservation recommandée. Carte : 28 € environ. Terrasse.

Situé en plein cœur du village de Mouans-Sartoux, le Sot-L'y-Laisse est doté d'une très belle terrasse installée sur la place. Elle est d'ailleurs toujours bondée en été, soyez prévenus ! L'hiver, ça se passe à l'intérieur, dans trois salles à la décoration raffinée. À la carte une sélection d'entrées appétissantes et un choix de plats variés confectionnés avec passion, sans oublier les desserts à tomber. A l'honneur, les saveurs de la cuisine traditionnelle française vont ici vous séduire. Une adresse à découvrir et un agréable moment en perspective.

MON PETIT RESTO €€€

1, rue du Château
✆ 04 93 06 00 43
www.monpetitresto.fr
Maître Restaurateur. Ouvert du mardi au samedi le midi et le soir. Terrasse.

Mon Petit Resto est installé sur la place du Château à Mouans-Sartoux. A sa tête, Franck Cicognola qui, avec son parcours atypique, a déjà travaillé pour de grandes maisons de la région, des traiteurs de luxe et même en tant que conseiller culinaire. Mais c'est finalement sur cette placette adossée au château qu'il a décidé de poser ses valises. La carte présente chaque jour deux entrées, deux plats et deux desserts pour les gastronomes et les amoureux de la cuisine faite minute. Mon Petit Resto dispose d'une terrasse sur la place. Une belle adresse à découvrir.

MAISON CHARLOTTE BUSSET

7, rue du 11-Novembre
✆ 06 22 50 19 52
www.maisoncharlottebusset.com
Ouvert le lundi, le mardi et du jeudi au samedi de 8h30 à 19h30. Dimanche 8h30 - 18h30. Vegan, sans gluten friendly.

C'est l'adresse préférée des becs sucrés, et des aficionados de cookies déclinés sous plusieurs formes et pour tous les goûts. Le cookie végan 100 % végétal est sans beurre, ni lait, ni œufs. Il existe aussi une version sans sucre et une autre sans gluten. L'été, le cookie est décliné en glace ! Tout en savourant son cookie, on peut aussi se délecter d'un chocolat chaud, d'un jus de fruits frais Bio et de nombreux autres en-cas absolument délicieux.. Ici, tout est fait sur place chaque jour, même les pâtes à tartiner... On se régale rien qu'à y penser !

AURIBEAU-SUR-SIAGNE ★

Ce très joli village médiéval est perché sur un contrefort du massif du Tanneron au débouché des gorges de la Siagne. La pittoresque rivière ombragée où les femmes venaient encore puiser l'eau jusque vers 1850 fait le bonheur des promeneurs. D'étroites ruelles à escaliers abritent les maisons dont certaines datent du XIVe siècle. Au centre du village, inscrit sur l'Inventaire des sites pittoresques du département, la placette est le point où convergent les quatre rues principales.

À voir : l'église restaurée du XVIIIe, le portail Soubran (porte fortifiée), la rue du Four, la table d'orientation, le sanctuaire Notre-Dame-de-Vaucluse.

LE MOULIN DU SAULT €€

Chemin du Vieux-Moulin
✆ 04 93 42 25 42
www.le-moulin-du-sault.fr
Ouvert du mardi au samedi le midi et le soir. Dimanche midi. Menus de 28 € à 34 €. Menu aioli : 21.40€. Terrasse.

C'est au pied du village médiéval que vous profiterez des plats typiquement provençaux concoctés par Thierry et Laurence Moussu dans le cadre enchanteur d'un ancien moulin à huile du XVe siècle rénové à l'identique - ou presque. L'hiver on s'installe dans la salle du moulin et aux beaux jours sous la pergola fleurie de la terrasse, à côté de la cascade. Le Chef Philippe Defrançois règne sur les cuisines du Moulin, et propose des plats qui marient les saveurs du terroir à celles venues d'ailleurs. Ambiance sympathique et bon rapport qualité prix.

PÉGOMAS ★

Situé entre mer et montagne, Pégomas est le lieu idéal pour des vacances « au vert », loin de l'agitation de la côte ; et ce, tout en demeurant à quelques kilomètres seulement des villes comme Cannes et Grasse. L'accès à cette commune est d'ailleurs facilité par la voie rapide Cannes-Grasse. C'est dans cette plaine qui longe la vallée de la Siagne que Pégomas a été construit par des familles italiennes au XVIe siècle, plantant oliviers, vignes et arbres fruitiers et mimosa. En hiver, les collines se couvrent des fleurs jaunes de cette plante, qui diffusent un doux parfum dans toute la région, faisant de Pégomas l'une des étapes de la Route d'Or.

HÔTEL DU BOSQUET** €€

74, chemin des Périssols
✆ 04 92 60 21 20
www.hoteldubosquet.com
Ouvert toute l'année. 16 chambres (plus 7 studios). Chambre double à partir de 80 €. Jardin, tennis, piscine.

Coup de cœur pour cet hôtel comptant de nombreux atouts et ce, à des prix très raisonnables. Véritable havre de paix situé à mi-chemin entre Cannes et Grasse, il offre des prestations exceptionnelles : piscine extérieure, solarium, terrain de boules, et un court de tennis. Du côté des chambres, elles sont confortables, classiques avec vue sur le jardin, ou en soupente. Sont également disponibles des studios de 25 à 50 m². Mention spéciale au petit-déjeuner composé de yaourts et confitures maison, servi dans le jardin dès que le temps s'y prête.

MOUGINS ★★★

Au carrefour entre Cannes, Grasse et de la technopole de Sophia-Antipolis, Mougins - ancienne commune paysanne, spécialisée dans la cueillette de jasmin - a tout pour plaire ! Au-dessus de la ville moderne actuelle construite après le XVIIIe, se situe le typique village, ses remparts dans le noyau médiéval bâti au Moyen Âge, étonnant par sa forme en escargot. Son climat attire de nombreux touristes et artistes, tombés sous le charme du village. Picasso, Jean Cocteau, Man Ray, Fernand Léger, Christian Dior et bien d'autres y ont tous fait escale. Egalement associée à la gastronomie la ville organise le festival « Les étoiles de Mougins ».

LA FAMIGLIA JUNIOR €€

1115, route d'Or
✆ 04 93 40 26 62
la-famiglia-junior.lafourchette.rest
Ouvert du mardi au dimanche le midi et le soir. Ouvert le lundi soir. Carte : 26 € environ. Terrasse. 2 parkings.

La Famiglia Junior propose une cuisine traditionnelle dans un décor aux allures provençales. La terrasse offre une vue imprenable sur Pégomas et La Roquette-sur-Siagne. Côté cuisine, le Chef Philippe Varlet aime concocter quelques plats signature comme la cuisse gourmande, une cuisse de poulet recomposée avec des blettes, du foie gras et des pignons, ou encore les raviolis de calamars sauce chorizo, une association aussi originale que savoureuse. Tout est fait maison et les plats changent en fonction des saisons. Une belle adresse à découvrir.

CHAPELLE NOTRE-DAME-DE-VIE

501-869 Chemin de la Chapelle
✆ 04 92 92 14 00
https://mougins.fr/decouvrir/patrimoine/chapelle-notre-dame-de-vie/
Ouvert tous les jours de juillet / août de 10h à 12h30 et de 14h à 19h. Tous les week-ends de mai, juin et septembre.

Dans ce site admirable que Picasso termina sa vie. La chapelle est inscrite au registre des Monuments historiques et réunit toutes les caractéristiques esthétiques des monuments religieux provençaux dont un clocher surmonté d'un campanile. Son nom vient d'une coutume selon laquelle on y amenait les enfants mort-nés qui ressuscitaient quelques instants le temps d'être baptisés et de trouver ainsi la paix. Pablo Picasso occupa la propriété jouxtant la chapelle «l'Antre du Minotaure».

LE GRILL DE LA MOURACHONNE €€

3, Place du Logis
✆ 04 93 77 96 60
www.legrilldelamourachonne.fr
Ouvert tous les jours le midi et le soir. Chaises bébé. Terrasse. Un grand parking est à disposition.

Situé en centre-ville au bord de la Mourachonne, le Grill du même nom propose une cuisine variée et de qualité à ses hôtes. En plus d'une grande salle décorée avec soin, le restaurant dispose aussi d'une terrasse aménagée pour profiter du cadre. Les assiettes sont généreuses et variées. Du poisson à la viande, chaque pièce est un produit de qualité. Chaque jour, une série de suggestions est proposée sur une ardoise en plus de la carte. Un large choix où chacun trouvera son bonheur.

MUSÉE D'ART CLASSIQUE - MACM

32, rue Commandeur ✆ 04 93 75 18 22
www.mouginsmusee.com
Tous les jours. 1 octobre - 20 juin : 10h – 18h ; 21 juin - 30 septembre : 10h - 20h. Adulte : 14 €. Enfant : 5 €.

Ce musée propose sur quatre étages plus de 600 œuvres du monde antique ainsi qu'une collection de peintures et de sculptures allant du néoclassique à nos jours. On y découvre également la plus grande collection privée d'armes antiques au monde. Ces œuvres sont complétées par une centaine de peintures, dessins et sculptures signés par des artistes de renom comme Chagall, Matisse, Dufy, Cézanne, Degas, Klein… Le site a reçu en 2012 le Ken d'or du meilleur musée (*ex-aequo* avec Le Louvre).

PARC DÉPARTEMENTAL DE LA VALMASQUE

www.cheminsdelabiodiversite.com/sortie-25698-parc-departemental-de-la-valmasque.html

Ouvert toute l'année.

Le site offre une étonnante variété de vallons et de sites d'observation de la nature : une pinède, une chênaie de chênes verts, de chênes blancs et de chênes-lièges sans oublier l'étang, riche de plantes aquatiques et bordé de douze hectares de prairies plantées de peupliers, de saules et de cyprès chauves. Le plus : le sentier découverte de la biodiversité. L'observatoire situé au bord de l'étang permet aussi de découvrir une soixantaine de races d'oiseaux sédentaires ou migrateurs.

OFFICE DE TOURISME DE MOUGINS

39, place des Patriotes
✆ 04 92 92 14 00
http://mouginstourisme.com/

Qualité Tourisme. Ouvert tous les jours, de 10h à 18h. Juillet / août : tous les jours, de 10h à 19h.

L'office de tourisme de Mougins a reçu la distinction Qualité tourisme et un classement en catégorie 1. Il propose plusieurs visites thématiques permettant de profiter au mieux de votre passage dans cette jolie commune au charme d'antan. Plusieurs thèmes s'offrent à vous : le vieux village, la chapelle Notre-Dame-des-Vies, Picasso et Mougins, la chapelle Saint-Barthélemy ou encore la balade au fil de l'eau qui aborde l'histoire des fontaines et des bassins du village.

HÔTEL DE MOUGINS**** €€

205, avenue du Golf
✆ 04 92 92 17 07
www.hotel-de-mougins.com

Ouvert toute l'année. 51 chambres (et suites). Piscine, jardin, piscine, Restauration, Massage.

L'hôtel de Mougins est une bastide provençale datant du XVIIIe siècle, devenue depuis un hôtel de charme. Le cadre est verdoyant, raffiné, gorgé de soleil et l'on hésitera souvent entre flâner dans les jardins ou au bord de la piscine... Qu'importe, vous pouvez bien faire les 2, puisque la détente est le maître mot pour votre séjour dans cet établissement. Les chambres et suites offrent un confort à la hauteur de l'établissement dans un style épuré chic. Pour compléter le tout, le restaurant sert des plats frais et de qualité évoluant au gré des saisons.

L'HÔTEL VILLA SOPHIA*** €€

348, avenue de la Valmasque
✆ 04 92 28 88 20
www.hotelvillasophia.com/

Réception ouverte de 07h00 à 23h00. Animaux acceptés. Parking. Navette aéroport sur demande, prestation payante.

Proche du Golf country club de Cannes Mougins cet établissement regroupe trois bâtiments indépendants construits au cœur d'un parc de 3 000 m2. Très bien équipées, lumineuses et accueillante, les chambres dévoilent un cadre contemporain, une literie confortable et des salles de bains avec un grand espace douche. Les petits déjeuners sont servis dans une salle ouverte sur le jardin et la piscine. Vous pourrez également d'un espace piano bar à l'heure de l'apéritif ou encore des plats du jour ensoleillés proposés pour vous restaurer.

LES LISERONS DE MOUGINS** €€

608, avenue Saint-Martin ✆ 04 93 75 50 31
https://hotel-liserons-mougins.com/

Ouvert toute l'année. 20 chambres (petits appartements). Piscine, jardin

Située entre Mouans-Sartoux et le vieux village de Mougins, ce mas provençal est niché dans un jardin verdoyant et agréablement aménagé. Les chambres s'ouvrent, pour certaines, directement sur le jardin avec accès indépendant et bénéficient d'une petite terrasse en rez-de-chaussée. La grande piscine, son solarium et la jolie terrasse extérieure ajoutent au charme tranquille des lieux. L'établissement dispose d'une belle salle de séminaire qui jouxte la piscine et avec vue sur le jardin. Un grand parking privé gratuit est situé derrière le bâtiment.

LE MAS DU GRAND VALLON €€

1550, chemin du Grand-Vallon ✆ 04 22 90 98 98
mas-du-grand-vallon-cannes-fr-1.hotelmix.fr

Ouvert toute l'année. Animaux acceptés (sur demande). Séminaires. Wifi. Restauration. Hammam, sauna. Animations.

Cette résidence de standing installée dans une bâtisse provençale est un véritable havre de paix. Vous y trouverez des chambres ou des appartements allant jusqu'au 4 pièces disposant de tout le confort nécessaire. Chaque appartement possède sa propre terrasse ainsi qu'une kitchenette. La résidence possède également un restaurant où vous pourrez prendre petit-déjeuners, déjeuners ou dîners. La piscine et le spa promettent de véritables moment de détente dans un cadre verdoyant. La résidence est équipée d'un terrain de tennis et d'un practice de golf.

LES ROSÉES €€€

238, chemin de Fontneuve
✆ 04 92 92 29 64
www.lesrosees.com

Ouvert toute l'année. Suite à partir de 220 €. Massages. Restauration. Sauna. Piscine. Service taxi.

Une vieille bâtisse provençale pour un séjour alliant charme d'antan et luxe, voici le pari de Kilpérick Lhobet qui a mis son savoir-faire de décorateur au service de ses hôtes. Et le résultat est tout simplement unique avec 5 suites de caractère équipées et décorées avec soin, un bar, un somptueux jardin, une piscine, et un salon de soins. Chic et élégance sont ici les maitres mots et ce, jusque dans l'accueil. Coup de cœur pour la suite Gipsy avec jacuzzi privatif permettant à ses hôtes de vivre la vie de bohème. Avis aux nomades d'un soir !

LA LUNE DE MOUGINS HÔTEL & SPA*** €€€

1082, avenue du Général-de-Gaulle
✆ 04 93 75 77 33
www.hotel-lunedemougins.com

Ouvert toute l'année. 44 chambres. 2 chambres PMR. Restauration (lounge bar). Spa. Massages et soins.

Hôtel de charme sur les hauteurs de Cannes, la Lune de Mougins est un établissement tout confort d'où vous ressortirez apaisé et ressourcé. Son restaurant, le Citrus, propose une cuisine méditerranéenne composée de produits frais. Un lounge bar est également ouvert 24h/24. Et pour toujours plus de détente, une piscine extérieure en plage ombragée vous tend les bras. Enfin, profitez également de nombreuses offres détente et plaisir avec accès au spa et soin relaxant.

LE MANOIR DE L'ÉTANG €€€

66, allée du Manoir
✆ 04 92 28 36 00
www.manoir-de-letang.com

Ouvert toute l'année. 21 chambres. Jardin, piscine, tennis. Restauration. Animations musicales.

Absolument magnifique, cet authentique manoir du XIXe siècle au cœur d'un parc de 4 hectares domine un étang couvert de fleurs de lotus en saison. Les 21 chambres de belles dimensions ont vue sur les collines environnantes et l'étang. Au restaurant, le Chef décline une carte vantant les produits frais et les saveurs vraies alliant cuisine française et quelques influences asiatiques réussis. Lieu de calme et de sérénité, proche de la plupart des greens azuréens les plus réputés, son charme unique fait également le bonheur des golfeurs.

LE MAS CANDILLE***** €€€

Boulevard Clément-Rebuffel
✆ 04 92 28 43 43
www.lemascandille.com

Relais & Châteaux. Accueil 24h/24. 45 chambres dont 7 suites. Restauration. Piscine, jardin, parc, fitness, spa.

Le Mas Candille offre un confort exceptionnel, un cadre d'une tranquillité absolue et d'une élégance raffinée. Le Mas proprement dit, où se trouvent le restaurant et 20 chambres, était à l'origine une ferme où l'on cultivait la vigne et l'olive. L'extension « Bastide » est une oasis dédiée au bien-être. Enfin, la « Villa » est un ensemble de 6 suites luxueuses. Grande piscine à débordement, espace fitness, le restaurant « Le Candille » 1 étoile Michelin, et le restaurant « La Pergola » au bord de la piscine pour déjeuner, viennent compléter l'offre de prestige.

ROYAL MOUGINS GOLF RESORT**** €€€

424, avenue du Roi ✆ 04 92 92 49 89
www.royalmougins.fr

Ouvert toute l'année. Spa ouvert 7j/7. Hôtel composé de 29 suites. Restauration. Piscine. Jardin. Fitness

Situé au cœur d'un grand domaine privé et au beau milieu du Golf de Mougins, ce resort offre un havre de paix à la fois raffiné et convivial. L'hôtel est composé de plusieurs types de suites. Chacune propose les mêmes équipements et le même confort. La différence se fait donc au niveau de la situation dans le bâtiment qui offrira une vue dégagée sur le golf ou sur le jardin selon la catégorie choisie. Les différentes formules du Spa vous assureront un séjour de rêve.

L'ASIA €€

475, Avenue Notre Dame de Vie
✆ 04 92 99 15 04

Ouvert du mardi au dimanche de 12h à 14h et à partir de 19h. Réservation recommandée. Formule buffet à volonté.

La nourriture asiatique en quantité sans avoir à faire l'impasse sur la qualité : c'est que vous propose de découvrir cet établissement tous les jours, midi et soir, pour un rapport qualité/prix imbattable. Des entrées aux desserts, tout est fait-maison avec des produits frais. Il est également possible de commander à la carte mais nous savons que la formule à volonté a de quoi satisfaire les indécis et les gros mangeurs, pourquoi s'en priver ! La terrasse est également très agréable aux beaux jours. Une jolie adresse pour les amateurs du genre.

© LAWRENCE BANAHAN - AUTHOR'S IMAGE

Vue générale de Mougins.

LA CUISINE DE MORGANE €€

1063, avenue du Maréchal-Juin
✆ 04 92 99 21 87
Maître Restaurateur. Ouvert du lundi au samedi le midi et le soir. Carte : 30 € environ.

Elle est derrière les fourneaux ; il est en salle. Morgane et Fabrice Sibut, alors arrivés d'Isère, ont conquis les papilles de leurs visiteurs. A tel point qu'il aura fallu quelques mois seulement avant qu'ils obtiennent le titre de maître-restaurateur en 2016. Une belle victoire et surtout, la certification de plats faits maison toujours de saison avec des produits locaux et ce, de l'entrée au dessert. La carte change régulièrement et s'adapte au marché bien entendu. Une jolie adresse où on peut ressentir l'amour et la passion dans chacune des assiettes.

LE JARDIN €€

205, avenue du Golf ✆ 04 92 92 17 07
www.hotel-de-mougins.com/pages/restaurant-le-jardin
Ouvert du mardi au samedi le soir. Réservation recommandée. Vin au verre. Jardin. Terrasse. Bar ouvert de 11h à 23h.

L'hôtel de Mougins nous propose un restaurant bistronomique offrant une très belle expérience gustative dirigée par le chef Alexandre Zohar. En fonction des saisons, les formules et cartes évoluent selon l'inspiration, un gage de fraicheur et de qualité qu'on sait apprécier. On y aime l'ambiance détendue et les cocktails maison qui se dégustent avant de passer à table sous la véranda ou en terrasse, à l'ombre du frêne centenaire, avec vue sur le domaine. Ou encore près de la piscine, où il est également possible de profiter d'une carte «pool house».

L'AMANDIER DE MOUGINS €€

48, avenue Jean-Charles-Mallet
✆ 04 93 90 00 91
www.amandier.fr
Ouvert tous les jours le midi et le soir. Menus de 38 € à 60 €. Terrasse. Vente à emporter. Boutique. École de cuisine.

Adresse historique du chef Roger Vergé à Mougins devenue une véritable institution, l'Amandier dirigé d'une main de maître par Denis Fétisson, est installé dans un ancien pressoir de moulin à huile dont il a conservé la salle voûtée. La carte fait résolument honneur à une cuisine du soleil tout en finesse et propose une formule déjeuner avec une spécialité chaque jour : aïoli traditionnel, ravioli niçois de daube, osso bucco, bouillabaisse... Un régal ! Le cadre, en plus d'être magnifique est convivial, l'accueil chaleureux, une adresse définitivement futée !

LA MAISON ROUGE €€

463, avenue de Font-Roubert
✆ 04 93 75 67 28
https://la-maison-rouge-mougins.fr/fr
Ouvert toute l'année. Tous les jours le midi et le soir. 42. Vente à emporter.

Ce restaurant marocain installé au pied du village de Mougins ne se contente pas de ravir vos papilles, il vous embarque pour un véritable voyage des saveurs. Cette jolie maison rouge (ancienne demeure d'un tailleur de pierre) est décorée avec soin et dispose d'une terrasse spacieuse à la décoration orientale. Au menu ? Tajine, couscous, pastillas... Tous les ingrédients sont donc réunis pour vous garantir un moment d'évasion. Le service est impeccable et l'accueil de Bertrand et Zohra aussi généreux que les plats. On adore !

LA MÉDITERRANÉE €€

32, place du Commandant-Lamy
✆ 04 93 90 03 47
www.brasseriemediterranee.com
Ouvert tous les jours le midi et le soir. Menus de 25 à 52 €. Bar. Terrasse.

Bien exposée et baignée par le soleil quelle que soit l'heure de la journée, cette brasserie contemporaine a tout pour plaire. A commencer par une décoration élégante, un service aux petits soins, et bien sûr de belles assiettes qui déclinent des suggestions quotidiennes élaborées avec des produits frais. En cuisine, c'est une cheffe qui tient les fourneaux avec brio, tout en finesse : Laela Mouhamou. Une belle carte des vins et de grands crus accompagne ces instants de plaisir culinaire à vivre ici dans une ambiance conviviale.

AU RENDEZ-VOUS DE MOUGINS €€

84, place Commandant-Lamy
✆ 04 93 75 87 47
www.rendezvousdemougins.com
Maître Restaurateur. Ouvert tous les jours le midi et le soir. Menus de 28 € à 39 €

Isabelle - c'est la jolie brunette aux yeux bleus du marché Forville, la reine des salades - vous propose ici de beaux hors-d'œuvre et de plats plus alléchantes les uns que les autres. Les desserts méritent un prix d'excellence. Les vrais gastronomes choisiront le foie gras de canard cuit au torchon sur un lit de mesclun, entre autres possibilités. Menu vegan et végétarien sur demande. Terrasse, variété des mets, produits frais et prix doux : c'est du sans faute

LA MENTHE DOUCE €€

1024, avenue Général-de-Gaulle
✆ 04 93 90 04 71
www.lamenthedouce.com
Ouvert du mardi au vendredi le midi et le soir ; le samedi soir ; le dimanche midi. Terrasse. Animations. A emporter.

Niché dans une villa en pierres au-dessus du quartier Saint-Basile, ce restaurant de spécialités marocaines s'apparente à une oasis avec palmiers et tentes caïdales, meubles en cèdre massif sculptés à la main, lanternes en fer forgé, tables en cuivre, tapis moelleux et autres objets orientaux... le dépaysement est ici totalement assuré ! Le voyage continue à table avec au menu : couscous, keftas, tajines, pastilla ainsi que la spécialité de la maison, le Méchoui Marrakchi (agneau cuit à la cendre), et de délicieuses pâtisseries orientales.

TAJ MAHAL €€

616, avenue saint martin
✆ 04 92 92 81 52
www.restaurants-tajmahal.fr
Ouvert du mardi au dimanche de 12h à 22h30. Carte : 15 € environ (plat). Terrasse. Vente à emporter. Livraison.

Embarquement immédiat pour l'Inde et le Pakistan ! Le Taj Mahal, c'est une adresse à retenir si vous aimez la cuisine indienne authentique et de qualité aux portions généreuses. Arômes, épices, plaisir du service : tout y est ! Pour apprécier vos tandoori et autres biryani, deux options s'offrent à vous : une salle intérieure chic et contemporaine ou une jolie terrasse, idéale pour se détendre au soleil. L'établissement, également présent à Villeneuve-Loubet au cœur du port de la Marina Baie des Anges, promet de vous faire vivre un véritable voyage gustatif.

LE PETIT FOUET €€

12, place du Commandant-Lamy
✆ 04 92 92 11 70
www.le-petit-fouet-restaurant-mougins.com/
Ouvert du jeudi au mardi le midi et le soir. Carte : 41 € environ. Petit-déjeuner ou brunch le dimanche. Terrasse.

Sébastien Fouet a baptisé de son nom cette maison qui fait à la fois office de bistrot, restaurant, cave, salon de thé et épicerie fine. Il y propose une cuisine du Sud-Ouest et des plats lyonnais qui changent avec les saisons. La belle carte des vins présente plusieurs centaines de références et se renouvelle tous les mois. On s'attable sous les poutres apparentes et les jolis colombages. Les tables en bois au nappage blanc et lie de vin insufflent un air authentique, convivial et élégant qui sied à ce bouchon lyonnais bien ancré dans la cité mouginoise.

ZUCCHINI BLOSSOM €€

1283, avenue de la Plaine
✆ 04 92 99 29 19
www.zucchiniblossomrestaurant.com
Ouvert du mardi au samedi de 10h à 15h ; le vendredi et le samedi de 19h à 23h. Terrasse. Vente à emporter. Boutique.

Avec son décor composé d'objets et de meubles hétéroclites chinés dans les brocantes, ce restaurant préserve une ambiance chaleureuse et décontractée à l'image des patrons, Arthur et le chef Fred, surnommé le roi du hamburger, car il excelle à les confectionner depuis 1978. Assis au bar-comptoir ou sur les tables disparates disposées près des fenêtres ouvertes sur la vaste terrasse, on déguste une cuisine du monde aux accents majeurs *made in USA des entrées aux desserts.* Toutes les crudités proviennent des cultures du coin, garanties sans pesticide.

LE CANDILLE €€€

Boulevard Clément-Rebuffel

✆ 04 92 28 43 43

www.lemascandille.com

Relais & Châteaux. Ouvert toute l'année. Jardin. Terrasse. Voiturier. Parking.

Le chef Basile Arnaud a pris récemment la direction des cuisines du Mas Candille tout en gardant les mêmes valeurs pour cet établissement, à savoir proposer une gastronomie de luxe sur la Côte d'Azur. Une nouvelle cuisine à découvrir dans la lumineuse grande salle au plafond signé Fragonard, l'enfant du pays, qui donne l'agréable impression de déjeuner à ciel ouvert, ou sur la terrasse avec vue. Le restaurant d'été La Pergola est ouvert de mai à mi-septembre permet de manger de grandes assiettes estivales ou une petite restauration, au bord de la piscine.

LE CLOS SAINT BASILE €€€

351, avenue Sainte-Basile

✆ 04 92 92 93 03

www.clossaintbasile.fr

Maître Restaurateur. Ouvert le lundi et du jeudi au samedi midi et soir. Dimanche midi. Vente à emporter «Bocavore».

Matthieu Lestrade en cuisine, jeune chef niçois connu des téléspectateurs pour sa participation à Top chef en 2011, et Elien Demuynck, en salle vous accueillent dans ce Restaurant & Vins. La cuisine de Matthieu va à l'essentiel, et met en valeur les produits de saison, en provenance des meilleurs producteurs. Elien, sommelière, se charge de réaliser les accords mets et vins, avec les belles références que contient sa vinothèque trônant à l'entrée du restaurant. Et vous pouvez emporter votre bouteille, si vous ne l'avez pas terminée.

LE MOULIN DE MOUGINS €€€

Avenue Notre-Dame-de-Vie

✆ 04 93 75 78 24

www.lemoulindemougins.com

Ouvert du lundi au samedi le midi et le soir ; le dimanche brunch à volonté. Jardin.

Coup de jeune pour le Moulin de Mougins, l'établissement où Roger Vergé a officié pendant de nombreuses années. La salle et le jardin extérieur ont connu un gros lifting, jusqu'au mobilier qui est flambant neuf : les frères Martinez, déjà propriétaires des comptoirs 233 à Grasse et Antibes, ont voulu lui redonner un véritable coup de jeune. Leur objectif est de donner vie à un bistrot chic, avec une cuisine savoureuse à base de produits frais et dans une ambiance lounge branchée avec des influences asiatiques. Le dimanche, un brunch copieux et à volonté est servi.

LA PLACE DE MOUGINS €€€

41, place du Commandant-Lamy

✆ 04 93 90 15 78

www.laplacedemougins.fr

Ouvert du jeudi au lundi le midi et le soir. Réservation recommandée. Carte : 91 €. Terrasse. Boutique.

Le Chef Denis Fétisson a fait ses armes chez les plus grands avant d'ouvrir cette Place. Prix du meilleur espoir de la cuisine Française, Fétisson a retenu l'essentiel de ses rencontres et s'est inventé un style de cuisine créative qu'il ancre néanmoins dans la tradition. Chaque mois, il sélectionne un produit de saison et le décline en multiples préparations au menu « Produit à l'Honneur ». Les savoureux desserts, des créations de Pascal Giry, et sont vendus à la boutique avec d'autres gourmandises. Une Place où il est bon de faire une halte...

L'ADREUVOIR DE MOUGINS

32, place des Patriotes

✆ 04 93 90 03 05

Ouvert lundi de 16h30 à 0h, du mardi au samedi de 10h à 13h et de 17h à 0h, dimanche de 10h à 0h. Terrasse.

C'est très certainement l'une des plus belles terrasses du village, offrant un panorama unique sur Grasse et la vallée du Loup. Dans ce cadre idéal, vous pourrez boire un verre lors de votre étape à Mougins et profiter de l'atmosphère accueillante. Marc Rogano est un barman émérite qui exerce la profession depuis l'âge de 16 ans. Les habitués aiment s'y retrouver à l'heure de l'apéro où l'on vous sert des amuse-gueules avec les cocktails. Les amateurs de pétanque se font même servir sur le terrain en contrebas (on prête les boules si vous n'en avez pas).

EPICERIE COSTE MOUGINS

33, rue des remparts

✆ 06 70 12 29 61

www.lepiceriecoste.com/

Ouvert du jeudi au lundi de 08h à 13h et de 14h à 18h. Mardi de 08 h à 13h et mercredi de 14h à 18h. Espace restauration

Des épiciers engagés ! L'Epicerie Coste, c'est l'histoire d'Eve Coste-Manière et Stéphan Imbert, deux amoureux de leur terroir et de leur Sud, qu'ils aiment faire connaitre au plus grand nombre à travers une alléchante sélection de produits bio, de petits producteurs locaux (en grande majorité) et bien entendu éthiques. Le temps d'une pause, vous pourrez également déguster les produits vendus en boutique du petit déjeuner à l'apéro. Possibilité de se faire livrer de nombreuses références et de créer des paniers gourmands personnalisés.

LE MARCHÉ BY M

1870, route de la Roquette
✆ 06 38 11 19 83
Ouvert du lundi au samedi de 8h30 à 19h30. Ouvert le dimanche (9h à 13h).

Épicuriens et gourmets y trouveront forcément leur bonheur. Installé depuis un an maintenant route de la Roquette, le Marché By M : c'est une épicerie fine aux étals bien garnis proposant des fruits et légumes de qualité, de la charcuterie d'Ardèche ou encore issue de la charcuterie artisanale Gabriel PONS, institution pour les amateurs de charcuterie méditerranéenne, sans oublier la charcuterie pied noir, du fromage et bien d'autres délicieux produits locaux (vinaigres, vins, tartinades pour l'apéro...). Un grand parking est à disposition des clients.

GOLF COUNTRY-CLUB DE CANNES-MOUGINS

175, avenue du Golf ✆ 04 93 75 79 13
www.golfcannesmougins.com
Ouvert toute l'année. Tous les jours de 7h30 à 18h. Vestiaire gardé. Boutique. Restauration uniquement le midi.

Le golf est situé sur la D35 entre Antibes et Mougins. Ses caractéristiques : 18 trous, 6 312 m par 72 et practice 20 postes privés. C'est un club privé réservé aux membres actionnaires. Quelques départs sont disponibles aux visiteurs sous plusieurs conditions : avoir une licence de golf, un index ne dépassant pas 28, une tenue vestimentaire adaptée au club les chaussures à clous ne sont pas acceptées. Le practice et les aires d'entraînement sont accessibles aux membres enregistrés.

SCÈNE 55

55, chemin de Faissole
✆ 04 92 92 55 67
www.scene55.fr
Billetterie ouverte du mardi au samedi de 10h à 12h et de 14h à 18h ainsi que les soirs de représentation.

Théâtre, marionnettes, conférences, magie, musique, danse, cirque et plein d'autres nouveautés... La programmation culturelle est très riche dans ce théâtre moderne restauré en mars 2017 par la ville de Mougins. En plus des deux scènes (la grande et la petite), la scène 55 est composée de plus de 3 000 mètres carrés dédiés à la culture : école de musique, studio d'enregistrement, ateliers de pratique artistique ainsi qu'un lieu de convivialité avec salle d'exposition et espace de restauration. En somme, tout est fait pour que l'on y passe un agréable moment.

LE ROURET ★

Le Rouret est un village agréable à la fois résidentiel et équipé de tous les commerces nécessaires. Situé à quelques kilomètres de Grasse, capitale mondiale du parfum, cette petite commune accueillante est réputée pour sa culture des plantes à parfums (jasmin, rose, oranger, etc.) ainsi que pour toute la végétation qui en fait un village provençal typique. Il est aussi connu pour son marché de Noël qui attire chaque année des milliers de visiteurs sur la jolie place plantée de platanes et son marché de la truffe, particulièrement attendu par les amateurs du diamant noir. Côté patrimoine, le Château du Rouret est classé monument historique.

HÔTEL DU CLOS••• €€€

3, chemin des Écoles
✆ 04 93 40 78 85
www.hotel-du-clos.com
Ouvert toute l'année. Chambre double à partir de 1 69 €. Demi-pension : 38 €. Petit déjeuner : 15 €. Animaux acceptés.

L'Hôtel du Clos est une halte de charme et de quiétude située au cœur d'un parc verdoyant de 5 000 mètres carrés planté d'oliviers centenaires et d'arbres fruitiers. Les 11 chambres qui composent cet hôtel sont décorées avec goût pour préserver l'authenticité des bâtiments tout en donnant accès au confort de la modernité. Une toute nouvelle chambre supérieure panoramique avec terrasse privée est à découvrir. Cerise sur le gâteau : le petit déjeuner très personnalisé, servi en chambre, sur la terrasse ou dans la salle à votre convenance.

LE BISTRO DU CLOS €

9, route d'Opio
✆ 04 97 05 08 34
http://bistro-du-clos.com/
Fermeture hebdomadaire dimanche & lundi. Réservation recommandée. Terrasse. Parking. Marché des collines.

L'établissement dispose d'une salle, avec bar à l'entrée, d'une terrasse, avec coin lounge. La décoration vintage accueille indifféremment des affiches rétro, un vieux poste de radio, des moulins à café, un distributeur à cacahuètes, des luminaires en forme de cafetière et de bouilloire... En cuisine, le chef exécute la carte imaginée par Daniel Ettlinger autour de produits frais du terroir et de saison. Un plat du jour, un menu du marché, une carte qui change à chaque saison et une ardoise journalière pour les suggestions du jour : voilà l'offre quotidienne.

LE CLOS SAINT-PIERRE €€

Place de la Mairie ✆ 04 93 77 39 18
http://le-clos-saint-pierre.com/
Maître Restaurateur. Ouvert toute l'année. Réservation recommandée. Chèques non acceptés.

Ici, les cuisines provençale et italienne concoctées par Catherine et Daniel Ettlinger sont à l'honneur. Le Chef se rend au marché plusieurs fois par semaine pour concocter deux menus uniques qui changent chaque jour. À la belle saison, en terrasse, on goûte le charme de la place de village typique avec son décor tellement naturel.

À noter aussi le menu spécial Truffes d'Alba et Truffes noires en saison, ainsi qu'un menu « spécial Langouste » selon la pêche. Une très belle carte des vins. La salle a été récemment rénovée pour vous accueillir encore mieux.

SHIVA €€

74, route de Nice
✆ 04 93 77 77 37
http://shivalerouret.fr/
Ouvert du mardi au dimanche de 12h à 14h30 et de 18h30 à 23h30. Ouvert le lundi midi. Formule du midi : 12,50 €. Terrasse.

Amateur d'épices et de mets colorés : rendez-vous chez Shiva, restaurant de cuisine traditionnelle indienne. Si la décoration de la salle reste élémentaire, tout se passe dans l'assiette ! Les portions sont généreuses, le goût est bien présent et on retrouve les saveurs qui plaisent à ceux qui aiment les plats aux épices maîtrisées. L'accueil est souriant, la cuisine à base de produits frais et le service à emporter bien pratique. Une valeur sûre pour un dépaysement des papilles garanti. La terrasse, bien que face à la route, demeure très agréable aux beaux jours.

LA MAISON DU TERROIR

9, route d'Opio
✆ 04 93 77 34 21
www.lemarchedenoscollines.fr
Ouverture du mardi au samedi de 8h30 à 19h et le dimanche de 9h à 12h30. Restaurant et salle d'exposition.

La Maison du Terroir abrite une coopérative agricole, Le Marché de nos Collines, qui met en rayon les produits de 40 producteurs de la région qui proposent le fruit de leur travail directement aux consommateurs : fruits et légumes, viandes et poissons, fromages, œufs, huile d'olive, vin, miel, eaux florales, fleurs cristallisées, sirop de violette, etc.). Les producteurs souhaitent ainsi informer sur leurs pratiques naturelles et respectueuses de l'environnement et créer un lien convivial autour du terroir et de leurs produits de qualité.

LE MARCHÉ DE NOS COLLINES

Route d'Opio
✆ 04 93 77 34 21
lemarchedenoscollines.fr
Du mardi au samedi de 8h à 19h. Le dimanche de 9h à 12h30.

Créée en octobre 2004 par 21 producteurs locaux, cette coopérative est un point de vente direct où les consommateurs sont invités à tester les produits régionaux. Produits locaux de qualité, respectueux de l'environnement sont autant d'engagements ici tenus par les producteurs. Visites d'exploitations, démonstrations, dégustations : la coopérative organise régulièrement des animations festives dans le but de créer, si ce n'est conserver, un lien convivial autour du beau terroir azuréen.

CÔTÉ MONTAGNE

© BERNARD CROISE

L'église Saint-Pons et la place des Platanes.

SAINT-PAUL-DE-VENCE ★★★★

Haut lieu touristique attirant de nombreux visiteurs de tous les pays, Saint-Paul-de-Vence est ainsi dotée de remparts érigés dès 1544 afin de copier la citadelle de Nice. Village oublié au début du XXe siècle, sa notoriété fulgurante a pris corps après la Seconde Guerre mondiale, quand Utrillo, Derain, Soutine, Signac, Modigliani ou Matisse, séduits par la beauté de ses paysages et la limpidité de sa lumière, y déposèrent leur chevalet, attirant ainsi d'autres artistes, gens de lettres et vedettes du show-business. Aujourd'hui fort bien entretenu, le village s'offre aux visiteurs en toutes saisons et se balader dans ses ruelles donne l'occasion de visiter un véritable musée vivant dont l'entrée est libre. L'architecture est datée des XVIe, XVIIe et XVIIe siècles. Sept monuments communaux sont classés ou inscrits à l'Inventaire des monuments historiques.

L'art est ici chez lui, y compris l'art moderne, qui, à travers la fondation Maeght, occupe une place de choix. L'on y croise des œuvres des grands Giacometti, Miro, Léger, Chagall… Ce dernier repose d'ailleurs au cimetière de Saint-Paul-de-Vence. Platanes centenaires à l'ombre desquels les Saint-Paulois aiment se retrouver, lavoirs et fontaines, les ruelles où flâner… sont déjà un voyage ! Les galets recouvrant les rues autrefois en terre, posés à la provençale, offrent une touche esthétique irrésistible. Que dire de l'ancien donjon du château, devenu mairie, de l'église de la Conversion de Saint-Paul construite à partir du XIVe siècle, du carillon des cloches rythmant la journée ?

Histoire

Terre des artistes et berceau de l'art contemporain, le village de Saint-Paul-de-Vence cultive une image de charme à la réputation internationale relayée par les grands noms de la peinture, de la littérature et du septième art. Le souvenir de nombreux artistes, tels que Picasso ou Renoir, flotte encore autour de la Colombe d'Or, sacralisée par une pléiade de célébrités qui ont poussé ses épais vantaux de bois pour y trouver une tranquillité complice. Sans oublier ces peintres encore peu connus qui laissaient parfois un tableau pour payer leur séjour, faisant ainsi la fortune des descendants du restaurateur.

Mais n'oublions pas que les cinéastes ont quelques fois transformé le village en lieu de tournage. Certains acteurs étant devenus des fidèles tels qu'Yves Montand et Simone Signoret, Roger Moore ou Michel Boujenah, Lino Ventura, Line Renaud… Les années 1950 et 1960 constituent en effet l'âge d'or du village qui se transforme en un fabuleux plateau de cinéma sur lequel se croisent les vedettes de la Victorine, d'Hollywood et de Cinecittà. Des scènes ont notamment été tournées sur la terrasse de la Colombe d'Or et sur la place de la Grande Fontaine (Moment to Moment de Mervyn Leroy en 1965 et Big Kiss de Billy Zane en 2003), sur la route de Cagnes et la route de Vence (*Ne nous fâchons pas* de Georges Lautner en 1966) ou encore dans les jardins de la Fondation Maeght (*Atout cœur à Tokyo* pour OSS 117 de Michel Boisrond en 1966). Sans oublier des scènes des *Amants de Vérone* d'André Cayatte en 1949.

CHAPELLE FOLON ✞

Place de l'Église ✆ 04 93 32 41 13
www.saint-pauldevence.com/fiches/musees-et-lieux-de-visites/chapelle-folon

Ouvert toute l'année, sauf en novembre. Haute saison : de 10h à 12h30 et de 14h à 18h. Tarif : 4 €. Visite guidée.

Cette chapelle du XVIIe siècle fut pendant près de trois siècles le siège de la confrérie des Pénitents Blancs, une association de laïcs qui menaient des actions de charité. Restaurée au début des années 2000, elle a reçu un décor entièrement conçu par l'artiste belge Jean-Michel Folon, inspiré par les pénitents comme le témoignent ces mains ouvertes, prêtes à donner et à secourir. Les couleurs légères des vitraux et des peintures, la pureté des lignes de l'autel et du bénitier, la richesse chromatique de la mosaïque contrastent avec l'extérieur en pierre.

ÉGLISE COLLÉGIALE ET CHAPELLE SAINT-CLÉMENT ✞

saintpauldevence.org/decouvrir-saint-paul/eglise-collegiale

L'église, érigée aux XIIe et XIIIe siècles, fut restaurée et agrandie au XVIIe sous l'impulsion d'Antoine Godeau, évêque de Vence – un des membres fondateurs de l'Académie française –, qui l'éleva au rang de collégiale en 1666. C'est de cette époque que datent l'autel de sainte Catherine d'Alexandrie, dont le portrait est attribué au peintre Coello, et la chapelle Saint-Clément. Construite au début des années 1680 par la famille Bernardi, celle-ci renferme des reliques provenant des catacombes de Rome. C'est un véritable joyau de l'art baroque ornée de stucs et de peintures à fresque. L'autel est formé d'un bas-relief représentant le martyre de saint Clément et deux tableaux, l'un de l'école italienne et l'autre de l'école de Murillo.

FONDATION MARGUERITE ET AIMÉ MAEGHT

623, chemin des Gardettes ✆ 04 93 32 81 63
www.fondation-maeght.com
Ouvert tous les jours de 10h à 18h. En juillet et août, ouvert tous les jours de 10h à 19h. Adulte : 16 €.

La fondation Marguerite et Aimé Maeght est un exemple unique de fondation privée en Europe. Ce temple de l'art moderne et contemporain a été entièrement conçu et financé par le couple qui a demandé à l'architecte catalan Josep Lluís Sert de le réaliser en collaboration avec les artistes qui ont créé les œuvres fondatrices. La Fondation possède une des plus importantes collections du XXe siècle en Europe. Elle est le deuxième musée d'art moderne le plus visité de France.

LES REMPARTS

François 1er fit élever ces remparts vers 1540, dans le contexte des guerres d'Italie : quatre solides bastions à orillons assurent la défense des portes de la ville tandis que de puissantes courtines protègent les flancs de la place forte. Ils sont encore de toute beauté, ne vous contentez donc pas de jeter sur eux un regard distrait d'en bas, prenez le temps de faire le tour du village, le chemin de ronde étant pratiquement ininterrompu. Vous pourrez ainsi admirer un panorama sublime sur le cap d'Antibes, la mer, les Alpes et l'Estérel.

OFFICE DE TOURISME DE SAINT-PAUL-DE-VENCE

2, rue Grande
✆ 04 93 32 86 95
www.saint-pauldevence.com
Qualité Tourisme. Ouvert du lundi au vendredi de 10h à 18h.

Ce bureau organise de nombreuses visites guidées commentées sur différents thèmes comme les artistes, le patrimoine religieux, sur les pas de Marc Chagall, la rue au Moyen Âge, le cimetière ou la chapelle des Pénitents blancs décorée par Folon. Ces prestations sont proposées à la clientèle individuelle mais aussi aux groupes (minimum de 10 personnes). Comptez une heure et demie de visite. L'office de tourisme a été classé en catégorie Qualité Tourisme pour ses services.

LA VAGUE DE SAINT PAUL**** €€

45, chemin des Salettes ✆ 04 92 11 20 00
www.vaguesaintpaul.fr
Fermeture annuelle en novembre et janvier. Chambre double de 100 € à 250 €. Demi-pension : 49 € par personne. Spa.

Construit à la fin des années 1970 par un architecte capable de donner des courbes rebelles au béton, longtemps vitrine mondiale d'une société de haute technologie, le bâtiment fut abandonné… avant de renaître pour devenir cet hôtel contemporain et raffiné, inscrit dans une démarche écoresponsable dans le choix des matériaux et des espaces optimisés. Les 50 chambres et suites au design épuré sont équipées luxe et leur terrasse surplombe les jardins et la piscine au cœur du parc. Prestations haut de gamme en accès libre : salle de fitness, spa, business center.

LE DOMAINE DU MAS DE PIERRE***** €€€

2320, route des Serres
✆ 04 93 59 00 10
www.lemasdepierre.com
Relais & Châteaux. Ouvert toute l'année. 2 nouvelles bastides. Espace aquatique. Restauration. Spa. Vente de produits.

Un superbe établissement qui vient tout juste de rouvrir après une rénovation totale. De très belles chambres et suites réparties dans de typiques bastides, agrémentés de terrasses, loggias ou jardins privatifs, au cœur d'un grand domaine. Deux nouvelles bastides, la Table de Pierre qui se réinvente et Le Bistrot Lis Orto qui ouvre ses portes, sans oublier la création d'un Lagon, un espace dédié aux enfants font partie des nouveautés à découvrir cette année !

LE HAMEAU*** €€€

528, route de La Colle ✆ 04 93 32 80 24
www.le-hameau.com
Fermé de novembre à février. Haute saison : chambre double à partir de 210 €. Petit déjeuner buffet : 15 €. Sauna.

Le charme règne dans cette ancienne ferme provençale du XVIIIe entièrement rénovée, également lieu d'expositions d'artistes. Elle propose 17 chambres et suites indépendantes, toutes différentes, alliance de l'ancien et du moderne. Des fleurs à profusion et une magnifique orangeraie composent les 5 000 m² de jardins en terrasse. Depuis la piscine à débordement ou le bain bouillonnant, s'offrent un superbe panorama sur la mer et le village de Saint-Paul-de-Vence. Vous pourrez également profiter du sauna, du fitness et de massages, sur rendez-vous. Évasion garantie.

CÔTE MONTAGNE

© VINCENT FORMICA

Saint-Paul-de-Vence.

ORION, CABANES PERCHÉES €€€

2436, chemin du Malvan © 06 75 45 18 64
www.orionbb.com
Ouvert d'avril à mi octobre. Petit déjeuner buffet inclus. Hammam, sauna, piscine. Cours de yoga et massages sur place.

Se cacher dans une cabane est un rêve d'enfant… à réaliser à l'âge adulte dans ces chambres d'hôtes haut perchées. Sur un immense terrain boisé, elles vous garantissent une expérience unique, en communion avec la nature. Décoration romantique, baignoire en teck, grande terrasse, espaces reliés par une passerelle pour les familles, chaque chambre, confortable et bien équipée, a son univers. À disposition : un coin cuisine d'été et une baignade naturelle entourée par des galets et des plantes. Dans le silence et l'harmonie, on décompresse et on profite.

LE SAINT-PAUL***** €€€

86, rue Grande
© 04 93 32 65 25
www.lesaintpaul.com
Relais & Châteaux. Fermé de décembre à mars. Haute saison : chambre double à partir de 295 €. Demi-pension.

Cet hôtel de charme à l'intérieur des remparts a été créé en réunissant plusieurs maisons du XVIe siècle, terrasses et passages discrets. Avant de devenir des résidences bourgeoises, ces bâtisses abritaient un hôpital, une chapelle, ou cachaient des réunions de conspirateurs dit-on, ce qui lui confère une attractivité particulière. L'hôtel est constitué majoritairement de suites luxueuses et chacune a sa personnalisée avec des éléments de décoration unique, des matières précieuses, originales ou des copies de pièces authentiques réalisées sur mesure…

LE CAFÉ DE LA PLACE €

Place Général-de-Gaulle
© 04 93 32 80 03
www.la-colombe-dor.com
Ouvert tous les jours de 8h jusqu'à 20h. En été jusqu'à minuit. Carte : 20 € environ (plat + dessert).

C'est l'adresse saint-pauloise ayant le charme des cafés français où se retrouvent les habitués entre eux et les touristes de passage. Pour cause, il détient l'emplacement privilégié : avant les remparts, devant le terrain de pétanque face à La Colombe d'Or. La clientèle est chaleureuse, décontractée. On s'installe sous les arbres de la terrasse pour boire un verre ou manger un snack à toute heure dans la journée. Le menu de midi est traditionnel et convivial : salade niçoise ou steak-frites, croque-monsieur, saucisses frites ou plat du jour, crêpes.

LE 777 €€

777, route de la Colle
© 06 77 18 08 52
Ouvert toute l'année. Du mardi au dimanche le midi et le soir. Carte : 35 € environ (plat + dessert). Terrasse.

Dans l'entrée dans la grande salle vitrée, on est séduit par la décoration où le blanc et la luminosité dominent avec de subtiles touches acidulées et colorées. Cette impression reste la même en terrasse. Et dans notre assiette, les plats sont tout aussi soignés et l'on a plaisir à déguster des recettes traditionnelles ou d'autres plus originales, de viandes et de poissons. Le résultat est subtil et raffiné. L'établissement se compose également d'un bar à vin lounge avec terrasse, pour pouvoir profiter du beau soleil de la région.

LE CARUSO €€

1, montée de la Castre
✆ 04 93 24 36 47
www.lecarusodesaintpaul.fr

Ouvert toute l'année. Fermé le mardi soir et le mercredi toute la journée. Carte : 35 € environ. Terrasse.

Au cœur du village, les ardoises aux suggestions gourmandes encadrent l'entrée du Caruso. Cet établissement est tenu par des professionnels passionnés et le chef a forgé son identité dans de belles maisons gastronomiques de la région. On vient ici déguster une cuisine du sud, où la tradition se mêle à la créativité. Tout est préparé minute et élaboré avec les produits frais de retour du marché. Les deux petites salles offrent un cadre confortable et une ambiance chic, toute en beige et blanc. Service soigné, jusqu'en terrasse face à la maison de Simone Signoret.

RESTAURANT LA FONTAINE €€

10, montée de la Castre ✆ 04 93 32 58 01
www.restaurant-lafontaine.fr

Fermeture annuelle entre janvier et mars. Ouvert tous les jours le midi et le soir. Carte : 30 € environ.

C'est dans un cadre cosy et chaleureux que l'équipe du restaurant La Fontaine vous accueille. Une décoration épurée et soignée, une cuisine sophistiquée et des plats réalisés à base de produits frais ont fait la réputation de l'établissement. Le Chef propose deux cartes : une plus fournie le midi avec des plats de type bistrot (salades, grillades) et une seconde, plus élaborée le soir venu avec par exemple filet de bœuf sauce à la truffe ou daurade royale et son écrasé de pommes de terre. Une table savoureuse et très prisée, mieux vaut réserver avant de venir.

LA SIERRA €€

Remparts Ouest
✆ 04 93 32 82 89

Ouvert toute l'année. Haute saison : tous les jours le midi et le soir. Carte : 25 € environ. Terrasse.

La vue panoramique imprenable sur la vallée depuis les deux terrasses ensoleillées fait de ce restaurant l'un des mieux placés du village. Installé au calme sur les remparts ouest, à l'écart de l'agitation de la rue Grande, on se régale de petits farcis niçois et de toutes les préparations gourmandes. La cuisine est résolument régionale, élaborée avec des produits frais. En saison, on y sert aussi de copieuses pizzas et pissaladières à pâte fine. Tous les desserts sont faits maison et présentés en vitrine. L'accueil est convivial, dans un cadre exceptionnel.

LE TILLEUL €€

Place du Tilleul
✆ 04 93 32 80 36
www.restaurant-letilleul.com

Ouvert toute l'année. Tous les jours le midi et le soir. Carte : 35 € environ. Terrasse. Vente à emporter.

Bien située après la porte des remparts qui donne accès au cœur du village, cette adresse de charme s'offre comme une maison familiale où il fait bon se poser, en terrasse, à l'ombre du tilleul centenaire, ou dans les salles intérieures avec vue ouverte sur Saint-Paul. L'ambiance diffère aux heures de la journée, du petit-déjeuner jusqu'aux plats élaborés du dîner, en passant par le style bistrot du midi ou encore le salon de thé de l'après-midi. Le Chef Bastien Hodé travaille les produits de saison qu'il aime agrémenter de saveurs exotiques.

LA VAGUE DE SAINT PAUL €€

45, chemin des Salettes ✆ 04 92 11 20 00
www.vaguesaintpaul.fr

Disciple d'Escoffier. Maître Restaurateur. Ouvert pour le petit déjeuner dès 7h30 puis midi et soir. Bar de 11h à 23h.

Maître Restaurateur et disciple d'Escoffier, le chef Akhara Chay a fait ses classes auprès des plus grands : Ghislaine Arabian, Alain Ducasse ou encore Éric Provost pour ne citer qu'eux. Au Jardin de La Vague, Akhara, épaulé par le chef pâtissier Frédéric Benvenuti, vous plonge le temps d'un repas au cœur d'une cuisine méditerranéenne créative, saupoudrée de saveurs asiatiques. On choisira de prendre ses repas à l'intérieur dans la salle à la fois arty et moderne ou bien sur la terrasse qui surplombe le domaine avec vue panoramique sur la piscine et les oliviers.

LE VIEUX MOULIN €€

Route de Vence
✆ 04 93 58 36 76

Ouvert toute l'année. Haute saison : tous les jours le midi et le soir. Non-stop en été. Carte : 30 € environ. Terrasse.

Une gastronomie traditionnelle teintée d'un accent de terroir a trouvé un cadre authentique entre les murs de cet ancien moulin du XVIIe restauré avec soin. De la terrasse on a une belle vue sur le village ; sur les tables installées contre les pierres, le temps et les fourchettes sont en suspens devant une carte qui célèbre les produits de saison en proposant une cuisine du Midi mâtinée d'Italie : déclinaison de risottos, spécialités locales... La cuisine est simple et créative, bien équilibrée et recommandée par le bouche à oreille. Excellent rapport qualité prix.

LA COLOMBE D'OR €€€

Place Général-de-Gaulle
✆ 04 93 32 80 02
www.la-colombe-dor.com

Fermé en novembre et décembre. Ouvert tous les jours le midi et le soir. Carte : 50 € environ. Terrasse.

Située à l'entrée du village, avant la porte des remparts, La Colombe d'Or a une aura particulière. Fondé en 1920, c'était à l'origine un café dont la terrasse se transformait en piste de danse. La jovialité du propriétaire et sa curiosité pour l'art ont attiré les artistes de tous bords, qui deviendront des visiteurs assidus puis des amis fidèles. Les œuvres s'échangeaient à l'époque contre quelques repas, ce qui fait désormais de cet endroit un restaurant musée. On y goûte une gastronomie provençale à base de produits frais du terroir. Un lieu mythique !

LA TABLE DE PIERRE €€€

2320, route des Serres
✆ 04 93 59 00 10
www.lemasdepierre.com

Relais & Châteaux. Ouvert du mardi au samedi le soir. Jardin. Terrasse. Voiturier. Facebook

Nouvelle histoire, nouveau style, La Table de Pierre se réinvente pour vous faire passer un moment sensationnel. Les cartes de cette table renommée sont élaborées par le chef qui conjugue une cuisine raffinée avec des produits soigneusement sélectionnés. Et pour cause, ils proviennent du potager ou des producteurs locaux. On dîne dans une salle à la nouvelle décoration soignée ou sur la superbe terrasse entourée de collines. En somme, une table très élégante que nous vous conseillons entre amis, en famille et en amoureux !

THÉ ARTISTE

3, montée de l'Église
✆ 04 93 24 37 48

Ouvert toute l'année. Haute saison : tous les jours de 8h à 21h. Plat du jour environ 15 €. Terrasse.

Une ancienne carterie transformée en un ravissant salon de thé, crêperie et boulangerie à la fois, avec une décoration qui fait référence au monde du cinéma. Dès le matin, on s'arrête acheter son pain et boire le café. Le midi, on savoure une belle salade, un plat du jour, une tarte salée ou une crêpe. L'après-midi, on se met à l'heure anglaise avec une carte de thés de chez « Dammann Frères » (30 variétés à la dégustation et à la vente en vrac). Quel que soit le timing de la journée, une petite pause gourmande est toujours fort agréable.

LE COUTELIER DE SAINT-PAUL

7, place de la Mairie
✆ 04 93 58 21 69
atelier-couteaux.com/fr

Ouvert de début mars à mi-novembre, tous les jours de 10h30 à 18h30. De 18 € à 450 €.

L'origine de ces couteaux vient de Corrèze où un passionné a ouvert en 2004 sa fabrique de couteaux artisanaux. Les collections régionales s'inspirent du terroir et du patrimoine culturel en région : Provence, Bretagne, Alsace, Languedoc... Cette boutique propose un grand choix de modèles nationaux autant que régionaux (dont le fameux Saint-Paul) : couteaux de poche, couteaux de table, canifs et pièces uniques sont à découvrir dans cette boutique exclusive ou sur leur site internet.

LA PETITE CAVE DE SAINT-PAUL

47, rue Grande
✆ 04 93 32 59 54
www.cavesaintpaul.com

Ouvert tous les jours de 11h à 19h. Réservation indispensable. Dégustations.

Le sommelier vous accueille dans une authentique cave du XIVe siècle et propose une sélection d'environ 700 références de vins français, grands crus ou prestigieux ainsi que des spécialités propres aux Alpes-Maritimes avec les vins de Saint-Paul ou Saint-Jeannet. Il organise aussi des dégustations portant sur des thématiques précises telles que « accord vins & chocolats » ou « vins & fromages », ou encore des dégustations dites inoubliables, avec de grands vins ou grands champagnes.

JEUX DE BOULES

À l'entrée du village ✆ 04 93 32 86 95
www.saint-pauldevence.com/loisirs-et-detente/la-petanque

Accès gratuit et libre 24h/24. Initiation à la pétanque à l'OT pour 7 € (durée 1h). Location libre de boules pour 4 €.

Proche de sa forme actuelle, son passé remonte au début du siècle sauf qu'ici, la pétanque (ou jeu de boules) est associée à jamais à Yves Montand et à Lino Ventura. Les connaisseurs ne peuvent s'empêcher de scruter le terrain situé juste à l'entrée devant les murailles se demandant exactement où jouaient les compères... Aucune surprise donc si l'office de tourisme de la commune propose une visite guidée sur ce thème dans laquelle on apprend tout sur ce jeu : doublette, triplette, pointer, tirer, carreau et... embrasser Fanny ! Une activité incontournable.

TOURRETTES-SUR-LOUP ★★

Son nom est tiré du latin *turris alta*, que l'on traduit par « point d'observation élevé ». C'est un ravissant village typiquement méridional avec ses vieilles rues serrées autour de l'église, ses artistes, ses boutiques et ses restaurants secrets souvent à demi enfouis dans des caves. La commune fut dès 1925 un lieu qui attira de nombreuses projections de films muets au Café Cresp. Christian-Jaque y fit régulièrement tourner Fernandel et Jacques Prévert, qui y habita d'ailleurs dans les années 1940. Quelques centaines de mètres avant l'entrée du village en venant du Bar-sur-Loup, on a une vue saisissante sur les façades des vieilles maisons empilées au-dessus du ravin du Loup.

Autre curiosité purement phonétique : ce village s'appelait Tourrettes-les-Vence jusqu'à la Révolution. Il devint Tourrettes-sur-Loup pour éviter toute confusion avec Tourrettes-Levens situé dans l'arrière-pays niçois. Tourrettes est la cité des violettes qui y sont abondamment cultivées de même que l'olive et la fleur d'oranger. Chaque année, au mois de mars se déroule la fête des Violettes, sorte de célébration païenne du printemps avec corso et défilé de chars qui offrent à l'admiration des foules les jeunes beautés de la ville et une bataille de fleurs dans les rues. Jean Cocteau, Jacques Prévert, Marcel Carné, Franck Sinatra, Francis Poulenc y séjournèrent et y travaillèrent. Ce village, par la magie de son charme particulier, a toujours attiré de nombreux artistes.

LA BASTIDE AUX VIOLETTES

Chemin de la Ferrage
✆ 04 93 59 06 97
https://tourrettessurloup.com/la-bastide-aux-violettes-horaires-visites/

Ouvert du mardi au vendredi de 10h à 12h30 et à partir de 13h30. Gratuit. Visite guidée.

La bastide aux violettes est un lieu de mémoire, joli et préservé, autant qu'un espace de vie animé. Vous y découvrez les méthodes de culture de cette fleur emblématique (en pleine terre et hors sol), ses utilisations (pour les parfumeries de Grasse et en cuisine notamment) et les produits artisanaux réalisés comme les fleurs cristallisées, glaces, sirops, confitures, etc. Les visites guidées, animations et ateliers sont disponibles sur réservation. Si vous êtes ici en octobre, profitez-en, c'est la période de floraison ! Un bel endroit à l'accueil convivial.

CHAPELLES ET ORATOIRES

Tourrettes-sur-Loup est entourée de plusieurs chapelles et oratoires dédiés à la protection des hommes, du bétail et du village. Disséminés dans la campagne, ils étaient destinés à repousser les épidémies et les « mauvais esprits ». Autour de Tourrettes-sur-Loup se trouvent ainsi la chapelle Saint-Antoine qui protégeait les vignerons, la chapelle Saint-Jean qui protégeait les cultures et les troupeaux, la chapelle Sainte-Marie-Madeleine, ou encore la chapelle Saint-Arnoux. Plusieurs oratoires sont également disséminés autour du village.

Le village de Tourrettes-sur-Loup.

CHÂTEAU-MAIRIE

Place Maximin-Escalier
✆ 04 93 59 30 11
www.tourrettessurloup.com

Ouvert du lundi au samedi de 8h à 12h. Espace muséal. Entrée libre.

La famille de Villeneuve fait construire l'actuel château en 1430 qu'ils conservent jusqu'en 1789. Abandonné au XVIIIe siècle, vendu comme bien national puis pillé, dégradé et en partie ruiné, il reste au château peu de choses de son ancienne splendeur. Il occupe aujourd'hui la fonction d'Hôtel de Ville. Situé en plein cœur de la vieille ville et d'une surface de 400 mètres carrés au sol, il est constitué de trois étages. Le deuxième étage abrite trois belles salles d'exposition d'art contemporain en partenariat avec le Fonds régional d'art contemporain.

LES GORGES DU LOUP

tourrettessurloup.com/les-gorges-du-loup-un-site-exceptionnel-fragile

Le site du Loup s'étend sur 48 km, accès libre.

À la Belle Époque, les gorges étaient déjà une attraction touristique. Les dimanches d'été, les chemins de fer de Provence déversaient à la gare de Pont du Loup les touristes et locaux en quête de fraîcheur. Le viaduc de Pont du Loup a été détruit en 1944 et ne fut jamais restauré. Aujourd'hui, l'ancienne ligne est en partie utilisée par la route. L'usine d'électricité située sous le viaduc, détruite aussi en 1944, fonctionne toujours grâce à l'eau du Loup. Elle produit de l'électricité pour 12 000 foyers. Le Loup a aussi servi à alimenter des moulins à farine et à ciment.

En voiture : il faut emprunter la route panoramique D6 qui suit les gorges sur la rive gauche du Loup jusqu'à Pont du Loup. Un premier arrêt sur le site des Cascades du Saut du Loup permet d'accéder à un point de vue et de se rapprocher des chutes. On y découvre la Grande Marmite, les Cascades des Demoiselles et les Pétrifiantes. Un belvédère et un parcours aménagé permettent d'observer la rivière dans son parcours le plus tumultueux. Plus loin, on peut voir sur la gauche la spectaculaire cascade de Courmes. Les gorges se terminent au Pont du Loup, à 8 km de Tourettes.

À pied : le Pont du Loup est aussi le point de départ d'un circuit de randonnée époustouflant, en suivant le chemin du paradis puis le sentier du Saut du Loup, où la vallée se resserre, dominée par d'impressionnants escarpements rocheux. La nature sauvage et apaisante y règne en maître même si l'aqueduc de Foulon et une petite chapelle du XIIIe siècle rappellent la présence humaine.

BUREAU D'INFORMATION TOURISTIQUE

2, place de la Libération
✆ 04 93 59 30 11
www.tourrettessurloup.com

Ouvert toute l'année de 9h30 à 12h30 et de 13h30 à 17h30. Fermé le dimanche du 01 octobre au 1er juin.

L'équipe de professionnels propose toute l'année et sur rendez-vous des visites commentées gratuites de la cité médiévale et du patrimoine historique. Situé à côté du Parking de la Place de la Libération, ce bureau de d'informations touristiques accueillant vous aiguillera à travers une documentation fournie, de multiples cartes, plans, guides et agendas détaillés. De quoi organiser au mieux votre séjour à Tourrettes-sur-Loup et dans les alentours.

AUBERGE DES GORGES DU LOUP** €

4, route de Grasse - Le Pont du Loup
✆ 04 93 59 38 01
www.auberge-gorgesduloup.com

Fermée de mi-janvier à mi-février et de mi-novembre à mi-décembre. Haute saison : à partir de 95 €. Restauration.

L'Auberge des Gorges du Loup est située à l'entrée des gorges du Loup. Il s'agit d'un endroit incontournable où séjourner pour les visiteurs qui souhaitent explorer un territoire naturel très riche et varié. Les propriétaires accueillent chaleureusement leurs hôtes dans cette auberge qui abrite dix chambres confortables et qui s'accordent parfaitement au cadre provençal authentique des lieux avec vue sur le jardin. Côté restaurant, la salle affiche un air résolument rustique et cosy.

LES RIVES DU LOUP*** €

2666 bis, route de La Colle
✆ 04 93 24 15 65
www.rivesduloup.com

Ouvert d'avril à fin septembre. Emplacement à partir de 19€ la nuit. Mobil-homes, chambres d'hôtel. Restauration

Le site est en bord de rivière et vous profitez des nombreuses activités sportives à proximité ainsi que des visites des villages provençaux alentours. Le littoral reste proche à 20 mn en voiture environ. Trois formules sont proposées pour vous accueillir : une partie hôtel, une centaine de mobil-homes de 2 à 6 personnes et le camping classique où vous posez votre tente ou votre caravane pour un séjour en plein air. Une belle piscine est à disposition des clients plus un terrain multi-sports. Restauration sur place et activités pour enfants en juillet et août.

HISTOIRE DE BASTIDE €€

26, rue de la Bourgade
✆ 06 67 79 08 73
www.histoiredebastide.com

4 chambres. Chambre double de 130 € à 190 €.

Voici de superbes chambres avec vue sur la vallée du Loup et sur la mer. Elles sont raffinées et lumineuses offrant calme et confort, disposent toutes de grand lit 180/200 et d'une vue panoramique mer. Les équipements sont à la pointe de la modernité avec écran plat, climatisation et un accès wifi libre. Deux d'entre elles disposent de bain balnéothérapie. Les petits déjeuners sont issus de l'agriculture régionale, ils sont délicieux. Une superbe piscine est réservée aux hôtes, complétée par un espace bien être avec hammam et table de massages.

© AUBERGE DES GORGES DU LOUP

© AUBERGE DES GORGES DU LOUP

© AUBERGE DES GORGES DU LOUP

AUBERGE DES GORGES DU LOUP €€

4, route de Grasse - Le Pont du Loup
✆ 04 93 59 38 01
www.auberge-gorgesduloup.com

Ouvert du mardi au samedi midi et soir et le dimanche midi. Menus de 20 à 40 €. Jardin. Terrasse.

Cet établissement propose une carte savoureuse, inspirée des saveurs Provençales et Tahitiennes, avec des poissons marinés ou encore une crème brûlée à la vanille de Tahiti. La femme du Chef étant originaire de Polynésie, où ils ont vécu quelques années, leur goût pour cette cuisine du bout du monde s'explique. Chaque été, ils organisent une soirée tahitienne au mois de juillet avec accueil en musique et spectacle de danse. Le charme de l'auberge se prolonge dans ses 10 chambres.

© AUBERGE DES GORGES DU LOUP

© AUBERGE DES GORGES DU LOUP

LA CAVE DES TOURETTES €

8, Rue de la Bourgade
© 04 93 24 10 12

Ouvert tous les jours de 10h à 15h et de 17h à 23h. Carte : 20 € environ (plat + dessert). Terrasse.

Idéalement située, à l'entrée de la vieille ville, en face de la place de la Libération, cette cave et bar à vin propose plus de 250 références de vins, sélectionnés avec soin. Ce qu'on aime, c'est de pouvoir s'y arrêter pour prendre un bon repas tout en dégustant les cépages qui nous font envie, en accord avec les produits de saison qui se trouvent dans notre assiette. L'accueil est sympathique, les conseils avisés, les plats généreux et les prix très abordables. Nouveaux arrivages réguliers, suggestions à l'ardoise à emporter. A tester.

LE SANSOT €€

700, Route de Grasse
© 04 93 59 03 94
https://lesansot.com/

Ouvert du mardi au samedi le midi et le soir ; le dimanche midi. Terrasse. Vente à emporter.

Sublime établissement doté d'une vue panoramique sur le village et les montagnes environnantes, le Sansot profite aussi d'un cadre résolument rustique, accentué par des objets chinés à droite et à gauche. Côté cuisine, le chef conjugue avec talent les recettes gastronomiques françaises et un budget maîtrisé. Véritable défenseur des produits du terroir, il fonctionne presque en circuit fermé avec les producteurs du coin. C'est grâce à cette proximité géographique que l'on peut déguster des plats que vous ne retrouverez nulle par ailleurs. A découvrir absolument.

SPELT €€€

6, Grand'Rue
© 09 86 26 63 79
www.spelt-restaurant.com

Ouvert toute l'année. Ouvert du mardi au samedi midi et soir. Dimanche : 11 h-15 h30.

Le Spelt est la nouvelle étoile montante du village. Il faut dire que les deux fondateurs, le Chef Raphaël et la cheffe pâtissière Marion ont de sérieuses références. On adore la petite terrasse et sa vue superbe sur les collines. La cuisine est créative sans être trop sophistiquée. Elle est conçue uniquement avec des produits du terroir que le chef sublime. Le midi la carte est tendance « bistrot » et le soir l'atmosphère se fait plus intime et la cuisine plus gastronomique. À noter que la pâtisserie éponyme offre une sélection de gourmandise à emporter.

BACHO BREWERY

4 Pont du Loup © 06 62 78 11 72
http://bachobrewery.com

Brasserie artisanale. Ouvert du mercredi au dimanche, le bar de 17h à 22h, la boutique de 14h à 17h30. Ateliers.

Le nom « **Bacho Brewery** « est issu de l'amérindien ; Loup se dit en effet «Bacho», en référence à la rivière éponyme (le Loup) qui coule dans la commune où est installée la brasserie ! Un bel espace de 160 m² intègre la boutique, l'atelier de brassage et le bar pour les dégustations. Les bières Bacho s'adressent à tous les palais, connaisseurs comme amateurs. Les passionnés aimeront sentir les notes de houblon que Robin sélectionne avec une grande exigence alors que les novices apprendront à découvrir des bières douces et fleuries ou plus amères selon les saveurs.

LA FERME DES COURMETTES

Route des Courmettes
© 04 89 05 87 21
tourrettessurloup.com/la-ferme-des-courmettes

Visites de février à novembre. Ateliers sur rendez-vous

Cette belle ferme est composée d'environ 80 chèvres de race alpine chamoisée qui pâturent sur les collines du domaine, face à la Méditerranée, à 800 m d'altitude. Plusieurs ateliers découverte sont organisés régulièrement. Sur réservation, vous pouvez ainsi visiter ce lieu pour voir vivre ses animaux et assister à tout le processus de fabrication artisanale des fromages. Dégustation et vente sur place de fromages primés à de nombreux concours. Le berger, Bruno Gabelier, est également poète et régale aussi les visiteurs de ses textes parfumés.

RANCH DES BAOUS

1295 route du Caire © 06 27 71 72 44
www.ranchdesbaous.com

Ouvert tous les jours sauf le dimanche. Réservation nécessaire. Tarifs : 50 € pour une balade de 1h30.

Le Ranch est situé au-dessus du village et s'étend sur 3 hectares. Un point de départ remarquable pour profiter de balades magnifiques avec sur la vue mer, le massif de l'Esterel et les Alpes du sud. Le club offre un panel très complet de prestations équestres : des cours pour tous niveaux en petit groupe à partir de 5 ans, des stages pour le passage de galop, perfectionnement dressage, sauts d'obstacle, hunter, cross, travail à pied, longues rênes, randonnées dans le parc Natura 2000... L'équipe est bilingue en anglais et se compose de 3 moniteurs brevetés d'Etat.

VALBONNE ★★

« Ici le futur a trouvé ses racines ». Telle est la devise de la commune, riche de sa complémentarité entre tradition et sciences de l'avenir. Valbonne - Sophia-Antipolis regroupe le village historique et la première technopole d'Europe qui occupe près de 60% de son territoire. D'un côté, le petit village d'antan où l'on fête chaque année lors de la St Blaise le terroir local et notamment le raisin Servan ; de l'autre la construction de nouveaux quartier à l'image de Garbejaïre - Haut-Sartoux, situé au cœur de Sophia-Antipolis pour accueillir entreprises internationales et une population cosmopolite d'environ 80 nationalités différentes.

MUSÉE DU PATRIMOINE LE VIEUX VALBONNE

1, rue de la Paroisse
✆ 04 93 12 34 50

Pour tout renseignement contacter l'office du tourisme. Visite guidée.

Ce musée du Patrimoine et des Arts et Traditions populaires installé dans l'ancienne abbaye est la mémoire valbonnaise. Il fut créé à l'instigation de l'Association des amis de l'abbaye et amis du patrimoine qui rassemblèrent tous les objets anciens usuels ou quotidiens : outils, instruments divers destinés à la pêche, la chasse, l'agriculture, costumes… La collection retrace la vie rurale et laborieuse du village, son histoire et celle de l'ordre monastique de Chalais.

LA CHÈVRERIE DE VALBONNE

1382, route de Biot
✆ 06 86 52 38 47

Ouvert du mercredi au vendredi de 16h à 19h ; le samedi de 10h à 12h et de 16h à 19h.

La Chèvrerie est conçue comme un lieu pédagogique ouvert à tous pour la promotion de produits de qualités. La construction a été réalisée en partie par les services techniques municipaux, entre la chèvrerie de 255 m², la fromagerie de 95 m², le stockage du foin de 73 m² et le logement des chevriers de 86 m². Les chevriers, Françoise et Emmanuel vous accueilleront à bras ouvert pour vous faire découvrir leur installation et vous présenter leurs jolies biquettes…

À noter. Le samedi après-midi, d'autres producteurs viennent proposer leurs produits.

CITÉ ARTISANALE DE VALBONNE SOPHIA ANTIPOLIS

108, chemin de Sainte-Hélène
www.ville-valbonne.fr/votre-ville/economie/cite-artisanale

La Cité Artisanale Barthélemy Beauleau est unique dans le département. Née d'une volonté municipale de répondre à une forte demande d'implantation de professionnels, son objectif est d'offrir aux créateurs des locaux adaptés à un prix compétitif et ainsi maintenir les activités artisanales sur la commune. Implantée sur un terrain arboré de 2 ha, la Cité Artisanale est une référence qui inspire encore de nombreuses collectivités. Elle accueille une vingtaine d'artisans sur 4200 m².

VALBONNE VILLAGE

Place de l'Hôtel-de-Ville
✆ 04 93 12 31 00

Ouvert du lundi au vendredi de 8h à 12h et de 13h30 à 17h.

À la fin du Moyen Âge, la peste noire, la grande sècheresse et les incursions barbares avaient entraîné la désertification de la région, ruinée et laissée à l'abandon. En 1519 sur l'initiative du prieur don Antoine Taxil et la bonne volonté de Augustin de Grimaldi, évêque de Grasse commendataire de Lérins, le village de Valbonne est édifié autour de l'abbaye grâce à un acte d'habitation qui concédait à des hommes de mettre en valeur le patrimoine de l'église paroissiale. *Vallis Bona*, la « bonne vallée » en bordure du fleuve côtier de La Brague est alors repeuplée par des communautés venues de hameaux voisins et du haut pays. Le vieux village contrairement à la plupart des villages provençaux est construit selon un plan en damier rectangulaire dit orthogonal basé sur le modèle des villes romaines associant la rue principale, la rue perpendiculaire et la place centrale. Véritables remparts de défense, les maisons hautes et étroites ne possédaient pas de portes sur l'extérieur. Magnifiquement conservé, le village a su préserver son authenticité au cours des siècles en se développant à l'extérieur du centre ancien. Très chic et résidentiel, Valbonne s'est énormément développée depuis le début des années 70, en même temps que la technopole voisine de Sophia-Antipolis. Agréable à visiter il y est relaxant de flâner le long des jolies rues en légère pente, qui descendent toutes jusqu'à la Place aux Arcades, datant de la Renaissance, où l'on peut prendre un délicieux déjeuner sur l'une des terrasses des restaurants.

VIGNES COMMUNALES DE RAISIN SERVAN

www.ville-valbonne.fr/decouvrir/decouvrir-la-ville/produits-du-terroir

Jusqu'au milieu du XXe, Valbonne était un village essentiellement agricole planté d'oliviers, de vignes et de fleurs destinées à la parfumerie. On y avait développé la culture du Servan, une espèce de raisin blanc tardif importée du Sud-Ouest en 1910. On pouvait le conserver à l'état frais plusieurs mois en plongeant les grappes dans l'eau, les récipients étant entreposés dans une pièce communément appelée « chambre d'amour ». Pour sauvegarder et perpétuer culture et tradition menacées, la municipalité créa en 1995 la vigne communale de Servan. 300 pieds de vigne furent plantés sur un coteau bien exposé au Val de Cuberte. Chaque année, les vendanges sont effectuées par des agents municipaux. Une partie de la récolte (les deux tiers) sert à faire du vin et l'autre est destinée à la consommation locale. Les plus belles grappes cueillies sur sarment sont triées et maintenues dans des bocaux remplis d'eau où on glisse un morceau de charbon de bois pour éviter la pourriture du raisin qui reste au frais dans une atmosphère très surveillée. Il quitte sa chambre d'amour fin janvier et est offert à la population qui le déguste à la Saint-Blaise. L'oliveraie communale, située au cœur de la technopole, s'inscrit dans cette même démarche de sauvegarde des produits du terroir. Les arbres ont entre 150 et 200 ans. Il existe également une chèvrerie locale qui ramène le pastoralisme au sein de la communauté. Fromage de chèvre sec, frais, mi-sec, affinés...sont à la vente.

BUREAU D'INFORMATION TOURISTIQUE DE VALBONNE

1, place de l'Hôtel-de-Ville ✆ 04 93 12 34 50
www.ville-valbonne.fr/decouvrir/informations-pratiques/contact-office-de-tourisme

Ouvert tous les jours de 9h30 à 12h30 et de 13h30 à 17h30. Ouvert le dimanche (du 1er juin au 30 septembre).

Situé Place de l'Hôtel de Ville, au cœur du village de Valbonne, vous trouverez ici une information complète sur la ville et son patrimoine ainsi que sur les réseaux de transport locaux et les nombreuses fêtes et manifestations organisées par la Commune. L'équipe dynamique et à l'écoute dispense un accueil en français et en anglais. Elle se tient à votre service pour répondre à vos besoins pratiques et vous conseiller pour que votre séjour à Valbonne soit mémorable.

LA BASTIDE DE VALBONNE*** €€

107, chemin Font-de-Cuberte ✆ 04 93 12 33 40
www.bastidedevalbonne.com/home/fr

Ouvert toute l'année. 30 chambres. Le petit-déjeuner est gratuit pour les enfants de moins de 4 ans. Piscine.

Cette bastide, c'est un établissement de charme, rénové avec goût et harmonie dans des tonalités provençales. 30 chambres d'un beau volume aux couleurs claires raffinées, parfaitement équipées, certaines disposent d'un balcon ou d'une terrasse donnant sur la piscine et le jardin fleuri planté de palmiers et d'herbes aromatiques qui sentent le sud. Le petit déjeuner est servi sous forme de buffet, en salle ou en extérieur aux beaux jours. Un havre de paix idéal pour se ressourcer quel que soit l'objet du voyage. Petite restauration proposée en haute saison.

DEMEURE D'HÔTES DU ROCHER €€

2, rue du Pontis
✆ 04 92 28 17 45
www.lerocher-valbonne.fr

4 chambres. Chambre double 130€/140€ ; Suite 150€/170€. Petit-déjeuner inclus.

Après une rénovation intégrale, le Rocher chargé d'histoire, aborde aujourd'hui une nouvelle vie. Deux chambres et deux suites, décorées dans un style résolument épuré et contemporain que les amateurs d'art et de design apprécieront à leur juste valeur. Un service de table d'hôtes est disponible sur réservation, avec repas en terrasse ou dans la belle salle à manger autour d'un feu de cheminée. Hors saison, séjours de groupe thématiques : golf, équitation et randonnées.

GOLDEN TULIP SOPHIA ANTIPOLIS**** €€

120, route des Macarons
✆ 04 93 33 73 93
www.goldentulipsophiaantipolis.com

80 chambres (dont 22 suites). Restauration. Hammam, sauna. Piscine extérieure ; fitness ; tennis

Installé au cœur de la technopole d'affaires, l'hôtel Golden Tulip est la garantie d'un séjour placé sous le signe de la détente. Les chambres sont équipées de tout le confort nécessaire à un séjour réussi. Il y a aussi un espace jeux et des vidéos pour les séjours en famille. Un spa, une salle de fitness, les courts de tennis mais aussi les 5 golfs voisins viennent compléter l'offre. Le restaurant Le Servan vous accueille que vous soyez en séjour à l'hôtel ou en repas d'affaires.

VALBONNE SOPHIA-ANTIPOLIS

www.ville-valbonne.fr/decouvrir/informations-pratiques

Territoire de contraste, l'authenticité du village historique de **Valbonne** se conjugue aux innovations de **Sophia Antipolis,** la première technopole européenne. Historiquement rurale, Valbonne a conservé une place pour ses racines, avec la création d'une vigne, d'une oliveraie, et d'une chèvrerie communale.

Le centre ancien est magnifiquement restauré et entretenu. « ***Ici le futur a trouvé ses racines*** ». Telle est la devise de la commune, riche de sa complémentarité entre tradition et sciences de l'avenir.

CHATEAU DE LA BEGUDE**** €€€

Route de Roquefort-les-Pins ✆ 04 93 12 37 00
www.chateau-begude.com/
Ouvert toute l'année. Restauration (La Grande bastide, brasserie La Bégude, La Terrasse). Golf. Tennis. Piscine.

Avis aux amateurs de golf : situé sur le domaine du golf d'Opio Valbonne, l'Hôtel Golf Château de la Bégude est une invitation à la détente en se mettant «au green». Aménagées dans une bastide du XVIIe siècle, les chambres et suites au style provençal offrent une vue sur le parc et le parcours de golf. Doté d'une piscine, d'un terrain de tennis et d'une offre de restauration variée, le lieu se veut être un complexe de loisirs accueillant ; un « mini resort » idéal pour un séjour sportif en famille, un week-end détente en amoureux ou encore un mariage romantique.

MOURATOGLOU HOTEL & RESORT**** €€€

3350, route des Dolines ✆ 04 92 96 68 78
www.mouratoglou-resort.com/fr/
Ouvert toute l'année. Accueil 24h/24. 155 chambres. Hammam, sauna. Golf Academy - Tennis Academy, Padel.

Patrick Mouratoglou, coach emblématique de Serena Williams, a souhaité crée un endroit à son image combinant à la fois sport, détente et repos : c'est chose faite avec brio. Situé dans un parc de 13 hectares, l'établissement est l'endroit idéal pour s'offrir un moment de détente. Au programme : 2 piscines, 34 courts de tennis, une salle de sport, un bar et une brasserie de luxe mais aussi un spa et un centre de bien-être sans oublier les chambres tout confort. Du haut standing.

F&B BURGER CAFE €€

1, Place Joseph Bermond
✆ 04 92 95 16 65
http://fb-sophia.com/
Ouvert du lundi au vendredi de 7h30 à 15h. Carte à emporter et commande click and collect.

Avis aux amateurs de burgers gourmets : ce petit restaurant de la place Bermond c'est avant tout une carte gourmande, où l'on retrouve des burgers faits maison, des clubs, des bagels et autres salades cuisinés à la minute avec des produits frais et bien entendu accompagnés de frites et de coleslaw à tomber ! Les assiettes sont belles et copieuses, les suggestions changent tous les jours et à ce propos, il vaut arrive tôt pour en profiter car comme veut l'adage, les premiers arrivés sont les premiers servis. On apprécie la terrasse ombragée et l'accueil souriant !

À LA MAISON €€

2030, route de Cannes
✆ 04 92 98 97 13
Ouvert du mardi au samedi, toute l'année, pour le déjeuner et le dîner. Terrasse.

L'établissement propose un concept original et inédit aux amateurs de vintage et de bonne cuisine. Une ambiance rétro avec une décoration vintage qui plaît à toutes les générations. Meubles en formica et objets chinés composent la grande salle d'une soixantaine de couverts. On y trouve même un lit ou encore un coin avec un baby-foot ! Une grande terrasse est également ouverte dès que les beaux jours reviennent. En salle, la maîtresse de maison accueille chaleureusement ; quand en cuisine, le chef propose une cuisine fusion qui varie selon les saisons.

LE BOIS DORÉ €€

265, route d'Antibes
✆ 04 93 12 26 25
https://restaurant-leboisdore.fr/
Maître Restaurateur. Ouvert toute l'année. Tous les jours le midi et le soir. Carte : 40 € environ. Jardin. Terrasse.

Un établissement à ne pas rater pour son cadre absolument magnifique que ce soit à l'intérieur ou installé dans le jardin absolument magnifique. En famille ou entre amis, vous apprécierez l'accueil que réservent les serveurs à la fois charmants et prévenants. Une ambiance chaleureuse qui souligne la qualité des assiettes, dressées avec goût et garnies de produits de grande qualité. Une cuisine du pays, élaborée et tout en justesse. Une adresse futée des plus agréables proposant un menu avec un très bon rapport qualité/prix !

BRASSERIE DE LA BÉGUDE €€

Route de Roquefort-les-Pins ✆ 04 93 12 37 00
www.chateau-begude.com
Tous les jours le midi et le soir. Réservation recommandée. Menus de 34 € à 59 €. Formule midi : 19€

La brasserie la Bégude déploie aujourd'hui un nouveau style de cuisine : livecooking en extérieur, cuisine d'été à la plancha. Le modèle s'oriente davantage vers la «Bistronomie» que la gastronomie. Les suggestions à la carte changent tous les 15 jours et le chef Steve Carda travaille des produits frais : ceviche de daurade, brochettes de gambas ou burger «fraîcheur» sont à déguster dans un cadre bucolique. Les desserts sont gourmands pour notre plus grand plaisir : chou au spéculoos aux éclats de cacahuètes, tarte au citron meringuée. Une belle parenthèse.

LE BISTROT DU SOMMELIER €€

21, rue Eugène-Giraud
✆ 04 93 12 17 95
www.lebistrotdusommelier.fr

Repos hebdo le mercredi et samedi midi. Menu carte à 39 € (entrée, plat, fromage, dessert). Terrasse.

Éric et son épouse Carine ont posé leurs valises dans ce petit bistrot niché au cœur des ruelles du village après avoir travaillé dans de belles maisons azuréennes. Une petite terrasse extérieure complète la salle. Côté cuisine, place aux produits du marché. L'ardoise varie chaque jour et les saveurs sont toujours au rendez-vous. Sans oublier qu'Éric est avant tout sommelier de métier, d'où le nom de l'établissement. La carte des vins est étonnante et bien garnie et on peut déguster près de 200 vins dont une vingtaine au verre à des tarifs tout doux.

LE CAFÉ DES ARCADES €€

Place des Arcades
✆ 04 93 12 00 06
http://cafearcades.com/
Ouvert tous les jours de 7h à 0h. Carte : 27 € environ. Terrasse.

Sur la belle place des arcades au cœur du village, ce café est une véritable institution valbonnaise, qui vous accueille toute la journée que ce soit pour boire un coup, grignoter un snack, déjeuner ou dîner. La salle intérieure est joliment décorée, mais c'est la terrasse ouverte, bien exposée, qui fait l'objet de toutes les convoitises. Le service est continu et le ballet des serveurs impressionnant. L'ambiance est celle d'une brasserie, la cuisine à l'identique : simple, traditionnelle et goûteuse. Terrasse bondée, surtout l'été, pensez à réserver !

GARINETTE €€

9, rue de la préfecture
✆ 09 54 43 95 62
www.garinette.fr
Ouvert du mardi au samedi à partir de 11h et à partir de 19h. Dimanche de 11h à 14h. Réservation impérative. Terrasse.

Mignon, cosy : c'est LA petite perle des brunchs et apéros de Valbonne Village. Aux commandes, Charlène et Anaïs préparent du matin au soir, tartines, muffins, gaufres ou encore pancakes (sucrés et salés) et autres délices qui vous feront saliver à toutes heures. Le petit plus : les brunchs ne sont pas réservés aux week-ends mais bien servis toute la semaine et la formule apéro du début de soirée aura de quoi vous surprendre... ça change de l'habituel plateau de charcuterie. À la carte, les plats sont certifiés faits maison avec passion et produits frais.

L'AUBERGE PROVENÇALE €€

Place des Arcades
✆ 04 93 12 29 73
www.auberge-provencale-valbonne.fr
Ouvert toute l'année. Tous les jours le midi et le soir. Terrasse.

Au cœur de Valbonne depuis 1965, elle occupe le premier étage d'une vieille maison classée sur la Place des Arcades, et si les tommettes au sol et la cheminée sont sûrement authentiques, le cadre lui, se veut chaleureux et contemporain. Résolument méditerranéenne et provençale, la cuisine proposée par le chef fait aussi quelques escales dans dans d'autres mondes pour des recettes inventives avec des produits de saison. Le service convivial et les prix raisonnables vous inciteront à découvrir l'adresse et sa belle terrasse, si ce n'est pas déjà fait...

LITTLE ITALY €€

7, Rue De La Mairie
✆ 04 93 12 03 66
www.littleitaly-valbonne.com/
Ouvert du mercredi au dimanche de 12h à 14h et de 19h à 22h. Chaises bébé. Terrasse.

C'est le petit italien si charmant qu'on aime dans les ruelles du vieux Valbonne. Une adresse attachante que l'on vous recommande pour sa carte élaborée avec des produits de saison et de qualité qui mettent plus que jamais en valeur les grands classiques transalpins. Pâtes, pizzas, dolce... Si les assiettes copieuses font passer un délicieux moment, la gentillesse et la qualité du service le rendent mémorable. Petite terrasse très agréable les beaux jours, mais vite bondée, pensez à réserver ! Un petit établissement qui a tout d'un grand.

LA PIGEOT €€

16, rue Alexis-Julien
✆ 04 93 12 17 53
www.restaurant-lapigeot.com
Ouvert du mardi au dimanche le soir ; du mercredi au vendredi et le dimanche le midi. Ouvert tous les soirs l'été.

Les deux petites salles à l'intérieur sont décorées à l'orientale, éclairées de lanternes et bougies. On se sent vite à l'aise dans ce cadre intimiste et chaleureux pour manger tajines, pastillas, brochettes, sans oublier l'incontournable couscous d'agneau, etc. Plats copieux, cuisson parfaite, garniture de légumes et semoule à volonté. On retrouve aussi toutes les délicieuses pâtisseries du Maghreb. Service rapide et ambiance conviviale. Aux beaux jours, les poufs et les tables basses s'installent dehors et la rue devient une confortable terrasse.

LES TERRASSES D'ANTIPOLIS €€

300, route des crêtes
✆ 04 93 00 60 60
Ouvert du lundi au vendredi de 8h à 19h. Réservation recommandée. Accueil des groupes. Chaises bébé. Terrasse.

En plein cœur de la technopole de Sophia Antipolis, qui aurait cru qu'une si jolie terrasse entourée de 4 ha de pinède pouvait s'y cacher ? Il faut dire que l'adresse est un repère de connaisseurs, amateurs de bons petits plats à la fois savoureux et frais, le tout pour un prix plus que correct. L'accueil est très sympathique et le service est aux petits soins. Une bonne adresse pour profiter du soleil et d'une cuisine simple, sans chichi et bien réalisée.

CÔTÉ MONTAGNE

TRATTORIA QUATTRO €€

1288, Route de Cannes
✆ 04 93 75 12 56
https://www.trattoriaquattro.com
Ouvert toute l'année. Fermé le lundi et le dimanche soir. Du mardi au dimanche de 12h à 14h et de 19h30 à 22h.

Une atmosphère chaleureuse et familiale, si caractéristique de l'art de vivre italien : c'est la promesse tenue par Trattoria Quattro. Au menu, les grands classique transalpins se disputent les convoitises avec les pizzas, toutes aussi généreuses que les plats. Des plats simples, mais de qualité : un parti pris assumé par les gérants, quatre frères et sœurs, italiens, bien entendu. La famille, c'est sacré ! Victime de son succès, le restaurant ainsi que sa terrasse, très agréable les jours ensoleillés, sont vite bondés. Nous vous conseillons donc de réserver.

LE BISTROT DE SA VIE €€€

1360, route d'Antibes
✆ 04 93 12 29 68
https://restaurantdanieldesavie.fr/le-bistrot/
Ouvert du mardi au samedi de 12h à 13h45 et de 19h30 à 21h30. Vin au verre. Accueil des groupes. Jardin. Terrasse.

Après plus de 20 ans passés aux côtés de Roger Verger, le chef Daniel Desavie nous accueille dans un cadre élégant et raffiné au sein de son établissement, le restaurant De Sa Vie. Ici, l'établissement se décline en une partie gastronomique et une bistrot, à vous de choisir selon vos envies. Si les finances suivent, on a un petit penchant pour la partie gastro avec son homard à la nage au beurre blanc aux herbes, son cœur de filet de bœuf, pomme purée et fondue d'oignons au vin rouge ou encore son filet de loup poêlé sur fondue d'artichauts à la barigoule.

BLEU LAVANDE €€€

28, Chemin de pinchinade
✆ 04 93 12 28 01
www.restaurantbleulavande.fr
Ouvert du mardi au dimanche de 12h à 13h45 et de 9h30 à 21h30. Réservation recommandée. Jardin. Terrasse.

Le restaurant à la décoration provençale de Corinne et Bernard Leclerc prend de la patine au fil du temps. Le chef Leclerc propose une cuisine en perpétuelle évolution selon la saison. Le marché s'invite dans vos assiettes, la cuisine se veut authentique et confectionnée avec des produits frais. Pendant que Bernard s'affaire en cuisine, Corinne, son épouse, accueille les gourmets qui s'installent dans la vaste salle ou sur la terrasse qui borde le jardin avec un bassin. Les propriétaires se mettent à votre disposition pour l'organisation de vos événements privés.

LE QUEEN'S

22, rue d'Opio
✆ 04 93 12 28 28
Ouvert toute l'année. Tous les jours de 16h à 0h30. Jusqu'à 2h le week-end. Animations. Concerts (live music).

Le célèbre pub le Queen's, qui anime les soirées valbonnoises depuis si longtemps qu'on ne saurait dire depuis quand exactement, aura de quoi vous séduire ! Ambiance chalet de montagne en gardant une touche de bar à bières, avec possibilité de déguster des assiettes de charcuterie, de fromages, ou d'autres snacks. On adore, le résultat que forme ce mélange des genres vraiment très sympathique. Et pour les habitués le Queen's garde toutes ses animations : billards ou babyfoot, mais surtout des artistes locaux les soirs de semaine, et un groupe live les samedis.

ROOTS

4, rue de la Fontaine
✆ 06 03 52 52 35
Ouvert du lundi au jeudi de 16h à 0h ; le vendredi et le samedi de 14h à 0h. Verre de vin à partir de 4 €.

Bonne ambiance, service sympa, intéressante sélection de pressions (ou une cinquantaine de bières en provenance du monde entier mais aussi du vin et du cidre) et copieuses assiettes de charcuterie et de fromage : on aime particulièrement ce pub à la fois authentique et accueillant à l'heure de l'apéro et plus si affinités ! De nombreuses soirées sont organisées avec de la musique live ou des quiz. On y trouve également des dizaines de jeux de société pour s'amuser sur place. Hannah, votre hôte irlandaise, vous accueille toujours avec le sourire.

VERRERIE ET GALERIE D'ART ADA LOUMANI

Place de l'Église ✆ 04 93 12 97 04
www.loumani.fr
Ouvert du lundi au samedi de 10h à 13h et de 15h à 19h ; le dimanche et les jours fériés de 14h à 18h.

Installée dans l'ancien moulin près de l'église, la verrerie abrite les créations exceptionnelles de Ada Loumani, maître verrier reconnu exposant en France, en Allemagne, au Royaume-Uni, aux USA... Cet artiste maîtrise la technique qui de création d'une œuvre d'art en verre soufflé. Esprit novateur, il a mis au point un procédé où peintures et décors sont inclus entre deux couches de verre. Il a reçu Label Entreprise du Patrimoine Vivant qui distingue un savoir-faire artisanal d'excellence.

VENCE ★★★★

Situé dans l'arrière-pays du littoral azuréen, au pied des contreforts montagneux des Préalpes, le territoire naturel de Vence s'offre comme un espace de transition idéal entre le littoral et la moyenne montagne. Un balcon sur la Méditerranée qui relie la mer à la montagne. Découvrir ce territoire, c'est vivre une expérience de rupture avec les contraintes de la vie urbaine d'un littoral saturé. Vous y profiterez de l'authenticité d'un environnement ressourçant qui permet de se recentrer sur des valeurs propres à la nature. C'est tout simplement faire le choix de l'itinérance douce, active et apaisante. Profiter de la vie à Vence, c'est flâner dans les ruelles étroites et colorées de la vieille ville, avec ses boutiques, galeries et son musée, pour admirer le travail de Matisse et des nombreux artistes. Flâner dans les ruelles de Vence, c'est remonter le temps. Aux alentours, vous pouvez également randonner à cheval, à pied ou à vélo, nager... redécouvrir une nature préservée. En point d'orgue de votre visite, les panoramas offerts par le Col de Vence sont exceptionnels. L'office de tourisme de Vence propose ainsi une nouvelle offre d'écotourisme qui répond au désir d'activités et de ressourcement du plus grand nombre. Seul, en couple ou en famille, petits et grands, vous pourrez vous promener, randonner, pédaler ou encore admirer la richesse du patrimoine culturel de Vence, ses paysages et sa biodiversité dans un cadre privilégié qui constitue la porte d'entrée du Parc naturel régional des Pré-alpes d'Azur.

CHÂTEAU DE VILLENEUVE - FONDATION ÉMILE HUGUES

2, place du Frêne
✆ 04 93 58 15 78
vence.fr/musee-de-vence-fondation-emile-hugues

Ouvert du mardi au dimanche de 11h à 18h. Adulte : 6 €. Enfant (de 12 à 18 ans) : 3 €. Boutique.

Construit au XVIIe siècle par les Seigneurs de Villeneuve au cœur de la cité médiévale, ce superbe château orné d'une tour de garde datée du XIIe siècle fut légué à la Ville en 1966 par Emile Hugues, ancien ministre et maire de Vence. Le site est alors entièrement consacré à l'art et à la jeunesse, conformément aux conditions du legs dont l'ambition était d'initier les jeunes à l'art, et devient le musée de Vence. Il développe une programmation annuelle d'expositions d'envergure nationale présentant les plus grands noms de la peinture du XXe siècle. Le musée d'art moderne et contemporain présente des expositions d'artistes variés. Une librairie spécialisée propose un choix d'ouvrages, d'affiches et objets liés à l'actualité du Château.

Depuis 2018, au 2e étage, l'espace permanent présente une sélection d'œuvres de Matisse, chef de file du fauvisme, issues de la collection municipale. Le peintre s'installait en effet ici en 1943 et devait tomber amoureux de la ville et de sa lumière, de sa douceur de vivre, qui lui rappelait l'ambiance de Tahiti chère à son cœur. Il s'agit pour l'essentiel d'œuvres graphiques (fusains, lithographies, eaux-fortes…). Le visiteur découvrira 64 œuvres reflétant les thèmes majeurs du peintre : portrait et variations, travaux en lien avec la chapelle du Rosaire, et processus de livres illustrés. À cet ensemble s'ajoutent des photographies d'Henri Cartier-Bresson ou Robert Capa, qui témoigneront du quotidien de l'artiste pendant son séjour à Vence.

CHAPELLE MATISSE ✝

466, avenue Henri-Matisse
✆ 04 93 58 03 26
www.chapellematisse.com

Ouvert mardi, jeudi et vendredi de 10h à 12h et de 14h à 18h, mercredi et samedi de 14h à 18h. Adulte : 7 €.

La Chapelle du Rosaire (dite aussi chapelle Matisse) a été réalisée par Henri Matisse pour les sœurs dominicaines. Il s'y consacra entièrement entre 1948 et 1951. C'est l'œuvre architecturale qui synthétise ses recherches et participe au renouveau de l'art sacré. Les Dominicaines vous y accueillent en racontant cette histoire sous forme de visites commentées. À l'étage, il est possible d'admirer les chasubles et de contempler une vue inédite sur le toit de La Chapelle. Pour terminer, vous découvrez les travaux préparatoires d'Henri Matisse : esquisses, maquettes…

ÉTOILES GRANDEUR NATURE

Col de Vence
✆ 04 93 58 06 38
www.vence-tourisme.com

Séances en fonction des conditions météorologiques d'avril à octobre. Adultes : 10 €. Enfant : 8 €. Gratuit -6 ans.

La ville de Vence, les hôteliers et le camping vençois organisent des séances d'observation du ciel étoilé au Col de Vence. Animées par un médiateur spécialiste et membre de l'Association nationale pour la Protection du Ciel et de l'Environnement Nocturne, ces séances seront une occasion de découvrir ce lieu unique, territoire d'observation astrale exceptionnel. Vous pourrez profiter en famille ou entre amis de la beauté de ce balcon naturel qui surplombe la Méditerranée. L'office de tourisme de Vence s'occupe des inscriptions.

© LES JARDINS D'AZUR EVANCY

EVANCY LES JARDINS D'AZUR**** €€

1167, Chemin de la Sine ✆ 07 85 70 14 13
www.evancy.fr

Ouvert toute l'année. Accueil 24h/24 (réception digitale). 98 chambres. De 89 € à 392 €. Parking. Séminaires. Wifi.

Un véritable coup de cœur pour cette toute nouvelle résidence hôtelière. Une vue panoramique admirable sur le col de Vence et les montagnes avoisinantes. L'architecture est élégante et les 4 bâtiments sont plantés autour d'un jardin et s'ouvrent sur l'imposante piscine (chauffée) et son poolhouse. Côté logements, ils se déclinent du studio confortable au penthouse majestueux avec terrasse privée. L'équipement est de qualité, la décoration contemporaine, sobre et de bon goût.

LE MOULIN À GRAIN

Route du Moulin - **COURSEGOULES**

Situé en contrebas du village, après le pont de la Cagne quand on arrive à Coursegoules, le moulin à grains date de 1246, et fut construit par les Templiers sur un modèle phénicien (source : archives d'Aix-en-Provence). De nos jours, le moulin a été restauré, mais ne se visite pas. Pendant des siècles Coursegoules était connu pour fournir Vence en blé. Le moulin de Coursegoules a cessé de fonctionner à la fin du XIXe siècle. Il est resté abandonné jusqu'en 1964, date à laquelle il fut racheté et restauré par des particuliers.

BUREAU D'INFORMATION TOURISTIQUE DE VENCE

Place du Grand-Jardin

✆ 04 93 58 06 38

www.vence-tourisme.com

Ouvert toute l'année. Le lundi de 13h à 17h ; du mardi au samedi de 9h à 17h.

L'équipe plurilingue de l'office de tourisme de Vence accueille les visiteurs toute l'année dans ses beaux locaux situés place du Grand-Jardin. On vous renseigne gratuitement sur l'offre touristique locale en vous donnant brochures et plans nécessaires. Des circuits de découvertes autour du patrimoine (chapelles et fontaines) vous sont proposés. Des visites guidées de Vence sont régulièrement assurées par une conseillère en français, anglais, allemand et italien.

VENCE, CITÉ HISTORIQUE

Place du Grand Jardin ✆ 04 93 58 06 38

www.vence-tourisme.com/fr/decouvrir/visites_guidees/vence-cité-historique

Visite guidée. Durée : 1h30 environ. Inscription à l'office du tourisme. Gratuit jusqu'à 12 ans. Adulte : 5 €.

Quoi de mieux qu'une belle visite de Vence organisée spécialement par l'office du tourisme ? La partie historique de Vence se dévoile au sein d'une enceinte médiévale totalement préservée ! À travers une balade pédestre dans le village médiéval ou au détour petites ruelles provençales, vous découvrirez tous les recoins ainsi que les monument historiques, notamment le château ou la cathédrale Notre Dame de la Nativité, et même la fameuse fontaine du Peyra, datant de 1822 et qui délivre encore aujourd'hui aux vençois son eau provenant de la source de La Foux.

HOTEL LE FLOREAL €

440, Avenue Rhin et Danube

✆ 04 93 58 64 40

www.florealvence.com

Ouvert toute l'année (sauf en janvier). Haute saison : chambre double à partir de 129 €. Restaurant.

Les nouveaux propriétaires vous accueillent dans cet établissement de 41 chambres rénovées doubles, triples, quadruples et communicantes pouvant accueillir jusqu'à 6 personnes. L'hôtel bénéficie également d'un restaurant, d'une piscine, d'une salle de réunion pouvant accueillir 30 personnes, d'un grand parking et le petit plus : un joli jardin au centre de l'établissement. Les chambres ont presque toutes un balcon ou une terrasse. Unique : des chambres vraiment adaptées aux personnes à mobilité réduite, y compris un portique d'accès piscine.

LA BASTIDE DE FREINET €€

114, chemin du Pioulier

✆ 04 93 58 82 88

www.labastidefreinet.fr

Basse saison : chambre double à partir de 54 €. Haute saison : à partir de 95 €. Petit déjeuner inclus.

La propriétaire propose 2 chambres spacieuses et lumineuses agrémentées d'une terrasse privée s'ouvrant sur le jardin, avec baie vitrée. La décoration est soignée, de style contemporain. Les hôtes ont à leur disposition un espace qui leur est dédié situé en rez-de-jardin avec terrasse d'été ainsi qu'un salon cosy avec cheminée. L'été, la bronzette se fait sur un transat côté piscine. Les petits-déjeuners sont servis sous forme de buffet dans la salle commune ou à l'extérieur selon la météo : confitures et yaourts maison, viennoiseries, fromages...

DOMAINE DE LA BERGERIE*** €€

1330, chemin de la Sine ✆ 04 93 58 09 36

www.camping-domainedelabergerie.com

Ouvert d'avril à octobre. Emplacement pour 2 de 14,50 € à 55 €. Mobile-homes pour 4 de 385 € à 880 € la semaine.

Ici on peut dire que l'âme originelle du camping est restée intacte : nature, calme et repos sont les maîtres mots. Le complexe est conçu comme un petit village provençal autonome. Les emplacements sont répartis entre les chênes et les pins, au milieu d'authentiques constructions de pierre. Côté confort rien n'est oublié : sanitaires – avec équipement pour les personnes handicapées – laverie, tables de repassage et bains pour enfant. Une supérette et un restaurant sont ouverts en saison et 300 m² de piscine vous attendent, ainsi que ping-pong, tennis et pétanque.

© HOTEL MIRAMAR

© MIRAMAR

HÔTEL MIRAMAR*** €€

167, avenue Bougearel
✆ 04 93 58 01 32
www.hotel-miramar-vence.com

Ouvert toute l'année. Haute saison : à partir de 88 €. Animaux acceptés (10 € par jour).

Ancienne maison de maître transformée en hôtel de charme, cet établissement proche du centre ville vençois affiche une décoration élégante et classique ainsi que des prestations de qualité. Les 18 chambres portent des noms de fleurs et sont décorées dans des tons d'inspiration Provençale. La terrasse panoramique offre une vue imprenable sur la mer et les Baous. Les petits déjeuners y sont d'ailleurs servis. Il est aussi possible d'y boire un verre au bar. La piscine posée au cœur d'un jardin arboré ajoute au charme et au calme bien appréciable des lieux.

© HOTEL MIRAMAR

© HOTEL MIRAMAR

LA MAISON DU FRENE €€

1, Place du Frene ✆ 06 88 90 49 69
www.lamaisondufrene.com/fr/

Ouvert tous les jours 15h et 20h. Chambre et petit déjeuner compris à partir de 137€. Privatisation possible.

Située au cœur de la cité médiévale de Vence, juste à côté du célèbre frêne peint par Chaïm Soutine, cette « Demeure d"Art et d"Hôtes », invite ses convives à partager une passion pour l'art et le design contemporain. Ici César, Farhi côtoient Jeff Koons dans une ambiance pop et baroque. Un cadre unique et une atmosphère chaleureuse que l'on retrouve dans chacune des 5 suites aménagées et décorées avec le plus grand soin. Un petit-déjeuner fait maison est servi chaque matin dans la salle à manger, l'occasion d'admirer les œuvres, multiples, qui s'y trouvent.

VILLA ROSERAIE*** €€

128, avenue Henri-Giraud
✆ 04 93 58 02 20
www.villaroseraie.com

Ouvert toute l'année. Haute saison : chambre double à partir de 135 €. Petit déjeuner : 13 €.

La Villa Roseraie est un établissement de charme qui prend place dans une ancienne résidence privée de style méditerranéen datant du XIXe siècle. Elle s'ouvre sur un jardin paysagé avec terrasse ensoleillée, idéal pour prendre son petit déjeuner, ainsi qu'une belle piscine centrale avec deck et transats à votre disposition. Les 10 chambres, parmi lesquelles 2 suites et des junior suites pour 2 à 4 personnes, sont bien équipées. Un ravissant coin bar et barbecue a été aménagé à l'extérieur et vous pourrez vous restaurer à l'ombre des arbres dans le jardin.

CHÂTEAU SAINT-MARTIN & SPA***** €€€

2490, avenue des Templiers ✆ 04 93 58 02 02
www.oetkercollection.com/fr/destinations/chateau-saint-martin

Ouvert d'avril à octobre. Haute saison : chambre double à partir de 900 €. Restaurants. Spa. Hammam, sauna.

Perché sur les collines de Vence dans un parc de 14 hectares, ce domaine chargé d'histoire offre des chambres grand luxe, des suites et même des villas, avec balcon ou terrasse, qui bénéficient d'une vue dégagée jusqu'au littoral méditerranéen. Pour votre bien-être, un magnifique spa avec les soins Sisley et Bamford, s'étend sur une superficie de 400 m² ainsi qu'une piscine extérieur avec terrasse. Pour la partie restauration, une brigade étoilée vous reçoit midi et soir.

LA COLLINE DE VENCE €€€

808, chemin des Salles
✆ 04 93 24 03 66
www.colline-vence.com

Ouvert toute l'année. Haute saison : chambre double à partir de 155 €. Jeux ; fitness.

Perchée à 500 mètres d'altitude sur une colline dominant la vallée vençoise jusqu'à la mer, cette bastide bicentenaire est posée au cœur d'un jardin de 2 500 m² qui entoure la piscine et sa terrasse. Cet environnement de pleine nature offre des espaces de détente intimes : terrasses et jardins privatifs, transats au bord de l'eau, pergola isolée avec vue sur la mer. Toutes les chambres ont été entièrement rénovées et sont bien équipées, s'ouvrant sur un vaste panorama embrassant le pays vençois et la mer. Le charme provençal déborde sur les terrasses fleuries !

LES AGAPES €€

4, place Clemenceau
✆ 04 93 58 50 64
www.les-agapes.net

Maître Restaurateur. Ouvert du mardi au samedi le midi et le soir (le dimanche en été). Carte : 30 € environ. Terrasse.

Adresse de grand charme située en plein cœur de la cité historique, elle propose une belle terrasse ensoleillée, une longue salle intime à l'entrée, mélangeant les touches de vert et de marron chocolat, ainsi qu'une salle climatisée à l'étage. Les produits frais sont travaillés avec application et laissent exprimer toute la créativité du chef sans jamais céder à la facilité. La carte révèle des plats traditionnels français et quelques originalités culinaires plus exotiques, qui changent souvent en fonction de l'inspiration du chef et des produits. À découvrir.

L'ATELIER GOURMAND €€

Place de la Clastre
COURSEGOULES
✆ 06 22 11 06 96

Ouvert toute l'année. Haute saison : tous les jours le midi et le soir. Carte : 25 € environ. Terrasse. À emporter.

L'Atelier Gourmand se tient sur la jolie place de la Clastre, au cœur du village. On y sert une cuisine variée et copieuse, à base de produits frais et saisonniers. En attendant votre plat, vous pouvez aussi déguster un des 'apéros' proposés par le Chef : Socca, Chacha, Anchoïade maison, Chorizo, Soubressade... Le restaurant dispose de deux terrasses, l'une, au mobilier coloré, sous le tilleul, l'autre abritée sous une véranda, avec une belle vue sur le massif du Cheiron. Amélie propose aussi des produits artisanaux : terrines et confitures.

HÔTEL LE CANTEMERLE - RESTAURANT & SPA**** €€€

258, chemin Cantemerle ✆ 04 93 58 08 18
www.cantemerle-hotel-vence.com

Ouvert de fin-mars à mi-octobre. Chambres de 180 € à 600 €. Demi-pension : 69 €. Hammam. Spa. Jacuzzi. Piscine.

L'hôtel dispose d'une piscine extérieure et d'un Spa Evasion Nature avec vue sur la Méditerranée. Les 33 chambres et suites spacieuses, modernes et chaleureuses à la décoration élégante et raffinée possèdent une belle terrasse privée ouverte sur le parc. Offrez-vous aussi un moment de relaxation et de bien-être avec des soins de beauté ou des massages. Côté cuisine, vivez des instants gourmands à « La Table du Cantemerle », qui revendique une exquise cuisine aux saveurs du sud.

LA TABLE DU CANTEMERLE €€€

258, chemin Cantemerle ✆ 04 93 58 08 18
www.table-cantemerle.fr
Maître Restaurateur. Fermé de mi-octobre à fin-mars. Ouvert du mardi au samedi midi et soir et le dimanche midi. Jardin.

© HÔTEL CANTEMERLE

Les 2 chefs Jérôme Héraud, Maître Cuisiniers de France et Benjamin Bourgoin chef de la table du Cantemerle associent leur passion autour d'une cuisine gourmande à base de produits frais de saison. En amoureux de la nature, ils cultivent sur place un jardin d'herbes aromatiques bio. Le midi, ils dévoilent une cuisine fraîcheur aux saveurs du Sud et, le soir, une cuisine gourmande qui ravive les papilles. La carte des vins est un mélange de grands crus et de coups de cœur. On est servi sur la terrasse panoramique ombragée au bord de la piscine dans un cadre paisible.

CÔTÉ JARDIN €€

10, rue Isnard
✆ 04 93 24 78 13
www.cotejardinvence.com
Ouvert toute l'année. Du mardi au samedi le midi ; vendredi & samedi soir. Carte : 30 € environ. Maître Restaurateur.

Côté Jardin est un petit écrin de verdure situé au cœur de la cité vençoise dans la ruelle du cinéma. Dès les beaux jours, on profite du jardin privatif et de sa superbe terrasse au calme avec vue sur les Baous et sur La Chapelle Matisse. La cuisine est fraîche, de saison et équilibrée avec un excellent rapport qualité/prix. Elle est inspirée de la cuisine provençale, avec des produits frais rigoureusement sélectionnés chez des producteurs locaux. Pour les fans, le fondant au chocolat au cœur coulant (au goût pistache sur demande) est à goûter absolument.

LA LITOTE €€

5, rue de l'Evêché ✆ 04 93 24 27 82
www.lalitote-vence.com
Maître Restaurateur. Fermé en novembre. Haute saison, ouvert tous les jours, midi et soir. Carte : 35 € environ.

Derrière cette « litote » vençoise se cachent deux amis d'enfance qui ont associé leurs talents en cuisine et en salle. La carte est concise : quatre suggestions en entrées, plats et desserts, se déclinant en fonction des saisons. Elle penche résolument vers le « semi-gastro » aux consonances méditerranéennes. Installé dans le cadre cosy près du coin cheminée ou sur la terrasse ombragée par le tilleul, on se délecte sans parler – pour éviter toute litote superflue. Une belle adresse qui revit grâce à l'enthousiasme et à la créativité de ces propriétaires.

LE MICHEL ANGE €€

1, place Godeau
✆ 04 93 58 32 56
Du mardi au dimanche le midi ; le vendredi et le samedi le soir. Carte : 30 € environ (plat + dessert). Terrasse.

Une table bien agréable située dans la vieille ville et faisant la part belle à une cuisine du soleil d'inspiration résolument niçoise. En cuisine, le chef présente toutes les spécialités de la capitale azuréenne : raviolis, daube, petits farcis, stockfisch… On retrouve le fameux « aïoli » tous les vendredis. Des recettes traditionnelles de grand-mère revisitées font la joie des connaisseurs : tête de veau, tripes du jour, sardines farcies. On aime aussi les poissons frais comme la daurade. Tout est fait maison, les assiettes sont généreuses et bon marché.

LA TABLE DE DOMI €€

7, place Surian
✆ 04 93 24 27 64
Ouvert toute l'année. Du mardi au dimanche le midi et le soir. Carte : 25 € environ (plat + dessert). Terrasse.

Domi a ouvert cet établissement cosy situé au cœur de la cité historique de Vence qui comprend une première salle au style contemporain, une cave voûtée au sous-sol avec pierre apparentes et une terrasse extérieure prise d'assaut aux beaux jours. Côté cuisine, le chef offre des suggestions à l'ardoise et une carte axée sur une cuisine traditionnelle française mettant à l'honneur les produits du marché. C'est bon, agréablement présenté et le service est professionnel et courtois. Une petite table qui monte qui monte et dont tout le monde parle en bien.

© CRÊPERIE BRETONNE

© CRÊPERIE BRETONNE

© CRÊPERIE BRETONNE

CRÊPERIE BRETONNE €

6, place Surian
✆ 04 93 24 08 20

Ouvert toute l'année. Du mercredi au dimanche midi et soir. D'avril à fin octobre, fermeture le lundi. Carte : 25 € Terrasse.

Au cœur du centre historique, dans un décor authentique et une ambiance typiquement bretonne, on se régale ici de galettes de sarrasin et de crêpes au froment copieuses et aux tarifs raisonnables. Dès les beaux jours, cette petite crêperie étend son agréable terrasse au pied de la fontaine de la place Surian. On craque sur les recettes originales qui rappellent les incontournables en pays de Bretagne. Côté sucré, la galette aux pommes cuites fait fureur. Des compositions qui font toutes l'originalité de la Crêperie Bretonne, sans oublier le cidre artisanal.

© CRÊPERIE BRETONNE

© CRÊPERIE BRETONNE

LE SPA EVASION NATURE DU CANTEMERLE

258, chemin de Cantemerle
✆ 04 93 58 08 18
www.cantemerle-hotel-vence.com/spa-et-bien-etre
Ouvert toute l'année. Massages, hammams, soin bien-être, piscine, salle de fitness.

© LE SPA EVASION NATURE DU CANTEMERLE

Le Spa de l'hôtel du Cantemerle a été véritablement pensé pour votre bien-être. Situé au cœur de la nature avec une vue panoramique sur la Côte d'Azur, vous profitez d'une véritable parenthèse de détente : piscine intérieure chauffée, hammam, douche chromatique, solarium et bain bouillonnant plein air avec vue sur la Méditerranée. Vous tirez plaisir de la piscine extérieure et vous vous relaxez sur les transats dans un magnifique parc. La salle de fitness et de remise en forme complète l'offre.

L'AMBROISIE €€€

37, avenue Alphonse-Toreille ✆ 04 93 58 78 58
www.ambroisie-vence.com
Ouvert le lundi et le mardi le soir ; du jeudi au dimanche le midi et le soir. Menu unique à 39 €. Carte : 50 € environ.

Installé dans une ancienne chapelle d'un séminaire du XVIIe siècle, l'établissement possède une vue panoramique sur le Baou. Cuisine gastronomique où les produits régionaux et frais sont à l'honneur. Vous pourrez alors savourer un dos de turbo en cuisson lente, ananas caramélisés aux épices, mousse au yuzu ou encore un filet de bœuf Hemingway au poivre noir flambé Bourbon, pommes de terre ratte à l'essence de truffe. La carte évolue au fil des saisons et tout ici est maison, jusqu'au pain brioché qui accompagne le fois gras en provenance d'une ferme des Landes.

ENTRE MES CHOCOLATS

12, avenue Marcelin-Maurel
✆ 09 81 82 34 59
www.chocolat-parbona.com
Ouvert du lundi au samedi de 9h à 13h et de 15h à 19h ; le dimanche de 9h à 13h.

Dès l'entrée, votre regard est attiré par une magnifique fontaine de chocolat. Ici, le chef chocolatier adore expliquer sa passion et vous commente avec ferveur la provenance des arômes de son cacao lors d'ateliers et de cours de fabrication. Le chocolat est à découvrir pour le goûter et s'accompagne d'une belle carte de thés. On découvre aussi des recettes originales de chocolats maison et des spécialités comme le saucisson en chocolat, sans oublier les pâtes de fruits, les fruits confits, les macarons... À la belle saison, glaces et sorbets prennent le relais.

K'FÉ MALTÉ

16, rue du Marché ✆ 04 93 32 52 36
www.kfemalte.fr
Bar à bières. Ouvert du mardi au samedi de 16h à 0h. Terrasse. Animations. Concerts. Privatisation possible.

Idéalement situé au cœur du centre historique de Vence, ce bar festif et convivial propose une cinquantaine de bières artisanales françaises. Blanches, blondes, ambrées, rousses, brunes ou noires, elles se dégustent en terrasse ou dans la chaleur de l'espace intérieur, que l'on accompagne de tapas, de tartines gourmandes, d'assiettes de charcuterie ou de fromages. La cuisine est élaborée avec des produits issus de l'agriculture biologique et du marché local. Un menu unique est servi lors des concerts *live* ou soirées thématiques organisés dans la cave voûtée.

DESTINATION NATURE

1055, avenue Rhin-et-Danube ✆ 06 86 66 35 49
www.destination-nature.fr
Ouvert tous les jours de 9h à 20h. Canyoning niveau 1 : demi-journée 45 €. Rando verticale : demi-journée 45 €.

Accompagnateur en montagne, le gérant propose des activités sportives tout au long de l'année suivant les saisons, à la découverte de la nature de l'arrière-pays. Demi-journée, journée ou week-end, on choisit son programme parmi des loisirs encadrés par une équipe de moniteurs et guides professionnels. L'été sont proposées des randonnées en montagne, visites guidées de la vallée des Merveilles, des sorties escalade, via ferrata ou souterrata ainsi que des activités en eau vive (canyoning...). Ces sorties sont adaptées aux individuels, aux groupes ou aux handicapés.

GRÉOLIÈRES ★

Situé en pleine montagne, Gréolières se situe sur un petit plateau en bord de terrasse. Surplombé par les barres du Cheiron et dominant la vallée du Loup, c'est un village médiéval avec ses deux châteaux encore visibles. Du château fort, dont l'histoire remonte aux vicomtes de Nice puis aux comtes de Provence, il ne reste qu'une courtine percée de meurtrières.

L'église Saint-Pierre, d'architecture romane, a été plusieurs fois remaniée depuis le XIIe siècle et est dotée d'un clocher latéral surmonté d'un campanile. Dans le village, ses rues étroites sont bordées de maisons typiques de la montagne provençale. La chapelle Saint-Étienne construite au XIIIe siècle contenait un retable daté de la fin du Moyen Âge au centre duquel figure le saint que l'on peut admirer actuellement dans l'église du village. À l'est se dressent les ruines de la chapelle de Notre-Dame-de-Verdelaye : elle date au plus tard du XIe siècle. Aujourd'hui, Gréolières est réputé pour la beauté de son site et de ses paysages sublimes en hiver, mais surtout pour sa station d'hiver qui a la particularité d'être très proche de la côte, à seulement 45 kilomètres ! Le site est aussi apprécié des parapentistes. Au départ, il y avait deux villages : Gréolières-Basses, le village actuel, et Gréolières-Hautes, situé au nord sur l'éperon montagneux. Construit au IXe siècle, ce dernier site fut habité jusqu'à la fin du XIXe siècle mais ses deux châteaux dont les ruines subsistent toujours ont particulièrement souffert au XVIe siècle lors des guerres de religion. Depuis, on aime appeler l'endroit le village fantôme.

L'église Saint-Pierre.

LE RELAIS €€

1, rue du Ribas
✆ 06 11 05 08 03

Ouvert en saison du mardi au dimanche de 7h30 à 20h. Carte : 15 € environ. Wi-Fi gratuit.

Le Relais vous accueille au cœur de Gréolières. Sa terrasse avec vue sur la montagne est une invitation à la détente. À l'intérieur, la salle est décorée dans des tons rouges pour une ambiance chaleureuse. Côté assiette, vous pourrez découvrir une cuisine régionale aux saveurs provençales. Petit coup de cœur pour le café gourmand qui est très copieux. La bière corse à la châtaigne à la pression est aussi très appréciée des clients. Une adresse à laquelle on a plaisir à revenir. Et pour être sûr d'avoir une table le week-end, mieux vaut réserver.

GRÉOLIÈRES-LES-NEIGES

✆ 04 93 59 95 16
www.greolieres.fr

Gréolières-les-Neiges a été créé en 1963 à 1 450 mètres d'altitude et à seulement 45 km de Nice. Cette petite station familiale possède 10 remontées mécaniques, 1 télésiège et 30 kilomètres de pistes dont 4 vertes, 3 bleues, 13 rouges et 2 noires ainsi qu'un parcours de ski de fond. La station est dotée d'un enneigement automatique comprenant 76 canons répartis sur 4 km de pistes permettant la production d'une neige de qualité et assurant une ouverture précoce des remontées mécaniques. De très vastes parkings autorisent le stationnement de plus de 2 800 véhicules.

VOYAGEURS DU CIEL - ECOLE DE PARAPENTE

59, Route Font Rougière ✆ 04 83 93 98 25
www.voyageursduciel.com

Ouvert toute l'année. Vol biplace à tout âge, à partir de 70€. Journée découverte à partir de 12 ans, 185 €.

Cette école de parapente est située sur le site mythique de vol libre du village provençal de Gréolières, au pied de la montagne du Cheiron, à moins d'une heure de Nice ou Cannes.

Vol Biplace : Du vol découverte, au vol panoramique, jusqu'à la randonnée aérienne ; Différentes formules de vol en toutes saisons. Ambiance conviviale et professionnelle.

Journée découverte : Le privilège d'une initiation au pilotage et à l'aérologie sur pente-école, accompagnée d'un Biplace pédagogique.

LA GAUDE ★★

Le petit village de La Gaude, fondé par les Ligures, passa quatre siècles de paix sous administration romaine dont il reste aujourd'hui la célèbre *via Aurélia*. On y cultivait du blé, de l'huile, des figues, du chanvre, des vignes et plus récemment, des orangers, l'œillet et la rose. Mais c'est l'implantation de la société IBM dans les années 1960 qui fit sa notoriété et fut à l'origine de sa croissance et de son essor.
L'attrait du village réside aujourd'hui dans ses ruelles, ses fontaines, ses vieux fours et ses monuments religieux. De nombreuses balades passent également par les voies romaines. Ne manquez pas l'éco-musée de Provence, un petit musée fort sympathique à visiter, mais surtout très complet en espèces vivantes et hyper ludique ! Le biotope de chaque pensionnaire est reproduit à l'identique. Le but est éminemment pédagogique pour faire connaître les espèces et sensibiliser le public à son rôle écologique et à la nécessité de les protéger.
Pour la petite anecdote, Marcel Pagnol et son épouse Josette acquirent en 1941 le Domaine de l'Étoile, une exploitation horticole qui produisait l'œillet : il y était heureux mais Josette s'ennuyait. Pagnol trouva alors à sa femme un rôle dans *La Belle et la Bête* de son ami Cocteau. Elle dut ainsi se rendre à Paris pour tourner, où elle retrouva ses anciens amours et se sépara de l'écrivain. En 1962, Pagnol et Jacqueline Bouvier - qui interpréta le rôle de Manon des Sources en 1952 - se sont installés au Domaine de l'Étoile. Aujourd'hui, ce lieu paisible est transformé en un bel hôtel-restaurant de prestige.

ÉCO-MUSÉE VIVANT

Voie Aurélia ✆ 04 93 24 97 47
bibliotheque.i-mag-ine.com/fr/la-gaude-eco-musee-vivant-e629
En été : ouvert du mardi au dimanche, de 14h à 18h, sans réservation. Visites guidées le weekend. Adulte : 6 €.

L'écomusée de La Gaude, unique en son genre, valorise le patrimoine vivant de Provence, faune et flore. Créé par Ib Schmedes en 1988 avec l'aide et le soutien de la municipalité, on découvre dans leurs milieux naturels reconstitués insectes, batraciens et reptiles et, dans le jardin botanique, arbres et arbustes typiques : arbousiers, sorbiers, micocouliers et oliviers. Vous verrez dans des vivariums, criquets, sauterelles, mantes religieuses ou grillons cohabiter en harmonie avec d'autres insectes et avec des couleuvres, des lézards, des tortues, des grenouilles.

HÔTEL MON SOLEIL*** €

221, route de Saint-Laurent
✆ 06 42 97 27 66
www.hotelmonsoleil.com
Ouvert toute l'année. Haute saison : chambre double à partir de 85 €. Restaurant Longo Maï (demi-pension possible).

Ce petit hôtel de l'arrière-pays niçois situé dans un bel endroit aux couleurs lumineuses et à la décoration soignée jouit d'un emplacement privilégié avec vue sur le Baou ainsi que le village de Saint-Jeannet, à proximité de la ville et de la mer. La maison est nichée au cœur d'une petite oliveraie avec son jardin amoureusement conçu. De nombreux espaces de détente sont là pour nous séduire : au bar avec un cocktail ou dans un hamac au bord de la piscine, le tout avec un livre emprunté à la bibliothèque. Les chambres sont agréables, de décoration chaleureuse.

HÔTEL DU BAOU*** €€

246, allée Hector-Pintus
✆ 04 93 59 44 44
www.hoteldubaou.com
Ouvert toute l'année. Basse saison : chambre double à partir de 85 € (115 € en haute saison).

Situé au calme, l'hôtel est une bonne base pour la visite de l'arrière-pays niçois. Situé sur les collines de La Gaude, il surplombe la vallée du Var et offre une vue panoramique exceptionnelle de la chaîne des Alpes à la Méditerranée. Les 52 chambres sont confortables et bien équipées. Certaines disposent d'une kitchenette, d'autres d'une belle terrasse jouissant d'une agréable vue. Trois sont accessibles aux personnes à mobilité réduite. En plus, on note l'organisation possible de séminaires et congrès. Un bon rapport qualité / prix.

LA GAUDRIOLE €

4, rue Centrale
✆ 04 93 24 88 88
lagaudriole.eatbu.com
Ouvert du mardi au samedi le midi et le soir ; le dimanche midi. Carte : 20 € environ.

Ce restaurant au centre du village célèbre la cuisine régionale, goûteuse et généreuse à la fois. Il vient d'ailleurs d'être labellisé Cuisine Niçoise. La carte de la Gaudriole est longue car il y a des pizzas, des pâtes fraîches maison, et des plats de cuisine niçoise, bien sûr : beignets de filets de rouget, poulpes à la niçoise, daube de sanglier, gnocchis aux épinards ou encore farcis. En hiver on s'installe dans la chaleur de la salle voûtée rustique aux nappes provençales et en été, on profite de la petite place au pied de l'église pour installer les tables.

CÔTÉ MONTAGNE

LONGO MAÏ €

221, route de Saint-Laurent ✆ 06 42 97 27 66
www.hotelmonsoleil.com/fr/l-hotel/#notre-restaurant

Ouvert toute l'année. Du dimanche au mercredi et le vendredi midi et soir ; jeudi et samedi soir. Carte : 25 € environ.

Niché au cœur d'une petite oliveraie, le restaurant Longo Maï (de l'hôtel Mon Soleil) est un véritable havre de paix. Au choix pour vous installer : la salle climatisée ou la terrasse colorée et lumineuse. La carte propose des spécialités locales comme les petits farcis niçois et mêlent aussi des recettes traditionnelles du sud à des saveurs exotiques, pour un résultat saisissant. Et pour vous détendre, vous pouvez emprunter un livre à la bibliothèque d'intérieur, faire un tour dans la piscine ou simplement prendre le temps à l'ombre des oliviers.

FENOCCHIO

1176, route de Saint-Laurent
✆ 04 92 11 03 55
www.fenocchio.fr

Ouvert toute l'année, du mardi au samedi de 9h à 19h.

Si ses trois boutiques se situent dans le vieux Nice, le célèbre glacier niçois Fenocchio a installé son laboratoire de fabrication à la Gaude où sont confectionnés une centaine de glaces et de sorbets, dans la plus pure tradition artisanale. Dans la partie boutique, on peut tous les acheter et choisir parmi des parfums, des plus classiques aux plus originaux ou insolites… Ces gourmandises glacées de grande qualité sont toutes réalisées à base de produits nobles et choisis, de même que les gâteaux glacés également proposés par la maison. L'accueil est attentif.

LA SÉGUINIÈRE

2416, route de Saint-Laurent
✆ 06 88 35 99 22
www.seguiniere.com

Ouvert uniquement les soirs de programmation musicale (vérifier sur le site ou par téléphone). Réservation impérative.

Lieu atypique et club de jazz réputé dès les années 1980, La Séguinière continue à recevoir des groupes de musiciens, pas forcément des jazzmen, pour animer une vingtaine de soirées par an. La gestion associative de l'endroit permet une adhésion à l'année qui autorise l'entrée gratuite à ces soirées ; les non-adhérents dits « membres temporaires » payent à l'arrivée. On peut, sur réservation, dîner en assistant aux concerts *live*. La Table de Monsieur Seguin propose un menu unique complet qui décline une cuisine du Sud-Ouest et du monde.

SAINT-JEANNET ★

Perché entre son *Baou* (« rocher » en provençal) et celui de La Gaude, le village déploie un charme à l'atmosphère provençale à travers ses rues en pente, ses placettes et ses fontaines. La place Sainte-Barbe offre un visuel grandiose jusqu'à la mer. Au centre, la terrasse dite « du Panorama » propose aussi un point de vue unique sur la campagne environnante et la Baie des Anges. Le Baou en surplomb est une petite montagne escarpée au sommet plat : haute de 802 mètres, l'endroit attire beaucoup d'alpinistes et de marcheurs. Un sentier pédestre part du centre du village et mène au sommet : la première partie est assez abrupte mais la suite du parcours est toute tracée sur le flanc droit du Baou. Comptez environ 1h30 pour cette randonnée familiale ne comportant pas de difficulté notoire. Au sommet, une table d'orientation construite au début des années 1950 renseigne les promeneurs qui peuvent apercevoir en contrebas le village et profiter du large panorama à 360 degrés, des sommets alpins du Mercantour aux collines niçoises jusqu'à Antibes, aux îles de Lérins et au massif de l'Esterel.
À vingt minutes de la mer et au pied des montagnes, avec sa vue imprenable sur le Baou de Saint-Jeannet, cette adresse séduit par sa quiétude et sa convivialité. C'est le cadre parfait pour se ressourcer et un point de départ idéal pour arpenter l'arrière-pays niçois.

CAMPING LES CENT CHÊNES**** €

1205, route de Gattières ✆ 04 93 24 44 26
www.camping-lescentchenes.com

Ouverture de mi-avril à mi-septembre. Mobile-home de 290 € à 600 € la semaine. Emplacement pour 2 de 17 € à 39 €.

Ce camping saura satisfaire les amoureux de la nature. Plusieurs options sont proposées : emplacements seuls ou diverses locations pour une véritable hôtellerie en plein air. Au choix, vous pourrez découvrir les mobil-homes avec terrasse, les cabanes de luxe et le chalet cosy. Il y en a pour toutes les bourses. L'endroit est calme et bien entretenu, la végétation naturelle garantit l'ombre suffisante pour rester au frais et empêcher trop de vis-à-vis. Et les activités sont nombreuses : terrain de boules, barbecue, piscine, jeux pour enfants et même un bar.

AUBERGE DES 4 CHEMINS €

1, chemin du Peyron
✆ 04 93 24 90 01
Ouvert toute l'année. Du lundi au vendredi le midi. Carte : 20 € environ (plat + dessert). Terrasse. Tabac, PMU.

Cette institution locale tient son nom de sa situation géographique, à la croisée des chemins menant à La Gaude, à Gattières, à Vence et à Saint-Jeannet. Depuis 1978, l'auberge appartient à la même famille qui, de père en fils, fait perdurer l'âme de cet établissement historique, en proposant des plats variés : salades, pizzas, omelettes, pâtes, viandes ou poissons. Confortablement installé en terrasse ou en salle, on profite d'un service rapide et convivial. La combinaison idéale pour repartir ragaillardi à la découverte d'un des 4 villages environnants.

MINI-THAÏ €€

2210, route de Gattières
✆ 04 93 24 99 44
www.minithai-saintjeannet.com
Ouvert toute l'année. Du mardi au samedi le midi et le soir. Menus de 25 € à 45 €. Vente à emporter.

Doté d'une petite salle cosy et d'une ambiance moderne, ce charmant établissement propose une savoureuse cuisine thaïlandaise totalement fait maison. Outre les traditionnelles entrées et quelques fameux plats asiatiques, on apprécie les spécialités délicieuses comme le Phathai aux crevettes, au porc ou poulet, ou encore Tomyam aux crevettes ou aux calamars, cette délicieuse soupe à la citronnelle et lait de coco. L'équipe vous accueille avec professionnalisme et convivialité. Une valeur sûre, et pensez à réserver : l'établissement a tendance à afficher complet !

LA TABLE DES BAOUS €€

42, rue Nationale
✆ 04 93 24 90 63
www.latabledesbaous.fr
Ouvert toute l'année. Le lundi et le mercredi midi ; du jeudi au dimanche midi et soir. Menu à partir de 31,90 €.

La réputation d'un village passe souvent par une bonne table : c'est le cas à Saint-Jeannet ! Le chef a rénové un ancien restaurant pour en faire un endroit tendance, style « bistrot chic ». Le couvert est joliment dressé dans la salle aux couleurs tendres ou sur la petite terrasse à l'ombre de la vigne aux beaux jours. Ici, on travaille des produits frais de saison et on se ravitaille chez les producteurs locaux. Et vous goûterez la différence en appréciant ces saveurs gourmandes dans l'assiette qui se déclinent selon des propositions à l'ardoise.

VIGNOBLE DE SAINT JEANNET

800, chemin des Sausses
✆ 04 93 24 96 01
vignoblestjeannet.fr
Ouvert du lundi au samedi de 9h à 19h. Visite de la cave et des vignes. Possibilité de camping à la ferme l'été.

Des bonbonnes de verre s'offrent au soleil à 400 mètres d'altitude, où tous les vins rouges séjournent ainsi conditionnés pendant trois à quatre mois. Les vins vont ensuite somnoler en fûts jusqu'à quatre ans pour le rouge Longo Maï, vin de pays des Alpes-Maritimes. Ce vignoble inédit, asséché par le mistral, vous réserve bien des dépaysements gustatifs. Le magasin sur site vend les vins du domaine et l'excellente huile d'olive de la Clémandine voisine.

VIGNOBLE RASSE

Chemin des Sausses
✆ 06 70 55 70 11
www.vignoblerasse.fr
Ouvert du lundi au samedi de 9h à 19h30. Dégustations. Événements privés. Boutique en ligne.

Depuis 2014, le vignoble de Saint-Jeannet s'est séparé en deux domaines, appartenant chacun à deux frères. La tradition de la famille Rasse est donc deux fois plus représentée. Ici, dans ce vignoble, vous trouverez des cépages de rouge et de blanc, mêlant fraîcheur, vivacité, tradition et modernité. Pour vous décider parmi les nombreuses productions, vous pouvez profiter d'une journée de dégustation : le meilleur moyen de découvrir le splendide domaine et de trouver le vin adapté à votre goût. Et les dégustations sont également proposées pour des événements !

LE BROC ★★

Juché sur un éperon rocheux, Le Broc est un petit village du moyen pays niçois perché entre mer et montagne, dominant les vallées du Var et de l'Estéron. Surplombées par la montagne du Chiers, les maisons du village médiéval sont regroupées autour d'une pittoresque place à arcades ornée d'une fontaine datant de 1812. Le moulin, encore en activité, témoigne d'une culture de l'olive encore bien présente. On y trouve de nombreux vestiges du passé comme les chapelles disséminées en campagne qui font du village un endroit riche en culture et en patrimoine. En contrebas, tout proche du Var, ne manquez pas de vous promener autour de son magnifique lac.

PARC DÉPARTEMENTAL DU LAC DU BROC

www.departement06.fr/les-parcs/parc-du-lac-du-broc-2113.html

Ouvert toute l'année. Basse saison : de 8h à 18h. Haute saison : tous les jours de 7h à 20h.

Le lac du Broc représente un patrimoine unique dans le département. C'est une résurgence de la nappe phréatique du Var qui a formé la vallée alluviale. Cette ancienne zone d'extraction des granulats de 50 hectares, qui a fait l'objet d'une réhabilitation, est devenue un espace idéal pour s'adonner aux activités de pleine nature ou à la détente !

La moitié de la surface du parc est occupé par un lac dont le tour complet fait environ deux kilomètres. La baignade est interdite, mais les rives sont aménagées. On y trouve des espaces de pique-nique, un sentier pédestre, un parcours de santé et une piste cyclable.

Le plan d'eau d'excellente qualité est très prisé des pêcheurs qui y trouvent des truites, des brochets et des carpes. Les lieux se prêtent également à l'observation de nombreuses espèces d'oiseaux. Le conseil départemental y organise des sorties découverte avec pour objectif l'éveil des sens. D'une durée de 2h environ, ces visites guidées permettent au public d'approfondir ses connaissances sur la flore, les champignons, les insectes, le sol, la géologie, l'eau…

Pour les promenades à vélo, soit vous vous contentez de sillonner la piste en terre du tour du lac, soit vous choisissez de poursuivre vos efforts en longeant les berges du Var en direction du nord, jusqu'au pont Charles-Albert. Dans ce second cas, la piste cyclable offre un panorama sur ce fameux fleuve qui, ne l'oublions pas, constituait autrefois la frontière entre la France et le comté de Nice

LA MANGIUCA €€

27, place de la Fontaine

✆ 04 93 20 39 69

Ouvert toute l'année. Le mardi, le vendredi et le samedi le soir ; du mardi au vendredi le midi. Carte : 30 € environ.

Avec sa ravissante petite salle voûtée aux murs de pierre et sa belle terrasse sous les arcades, cet établissement ne manque pas de charme. Les suggestions évoluent à l'ardoise au rythme du marché et la cuisine se décline selon le concept « à la plancha ». Aux beaux jours, les suggestions prennent l'orientation du mi-cru mi-cuit avec des viandes et poissons marinés à l'huile d'olive, aux agrumes, au gingembre ou autres épices... Une carte de bruschettas peut également être dégustée sur place ou à emporter. Une excellente adresse de village, conviviale à souhait !

MOULIN À HUILE

1, place de l'Hôtel-de-Ville ✆ 04 92 08 27 30

www.mairie-lebroc.fr/le-moulin-a-huile-2

Ouvert de fin octobre à fin février, du mardi au vendredi de 8h à 15h30. Prise de rendez-vous au 04 92 08 27 37.

Le moulin accueille tout au long de la saison oléicole près de 700 personnes, des habitués attachés à leur moulin : c'est en effet le seul de la commune. On en repart avec sa propre huile à partir de 10 kg. Et pour la petite histoire, les oliviers du domaine communal servent à la confection d'une huile redistribuée aux personnes âgées du Broc. Une belle initiative. Depuis 2015, les grignons (résidus de la trituration) sont valorisés et permettent de chauffer les bâtiments publics. C'est écologique et ça permet à la commune de réduire la facture d'électricité !

CARROS ★★

Tripartite, Carros est une ville à l'histoire chargée, qui peut aussi bien désigner le village, la ville nouvelle ou les plans. Explication: ce nom signifierait « rocher », le village étant construit sur une falaise surplombant le lit du Var, ce qui ne l'a pas protégé des Grandes guerres puisqu'il a été plusieurs fois détruit. Cette agglomération voit le jour à partir de l'Antiquité Romaine et s'accroît au fil des siècles jusqu'à s'émanciper de la cité romaine de Vence, comme en témoignent les nombreuses inscriptions des IIe et IIIe siècles visibles dans certains édifices du village. Au XIIe siècle, l'implantation d'un château, fief des seigneurs de Blacas jusqu'à la Révolution, affirme sa puissance locale. Le bâtiment, entièrement restauré, accueille depuis 1998 le Centre international d'art contemporain. En 1860, la commune rejoint le nouveau département des Alpes-Maritimes et connaît une immigration italienne durant les décennies suivantes. Les temps modernes ont apporté à Carros une réelle prospérité, d'abord par la création d'espaces de maraîchage et d'horticulture arrachés au lit du Var, puis par l'aménagement de la partie sud de la commune en zone industrielle. Dès lors, la commune de Carros s'établit autour de 3 centres : Carros village, le centre historique construit autour d'un château, Carros les Plans, le cœur artisanal, agricole et horticole, et Carros ville, le pôle urbain.

CENTRE INTERNATIONAL D'ART CONTEMPORAIN - CIAC

Carros village © 04 93 29 37 97

www.ville-carros.fr

Ouvert du mardi au dimanche de 10h à 12h30 et de 14h à 17h30 (en saison jusqu'à 18h30). Entrée libre. Animations.

Situé dans l'ancien château du village, le CIAC dispose d'une importante collection riche de plus de 1 700 pièces et représentative de la création artistique azuréenne au cours des dernières décennies. Des expositions temporaires jalonnent le calendrier des manifestations toute l'année tandis que des visites commentées sont régulièrement proposées au public. Un endroit qui vaut vraiment le détour, au sein duquel vous pourrez en plus apprécier les belles salles du château.

LOU CASTELET**** €€

278, RD1 © 04 93 29 16 66

www.loucastelet.com

Hôtel & Apparthotel. Chambre double de 125 à 175 €. Appartement pour 2 de 90 à 125 €. Restauration. Parking. Terrasse.

Entièrement rénové, Lou Castelet propose de luxueuses chambres d'hôtel équipées avec tout le confort possible. Mais la nouveauté se trouve à présent dans la location d'appartements, 35 au total, du studio au 3 pièces pour 5 personnes. La piscine et le restaurant sont, bien évidemment, accessibles à tous les hôtes, pour un délicieux repas en salle mais surtout sous la délicate terrasse couverte et fleurie. L'établissement assure toujours l'organisation des réceptions (mariage, baptême, anniversaire, etc.) et le cadre est peut-être encore plus agréable qu'avant !

CRÊPERIE DU MOMENT €

Escalier du château © 04 93 08 34 24

Ouvert le mardi midi ; du mercredi au dimanche le midi et le soir. Carte : 20 € environ. Terrasse. Vente à emporter.

Située dans le petit village de Carros, cette crêperie agréable à la décoration contemporaine et à la terrasse extérieure aux couleurs acidulées offre tout l'art des crêpes Bretonnes. En passant la porte, on hume cette bonne odeur de beurre salé ! Tout est fait à la minute et la pâte conçue dans le respect de la tradition. Appréciez l'originalité sur une galette de sarrasin (blé noir au goût salé), les crêpes plus classiques, et une belle sélection de cidres bretons. Des suggestions offrent également chaque jour des alternatives (omelettes, salades et tartines).

LES JARDINS SUSPENDUS €

34, boulevard de la République

© 04 92 13 65 54

les-jardins-suspendus-de-st-pierre.fr/restaurant.html

Ouvert toute l'année. Tous les jours le midi. Carte : 20 € environ (plat + dessert). Terrasse.

Dans le petit centre commercial du quartier Saint-Pierre se trouvent Les Jardins Suspendus, une belle surprise culinaire. Situé au rez-de-chaussée de la résidence senior Saint-Pierre, ce restaurant est apprécié des résidents pour la qualité de ses plats, mais tout le monde peut en profiter. Ainsi, tous les midis, il est ouvert au public et tous les âges se côtoient, en salle ou sur la belle terrasse ensoleillée, pour profiter d'une cuisine traditionnelle goûteuse proposée par le chef et son équipe. Au menu par exemple : gratin dauphinois, brochettes, burgers...

K SUSHI & WOK €

890, route départementale 1
✆ 04 93 20 09 77
ksushi-wok.com/36-accompagnements
Ouvert toute l'année. Du mardi au samedi le midi et le soir. Carte : 20 € environ. Vente à emporter. Livraison.

La ville de Carros (K-ros pour les intimes) tient enfin son restaurant de sushis et woks : forcément, il se devait de s'appeler K Sushi ! Sur place, le petit établissement est très accueillant : en salle ou sur la petite terrasse, l'équipe conviviale saura vous mettre à l'aise. En plus des sushis, vous pouvez découvrir d'autres saveurs d'Asie : salades, tartares, woks et pad thaï. Les plats sont copieux et excellents. Et si vous préférez manger depuis votre canapé, la possibilité d'être livré dans toute la plaine du Var est un atout supplémentaire.

LA FORGE €€

Avenue Fernand-Barbary
✆ 04 93 29 31 50
www.restolaforge.com
Maître Restaurateur. Ouvert toute l'année. Du jeudi au mardi le midi et le soir. Menus de 33 € à 64 €. Terrasse.

Une très belle adresse de village qui se bonifie au fil des années, fruit d'un travail bien mérité. Cette ancienne auberge communale révèle un décor résolument moderne, se mêlant en salle aux vieilles pierres apparentes. Côté table, on conjugue ici une cuisine légère et raffinée. Ses mets, exclusivement maison et à base de produits frais de la région, rendent hommage à la truffe et aux produits traditionnels revisités. Dès les beaux jours, on se réapproprie toute la sérénité de ce village en s'installant sur l'agréable terrasse. Un incontournable de la région !

LES NOUVELLES SELVES €€

Route des Plans
✆ 04 93 08 17 81
www.les-selves.com
Fermé en août. Ouvert du lundi au samedi le midi ; le vendredi et le samedi le midi et le soir. Carte : 25 € environ.

Une adresse fréquentée par une clientèle d'habitués. Il faut dire qu'on s'y sent bien, la cuisine est fraîche et généreuse, la salle fleurie est accueillante avec sa décoration contemporaine. Concoctée à base de produits frais de saison, la cuisine propose des saveurs provençales. Les plats et plateaux-repas peuvent être livrés à domicile ou au bureau. Ils sont préparés sur place dans les mêmes conditions que les commandes prises à table. Le salle est grande et en plus d'accueillir des groupes le midi en semaine, on peut aussi y servir des banquets dominicaux.

BÉZAUDUN-LES-ALPES ★

Perché à 22 km au nord de Vence ou en continuant la route sinueuse après le Broc (vous pouvez y arriver par l'un ou l'autre de ces deux chemins), Bézaudun-les-Alpes est un village discret, mais dont le cachet est indéniable. Construit au cœur des remparts dont il reste des vestiges, le village est dominé par la tour de l'ancien château. Depuis la table d'orientation, on peut admirer la vue panoramique sur le Baou de Saint-Jeannet et la côte. Vraiment époustouflant. Le parking en belvédère offre une vue sur le plateau de Saint-Barnabé. Dans cet arrière-pays montagneux, le village peut également être le point de départ de nombreuses randonnées.

© BERNARD CROISE

Le clocher de Bézaudun-les-Alpes et les sommets enneigés du Mercantour.

CÔTÉ MONTAGNE

LA DOUBLE CHAPELLE ST ROCH ET ST SÉBASTIEN ✝

rue des Jaines
dossiersinventaire.maregionsud.fr/dossier/chapelle-saint-roch-saint-sebastien

Le bâtiment carré est situé à une croisée de chemins à l'entrée du village. Les deux chapelles sont superposées. La chapelle inférieure daterait du XVe siècle et aurait été dédiée à saint Sébastien. La chapelle supérieure, plus récente, daterait du XVIIe siècle, et aurait été dédiée à saint Roch. Il semble que la chapelle inférieure ait été abandonnée et murée après la construction de la chapelle supérieure. Le bâtiment semble avoir perdu sa fonction religieuse après la Révolution.

LE BISTROT DE BÉZAUDUN €

Quartier des Ferrages ✆ 06 22 22 03 83

Ouvert toute l'année. Haute saison : du mardi au samedi le midi et le soir ; le dimanche midi. Carte : 20 € environ.

Situé à l'entrée du village, le bistrot dispose d'une vue imprenable sur la vallée depuis sa terrasse. On y déguste une cuisine traditionnelle de saison. Tout y est fait maison avec des produits frais. Avec ses spécialités de saison, petits farcis, beignets de fleurs de courgettes, gratin de courgettes du jardin ou encore gigot d'agneau au thym et au miel, cette adresse ne manque pas de charme. Le vendredi soir, c'est pizza sur place ou à emporter. Des soirées à thème sont régulièrement organisées (burgers, tapas, disco, soirées 'concert').

GATTIÈRES ★

Situé sur le tracé de la voie romaine, le village a toujours constitué une position stratégique importante puisqu'il commandait l'un des principaux points de franchissement du Var. Le village a conservé sa forme elliptique médiévale avec des maisons à arcades, des voûtes romanes en plein cintre et des passages étroits. Il ne reste de l'ancien château fort que quelques ramparts. En haut du village, l'église Saint-Nicolas, initialement romane, a été fortement remaniée au XVIIIe siècle. Ne manquez pas à l'intérieur la Vierge en bois du XVIIe siècle mais aussi une sculpture en bois polychrome de saint Nicolas accompagné de trois petits enfants.

GILETTE ★

Gilette est un des nombreux villages perchés des Alpes-Maritimes rempli de charme et jouissant d'une très belle vue. Construit à 478 mètres d'altitude en bordure de la rivière l'Estéron qui donne son nom à la vallée, il est dominé par les ruines de son ancien château. Le site fut occupé par des peuples celto-ligures puis romains qui ont laissé des ruines, une voie de passage secondaire pour Puget-Théniers et surtout la culture de l'olivier qui a perduré.

Pour se protéger des Sarrasins, le village de Gilette s'est installé entre les Ve et VIIe siècles à son emplacement actuel. Par sa position presque inaccessible, la citadelle est devenue une place forte. La fameuse « Bataille de Gilette » du 18 octobre 1793 est inscrite sur l'Arc de Triomphe à Paris et représentée sur un tableau de Roehn au musée de Versailles. De nouveau Sarde en 1815 lors de l'effondrement de l'Empire, la commune redevient française à la suite du plébiscite des 15 et 16 avril 1860 par un vote unanime. Gilette s'anime toute l'année autour de ses manifestations comme la Saint-Pancrace qui honore l'olivier et offre l'opportunité de déguster la *brissaudà*, sorte de pain grillé trempé dans l'huile d'olive chaude. Sans oublier la Fête-Dieu avec procession aux limaces (illumination des rues avec des coquilles d'escargots remplies d'huile d'olive où trempe une mèche allumée à la nuit tombée, une coutume très répandue dans le Comté de Nice) et l'Assomption, la plus importante des manifestations gilettoises en terme de réjouissances, puisqu'elle engage au mois d'août plusieurs jours de bals et d'animations.

ESCALE D'AZUR €€

455, chemin des Prés
✆ 06 13 01 33 36
www.escale-azur-gattieres.com

4 chambres (et un appartement). Chambre double de 87 € à 100 €. Petit déjeuner inclus (pour les chambres).

Le paysage est tout simplement grandiose avec une vue panoramique sur le vieux village et ses collines avoisinantes. Cette belle bâtisse rénovée avec raffinement propose quatre chambres d'un excellent standing portant des noms de fleurs. Un appartement avec deux chambres est aussi proposé. Il comporte une cuisine toute équipée et une terrasse avec vue panoramique sur la ville. Terrain de pétanque, pool-house avec barbecue, four à pain, réfrigérateur, plaque électrique, vaisselle (etc.) à la disposition des clients pour passer d'agréables soirées.

LOU COUNTEA €€

7, place Docteur-Morani
✆ 04 93 73 97 50
www.restaurant-loucountea.com

Ouvert toute l'année. Du mardi au samedi le midi et le soir ; le dimanche midi. Carte : 30 € environ. Terrasse.

Cet établissement propose une salle de restaurant ouverte sur les fourneaux grâce à une baie vitrée. Le chef propose une cuisine authentique, ancrée dans les traditions du terroir. L'huile d'olive, pressée au moulin du village, provient de son exploitation d'oliviers tricentenaires. Goûtez ses spécialités de l'Estéron : gnocchis de pommes de terre, pelotons blettes épinards, tarte sucrée de blettes pour laquelle il a obtenu le premier prix Capelina d'Or comme pour sa pissaladière. On perpétue ici le savoir-faire d'un patrimoine culinaire d'antan !

ASPREMONT

Aspremont est perché à plus de 500 mètres d'altitude, dominant ainsi la vallée du Var. Il offre un panorama magnifique de l'embouchure du fleuve à l'entrée des gorges de la Vésubie et de la vallée de l'Estéron, ainsi que sur la mer. Dans l'Antiquité, le village constituait une zone refuge du peuple ligure puis devient le poste-frontière entre la France et les États de la maison de Savoie au Moyen Âge : les façades colorées des maisons, les escaliers fleuris ou les passages et porches rappellent cette époque. En 1860, les habitants votèrent le rattachement à la France. En 1874, les hameaux de Colomars et Castagniers votèrent leur séparation d'Aspremont.

CASTAGNIERS

Les routes sont sinueuses et les virages nombreux pour atteindre Castagniers niché au pied du mont Cima. Les restanques d'olives séculaires dominées par des cyprès en font un havre de paix. Le village est constitué de hameaux aux noms évocateurs : Les Moulins, La Grotte, La Garde, Le Vignon, Le Cabrier, Le Carretier… Le Moulin est toujours en activité (production de miel et huile d'olive). On peut grimper au sommet du mont Cima à 878 m. Le panorama est superbe.

Plusieurs points d'intérêt : le quartier du Masage dans le vieux village, l'église paroissiale Saint-Michel, l'abbaye Notre-Dame-de-la-Paix, le couvent de cisterciennes et son très beau jardin.

PATRIMOINE RELIGIEUX ✞

Accès libre.

Le village d'Aspremont présente un patrimoine religieux rare que les promeneurs découvrent pas à pas. Après la chapelle votive Saint-Claude édifiée en 1632 et la chapelle réhabilitée des Pénitents Blancs, c'est la chapelle Notre-Dame-des-Salettes qui offre un paysage impressionnant. Il s'agit d'un ancien prieuré de l'abbaye de Saint-Pons bâti entre les XIIe et XIIIe siècles. Ne manquez pas l'Église Saint-Jacques-le-Majeur (XVIe siècle) avec ses fresques, un retable du XVIIIe siècle et une très belle Vierge à l'Enfant en bois polychrome.

CHOCOLATERIE DE L'ABBAYE NOTRE-DAME-DE-LA-PAIX ✞

271, route de Saint-Blaise ✆ 04 93 08 05 12
abbayenotredamedelapaix.fr

Ouvert toute l'année. Du lundi au samedi de 9h30 à 11h30 et de 14h30 à 17h. Visite des jardins. Boutique.

La propriété comporte oliveraie, vignoble et belle bâtisse du XVIe siècle. Les sœurs perpétuent une tradition artisanale de la confiserie et privilégient la qualité d'un chocolat pur beurre de cacao dont la production est entièrement faite maison, y compris le praliné aux noisettes du Piémont. À la boutique, on découvre toutes sortes de chocolats frappés du logo « Monastic » qui en certifie l'origine. Possibilité de retraite à l'abbaye pour des séjours spirituels allant de 2 à 6 jours.

HOSTELLERIE D'ASPREMONT** €€

Place Saint-Claude ✆ 04 93 08 00 05
www.hostellerie-aspremont.com

Ouvert toute l'année. Chambre double à partir de 80 €. Demi-pension.

Cette hostellerie est une ancienne ferme et une des plus vieilles maisons du village. Bâtisse majestueuse, avec son grand escalier en façade, ses 9 chambres rénovées sont confortables et bien équipées. La décoration et les planchers en bois leur donnent un aspect cosy et chaleureux. Un appartement avec 2 chambres et une cuisine est également disponible. L'été, vous profitez d'un magnifique jardin arboré et fleuri, aménagé pour se reposer au frais, et d'une grande piscine. Copieux petit déjeuner buffet, et cuisine familiale de terroir servie au dîner.

CHEZ MICHEL €€

1, place Saint-Michel
✆ 04 93 08 05 15
www.chezmichel.fr

Ouvert toute l'année. Haute saison : du mardi au samedi le midi et le soir ; le dimanche midi. Carte : 30 € environ.

Sur une jolie petite place tranquille, cette bâtisse enchanteresse au charme rustique avec sa véranda et sa terrasse nous tend les bras. La cuisine est authentique et de terroir : le restaurant a d'ailleurs reçu le label Cuisine Nissarde. Les plats s'expriment en famille, et de génération en génération : (re) découvrez la daube niçoise, les farcis, les raviolis, la pissaladière, les beignets de fleurs de courgettes… Pour le dessert, goûtez par exemple au clafoutis à la pêche. Des mets servis très copieusement dans une ambiance chaleureuse.

MOULIN DE CASTAGNIERS

1, chemin du Moulin
© 04 93 08 10 75

Ouvert du lundi au vendredi de 8h à 17h. Visites sur rendez-vous uniquement. Vente d'Huile d'Olive, Tapenade…

Ce moulin à huile qui date de 1850 est transmis par génération, il est aujourd'hui géré par Roselyne la petite-fille du fondateur, épaulée par son neveu Jean-Luc. Propriétaires récoltants, ils exploitent une oliveraie locale et produisent ici une grande huile AOP, qui a été plusieurs fois couronnée. Un petit musée montre le moulin à farine d'antan et un film vidéo retrace les étapes du moulin à huile. Dans la boutique, on peut déguster et acheter des produits oléicoles. Prenez rendez-vous pour visiter : Roselyne ne peut pas être au four et au moulin !

COLOMARS

Colomars a été fondé en 1070 et fut d'abord une dépendance d'Aspremont dont il fut séparé en 1874. Entre les années 1850 et 1920, une population d'origine piémontaise vint s'y installer, apportant avec elle son héritage culturel et gastronomique. Le village est perché sur un piton à 450 m d'altitude dans un paysage très arboré, principalement couvert de pins, de genêts, d'oliveraies et de quelques vignes. Le célèbre vignoble des vins de Bellet se trouve à proximité. Par sa situation, il présente l'avantage d'être proche de Nice et bon nombre de ses habitants « descendent » y travailler. Il offre un cadre de vie reposant et un panorama magnifique.

Balade

Ce village mérite le détour pour apprécier les quelques points d'intérêt suivants :

- L'église Notre-Dame-de-la-Nativité reconstruite en 1830 et la chapelle Saint-Roch (1857) à la Sirole, ses fresques et un vitrail de Jackie Decroix.
- La vue panoramique sur la Méditerranée depuis le fort Casal (1880), lieu de loisirs et de manifestations.
- Des vallons abritent des réserves géologiques et botaniques agrémentées de cascades et de viaducs ayant alimenté d'anciens moulins à huile.
- Des chemins pédestres vous guident à travers les oliveraies de la Sirole : vallons obscurs, moulins à huile, bassins, lavoirs, vestiges du passé…

AUBERGE DU REDIER*** €€

Route de Nice © 04 92 15 19 00
www.aubergeduredier.com

Ouvert toute l'année. Haute saison : chambre double à partir de 120 €. Demi-pension. Restauration.

Une halte agréable dans un cadre champêtre aux 25 chambres de bon standing, certaines orientées vers la montagne et d'autres côté jardin ou piscine, d'autres bénéficient d'un balcon. Au restaurant, on savoure une cuisine traditionnelle semi-gastronomique qui a valu la distinction 3 cocottes et des spécialités niçoises : la bagna cauda, raviolis, scampis grillés sauce vierge, gigot ou carré d'agneau rôti au thym… Succulents desserts à base de fruits frais. L'auberge propose en outre trois salles privatives de 10 à 150 places pour séminaires ou réceptions.

L'OLIVERAIE CHEZ GREC €€

58, route Félix-Garrel
© 04 93 37 92 72
www.restaurant-loliveraie.com

Ouvert toute l'année. Du jeudi au dimanche et les jours fériés le midi. Carte : 30 € environ. Boutique.

Plus qu'un restaurant, c'est une expérience de vie à la campagne. Le cadre est magnifique, de la grande salle à l'intérieur propice aux banquets ou réceptions, à la tonnelle ombragée en été au milieu de la vaste oliveraie qui donne son nom à la propriété. Les oliviers sont cultivés par la famille depuis quatre générations. Ils récoltent la petite olive noire de Nice (appelée cailletier) pour fabriquer leur propre huile d'olive AOP Nice et tous les produits dérivés vendus sur place. Le restaurant est renommé pour ses spécialités niçoises.

LE PANIER DE LA MANDA

Avenue du Train-des-Pignes © 06 14 34 21 65
www.bienvenue-a-la-ferme.com/paca/alpes-maritimes/colomars/magasin/le-panier-de-la-manda/49

Ouvert toute l'année. Du mardi au vendredi de 9h30 à 12h30 et de 15h à 19h ; le samedi de 9h30 à 13h30.

Ce magasin, qui a ouvert ses portes grâce à l'initiative d'une association fédérant près de 28 producteurs locaux, a pour but de maintenir de petites exploitations agricoles à taille humaine tout en proposant des produits de qualité. Tenu par les agriculteurs a tour de rôle, l'idée est d'acheter directement du producteur au consommateur en limitant les marges au passage et favorisant un échange direct. On trouve de tout pour remplir son panier gourmand : viandes, fruits et légumes, épicerie, vin de Bellet, fromage, œuf, fleurs et plantes et produits oléicoles.

LEVENS

On peut dire que c'est à Levens que commence l'arrière-pays niçois ! Perché à plus de 600 mètres au-dessus du niveau de la mer, ce petit bourg médiéval surplombe les vallées du Var et de son affluent, la Vésubie. Il offre un superbe panorama de la Méditerranée au Gelas. Facile à défendre compte tenu de sa situation, le village connaît son apogée au Moyen Âge sous l'autorité de la famille Grimaldi et se développe autour de la tour de guet et du château. Son riche passé se découvre au hasard des ruelles pavées : façades des maisons, linteaux de portes aux inscriptions latines, cours et jardins, anciennes portes des enceintes féodales...

Histoire

Le village possède un passé historique riche. Ne manquez pas la porte d'enceinte de l'ancien château de la famille Grimaldi, les passages voûtés, les pontis, les incaladas, les fontaines, les rigoles, les abreuvoirs et les lavoirs. Sans oublier l'église paroissiale reconstruite en 1614, dotée d'une décoration intérieure de style baroque, et la place du Boutaù, sorte de pierre en forme de cône sur laquelle dansent les Levensans pour commémorer l'acquisition de leur liberté, symbole de leur révolte contre le seigneur Cesare Grimaldi en 1621. Enfin, jetez un œil à l'église Saint-Antoine-de-Siga et à la chapelle Saint-Michel-du-Férion.

CIRCUIT LEVENS VILLAGE PERCHÉ

1, place V. Massiglia ✆ 09 62 66 85 84
www.levens.fr

Gratuit. Flash code. Audiophone. Documentation toutes langues. Durée moyenne de la visite : 45 min.

Le circuit de Levens a pour but de faciliter la découverte du vieux village. La soixantaine de flèches en bronze massif scellées au sol et réparties sur environ 2 km vous guideront vers les nombreuses placettes, fontaines, ruelles pavées et Monuments Historiques. Vous découvrirez la pierre du Boutau, la maison familiale Masséna, la maison natale de François Malausséna… Un ascenseur avec vue panoramique vous conduit directement sur l'esplanade Louis-Roux, à 50 m de l'office de tourisme.

AUBERGE MAS FLEURI €€

1585, avenue du Général-de-Gaulle
✆ 04 93 79 70 35
www.masfleuri.com

5 chambres. Chambre double 75 €. Demi-pension (2 jours minimum). Petit déjeuner buffet dès 5h : 7 €.

Valérie et Christophe tiennent cette charmante auberge à la vue imprenable dotée de cinq chambres lumineuses donnant sur le jardin. Elles disposent toutes d'une salle de bains et sont bien équipées. Côté cuisine, le chef, disciple d'Escoffier, diplômé du Concours de cuisine niçoise, concocte des plats classiques et régionaux, réalisés avec des produits frais et propose plusieurs menus. Il offre également un service traiteur et l'organisation de réceptions professionnelles. Le petit déjeuner est dans cette veine, copieux et varié, et servi dès 5h pour les lève-tôt.

LA ROQUETTE-SUR-VAR

Bâti au XIe siècle en ovale sur un piton rocheux à 380 mètres d'altitude pour mieux se défendre des invasions, le village domine la vallée du Var. Depuis le belvédère, on découvre un paysage grandiose de la mer aux sommets du Mercantour (3 tables d'orientation y sont installées). La cité est longtemps restée dans le domaine des comtes de Provence avant de passer dans celui des ducs de Savoie. Elle a tiré sa prospérité de la culture de l'olivier, de la vigne et des activités de contrebande favorisées par sa position de ville-frontière. À l'origine, la commune ne formait qu'une seule entité avec Saint-Martin-du-Var, avant de devenir indépendante en 1867.

MAS DE PROVENCE EN RIVIERA €€

6495, route de Levens
✆ 06 12 16 25 35
www.mas-provence-riviera.com

2 chambres (et 1 suite). Chambre double de 120 € à 160 €. Tables d'hôtes 35€ et 45€.

Situé dans un écrin de verdure et d'essences méditerranéennes, au sein d'une oliveraie centenaire produisant toujours son huile, Mas de Provence en Riviera est une chambre d'hôtes de charme sur les hauteurs de Nice. Une chambre double, une suite junior et une suite familiale sont proposées. Les enfants sont d'ailleurs très bien reçus avec des jouets et du matériel. On profite ici du calme du jardin et de la belle piscine pour se rafraîchir durant les chaudes journées.

SAINT-BLAISE

Ce petit village médiéval posé à 300 m d'altitude vénère la mémoire de son saint patron. La commune au charme tranquille et à la végétation luxuriante (pins et oliviers), avec ses maisons colorées groupées autour de l'église au clocher en tuiles rouges, s'étire avec nonchalance des berges du Var jusqu'au sommet des collines.

«La Source», une sculpture de Jean-Pierre Augier installée à la sortie du village, indique la direction des villages voisins. Sur rendez-vous, on peut visiter l'atelier du célèbre sculpteur contemporain (enfant du pays) au 445 chemin du Roure. Le moulin préservé du XVIIIe accueille des expositions en période estivale.

MUSÉE DU MOULIN À HUILE

Route départementale 14 ✆ 04 93 79 72 93
www.mairie-saint-blaise06.fr/page-Libre00012094.aspx

Le moulin se visite sur rendez-vous du lundi au vendredi de 14h à 17h.

Cet ancien moulin à huile du XVIIIe siècle, de type génois, a été entièrement et magnifiquement restauré pour devenir un étonnant musée qui enchante les visiteurs. Le moulin possède tous les éléments nécessaires à la fabrication de l'huile (pressoir, meule, cuve…). L'ensemble était actionné mécaniquement par la force hydraulique. Les mécanismes en bois sont encore en état : grande roue d'entraînement à aubes, pignonnerie de transmission et débrayage manuel. Aujourd'hui, la bâtisse abrite une artisan potière Jinane Rrguiti qui y a installé son atelier de céramique.

SAINT-MARTIN-DU-VAR

Vaillant, ce village construit en bord de Var a connu une histoire agitée avec ce fleuve, dont les crues dévastatrices ont ravagé les habitations à plusieurs reprises. L'ancienne église a d'ailleurs été emportée plusieurs fois par des flots tumultueux. Elle a finalement été reconstruite plus à l'est de l'emplacement initial, sur un site moins menacé. Le développement de Saint-Martin-du-Var doit beaucoup à son industrialisation au XIXe siècle - céramique, briqueteries, chaux et ciments, produits chimiques - mais surtout à l'arrivée de la ligne de chemin de fer Nice-Digne, aujourd'hui Train des Pignes, qui eut le mérite de désenclaver la vallée.

TOURRETTE-LEVENS

Petite ville authentique, de patrimoine et d'art, berceau des chaises bleues niçoises, étape incontournable de la route des villages perchés, Tourette-Levens mérite qu'on s'y arrête. Son château emblématique a été construit au XIIe siècle sur un éperon rocheux qui dominait une ancienne voie romaine, offrant un panorama ébouriffant entre mer et montagne. La partie ancienne du village, qui abrite deux autres musées (de l'outil et d'archéologie), date de la même époque, en particulier la chapelle des Pénitents blancs. Un peu plus bas, l'église Notre-Dame-de-l'Assomption se pare de ses plus belles couleurs pour accueillir les visiteurs pendant l'été.

Balade

Avis aux amoureux des balades en montagne, de nombreux sentiers de randonnées sont accessibles depuis le village de Tourette-Levens. D'une difficulté variable, ils offrent souvent des panoramas époustouflants sur le littoral et les sommets du Mercantour. C'est le cas notamment de ces randonnées dont le tracé est détaillé sur le site web de la commune. Parmi toutes les balades, nous vous proposons un circuit à travers les monts environnants, et notamment ces deux principaux, situés dans les environs.

- Le Mont Macaron : avant d'accéder à ce sommet, véritable belvédère sur la ville de Nice située à l'est de Tourette-Levens et permettant de découvrir les ruines d'un camp ligure, vous passerez à proximité des ruines de Châteauneuf. Depuis le parking du village, descendez la rue principale pour passer devant la chapelle du Caire, puis traversez le Rio Sec avant de débuter la montée sur un ancien chemin pavé aux nombreux lacets. Cette boucle de 11km (4h de marche environ) propose un dénivelé de 640 mètres. Préparez gourdes et protection solaire, surtout l'été.
- Le Mont Chauve : d'une durée équivalente, cette randonnée permet d'atteindre les sommets d'Aspremont (870 m) et de Tourette (784 m) pour profiter de points de vue saisissants. Ce n'est pas une boucle complète puisque la première partie du sentier doit être empruntée à l'aller comme au retour, mais ça vaut bien l'effort ! Du parking, passez cette fois devant la mairie et rejoignez le quartier la Fontaine, à l'ouest de la commune, avant de débuter la monter, en passant par les lieux-dits Fondalin et les Faces. Bonne balade !

LE MUSÉE DE LA PRÉHISTOIRE

171, montée du château
✆ 04 97 20 54 60
www.sepp-prehistoire.com

Ouvert du lundi au samedi de 14h à 18h. Gratuit. Accueil enfants. Visite guidée. Animations.

Situé au cœur de la vieille ville, le musée retrace les origines et l'évolution de l'Homme à travers les âges. Il met aussi en exergue, grâce à un parcours pédagogique accessible à tous, les découvertes archéologiques faites dans les grottes alentour : la Baume Périgaud et la grotte du Merle. Le clou du spectacle : une reconstitution grandeur nature de peintures rupestres de la grotte de Chauvet [Ardèche], l'une des plus anciennes du monde [- 35 000 ans].

MUSÉE DES MÉTIERS TRADITIONNELS

171, montée du château
✆ 04 97 20 54 60

Ouvert du lundi au samedi de 14h à 18h. Gratuit. Accueil enfants. Visite guidée.

Créé et commenté par un passionné, à qui l'ont doit les 7500 objets présentés qu'il a chinés partout en France, ce charmant musée impressionne par la diversité des métiers traditionnels représentés [63 au total] : maréchal-ferrant, forgeron, blanchisseur, serrurier, plombier, cuisinier, etc. Autant d'outils et de machines qui nous rappellent, avec un brin de nostalgie, l'artisanat superbe d'une époque révolue. En ressortant, on en oublierait [presque] l'utilité d'un smartphone...

MUSÉE DU CHÂTEAU

277, montée du Château ✆ 04 93 91 03 20
tourrette-levens.fr/culture-et-manifestations

Ouvert toute l'année. Du mardi au dimanche de 14h à 18h. Gratuit.

Dressé face au Mont Chauve, il a été durant cinq siècles la propriété de seigneurs et de privés avant d'être racheté par la commune en 1992. Un an plus tard, le musée d'Histoire naturelle voyait le jour. Il abrite de jolies collections ; l'entomologie occupant une place importante avec une douzaine de classifications totalisant plus de 70 000 spécimens de papillons, coléoptères et autres insectes. Deux autres salles permettent de découvrir des dizaines d'animaux naturalisés issus des cinq continents. Une salle de géologie régionale complète l'ensemble.

LES TULIPANS €€

410, chemin du Collet ✆ 04 93 79 41 55
www.lestulipans.org

Ouvert toute l'année. Basse saison : chambre double à partir de 70 €. Haute saison : chambre double à partir de 80 €.

Les Tulipans proposent deux chambres d'hôtes, une suite et un gîte aux noms provençaux. C'est un joli hameau construit autour d'un ancien moulin à huile où vous pourrez vivre en harmonie avec la nature, le temps de votre séjour. De nombreux départs de randonnées et de VTT sont à proximité. Vous pourrez aussi vous prélasser au bord de la piscine. La table d'hôte est proposée aux résidents des chambres, un bon moyen de découvrir la cuisine locale comme la socca, la pissaladière, la daube, les farcis, les beignets de fleurs de courgettes, la tourte de blettes....

PIZZERIA DU CHÂTEAU €

31, Place du Dr Paul Simon ✆ 04 93 53 86 40

Ouvert du lundi au samedi le midi et le soir. Carte : 15 € environ. Vente à emporter.

Le centre historique de la ville accueille ce nouveau restaurant pizzeria. Décoration soignée, terrasse ensoleillée, équipe sympathique, prix tout petits et emplacement idéal face à la belle église colorée, le décor est planté. Si ça ne vous suffit pas, la livraison à domicile est aussi possible. Dans l'assiette, les pizzas [classiques, blanches, chaussons et originales] sont immenses, bien garnies, à pâtes fines. Les plus gros appétits se tournent vers la bien nommée Tourettane. Des assiettes tex-mex, viandes et crostini parachèvent le menu, simple mais généreux.

L'ATELIER DES PREMIÈRES CHAISES BLEUES

76, rue du Général Joseph Tordo
✆ 04 93 91 40 04
www.latelierdespremiereschaisesbleues.com

Ouvert tous les jours de 11h à 18h. Salon de thé. Épicerie fine.

La Promenade des Anglais à Nice est connue pour ces fameuses chaises bleues. Son inventeur, Charles Tordo, avait son atelier à Tourette-Levens. Si la fabrication de chaises a cessé en 1930, cet endroit perpétue toujours la tradition dans une ambiance cosy, marine et blanche, composée de chaises bleues, évidemment. Le magasin propose aussi de nombreuses créations dérivées : tasses, serviettes, objets décoratifs, tee-shirts, cadeaux, etc. Le salon de thé permet une pause gourmande.

BERRE-LES-ALPES ★

De la place Bellevue au cœur du village, s'étend un lacis de ruelles étroites qui cachent des trésors : hautes habitations, vieux pontis, église saint-Laurent, chapelle sainte-Croix, vestiges du château médiéval, remparts et cour d'honneur vieux four communal. La paroisse de Berre date du Xe siècle et l'église de style baroque fut construite vers 1368, à l'emplacement d'une chapelle primitive selon la volonté de Violante Galéan, épouse du baron Gaspard de Berre. À l'entrée du village, la chapelle Notre-Dame-des-Anges fut restaurée en 1996 par le peintre ukrainien Alexandre Dubovik avec des fresques aux tons chauds inspirées par l'annonciation.

HÔTEL BEAUSÉJOUR** €

Place Bellevue
✆ 04 93 91 80 08
www.hotel-berrelesalpes.com

Fermé en janvier. Chambre double à partir de 58 €. Demi-pension. Restauration (tous les midis sauf le mercredi).

En montant vers le col de Turini, il est agréable de faire étape au Beauséjour. Depuis 1965, l'ambiance est familiale, l'accueil chaleureux et les tarifs très doux. L'hôtel comporte huit chambres confortables et spacieuses, joliment décorées. Un salon télévision, un coin bibliothèque, un bar avec la presse quotidienne complètent l'offre. Le restaurant se trouve dans les anciennes écuries de cette belle bâtisse en pierres. On y déguste une cuisine familiale de spécialités niçoises… Un réconfort utile, avant une randonnée sur les parcours alentours.

LE MAS LOU RAVEL €€

1710, avenue Colle d'Ampuons
✆ 06 10 98 05 66

Ecogîtes.

Cette maison familiale contemporaine en ossature bois propose trois chambres d'hôtes accessibles aux personnes à mobilité réduite ainsi qu'un gîte indépendant et autonome. Un endroit paisible, à 750 m d'altitude avec une vue sur les montagnes de la vallée du Paillon et sur la mer. Proche du littoral et à l'orée de la forêt pour des balades à pied, à VTT ou à cheval…

COARAZE ★★

Au cœur des Alpes-Maritimes, à 650 m d'altitude, Coaraze marque l'un des passages entre la Méditerranée et les Alpes. Ici on sent encore l'influence de la Côte d'Azur tout en regardant vers la montagne. Ce village – qui compte parmi « Les plus beaux villages de France » –, où il fait bon se perdre dans ses ruelles pavées, est baigné de soleil et d'une beauté que l'on a fait intelligemment resurgir d'une restauration menée avec goût.

Au milieu des oliviers et des mimosas, on arpente les ruelles escarpées de ce véritable nid d'aigle. Il faut « monter » à la place de l'Église pour découvrir la vue admirable sur le cirque des montagnes et les cadrans solaires, la spécialité de Coaraze. Appelé « village du soleil » grâce à un ensoleillement exceptionnel, l'heure se lit ici aux flèches des fameux cadrans solaires signés par de célèbres artistes contemporains. L'église du XIIIe siècle abrite les ornements extraordinaires de 118 angelots dans un décor polychrome réalisés au XVIIe sous l'influence du baroque italien. La chapelle Bleue, décorée de fresques par Ponce de Léon, est un oratoire dédié à la Vierge. La chapelle Saint-Sébastien ornée de fresques du XVIe borde l'ancien chemin muletier qui reliait le bourg à Nice. Au-dessus du hameau de l'Engarvin se trouve le village en ruines de Rocasparvièra (le rocher de l'épervier en niçois) : une randonnée de 4h à 5h avec des paysages magnifiques.

MUSÉE COUPOLE FIGAS

Hameau l'Engarvin
✆ 06 67 15 66 85
http://musee.figas.free.fr

Ouvert le week-end de 14h30 à 17h30. Gratuit jusqu'à 7 ans. Adulte : 5 €.

Le Musée Coupole Figas, l'œuvre d'une vie ! Au cœur de l'arrière-pays niçois, ce musée est entièrement dédié au peintre fantastique et futuriste Marcel Figas. Né à Nice en 1935, cet artiste se passionne pour des recherches picturales dans l'irrationnel. Différentes phases jalonnent l'œuvre du peintre : la phase interne (1958-1968), périphérique (1969-1975), ultraphysique (1976-1981) et visiosynthèse (1982-1986). Une visite pleine de charme où vous apprécierez plus de 300 tableaux, ainsi que la coupole de 60 m^2 au cœur de l'édifice qui finalise l'ensemble.

MAISON DU PATRIMOINE DE COARAZE

7, montée du Portal ✆ 04 93 79 37 47
www.coaraze.eu
Ouvert toute l'année. Haute saison : le mardi et du jeudi au samedi de 9h à 13h et 14h30 à 17h, le mercredi de 9h à 13h.

Niché sur son piton rocheux, le village présente fièrement au-dessus de la vallée ses grandes maisons de pierres ou colorées aux tons pastel à la façon traditionnelle des bâtisses italiennes. Et l'association *"Li Luèrnas"*, par convention avec la mairie, gère la Maison du Patrimoine – *Ostau dau Patrimòni.* Vous y trouverez tous les renseignements pour dénicher les cadrans solaires ainsi que des informations sur les artistes locaux. Visites commentées du village sur demande.

CONTES ★

L'ancien village médiéval a largement débordé de son cadre initial, et les constructions récentes ont progressivement conquis les pentes de la vallée sans pour autant défigurer ce ravissant village. La rivière du fond de vallée - le Paillon - inégale et capricieuse a de tout temps déclenché des inondations aussi brutales qu'imprévisibles dont les conséquences ont souvent été dramatiques pour les riverains. C'est pourquoi divers travaux d'endiguement et de consolidation des rives ont été réalisés au XIXe siècle, pour éviter que le village ne soit emporté. Vous pouvez donc à présent flâner sans craintes dans ses petites rues provençales !

MUSÉE DES ARTS ET TRADITIONS POPULAIRES

1, place de la République ✆ 04 93 79 19 17
ville-contes.net/culture/musee-des-arts-et-traditions-populaires
Du mercredi au dimanche de 10h à 12h et de 14h à 18h. Nocturne vendredi l'été. Gratuit. Visite guidée. Boutique.

Il aborde des thèmes variés tels le cinéma à Contes, la vie sociale ou l'histoire de la ville. Sur le site des moulins à huile et à fer, le moulin à fer est une sorte de forge actionnée par la force de l'eau qui date du XVIe siècle. Classé aux Monuments historiques, il a fonctionné jusqu'en 1951 et s'intègre dans un site de trois moulins avec le moulin à huile et celui à farine aujourd'hui disparu. Produits en vente sur site : huile d'olive AOP, olives au sel et diverses pâtes d'olive.

LA FERME RIOLA*** €€

5309, route de Sclos ✆ 04 93 79 03 02
www.campinglafermeriola.com
Ouvert d'avril à septembre. Camping à partir de 11 € / personne / jour. Studios meublés à partir de 250 € la semaine.

La famille Gambiez vous accueille dans leur domaine de 4 hectares composé de 6 gîtes de 4 à 5 personnes et de 25 places de camping dispersées sur un terrain plat et ombragé. Dans ce camping à la ferme, vous trouverez deux blocs sanitaires (8 douches, 8 WC, 12 bacs à laver) récemment rénovés, une piscine extérieure et des pistes de boules, barbecues, terrains de volley, salle de jeux, billard, baby-foot… Visite de l'oliveraie et de l'arboretum qui ne compte pas moins de 120 essences d'arbres d'origine méditerranéenne. Vente sur place des produits de la ferme.

LA FLEUR DE THYM €€

3, avenue Charles-Alunni ✆ 04 93 79 47 33
www.eat-list.fr/contes-06390/restaurant-francais-24/la-fleur-de-thym-123114
Ouvert du mardi au samedi le midi et le soir. Carte : 30 € environ (plat + dessert). Accueil des groupes. Terrasse.

D'emblée, l'agréable et grande salle couleur crème, les tables fleuries et le chaleureux accueil promettent un voyage dans la gastronomie de haut niveau. Le chef propose une cuisine d'inspiration italienne et méditerranéenne à base de produits locaux. La carte change chaque saison mais on retrouve une variation autour d'un produit, comme le foie gras maison accommodé à plusieurs sauces. Suivent des variations autour des morilles, de la truffe, du homard. La présentation transforme votre assiette en miniature œuvre d'art abstrait, un régal !

CHEZ RÉGINE €€

307, route de l'Escarène
✆ 04 93 91 14 79
www.restaurantchezregine.com
Ouvert tous les jours et les jours fériés le midi et le soir. Carte : 25 € environ. Accueil des groupes. Terrasse.

C'est au retour d'un séjour en Afrique que Régine a repris cette affaire en 1983. Elle a voulu donner aux lieux une ambiance « african queen » sur lesquels veillent encore les grands éléphants en bois, vestiges de l'époque. C'est Régine la vraie Queen, qui a fait de son auberge de l'arrière-pays niçois une institution. Elle vous y accueille toute l'année avec le sourire, dans les deux salles climatisées et en terrasse. Elle propose des pizzas, mais surtout une cuisine provençale, et méditerranéenne, qui respecte les valeurs traditionnelles du terroir.

VILLA CYRIEL €€

710, route de la Vernea
✆ 04 93 79 49 95
www.villacyriel.com
Du mardi au samedi midi et soir, dimanche midi. Carte : 25 € environ. Chambres double à partir de 80 €. Piscine.

La villa Cyriel est un établissement à part, qui propose tout d'abord une belle carte inspirée du terroir pour accompagner divers événements. En journée, l'été, on profite également de la beauté de l'endroit au bord de la piscine ou dans ses jardins privés. Mais le soir, nous ne sommes pas non plus en reste, car en plus d'un très bon restaurant et de la possibilité de chambres d'hôtes, le lieu se définit également comme le plus grand cabaret dîner spectacle de la Côte d'Azur. Ne manquez donc pas ses soirées : karaoké le vendredi et piano-bar le samedi.

FALICON ★

Jules Romains adorait ce petit village perché sur une colline à 300 m d'altitude face au mont Chauve. La reine Victoria également, elle y venait de Nice dans la calèche à laquelle elle a donné son nom pour y déguster une tasse de thé. C'est d'ailleurs pourquoi la place principale de Falicon porte le nom du Thé de la Reine… Les ruelles piétonnes sinueuses, les façades en trompe-l'œil, le vieux lavoir municipal sous sa charpente de bois chevillée à l'ancienne, l'église paroissiale de la Nativité de la Vierge de style baroque, l'oratoire de saint-Vincent, patron du village, méritent une visite approfondie. Sans oublier le panorama exceptionnel.

ADOLIVE, LE DOMAINE DES PRÉS FLEURIS

3105, Chapelle Saint Pancrace
✆ 06 09 07 59 12
www.adolive.com
Visite possible au domaine sur rendez-vous ou pour : dégustation, journée à la campagne entre amis. Boutique.

« C'est un arbre qui inspire. On se sent petit à côté de lui ». Jacqueline Bellino a trouvé la sérénité auprès de ses oliviers, 400 arbres de la variété cailletier dont 150 sont centenaires et un, millénaire, qui atteint les 7 m de circonférence (son chouchou). C'est dans les années 1970 que la Niçoise aspire à un retour à la terre. Exilée dans ses collines, à 20 km de la capitale de la Côte d'Azur, elle se lance dans l'oléiculture et est une des premières dans le département à avoir fait le choix du bio, quitte « à passer pour une folle ». Cultivés sans irrigation (« pour une plus grande concentration en polynéphols »), les oliviers descendent de terrasse en terrasse et s'entourent de pâquerettes, de coquelicots ou d'herbes folles selon la saison. « D'où le nom du domaine des prés fleuris », sourit Jacqueline Bellino qui trouve dans ce décor champêtre une source d'inspiration perpétuelle : elle a déjà publié plusieurs livres et recueils de poèmes avec l'arbre mythique comme fil conducteur… « L'oléiculture est un travail physique mais qui laisse le temps de méditer ». Une vocation pour cette grand-mère de 12 petits-enfants dont la vie semble guidée par le hasard de ses rencontres autour de l'olivier. « Cet arbre est un trait d'union entre les gens », poursuit-elle encore. Elle accueille ainsi des hôtes dans son domaine, avec son conjoint Gilles Gallois, et elle organise, à la belle saison, des soirées consacrées au jazz et à la lecture sous les oliviers…

L'ESCARÈNE

Le village de l'Escarène a conservé son bourg médiéval intact ainsi que de très belles maisons. L'origine de son nom est peut-être tirée du mot latin décadent « escaréna », qui signifie « confluent de deux cours d'eau ». Probable, car le village était établi au confluent de deux rivières le Paillon de Lucéram et le Redebraus. En visite, ne pas manquer l'église Saint-Pierre-Es-Liens, œuvre baroque construite en 1646 avec ses 2 chapelles et sa somptueuse façade classée aux Monuments historiques qui abrite l'orgue des frères Grinda de 1791, témoin de la facture française dans le comté de Nice au XVIIIe siècle, également déclaré monument historique.

MOULIN COMMUNAL DE L'ESCARÈNE

Place d'Audiffret
✆ 04 93 91 64 00
www.keldelice.com/producteurs/moulin-communal-de-lescarene
De fin novembre à février non-stop.

Ce moulin à l'ancienne (dit à la génoise) avec ses meules en pierre et ses scourtins a été abandonné pendant près d'un demi-siècle, avant d'être réhabilité en 1993 et remis en service. Aujourd'hui, il fonctionne non-stop de la fin du mois de novembre à la fin du mois de février. Il triture ainsi une quarantaine de tonnes d'olives pour une centaine d'habitants. Car c'est le seul moulin de la commune et à L'Escarène, on tient à garder ce service de proximité !

LA TRINITÉ ★

Située sur l'ancienne Route royale, également appelée Route du sel, qui s'étend de Nice à Turin, la commune est devenue autonome le 30 janvier 1818, sous l'impulsion du roi Victor Emmanuel. Elle devient alors Trinité Victor. S'en suit la mise en place d'une organisation juridique et administrative. En 1951, la commune et le hameau de Laghet se réunissent pour former la ville que l'on connaît aujourd'hui : La Trinité.
Près de Laghet (prononcer : laguet), un petit point d'eau, vous pourrez découvrir un magnifique sanctuaire pour une simple visite, ou bien, tout au long de l'année, vous pourrez effectuer des pèlerinages dans le prieuré.

SANCTUAIRE NOTRE-DAME-DE-LAGHET

✆ 04 92 41 50 50
www.sanctuaire-laghet.cef.fr
Ouvert tous les jours de 7h à 21h30. Boutique.

Niché dans les collines de l'arrière-pays niçois, le sanctuaire est un petit chef-d'œuvre de l'art baroque du XVIIe siècle. La chapelle, qui abrite la statue de Notre-Dame-de-Laghet, est entourée d'un cloître totalement rénové par les Monuments historiques. Ne manquez pas la visite des ex-voto, des petits tableaux peints dans un style naïf, témoignages de pèlerins sauvés et illustrant la vie quotidienne de la région depuis la fin du XVIIIe siècle.

PRIEURÉ NOTRE-DAME DE LAGUET €

Route de Laghet
✆ 04 92 41 50 50
www.sanctuairelaghet.fr
Sur réservation. Prix modiques.

Au XVIIe siècle, trois miracles se produisirent dans la chapelle originelle dédiée à Marie dont la guérison d'un lépreux. Dès lors, les pèlerins y vinrent en nombre et un monastère fut édifié. Depuis 1978, les sœurs bénédictines du Sacré-cœur de Montmartre sont présentes au sanctuaire. Le monastère a également vocation d'accueil. Vous êtes les bienvenus aussi bien pour quelques heures que pour quelques jours. L'hôtellerie accueille toute l'année pèlerins, randonneurs, retraitants.

LUCÉRAM ★★

Aux sources du Paillon, la commune de Lucéram-Peïra-Cava est composée du village médiéval de Lucéram, et à 14 km de celui-ci, par une belle route en lacets, vous atteignez la station d'altitude de Peïra-Cava : deux caractères qui se complètent et définissent une identité forte pour ce vieux village très réputé dans le coin.
Lucéram, probablement fortifiée à l'époque romaine, fut une cité médiévale prospère grâce à sa situation sur la route du sel. Situé à 27 km de Nice et dominant la vallée du Paillon depuis son éperon rocheux, le village est aujourd'hui réputé pour son patrimoine historique et culturel : architecture médiévale, chapelles Saint-Jean des Pénitents Blancs et Saint-Pierre des Pénitents Noirs, église Sainte-Marguerite-et-Sainte-Rosalie, fortifications, ainsi que son fameux circuit des crèches. En effet, chaque année depuis Noël 1998, des crèches, petites ou grandes, sont installées dans les rues, sur les balcons, dans les chapelles ou encore chez les particuliers. Ce circuit de 300 crèches attire de nombreux visiteurs qui se pressent dans les rues du village lors des fêtes de fin d'année.
Le site de Peïra-Cava est, quant à lui, un plateau forestier situé à 1 580 m d'altitude où trônent épicéas, mélèzes et hêtres. Hameau jadis occupé par les bergers en été, il a accueilli un casernement militaire en 1876 destiné à surveiller les trois vallées (Vésubie, Bévéra et Paillon) et la frontière italienne. Au début du XXe siècle, il devient la première station d'hiver du département puis une station d'altitude offrant des activités de plein air en toutes saisons.

TOUR OUVERTE À LA GORGE

www.luceram.fr/divertissements
Accès libre.

Le village doit son essor à sa position stratégique. Les comtes de Provence s'y installent au XIIIe siècle, édifient leur château et perçoivent les droits de passage des caravanes sur la route du sel. Son système défensif fut renforcé en 1295 sous le règne de Charles II d'Anjou, roi de Naples et comte de Provence. Les vestiges de la « tour ouverte à la gorge » témoignent de cette période. Ce nom étrange est donné à un ouvrage fortifié à plan circulaire ouvert vers la cour du château qui permettait de le protéger aussi bien vers l'extérieur que vers l'intérieur.

CÔTÉ MONTAGNE

CHALET CLUB & SPA ALBAREA, PEÏRA-CAVA €

164, route de l'Authion ✆ 04 93 91 72 72

www.albarea.com

Ouvert toute l'année. Du vendredi au lundi. Espace bien-être en accès libre de 9h à 19h. Réservation impérative.

Au milieu d'une forêt de sapins et de hêtres, l'établissement est unique ! À la fois restaurant et chalet-hôtel, il dispose d'un espace bien-être (sauna, spa, massages), d'une salle de fitness et d'une piscine extérieure. Il propose également un panel d'activités sportives. Ce superbe chalet est décoré de façon chaleureuse, mélangeant tradition et confort moderne. Les baies vitrées ouvrent une vue sur la vallée et l'orientation du restaurant accentue ce cadre exceptionnel.

LA FERME DU VAL-DEL-PRAT

3841, chemin du Mount

✆ 04 93 79 54 66

www.made-in-06.com/producteurs-06/ferme-du-val-del-prat/

Ouvert toute l'année, visite et vente à la ferme sur rendez-vous.

Émile Tihy vous accueille avec un grand sourire dans sa ferme et son vieux moulin à huile et vous initie aux secrets de la fabrication de l'huile d'olive, de la pâte d'olive et autres tapenades délicieuses. Après la visite, il est bon de déguster puis d'acheter les produits oléicoles, mais aussi des confitures, conserves et autres essences de lavande sauvage maison. En plus des ventes organisées dans la ferme, vous pouvez retrouver ces produits dans divers superettes Bio (du type Biocoop) ainsi que sur les marchés, ou les foires…

PEILLE ★

Peille possédait son tribunal de basse et haute juridiction situé place de Colle, elle-même ornée d'une fontaine gothique à double vasque du XIVe siècle. Les condamnés à mort étaient pendus au gibet patibulaire dont les bases sont encore visibles dans la forêt du Carcaïs. Par la ruelle Lascaris, on accède à l'enceinte du château. Le Palais des Lascaris (Comtes de Peille jusqu'en 1789) construit au XVIIe siècle au bord de la falaise, est toujours debout tandis que l'Hôtel de Ville est aménagé dans l'ancienne et magnifique chapelle saint-Sébastien. Son dôme est recouvert de tuiles romanes. Peille a été chanté par Léo Ferré dont c'était le refuge.

OFFICE DE TOURISME

15, rue Centrale ✆ 04 93 82 14 40

www.peille.fr

Ouvert du mercredi au dimanche de 9h à 17h. Tous les jours en juillet et août.

Il propose des visites commentées gratuites du village historique, des sites et des monuments en français, anglais et italien.

▶ Ne manquez pas : le moulin à huile communal et sa roue à aube (ancienne chapelle de la Miséricorde), l'église paroissiale Sainte-Marie (XIIe siècle) classée aux Monuments historiques, l'hôtel de la Gabelle, l'église Saint-Martin-de-Peille avec une architecture du Corbusier, les chapelles Saint-Roch et Saint-Joseph, sans oublier le musée du Terroir, véritable mémoire des traditions peillasques et de son patrimoine social et culturel.

Lucéram.

PEILLON ★

L'origine connue de Peillon remonte à l'an 1150. Son architecture a été intégralement conservée avec ses hautes maisons serrées les unes contre les autres, ses arcades bâties, ses ruelles et escaliers en calade reliés par d'étroits passages voûtés. Le village dépendait de l'administration consulaire de Peille dont il se sépare en 1235. Une confrérie importante de Pénitents Blancs s'installe en 1661 dans la chapelle du XVe siècle décorée vers 1495 par Canavesio. La commune est aujourd'hui constituée de plusieurs hameaux : Borghéas, Châteauvieux, les Novaines et sainte-Thècle dont les sources furent captées en 1869 pour alimenter la ville de Nice.

AUBERGE DE LA MADONE €€€

3, place Auguste-Arnulf
✆ 04 93 79 91 17
http://www.auberge-madone-peillon.com
Restaurant et réception fermés le mercredi. 17 chambres. Chambre double de 98 € à 200 €. Menu du marché : 52 €.

Posée au cœur de 5 hectares de vergers et d'oliviers, cette demeure de grand charme, propose des nuits confortables et calmes, et un restaurant – l'Authentique – où les chefs associent avec passion terroir et gastronomie. Les 17 chambres et suites allient raffinement et élégance. Elles invitent au repos et prolongent l'intimité du repas gastronomique servi en prélude, sur les tables éclairées aux chandelles, près de la grande cheminée, ou installées aux beaux jours sur la terrasse panoramique cernée de fleurs et d'oliviers plus que centenaires.

L'AUBERGE ROMAINE €€

550, boulevard de la Vallée
✆ 04 93 91 25 14
www.restochezaldoleromain.e-monsite.com
Fermé en octobre/novembre et en février/mars. Ouvert tous les jours le midi ; du mercredi au dimanche le soir.

C'est une auberge qui sent bon l'Italie, et les habitués aiment s'y retrouver pour déjeuner ou dîner copieusement. Le chef a le secret pour concocter une cuisine traditionnelle goûteuse, en fonction de ses trouvailles au marché et de son inspiration du jour : spécialités niçoises, pizzas et bonnes vieilles recettes de viandes et de poissons à la provençale. Les portions sont généreuses. Aux premiers beaux jours, on profite de la terrasse fleurie. Vous serez conquis par l'accueil sympathique, la tranquillité des lieux, et la qualité de votre repas.

LA BOLLÈNE-VÉSUBIE ★★

L'histoire de la Bollène est peu connue. On sait qu'à l'origine, en 1156, le village portait le nom de Abolena, dérivant du provençal voulant dire Terre Neuve. Le nom de la Bollène n'apparaîtra qu'au XIVe siècle. L'église baroque Saint-Laurent sera achevée en 1725 et consacrée par monseigneur Recrosio le 26 juillet 1728. Elle sera réparée et restaurée en 1862, puis en 1891 après le tremblement de terre du 15 janvier 1884. Le jour du tremblement de terre, il y eut beaucoup de dégâts matériels, mais pas de morts. Depuis, le conseil municipal a fait le vœu de toujours célébrer le 15 janvier la Saint Maur, pour honorer le protecteur des Bollénois.

Balade

Le massif de l'Authion, qui culmine à 2 082 m d'altitude, est situé sur une ligne de crêtes, au cœur du Parc national du Mercantour, offrant un panorama exceptionnel sur les vallées. Il abrite une flore et une faune spectaculaires. Véritable forteresse naturelle, le site a toujours été considéré comme un lieu stratégique pour le contrôle des frontières. Cet ancien espace militaire conserve un caractère exceptionnel : le « circuit de l'Authion » accessible aux véhicules de mai à novembre en permet la découverte. On peut également rejoindre la vallée des Merveilles depuis l'Authion à travers un joli sentier de randonnée.

Faune et Flore

▸ Le col de Turini :

Situé sur la D 2566, au-dessus des gorges de la Bévéra, le col de Turini (1 604 m) doit son nom à l'ancienne route de Nice à Turin qui le franchissait. Aujourd'hui encore, il constitue la frontière naturelle et climatique entre le moyen et le haut pays. La différence est surtout sensible par le changement des essences des arbres.

Au sud, ce sont plutôt des oliviers, des chênes-lièges et des pins maritimes tandis qu'au nord, on trouvera des châtaigniers et des conifères (sapins, épicéas, mélèzes, hêtres et érables). Les nombreux virages de la D2566 qui monte jusqu'au col font de cet itinéraire un haut lieu d'exploits – et de dérapages contrôlés – lors du Rallye de Monte-Carlo où les bolides rivalisent de vitesse en prenant tous les risques sur la chaussée verglacée...

Du col, on peut monter à Authion par la D68 pour apprécier les fortifications, mais aussi où plusieurs vacheries témoignent de l'intérêt du village à conserver et à valoriser une ancienne tradition pastorale.

Ce site est l'une des portes d'entrée du périmètre protégé du Parc Naturel du Mercantour signalé par la cabane du Tueis où l'on peut trouver sur place toute la documentation nécessaire. La D68 permet de s'élever jusqu'au monument aux morts érigé à la mémoire des soldats de l'An II qui combattirent les Sardes en 1793 et à celle de la Première Division de la France Libre qui délogea les Allemands en 1945. Un peu plus haut, la pointe des Trois Communes offre un magnifique panorama sur le Mercantour et les Alpes du Sud.

LES LAMAS DU MIRADOU

Route de Peira-Cava ✆ 06 72 81 03 35

www.vesubian.com/sites/lamas-du-miradou.htm

Ouvert toute l'année. Sur réservation uniquement. Adulte : 17 €. Balade commentée avec les lamas : 25 €.

Dans cette ferme atypique, Christian élève des lamas, exploités pour leur laine. Sur réservation et par groupe de 7 personnes au minimum, on peut les découvrir, les approcher et faire des balades sur le site naturel du col de Turini. Poursuivez la journée avec un repas bio à la ferme autour d'un menu adapté à chaque saison. A la boutique, pelotes de laine de lama fabriquées à Lucéram, vêtements en laine de lama importés d'Amérique du Sud, produits locaux et liqueurs maison. Possibilité de week-ends avec séances de relaxation, hébergement en yourte et repas inclus.

LE RANCH DE TURINI €

Col de Turini

✆ 04 93 91 57 23

www.ranch-turini.com

Ouvert toute l'année (sur réservation l'hiver). Chambre double à partir de 60 €. Demi-pension : 110 € (pour 2).

Le Ranch, c'est un petit hôtel rustique niché à 1 607 mètres d'altitude, doté de 9 chambres confortables. Vous serez au calme pour profiter du cadre exceptionnel du massif de l'Authion, avec le chant des oiseaux en prime ! L'idéal pour se ressourcer, surtout qu'ici, pas de télé ni de téléphone dans les chambres ! L'hôtel propose un service de restauration dans une très jolie salle où l'on prend plaisir à s'installer au bord de la cheminée. Dans les assiettes, une cuisine familiale et authentique, ou des sandwichs pour partir à l'assaut de la montagne environnante.

LES CHAMOIS** €€

Col de Turini ✆ 04 93 91 58 31

www.hotel-les-chamois.com

Label Clef Verte. 15 chambres. Tarif chambre double : de 49 à 60 € selon la saison. Restauration.

Une auberge familiale où il fait bon vivre, située au cœur d'une forêt de conifères sur le passage du célèbre GR52. Michel et Corinne vous accueillent avec le sourire, dans leurs quinze chambres spacieuses et confortables. L'équipement est au complet (douche, toilettes, dressing, TV...) et la plupart disposent de balcons avec vue plongeante sur la vallée, orientées plein ouest pour profiter du coucher du soleil. À noter qu'en plus de cet hôtel, les propriétaires possèdent deux gîtes situés en pleine nature, à quelques kilomètres de Belvédère, agréés Gîtes de France.

L'AUTHION CHEZ JEANJEAN €€

Camp d'Argent

✆ 04 93 91 57 61

Ouvert tous les jours le midi. Carte : 20 € environ.

Un petit resto au pied des pistes, à la décoration authentique et à l'accueil chaleureux. Dans les assiettes, de quoi ravir les estomacs les plus difficiles : la cuisine est simple mais goûteuse et, bien entendu, faite maison (y compris le pain !). Les raviolis sont extras, tout comme la daube. Mention spéciale pour la cassolette de l'Authion, la spécialité, un mélange gratiné de légumes et de champignons fraîchement cueillis par le propriétaire. Un conseil, gardez de la place en dessert pour la tarte à la confiture de myrtille !

LES CHAMOIS €€

Col de Turini ✆ 04 93 91 58 31

www.hotel-les-chamois.com

Ouvert toute l'année. Menu entre 17 et 25 €. Accueil des groupes (banquets, réunions familiales). Terrasse.

Dans ce charmant hôtel-restaurant, Corinne est aux fourneaux et Michel au service pour vous faire passer un agréable moment. Confortablement installé l'hiver au coin du feu, on savoure les spécialités montagnardes et niçoises comme les gibiers de saison. Sur la terrasse en été, on goûte à la cuisine du haut-pays niçois, sans oublier la fondue savoyarde. Et à toute heure, on apprécie de passer y prendre un bon café avant ou après les randonnées... Les clients, dont une bonne moitié est étrangère, sont des habitués. Une très bonne adresse à (re) découvrir.

PANSER LES PLAIES DE LA TERRIBLE TEMPÊTE ALEX

Les deux prochaines vallées que nous vous présentons sont généralement de magnifiques endroits, calmes et reposants :

- Affluent du Var, la Vésubie est elle-même formée de deux torrents, le Boréon et la Madone de Fenestre. Elle reçoit ensuite d'autres charmants petits affluents dont les noms chantent spontanément : la Gordolasque, la Planquette, le Figaret. Son cours et ses gorges sont d'une grande beauté.
- La vallée de la Roya relie quant à elle la Côte d'Azur au Piémont. Elle regroupe une multitude de magnifiques villages perchés, chargés d'histoire et de traditions. La route suit la rivière et traverse des paysages superbes.

Loin de l'agitation touristique en été, ces lieux sont le paradis de la randonnée ou des sports d'eaux vives. Mais il y a tout juste quelques mois, la nature a fait parler sa force d'une manière tragique. Dans la nuit du 1 au 2 octobre 2020, la tempête Alex a dévasté une partie de l'arrière-pays niçois, notamment les vallées de la Vésubie et de la Roya (et dans une moindre mesure la Tinée). Des pluies diluviennes provoquèrent crues et inondations historiques. De nombreuses routes ont été détruites et des villages dévastés.

- À l'heure où nous effectuons le bouclage de ce guide, il est toujours impossible d'accéder à certaines zones de la vallée. Néanmoins, plusieurs mois après la catastrophe, les vallées de la Vésubie et de la Roya se relèvent progressivement. Les habitants sont toujours sonnés par la tempête, mais tentent de se reconstruire progressivement. Sur les chantiers, encore nombreux à réaliser et en cours, il va même falloir réinventer des communes. Ne soyez donc pas surpris si certaines routes sont coupées, ou certains établissements encore fermés.

Pour autant, on ne vous déconseille pas d'y aller, loin de là. Bien sûr, même si les vallées portent les stigmates de cette récente catastrophe, l'endroit recèle toujours de magnifiques coins naturels que vous pourrez observer avec plaisir. Mais surtout, votre soutien aux habitants et commerçants locaux, qui ont déjà souffert d'une année 2020 presque impensable (coronavirus, puis tempête), est inestimable. Ils font le maximum pour pouvoir accueillir les visiteurs et seront heureux de vous recevoir en cette saison 2021, malgré les difficultés.

La grande résilience dont ils font preuve au quotidien mérite vraiment le détour, et on souhaitait leur rendre hommage ici.

LANTOSQUE ★

Lantuscia, comme on le nomma au XIIe siècle, juché sur un promontoire situé juste au-dessus du cours de la Vésubie, est sans doute malencontreusement placé à la jointure de plusieurs plaques tectoniques. C'est pourquoi ce village a payé un lourd tribut aux tremblements de terre au cours de son histoire : en 1494, en 1556, en 1566, en 1618, en 1644 et en 1887, lors du dernier grand tremblement de terre qui secoua toute la région de Nice à Gênes. Mais la grande beauté du site et le caractère très attachant de ce village ont fait que ses habitants ne l'ont jamais déserté. Et ce n'est pas l'histoire récente, avec la tempête Alex, qui dira le contraire.

Balade

Le village est intéressant à visiter, avec ses hautes maisons anciennes, ses portes sculptées et ses linteaux décorés. L'église Saint-Sulpice (1668), à la large façade basse remaniée, mélange plusieurs styles. Le portail est classique, c'est une belle porte sculptée. Le devant d'autel représente la naissance de la Vierge et les fonts baptismaux en pierre datent de 1605.
Lantosque est aussi le point de départ de nombreuses randonnées dans les sites environnants : la Pointe de Siruol, 2 020 m, les grottes de La Balme et des Limaces, les chapelles rurales Saint-Arnoux, Saint-André, Sainte-Claire, Saint-Roch, les hameaux de Pélasque et de Loda.

ROQUEBILLIÈRE ★

Roquebillière est le chef-lieu de canton. Au cœur du pays vésubien, ce joli village est également devenu une destination touristique prisée grâce à l'unique station thermale de la Côte d'Azur (Berthemont-les-Bains). Mais ça n'a pas toujours été le cas : Roquebillière avait déjà été reconstruit six fois depuis le VIe siècle quand un énorme éboulement détruisit une partie du village en 1926, faisant de nombreuses victimes. Il se réimplanta sur la rive opposée où se trouvait déjà l'église qui avait été construite à cet endroit pour bénéficier d'une meilleure stabilité du sol (une bien curieuse église des Templiers !). Le village actuel a donc été reconstruit en face, sur la rive droite de la rivière. Ancienne communauté médiévale et siège d'un prieuré, on trouve quelques maisons alpines à greniers-loggias en hauteur, un moulin à farine et des granges traditionnelles de montagne. Ville d'eau connue depuis les Romains, il revint en vogue vers 1850. Sur la rive droite toujours, l'église Saint-Michel-du-Gast, commencée au XVe siècle, achevée en 1533 sous l'impulsion des chevaliers de Malte, allie le roman provençal finissant – le clocher – au gothique, avec ses trois nefs à croisées d'ogives. À l'intérieur, un très beau retable niçois de Saint-Antoine-du-Désert datant du XVIe siècle avec prédelle. La cuve baptismale est ornée d'une croix de Malte. Et on visite aussi, sur la rive gauche, le vieux village.

FERME DE PÉLASQUE

Pélasque ✆ 06 10 45 45 17
www.uto-pistes.com/bienvenue/l-asso/notre-lieu-la-ferme-bio-de-pelasque-superieur-06-lantosque
Vente l'été à la vacherie de la Madone de Fenestre et à la vacherie des Granges de la Brasque.

Cette belle ferme bio se situe à Pélasque, un hameau non loin de Lantosque. C'est une exploitation familiale qui compte une quinzaine de vaches laitières issues de la race abondance. Avec leur lait, elle réalise tome de montagne et brousse fraîche (sur commande), une transformation qui s'effectue à la vacherie des Granges de la Brasque, sur la commune d'Utelle, tous les jours de juin à octobre. C'est là que vous pouvez acheter ses fromages, tout comme à la vacherie de la Madone d'Utelle, sur la commune de Saint-Martin-Vésubie.

LE RENDEZ-VOUS VÉSUBIEN €€

Place Corniglion-Molinier ✆ 04 93 03 04 61
Ouvert toute l'année. Du mardi au dimanche de 9h à 23h. Plat du jour : 12 € (à partir de). Snack non-stop. Terrasse.

Ce « Rendez-vous » est une belle brasserie idéalement située sur la place du village, face à l'imposante mairie de brique rouge. La salle au décor contemporain est prolongée par une terrasse couverte et ombragée, mais aux beaux jours on lui préfère l'autre terrasse, bien exposée à côté de la fontaine, d'où on embrasse un panorama magnifique sur les montagnes alentour. Difficile de s'extraire de cette contemplation… La carte brasserie offre un choix de viandes grillées, pâtes, salades, etc. La cuisine à base de produits du terroir est simple et savoureuse.

L'ÉCHOPPE DU PAYS

18, avenue Corniglion-Molinier
✆ 06 63 71 40 89
www.vesubian.com/roquebilliere/echoppedu-pays/bio-echoppe-du-pays-vesubie.html
Ouvert du mardi au samedi de 9h30 à 12h20 et de 15h30 à 18h30.

Voilà une bien belle échoppe tenue par Audrey ! Sa petite boutique regorge de produits locaux et/ou bio. Miel, confitures, sirops, biscuits, céréales, pâte d'olive, thé, vin, poichichade, pain d'épices... de quoi ramener quelques souvenirs de la gastronomie vésubienne dans vos valises ! Le Petit Futé s'est laissé tenter par un apéritif à base de vin et de fleurs de sureau produit par la ferme le Mérinos à Utelle. Avec en plus des huiles essentielles, des cosmétiques et de l'artisanat local, on est prêt à parier que vous allez aussi vous laisser tenter !

STATION THERMALE

✆ 04 93 03 47 00
www.valvital.fr
Fermé l'hiver. Ouverture en mai 2021. Demander les tarifs en fonction des soins.

Ce bel établissement continue d'exploiter les vertus de cette eau thermale, type sodique sulfuré particulièrement riche en soufre, déjà connues des Romains, qui sort à une température de 29 degrés. Outre ses vertus bienfaisantes, grâce à son panel d'activités soulageant douleurs rhumatismales ou problèmes respiratoires, cette structure offre aussi des cures de bien-être. Au sein de ce nouveau spa et espace aqua-détente, on peut profiter de 3 piscines, d'un hammam, d'un sauna, de 20 cabines, des soins d'eau, d'un institut de beauté, d'une salle de sport…

VENANSON ★★★★

Le village de Venanson, ancré à la pointe d'un éperon rocheux vertigineux à 1 164 mètres d'altitude, est l'archétype du village en nid d'aigle : ruelles étroites, maisons anciennes, vieux moulin, granges alpines, vacheries en montagne… La curieuse église Saint-Michel, du XVIIe siècle, est à voir pour son clocher carré tronqué formant le porche. Véritable belvédère sur la vallée de la Vésubie, Venanson offre un fabuleux panorama sur son environnement naturel grandiose. C'est un point de départ idéal pour randonner. Un sentier balisé permet d'ailleurs de rejoindre à pied Saint-Martin-Vésubie, en contrebas dans la vallée.

RANDOMERCANTOUR VENANSON

✆ 06 23 07 52 77 - www.randomercantour.com
25 € pour une rando à la journée. Pack spéciaux pour des séjours de trekking. Se renseigner sur le site Internet.

Fabrice Henon, accompagnateur en montagne et pisteur-secouriste spécialiste de météorologie, propose de vous guider à travers différentes randonnées pédestres : tous les jours, toute l'année, partout et même en raquettes l'hiver ! Le choix est vaste, et ce n'est pas fini : de tous niveaux et de toutes durées (une demi-journée à plusieurs jours), en journée comme à la lueur des étoiles, ce guide passionné vous accompagne dans la Vallée des Merveilles, jusqu'aux plus beaux lacs de montagne, voir le lever du soleil ou pour partir à la recherche des bouquetins…

© THIER
Le village de Roquebillière.

LE CHALET DES TROLLES €€

491, chemin de la Colmiane
✆ 04 93 02 16 97
www.chaletdestrolles06.fr

Ecogîtes. Pour 4 personnes (37 m², 2 chambres). De 340 € à 440 € la semaine selon saison.

À 1 200 m d'altitude, au-dessus de la vallée de la Vésubie, ce gîte bénéficie d'une vue exceptionnelle sur le village, les sommets du Mercantour et les crêtes de la Colmiane. Un petit coin de paradis ensoleillé et authentique où randonner dans une nature préservée. Les propriétaires sont pleins d'attentions. Ils vous conseillent sur les balades et les bonnes adresses à visiter. Le gîte en bois, qu'ils ont conçus entièrement, est confortable, bien équipé et vraiment magnifique. La pièce principale est spacieuse et baignée de lumière. Les chambres sont douillettes.

LA GRANGE DU LAVOIR €€

Lieu-dit Escalier du lavoir
✆ 04 93 03 23 05
www.gites-de-france-alpes-maritimes.com/location-vacances-Gite-Venanson-cote-d-azur

Pour 8 personnes (86 m², 3 chambres). De 420 € à 840 € la semaine selon saison.

Situé dans le centre du village, ce gîte, qui peut accueillir jusqu'à 8 personnes, offre tout le confort nécessaire. L'intérieur est moderne avec une très belle pièce à vivre lumineuse donnant sur une terrasse. La cuisine est parfaitement équipée (ici, on a le sens du détail et on a même prévu un service à fondue et à raclette !). Les chambres sont spacieuses, propres, et avec de nombreux rangements. Idéalement situé face à un magnifique paysage et à quelques dizaines de mètres de la place du village, c'est la combinaison parfaite pour passer de belles vacances.

LA CABANE À SAFRAN

294, route des Granges
✆ 06 64 03 96 93
www.lacabaneasafran.fr

Ferme. Production certifié agriculture biologique. En saison : aux marchés de Roquebillière et Saint-Martin-Vésubie.

En 2010, Mélanie et Christophe se sont installés dans le village pour cultiver du safran à 1000 m d'altitude. L'exploitation, qui comprend également des parcelles de légumes et de fruits rouges, est entièrement bio. Leur travail minutieux leur permet de récolter les précieux pistils de cette fleur violette qui se retrouvent sur les plus belles tables de la région comme le Louis XV à Monaco. Ils proposent également des champignons de montagne (cèpes, girolles, morilles, chanterelles d'automne) frais ou séchés, des œufs frais ainsi que des confitures maison.

LA FERME DE TETOU

✆ 06 26 05 58 97

Ouvert tous les jours. D'avril à octobre, à la vacherie de Venanson.

Tetou, c'était le surnom du grand-père de la propriétaire qui a voulu lui rendre hommage. Un retour à ses racines, le besoin d'évoluer dans la nature et au contact des animaux. Elle a opté pour l'élevage de chèvres, un choix relativement rare dans la vallée, dominée par la vache et la brebis. Avec son troupeau de 70 têtes, elle réalise des fromages d'avril à octobre, à la vacherie de Venanson. Les fromages sont très goûtus et les clients ne s'y trompent pas : les 40 fromages réalisés quotidiennement partent comme des petits pains.

BELVÉDÈRE ★★

Groupé en appareil concentrique à flanc de montagne, les escaliers sont raides pour rejoindre le cœur du village avec ses hautes maisons serrées, la plupart à caractère alpin piémontais parfois reliées par un passage couvert. Lors de votre visite, ne manquez pas la curieuse église paroissiale du XVIIe siècle, Saint-Pierre-et-Saint-Paul au clocher en pierre de tuf surmonté d'un lanterneau ainsi que les quatre chapelles restaurées : le Planet, Saint-Grat, Saint-Blaise et Saint-Antoine. Granges et « vacheries » alpines en montagne. Nombreux départs de randonnées, notamment vers la Gordolasque (porte d'entrée pour la vallée des Merveilles).

© J-C.&D. PRATT/PHOTONONSTOP

Village de Belvédère.

VALLÉE DE LA GORDOLASQUE

www.lagordolasque.com

Documentation disponible à l'office du tourisme. Accès libre.

Située un peu plus haut que le village de Belvédère, il s'agit d'une ancienne vallée glacière qui offre l'une des entrées les plus sauvages et les plus belles du Parc national du Mercantour. La cascade du Ray, la vacherie, les maisons traditionnelles alpines, les lacs… autant de sites à découvrir ! C'est dans ce cadre exceptionnel que vous pourrez vous adonner aux plaisirs de l'escalade en été et des balades en raquettes en hiver. Enfin, la Gordolasque permet de découvrir les plus hauts sommets du département : Malédie, Tête du Basto, Grand Capelet, Clapier.

VALLÉE DES MERVEILLES

Interdiction de toucher les gravures, d'utiliser des bâtons de marche, de camper en dehors des zones autorisées.

Un endroit incontournable ! Accessible depuis la vallée de la Gordolasque en 3 h de marche (contre 4 si vous partez du massif de l'Authion par le col de Turini), cette vallée tient son nom des 40 500 gravures rupestres protohistoriques qui y ont été découvertes… Le plus grand site de gravures rupestres d'Europe ! Forêt de mélèzes centenaires, lacs et sommets escarpés dont le fameux mont Bégo (qui culmine à 2 872 m) forment un paysage minéral unique. Il existe un parcours libre qui permet de voir l'essentiel des gravures, des visites sont aussi organisées l'été.

HÔTEL DU GRAND CAPELET €

Quartier Saint-Grat

✆ 04 93 02 19 77

www.hotel-du-grand-capelet.fr

Chambre double à partir de 80 €. Demi-pension : 65 € (par personne). Panier repas : 9 €. Restauration.

Tenu par un jeune couple, ce petit hôtel restaurant doté de 11 chambres est un endroit paisible au cœur de la vallée de la Gordolasque. Les chambres où le bois clair domine sont coquettes et confortables. Elles offrent toute une vue superbe sur la nature environnante. Après une journée de marche, vous pourrez vous étendre au sauna et vous délecter des bons petits plats préparés par la maîtresse de maison. Le plus : les propriétaires sont tous les deux accompagnateurs en montagne agréés Merveilles et peuvent vous servir de guide !

LE RELAIS DES MERVEILLES €

Route de la Gordolasque

✆ 04 93 03 43 55

www.relaisdesmerveilles.com

Ouvert de Pâques à la mi-octobre. Dortoir 26 € la nuit. Chambre double à 75 € la nuit. Possibilité de demi-pension.

Ce gîte, de style chalet, est niché dans la haute vallée de la Gordolasque à 12 kilomètres du village de Belvédère. Point de départ de nombreuses randonnées, la beauté du site est à couper le souffle, au milieu des prés et des forêts, au bord de la rivière et entouré de montagnes. Le restaurant prépare une cuisine familiale de montagne concoctée avec des produits frais… Possibilité de prendre des pique-niques. Soirées à thème en juillet et août. Une étape idéale pour les randonneurs de la vallée des Merveilles et du parc national du Mercantour.

LES ARCADES €

13, rue Victor-Maurel

✆ 04 93 02 53 15

Ouvert du mardi au dimanche le midi ; le week-end le soir. Carte : 20 € environ (plat + dessert). Terrasse.

Sur la place de Belvédère, près des arcades, ce bar restaurant tenu par un couple sympathique est l'endroit parfait où s'attabler à l'arrivée d'une randonnée. Au menu de cette cuisine familiale : un plat du jour et des pâtes, bruschettas, ou paninis, ainsi que d'autres possibilités d'improvisation selon l'inspiration de la patronne. La salle à l'intérieur est à l'ambiance montagnarde et le service peut également se faire en terrasse dès que le soleil brille. L'établissement fait également tabac, presse et boutique de souvenirs.

BISCUITS DU MERCANTOUR

Quartier Saint Jean

✆ 06 88 38 85 80

www.biscuits-mercantour.com

Marché de Roquebillière, le mardi matin d'avril à octobre. Saint-Martin-Vésubie, le jeudi après-midi de mai à septembre.

Depuis 2002, Jean-Christophe Fossey régale les gourmands. Avec ses petits biscuits secs, réalisés dans son atelier à Belvédère, il sillonne les marchés locaux. Sapin noir au chocolat, névé coco, bâton aux noisettes ou langue de chamois, ces petits biscuits secs sont parfaits pour terminer un repas et accompagner le café. Les sportifs prendront un rando croc dans leur sac à dos : un bon biscuit énergétique ! Quant à ceux qui ne veulent pas de gluten, ils goûteront la spécialité de Jean-Christophe : les grêlons aux épices qui allient l'amande et l'orange confite.

SAINT-MARTIN-VÉSUBIE ★★

Situé au cœur d'une forêt de 3 600 ha à 1 000 m d'altitude, ce joli village est né au confluent des torrents du Boréon et de Fenestre qui forment la rivière Vésubie. Fortifié au XIIe siècle, le bourg évolue en un lieu stratégique par sa proximité avec le col de Fenestre. Au XIVe, le village est un entrepôt important sur la route du Sel reliant Nice au Piémont et sa prospérité s'étend jusqu'au XVIIIe. Annexé à la France en 1860, il devient le lieu de villégiature des aristocraties italiennes et anglaises ce qui lui vaut son surnom de « Suisse niçoise ». Une rue droite et pentue le traverse du nord au sud (rue du Docteur-Cagnoli) parcourue par un canal central construit en 1411 qui servait au drainage des eaux et à l'irrigation. En suivant le canal du Béal, on découvre l'architecture gothique de la cité médiévale : place de la Frarie, ruelles étroites, portes voûtées ornées de linteaux ouvragés et maisons à colombages. Les remparts sont réduits à de simples vestiges : des quatre portes qui permettaient l'accès au village, seule Sainte-Anne a résisté. L'église baroque de l'Assomption (XVIIe siècle), aux grandes colonnes blanches et clocher roman, renferme des tableaux du XVe attribués à Louis Bréa.

Mais dans ce village des Alpes-Maritimes, la vie quotidienne a été bouleversée par le passage de la tempête Alex, en octobre 2020. Depuis, les habitants font leur possible pour reconstruire, pourtant plus de 6 mois après la catastrophe, certaines routes sont encore inaccessibles. On vous conseille de vérifier votre itinéraire avant départ.

Tourisme

- www.puremontagne.fr, le site qui fédère les professionnels de la Vésubie :
Pure Montagne® est la marque territoriale qui regroupe sur 15 km autour de Saint-Martin-Vésubie, toutes les activités sportives et ludiques, indoor et outdoor, découvertes, contemplation, relaxation. Leur accroche publicitaire résume parfaitement le concept Une montagne de sensations. La marque fédère les professionnels des deux vallées (Vésubie et Valdeblore), et aura à cœur de vous proposer en effet une offre inédite d'activités en toutes saisons. Tout est présenté sur le site, avec le détail des prestataires, les événements et une boutique en ligne.

PARC ANIMALIER ALPHA

RD89 ✆ 04 93 02 33 69
www.puremontagne.fr

Attention : parc en travaux actuellement, réouverture prévue pour l'été 2021. Vérifiez avant de vous y rendre.

Savez-vous que le couple dominant d'une meute de loups s'appelle le couple alpha ? Plus dur : savez-vous qu'un loup peut pister et identifier une proie sur 16 km ? Autant d'informations que vous allez pouvoir découvrir sur cet animal mythique. Le Parc Alpha, situé en plein cœur du Parc national du Mercantour, vous promet une visite aussi instructive que magique.

Néanmoins, la tempête Alex a fait d'énormes dégâts sur le Boréon où est situé le Parc Alpha, que ce soit pour la route permettant d'y accéder (toujours impraticable plus de 6 mois après la tempête), ainsi que dans le parc en lui-même. La furie des éléments n'avait pas épargné les meutes, tuant deux des trois loups arctiques. Partiellement détruit, laissant s'échapper huit des onze autres spécimens, le centre animalier est à reconstruire. À l'heure où nous rédigeons ces lignes, le Parc Alpha n'est toujours pas ouvert. Néanmoins, les travaux devraient être finis pour l'été 2021, permettant au centre de rouvrir autour d'une meute de loups (miraculée de la tempête), en y ajoutant peut-être certains des loups retrouvés par les agents de l'Office français de biodiversité. N'hésitez pas à vérifier les avancées des travaux sur le site de puremontagne.fr avant de vous y rendre.

D'autant qu'avec son mini-parcours aventure, sa boutique snack et ses aires de pique-nique, tout était prévu pour que vous passiez une journée complète et divertissante au Parc Alpha. On espère que ce sera toujours le cas. Prévoir également une tenue adaptée, car vous êtes à 1 500 m d'altitude.

BUREAU D'INFORMATION TOURISTIQUE

Place du Général-de-Gaulle
✆ 04 93 03 21 28
www.saintmartinvesubie.fr

Ouvert toute l'année. En été, tous les jours de 9h30 à 12h30 et de 14h à 20h.

Vous trouverez ici toutes les informations sur les activités à faire dans et autour de la commune : le centre nordique, l'accro-branche, l'escalade, la via ferrata, les balades, les randonnées équestres et pédestres, le canyoning, le parapente... Les bonnes idées pour vivre la nature ne manquent pas dans ce décor splendide. Mais si vous avez un doute quant à ce qui pourrait être ouvert suite à la tempête Alex, n'hésitez pas à vous rapprocher de l'office de tourisme pour tout savoir.

LA BONNE AUBERGE** €€

98, allée de Verdun
✆ 04 93 03 20 49
www.labonneauberge06.fr
Fermé de novembre à février. 12 chambres. Chambre double à partir de 66 €. Restauration (menus de 27 € à 32 €).

Accueillantes, dans une superbe maison en pierres de taille noyée dans des massifs de verdure, les chambres sont confortables et bien équipées. Coté restaurant, vous serez charmé par le décor, la belle terrasse et la qualité de la cuisine. Le patron prépare des plats à base de produits frais, et le restaurant dispose même de son propre vivier où les truites sont pêchées à la minute, pour découvrir, entre autres la truite au bleu, une spécialité de la région. Pour terminer une autre spécialité : les cèpes du Boréon – glace vanille, meringues maison et chocolat.

LA CABANE DES PINS SYLVESTRES €€

1400, route du Boréon
✆ 06 99 87 43 09
www.cabanedespinssylvestres.com
Ouvert toute l'année.

Qui n'a jamais rêvé de dormir dans une cabane ? Une expérience unique s'offre à vous à seulement 1h de Nice, aux portes du parc national du Mercantour. Perchées à 5 mètres de hauteur au beau milieu des pins sylvestre, les deux cabanes disponibles allient l'insolite avec un confort de rêve. Dotée d'un spa unique en son genre, d'une baignoire balnéo et d'une terrasse haut perchée c'est la tête dans les étoiles que vous vous prélasserez façon homme des bois raffiné.

LA CAVE €

62, rue du Docteur-Cagnoli ✆ 04 93 03 24 36
www.saintmartinvesubie.fr
Du mardi au dimanche le midi et le soir. Formule du midi : 13 €. Carte : environ 20 €. Terrasse couverte.

Thérèse Verdegl a investi cette petite cave voûtée située sur la place où se prolonge une salle en véranda. On descend quelques marches pour accéder au restaurant, décoration rustique, cuivres au mur et meubles en bois. Outre un choix de pizzas, de salades ou de pâtes fraîches, elle y sert une généreuse cuisine traditionnelle et des plats régionaux. Parmi les spécialités montagnardes de la cave : la reblochonnade (fromage cuit sous la braise) ou la clocherade (viandes suspendues). Desserts maison et vins du Var au pichet. Ambiance familiale et conviviale.

LA TAVERNE DES PIRATES €€

3, rue Kellerman ✆ 04 93 03 31 34
www.saintmartinvesubie.fr/guide-pratique/restaurants-snacks-bars/adirectory/item/48-la-taver
Du mardi au dimanche de 11h à 0h. Jusqu'à 2h30 les vendredis et samedis. Carte : 15 € environ (pour un plat). Terrasse.

Cette belle brasserie située juste en contrebas de la place de Saint-Martin est le lieu de toutes les soirées incontournables du village. Ouvert tout au long de la journée, on peut selon son humeur y déguster un café en terrasse, ou quelques pressions. Côté restauration, le cuisine est simple mais très bonne, avec de délicieuses pizzas, ou des plats du jours copieux. Et plus la soirée défile, plus vous risquez de voir le patron et sa femme se transformer en DJ pour mettre de l'animation et de la bonne ambiance dans un établissement qui n'en manquait déjà pas !

SARAH ET NICOLAS

Allée de Verdun
✆ 06 23 42 73 29
Ouvert du vendredi au dimanche de 10h30 à 12h30 et de 15h à 18h. Tous les jours durant les vacances scolaires.

Sarah et Nicolas ont décidé de rassembler leurs confections culinaires au sein de cette charmante boutique. Elle travaille *Au verger Saint-Joseph* où elle cultive les fruits qu'elle prépare ensuite en confitures, sirops et pâtes de fruits. Lui a créé *Les Délices du Gélas* et mitonne glaces et sorbets (à déguster impérativement de retour d'une rando !) mais aussi nougat, marrons glacés et chocolats. Vous l'aurez compris, cette boutique regorge de douceurs maison et autres créations gourmandes, réalisées intégralement par leurs mains expertes dans leur atelier.

VESUBIA MOUTAIN PARK

Allée du Docteur-Fulconis
✆ 04 93 23 20 30
www.vesubia-mountain-park.fr
Suite aux dégâts causés par la tempête Alex, le centre devrait ouvrir ses portes après travaux mi juin 2021.

Cet espace sportif de loisirs, innovant et visionnaire, avait réinventé les sports de montagne. Mais le Vesubia Mountain Park a été durement touché par la tempête Alex. L'équipe a redoublé de travail pour que les réparations soient terminées pour l'été 2021 (date exacte à confirmer) ainsi, toutes les activités devraient être ouvertes, sauf la spéléologie. Canyoning, grimpe ludique, escalade, caféteria, tout sera accessible ! Pour compléter l'offre, profitez de l'espace détente avec piscine, sauna, hammam et salle de cardio/musculation.

LA COLMIANE ★

Situé à 1 450 m d'altitude, le hameau de La Colmiane est rattaché à la commune de Valdeblore. Il est surtout connu pour sa station de ski située entre 1 500 m et 1 800 m et dont la création remonte aux années 1930. Plutôt modeste comparée à ses voisines, celle-ci dispose néanmoins d'une installation moderne et performante pour une vingtaine de pistes s'étalant sur 30 km, desservies par 7 remontées mécaniques. Même si l'enneigement est parfois limité suivant les années, la station possède tous les atouts pour séduire les familles : canons à neige, grand half-pipe et matelas pour le freestyle, École de Ski Français (ESF), tapis roulant et manège...

COL DE LA COUILLOLE

Le col peut être fermé en hiver. Prévoir l'équipement neige durant l'hiver.

À une altitude de 1 678 m, le col de la Couillole offre un panorama à couper le souffle en toute saison sur les gorges du Cians. Un monument commémoratif de l'ouverture de la route y est érigé. Si en été, les VTTistes trouvent des sentiers balisés, les fondeurs s'en donnent à cœur joie en hiver ! Mais attention, il n'est pas rare qu'il soit fermé pour cause d'enneigement. En moyenne, il est ouvert durant 6 à 7 mois par an. Alors pour profiter de la liaison routière entre les gorges du Cians à l'ouest et la vallée de la Tinée à l'est, vérifiez l'état de la route !

HÔTEL DE VALDEBLORE** €€

La Bolline

✆ 04 93 03 28 53

www.hotel-valdeblore.com

Ouvert toute l'année. 9 chambres. Petit déjeuner : 7 €. Chambre double à partir de 73 €. Animaux acceptés.

Ce petit hôtel de charme placé au cœur du village vous accueille toute l'année. Avec sa belle façade en pierres, vous aurez le choix entre des chambres individuelles ou familiales équipées de lits confortables. Les salles de bains sont spacieuses comprenant chacune cabine de douche ou baignoire selon vos souhaits. L'accueil est agréable et convivial. Été comme hiver, on apprécie surtout la beauté du paysage et l'agréable jardin, qui permet de s'installer dehors lorsque le soleil apparait. Une adresse idéale pour vous reposer et sortir du quotidien.

LE PETIT RESTAURANT DE LA MONTAGNE €

Plateau de la Colmiane

VALDEBLORE

✆ 06 77 30 91 07

Fermeture hebdomadaire le jeudi. Ouvert de mai à septembre et de décembre à mars. Randonnées gourmandes l'été. terrasse.

Pas besoin de carte de membre pour entrer dans ce « Club », chaleureux et convivial de gourmands respectueux de l'environnement. A la carte, les produits locaux sont rois, les légumes dans les assiettes cultivés en permaculture, les poules et canards élevés par les propriétaires et les fromages ou encore les bières, élaborés de manière artisanale. On aime la simplicité des lieux, et l'engagement globale de Patricia Garelli, la gérante pour qui tous les petits gestes comptent.

LE GREEN ÉCOLODGE €€

Route du Télésiège

✆ 04 93 03 00 00

www.greenecolodge.com

Ouvert toute l'année. Réservation recommandée. Formules à partir de 19 €.

Cet hôtel vert abrite un restaurant dédié aux saveurs naturelles travaillant les produits frais et bio de récoltes locales. Le menu est léger pour le déjeuner, plus sophistiqué le soir. Dans la salle tout en bois naturel agrémentée d'un bar central et d'une cheminée, on savoure mille-feuilles de tomates, ballottins d'aubergines, assiettes de charcuterie du pays, tians... Sélection de vins bio, carte de thés, cafés, tisanes équitables. Vous pouvez séjourner sur place dans un duplex ou une chambre de grand charme. Le paradis dans la montagne.

ÂNES DE BLORE

L'Intraou ✆ 06 88 47 19 70

www.anesdeblore.fr

Circuits de 1h30 (30 € / âne) à 7 jours (320 €) en autonomie et en bivouac. Haute saison : tous les jours de 9h à 17h.

Marcher léger avec des ânes, la bonne idée ! Mais pourquoi est-ce qu'on n'y avait pas pensé avant ? Ânes de Blore vous propose de partir à la découverte du Mercantour en agréable compagnie. Plusieurs formules sont adaptées à tous les publics à l'instar de la promenade découverte, une petite boucle familiale pour aller à la rencontre de l'âne et du village ou encore la randonnée avec les ânes bâtés pour une durée de deux à sept jours en direction de l'Italie. Pour les groupes scolaires, une ânière sensibilise les enfants à l'environnement montagnard et aux ânes.

VIA FERRATA DU BAUS DE LA FREMA

SEM des cimes du Mercantour © 0680081307
www.colmiane.com

Ouvert de mai à octobre en fonction de l'enneigement et des conditions météorologiques. Entrée adulte : 5,50 €.

La Colmiane s'est dotée d'une remarquable Via Ferrata, celle du Baus de la Frema. D'une longueur de 1 600 m avec un dénivelé de 446 m, le parcours est très sportif. Les rampes aériennes permettent d'observer le paysage et il n'est pas rare de faire des pauses pour apprécier ces moments de communion avec la nature. Il faut compter environ 4h30 pour réaliser l'ensemble du dénivelé et les difficultés sont différentes suivant les parties du circuit, qui dispose deux ponts de singe.

LE BORÉON ★

Cette station, située à 10 min après Saint-Martin-Vésubie, était spécialisée dans la pratique du ski de fond et les randonnées en raquettes. Malheureusement, suite à la tempête Alex du 2 octobre 2020, l'accès au Boréon est temporairement impossible. Des travaux sont réalisés depuis plusieurs mois, avec une réouverture prochaine de la route envisagée courant du mois de juillet. Au moment du bouclage de ce livre, la route était toujours inaccessible, mais vous pouvez vous tenir informé de l'état d'avancement des travaux en vous rapprochant de la mairie, ou téléchargez l'application Ma Mairie en Poche (information sur la page d'accueil du site).

Le Boréon.

PÉONE

Péone est une petite commune de moins de 800 habitants, qui possède une architecture médiévale montagnarde typique de la région. De hautes maisons à colombages, des passages voûtés, des escaliers anciens et des cadrans solaires. Ces ruelles minuscules vous mèneront jusqu'au pied des Pénitents, de magnifiques reliefs ruiniformes de cargneule sculptés par l'érosion. Le village est situé non loin de la station de ski de Valberg, ce qui peut en faire un pied-à-terre stratégique et bien plus calme lorsque vous choisirez de passer quelques jours en montagne. La vue sur ce village est d'ailleurs très appréciable lorsque vous redescendez de Valberg.

LE CHANT DU MÈLÉ €€

970, chemin des Huerris
© 04 93 02 57 88
www.chambres-hotes-valberg.com

Ouvert toute l'année. Haute saison : chambre double à partir de 98 €. Demi-pension : 76 € (par personne). Restauration.

Situé en pleine nature à 900 m du centre de la station, Le chant du Mèlé est un chalet typique en bois de mélèze, qui propose des chambres d'hôtes toutes de bois décorées. Accueil chaleureux de Patricia et Patrick, apéro et feu de cheminée, table de terroir élaborée à base de produits locaux ou encore paix de la montagne sont les maîtres mots de cet endroit qui respire la beauté et la tranquillité naturelles... Que vous optiez pour un long séjour ou bien pour un petit moment de restauration lors de votre journée de randonnée, l'endroit devrait vous séduire.

LA CROIX SAINT-JEAN €€

38, rue Saint-Jean
© 04 93 05 45 52
www.lacroix-valberg.com

4 chambres + 1 appartement meublé. Haute saison : chambre double 89 €. Petit déjeuner inclus.

Construit en 1987, ce chalet de style savoyard qui était initialement une maison familiale a été réaménagé en chambres d'hôtes par un couple sympathique. Lucie et Christophe vous accueilleront avec grand plaisir dans ce charmant chalet. Ici, on se sent de suite à l'aide et chouchouté ! Situé à 1 720 m d'altitude, exposé plein sud et à flanc de colline, le chalet permet de bénéficier d'un sublime panorama qui domine la station de Valberg. Été comme hiver, de nombreuses activités permettent de profiter de ce magnifique cadre naturel du Parc national du Mercantour.

UTELLE ★★

Utelle témoigne d'un riche passé médiéval : maisons massives construites en hauteur, arcs en ogive, linteaux de pierre, façades en trompe-l'œil, cadrans solaires et chapelles. La commune d'Utelle se compose de 5 hameaux, ayant tous leur identité, répartis autour du sanctuaire de la Madone d'Utelle : le Chaudan (gare du Train des Pignes), Reveston, le Cros-d'Utelle, Saint-Jean-la-Rivière (où se trouve la mairie) et le Figaret.

Des sentiers relient chacun de ces villages entre eux, et permettent surtout d'accéder au sanctuaire Notre-Dame-Des-Miracles, qui culmine à 1 200 m d'altitude. Pour un rapide point historique, les origines du sanctuaire remontent vers l'an 850. Des navigateurs espagnols pris dans une tempête au large de la Provence firent le vœu de bâtir un oratoire dédié à la Vierge s'ils survivaient. Pendant qu'ils priaient, elle leur apparut, les exauça et leur montra un sommet étincelant. C'est là qu'ils érigèrent un « pilon », agrandi au cours des siècles et qui devint une chapelle. Très tôt, le clergé y organisa de grands pèlerinages et encouragea cette dévotion. La statue de la Vierge est une œuvre vraisemblablement du XVIIIe siècle en bois polychrome. Le sanctuaire fut dévasté pendant la Révolution et reconstruit par les populations. Le cloître autour de la chapelle, fermé par des murs épais, date de 1871.

Et pour en revenir au village, Utelle témoigne aussi d'un riche passé médiéval : maisons massives construites en hauteur, arcs en ogive, linteaux de pierre, façades en trompe-l'œil, cadrans solaires et chapelles.

© J-C.&D. PRATT/PHOTONONSTOP

Utelle en été.

LE MONT D'OLIVINE €€

Campo don Passeroni
✆ 06 43 13 47 93
www.mont-olivine.fr

2 chambres. Chambre double à partir de 75 €.

Cette charmante maison offre une vue panoramique superbe sur la vallée. Les deux chambres d'environ 20 m^2 sont agréables, calmes et parfaitement équipées. Les hôtes sont charmants et, pour ne rien gâcher, ils sont d'excellents cuisiniers : les petits déjeuners sont gargantuesques et les repas franco-russes divins ! En plus, ils sont de très bon conseil pour profiter des balades à faire dans le coin. Le plus : la piscine et l'accès à une kitchenette. Si vous aimez le calme romantique de la montagne, n'hésitez pas à aller y faire un tour.

FERME AUBERGE LE MÉRINOS €€

3, Parran de la Fuont ✆ 04 93 03 18 39
www.fermelemerinos.fr

Réservation impérative. Menus de 26 € à 42 € (entrée + plat + dessert). Accueil des groupes.

Dans leur grande propriété aux portes du Mercantour, la famille propriétaire reçoit ses hôtes comme s'ils étaient des amis. Tout est élaboré sur place avec les produits de la ferme essentiellement. Les plats allient les couleurs et les saveurs, les assiettes sont joliment présentées… C'est un retour aux sources de l'agropastoralisme raisonné. Des visites de l'élevage d'ovins, de volailles, des animaux de basse-cour sont organisées. La boutique propose tous les délices de leur jardin : charcuterie, terrines, rillettes, huile d'olive, confitures, gelées…

BOUTIQUE DE LA MADONE D'UTELLE

Le sanctuaire ✆ 04 93 03 19 44
www.madonedutelle.com

Fermé de décembre à février. Ouvert du jeudi au dimanche et les jours de pèlerinage. Vente en ligne.

Le sanctuaire de Notre-Dame-des-Miracles, Madone d'Utelle, est un site exceptionnel bénéficiant d'un panorama unique. Sa boutique monastique propose des saveurs et fabrications artisanales (pastis de Nice, liqueurs…) ainsi qu'un coin gourmand et un espace librairie. Vous y trouverez la possibilité d'acheter de nombreux souvenirs. En plus de sa boutique, le sanctuaire dispose d'un restaurant buvette ouverte aux mêmes horaires et abordable. Les produits se retrouvent aussi en ligne.

BREIL-SUR-ROYA ★★★

La haute vallée de la Roya a constitué pendant des siècles la route traditionnelle entre Nice et le Piémont par le col de Tende. Lors du rattachement du comté de Nice en 1860, cette vallée demeura italienne à la demande du roi Victor-Emmanuel qui voulait conserver ses territoires de chasse du Mercantour. Elle devint définitivement française en 1947.

Édifiée dans une boucle de la rivière Roya, Breil possède en elle cette histoire mouvementée et compte indéniablement une culture franco-italienne. Ce beau petit village s'étend jusqu'au pied de la montagne de l'Arpette (1 610 m), son rempart de défense naturel. L'ancienne cité fut désenclavée à la fin du XIXe siècle grâce à la route la reliant à Vintimille en Italie puis avec l'arrivée du train. Breil fut longtemps une étape sur la route du sel, cette voie muletière entre le Piémont et la Méditerranée. Agrandie et rendue carrossable après la création du port de Nice, elle devint la « Voie Royale » qui reliait Nice à Turin permettant le transit des marchandises et favorisant l'essor des villages traversés. Breil a gardé de l'époque médiévale les ruelles étroites et les passages couverts (courreou) et de l'architecture ligure, les places à arcades, les maisons aux façades colorées, les décors peints en trompe-l'œil et les tuiles vernissées des clochers. Chef-lieu de canton, Breil fut donnée à la France en 1860. Les hameaux qui lui sont rattachés ne devinrent français qu'en 1947 seulement : Libre, réputé pour la culture des oliviers, et Piène-Haute, à la cime d'un éperon rocheux.

La ville aujourd'hui

La vallée de la Roya relie la Côte d'Azur au Piémont. Elle regroupe une multitude de magnifiques villages perchés, chargés d'histoire et de traditions : Sospel cité médiévale, Saorge ancienne plate-forte féodale, Tende porte d'entrée dans l'univers préservé de la vallée des Merveilles... Loin de l'agitation touristique en été, c'est le paradis de la randonnée, des sports d'eaux vives et des loisirs culturels. La route suit la rivière et traverse des paysages superbes. Malheureusement, la tempête Alex d'octobre 2020 a également touché cette vallée, dévastant des villages (on pense notamment à Fontan) et coupant certaines routes.

ÉCOMUSÉE DU HAUT PAYS ET DES TRANSPORTS

Plateau de la Gare SNCF ✆ 04 93 04 42 75
www.ecomusee-breil.com

Ouvert tous les jours sauf le lundi de 14h à 18h30, du 1er mai au 30 septembre. Adulte : 5 €. Visite guidée. Boutique.

L'écomusée du Haut Pays et des Transports est une initiative privée, gérée par deux associations qui participent à l'entretien et à l'animation : les Tramophiles de la Côte d'Azur et l'Amicale des anciens et amis de la traction à vapeur.

Situé sur un terrain du Réseau ferré de France dans l'ancien dépôt de locomotives de Breil-sur-Roya, à proximité de la gare SNCF, il présente une exposition permanente de véhicules ferroviaires historiques. Les bénévoles ont restauré et rassemblé de nombreux engins et font revivre l'histoire des transports du Haut Pays, rendant ainsi hommage aux hommes qui ont contribué à la réalisation d'ouvrages audacieux qui enjambent les vallées ou traversent les montagnes.

- Élément spectaculaire du site : une vaste et remarquable maquette animée à l'échelle 1/87e représentant fidèlement sur 160 m² une partie de la ligne Nice-Cuneo et son vaste réseau ferroviaire, reproduisant ainsi plusieurs sites emblématiques de la ligne de Tende.
- Avis aux amateurs : le musée possède de nombreux matériels ferroviaires, dont la locomotive à vapeur 141 R 1108, les locomotives électriques BB 8238 et CC 7140, le locotracteur Y 2423, les autorails X 2804, 2215, 2217 et la remorque XR 6144 du « Train des Merveilles », la motrice PCC TB18 du tramway de Marseille, une voiture-couchettes et deux fourgons postaux.
- À noter enfin : le musée contient ausi une collection d'une trentaine de véhicules routiers, autobus et trolleybus, dont certains peuvent être loués.

BUREAU D'INFORMATION TOURISTIQUE

17, place Biancheri
✆ 04 93 04 99 76
www.breil-sur-roya.fr

Ouvert toute l'année. L'été, du lundi au samedi de 9h à 12h30 et de 14h à 18h et le dimanche matin de 9h à 12h30.

La vallée de la Roya, labellisée Pays d'art et d'histoire par le ministère de la Culture, présente un patrimoine naturel et culturel d'une richesse et d'une diversité remarquables. Zone de passage et d'échanges, à la croisée de la mer et de la montagne, le territoire du Pays d'art et d'histoire s'étend le long de l'actuelle frontière avec l'Italie, sous la protection du Mont Bego (2 872 m), point de repère pour les hommes depuis des temps millénaires.

GÎTE ROYA MERCANTOUR €

202, route de la Maglia

✆ 04 93 04 91 46

www.gite-roya-mercantour.com

Ecogîtes. Ouvert toute l'année. 5 chambres. Chambre d'hôte 37 € par personne avec petit déjeuner. Demi-pension : 60 €.

Sur les hauteurs du village, ce gîte est niché au milieu de l'oliveraie de la Maglia. Il est même écogîte, pour ses grandes qualités environnementales. Il dispose de 5 chambres d'hôtes confortables dont 4 doubles et 1 pour 4 personnes aux vues paysagées panoramiques. Le salon est le lieu convivial de rencontre l'hiver autour du poêle à bois. L'été, on lui préfère la terrasse qui domine l'oliveraie. À la table d'hôtes, on découvre une cuisine familiale à base de produits frais et bio des producteurs locaux, de savoureuses spécialités breilloises ou italiennes.

ROYA BIEN ETRE €€

390, chemin du foussa

✆ 06 76 28 25 00

www.royabienetre.com/

Gîtes et yourtes, restaurant, spa. Animaux acceptés sur demande.

Vous surprendre, vous étonner : c'est le défi que relèvent haut la main Masha et Michel Rostagni avec leur gîte et surtout leurs yourtes mongoles au charme insolite à tester le temps d'une ou plusieurs nuits. Offrant un service de restauration et mettant à disposition de leurs clients un centre bien-être équipé d'un bain à remous, sauna ainsi qu'un large choix de massages et de soins, c'est un véritable moment détente en pleine nature qu'ils vous proposent. Le silence et la tranquillité font de ce lieu une destination idéale pour se ressourcer.

LA BONNE AUBERGE €

52, rue Pasteur

✆ 04 93 04 41 50

www.labonneaubergebreil.fr

Ouvert toute l'année. Tous les jours sauf le dimanche. Carte : 15 € environ. Terrasse.

L'auberge est installée au cœur d'une authentique maison de village, située dans la principale rue piétonne. La carte est évolutive et les suggestions sont à l'ardoise. Le chef, Franck Masséglia, compose une cuisine traditionnelle avec des produits frais adaptés aux saisons. Il se fournit surtout chez les producteurs locaux et propose des assiettes savoureuses, fromages essentiellement, du fait de l'importance de l'élevage dans la région. Ses spécialités breilloises sont savoureuses. Le site comporte aussi un hôtel : bonne adresse pour les randonneurs gourmets !

LE FLAVIE €€

17, boulevard Jean-Jaurès

✆ 04 93 54 65 74

www.leflavie.eresto.net

Fermé de novembre à mi-décembre. Ouvert tous les jours midi et soir sauf jeudi et dimanche soir. Carte : 30 € environ.

L'adresse a conservé un esprit de brasserie, avec décoration soignée et mobilier confortable, et il mérite sa réputation dans la vallée de la Roya, tant par la qualité des produits, que par la cuisine traditionnelle et familiale. Les viandes sont labellisées (montbéliard, charolais, etc.) et les plats travaillés en fonction des saisons. Les desserts sont faits maison. Les portions sont généreuses. À noter le petit bar en antichambre et la grande terrasse fleurie, ensoleillée au printemps et ombragée l'été. Bon accueil et service attentif du patron.

Breil-sur-Roya.

DOMAINE DE LA CHAPELLE SAINT-JÉRÔME

Piene Haute
✆ 06 07 40 46 35
https://800trees.com/fr/3-pate-d-olive
Uniquement sur rendez-vous. Vente dans divers magasins listés sur le site. Boutique en ligne.

Spécialisé en phytothérapie (huiles essentielles, plantes médicinales), le domaine de la chapelle Saint-Jérôme a naturellement pensé à inclure l'huile d'olive dans sa gamme de produits. Cultivés en biodynamie, les 800 oliviers plantés au cœur montagneux d'un cirque voisin du parc naturel du Mercantour donnent une huile AOP Nice entièrement fabriquée de façon artisanale et conditionnée dans des flacons en grès afin que le nectar soit préservé de l'air et de la lumière.

FERME SAVEUR CAPRINE

3103 A, chemin de Praghiou
✆ 06 76 60 93 88
www.bienvenue-a-la-ferme.com
Découverte de la ferme : 5 €, dégustation : 15 €. Accueil des visiteurs sur rdv. Membre de Mercantour Ecotourisme.

Sur le sentier pédestre reliant Breil au hameau de Libre, Saveur Caprine est une ferme de découverte et une exploitation agricole d'élevage de chèvres laitières menée en agriculture biologique. Possibilité de découvrir l'élevage, la basse-cour, de faire provision de fromages de chèvre et de pâte d'olive, les deux spécialités de la maison. Casse-croûte, goûter et dégustation sur réservation. Saveur Caprine, c'est aussi une association dont le projet est d'éduquer le public à la vie de la ferme animale et végétale, à travers des visites guidées ludiques.

MAT & EAU NICE RAFTING

1177, route de la Madone
✆ 06 81 56 21 56
www.nicerafting.com
Fermé d´octobre à mars. Sur réservation. À partir de 45 € par personne pour le rafting, canyoning à partir de 70 €.

Mat & Eau Rafting est une petite structure spécialisée dans les sports d'eau vive, dont l'humour dans le nom choisi présage de la garantie de passer un bon moment en toute convivialité. Mathieu Bresson, Lolo et leur équipe de guides diplômés d'État vous proposent de découvrir des activités comme le rafting, le canoë-raft (hot dog), le kayak-raft (air boat), la nage en eau vive (hydrospeed), la randonnée aquatique ou le canyoning. Conditions spéciales : savoir nager et être âgé d'au moins 8 ans. Sensations, ambiance et bonne humeur garanties !

ROYA ÉVASION

11, boulevard Rouvier ✆ 04 93 04 91 46
www.royaevasion.com
Ouvert toute l'année. Tous les jours de 9h à 19h. Canyon, Canoë Rafting, VTT, Randonnée, Raquettes et Via Ferrata.

Toute l'équipe de Roya Évasion entraîne les passionnés de montagne et de sports d'eau vive dans ces lieux magiques où la sensation et l'aventure sont à chaque tournant. Ils proposent toute l'année des randonnées, pédestres trekking ou raquettes. Via ferrata, VTT et enduro dans le Mercantour, ou encore canyoning à la découverte de sublimes canyons comme le sauvage Carleva, le Guiou aux eaux limpides, le tropical Barbera ou le top Maglia. Sans oublier le kayak-raft (monoplace), le canoë-raft et le rafting. Il y en a pour tous les goûts et tous les plaisirs !

SAORGE ★★

Saorge est classé village monumental et offre un parfait exemple de l'urbanisation au Moyen Âge. Il abrite des escaliers pavés en calade, des maisons du XVe siècle agrémentées de remarquables portes et linteaux tandis que les toits sont recouverts de lauzes de schistes rouges ou verts de la Roya.

L'histoire de cette commune située sur la Route du Sel fut étroitement associée à celle du Comté de Nice. Elle changea plusieurs fois de souveraineté : sarde jusqu'en 1794, elle fut conquise par Masséna en 1794 qui fit démolir ses remparts. En 1814 elle fut à nouveau sarde, jusqu'à son rattachement définitif à la France en 1860.

ÉGLISE SAINT-SAUVEUR

Place de l'église Saint-Sauveur
Accès libre.

L'église est construite au XVe siècle, restaurée et revoûtée au XVIIIe siècle. Les autels latéraux, dont les ornementations baroques et les angelots donnent une impression de mouvement, et les motifs décoratifs de stuc doré apportent une note formellement baroque. À l'intérieur se trouvent des retables des XVIIe et XVIIIe siècles. L'orgue, fabriqué par les frères Lingiardi, facteurs à Pavie, fut apporté par bateau jusqu'à Nice et monté à Saorge à dos de mulets en pièces détachées en 1847. Relevé en 1979, il est depuis régulièrement joué lors de concerts.

CÔTE MONTAGNE

MONASTÈRE DE SAORGE

Avenue du Docteur-Joseph ✆ 04 93 04 55 55
www.saorge.fr

Fermé de novembre à janvier. Haute saison : tous les jours de 10h à 12h30 et de 14h30 à 18h30. Adulte : 5 €.

Cet ancien couvent des Franciscains est un remarquable témoignage de l'architecture baroque dans la vallée de la Roya. Construit sur les hauteurs de Saorge c'est aujourd'hui un musée et un site de retraite d'écriture géré par le Centre des monuments nationaux dans lequel de nombreuses manifestations culturelles sont organisées. L'église Notre-Dame-des-Miracles, construite au XVIIe siècle, se compose d'une nef unique flanquée de quatre chapelles latérales remarquables. On peut également visiter librement le jardin aménagé en terrasses, le potager et la pergola.

OSTERIA LOU POUNTIN €

56, rue Lieutenant-Revelli
✆ 04 93 04 54 90

Ouvert toute l'année. Du mercredi au lundi le midi et le soir. Carte : 20 € environ (plat + dessert).

Cet établissement présente une cuisine saine inspirée de la gastronomie italienne à base de produits frais. Les recettes évoluent en fonction des saisons pour respecter le terroir. On déguste les spécialités d'Italie en commençant par les traditionnels antipasti. Ensuite, aubergines parmesan, escalope milanaise, ou un choix de pâtes aux sauces délicieuses, raviolis ou lasagnes... Les pizzas sont aussi italiennes, tout comme les desserts maison traditionnels. Pensez à réserver, la salle intérieure voûtée est petite. La terrasse fleurie aménagée donne sur la rue.

LA BRIGUE ★

La Brigue est située à 770 m, au bord de la Levenza, affluent de la Roya. Autrefois zone de chasse du roi Victor-Emmanuel, cette portion de territoire fut rattachée à la France en 1947. Riche commune peuplée de négociants et de bergers dont l'histoire se confond avec celle des puissants seigneurs de Lascaris, elle possède un patrimoine architectural composé de 7 édifices classés aux monuments historiques. Le cœur médiéval du village réunit la plus belle collection répertoriée de linteaux armoriés ou historiés du milieu du XVe siècle à nos jours réalisés dans un schiste noir autrefois exploité dans la région ou dans de la pierre verte de Tende.

CHAPELLE NOTRE-DAME-DES-FONTAINES

D 143
✆ 04 93 79 09 34
www.labrigue.fr

Ouvert toute l'année. Haute saison : tous les jours de 10h à 12h30 et de 14h à 17h30. Sur réservation sinon.

Ce sanctuaire prestigieux doté de sources bienfaisantes fut un lieu de pèlerinage depuis les premiers siècles de notre ère. Son aspect extérieur n'a rien qui retienne particulièrement le regard mais les peintures qui constituent sa décoration intérieure en font la « chapelle Sixtine » des Alpes méridionales. Elles sont dues à deux artistes italiens de très grand talent : Giovanni Canavesio et Giovanni Baleison. Cette chapelle est un joyau artistique sans équivalent.

VIA FERRATA LA CIAPPÉA

Place Saint-Martin ✆ 04 93 79 09 34
www.labrigue.fr

Accessible toute l'année, suivant conditions météorologiques. Dénivellation du parcours : 250 m. Accès adulte : 5 €.

Surplombant le village médiéval et ses falaises verticales de 80 m, l'itinéraire est très sportif. C'est une succession d'équipements suspendus sur 600 m de long qui procurent des sensations vertigineuses. Les points forts du circuit sont les 8 ponts de singe et la tyrolienne de 120 m. L'achat des billets se fait dans les bureaux de l'information touristique.

Le bureau des guides de Tende, situé au 6 bis rue Sébastien-Grandis, propose des demi-journées pour découvrir en toute sécurité le parcours avec encadrement et équipement de façon à mieux progresser.

FLEUR DES ALPES €

1, place Saint-Martin
✆ 04 93 04 61 05

Ouvert toute l'année. Chambre double 55 €. Demi-pension 110 € pour 2. Restauration.

Un hôtel charmant, à la décoration réussie et aux équipements de qualité pour des chambres bien cosy qui ont vue sur l'église ou la rivière. La salle de restaurant est avenante avec ses grandes baies vitrées laissant entrevoir un paysage magnifique sur la vallée. La propriétaire est aux fourneaux et en complément des plats traditionnels aux saveurs méditerranéennes, elle concocte des spécialités de Sète, sa ville d'origine : seiches, poulpes, encornets... Aux beaux jours, une terrasse est aménagée sur la place. Une halte gourmande où les poissons sont rois !

LE MIRVAL €€

3, rue Vincent-Ferriet ✆ 04 93 04 63 71
www.lemirval.com

Fermé de novembre à avril. Chambre double de 51 € à 67 €. Demi-pension (à partir de 80 € par personne). Restauration.

À l'entrée du village, une bâtisse de 1893 abrite un hôtel entièrement rénové avec des chambres bien équipées. La salle de restaurant est aménagée dans une grande véranda rajoutée en façade et offre un superbe panorama sur les montagnes environnantes. La cuisine du terroir est influencée par la gastronomie italienne. L'ambiance est familiale et l'accueil chaleureux. L'établissement propose de juin à septembre des excursions guidées à la découverte des richesses patrimoniales du parc national du Mercantour ou du site archéologique de la vallée des Merveilles.

SAINT-DALMAS-DE-TENDE ★

Ce village était autrefois le poste-frontière de la voie ferrée Nice-Cunéo, ce qui explique les dimensions impressionnantes de sa gare, bâtie en 1928 et marquée par l'époque mussolinienne. À l'époque de sa pleine activité, elle comportait un important dépôt et atelier de maintenance de machines à vapeur et des épis ferroviaires d'un éventail de quinze voies. Au chapitre des curiosités, ou des exploits – ferroviaires – il est intéressant de signaler, si vous montez de Nice à Tende par le train, que la voie ferrée prend de l'altitude, sans avoir besoin de faire des boucles dans la vallée.

Pour revenir au village, Saint-Dalmas-de-Tende est le point de départ des excursions vers le mont Bégo et la vallée des Merveilles. Au centre d'une châtaigneraie, à 730 m d'altitude, le village s'est développé pour loger les familles des ouvriers travaillant à la mine de zinc et de plomb argentifère, située à l'entrée de la vallée des Merveilles. Exploitée depuis l'Antiquité, elle est restée en activité jusqu'en 1927. Après avoir perdu sa vocation initiale, le hameau de La Minière de Vallauria fut restauré et réaménagé pour accueillir des activités culturelles et sportives. L'hydrocentrale édifiée à Saint-Dalmas en 1914 est l'une des plus anciennes et des plus importantes de la région niçoise. Elle est alimentée par l'important potentiel hydraulique issu du territoire du val des Merveilles dans la haute vallée de la Roya.

LE PRIEURÉ** €€

Rue Jean-Médecin ✆ 04 93 04 75 70
www.leprieure.org

Ouvert toute l'année. Chambre double de 60 € à 80 € (dont 2 chambres pour PMR). Pension complète possible. Restauration.

Situé en pleine montagne dans un cadre verdoyant, l'ancien monastère a été réhabilité en hôtel. On se sent protégé par les voûtes et les murs épais de ces lieux privilégiés à côté d'un parc paisible. Les 27 chambres toutes différentes ont une vue magnifique sur le parc et offrent un très bon confort. Elles sont personnalisées et décorées de meubles anciens en bois massif du haut-pays qui s'harmonisent avec les tissus provençaux aux tons chauds. Certaines ont un balcon ouvert sur la montagne. Ces belles prestations sont complétées par une restauration de qualité.

DORMIR PLUS HAUT €€

Route de Granille
✆ 06 80 85 73 88
www.mercantour-monts-et-merveilles.com

Ouvert toute l'année. Weekend : 160 à 210 €. Semaine : 430 € à 550 €.

Au cœur d'une forêt de châtaigniers, quatre ravissantes maisons sont construites dans les arbres, offrant une capacité d'accueil de 4 personnes. Possibilité de louer toute l'année au week-end, à la demi semaine ou à la semaine puisqu'elles peuvent être chauffées et sont entièrement équipées. Chaque cabane dispose de sa terrasse privative avec table, chaises et hamac. L'accès pour rejoindre le nid s'effectue par une passerelle (et non par une échelle) ce qui écarte tout danger pour les plus jeunes ou les seniors... Pour vivre un rêve d'enfant, tentez l'aventure !

LE PRIEURÉ €€

Rue Jean-Médecin ✆ 04 93 04 75 70
www.leprieure.org

Ouvert toute l'année. Tous les jours le midi et le soir. Carte 30 € environ. Jardin. Terrasse. Traiteur à domicile.

Dans le cadre superbe d'un ancien monastère reconverti et rénové avec beaucoup de goût, on vous accueille l'hiver dans une vaste salle voûtée lumineuse avec vue sur le cours d'eau. Dès les beaux jours, votre choix s'orientera certainement sur la grande terrasse en rez-de-jardin. L'établissement peut accueillir des événements privés ou professionnels dans l'ancienne chapelle du Prieuré qui a été transformée en salle de réception pouvant contenir jusqu'à 150 personnes. La cuisine est traditionnelle aux accents régionaux, la carte évolutive change régulièrement.

TENDE ★★

La Roya prend sa source au col de Tende et poursuit sa route au pied de sommets de plus de 2 000 m d'altitude, jusqu'à rejoindre la Bévéra et se jeter dans la Méditerranée à Vintimille, en Italie. Altitude et relief sont très variés sur le parcours de la Roya et la richesse de la biodiversité est exceptionnelle : on passe de la forêt de montagne à une végétation méditerranéenne, avec une grande variété de couleurs et d'espèces endémiques.
Le village de Tende, niché à 850 m d'altitude au pied du col éponyme, est la plus vaste commune des Alpes-Maritimes comprenant Tende, Saint-Dalmas-de-Tende et les hameaux de Castérino, Viévola, Granile et Canaresse. C'est sur son territoire que se situe la remarquable Vallée des Merveilles dans le Parc national du Mercantour. Le col de Tende culminant à 1 871 m est le passage des Alpes le moins élevé et le plus direct entre la Provence orientale et le Piémont. Les forteresses militaires qui le surplombent offrent une vue époustouflante jusqu'au mont Rose situé à 4 364 m. Ainsi, la vallée n'est pas seulement un beau site naturel : son histoire est riche en péripéties ! Comme tous les villages de cette vallée, Tende a changé maintes fois de domination : en 1581, le comté de Tende fut acquis par la Maison de Savoie ; puis les territoires de Tende et de La Brigue furent ballottés entre France et Italie et ne furent définitivement cédés à la France qu'au traité de paix de Paris le 10 février 1947. Comme un bel héritage de l'histoire, de nombreux dialectes subsistent encore dans les villages.

Histoire

▸ Découvrez la fête de la Saint-Éloi :
Depuis le Moyen Âge, la route du sel partait de Nice pour rejoindre le Piémont. Sous la domination savoyarde, cette voie muletière devint un axe fondamental d'échange et Tende en fut une étape incontournable. Le sel arrivait des salins de Camargue à bord de navires qui accostaient dans les ports de Nice ou de Villefranche. Les sacs étaient chargés à dos de mulets jusqu'à Tende, ville étape où l'on changeait de montures, car les mulets tendasques étaient réputés pour leur robustesse et leur force.
Les ducs de Savoie puis les rois de Sardaigne eurent recours aux muletiers tendasques pour le transport de matériel militaire et le ravitaillement de leurs troupes qui guerroyaient souvent de part et d'autre du col de Tende. Ils se regroupèrent rapidement en corporation et créèrent la confrérie des muletiers de Tende sous le patronage de saint Éloi qui a traversé les âges.
De nos jours, les membres perpétuent la fête patronale de la Saint-Éloi chaque deuxième week-end de juillet à travers le feu d'artifice du samedi soir ainsi que la bénédiction dominicale des chevaux et des mulets. Ceux-ci, héritiers d'une tradition séculaire, sont parés d'habits de fête, menés par le prieur de l'année et sont les vedettes d'une cavalcade à travers le village. Vous pourrez également profiter de concerts gratuits de certains groupes folkloriques à travers le village de Tende. Une belle fête historique qui vaut le détour !
▸ Pour en savoir plus, consultez le site officiel de la confrérie : http://fetesainteloi.fr/

COLLÉGIALE NOTRE-DAME-DE-L'ASSOMPTION

Rue Cotta
www.tendemerveilles.com
Ouvert toute l'année. Haute saison : tous les jours de 9h à 18h. Visite guidée (sur réservation).
Sur la route du baroque nisso-ligure, ce monument mérite une visite. Sa construction fut ordonnée par le comte de Tende, Honoré Lascaris Ier vers la fin du XVe siècle. Un portail style Renaissance en pierre verte de Tende est venu l'achever en 1562 ; il représente le Christ entouré des douze apôtres. Un ciel bleu profond étoilé décore l'ensemble de la voûte centrale. Le buffet d'orgue de 1673 fut rénové en 1807 par Carlo Serassi et fait partie des orgues italiens de la Roya.

MUSÉE DES MERVEILLES

Avenue du 16-Septembre-1947
✆ 04 93 04 32 50
www.museedesmerveilles.com
Ouvert tous les jours, sauf le mardi, de 10h à 17h. L'été, jusqu'à 18h. Entrée gratuite.
La Vallée des Merveilles est un site exceptionnel de gravures rupestres en Europe. Le conseil départemental des Alpes-Maritimes a créé ce musée pour contribuer à la protection, la mise en valeur et la diffusion de ce patrimoine archéologique exceptionnel. De conception moderne, spacieux et multifonctions sur 750 m², il regroupe 3 parties ayant chacune une thématique particulière : l'histoire naturelle, l'archéologie et les arts et traditions populaires, le tout retraçant vingt mille ans d'histoire. L'espace temporaire accueille des expositions de grande qualité.

VALLÉE DES MERVEILLES

Parc national du Mercantour
www.tendemerveilles.com

Renseignements sur le site Internet, auprès de l'office de tourisme ou à la maison du Mercantour à Tende.

Le Parc national du Mercantour regroupe 6 vallées, 28 communes, un patrimoine historique, culturel et économique exceptionnel, une quantité d'ouvrages moins connus du petit patrimoine traditionnel bâti, une faune sauvage protégée abondante très variée ainsi qu'une flore hors du commun dont la diversité est unique en Europe.

La Vallée des Merveilles et le val de Fontanalbe forment l'un des plus grands sites archéologiques en plein air du monde. Ce vaste territoire, émaillé de lacs glaciaires et dominé par le mont Bégo (2 872 m), est un véritable sanctuaire païen issu de l'âge du bronze qui concentre des milliers de « ciappe », des gravures rupestres sur des dalles de pierres colorées, qui inspirèrent ce beau nom de merveilles.

La vallée de la Valmasque possède quant à elle trois remarquables lacs d'altitude (le lac Vert, le lac Noir et le lac du Basto). Pour protéger ce patrimoine inestimable, il est interdit aux randonneurs de sortir des sentiers autorisés.

▶ Depuis 2018, le parc national du Mercantour, en partenariat avec le syndicat local d'accompagnateurs montagne « *Merveilles, Gravures et Découvertes* », a mis en place un système de réservation en ligne obligatoire pour les visites guidées sur le site archéologique classé Monument historique du mont Bego, dans les deux vallées : Merveilles (au départ du refuge des Merveilles), et Fontanalba (au départ du refuge de Fontanalbe à 8h, et pour les autres horaires départ de la Vacherie supérieure).

▶ **Pour plus d'informations et pour réserver : www.vallee-merveilles.com**

AUBERGE VAL CASTÉRINO** €€

Hameau de Castérino
✆ 04 93 04 64 38
www.valcasterino.fr

Fermé de novembre à janvier. Chambre double à partir de 72 €. Demi-pension : 136 € (pour 2 personnes). Restauration.

L'Auberge Val Castérino fait partie des bâtiments historiques du hameau de Castérino. C'est une affaire de famille et les sœurs Dominique et Audrey sont la troisième génération de propriétaires à vous y accueillir chaleureusement. Les 10 chambres, ambiance chalet en bois, sont confortables et toutes équipées de salles de bains privatives. Dans la belle salle à manger rustique, ornée d'une superbe cheminée en pierre, on goûte la cuisine du terroir et du Piémont. Une formidable étape pour une semaine ou un week-end en montagne dans un cadre enchanteur.

LE CHAMOIS D'OR*** €€

Hameau de Castérino ✆ 04 93 04 66 66
www.hotelchamoisdor.net

Uniquement sur réservation en hiver. Haute saison : chambre double à partir de 125 €. Demi-pension possible. Hammam.

Un hôtel intégralement rénové dans le style chalet de montagne. Au total, 22 chambres décorées dans la tradition et admirablement équipées. Certaines disposent d'une terrasse-balcon avec vue plongeante sur la vallée. Restauration sur place dans un cadre rustique et cosy à la fois, pour une cuisine aux accents italiens (comme le chef). Espace détente et zen au spa, avec hammam et douche balnéo. Enfin, l'hôtel dispose de ses propres Jeep pour à la découverte du Parc avec des guides. Des promenades à cheval, en VTT et en chien de traîneau sont également possibles.

© TOMFRY - STOCK.ADOBE.COM

Gravures rupestres dans la vallée des Merveilles, parc national du Mercantour.

LA MARGUERIA €

19, avenue du 16-Septembre-1947
✆ 04 93 04 60 53
Ouvert toute l'année. Midi et soir sauf le mardi. Juillet et août, ouvert 7j/7. Carte : 20 € environ. Terrasse.

Situé dans la rue principale qui traverse Tende, ce restaurant familial propose une cuisine de méditerranéenne aux accents italiens, ainsi que des spécialités fromagères comme la tartiflette, la raclette, la fondue savoyarde ou la reblochonnade. On trouve également à la carte un grand choix de pizzas cuites au feu de bois et, en été, des assiettes gourmandes composées avec des produits frais. Sans oublier l'excellente carte des vins d'artisans provenant de toute la France. La terrasse offre une vue splendide sur les montagnes au-dessus des toits de la ville.

LE MIRAMONTI €€

5, rue Antoine-Vassalo ✆ 04 93 04 61 82
www.lemiramonti.fr
Fermé de novembre à janvier. Ouvert lundi, mardi et du jeudi au samedi midi et soir ; le dimanche midi. Carte : 25 €.

Une salle intérieure rustique, une grande terrasse extérieure ensoleillée et un petit jardin d'été, voilà pour le décor. La cuisine traditionnelle et familiale propose des spécialités italiennes : pâtes fraîches, charcuteries et fromages de la région. Goûtez la truite de pays en papillote, cuisinée au citron et au vin blanc. La carte des vins est composée d'appellations venues d'Italie, de Corse et de métropole à prix raisonnables. Côté hébergement, le Miramonti dispose de chambres confortables situées au-dessus du restaurant, équipées pour 3 ou 4 personnes.

MAISON DU MIEL ET DE L'ABEILLE

Place du Lieutenant-Kalck
✆ 04 93 04 76 22
www.tendemerveilles.com
Ouvert l'été, du mercredi au vendredi de 14h à 17h ; le week-end de 9h à 12h30 et de 13h30 à 17h. Adulte : 1,50 €.

Conçue sur le modèle d'un rucher, cette maison vous permettra de découvrir pas à pas la vie des abeilles. Vous distinguerez tout au long d'un parcours ludique et varié le monde de ces animaux fascinants en faisant appel à votre vue, à votre ouïe et à votre odorat. La boutique propose tout un éventail de produits locaux réalisés à base de miel qu'on aura plaisir à rapporter dans ses valises pour prolonger le plaisir des vacances de retour à la maison.

BUREAU DES GUIDES DU MERCANTOUR

6 bis, rue Sébastien-Grandis
✆ 04 93 04 67 88
www.mercantour-roya.com
Séjour randonnées dans le Mercantour sur réservation. Séjours canyoning et multi-activités.

Ce groupement d'amis, tous professionnels aguerris de la montagne, partage des expériences avec le public tout en les sécurisant. Leurs activités incluent l'accompagnement et l'encadrement de toutes les activités de montagne en toutes saisons : sports d'eau vive, escalade, randonnées à pied ou en raquettes, via ferrata de Tende, La Brigue et Peille. Ils fournissent l'équipement nécessaire et proposent également des séjours multi-activités adaptables aux familles avec enfants.

ALPES DU SUD

Si les adeptes d'héliotropisme et d'animations apprécient Nice et son bord de mer pour jouir des activités balnéaires, les amateurs d'authenticité préfèreront sortir des sentiers battus pour une escapade en toute quiétude dans les Alpes du Sud.

Le long de la vallée de la Tinée, de nombreux villages pittoresques ont su conserver et préserver leur authenticité : découvrez leurs richesses historiques, architecturales et naturelles à travers les sentiers de randonnées et les sites patrimoniaux.

Dans les gorges du Cians, le paysage est grandiose : la roche est tantôt faite de schiste rouge tantôt blanche à cause du calcaire. Les amateurs de sensations fortes trouveront aussi leur bonheur tandis que les nombreux chemins de randonnée invitent les moins impétueux à la découverte de la nature.

Et pour découvrir des zones préservées, le parc du Mercantour, sa faune et sa flore, vous tendent les bras.

SAINT-DALMAS-LE-SELVAGE
M2205
SAINT-ÉTIENNE-DE-TINÉE
AURON
M2205
Entraunes
D2202
Parc National
Mercantour
D278
VILLENEUVE-D'ENTRAUNES
PÉONE
D29
GUILLAUMES
VALBERG
D28
D28
Réserve Naturelle
Gorges de Daluis
D2202
D28
3 KM

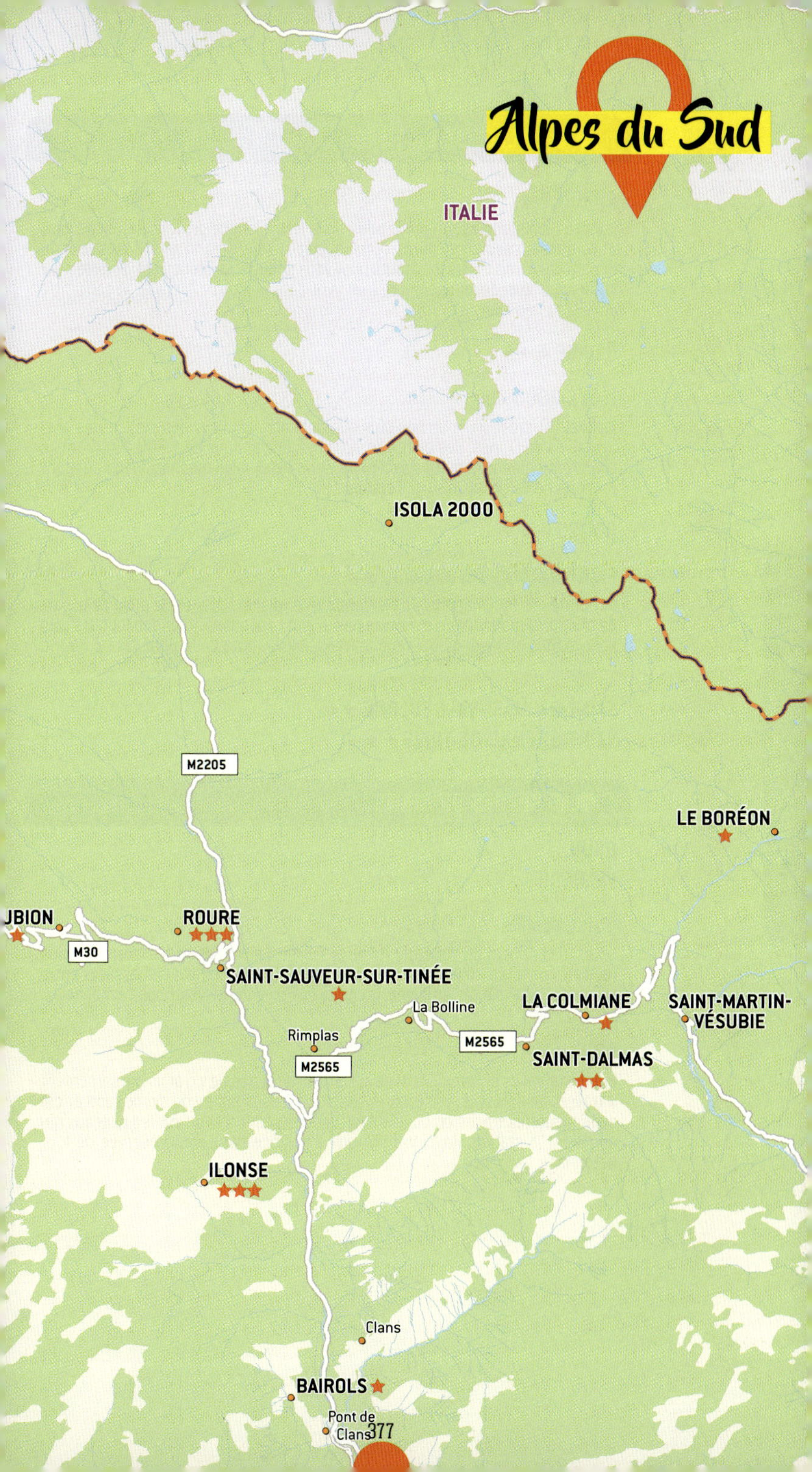
Alpes du Sud
ITALIE
ISOLA 2000
M2205
LE BORÉON
JBION
ROURE
M30
SAINT-SAUVEUR-SUR-TINÉE
La Bolline
LA COLMIANE
SAINT-MARTIN-VÉSUBIE
Rimplas
M2565
M2565
SAINT-DALMAS
ILONSE
Clans
BAIROLS
Pont de Clans

AURON ★★

Le village d'Auron possède une histoire datant du siècle passé et inexorablement liée à son essor en tant que station de ski. Inauguré le 30 janvier 1937 comme le troisième en France, le téléphérique et les installations en découlant ont forgé la réputation de la station qu'on lui connaît aujourd'hui. Il transportait alors 25 personnes à l'extraordinaire vitesse de 2 m/sec ! Une année plus tard, elle allait avoir l'honneur d'accueillir les 27e championnats nationaux. Une entrée fracassante en la matière, qui sera freinée sévèrement par la malencontreuse période de guerre.
Une parenthèse engourdie de presque 30 ans sera nécessaire pour se remettre d'aplomb. Le déclic viendra cette fois du proche voisinage, avec le lancement d'Isola 2000. Insuffisants dans les années soixante, ses équipements seront bien vite modernisés et développés. Une sorte de renaissance bien gérée, car elle apportera vite les fruits escomptés.
En effet, depuis 1979, la station a accueilli trois fois les championnats de France de ski alpin, hommes et femmes. Mais l'histoire d'Auron ne se limite pas aux seules sensations alpestres épicées. Pour peu qu'on laisse son esprit vagabonder dans le paysage escarpé au gré de cette brise quasi régulière, il ne sera guère difficile de s'imaginer les conditions d'antan, toute une époque où le temps n'était pas sous l'emprise de la simple horloge et où le pérégrin se faisait plus que rare, faute d'infrastructure routière. Un espace culturel ancestral ayant développé ses propres codes internes, en étroite association avec la mère montagne.

LA CHAPELLE SAINT-ÉRIGE D'AURON ✞ ★★

Grange Cossa
✆ 04 93 23 02 66
Visite guidée (sur réservation 48h à l'avance). En juillet et août : chaque jeudi et dimanche de 17h30 à 18h30.

Ancien lieu de pèlerinage, cette chapelle est un lieu étonnant dans lequel on venait demander aux saints des guérisons, voire même de ressusciter des enfants morts sans baptême, le temps de les faire baptiser. Les papes accordèrent aussi des indulgences aux pèlerins venus prier dans cette belle chapelle romane du XIIIe siècle qui abrite également des peintures murales qui comptent parmi les plus belles de l'arrière-pays niçois avec des œuvres des artistes Baleison et Canavesio.

FRANCELOC - RÉSIDENCE L'ALPINA*** €

Voie Berger
✆ 04 93 02 54 20
Ouvert toute l'année. Courts séjours possibles à partir de 2 nuits. Studio divisible (ou mezzanine) 4 personnes.

L'Alpina est l'une des plus belles résidences de la station. Située à 200 m de la place centrale, elle se distingue par sa construction récente. Les appartements sont spacieux, bien décorés et meublés avec goût. Chacun dispose d'un balcon ou d'une terrasse. Petit plus non négligeable : la piscine couverte et chauffée de la résidence, idéale hiver comme été. Il existe une deuxième résidence à Saint-Étienne-de-Tinée, face au téléski du Riou, dans un beau et grand chalet habillé de bois.

ALPES DU SUD

© R. PALOMBA/STATIONS DU MERCANTOUR

Station de ski d'Auron.

LE PARC NATIONAL DU MERCANTOUR

Créé en 1979, le Parc National du Mercantour abrite des richesses d'une exceptionnelle diversité. La variété de ses paysages en fait l'écrin d'une nature préservée où l'équilibre avec l'occupation humaine a été trouvé avec justesse. Grands et petits mammifères, oiseaux, reptiles et insectes, sa faune est très variée et composée de plusieurs centaines d'espèces. Si vous restez discret, vous aurez sûrement la chance de pouvoir observer chamois, bouquetins et autres espèces emblématiques.

Le Mercantour, c'est aussi une richesse végétale hors du commun avec plus de 2 000 espèces de plantes, soit près de la moitié de celles connues en France. De nombreuses espèces sont spécifiques à la région du sud des Alpes, et 6 d'entre elles sont présentes uniquement dans le massif transfrontalier de l'Argentera-Mercantour. Terrasses de culture, traditions pastorales et villages perchés nous rappellent que nous sommes en montagne et que l'homme a dû s'y adapter. Aujourd'hui, le visiteur découvre ces témoignages du passé qui font l'objet de nombreuses attentions pour que les générations à venir jouissent aussi de cet héritage.

- Édifices religieux, vestiges militaires, noms de lieux, parlers locaux, traditions culinaires : tout ici nous parle d'une longue histoire commune avec l'Italie. Il existe sur ce territoire des sites archéologiques emblématiques (citons la Vallée des Merveilles ou La Tournerie). Idéalement, le Mercantour se visite à pied sur plus de 550 km de sentiers entretenus et balisés, tout en offrant des paysages contrastés et somptueux à chaque saison.

- Un Parc national est un bien commun à tous qui contribue à la connaissance et à la protection de la biodiversité. Ne pas chasser, ne rien cueillir, ne pas fumer, ne rien couper, ne rien dégrader : il est indispensable de respecter ces quelques règles quand on s'y promène. Les chiens ne sont pas admis dans la zone centrale du parc afin de ne pas déranger ni perturber les animaux sauvages. Le camping est interdit ; le bivouac autorisé mais seulement à l'extérieur du parc à au moins une heure de marche de ses limites.

- N'oubliez pas d'emporter avec vous des vêtements chauds, de l'eau et de quoi vous protéger du soleil : la météo est très variable et la neige peut persister jusqu'à l'été. De même il n'est pas rare d'avoir des chutes soudaines de température en plein été.

LE BATACLAN** €€

Plateau Nabinas
✆ 04 93 23 31 20
www.lebataclan.fr

Ouvert de décembre à fin avril et l'été, 7j/7 de 8h15 à 22h30. Chambre double de 110 € à 140 €. Restauration. Hammam.

Idéalement situé au pied des pistes, vous n'aurez plus qu'à chausser vos skis chaque matin avant de profiter d'une belle journée sur les pistes. Côté service, le restaurant propose toute l'année une cuisine traditionnelle au feu de bois et dispose d'une jolie terrasse orientée plein sud, parfaite pour grignoter un morceau. Le salon réunit quant à lui les clients autour d'un billard ou d'un baby-foot dans une ambiance conviviale. Envie d'un moment rien qu'à vous ? Le spa, la salle de gym et le hammam vous offrent bien-être et détente.

LE BLAINON*** €€

Place d'Auron
✆ 04 93 23 35 04
www.hotel-auron.fr/fr/accueil

Ouvert de décembre à avril et l'été. Chambre double à partir de 200 €. Demi-pension à partir de 78 € par personne.

Le Blainon est idéalement situé au cœur du village à quelques pas du téléphérique. Vous profiterez de chambres lumineuses, confortables, fonctionnelles et très équipées. Une petite faim ? Le Blainon est également doté d'un restaurant, offrant une cuisine familiale servie dans sa chaleureuse salle de restaurant avec une vue magnifique sur les pistes. Ambiance cosy au salon de thé pour se détendre en fin de journée dans une lumière tamisée : on y déguste des crêpes en sirotant un chocolat ou vin chaud autour d'un feu de cheminée.

HÔTEL EDELWEISS** €€

Place Centrale
✆ 04 93 03 40 48
www.edelweissauron.com

Ouvert l'été et de début décembre à fin avril. 17 chambres. Pension complète à partir de 75 € par personne.

Amabilité, réactivité et disponibilité : nous vous recommandons cet hôtel pour ses chambres à la fois spacieuses et bien équipées qui donnent sur les pistes, son restaurant jouissant d'une très bonne cuisine de qualité tant au petit déjeuner qu'au dîner, sans oublier les propriétaires très sympathiques et avenants. Pour couronner le tout, l'établissement vous propose des packs spéciaux avec l'espace de bien-être et massage situé juste en face. Ne cherchez plus, vous avez trouvé la détente absolue pour un excellent rapport qualité-prix.

HÔTEL L'ÉCUREUIL*** €€

Boulevard Georges-Pompidou ✆ 04 93 23 02 72
www.lecureuil.com

Chambre double : à partir de 65 €. Demi-pension possible. Restauration (logis 3 cocottes). Sauna. Parking gratuit.

Comme un petit air de Savoie souffle sur Auron dans cet hôtel accueillant et chaleureux aux chambres petites mais si confortables et fonctionnelles. Certaines sont communicantes, d'autres dotées d'un balcon avec vue sur les pistes de ski. L'esprit famille est ici clairement revendiqué et l'ambiance chaleureuse vous permettra de profiter pleinement de toutes les activités d'une montagne verte en été et blanche en hiver. Sur place, le restaurant Les Pivotes propose à la carte des produits du terroir autour de son poêle à bois, dans un pur style chalet de montagne.

LE CHALET D'AURON**** €€€

La Voie du Berger
✆ 04 93 23 00 21
www.chaletdauron.com

Ouvert l'été ainsi que de début décembre à mi-avril. Chambre double à partir de 170 €. Restauration. Hammam, sauna.

Authentique et magnifique hôtel situé à 200 m de la place du village, vous êtes ici transporté dans un univers de luxe, de calme et de volupté. Le Chalet d'Auron, ce sont aussi de nombreux services pour sublimer votre séjour : un restaurant, un bar lounge, un espace bien-être avec sauna, une piscine, un parking gratuit ainsi qu'un solarium. Et pour finir de vous sentir comme chez vous, ce sont aussi de belles chambres, superbement bien équipées, et un service impeccable. Les suites rivalisent de séduction avec leur mobilier taillé à même le bois.

LE DAHU €€

Boulevard Georges-Pompidou
✆ 04 93 23 31 66
www.ledahu.fr

Ouvert toute l'année. 10 appartements du studio au 2 pièces duplex avec balcon et terrasse. Tarifs sur demande.

Décorés avec goût et simplicité, les appartements meublés de ce chalet situé à deux minutes à pied de la place centrale à 1 600 m d'altitude, aux portes du parc national du Mercantour sont bien équipés : cuisine complète avec micro-ondes, lave-vaisselle et TV, notamment. Certains disposent d'un grand balcon ensoleillé. Petit plus : la présence d'un parking sur place et d'un ski-room pour le matériel de ski. Il est préférable de contacter les propriétaires directement pour connaître les tarifs qui varient selon la période et la durée de votre séjour.

L'ALISIER €

Plateau de Chastellarès
✆ 04 93 23 34 83

Ouvert tous les jours durant la saison d'hiver. Carte : 20 € environ. Transats à disposition des clients.

On apprécie l'Alisier pour sa belle et grande terrasse bien exposée et baignée de soleil, où il est agréable de faire une pause entre deux pistes et d'y parfaire son bronzage ! La salle intérieure est presque aussi avenante avec son salon, sa cheminée et son grand écran plasma : idéal pour prolonger la pause après déjeuner ou après la dernière piste pour se détendre autour d'un chocolat chaud. La cuisine est familiale et traditionnelle, sur la base d'un self et la formule snack est à conseiller aux plus pressés. Le personnel est très aimable.

AU REFUGE €

Boulevard Georges-Pompidou
✆ 04 93 05 76 93

Ouvert toute l'année. Toute la journée midi et soir. Tous les jours. Réservation recommandée. Carte : 20 € environ.

Une des petites merveilles gustatives de la station, à découvrir absolument ! Au refuge, les plats sont généreux et concoctés avec des produits en provenance directe des montagnes. La fondue, la tartiflette ou encore les lasagnes et les crêpes maison se déclinent à l'envie. La spécialité de la maison : la viande de taureau est servie grillée ou en daube, avis aux amateurs ! Plus récemment, le restaurant a varié sa cuisine en proposant à emporter des plateaux de sushis ou des fruits de mer. Une petite cave est à découvrir et l'accueil est bien sympathique.

LA BERGERIE €€

Quartier inferieur Nabinas
✆ 04 93 23 06 81
www.labergerie-auron.fr/labergerie

Saison d'hiver : ouvert tous les midis ; le soir seulement sur réservation. Fermé l'été. Carte : 20 € environ. Terrasse.

Adresse absolument incontournable de la station, la Bergerie, c'est : une salle intérieure chaleureuse et une belle terrasse qui s'ouvre sur les pistes avec solarium et chaises longues pour la bronzette. Côté gastronomie, c'est l'une des meilleures tables d'Auron : la cuisine est élaborée en fonction des saisons et propose grillades au feu de bois sans oublier quelques spécialités montagnardes. Ambiance festive à souhait sous l'impulsion du maître des lieux qui anime ce lieu à merveille. À découvrir absolument pour un moment gourmand assuré.

LE GALION €€

Avenue de Malhira
✆ 04 93 23 01 56
Ouvert toute l'année. En saison d'hiver et vacances scolaires : 7j/7 midi et soir. Carte : 20 € environ. Terrasse.

En quelques mots, le Galion c'est : une véritable institution où l'accueil est chaleureux, la cuisine généreuse, moderne et traditionnelle à la fois. Et ce n'est pas tout, il y a aussi des «After Ski», où l'on se détend autour de savoureux cocktails, des soirées lounge music, et parfois même privées (sur demande). Le cadre est agréable et la décoration élégante. Une adresse incontournable, toujours animée. Et comme on sait bien que quelques mots ne valent pas votre propre expérience, on vous recommande fortement d'y passer !

LE GRIZZLY €€

Route du Puits
✆ 04 93 02 49 67
hiver.auron.com/partenaires/le-grizzly
Service continu 7j/7 de 9h à 17h selon l'ouverture de la télécabine de la Pinatelle. Carte : 25 € environ. Dortoir.

Ce chalet d'altitude est situé sur les pistes à côté du téléphérique de la Pinatelle que les piétons peuvent emprunter pour y accéder. L'endroit est très accueillant avec sa terrasse bien ensoleillée, ses transats pour la bronzette et l'ambiance musicale qui rend l'endroit très convivial. L'équipe est jeune et dynamique. La carte est simple pour les personnes pressées ou plus complexe pour celles qui ont envie de prendre leur temps avec des plats montagnards, des grillades au feu de bois. Le chalet possède enfin 4 chambres et un dortoir de 19 couchages.

L'ENDROIT €€

Place Centrale ✆ 04 93 03 40 48
www.edelweissauron.com
Ouvert toute l'année. Tous les jours le midi et le soir. Carte : 20 € environ. Tapas et glaces l'été. Terrasse.

Selon l'heure de la journée (ou même la saison), la Brasserie de l'Endroit affiche plusieurs facettes. L'après-midi, on y prend un chocolat chaud (ou des glaces) dans une atmosphère tranquille et familiale à l'heure du goûter avant de poursuivre avec l'apéro. Puis à partir de 19h, on passe à table et l'on découvre des recettes familiales mijotées, d'excellentes pièces de viande, de belles et grandes salades composées, des pâtes déclinées à toutes les sauces... Le tout cuisiné avec des produits frais. On apprécie également la belle terrasse extérieure chauffée.

LE SLALOM €€

Place Centrale
✆ 04 93 23 00 13
Ouvert toute l'année. Haute saison : tous les jours de 8h à 18h30. Carte : 20 € environ. Terrasse. Solarium et transats.

En plein cœur d'Auron, le Slalom vous attend. Des repas généreux, goûteux, Entre les grands classiques montagnards, les pâtes et les pizzas copieuses, les woks et autres spécialités de brasserie, le plus difficile reste de choisir ! Un lieu emblématique au cœur du village que l'on aime pour le service chaleureux et très agréable, le cadre élégant et la terrasse toujours ensoleillée. Situé sur la place centrale d'Auron, on est prêt à parier que même si vous n'avez pas une grande faim, vous allez probablement vous y arrêter l'hiver pour un bon vin chaud !

LE CHALET D'AURON - RESTAURANT LA TABLE €€€

La Voie du Berger ✆ 04 93 23 00 21
www.chaletdauron.com
Ouvert l'été ainsi que de fin novembre à mi-avril. Carte : 50 € environ. Demi-pension avec l'hôtel le Chalet d'Auron.

On retient cette adresse tout particulièrement pour la cuisine, à la fois créative et savoureuse, les plats familiaux (blanquette de veau à l'ancienne, pot-au-feu provençal façon grand-mère, magret de canard zesté à l'orange) classiques mais de haute qualité, joliment présentés ; et le cadre, à couper le souffle dans un décor de chalet conviviale. La déco est soignée et élégante. On apprécie également la jolie terrasse qui offre un superbe panorama sur le paysage environnant.

AU BONHEUR DES DAMES

Galerie La Ruade ✆ 06 63 40 16 62
www.aubonheurdesdames-auron.com
Ouvert du mercredi au samedi de 9h30 à 12h et de 15h à 18h et le dimanche matin.

Décoration, carterie, jolis souvenirs : Au bonheur des dames, c'est une petite boutique familiale pleine d'idées cadeaux, que l'on aime pour son aspect chaleureux et l'accueil que réserve la gérante, également artiste peintre. Situé dans la galerie marchande d'Auron, ce magasin est l'endroit idéal pour dénicher un cadeau original ou pour se faire plaisir. Entre les peluches, bibelots, vaisselle et même les très belles peintures sur bois personnalisées... vous trouverez bien de quoi rapporter un petit bout de montagne chez vous.

SPORT 2000

Place Centrale

✆ 04 93 23 00 30

www.fl1-auron.sport2000.fr

Ouvert tous les jours de 8h30 à 19h. Boutique Place Centrale : consigne à skis gratuite pour les clients.

C'est LE repère pour s'équiper, recueillir de précieux conseils lorsqu'on est un skieur ou snowboardeur. Vous y trouverez tout ce dont vous aurez besoin pour dévaler les pistes enneigées (vente, location, réparation, entretien, gardiennage de nuit et boot fitting) mais aussi vêtements ski, prêt-à-porter et chaussures. L'été, des VTT DH, Freeride, DH 24 pouces, semi-rigide (freins disques) ou classiques (adultes et enfants) vous attendent à la location pour dévaler les pentes herbacées de la station. Notez que vous pouvez réserver votre matériel en ligne.

ZEN ALTITUDE - ZIGGY SHOP

Rue Sainte-Marie-Madeleine

✆ 04 93 03 27 23

Ouvert non-stop de 8h30 à 19h en saison (de 9h à 12h et de 14h à 18h hors saison). L'été, uniquement les week-ends.

Rossignol, Nordica, Ride, Verdad, Nike et Union : toutes les marques les plus stylées des riders sont réunies dans cette boutique installée au cœur de la station d'Auron. Vous pourrez également y découvrir des T-shirts et des vestes très fun à l'effigie de la zen attitude, la marque du maître des lieux (à retrouver également sur : www.pop-art.fr en tapant dans la recherche : Ziggy). Une adresse sympa et incontournable pour faire son shopping et louer de bons skis.

ÉCOLE DU SKI FRANÇAIS

Place Centrale

✆ 04 93 23 02 53

esfauron.com

En hiver uniquement. Cours particuliers enfants et adultes. Handiski. Tarifs disponibles sur le site Internet.

L'ESF propose toutes sortes de prestations sur les pistes de la station : initiation ou perfectionnement et leçon particulière ou cours collectif en fonction de l'âge et du niveau du skieur. Au programme : ski alpin, snowboard, freestyle, télémark, handiski, raquettes à neige... Le Club Piou Piou accueille les enfants de 3 à 5 ans. Ces derniers ont également la possibilité d'effectuer des stages de perfectionnement durant les vacances scolaires. L'ESF Auron propose aussi aux personnes à mobilité réduite des cours assis ou debout (DualSki, TandemSki, Kartski).

LE HARAS DU FARBAN

Plateau de Chastellarès ✆ 06 84 30 50 35

www.harasdufarban.fr

Ouvert toute l'année. Randonnées équestre d'avril à octobre. Tarifs et prestations détaillés sur le site Internet.

Alliant la marche, le trot et le galop, les belles promenades en altitude que propose ce centre équestre permettent d'atteindre les sommets rapidement. Et pour cause, 2h suffisent pour accéder à certains sommets et en redescendre. À 2 000 m d'altitude, vous bénéficiez d'un décor magnifique sur fond de cimes enneigées avec ruisseaux ou vieilles granges, avec parfois un berger accompagnant son troupeau dans les alpages. L'hiver, le haras propose des promenades en traîneaux tirés par des chevaux, un moment magique ! Des activités variées dans un beau cadre.

LA PATINOIRE

Place d'Auron

✆ 04 93 23 02 66

Ouvert tous les jours de décembre à fin mars, nocturne le samedi. Ouvert de 10h à 22h.

L'hiver, la place centrale d'Auron se pare de sa plus belle patinoire, alors pourquoi ne pas s'amuser en faisant un peu de patin à glace ? Une activité sportive qui ravit petits et grands. Que vous soyez novice ou expérimenté, vous prendrez plaisir à esquisser quelques pas de glisse à condition de vous couvrir si vous décidez de tenter l'expérience de nuit. Il est recommandé d'y accompagner les jeunes enfants plutôt dans la journée pour éviter la foule. Mais en soirée, vous pourrez profiter d'un bon verre de vin chaud dans les bars à proximité.

PISCINE MUNICIPALE

Boulevard Georges-Pompidou

www.auron.com

Ouvert uniquement l'été. Adulte : 5 €. Matelas et parasols proposés à la location.

Idéal pour se reposer et bronzer au bord de l'eau, cet espace sportif découvert et chauffé propose des cours d'aquagym pour les plus courageux et des leçons de natation avec au programme : apprentissage de la natation et/ou perfectionnement dans les différentes nages. L'établissement dispose d'un grand bassin et d'un bassin plus petit pour les enfants. L'eau est chauffée tout l'été. Vérifiez l'ouverture avant d'y aller : la piscine d'Auron est actuellement en travaux pour pouvoir vous accueillir dans son nouveau complexe aquatique couvert (piscine, balnéo...).

TENNIS MUNICIPAL

✆ 04 93 23 02 66

ete.auron.com/hors-ski/tennis

Location des courts à l'heure à partir de 12 €. Leçon particulière de 1h : 40 €, 5 x 1h : 180 €.

Profitez des beaux jours pour vous exercer au tennis en montagne ! Durant les mois de juillet et août, le club de tennis d'Auron invite les adultes, adolescents et enfants à venir profiter de stages aussi sportifs qu'enrichissants. Sans parler des camps de vacances aux multiples activités (dès 10 ans). Possibilité de leçons particulières ou en groupe et de location de courts pour les individuels. Et vous pouvez également réserver l'un des courts de tennis en ligne (sur le site ballejaune.com). L'hiver, ne cherchez pas les terrains, ils seront sous la neige !

CINÉMA LE RIOUNET

Boulevard Georges-Pompidou

✆ 04 93 23 01 41

www.auron.com/

Plusieurs séances en saison. Renseignements et programmes à l'office de tourisme. Tarif : 7 €.

Quoi de mieux qu'une soirée cinéma après une belle journée de ski ? Le Riounet propose les derniers films à l'affiche avec plusieurs séances en saisons. Retrouvez l'intégralité des programmes des projections, semaine à après semaine, à l'office de tourisme. Le cinéma vous propose jusqu'à quatre films différents en salle, pour des projections en fin d'après-midi ou début de soirée. À vous les succès du box office en qualité numérique ! Vous n'aurez plus qu'à vous Installer confortablement sur l'un des nombreux fauteuils en velours rouge, et... action !

ILONSE ★★★

À quelques kilomètres de la D57, perché à 1 250 m d'altitude, cet adorable village médiéval surplombe la vallée de la Tinée. Attention, la route est étroite et sinueuse, mais vos efforts seront récompensés : le village est parfaitement conservé avec ses ruelles étroites pavées à l'ancienne, ses maisons de pierre, ses porches à ogives, ses pontis et ses passages sous voûtes, on se croirait dans un mini-musée médiéval. À l'intérieur de l'église paroissiale Saint-Michel, des peintures murales classées et des boiseries sculptées. Sur la D428 en direction de Pierlas, le col de la Sine, à 1 437 m d'altitude, offre un superbe panorama sur les montagnes.

ISOLA-2000 ★★

Le projet d'Isola 2000 est né en 1947 lorsqu'un Anglais, découvrant le site merveilleux du Chastillon, décide d'y implanter une station de sports d'hiver. L'idée fait son chemin jusqu'en 1964, date à laquelle le conseil municipal adopte le principe de création d'une station de sports d'hiver sur le plateau de Chastillon. L'inauguration eut lieu en 1972. Aujourd'hui, la station d'Isola 2000 propose 120 km de pistes. Au cœur des Alpes du Sud, dans le massif du Mercantour, à 97 km de Nice, c'est à présent une station de grande notoriété, en partie grâce à sa situation. La neige et le soleil pour le grand bonheur des amateurs de tous les sports de glisse.

Histoire

On doit l'arrivée de la châtaigne à Isola aux moines bénédictins de l'abbaye de Saint-Dalmas de Pedona qui, au XIe siècle, en fit un élément majeur de l'économie locale : ressource alimentaire de base, son fruit permettait en effet de nourrir les populations. Pendant des siècles, la commune était « riche » de ces terres sur lesquelles poussaient ces arbres dont la longévité perdurait au-delà des siècles ! Mais la fin des années 1990 marqua l'arrivée d'un fléau : les châtaigniers furent touchés par la maladie de l'encre (champignons qui rongent les racines de l'arbre et le tuent), décimant petit à petit les châtaigneraies environnantes (en 2009, on a récolté environ 3 tonnes contre 30 tonnes en 1989 !). Les acteurs locaux (municipalité, villageois et propriétaires de châtaigniers) se sont donc mobilisés afin de préserver à la fois leur patrimoine naturel, vecteur de l'identité de leur « pays », mais aussi le savoir-faire ancestral de la castanéiculture, par la mise en place d'actions multiples : reboisement, soins et surveillance des arbres. En 2002, la « pépinière d'Isola » a été créée par le Syndicat Agricole : un site unique où sont greffées, sur des « porte-greffes » résistant aux maladies, des variétés qui continuent de participer à la renommée castanéicole de la commune.

▸ La Fête de la Châtaigne : depuis plus de 50 ans, Isola village célèbre cette fête chaque 1er week-end de novembre. Une manifestation qui met à l'honneur la châtaigne sous toutes ses formes : dégustation de châtaignes grillées, ventes de produits dérivés, repas traditionnel avec la polenta et la daube, bal populaire, chants traditionnels, métiers d'antan...

CHALET MARANO €€

Le Hameau Lieu-dit La Clairière
✆ 04 93 02 74 13
www.chaletmarano.com

Ouvert toute l'année. Chambre double de 210 à 340 €. Restauration. Hammam, sauna, spa.

Pour se reposer après une belle journée sur les pistes, se ressourcer en jouissant d'un espace bien-être et détente avec spa, hammam et enfin se régaler autour de plats locaux élaborés à partir de produits frais : le chalet Marano offre une expérience de plaisir complète aux sommets des cimes. On apprécie tout particulièrement la terrasse panoramique accessible directement par la piste bleue dédiée « Chalet Marano » et les chambres modernes et confortables, de véritables petits nids douillets.Un repos bien mérité… et sans aucunes contraintes !

HÔTEL LE DRUOS*** €€

Hôtel sur le Front de Neige ✆ 04 93 23 12 20
www.hoteldruos.com

Ouvert de début décembre à fin avril et de mi-juillet à fin août. Chambre double à partir de 80 €. Bar. Terrasse.

Son emplacement plein sud sur le front de neige est très prisé : on en sort et on y entre par la terrasse, skis aux pieds que l'on dépose ensuite dans son casier personnel avec chauffe-chaussures ! Les chambres habillées de bois sont confortables et lumineuses, certaines sont communicantes ce qui est pratique pour les familles avec enfants. On aime se retrouver au salon où trône une cheminée majestueuse pour déguster l'en-cas de l'après-ski ou au bar pour un apéro convivial en début de soirée. Le personnel est attentionné et répond au mieux à vos requêtes.

LE PAS DU LOUP*** €€

Galerie Marchande, Centre Station
✆ 08 20 43 33 33
www.isola2000.com/annuaire/se-loger/hotels/le-pas-du-loup

Ouvert toute l'année. À partir de 125 € la nuit tout compris. Sauna. Animations. Mini-club.

L'établissement propose des chambres modernes et confortables ainsi que des appartements pouvant accueillir jusqu'à 6 personnes. La formule all inclusive avec pension complète et accès au bar offre un bon rapport qualité/prix. Le restaurant de l'hôtel propose quant à lui un choix varié de cuisine traditionnelle dans un cadre agréable. On peut aussi profiter à tout moment de la terrasse ensoleillée donnant sur la piste. Les autres atouts sont la petite piscine située dans le centre de remise en forme et le sauna. Idéal pour ceux qui aiment tout avoir sur place.

PIERRE & VACANCES LES TERRASSES D'AZUR €€

Résidence les Terrasses d'Azur ✆ 04 93 23 24 00
www.pierreetvacances.com

Fermé de fin avril à début juillet et de fin août à la mi-décembre. Studio à partir de 170 € pour 4 nuits.

Cette résidence façon chalet de montagne située à l'entrée d'Isola 2000 en surplomb des pistes offre une vue panoramique exceptionnelle sur la vallée du Chastillon. Les appartements (du studio pour 4 aux 3 pièces pour 8) sont orientés sud et sud-ouest, et tous bénéficient d'un petit balcon ensoleillé. Les pistes et commerces sont facilement accessibles par le funiculaire ou par navettes. Le petit plus ? Un accès à la piscine d'Isola village située à quelques kilomètres en contrebas.

© R. PALOMBA/STATIONS DU MERCANTOUR

Station d'Isola 2000.

LES CHALETS DE LA DIVA €€€

Front de Neige
✆ 04 93 23 17 71
www.madamevacances.com/locations/france/alpes-du-sud/isola-2000/les-chalets-de-la-diva

Ouvert toute l'année. À partir de 100 € la nuitée. Demi-pension. Hammam, bain bouillonnant, sauna. Terrasse.

L'hôtel domine la station. Orienté plein Sud, on peut rejoindre aisément les remontées mécaniques à pied depuis l'entrée ! Avec son architecture extérieure façon chalet traditionnel, l'intérieur est étonnant avec son style contemporain chic, une décoration que l'on retrouve aussi dans les chambres spacieuses pourvues de tout le confort. Le salon et le bar sont des pièces superbes qui donnent sur la terrasse où on profite du soleil entre deux descentes allongés sur des transats. Côté restauration, les menus sont variés et les desserts recherchés.

LA MARMOTTE €

Front de neige ✆ 04 93 23 98 65
www.isola2000.com/annuaire/restaurants/restaurants-dans-la-station/la-marmotte

Tous les jours midi et soir de décembre à avril et de début juillet à mi-septembre. Carte : 25 € environ.

Dans ce restaurant au bord des pistes où il n'est presque pas nécessaire de déchausser, le service est aimable et efficace. On aime le cadre, la décoration, l'emplacement et la disponibilité des équipes prêtent à vous accueillir dès 8h du matin pour le petit-déjeuner. Le midi, on y déguste des crêpes ou les spécialités de montagne bien évidemment ! Le soir, l'ambiance se veut plus festive à grand renfort de cocktails et tapas maison. Un lieu incontournable de la station pour tous ceux qui cherchent une bonne adresse pour se restaurer après la glisse.

L'AVALANCHE €€

Front de neige ✆ 09 83 73 27 13
www.isola2000.com/annuaire/restaurants/restaurants-dans-la-station/lavalanche

Ouvert toute l'année. Service de restauration non-stop de 11h30 à 22h. Carte : 20 € environ. Terrasse. Billard. Bar.

Découvrez dans ce restaurant une avalanche de saveurs où les produits du terroir et de saison sont savamment mis à l'honneur. Best seller, comment résister au méga burger avec son pain et ses frites 100 % maison, aux fromages certifiés fermier de la vallée sans oublier les légumes du potager voisin... Du vrai, du bon et du goût ! À noter que les crêpes et pizzas se consomment sur place ou à emporter. On souligne aussi la qualité de l'accueil, très agréable, et le service courtois et dynamique. Une adresse hautement recommandée.

LA RACLETTE €€

Front de neige
✆ 04 93 23 10 34
www.isola2000.com/annuaire/restaurants/restaurants-dans-la-station/la-raclette/

Ouvert toute l'année. Haute saison : tous les jours le midi et le soir. Carte : environ 25 €.

La Raclette : c'est une table table incontournable de la station et ce, depuis 1975. Le Chef met l'accent sur la fraîcheur des produits et sur un accueil très affable. Si les spécialités de la montagne sont bien entendu mises à l'honneur (raclette dans les règles de l'art à volonté), la carte s'oriente également sur des traditionnelles pizzas et des pâtes. À conseiller, surtout le soir pour l'ambiance et pour la terrasse chauffée et couverte sur les pistes. Accueil sympathique et souriant, service rapide et agréable. Bon rapport qualité-prix.

RESTAURANT LE COW-CLUB €€

Front de Neige
✆ 04 93 23 12 01
www.cowclub.com

Ouvert durant la saison d'hiver, de début décembre à avril, le midi et le soir. Carte : 25 € environ. Terrasse.

Changement de décor pour ce restaurant qui, à l'origine, était une vacherie, achetée et rénovée en 1977. Le poids du passé a donc inspiré le nom, et la carte généreuse ainsi que l'emplacement de choix sur le Front de neige donnent un cachet particulier à l'établissement. Au menu on retrouve des salades, des pâtes, pizzas et bien entendu des spécialités montagnardes qu'on apprécie confortablement installés sur les chaises longues de la terrasse pour paresser un peu au soleil. L'ambiance est chaleureuse et conviviale. Il est prudent de réserver.

LE YÉTI €€

Front de Neige
✆ 04 93 23 17 08
www.restaurant-le-yeti.fr
Ouvert de début décembre à fin avril et en juillet et août 7j/7. Carte : environ 25 €. Terrasse avec vue panoramique.

Situé en plein cœur de la station d'Isola 2000, cet établissement offre une incroyable vue panoramique à 180° depuis la jolie terrasse agencée au premier étage. Dans la salle de restaurant, une grosse cheminée d'époque et un coin cosy spécialement aménagé pour l'heure du thé où l'on peut déguster pâtisseries maison, crêpes et diverses variétés de thé, sans oublier bien sûr la cuisine savoureuse et audacieuse du chef. La carte mélange harmonieusement des spécialités montagnardes et du sud-ouest ainsi que des recettes françaises traditionnelles.

VACHERIE DE CHASTILLON

✆ 04 93 23 12 48
www.isola2000.com/annuaire/commerces/alimentation/fromagerie-vacherie-de-chastillon/
Ouvert toute l'année et tous les jours de 9h à 13h et de 15h30 à 20h. Atelier de fabrication.

Cet endroit incontournable propose à la vente une sélection de produits du terroir ainsi que des salaisons de qualité élaborés dans la pure tradition de fabrication piémontaise : fromages au lait cru, rigatello, reblochon, yaourts au lait entier ou fromages frais. Les plus curieux pourront également visiter l'atelier de fabrication de ces produits et assister à leur préparation tandis que les plus petits découvriront la traite des vaches et l'alimentation des veaux. Une savoureuse visite qui s'impose aux papilles dans cette vacherie devenue une institution.

BIKE PARK

✆ 04 93 23 15 15
www.isola2000.com/pistes-vtt
Ouvert les week-ends en juin et septembre, l'été en continu. Aller simple VTT : 5 €. Forfait journée : 15 €.

Dans un cadre magnifique, découvrez le domaine de descente d'Isola 2000 pour profiter des pistes de ski pour faire chaque été des descentes en VTT ! Vous aurez ainsi le choix entre 1 piste verte (Green Snake), 3 piste bleues (Big Loop - Roubines Wood - Northshore), 4 pistes rouges (Jungle Speed - The Wall - Red River) et 2 pistes noires (Black Line). De quoi faire du sport dans un cadre grandiose pour un parcours total de 27,5 km. N'oubliez pas de vous équiper d'un casque. Sensations fortes garanties, peu importe votre niveau. Locations possibles.

PISCINE MUNICIPALE

✆ 04 93 02 19 88
www.isola2000.com/piscines
Haute saison : ouvert tous les jours de 10h à 17h30. Ticket entrée : adultes 4 € et enfants 3 €.

Située au cœur de la station, cette piscine en plein air est chauffée et vous offre une vue magnifique sur les montagnes environnantes ainsi que sur toutes les activités. Surveillé par des maîtres-nageurs sauveteurs diplômés d'État, cet espace nautique est un lieu de divertissement qui propose également des activités aquatiques payantes (en plus de l'entrée) comme les leçons de natation (apprentissage et perfectionnement) ou les cours d'aquagym. Les matelas, parasols et chaises sont en location. Un snack est également disponible sur place.

SPA DES TEMPS

Résidence La Lombarde ✆ 04 83 10 40 08
www.sandra-lacoste.com
Ouvert tous les jours de 9h à 20h en hiver et de fin juin à début septembre de 10h à 12h et de 14h à 18h.

Sandra Lacoste a développé un concept de soins innovants basés sur les saisons et les éléments. Elle travaille avec les gammes de produits cosmétiques haut de gamme Carita et Terraké. Après un diagnostic personnalisé, elle vous suggère des soins adaptés pour évacuer fatigue et stress du quotidien mais aussi pour améliorer la circulation de vos énergies, vous permettre d'être en harmonie avec votre corps ou simplement vous relaxer. Sandra propose quatre univers inédits liant des principes actifs pour un rituel de beauté efficace et apaisant en toute sérénité.

LE TXUPITO

Immeuble Le Pelevos
✆ 06 19 55 39 51
Ouvert toute l'année. De 17h à 2h30 du matin. Restauration jusqu'à 1h du matin.

Anciennement connu pour la tanière, l'ambiance est toujours aussi jeune et décontractée au Txupito, dans ce bar-billard où l'on peut boire un verre entre potes, manger un morceau et surtout s'amuser. Des soirées à thème sont organisées tout au long de la saison : blind tests, karaokés et diffusions de tous les matchs de foot sur écrans géants... Et pour caler les fringales nocturnes, le service snacking est ouvert jusqu'à 1h. Ici on s'amuse et on profite de l'ambiance décontractée encouragée par les DJ qui viennent régulièrement assurer le spectacle.

ALPES DU SUD

ROURE ★★★

Ce village à 1132 m d'altitude au-dessus d'un à-pic impressionnant dominant la rivière Vionène est un paradis des amoureux de la nature. La flore dans les environs est abondante. On y observe facilement des lièvres, des gypaètes, des sangliers, des chevreuils, des marmottes et évidemment des chamois. Au village, les trois superbes granges préservées témoignent de l'architecture agropastorale tandis que les maisons de pierres rouges aux toits de bardeaux ou de lauze violette datent pour la plupart des XVIIe et XVIIIe siècles. Une visite s'impose : celle du célèbre arboretum Marcel Kroenlein qui sur 6 ha permet d'observer une flore de l'étage montagnard.

ARBORETUM MARCEL KROENLEIN

1017, avenue Bellevue ✆ 04 93 35 00 50
www.arboretum-roure.org
Ouvert toute l'année. De 10h à 18h, en hiver fermeture à 16h. Entrée : 5 €. Ateliers Enfants : 3 €. Boutique.

Un Arboretum est une collection d'arbres, un témoin et un protecteur de la biodiversité. Celui-ci a été créé en 1988 pour permettre d'observer l'étage montagnard et dans ce lieu hors du temps, fut initiée une démarche originale : **protéger, accueillir, préserver pour les générations futures**, toutes les essences d'altitudes des montagnes du monde. Surplombant la **Vallée de la Tinée et implanté sur 17 hectares**, de 1280 à 1722 mètres au-dessus du niveau de la mer, l'Arboretum de Roure, labellisé Jardin Remarquable, rassemble, conifères, feuillus, fruitiers anciens, succulentes mais aussi un potager expérimental en permaculture et le patrimoine des rosiers botaniques des Alpes maritimes… L'arboretum, témoin et protecteur de la biodiversité se définit comme une sorte d'Arche de Noé des essences rares ou en voie de disparition**, un refuge pour les arbres de demain**. **L'Art-boretum** est également le 1er et seul arboretum d'altitude lié à l'art. Le Land Art s'exprime en prenant de la hauteur, on croise régulièrement sur les sentiers, des sculptures contemporaines qui habitent ce jardin de montagne et apportent au site une nouvelle dimension.

Toute l'année sont proposés des visites guidées, ateliers pédagogiques ou journées à thème selon les saisons : les inflorescences des mélèzes - les journées plantations - l'atelier plantes médicinales - la journée des oiseaux - la faune - la découverte des érables en automne - le brame du cerf ou les journées nature & gastronomie.

SAINT-DALMAS-LE-SELVAGE ★★

Le village de Saint-Dalmas-le-Selvage est souvent considéré comme l'un des plus attachants des Alpes-d'Azur. À 1 450 m d'altitude, au confluent du vallon de Sestrière et de Gialorgue, Saint-Dalmas a les deux tiers de sa superficie dans le parc du Mercantour. C'est sur ce territoire que se trouvent le hameau le plus élevé du département des Alpes-Maritimes, Bousieyas (1 950 m) et le col de La Bonnette, le plus haut d'Europe avec sa table d'orientation à 2 859 m. Situé en haut de la vallée de La Tinée par la D6202, à 100 km de Nice, le village est typiquement alpin avec ses façades en pierre, ses balcons de bois, ses toitures largement débordantes.

Histoire

Ceux qui font « la traversée des grandes Alpes » ont toujours un pincement au cœur alors qu'ils abordent la route de la Bonette qui culmine à 2 802 m. Depuis Saint-Etienne-de-Tinée, on accède au hameau du Pra puis à celui de Bousiéyas, dernier lieu de vie avant le col. Cette route, inaugurée et classée le 18 août 1860 par Napoléon III, traverse de vastes alpages et vous emmène dans des paysages uniques. Mais son histoire n'est pas si simple, faite de crues, destructions et de reconstructions hasardeuses.

En 1950, Jean-Pierre Moatti, préfet des Alpes-Maritimes, Jean Médecin, maire de Nice et président du conseil général, ainsi que Bernard Issautier inauguraient enfin la liaison Tinée – Ubaye promise depuis 98 ans par Napoléon III. Les voitures pouvaient transiter même si ce n'était qu'une piste, et les ouvriers durent encore réaliser 200 000 mètres cubes de terrassement et 6,5 kilomètres de chaussée nouvelle pour un tracé définitif achevé en 1961.

Après de nombreux virages et des pentes qui dépassent souvent les 10 %, on arrive au sommet du col où la table d'orientation permet de nommer toutes les grandes cimes des Alpes du Sud, du mont Pelat au Viso, ainsi que la barre majestueuse des Écrins. On peut poursuivre la descente vers les Alpes-de-Haute-Provence en direction de Barcelonnette par une route charmante où la circulation est réglementée - amis du caravaning, renseignez-vous !

Un itinéraire économique et touristique, sans doute le plus beau et le plus spectaculaire d'Europe. Attention, la route est fermée l'hiver.

ÉGLISE PAROISSIALE ✞ ★

monumentum.fr/eglise-paroissiale-saint-dalmas-pa00080834.html

Accès libre.

Classée à l'inventaire supplémentaire des Monuments historiques en 1988, cette église était un prieuré de l'abbaye bénédictine de Pedona. Son clocher érigé en 1718 fait partie de l'un des 9 clochers lombards de la vallée de la Tinée. Une magnifique peinture équestre de saint Dalmas orne la façade principale au-dessus du porche auvent. À l'intérieur, deux triptyques (primitifs niçois) et deux toiles du XVIIe siècle (Pons et Bottero). On ne manquera pas d'admirer la statue de procession offerte par Napoléon III et représentant une Vierge à l'Enfant.

GÎTES DU PRESBYTÈRE €€

Rue du Moulin ✆ 04 93 02 48 40

www.gitesdupresbytere.com

Ouvert toute l'année. De 370 € à 805 € la semaine selon saison ; et le weekend de 130 € à 600 €. Restauration.

Les Gîtes du Presbytère sont composés de trois beaux appartements meublés dans une maison ancienne rénovée. Le Blanchon pour 4 personnes est situé en rez-de-jardin et possède une grande terrasse ; Le Mouflon pour 6 personnes est situé au premier étage et possède un balcon ; Le Chamois installé au deuxième étage est un duplex pouvant recevoir jusqu'à 11 convives. Tous sont spacieux, lumineux, confortables et entièrement équipés avec cuisine moderne et salle de bains complète. Le restaurant des gîtes L'Etoile satisfera par ailleurs les amateurs de bonnes tables.

LA PETITE ÉTOILE D'HÔTES EN MERCANTOUR €€

Maison de l'étoile ✆ 06 95 74 09 63

https://www.la-petite-etoile-dhotes-en-mercantour.fr/fr

Ouvert toute l'année. Chambre double à partir de 95 €. Demi-pension (entre 65 et 80 €). Restauration (table d'hôte bio).

Les gérants de cette charmante adresse sont deux amoureux de la nature et des produits du terroir qu'ils cultivent dans leur potager bio et dont les légumes nous régalent au fil des saisons. Dans leur maison d'hôtes, quatre belles chambres peuvent accueillir de 1 à 5 personnes. L'ambiance est conviviale et les lieux reflètent l'attitude chaleureuse et authentique des hôtes. La table commune est joyeuse, souvent bigarrée tandis que la cuisine saine invite à des découvertes étonnantes.

RESTAURANT LE PRATOIS €€

Hameau du Pra

✆ 04 93 02 44 65

www.restaurantlepratois.com

Ouvert de mi-juin à mi-septembre tous les jours midi et soir. Carte : 30 € environ.

Sur la route qui mène au col de la Bonette, en plein cœur du Parc national du Mercantour, le restaurant Le Pratois vous accueille dans une ambiance familiale et un cadre bucolique. La carte propose essentiellement des spécialités cuites au feu de bois : confit de lapin, tomme de brebis de pays, camembert grillé, terrine maison, jambonneau cuit au foin... Des plats aussi savoureux que gourmands réalisés à partir de produits frais que l'on mange sur la terrasse ombragée ou dans la belle salle intérieure. Probablement une des meilleures tables du coin !

Ecalade d'une cascade de glace.

BALADES EN RAQUETTES

Maison de Pays
✆ 04 93 02 46 40
www.saintdalmasleselvage.com
Balades conseillées de novembre à mars. Tarif : gratuit. Location de raquettes : à partir de 5 € la paire, par jour.

Alors qu'aux beaux jours, on se laisse volontiers séduire par une randonnée bucolique à travers les prairies fleuries et les forêts d'épicéas, on profite en hiver du grand tapis blanc pour s'exercer aux joies des raquettes : le domaine du village comprend 50 km de sentiers balisés autour du plateau de Sestrières, du vallon de Gialorgues ou encore du col d'Anelle. Une idée de parcours ? Optez pour le plateau de Claffournier, que vous parcourrez en 2h, ou bien dirigez-vous vers les deux cascades de glace de Gialorgues : aucun doute, vous ne pourrez en être déçu !

ESCALADE DES CASCADES DE GLACE

Accès libre.

Visibles en hiver depuis le village, ces deux superbes cascades de glace hautes de plus de 100 mètres sont situées dans le vallon de Giallorgues et forment un paysage féerique, magique et spectaculaire qui s'est formé avec les effets conjugués de l'eau et du froid. Sur les cascades de glace de Gialorgues, on trouve en général 4 lignes grimpables, cotées du 4 au 4+. Leur ascension en accès libre est toutefois réservée aux initiés ayant un matériel spécifique ou avec un professionnel.

SAINT-DALMAS - VALDEBLORE ★★

Entre Tinée et Vésubie, ce charmant village de l'arrière-pays niçois est perché à 1 290 m d'altitude, dans la vallée glacière du Val de Blore qui lui donne son nom ! Couvert en large partie par le territoire du Parc national du Mercantour, la commune réunit depuis 1669 sous un seul et même nom (Valdeblore) les communes de Saint-Dalmas (encore appelée de nos jours Saint-Dalmas-de-Valdeblore pour le différencier du village de Saint-Dalmas-le-Selvage), de La Roche et de La Bolline. C'est un village typique de montagne, que vous prendrez plaisir à découvrir, et qui est également le point de départ d'une multitude de sentiers de randonnée.

SAINT-ETIENNE-DE-TINÉE ★★★

Sans doute habitée depuis la préhistoire, nommée Daeliae Insula par les Romains, puis Sancti Stephani Tinænsis au début de l'ère chrétienne, Saint-Etienne-de-Tinée a bien une histoire. Rattachée à la France en 1860, on y vivait replié, en raison des liaisons difficiles avec les vallées voisines et avec le littoral. À partir de 1900, l'élargissement des routes et l'avènement de l'automobile permirent au village de se développer, mais un dramatique incendie le ravagea en 1929. La moitié de la commune fut détruite et elle ne dut sa renaissance qu'à une souscription lancée à toutes les communes qui fut à l'origine du lancement de la station d'Auron.

Balade

Le village de Saint-Etienne-de-Tinée est le point de départ de nombreuses randonnées pédestres dans le parc national du Mercantour.

Le lac de Vens

Situé à 2 475 m d'altitude, il faut compter environ 2h30 de marche depuis le hameau du Pra. Des paysages splendides vous attendent tandis que les plus chanceux apercevront mouflons ou chamois. Ce circuit vous amène sur un plateau où se trouve la maison forestière de Tortisse. De là, vous apercevrez les arches de Tortisse formant une spirale. Une fois arrivé aux lacs, un refuge de montagne y est implanté pour permettre à de nombreux randonneurs de se reposer et d'apprécier une soirée près des étoiles.

Le lac de Rabuons

Situé à 2 523 m d'altitude, il faut grimper pendant 4h dans la vallée de la Tinée. C'est le plus grand lac de la région. Le mont qui le surplombe est le mont Ténibre qui culmine à plus de 3 000 m, le plus haut des Alpes du Sud. Cette randonnée est sensationnelle et les paysages sont grandioses !

Piste cyclable

Pour une promenade sportive seul, en famille ou entre amis, empruntez la piste cyclable entièrement sécurisée qui relie le village de Saint-Etienne-de-Tinée à celui d'Isola situé à 14 kilomètres environ en contrebas de la vallée. Le circuit vous permet de découvrir des paysages sublimes au bord de la rivière la Tinée qui borde la route. Le dénivelé est d'environ 300 m.

CHAPELLE DES TRINITAIRES ✝ ★★

Ouvert toute l'année. Un guide du patrimoine religieux est en vente dans les OT d'Auron et Saint-Étienne-de-Tinée.

Il s'agit de la chapelle du couvent désaffectée des Trinitaires datant de la fin du XVIIe siècle, cet ordre religieux avait pour mission l'évangélisation des barbaresques d'Afrique du Nord et le rachat des captifs. À l'intérieur se trouvent de magnifiques fresques dédiées à Notre-Dame-du-Bon-Remède de 1685 et d'autres représentant le combat naval de Lépante du 12 octobre 1571 lors duquel la flotte chrétienne envoya par le fond la flotte turque. Pour la petite anecdote, c'est lors de ce conflit que Cervantès perdit sa main droite.

ÉGLISE PAROISSIALE ✝ ★

SAINT-DALMAS-LE-SELVAGE

monumentum.fr/eglise-paroissiale-saint-dalmas-pa00080834.html

Accès libre.

Classée à l'inventaire supplémentaire des Monuments historiques en 1988, cette église était un prieuré de l'abbaye bénédictine de Pedona. Son clocher érigé en 1718 fait partie de l'un des 9 clochers lombards de la vallée de la Tinée. Une magnifique peinture équestre de saint Dalmas orne la façade principale au-dessus du porche auvent. À l'intérieur, deux triptyques (primitifs niçois) et deux toiles du XVIIe siècle (Pons et Bottero). On ne manquera pas d'admirer la statue de procession offerte par Napoléon III et représentant une Vierge à l'Enfant.

LE CAMPING DU PLAN D'EAU** €

✆ 04 93 02 41 57 - www.campingduplandeau.com

Ouvert du 1er juin au 30 septembre. Aire pour camping-cars. Emplacement : 8 €, et 3,50 € par adulte.

Le camping du Plan d'Eau est un endroit idéal pour séjourner durant votre été. Vous êtes ici en pleine nature avec pour seul cadre les montagnes majestueuses environnantes. De nombreuses activités s'offrent à vous : baignade au plan d'eau (entrée gratuite), tables de pique-nique, kayak, volley-ball, badminton ou baby-foot. Les plus sportifs pourront partir randonner. Une buvette sur place, parfaite pour vous rafraîchir. N'hésitez pas à essayer le Petit bois des lutins attenant au camping avec des cabanes dans les arbres, des tyroliennes, des filets.

TERNELIA LE RABUONS €

Ternelia - Le Rabuons ✆ 04 93 02 40 07

www.rabuons-mercantour.com

Réouverture le 9 juin 2021. Dès 440 € la semaine en demi-pension et en chambre double. Salle de sport. Piscine.

Au Rabuons, différentes formules sont proposées : pension complète, demi-pension, location incluant les clubs enfants et ados ou encore les visites et les animations. Sans oublier les séjours à thèmes tout compris (raquettes, randonnées, découverte du patrimoine) et les classes découverte qui proposent des programmes pédagogiques très intéressants. L'établissement dispose désormais d'une salle de sport. Familles, seniors, scolaires ou randonneurs, chacun trouvera sa formule clé. N'hésitez pas à faire un tour sur le site Internet qui propose des promotions.

LA PETITE ÉTOILE D'HÔTES EN MERCANTOUR €€

Maison de l'étoile - **SAINT-DALMAS-LE-SELVAGE**

✆ 06 95 74 09 63

https://www.la-petite-etoile-dhotes-en-mercantour.fr/fr

Ouvert toute l'année. Chambre double à partir de 95 €. Demi-pension (entre 65 et 80 €). Restauration (table d'hôte bio).

Les gérants de cette charmante adresse sont deux amoureux de la nature et des produits du terroir qu'ils cultivent dans leur potager bio et dont les légumes nous régalent au fil des saisons. Dans leur maison d'hôtes, quatre belles chambres peuvent accueillir de 1 à 5 personnes. L'ambiance est conviviale et les lieux reflètent l'attitude chaleureuse et authentique des hôtes. La table commune est joyeuse, souvent bigarrée tandis que la cuisine saine invite à des découvertes étonnantes.

LES TOITS ROUGES €€

Route de Douans ✆ 06 50 50 82 49

www.lestoitsrouges.fr

De 125 à 135€ pour deux personnes avec dîner, nuitée et petit déjeuner. 60€ par adulte supplémentaire, 30€ par enfant.

Véronique et Yves vous accueillent dans leur petit paradis situé à seulement 6 km de la station d'Auron. Cette ancienne bergerie propose des chambres à la décoration soignée avec vue sur la montagne environnante. Elles sont confortables : si la première peut accueillir jusqu'à 5 personnes, la seconde se veut plus intime mais peut toutefois recevoir 3 personnes à la fois. La table d'hôtes est gourmande mettant à l'honneur les légumes bio du jardin et les produits du terroir. En complément vous pourrez profiter d'un superbe spa pour passer un moment détente.

ALPES DU SUD

LE FOREST €€

Place du village
SAINT-DALMAS-LE-SELVAGE
✆ 04 93 02 49 70

Ouvert du jeudi midi au lundi soir hors périodes scolaires et le soir durant les vacances. Carte : 30 € environ.

Voici une petite adresse qui a tout d'une grande ! La cuisine est soignée tandis que les produits du terroir sont frais et rigoureusement sélectionnés par le talentueux chef Jean-Luc Jouvente dont la cuisine est 100 % maison : raviolis de bœuf à la niçoise, filet de bœuf en croûte, pomme fondante et parfait aux courgettes, escalope de foie gras aux myrtilles, suprême de faisan aux morilles... Les cuissons sont justes et parfaitement maîtrisées. Le service est impeccable. Une expérience culinaire à ne manquer sous aucun prétexte.

HÔTEL LE RÉGALIVOU €€

8, boulevard d'Auron ✆ 04 93 02 49 00
leregalivou.free.fr

Ouvert toute l'année. Suggestion du jour à partir de 10 €. Chambre à partir de 45 € la nuit. Demi-pension possible.

Cet établissement perché à 1 100 m d'altitude est une belle affaire familiale. Avec son ambiance conviviale, c'est l'endroit idéal où bien manger à Saint-Étienne-de-Tinée après une belle balade ou une sortie en ski par exemple. Le chef propose une cuisine généreuse et savoureuse : pizzas, grillades et traditionnels plats de montagne pourront ainsi être dégustés sur la terrasse ou au coin du feu dans l'agréable salle intérieure dans une ambiance familiale. Sur place, prolongez le plaisir en prenant une chambre confortable à la décoration typiquement montagnarde.

RESTAURANT LE PRATOIS €€

Hameau du Pra
SAINT-DALMAS-LE-SELVAGE
✆ 04 93 02 44 65
www.restaurantlepratois.com

Ouvert de mi-juin à mi-septembre tous les jours midi et soir. Carte : 30 € environ.

Sur la route qui mène au col de la Bonette, en plein cœur du Parc national du Mercantour, le restaurant Le Pratois vous accueille dans une ambiance familiale et un cadre bucolique. La carte propose essentiellement des spécialités cuites au feu de bois : confit de lapin, tomme de brebis de pays, camembert grillé, terrine maison, jambonneau cuit au foin... Des plats aussi savoureux que gourmands réalisés à partir de produits frais que l'on mange sur la terrasse ombragée ou dans la belle salle intérieure. Probablement une des meilleures tables du coin !

BEUIL

Dominant le Haut Cians et les gorges du même nom, Beuil est une cité médiévale qui présente une architecture remarquable avec ses maisons en pierre sèche aux toits en bardeaux de mélèze qui formaient une enceinte contre les brigands et les loups. Les Seigneurs de Grimaldi y régnèrent pendant trois siècles. En suivant le sentier de l'histoire, on admire au détour des ruelles un patrimoine préservé : le lavoir en trois parties voûtées, le four à pain communal, les granges traditionnelles, l'arcade de la reine Jeanne d'où partaient les passages secrets menant au château. Beuil est devenue le berceau du ski et des sports d'hiver dans les Alpes Maritimes.

LES GORGES DU CIANS ★★

Entre Touët-sur-Var et Beuil, les gorges du Cians longent la D28 sur plusieurs kilomètres.

Traversées par ce petit affluent du Var, le Colorado des Alpes-Maritimes offre des gorges impressionnantes par leurs formes et par leur couleur ocre, profondes et étroites, merveilles géologiques uniques au monde. On circule dans un univers grandiose datant de l'ère primaire et taillé dans les roches schisteuses rouges, avec de nombreuses fissures, clues, déversoirs, cascades… On peut aussi rejoindre quelques sommets par des sentiers de GR : le mont Raton (2 066 m), les Cluots (2 105 m), la Tête du Giarons (2 025 m) et la cime de Courbaissa (2 065 m).

LE CIANS €

Route du col de la Couillole
✆ 04 93 02 57 29
www.camping-le-cians.fr

La Clef Verte. à partir de 15 €. Hébergements insolites. Spa, bain nordique. Animaux acceptés (sur demande).

Situé aux portes du Parc National du Mercantour et à deux pas de la station de Valberg, ce camping sera ravir toutes les bourses et répondre à toutes les envies… Les plus insolites ! De l'emplacement simple où placer sa tente à l'hébergement type bulle aux étoiles, cabane perchée ou encore chalet roulotte, chacun pourra profiter du calme dans une ambiance chaleureuse et conviviale. De nombreux équipements (bar, restaurant, espace restauration, sanitaires, épicerie bio, tables de jeux) et viennent parfaire une offre aussi complète que personnalisable.

GÎTE NATURE ET MONTAGNE €

80, chemin de la Sagne
✆ 06 10 54 85 45
www.gitenatureetmontagne.com

Ouvert toute l'année. Nuit simple : 20 €. Nuit + petit déjeuner : 25 €. Demi-pension : 45 €. Location skis de fond.

Situé entre les gorges du Cians et du Daluis, le gîte affiche une ambiance chalet de montagne tout confort. On profite toute l'année de la belle terrasse avec vue panoramique sur les alentours. Les gérants vous feront partager leur amour de la nature et le soir venu, ils vous prépareront de bons petits plats. Le gîte peut accueillir au total une quarantaine de personnes : l'établissement propose ainsi des buffets pour les grandes occasions. L'endroit idéal pour se reposer, en été après une session randonnée ou VTT, et en hiver après une bonne glisse.

L'ESCAPADE €€

15, boulevard Colonel-Marcel
✆ 04 93 02 31 27
www.hrlescapade.fr

Ouvert toute l'année. Restaurant ouvert midi et soir. Chambre à partir de 65 € la nuit. Carte : environ 25 €.

En été, on est tout de suite attiré par la très jolie terrasse fleurie qui s'étend devant les murs en pierres de l'hôtel. En hiver, on lui préférera la grande salle rustique avec son ambiance chaleureuse, son plafond et ses murs couverts d'antiquités et d'objets culinaires et agricoles d'antan. La cuisine a des accents régionaux et tout est fait-maison, de l'entrée au dessert. Une excellente adresse à retenir. Pour ceux qui veulent rester quelques jours dans ce cadre magnifique, pas de problème : votre chambre vous attend à l'Escapade !

LE RUCHER AUX MARMOTTES

Route des Serres de Nairaud ✆ 06 19 49 42 19
www.mercantourecotourisme.eu/fr/rucher-aux-marmottes-miellerie

Ouvert tous les jours de 10h à 12h et de 14h à 18h. Visite de l'exploitation en été et sur réservation.

Située à Beuil Les Launes, en pleine nature près d'un site où les marmottes sont naturellement installées, cette miellerie artisanale a des vertus commerciales et pédagogiques ! On vous y accueille en groupe ou en individuel pour découvrir le travail d'apiculteur au gré des saisons : visite de ruches, extraction du miel… Dans la boutique attenante aux ateliers, vous pourrez goûter les différentes sortes de miel (de montagne, Provence, lavande, ronce, thym…) ainsi que les spécialités dérivées : nougats, pains d'épice ou encore bougies à la cire d'abeille.

VALBERG

Située à la lisière du parc de Mercantour, entre les communes de Péone (patrie des Clary, dont l'un des membres, Désirée, fut la fiancée de Napoléon), Guillaumes et Beuil, ancienne baronnie qui accueillit une branche de la famille Grimaldi. Cette station renommée avait déjà des admirateurs au début de sa carrière, tel Marcel Pagnol. En effet, connue sous le nom du Quartier, elle sera rebaptisée en 1937 et commencera à se faire connaître. Aujourd'hui, elle occupe un espace entre 1500 et 2011 m d'altitude, doté de 56 pistes de ski, de 23 remontées mécaniques et de 400 canons à neige. Innovation et développement sont les deux mots d'ordre de la station.

HÔTEL LE CHALET SUISSE*** €€€

4, avenue de Valberg ✆ 04 93 03 62 62
www.chaletsuisse.fr

Ouvert toute l'année. Chambre classique à partir de 77 €. Restauration. Hammam, sauna. Espace bien-être.

Avec la petite touche helvétique sur la façade, cet hôtel de vingt-trois chambres est situé en plein centre près des pistes. L'intérieur affiche quant à lui un esprit maison que viennent renforcer des couleurs ensoleillées. Quelques petits plus ne sont pas à négliger comme la présence d'un hammam et celle d'un sauna. Le lounge bar donne envie de s'y poser avec son large choix de cocktails, de vins et d'apéritifs accompagnés de tapas. À la brasserie, on savoure attablé à la terrasse ensoleillée des spécialités de montagne et une belle cuisine traditionnelle.

HÔTEL L'ADRECH DE LAGAS*** €€

63 avenue Valberg ✆ 04 93 02 51 64
www.adrech-hotel.fr

Fermé en octobre/novembre et en avril/mai. Haute saison : chambre double de 110 à 229 €. Pension complète possible.

Ravissant établissement au niveau du départ des pistes, il bénéficie d'une orientation de rêve avec une exposition plein sud et un accès très pratique pour les skieurs. Les chambres disposent d'une terrasse face aux pistes avec table et transats. Côté restauration, la table est réputée dans la station. Si la formule du midi séduit les skieurs, le soir, on aime s'y retrouver à l'apéro autour de la grande cheminée pour ensuite y savourer les spécialités de la montagne. Sur place, on trouve également une salle de jeu avec billard, un espace fitness et deux saunas.

LES MÉLÈZES €€

5, avenue de Valberg
✆ 04 93 03 55 32

Ouvert toute l'année. 7j/7 en saison, de 8h à 23h ; fermé le dimanche soir et lundi hors saison. Carte : 25 € environ.

La terrasse extérieure située aux pieds des pistes vous accueille en continu, quel que soit le moment de la journée, du petit-déjeuner de bon matin au repas du soir, et bien sûr pour le déjeuner aussi. La carte est plutôt classique : pizzas, burgers, pâtes et spécialités montagnardes... Mais idéale pour les gros appétits ! L'après-midi, les habitués se retrouvent après le ski pour savourer une crêpe ou boire un verre. Le soir, l'ambiance se fait un peu plus cosy à l'intérieur. Un accueil toujours charmant et une carte simple mais efficace.

LE VAL D'AZUR**** €€

5, avenue Saint-Bernard ✆ 04 93 23 10 76
http://valdazur-valberg.com

Ouvert toute l'année. Studio pour 3 à partir de 135 € la nuit et 797 € la semaine. Animations selon affluence.

Dans cette résidence cossue composée de 100 appartements au pied des pistes, profitez d'équipements très fonctionnels, de beaux volumes et d'une décoration contemporaine soignée. Plusieurs types de logement sont proposés, du simple studio au 4 pièces pouvant recevoir jusqu'à 8 personnes. De nombreux artistes se produisent aussi durant la saison dans la salle de spectacle de la résidence : chanteurs et comédiens humoristes se retrouvent ainsi à Valberg. Ajoutez à cela une magnifique piscine intérieure chauffée et une bonne humeur ambiante dans ce cadre privilégié.

LE REFUGE €€

17, avenue de Valberg
✆ 04 93 02 42 45

Ouvert toute l'année. Tous les jours de décembre à avril et fermé le jeudi. De 10h à 23h30. Carte : 25 € environ.

Le Refuge, c'est l'endroit idéal pour déguster des spécialités de la montagne à deux pas des pistes et au cœur de Valberg sans se ruiner. Côte de bœuf, fondue gauloise, raviolis niçois, daube, grillades et canard... Ici, on se ressource après une journée d'effort et on savoure un des nombreux plats concoctés par le chef et son équipe dont le savoir-faire n'est plus à prouver. Les amateurs de fromage se régaleront de la qualité et de la quantité car les portions sont copieuses. Comme un bonheur ne vient jamais seul : la terrasse est plein sud face aux pistes.

LA TABLE D'EMILY €€

Place du Cluot de la Mule

✆ 06 77 03 22 16

Ouverture en saison hivernale, midi et soir. Carte : 35 € environ. Mont d'or et sa charcuterie corse : 23 €. Terrasse.

Amateurs de spécialités corses, voici une adresse que vous allez particulièrement apprécier. Avec la maman en cuisine et la fille en salle, ce petit restaurant familial des plus accueillant, situé au cœur de la station, propose des menus du midi copieux, élaborés avec des produits frais pour un tarif tout à fait correct. Les grands classiques montagnards (raclette, Mont d'Or) sont évidemment à la carte mais revus et corrigés façon corse, évidemment ! Le service est très convivial, les patronnes sont heureuses de vous servir la Corse à Valberg et cela fait plaisir.

LE VALBERGAN PANORAMIQUE €€

2, avenue de Valberg ✆ 04 93 02 50 28

Ouvert de 12h à 15h et de 19h à 23h. Fermé le mardi soir et le mercredi. Carte : 35 € environ. Terrasse.

Le restaurant se situe à l'étage et la brasserie-crêperie au rez-de-chaussée, une situation privilégiée au cœur du village face aux pistes de ski. La grande terrasse orientée plein sud vous tend les bras, ensoleillée à souhait. Le chef vous accueille dans ce nid douillet qui fleure bon la montagne. La cuisine se scinde en 2 avec d'un côté les spécialités montagnardes et de l'autre, les suggestions à l'ardoise qui s'affichent en fonction des trouvailles du marché. La cuisine est inventive et évolue sans cesse, pour l'une des tables les plus réputées de la station.

SENTIER PLANÉTAIRE

www.valberg.com/le-sentier-planetaire.html

Traversée panoramique. Possibilité de télécharger l'itinéraire sur Internet (avec des variantes).

Parcourez cette promenade de 10 kilomètres de long jalonnée de structures monolithiques représentant toutes les planètes de notre système solaire dans une sorte de reconstitution exacte à l'échelle 1/1 000 000. La première partie du parcours mène à Jupiter puis au lac Sénateur. C'est une portion plutôt familiale : comptez 1h30 aller-retour. L'itinéraire se poursuit sur le thème des astres pour atteindre l'abri Sainte-Marie (3h AR). Les plus courageux iront jusqu'à Neptune, point culminant de l'itinéraire (5h AR). Renseignements auprès de l'office de tourisme.

GUILLAUMES

Au cours des siècles, le village de Guillaumes a changé souvent de souverains. Il a été maintes fois conquis, pillé, incendié, démantelé, rançonné. Ce n'est que depuis 1860 que le village a retrouvé une paix durable et une relative prospérité. Baladez-vous dans le centre ancien, principalement dans la rue Bérenger avec ses trois portes et dans la rue du Viguier où l'on trouve la maison du Roy, lieu de résidence du gouverneur militaire, un ancien moulin à huile de noix, la maison Barety. L'église Saint-Etienne, d'origine lombarde, construite au XIIe siècle, fortifiée et massive avec des fenêtres très étroites, a été appelée à jouer un rôle défensif.

LES GORGES DE DALUIS ★★

Canyon de six kilomètres de long.

Le long de la D2202, la route offre un superbe point de vue vertigineux sur le fleuve Var qui gronde comme un torrent au fond de la gorge. La route en encorbellement taillée dans le roc est coupée de nombreux tunnels et permet d'apprécier de nombreux points de vue impressionnants. Quelques parkings facilitent les haltes sans couper la circulation et méritent des arrêts pour profiter des points de vue impressionnants. Pour des envies d'aventure et de baignade, vous pouvez même emprunter certains sentiers et vous rendre directement dans le lit du Var.

MUSÉE DES ARTS ET TRADITIONS POPULAIRES ★★

Rue Raymond-Berenger

✆ 04 94 47 05 72

www.guillaumes.fr/musee-des-arts-et-traditions

Ouvert sur rendez-vous. Groupes jusqu'à 60 personnes. Gratuit.

Au cœur du village, le musée retrace le quotidien des hommes et des femmes de l'avant-dernier siècle. On découvrira l'évocation d'un quotidien dédié au travail, la réplique parfaite d'une salle de classe, de la maison de famille et de la cave de maître Lions. Alimenté principalement par les dons des habitants du village et de la région, il constitue aujourd'hui un témoignage très intéressant sur la vie quotidienne d'autrefois et l'artisanat traditionnel de cette vallée.

ROUBION ★

La station Roubion-Les Buisses est ouverte les week-ends et les vacances scolaires uniquement. Son domaine skiable, de 1410 m à 1920 m, s'étend sur 30 km dans un cadre naturel préservé. Par temps clair, le sommet du mont Pommier, vous offre une vue splendide sur la mer et la Corse, les pieds dans la neige ! Convivialité, famille et nature sont au rendez-vous à 1h de Nice au tarif le plus attractif des Alpes-Maritimes. Le Club Piou-Piou avec un tapis-ski accueille les jeunes enfants de 10h30 à 12h30 sous l'égide de l'ESF. Sur le site du Pommier, on pratique le snowkite soit avec un snowboard ou soit avec des skis, tiré par une voile de cerf-volant.

Balade

Amoureux du sport à la montagne, vous serez servis ! Il faut dire que c'est une des communes du Parc national du Mercantour et que la nature sauvage est ici d'une exceptionnelle beauté. C'est donc le paradis des randonneurs et des amateurs de VTT qui choisiront l'un des circuits balisés pour découvrir des lieux de solitude magnifiques. Les amateurs d'escalade se rendront avec bonheur dans ce village pourvu d'un site d'escalade équipé et adapté à tous les niveaux. Quant aux adeptes de canyoning, ils peuvent profiter du canyon du Moulin situé en contrebas du village. Le patrimoine n'est enfin pas en reste grâce à trois sentiers d'interprétation.

OFFICE DE TOURISME

Le Village

✆ 04 93 02 10 30

www.roubion.com

Ouvert toute l'année. Haute saison : tous les jours de 9h à 12h et de 14h à 18h.

Avant de devenir une station de ski familiale, le village de Roubion accroché à la falaise – c'est un véritable nid d'aigle vertigineux – et ceint de remparts, attirait pour son riche patrimoine. Il faut se promener dans ces ruelles étroites et moyenâgeuses pour voir des maisons montagnardes typiques et déboucher sur des placettes où trônent de belles fontaines. Vestiges de remparts et de portes du XIIe siècle, ruines classées du château, témoignent de son passé. Ce village perché pittoresque offre des points de vue saisissants sur les montagnes alentours.

AUBERGE QUINTESSENCE €€

Route du Col de la Couillole ✆ 04 93 02 02 60

www.auberge-quintessence.com

Fermé en mars. Chambre double à partir de 96 €. Demi-pension : 232 € (séjour pour 2 + petit-déjeuner + menu étoilé).

Dans cette magnifique auberge rénovée, Pauline et Christophe Billau vous reçoivent pour vous faire passer un séjour d'exception. Profitez d'une des 7 chambres, classique ou en version luxueuse, afin de vous reposer dans un cadre magnifique. Mais ce qui fait bien le plus de cet établissement, outre le paysage magnifique, c'est de pouvoir profiter d'une table étoilé à la montagne. Pour cela, vous pouvez opter pour des séjours comprenant votre hébergement pour une nuit, avec le menu très spécial concocté par le chef, avec option d'accorder les mets et vins.

LE RUPICAPRA €€

Le Village

✆ 04 93 02 58 72

www.lerupicapra.fr

Ouvert toute l'année. Chambre à partir de 80 € la nuit. Gîte à partir de 220 € la semaine. Restauration.

Le Rupicapra, un nom étrange pour caractériser ces quatre chambres doubles personnalisées et confortables dans le haut village perché, avec vue sur la montagne de mélèzes, pour profiter du charme de Roubion. On suit le chamois pour découvrir une maison traditionnelle et chaleureuse, entièrement rénovée, où on vous accueille avec le sourire. Au petit déjeuner, on savoure les gâteaux et les confitures maison. Une magnifique terrasse panoramique incite à la détente et à la paresse. Une très jolie adresse fort bien située dans le Mercantour.

AUBERGE QUINTESSENCE €€

Route du Col de la Couillole

✆ 04 93 02 02 60

www.auberge-quintessence.com

Fermé en mars. Ouvert du jeudi au lundi le midi et le soir. Menus de 39 € à 49 €. Carte : 60 € environ.

Au cœur de cette très belle auberge datant de 1962, se trouve une table étoilée au niveau gastronomique vraiment impressionnant. Le chef, Christophe Billau, s'occupe de proposer une carte adaptée régulièrement aux meilleurs produits de saison, afin d'offrir un mélange de saveurs locales et de produits frais en s'accordant à mettre tous les fins gourmets d'accord. La salle est aussi bien aménagée que vos plats, et comme si ce n'était pas suffisant, vous pourrez profiter d'une magnifique baie vitrée ouverte sur les sapins et la montagne pour sublimer votre repas.

MONACO

Monaco est une destination qui ne ressemble à aucune autre. C'est le deuxième plus petit pays du monde et pourtant, sur ses 202 hectares seulement, on trouve des sites exceptionnels. De visites en découvertes, la Principauté de Monaco offre un panel d'activités à ne manquer sous aucun prétexte : flânez dans ses rues et découvrez les monuments et les quartiers qui ont bâti sa réputation à travers le monde et qui continuent de participer au rayonnement culturel et international de ce pays enchanteur au territoire réduit. Parmi les incontournables à voir dans la principauté, citons le Musée Océanographique, véritable palais des sciences dont l'aquarium situé au sous-sol abrite des milliers de spécimens. Le Palais Princier, bien entendu, ainsi que le Jardin exotique et le Nouveau Musée National (Villa Paloma et Villa Sauber). Sans oublier le quartier de Monte-Carlo avec le casino historique, l'un des plus beaux du monde.

GARE SCNF DE MONACO MONTE-CARLO
CAVES ET GOURMANDISES
NAUTIC
JACK
MARCELLO RESTAURANT
BRASSERIE DU MYSTIC
BOUTIQUE OFFICIELLE DE L'AUTOMOBILE CLUB DE MONACO
Square Théodore Gastaud
BRASSERIE
GRANDS CHAIS MONÉGASQUES
HUIT ET DEMI
LIVEN UP
BELLA VITA
SWEETIE
HÔTEL DE FRANCE
ORANGERIE
KOMO
COSTA
ROCA
STARBUCKS MONACO
CHEMIN DES SCULPTURES DE FONTVIEILLE
PIZZERIA MONÉGASQUE
AS MONACO FOOTBALL STORE
GRANDS APPARTEMENT DU PALAIS PRINCIER
CASTELROC
L'EXPRESS
Esplanade Rainier III
Promenade Honoré II
Jardin de l'Unesco
Port de Fontvieille
Place du Palais
Place d'Armes
Place des Bougainvilliers
Jardin Paul Paray
Allée Lazare Sauvaigo
Boulevard des Moneghetti
Boulevard Princesse Ch
Boulevard du Jardin Exotique
Boulevard Rainier III
Boulevard de Belgique
Boulevard Albert 1er
Boulevard Charles III
Rue Joseph-François Bosio
Rue Louis Auréglia
Bretelle Louis Auréglia
Rue Grimaldi
Rue Princesse Antoinette
Rue Princesse Florestine
Rue Princesse Caroline
Rue Louis Notari
Route de la Piscine
Rte. de la Pisci
Rue Hubert Clerissi
Rue Augustin Vento
All. Guillaume Apollinaire
Rue du Castelleretto
Allée Crovetto Frères
Avenue Crovetto Fr.
Rue Biovès
Rue de la Turbie
Rue Langlé
Rue de Millo
Rue Terrazani
Rue des Açores
Rue Saige
Avenue Prince Pierre
Pl. d. la Gare
Tunnel Dorsale
Tunnel Canton
Rue de la Colle
Avenue de la Porte Neuve
Avenue du Port
Tunnel Rocher
Albert 1er
La Rampe Major
Tunnel de Serravalle
Tunnel sous le Rocher
Tunnel Rocher Nogues
Tunnel Rocher Fontvieille
Tunnel Rocher Palais
Tunnel Pasteur
Bd. Charles III
Avenue Albert II
Place du Palais
Rue Basse
Rue Comte Félix Gastaldi
Rue Col. Bellando d. Cas
Ruelle Sainte-Barbe
All. J. Paul II
CATHÉD
Rue Jean Bouin
Chem. du Castellaret
Rue Vourette
Chem. de la Turbie
Chemin de la Turbie
Rue Pasteur
d'Alsace
Bd. Rainier III
Esc. des Gaumates
Jean Jaurès
Rue Plati

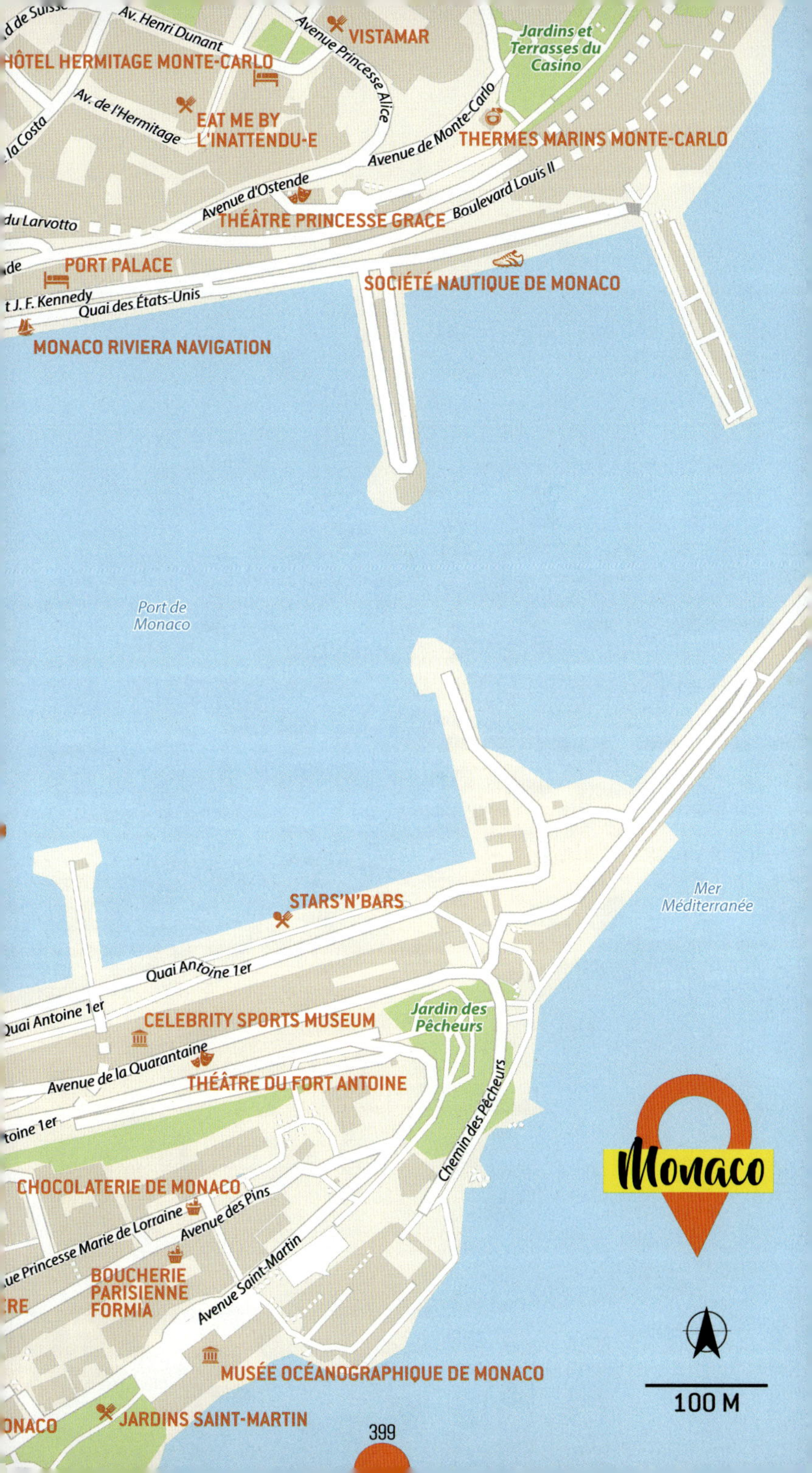
Av. Henri Dunant
Avenue Princesse Alice
VISTAMAR
Jardins et Terrasses du Casino
HÔTEL HERMITAGE MONTE-CARLO
Av. de l'Hermitage
EAT ME BY L'INATTENDU-E
Avenue de Monte-Carlo
THERMES MARINS MONTE-CARLO
Avenue d'Ostende
Boulevard Louis II
du Larvotto
THÉÂTRE PRINCESSE GRACE
PORT PALACE
SOCIÉTÉ NAUTIQUE DE MONACO
Quai des États-Unis
MONACO RIVIERA NAVIGATION
Port de Monaco
Mer Méditerranée
STARS'N'BARS
Quai Antoine 1er
CELEBRITY SPORTS MUSEUM
Jardin des Pêcheurs
Avenue de la Quarantaine
THÉÂTRE DU FORT ANTOINE
Chemin des Pêcheurs
Monaco
CHOCOLATERIE DE MONACO
Avenue des Pins
BOUCHERIE PARISIENNE FORMIA
Avenue Saint-Martin
MUSÉE OCÉANOGRAPHIQUE DE MONACO
JARDINS SAINT-MARTIN
100 M

Le port Hercule à Monaco.

SE REPÉRER SE DÉPLACER

En raison de sa taille, Monaco demeure une ville où il est facile de se déplacer. Le deuxième plus petit pays du monde est très accueillant pour les piétons. Bien équipés, les amateurs de marche pourront accéder à toutes les principales attractions à pied. D'autant plus qu'il existe plusieurs ascenseurs et funiculaires, ce qui facilite la montée et la descente des points les plus culminants de la Principauté. Pour les moins sportifs, les transports en commun sont bon marché et faciles d'accès. Il n'y a pas de métro ni de tramway mais la Compagnie des Autobus de Monaco vous permettra de traverser le rocher pour quelques euros. De nombreux taxis sont également présents, vous pourrez les retrouver aux stations ouvertes 24h/24 sur l'avenue de Monte Carlo et à la gare. Des agences de location de voitures, électroniques, de luxe sont également à votre disposition. Notez toutefois que le trafic, parfois très intense, peut s'avérer exaspérant.

GARE SCNF DE MONACO MONTE-CARLO

Place Sainte-Dévote
✆ +377 93 10 60 05
www.gares-sncf.com/fr/gare/frxmm/monaco-monte-carlo
Ouvert tous les jours de 5h à 2h.

Moderne, la gare souterraine de Monaco Monte-Carlo se caractérise par le nombre d'accès piétonniers qui desservent les quatre coins de la Principauté depuis le pont Sainte-Dévote via une batterie d'ascenseurs et d'escaliers mécaniques. Au sein de la gare, vous trouverez les bureaux de la SNCF, quelques boutiques de souvenirs et un bureau de l'office de tourisme. Lieu le plus fréquenté de la principauté, elle accueillie plus de 6 millions de voyageurs tous les ans.

COMPAGNIE MONÉGASQUE D'EXCURSIONS - CME

1 rue du Gabian
✆ +377 97 97 30 43
www.cmebus.com
Fonctionne toute l'année 24h/24, 365 jours par an. Tarifs location véhicules sur devis. Wifi gratuit à bord.

La Compagnie Monégasque d'Excursions, ou CME, propose à la location des véhicules de différentes capacités avec chauffeur pour des trajets courts ou longs dont la durée peut aller jusqu'à plusieurs semaines. La société assure ainsi les transferts entre les aéroports et les gares jusqu'à votre hôtel ou votre restaurant, propose des navettes sur des congrès ou tous autres types d'événements professionnels, scolaires (sorties, etc.) et familiaux. Sur devis.

MONACO RIVIERA NAVIGATION

Quai des États-Unis
✆ +377 92 16 15 15
www.monaco-navigation.com
Bateau-bus de 8h à 19h50 toutes les 20 minutes tous les jours. Location privative de bateau-taxi : 250 € par heure.

Bateau-bus, promenade en bateau ou location privative après le service public à partir de 20h30 : Monaco Riviera Navigation permet de relier aisément le quartier du Rocher à celui de Monte-Carlo en quelques minutes mais aussi de profiter des joies en mer de manière pratique et écologique. La compagnie propose également dans le cadre du concours international de feux d'artifice Pyromélodiques une balade en mer vous permettant de profiter du spectacle dans des conditions féeriques.

PORT DE FONTVIEILLE

Quai Jean-Charles-Rey
✆ +377 97 77 30 30
www.ports-monaco.com
VHF canal 9. Téléphone public et téléphone à bord sur demande. Port gardienné 7j/7 et 24h/24.

Fontvieille est un port qui a également donné naissance à un quartier résidentiel du même nom, accueillant et confortable. Depuis le début de l'exploitation des ports en 2006, la Société d'Exploitation des Ports de Monaco (SEPM) mène de nombreuses actions en faveur de l'environnement dans le but de réduire les pollutions quelle que soit leur origine. La société a obtenu en 2011 la certification Gestion Environnementale Portuaire décernée par l'AFNOR, traduisant une volonté commune de mettre en œuvre les pratiques d'une gestion environnementale appliquée aux ports.

PORT HERCULE

Quai Albert-Ier
✆ +377 97 77 30 00
www.ports-monaco.com
Port gardienné 7j/7 et 24h/24. VHF canal 12 (veille 24h/24).

© PHOTOS CENTRE DE PRESSE DE MONACO

Baie naturelle située au pied du Rocher, le port Hercule est l'un des rares ports de la Côte d'Azur en eau profonde et offre alors une capacité de 700 places aux plaisanciers. Ancien port commercial grec et romain, il accueille aujourd'hui les paquebots de croisière et offre toutes les facilités aux plaisanciers et aux touristes qui peuvent trouver à proximité immédiate des activités commerciales et de loisirs. La Société d'Exploitation des Ports de Monaco (SEPM) a obtenu en 2011 la certification Gestion Environnementale Portuaire décernée par l'AFNOR.

LIVEN UP

2 rue Princesse-Florestine
✆ +377 97 97 17 16
www.livenup.fr
Tour en Ferrari ou en Lamborghini. Départ possible depuis Monaco, Eze ou Nice. Baptême en Ferrari à partir de 129 €.

Baptêmes en Ferrari ou en Lamborghini, excursions guidées, locations de bateaux, promenades en voiliers, locations de terrasses pour le Grand Prix de F1... Liven Up Nice et Liven Up Monaco vous proposent de vivre des expériences à sensations fortes inoubliables ! Découvrez les plaisirs de la conduite sportive à bord d'un véritable bolide, le long des corniches en partant d'Eze, ou devenez copilote ou pilote d'un jour si vous aimez les voitures de sport. Une idée originale de cadeau à offrir pour un moment d'émotions garanti !

MONACO PARKINGS

24 rue du Gabian
✆ +377 98 98 88 24
www.monaco-parkings.mc
Agence de Fontvieille ouverte du lundi au vendredi de 9h30 à 17h.

Vous souhaitez obtenir des informations sur les parkings en Principauté avant votre arrivée ou avoir des informations sur le stationnement sur le sol monégasque ? Contactez le bureau Monaco Parkings. Deux agences commerciales et un secrétariat accueillant se tiennent à votre disposition pour vous renseigner au mieux sur les actualités des parkings publics monégasques ou encore sur les mini-forfaits et les offres d'abonnement destinées aux résidents et aux professionnels, et diverses options telles que l'option parking-bus des plus pratique.

COMPAGNIE DES AUTOBUS DE MONACO - CAM

3 avenue Président-J.-F.-Kennedy
✆ +377 97 70 22 22 - www.cam.mc
Secrétariat ouvert du lundi au vendredi 8h30-16h30. 5 lignes de bus circulent la journée 7j/7. Ticket 1 trajet 1,50 €.

La CAM met à disposition des usagers plusieurs lignes de bus ainsi qu'une navette maritime solaire avec une fréquence de passage toutes les 10 minutes (20 minutes pour le bateau-bus) jusqu'à minuit. Un service de nuit jusqu'à 4h du matin les week-ends est également proposé. Les tickets s'achètent directement à la montée du bus, dans les distributeurs, sur Internet ou dans les bureaux de la compagnie. Renseignez-vous sur les tarifs combinés avec le service TER de la SNCF.

TAXI MONACO PRESTIGE

✆ +377 93 15 01 01
www.taximonacoprestige.com
Service disponible 24h/24 et 7j/7.

Pour un rendez-vous urgent personnel ou professionnel, un départ vers un aéroport, une course longue distance ou simplement pour parcourir et découvrir les rivieras française et italienne avec un service haut de gamme, les taxis de Monaco sont à votre service. On apprécie le service et les véhicules impeccables. Notez qu'en pleine saison ou pendant les grandes manifestations, les chauffeurs sont souvent débordés et l'attente peut être parfois longue ! Un service de réservation est possible via le site Internet ainsi que via une application à télécharger.

À VOIR / À FAIRE

Que vous souhaitiez admirer des panoramas à couper le souffle, flâner dans les plus belles boutiques de luxe ou visiter d'enrichissants musées : Monaco est une destination complète que vous aurez plaisir à découvrir. Entre histoire et patrimoine avec la relève de la garde chaque jour à 11h55 sur la place du Palais Princier, sur les routes mythiques du Grand Prix de F1, dans les somptueux décors baroques du Casino ou encore installé sur un transat de la plage du Larvotto, le rocher promet de vous faire vivre des moments inoubliables. Soif de culture ? Rendez-vous au Musée Océanographique, et plongez à la découverte de la faune marine ! À moins que vous ne préféreriez les fleurs du Jardin Botanique. Il y en aura pour tous les goûts et tous les budgets. Et pour cause, si Monaco est une ville grand luxe, elle n'en demeure pas moins accessible à ceux ayant un budget serré. À titre d'exemple, les musées et l'accès au casino sont gratuits.

DIRECTION DU TOURISME ET DES CONGRÈS

2 A boulevard des Moulins
✆ + 377 92 166 166
www.visitmonaco.com
Ouvert tous les jours de 9h30 à 13h et de 14h à 18h.

Toutes les informations pour passer un agréable séjour en Principauté sont à retrouver ici. Sur place, des hôtesses parlant plusieurs langues se tiennent à votre écoute pour vous donner informations et conseils sur l'offre de séjour de tourisme d'affaires et de loisirs. Le site Internet constitue aussi une précieuse mine d'informations, où que vous soyez. Il regroupe l'ensemble des activités et des manifestations organisées sur le sol monégasque.

GRAND PRIX DE MONACO

www.monacograndprixticket.com/
Chaque année en mai.

Le Grand Prix de Monaco à Monte-Carlo, c'est le mélange parfait de sensations fortes et de glamour. Cette course, ayant pour circuit le cœur même de la ville de Monte-Carlo, est l'un des événements les plus attendus dans le monde de la course automobile. Le circuit, qui est resté quasiment identique depuis 1950, demande aux pilotes d'avoir une grande dextérité et d'excellentes connaissances techniques. Du grand spectacle ! Un événement à la fois sportif et festif puisque la fête bat son plein tous les soirs dans les bars et clubs de la ville.

MONACO LE GRAND TOUR

26 boulevard Princesse-Charlotte
✆ +377 97 70 26 36
www.monacolegrandtour.com
Ouvert toute l'année. Fonctionne tous les jours de l'année. Aucun service durant le GP électrique et le GP de F1.

Découvrez la Principauté en toute liberté grâce aux bus *hop on / hop off* : achetez votre billet, montez à bord du véhicule à double étage et écoutez les informations sur les monuments alentour grâce à l'audio-guide fourni par le chauffeur. A votre guise, et en fonction des différents arrêts disséminés dans la ville, descendez du bus et partez à la découverte des rues et des sites incontournables de Monaco avant de revenir à l'arrêt de votre choix et d'attendre un nouveau bus dans lequel vous pourrez remonter gratuitement sur simple présentation de votre billet.

MONACO TOURS - PETITS TRAINS TOURISTIQUES

✆ +377 92 05 64 38
www.monacotours.mc
Fermeture de mi-novembre à février. Visite guidée en 12 langues. Billetterie située face au Musée océanographique.

Face au Musée océanographique, montez à bord d'un mini-wagon et laissez-vous conter l'histoire des plus grands sites monégasques d'une manière pédagogique et ludique. Le circuit emprunte les lieux les plus prestigieux de la Principauté comme la place d'Armes, le port Hercule, le Palais Princier et la cathédrale. Conseil futé : garez votre véhicule au parking des Pêcheurs situé avenue de la Quarantaine puis rejoignez le départ du train en empruntant l'ascenseur (gratuit).

© CENTRE DE PRESSE DE MONACO

© PALAIS DE MONACO

© GRAND APPARTEMENTS DU PALAIS

GRANDS APPARTEMENTS DU PALAIS PRINCIER

Place du Palais
✆ +377 93 25 18 31
www.palais.mc/visites

Les visites des Grands Appartements sont actuellement fermées. Elles rouvriront en 2022.

L'édifice fut bâti à la fin du XIIIe siècle à l'emplacement d'un château édifié en 1215. Chaque année, un impressionnant cortège de touristes se presse pour découvrir, le temps d'une visite, une partie de l'intimité des Princes de Monaco au travers de leurs grands et somptueux appartements. L'occasion de voir la salle du Trône qui accueille les grands événements et les réceptions depuis le XVIe siècle. Notez que les appartements sont en cours de complète restauration.

© GRAND APPARTEMENTS DU PALAIS

© GRAND APPARTEMENTS DU PALAIS

CATHÉDRALE DE MONACO

4 rue Colonel-Bellando-de-Castro
✆ +377 93 30 87 70
https://diocese.mc/
Ouvert tous les jours de 9h à 18h. Permanence tous les jours de la semaine de 15h à 18h.

© OLIVIER.BOST - XILOPIX.COM

Cette cathédrale de style néoroman a été construite en 1875 avec les pierres blanches de La Turbie à l'emplacement exact où s'élevait autrefois la vieille église Saint-Nicolas. A l'intérieur, un magnifique retable peint par Louis Bréa représente saint Nicolas. L'autel en marbre blanc de Carrare incrusté de mosaïques laisse entrevoir la *Pietà* des Pénitents blancs située derrière lui. Dans la crypte, les tombeaux des Princes de Monaco : celui de la Princesse Grace et celui du Prince Rainier III se trouvent dans la partie gauche du transept.

JARDINS SAINT-MARTIN

Avenue Saint-Martin
www.visitmonaco.com/fr/lieu/parc-jardin/180/les-jardins-saint-martin-et-sainte-barbe
Entrée libre jusqu'au coucher du soleil.

Aménagés en 1830 sous le règne du Prince Honoré V, les jardins Saint-Martin serpentent le long des crêtes au milieu de la vieille ville. Premiers jardins publics installés dans la principauté, leur flore constitue un paysage sauvage très méditerranéen agrémenté de nombreuses essences exotiques acclimatées par la suite. Véritables havres de paix, ils sont propices aux promenades de fin de journée pour admirer le coucher de soleil sur la mer ou encore découvrir de nombreuses sculptures parfaitement intégrées à leur écrin botanique.

MUSÉE OCÉANOGRAPHIQUE DE MONACO ★★

Avenue Saint-Martin ✆ +377 93 15 36 00
www.oceano.org
Tlj sauf 25 déc et un week-end fin mai (GP F1). Basse-saison 10h-18h, juil-août 9h30-20h. 16 € (4-17 ans 10 €).

Construit à flanc du Rocher Princier, le Musée océanographique de Monaco contemple la Méditerranée du haut de ses 85 m depuis plus d'un siècle. Dans cet établissement dédié au monde marin, histoire et actualité scientifique se complètent à merveille. Entre exploration, arts et sciences, la visite est jalonnée de pièces de collection impressionnantes. Le Musée accueille un espace **Monaco et l'Océan** dédié à l'exploration et à la protection.

D'intéressantes expositions temporaires thématiques complètent la découverte de ce lieu fascinant. Au sous-sol, **l'aquarium** constitue l'un des temps forts de la visite.

Le toit-terrasse de 600 m² accueille des tortues sillonnées du Mali offertes au Prince Albert II. Un nouvel espace de visite et de sensibilisation leur est consacré : **L'Odyssée des tortues marines.**

- **IMMERSION... L'odyssée sous-marine inédite du Musée Océanographique de Monaco.**

Le Musée Océanographique de Monaco accueille une des expos les plus géniales jamais inventées ! La Grande Barrière de Corail est mise à l'honneur dans le cadre de l'exposition **IMMERSION**.

Imaginez-vous plonger dans une eau turquoise et nager au milieu des espèces emblématiques qui peuplent cet écosystème corallien ! C'est l'expérience interactive que le musée vous propose, grâce à des prouesses techniques, notamment au moyen d'un système de projection monumental en temps réel. Vous évoluez dans un milieu vivant en perpétuel mouvement, où les plus beaux spécimens de la Grande Barrière de Corail se dévoilent à vos yeux émerveillés !

Au-delà de la magie qui opère dès votre entrée dans la majestueuse salle de la Baleine du musée, l'objectif de cette exposition est avant tout de sensibiliser les visiteurs sur la protection du monde marin. Cet aspect ludo-éducatif correspond à la mission historique du Musée océanographique : ***faire connaître, aimer et protéger les océans***. Tel était le crédo de son fondateur, le Prince Albert Ier, surnommé le « Prince des Mers ».

Les récifs coralliens sont en effet un écosystème en danger. Même s'ils ne couvrent que 0,2 % des océans, ils abritent 30 % de la biodiversité marine. L'exposition rappelle aux visiteurs la nécessité de préserver cet écosystème fragile.

Pour résumer cette expérience avant-gardiste et inégalée : on s'émerveille, on s'amuse, on apprend et on s'éduque.

N'attendez plus et foncez !

- **Pour réserver** : https://billetterie-oceano.tickeasy.com/fr-FR/accueil
- **Boutique du musée** : https://musee.oceano.org/boutique

CELEBRITY SPORTS MUSEUM

6 quai Antoine-Ier
✆ +377 97 97 95 95
www.starsnbars.com
Ouvert toute l'année. Aux horaires du restaurant Stars'n'Bar. Gratuit. Restauration.

Le Stars'n'bar, c'est une adresse qui abrite désormais l'un des plus grands musées de stars du sport du monde. Authentiques voitures de Formule 1, vélos du Tour de France, drapeaux multiples de la National Association for Stock Car Auto Racing, raquettes de tennismen légendaires, casques, balles et ballons, photographies... Il y en a pour tous les goûts ! Les plus grands noms du monde sportif s'associent ainsi à ce lieu incontournable et gourmand de Monaco comme Magic Johnson, Michael Schumacher, Eric Cantona, parmi d'autres. Incontournable.

JARDIN EXOTIQUE ET GROTTE DE L'OBSERVATOIRE

62 boulevard du Jardin-Exotique
✆ + 377 93 15 29 80
www.jardin-exotique.mc
Le jardin est fermé pour rénovation en 2021.

Les parois rocheuses du Jardin Exotique bénéficient à longueur d'année d'un microclimat exceptionnel. Œuvre de Jean Gastaud, ce jardin offre sa magnifique collection de plantes, de cactées et d'agaves au public depuis 1933. Sa végétation et son panorama exceptionnels sur la Principauté et les rivieras française et italienne en font un site inoubliable. Passerelles et voûtes permettent de circuler librement au milieu de végétaux gigantesques et surprenants. Les 2 400 heures de soleil annuelles favorisent l'épanouissement de fleurs de couleurs et de tailles variées à longueur d'année. Au bas du jardin s'ouvre la grotte de l'Observatoire (visite guidée obligatoire, environ 30 minutes) où stalactites et stalagmites, draperies et concrétions accentuent le dépaysement. Notez qu'il est possible de louer le Jardin Exotique en dehors des horaires d'ouverture pour des manifestations et que le site propose un forfait spécial pour les photos de mariage. Avant de repartir, on fait un petit tour à la boutique située face à l'entrée : sur 55 m², vous trouverez plus de 400 produits (t-shirts, peluches, stylos, porte-clés, magnets, cartes-postales... sans oublier une collection exclusive d'articles de maroquinerie) dont la majeure partie est siglée aux couleurs du Jardin Exotique de Monaco. A noter que le Jardin Exotique est agrémenté d'un Centre Botanique avec de nouvelles serres inaugurées en octobre 2017. Notez toutefois que le jardin est fermé pour rénovation en 2021.

NOUVEAU MUSÉE NATIONAL DE MONACO

56 boulevard du Jardin-Exotique
✆ +377 98 98 19 62 - www.nmnm.mc
Ouvert tous les jours en périodes d'exposition de 10h à 18h. Adultes : Billet NMNM (Villa Paloma + Villa Sauber) : 6 €.

Composé de deux entités : la Villa Paloma et la Villa Sauber, le Nouveau Musée national de Monaco se situe sur les hauteurs du boulevard du Jardin-Exotique mais aussi en bord de mer dans le quartier du Larvotto. C'est un immanquable en matière de mission muséale puis qu'elle accueille depuis 2010 des expositions temporaires. N'hésitez pas à visiter son jardin conçu par Octave Godard, élève du célèbre paysagiste Edouard André et profitez ainsi d'une vue imprenable sur Monaco.

PARC PRINCESSE-ANTOINETTE

54 bis boulevard du Jardin-Exotique
✆ +377 93 15 06 02
www.mairie.mc/poles/sports-et-loisirs/loisirs/le-parc-princesse-antoinette
Le mois d'octobre et le mois d'avril de 8h30 à 18h. De novembre à mars de 8h30 à 17h30. De mai à octobre de 8h30 à 19h.

Sous les oliviers centenaires, le Parc Princesse Antoinette est avant tout un jardin pour les enfants qui y trouveront balançoires, bac à sable, tourniquet, toboggan... Les ados seront aussi séduits par le terrain omnisports, les deux terrains de volley-ball et badminton, ainsi que par les tables de ping-pong à disposition. Une mini-ferme accueillant brebis, chèvres, canards, poules et lapins fera la joie des plus jeunes. Un « espace zen » est également à disposition des promeneurs pour se détendre ou pratiquer des exercices de yoga ou de méditation sur un plancher en bois clair entouré de bambous... Un mini-golf 18 trous en terre battue est par ailleurs ouvert toute l'année sauf en cas d'intempéries. Le kiosque attenant à cet espace de loisirs propose une petite restauration avec plusieurs suggestions du jour au déjeuner, ainsi qu'une carte variée au dîner - l'idéal pour une pause gourmande en famille ou entre amis. Possibilité d'organiser au sein du Parc l'anniversaire de vos enfants : la Petite Maison met à disposition une salle couverte, une kitchenette et un espace extérieur de jeux clôturé. Victime de son succès, une réservation précoce est souhaitable ! Enfin, tout au long de l'année, le Parc Princesse Antoinette accueille des activités ponctuelles pour les enfants : chasse aux œufs de Pâques, grand jeu d'Halloween, lecture de contes... Un espace de rencontres et de convivialité fort agréable qui promet de beaux souvenirs en famille.

COLLECTION DE VOITURES DE SAS LE PRINCE DE MONACO

5 Les Terrasses de Fontvieille
✆ +377 92 05 28 56
www.mtcc.mc
Ouvert tous les jours de 10h à 18h (dernière entrée 17h30). Tarifs et billets jumelés sur le site.

Passionné d'automobiles, le Prince Rainier III a constitué pendant plus de trente ans une importante collection personnelle de voitures perpétuée par son fils le Prince Albert II. Une centaine de véhicules construits par les plus illustres firmes et qui, à divers titres, ont marqué leur époque, ont été rassemblés et restaurés. Cette collection unique est exposée sur 5 000 m^2 selon un ordonnancement voulu par le Prince Rainier dans un hall spécialement aménagé.

© MONACO TOP CAR

© MONACO TOP CAR COLLECTION

CHEMIN DES SCULPTURES DE FONTVIEILLE

Entrée libre jusqu'au coucher du soleil.

La sculpture tient une place de choix en s'installant dans la ville et notamment dans ses jardins. L'occasion d'une balade piétonne dans le quartier de Fontvieille où sont regroupées une majeure partie de ces œuvres monumentales ! Avis aux amateurs d'art, surtout contemporain, vous découvrirez plus d'une centaine d'œuvres d'artistes tels que le peintre-sculpteur niçois Arman, le marseillais César, le peintre-sculpteur colombien Fernando Botero ou encore le Polonais Igor Mitoraj.

MUSÉE DES TIMBRES ET DES MONNAIES

11 terrasse de Fontvieille ✆ +377 98 98 41 50
www.mtm-monaco.mc
Ouvert du 1er septembre au 30 juin, de 9h30 à 17h. Du 1er juillet au 31 août, de 9h30 à 18h. Boutique.

Créé par Ordonnance Souveraine du Prince Rainier III, en décembre 1995, le Musée des Timbres et des Monnaies, installé à Fontvieille à côté de l'Espace Léo Ferré, a été ouvert au public en janvier 1996. Cette collection princière expose toutes les séries émises depuis les premiers timbres à l'effigie de la Principauté en 1885 sous le règne de Charles III. Vous y trouverez également de nombreux timbres très rares ainsi que des monnaies datant d'avant l'euro frappées par Monaco.

MUSÉE NAVAL

Terrasse de Fontvieille ✆ +377 92 05 28 48
https://www.monte-carlo.mc/fr/tourisme/musee-naval/
Ouvert tous les jours de 10h à 18h sauf les 01/01 et 25/12. Adulte 4 €. Durée de la visite : 45 min à 1 heure.

Ce Musée naval est né de la passion d'un homme, le professeur Claude Pallanca, qui, depuis son plus jeune âge, rêvait de naviguer et confectionnait des maquettes de navires. Cette collection princière rassemble plus de 250 maquettes et objets de la marine de l'Antiquité à nos jours dont certaines ont été construites par le Prince Albert Ier vers 1875. Parmi les plus belles : la gondole impériale réalisée pour Napoléon Ier et le Missouri représentant le cuirassé américain sur lequel le général MacArthur reçut la capitulation de l'empereur du Japon le 15 août 1945.

ROSERAIE PRINCESSE GRACE ★★

Parc paysager de Fontvieille
✆ +377 92 16 61 16
www.visitmonaco.com/fr/lieu/parc-jardin/218/la-roseraie-princesse-grace
Ouvert toute l'année. Accès libre du lever du soleil jusqu'au crépuscule. Gratuit. Accessible PMR.

La roseraie Princesse Grace constitue un univers de poésie en plein cœur de la ville. Créé il y a plus de trente ans, cet espace vert enchante les amateurs de jolies fleurs dans le quartier de Fontvieille. Entièrement réaménagé et agrandi avec 1 500 mètres carrés en plus, les massifs de rosiers ont été réorganisés en six thèmes : les rosiers de la famille princière de Monaco, les rosiers à parfum, les rosiers « Historique des Princes et Princesses », les rosiers botaniques et de collection, les rosiers paysagers arbustifs et les rosiers rampants sans oublier les nouvelles obtentions ayant reçu des médailles lors de concours de roses internationaux. Au total, environ 300 variétés de rosiers sont présentées soit environ 8 à 10 000 rosiers en fonction du type de rose. Une animation hydraulique avec un bassin et un mur-cascade permettant d'avoir une vue d'ensemble sur ce jardin ajoutent à l'ambiance sereine du lieu qui revêt aussi un caractère écologique puisque aucun produit chimique n'est utilisé pour son entretien et que de nombreux matériaux d'origine végétale sont sollicités pour limiter les consommations d'eau liées notamment à l'arrosage. Un endroit agréable à l'atmosphère calme et aux senteurs exceptionnelles. Aujourd'hui dotée de la labellisation Espace Végétal Ecologique Ecocert, la Roseraie est surtout le jardin témoin de l'élégance de la princesse Grace tant aimée de son époux, le prince Rainier III. Un jardin unique au monde où il fait bon se retrouver en amoureux pour une balade romantique.

STADE LOUIS II

7 avenue des Castelans ✆ +377 92 05 40 10
www.stadelouis2.mc
Ouvert en été du lundi au vendredi de 7h à 21h30 ; le samedi de 8h à 18h ; le dimanche de 8h à 15h. Visite guidée.

Ce magnifique stade dispose de nombreuses installations sportives. L'endroit accueille chaque année la prestigieuse Supercoupe d'Europe qui oppose le vainqueur de la Ligue des Champions et celui de la Ligue Europa ainsi que d'autres manifestations sportives comme Herculis. Le stade de football est unique dans sa conception : situé à 8,35 m au-dessus du niveau de la chaussée, la pelouse repose sur le toit du parking tout en respectant les normes UEFA. Du haut des tribunes populaires, sous les arcades, on peut même apercevoir la Grande Bleue et la plage.

JARDIN ANIMALIER DE MONACO

Les Terrasses de Fontvieille
✆ + 377 93 50 40 30
www.palais.mc/fr/musees-et-visites/le-jardin-animalier-de-monaco-1-41.html
Les horaires sont variables selon les saisons. Gratuit pour les moins de 5 ans. Adulte : 6 €. Enfants : 3 €.

Ce jardin fut fondé en 1954 par le Prince Rainier III. Il abrite près de 250 animaux d'une cinquantaine d'espèces différentes : oiseaux exotiques, tortues, caïmans, hippopotames, reptiles, primates, animaux de ferme. Le temps de votre visite, plongez dans cet univers presque sauvage au milieu de ce monde moderne qu'est la Principauté de Monaco : dépaysement garanti ! Cas unique pour un jardin zoologique, ses animaux ont tous été donnés, ou abandonnés, ou saisis par les douanes.

© JARDIN ANIMALIER DE MONACO

© JARDIN ANIMALIER DE MONACO

CASINO DE MONTE-CARLO ★★★

Place du Casino ✆ + 377 98 06 41 51
www.montecarlosbm.com/fr/casino-monaco/casino-monte-carlo
Ouvert tous les jours de 15h à 23h.

Toute bonne découverte de Monaco passe obligatoirement par la visite du légendaire casino de Monte-Carlo. Pas besoin de jouer pour flâner sur la place et vous adonner à l'observation des gens. C'est là que vous verrez la plus belle collection de voitures, peut-être même un visage célèbre, et vous pourrez bien évidemment profiter de la beauté des lieux. Entrez (uniquement) gratuitement dans le hall principal pour vous imprégner du décor somptueux et du style Belle Epoque de ce magnifique bâtiment conçu en 1879 par Charles Garnier.

ÉGLISE SAINT-CHARLES

Avenue Saint-Charles
✆ +377 93 30 74 90
https://diocese.mc/fr/paroisse/Saint-Charles

L'église paroissiale monégasque fut construite fin du XIXe siècle sous l'ordre du prince de Monaco Charles III. Installée en lieu et place de l'ancienne chapelle Saint-Laurent, son objectif premier était de répondre aux besoins spirituels d'une population grandissante. Selon les vœux du prince, cette nouvelle église fut dédiée à saint Charles Borromée, dont une statue se trouve sur le porche. En forme de croix latine, l'édifice est une reconstitution du style de la Renaissance française. La façade est surmontée d'un clocher avec un campanile de 30 m de haut.

FRANCIS BACON MB ART FOUNDATION

21 boulevard d'Italie
✆ +377 93 30 30 33
www.mbartfoundation.com
Ouvert toute l'année. Du lundi au vendredi de 10h à 18h. Entrée libre.

Installée dans un délicat écrin en Principauté de Monaco, la Francis Bacon MB Art Foundation est une institution à but non lucratif fondée par Majid Boustany, dont l'objectif est de présenter au public l'artiste figuratif anglais le plus énigmatique du XXe siècle, Francis Bacon, qui vécut et travailla à Monaco de juillet 1946 jusqu'au début des années 1950. Les collections sont impressionnantes avec plus de 2 500 œuvres certaines signées par ses pairs.

GALERIE DE JONCKHEERE

27 avenue Princesse-Grace ✆ 377 92 16 71 17
www.dejonckheere-gallery.com
Ouvert toute l'année.

Fondée en 1976 en Suisse, inaugurée en 2017 à Monaco, la Galerie De Jonckheere se positionne comme la référence internationale de la peinture flamande des XVIe et XVIIe siècles. Elle accompagne également les collectionneurs sur les traces des grands maîtres de l'art moderne. Savoir-faire, compétences plurielles et regards d'experts caractérisent ainsi le travail accompli par la famille De Jonckheere depuis plus de 40 ans. Découvrez par ailleurs chaque année les trois grandes expositions temporaires qui concourent à l'excellence et à la renommée de cette galerie.

GOLDEN FOOT : LA PROMENADE DES CHAMPIONS

Bord de mer, à proximité du jardin japonais et du Grimaldi Forum.
✆ +377 93 30 57 17
www.goldenfoot.com
Promenade libre et gratuite.

Derrière le Grimaldi Forum, vous y découvrirez la «Champion Promenade», le Hollywood Boulevard monégasque ! Cette balade présente les empreintes de pieds nus des plus grands footballeurs moulées dans le sol : Platini, Ronaldo, Fontaine... Les uns après les autres, ces champions du ballon rond ont figé à jamais leur marque dans la chaussée. Chaque année, une soirée de gala est organisée au cours de laquelle a lieu la nomination du nouveau Golden Foot Winner.

JARDIN JAPONAIS DE MONACO ★

Avenue Princesse-Grace
✆ +377 98 98 83 36
www.visitmonaco.com/fr/lieu/parc-jardin/95/le-jardin-japonais
Ouvert toute l'année de 9h à 17h45 ou 18h45 (selon la saison). Jardin labellisé EVE par Ecocert.

Authentique œuvre d'art installée au cœur même de Monaco, ce jardin étend sur ses 7 000 mètres carrés une reproduction stylisée de la nature avec sa plage, sa montagne, sa cascade, sa colline, ses plans d'eau et ses ruisseaux. Réalisé par l'architecte paysagiste Yasuo Beppu sur demande du prince Rainier III en 1994, ce jardin, structuré de façon asymétrique et quasi naturelle, répond aux principes de la pensée zen. Les végétaux ont été travaillés durant trois ans par Yasuo Beppu.

SE LOGER

Si vous en avez les moyens, Monaco dispose d'une offre abondante d'hôtels et de palaces plus luxueux les uns que les autres : l'Hôtel de Paris, l'Hôtel Hermitage, le Fairmont Hôtel ou encore le Métropole Monte-Carlo... Le plus dur sera de faire votre choix, car les services et prestations y sont toutes excellents. En revanche, trouver un hôtel bon marché ne sera pas toujours une mince affaire, notamment en haute saison ou lors de grands événements, à l'image du Grand Prix de Monaco lors duquel les prix peuvent rapidement grimper. Il existe cependant quelques jolies adresses dans la principauté accessibles aux budgets plus modestes. En plein centre, il y a notamment l'Hôtel de France ou encore des établissements dans les quartiers de Fontvielle ou à la frontière, du côté de Cap d'Ail et Beausoleil. Pour vous assurer des meilleurs tarifs, nous vous conseillons vivement de réserver le plus tôt possible.

HÔTEL DE FRANCE €€

6 rue de La Turbie
✆ +377 93 30 24 64
www.hoteldefrance.mc/fr

Ouvert toute l'année. Langues parlées : anglais, italien, français. 26 chambres. Bar. Animaux interdits.

Idéalement placé au cœur du quartier animé de la Condamine, à 10 minutes à pied du Palais Princier, du Casino de Monte-Carlo et du port Hercule seulement, ce petit établissement allie confort et modernité. Le chambres accessibles par un escalier (pas d'ascenseur) sont confortables et dotées d'équipements modernes. Pour vous accueillir, le personnel à votre écoute se montrera agréable et serviable. Une bonne adresse pour dormir à Monaco à un tarif raisonnable. Possibilité de stationnement avec le parking situé juste à côté de l'établissement.

NOVOTEL MONTE-CARLO €€

16 boulevard Princesse-Charlotte
✆ +377 99 99 83 00 - https://all.accor.com/hotel/5275/index.fr.shtml?dateIn=&nights=&compositions=1&stayplus=false#origin

Ouvert toute l'année. 218 chambres (dont 10 suites). Parking surveillé payant. Animaux acceptés. Restauration. Hammam.

Entièrement rénové, avec beaucoup de goût, cet établissement se veut accueillant et est très bien tenu. L'accueil y est particulièrement agréable avec du personnel très professionnel et disponible, et les chambres, fonctionnelles, sont des plus confortables. Autre avantage : son emplacement idéal au centre de Monaco et à proximité immédiate de la gare SNCF. Côté restauration, on apprécie la cuisine de type méditerranéenne et la formule de midi au rapport qualité-prix avantageux ainsi que le brunch hebdomadaire copieux. Etablissement accessible à tous.

FAIRMONT MONTE-CARLO €€€

12 avenue des Spélugues ✆ +377 93 50 65 00
www.fairmont.fr/monte-carlo

Ouvert toute l'année. Accueil 24h/24. Diners Club. Label La Clé Verte. Animaux acceptés. Restauration. Spa.

Temple du luxe régulièrement primé pour l'excellence de ses services et des produits proposés, le Fairmont Monte Carlo offrent tout le confort nécessaire à un séjour reposant. Vous ne vous soucierez de rien puisque le complexe dispose de nombreux atouts comme la piscine, le Spa Willow Stream, le centre fitness, le solarium, la luxuriante galerie marchande. et notamment une sublime terrasse sur le toit. Au 7e étage, entre ciel et mer, Horizon Deck & Champagne Bar vous attend tous les jours tout comme le Market45, le Saphir24 bistro, lounge bar, ouvert jour et nuit.

HÔTEL COLUMBUS MONTE-CARLO €€€

23 avenue des Papalins ✆ + 377 92 05 90 00
www.columbushotels.com

Ouvert toute l'année. Animaux acceptés. Restauration. Parking avec service voiturier. Plages à proximité.

Offrant une vue incomparable sur la Méditerranée, ce boutique-hôtel possède une réelle identité. Les chambres sont spacieuses et offrent une ambiance où se mêlent toujours raffinement et confort. La plupart bénéficient d'un balcon ou d'une terrasse, un agencement parfait pour profiter de la vue. Dans ce cadre reposant, tout est aussi mis en œuvre pour vous satisfaire : personnel souriant et très efficace, service voiturier excellent, salle de fitness et une belle piscine extérieure.

HÔTEL DE PARIS MONTE-CARLO €€€

Place du Casino ✆ +377 98 06 41 51
www.hoteldeparismontecarlo.com
Ouvert toute l'année. Accueil 24h/24. Chambre double à partir de 596 €. Parking fermé. Animaux acceptés. Restauration.

« Imaginer un hôtel qui dépasse tout ce qui a été créé jusqu'ici... » : c'est chose faite avec l'Hôtel de Paris. Entièrement rénové et repensé, le mythique palace du Groupe Monte-Carlo SBM a de quoi ravir tous les sens de ses convives. Restaurants étoilés, rooftop, espace wellness somptueux Thermes Marins, patio accueillant les grandes maisons de joaillerie. Sans oublier les chambres, de véritables écrins de confort et de luxe. Une expérience unique pour des voyageurs d'exception.

HÔTEL HERMITAGE MONTE-CARLO €€€

Square Beaumarchais ✆ +377 98 06 40 00
www.hotelhermitagemontecarlo.com
Ouvert toute l'année. Accueil 24h/24. Chambre double à partir de 400 €. Animaux acceptés. Spa. Boutique. Restauration.

Offrant un grand confort et un très bon rapport qualité-prix, ce joyau du patrimoine hôtelier monégasque, primé à plusieurs reprises, mêle confort absolu et décors majestueux. L'Hermitage Monte-Carlo possède le restaurant Le Vistamar et L'Hirondelle situé face à la mer. Sans oublier le Crystal Bar et sa superbe terrasse, quant au Limùn Bar, il se prête parfaitement au tea time. L'hôtel dispose de son spa ainsi que d'une plage privée au Monte-Carlo Beach Club. Une adresse d'exception.

HÔTEL MÉTROPOLE MONTE-CARLO €€€

4 avenue de la Madone
✆ +377 93 15 15 35
*Ouvert toute l'année 24h/24. Trois restaurants : Joël Robuchon Monte Carlo**, Yoshi* et Odyssey Métropole. Spa.*

Luxueux, contemporain : la découverte de cette destination à part entière est une source inépuisable d'émerveillement. L'ADN du Métropole ? Un supplément d'âme apporté par l'empreinte de chaque créateur ici représenté. On retrouve la table gastronomique de Joël Robuchon, mais aussi Yoshi, premier restaurant japonais au monde signé par le chef, une étoile au *Guide Michelin*, l'Odyssey dans un écrin haute couture conçu par Karl Lagerfeld. Côté bien-être, on se détend au spa By Givenchy.

LE MÉRIDIEN BEACH PLAZA €€€

22 avenue Princesse-Grace ✆ +377 93 30 98 80
https://www.marriott.com/hotels/travel/mcmmd-le-meridien-beach-plaza/
Accueil 24h/24. 403 chambres dont 12 suites. Diners Club. Label La Clé Verte. Garde d'enfants. Animaux acceptés. Plage.

Idéalement situé en bordure de plage, l'hôtel dispose de chambres lumineuses à la décoration moderne avec balcon privatif et vue plongeante sur la Méditerranée. C'est le seul établissement de Monaco à posséder une plage privée complétée par trois piscines et un centre de fitness. Sur place, plusieurs possibilités de restauration avec notamment L'Intempo, le seul restaurant gastronomique de Monaco. L'Ilios Restaurant Bar and Lounge et l'Alang Bar, conçu en style balinais, offre un cadre exotique pour déguster de succulents fruits de mer, un cocktail à la main !

MONTE-CARLO BAY HOTEL €€€

40 avenue Princesse-Grace
✆ +377 98 06 02 00
http://fr.montecarlobay.com
Ouvert toute l'année. Accueil 24h/24. Chambre double à partir de 340 €. Restauration. Spa. Casino. Boutique.

Composé de 334 chambres et suites dotées pour la plupart d'une vue sur la mer, le Monte-Carlo Bay Hotel & Resort possède également un lagon d'eau douce sur fond de sable fin, une piscine couverte, un spa Cinq Mondes, trois restaurants (Le Blue Bay, L'Orange Verte et Las Brisas), un bar (Le Blue Gin) avec une terrasse ouverte sur la Méditerranée, 15 salles modulables de réunions et de banquets sans oublier un casino. Ambiance tropicale chic, tout en étant décontracté. De nombreuses fois récompensé, c'est un havre de paix exceptionnel.

PORT PALACE €€€

7 avenue J.-F.-Kennedy
✆ + 377 97 97 90 00
www.portpalace.net
Ouvert toute l'année 24h/24. 50 chambres, animaux acceptés. Restauration. Vente de produits. Hammam, sauna.

Situé au cœur du légendaire circuit du Grand Prix, offrant une vue incomparable sur le port Hercule, le premier boutique-hôtel de la Principauté a tout d'un grand, à commencer par une décoration résolument contemporaine où dominent des couleurs chaudes synonymes de douceur, de vie et d'attention. L'univers de chaque chambre est sobre et raffiné. Toutes sont très spacieuses et dotées de leur propre bain bouillonnant avec vue sur le port. Sur place, le restaurant installé sur le toit de l'hôtel. Un univers de luxe hautement appréciable.

HÔTEL VICTORIA €€

7 promenade du Cap ✆ 04 93 35 65 90
www.hotel-victoria.fr

Fermeture annuelle en hiver. Chambre double à partir de 85 €. Parking. Animaux acceptés. Restauration. Bar lounge.

Jumeau de l'Hôtel Napoléon à Menton, l'Hôtel Victoria conjugue avec excellence et savoir-faire confort et qualité ! Le Corbusier, Eileen Gray, Picasso, Matisse ou encore Chagall sont ainsi les références de cet établissement de charme autour desquelles le décorateur de talent Philippe Nuel a voulu jouer. Sur un étage, 32 chambres se succèdent le long d'un grand corridor. Le bleu profond et pénétrant de la Méditerranée se retrouve avec beaucoup de goût partout dans l'Hôtel : mobilier, mur et chambres. Un lieu conçu pour tous les amateurs de l'art de vivre.

SE RÉGALER

Monaco regorge de bonnes adresses pour satisfaire les gourmands. Restaurants réputés, endroits branchés ou cantines en toute simplicité, spécialités du monde ou recettes locales, pour prendre le temps de savourer le moment, ou sur le pouce plus vite fait : il y en aura pour tous les goûts et tous les budgets ! Étape culinaire obligatoire, le Marché de la Condamine est le temple des gourmets. Vous y retrouverez toutes les spécialités de Monaco au détour des étals colorés et plongerez au cœur de la vie monégasque. Et s'il y a bien un plat typique à essayer, c'est le barbagiuan, ressemblant à des raviolis frits farcis de blettes, de fromage et d'oignons. Ils sont délicieux à peine sortis de la friteuse, bien chauds avec du fromage fondu. Ou essayez encore la pissaladière, cette « pizza » du Sud riche en umamis, agrémentée d'anchois, d'oignons et d'olives : un incontournable de la gastronomie locale.

Le rocher de Monaco.

CASTELROC €€

Place du Palais
✆ +377 93 30 36 68
www.castelrocmonaco.com/
Ouvert tous les jours de mai à octobre. Fermé le lundi hors saison. Terrasse. Accueil des groupes.

Véritable institution depuis son ouverture en 1953, le Castelroc affiche une cuisine traditionnelle française et monégasque aux saveurs authentiques. Les mets sont délicatement préparés, avec des produits frais et de qualité tandis que la carte se décline au gré des saisons. Seul restaurant sur la place du Palais princier, le Castelroc s'impose avec sa très belle vue entre ciel et mer, un accueil professionnel et sympathique et, bien entendu, des plats locaux et raffinés de l'entrée au dessert ! Un bon moment gourmand en perspective.

L'EXPRESS €€

22 rue Comte-Félix-Gastaldi
✆ +377 97 77 59 09
www.lexpressmonaco.com
Ouvert tous les jours de 12h à 15h et de 19h à 22h. Fermeture annuelle de mi-janvier à mi-février. Terrasse.

Très bien situé, à 50 mètres du palais princier et du musée océanographique, et niché dans une ruelle, ce restaurant offre un large choix de plats typiquement locaux et vous réserve un accueil très convivial. En salle, l'accueil est chaleureux, et côté cuisine on se régale avec des plats monégasques et régionaux faits maison avec des produits frais et de qualité. Mention spéciale pour les frites maison et les desserts à tomber. La terrasse est idéale pour profiter d'une pause gourmande. Service continu toute la journée en été.

LA MONTGOLFIÈRE €€

16 rue Basse
✆ +377 97 98 61 59
www.lamontgolfiere.mc
Fermé mercredi et dimanche midi et soir. Déjeuner jusqu'à 13h45. Dîner de 19h45 à 21h30. Terrasse.

«Les vraies saveurs ne s'obtiennent qu'avec de vrais produits frais et un travail acharné». A la tête de ce restaurant, le chef Henri Géraci, enfant du pays, prend son envol après des années d'un brillant parcours pour exprimer ici une cuisine métissée où se mêlent avec finesse les parfums de la Méditerranée, des saveurs d'inspiration asiatique et les produits du terroir local. Un véritable voyage culinaire où les plats, tous excellents, rivalisent avec la gentillesse et l'accueil très chaleureux qui vous sera réservé. Une adresse futée vivement recommandée.

LA TERRASSE DU MUSÉE OCÉANOGRAPHIQUE €

Avenue Saint-Martin
✆ +377 93 15 36 16
https://musee.oceano.org/
Ouvert aux mêmes horaires que le Musée Océanographique. Déjeuner jusqu'à 15h. Terrasse avec vue sur la mer.

Pas de chichis pour ce restaurant panoramique italien perché à 85 m au-dessus de la Méditerranée et situé sur la terrasse du musée éponyme. L'accueil et le service se veulent sympathiques et avenants. En cuisine, honneur aux spécialités méditerranéennes ou italiennes pour un rapport qualité-prix honnête. Un service efficace et le ciel bleu, confortablement installé avec vue sur la mer... Quoi de mieux pour faire une pause gourmande lors de la visite du musée ?

© TERRASSE MUSÉE OCÉANOGRAPHIQUE

© TERRASSE MUSÉE OCÉANOGRAPHIQUE

MONACO

BRASSERIE DU MYSTIC €

Rue Princesse-Florestine
✆ +377 97 98 20 42
http://www.mystic-cafe.com
Du lundi au vendredi de 7h à 23h, samedi de 17h à 23h. Fermé le dimanche. Service tard le soir. Terrasse.

Contemporaine, élégante, on aime tout particulièrement cette brasserie pour sa belle terrasse ensoleillée s'ouvrant sur la rue piétonne à deux pas du Port Hercule, les suggestions du chef qui évoluent au gré du marché et des envies (l'ardoise change toutes les semaines), et l'accueil réservé aux clients toujours aussi charmant année après année. Une adresse futée et gourmande qui compte de nombreux habitués. Entre collègues, entre amis ou en famille, c'est une jolie adresse qui répondra à toutes les envies gourmandes (service non-stop dès midi).

LE HUIT ET DEMI €€

4 rue Langlé ✆ +377 93 50 97 02
www.huit-et-demi-restaurant-italien-monaco.com/
Ouvert tous les jours de 12h à 14h45 et de 19h à 22h45. Fermé le dimanche. Terrasse. Label Artisan du Goût.

Coup de cœur pour cette adresse entièrement dédiée au cinéma, de la salle jusqu'en terrasse où de grands parasols blancs abritent des tables et des chaises qui rappellent les célèbrent fauteuils des réalisateurs. La façade, elle, présente des illustrations encadrées avec un motif original, clin d'œil aux bobines de cinéma. La carte propose une cuisine qui devrait ravir de nombreux palais avec des plats élaborés avec des produits frais et sélectionnés avec soin, une cuisine intuitive et authentique, le tout dans une bonne ambiance.

EAT ME BY L'INATTENDU-E €€

17 Avenue de l'Hermitage
✆ +377 97 98 81 46
Ouvert du lundi au jeudi de 10h à 18h. Vendredi et samedi de 10h à 16h. Terrasse. Vente à emporter.

A découvrir sans attendre ! La nouvelle version de Eat Me 2.0 est une adresse dédiée à la raw food et le nouveau QG de ceux qui veulent prendre soin d'eux. A la carte : jus et smoothies du jour ; shot du sportif (curcuma, gingembre, citron, poivre noir, huile de lin) ; jus pressés à froid ; granola maison formage blanc de chèvre et fruits frais ; porridge végan sans lactose ; açaï bowl aux fruits rouges et banane ; spaghetti de légumes aux herbes fraîches ; tapioca au lait de coco et cannelle. Une adresse signée Madelien Badia so healthy !

L'INATTENDU (E) €€

1 rue de Bioves
✆ +377 97 98 81 46
Du lundi au vendredi.

Pour un petit déjeuner copieux, un déjeuner rapide et équilibré, une pause gourmande en journée autour de délicieuses tapas ou pour un dîner tout en douceur, préparez-vous à découvrir dans un univers épuré aux couleurs claires et lumineuses, une cuisine 100 % maison, saine, juste, stimulante et raisonnable qui sublime les saveurs des produits et des mets préparés sans gluten, sans lactose, sans acides gras trans et sans produits raffinés. Une adresse qui décline à merveille les bienfaits et les plaisirs de la raw food et de l'alimentation végétalienne.

CHEZ EDGAR €€

11 boulevard Albert-Ier
✆ +377 93 50 10 10
Ouvert toute l'année. Ouvert 7j/7 de 8h à 23h. Carte : 25 € environ (plat le midi ; 35 € le plat le soir). Terrasse.

Une adresse monégasque qui perdure au fil des ans ! Il faut dire que sa situation géographique est avantageuse : face au port, on aime la terrasse couverte et ensoleillée, très agréable. Côté cuisine, le Chef offre une carte traditionnelle. Il travaille les produits frais et aime les tonalités du Sud : osso buco et gnocchis maison ; raviolis niçois au beurre de sauge, filet de daurade snacké, tagliatelles de bœuf... Les suggestions changent tous les jours. En somme, tout est réuni pour passer un très bon moment Chez Edgar !

JACK €€

32 route de la Piscine
✆ +377 97 98 34 56
www.jack.mc
Ouvert du lundi au dimanche de 12h à 3h du matin. Terrasse. Espace Lounge.

Confortablement installé sur la terrasse ensoleillée (couverte et chauffée en hiver) ou dans la salle intérieure aux murs de pierre, laissez-vous tenter par une carte simple et gourmande. La cuisine est de type «fusion», inspirée des saveurs d'Asie notamment ; elle laisse aussi la part belle aux tapas et aux pizzas. C'est un établissement très festif, les habitués s'y retrouvent pour l'ambiance et l'addition qui reste sage. En soirée, l'atmosphère se réchauffe : ambiance musicale et cocktails XL ou autres boissons accompagnées de tapas au programme.

BELLA VITA €€

21 rue Princesse-Caroline
✆ +377 93 50 42 02 - www.bellavita.mc
Ouvert toute l'année 7j/7 de 7h à 23h. Service non-stop. Service livraison et vente à emporter. Label Artisan du Goût.

La belle vie dans ce restaurant commence dès le matin avec de savoureuses formules de petit déjeuner composées notamment d'un café italien, évidemment ! La Bella Vita propose également pour l'heure du déjeuner des suggestions du jour ainsi que les spécialités du chef affichées à la carte pour un rapport qualité-prix avantageux. Mention spéciale pour les desserts, excellents ! C'est aussi l'endroit idéal où prendre un verre en grignotant quelques antipasti et une bonne pizza en terrasse ou dans la vaste salle intérieure à la décoration moderne et chaleureuse.

KOMO €€

18 rue Millo
✆ +377 97 70 56 11
www.komomonaco.com/

Restaurant ouvert du lundi au samedi midi. Concept store et pâtisserie ouverts du lundi au samedi de 10h à 19h.

Komo, c'est le concept store qui n'a pas fini de faire parler de lui. Associant deux grands du paysage gastronomique international (Pierre Hermé pour la pâtisserie et Mauro Colagreco pour la cuisine), ce nouveau spot hype du quartier de la Condamine fédère mode, lifestyle et fooding. Flagship visionnaire ultra-design, il réunit une sélection pointue de labels streetwear, prêt-à-porter de luxe, restaurant lounge, et pâtisserie. Un véritable lieu de vie qui invite cool kids, hipsters et foodistas à shopper les derniers must-have mode en sirotant un verre.

MARCELLO RESTAURANT, WINERY & STORE €€

22 bis rue Grimaldi
✆ +377 97 98 37 81
www.marcellomontecarlo.com/

Ouvert du lundi au samedi de 12h à 14h30 et de 19h30 à 22h30. Boutique ouverte dès 8h. Fermé le dimanche. Terrasse.

Délicat mélange entre modernité et tradition, le Nouveau Marcello, ce sont de vrais plats gastronomiques, des antipasti ou encore des pâtes exceptionnelles qui mettent à l'honneur ce que l'Italie a de meilleur avec des produits d'excellence. On y apprécie les déjeuners de qualité et le bon choix de vins, le service traiteur et l'épicerie fine qui viennent compléter l'offre de ce restaurant. C'est raffiné de l'assiette jusqu'en salle, où le nouveau cadre est des plus agréable.

PIZZERIA MONÉGASQUE €

4 rue Terrazzani
✆ +377 93 30 16 38
www.pizzeriamonegasque.mc/

Ouvert toute l'année. Fermé le dimanche. Service le soir uniquement du 1er au 20 juillet et du 20 août au 1er septembre.

Jouissant d'une renommée de longue date pour ses pizzas au feu de bois, l'établissement excelle aussi dans la préparation de ses suggestions à la fois variées, modernes et toujours élaborées avec des produits frais. Une carte méditerranéenne gorgée de plats réconfortants ou plus délicats de viandes et de poissons qui raviront les amoureux d'une cuisine familiale. On apprécie le personnel accueillant, la salle qui a fait peau neuve récemment et le rapport qualité-prix des plus plaisants. Une adresse futée à découvrir en famille ou entre amis.

LE QUAI DES ARTISTES €€€

4 quai Antoine-Ier
✆ +377 97 97 97 77
www.quaidesartistes.com

Ouvert tous les jours de 12h à 14h30 et de 19h30 à 23h. Terrasse. Animations. Label Artisan du Goût.

Brasserie de luxe par excellence, le Quai des Artistes est un incontournable pour les amateurs d'art et de fruits de mer. La décoration y est cosy, l'accueil des maîtres d'hôtel tout simplement parfait et les plats sont d'une fraîcheur remarquable. Chaque jour de nouvelles suggestions sont proposées et les desserts élaborés par une jeune cheffe pâtissière sont juste à tomber. On aime particulièrement l'ambiance tamisée et romantique le soir quand la terrasse s'illumine. On apprécie également la formule du jour et son bon rapport qualité-prix.

A ROCA €€

Marché de la Condamine
✆ +377 97 77 16 84
www.aroca.mc

Ouvert du mardi au dimanche de 8h à 15h. 4 boutiques à Monaco. Vente à emporter.

Comptant pas moins de 4 boutiques à Monaco, A Roca n'a eu cesse depuis plus de 25 ans de sublimer les produits de la Méditerranée et de la Riviera. On y vient pour y déguster les fameux barbagiuans, dont la réputation n'est plus à faire, les pissaladières blanches et rouges (la pichade), les beignets de fleurs de courgettes, la ratatouille ou encore les cocottes de grand-mère. Tous les fruits et légumes sont achetés sur le marché local puis cuisinés maison. Incontournable, c'est une figure emblématique et mythique de Monaco.

STARS'N'BARS €€

6 quai Antoine-Ier ✆ +377 97 97 95 95
www.starsnbars.com/

Ouvert du dimanche au jeudi de 11h à 15h, vendredi et samedi de 11h à 15h et de 19h à 21h30. Terrasse. Brunchs.

Premier *sports bar* et restaurant familial de Monaco depuis 1993, l'établissement n'a eu de cesse de se forger une solide réputation. De quoi se démarquer de ses nombreux concurrents logés près du port. On aime y boire un verre ou manger en terrasse avec une vue magnifique. Au menu : des burgers et autres grands classiques de fast-food, également beaucoup de plats *vegan friendly*, le tout servi dans une ambiance trendy. On aime beaucoup les formules du brunch des champions du week-end. Le cadre, comme les clients, est jeune et décontracté.

MARCHÉ DE LA CONDAMINE ET HALLE GOURMANDE €€

Place d'Armes ✆ + 377 93 15 28 32
https://www.mairie.mc/poles/cadre-de-vie/les-marches/le-marche-de-la-condamine

Ouvert de tous les jours de 7h à 15h30 (commerçants à l'intérieur des halles).Service de livraison sauf le dimanche.

Pour vivre le Monaco authentique, rien de mieux qu'un tour entre les différents étals du marché de la Condamine. Vous pourrez y trouver de délicieux produits locaux ainsi que des spécialités monégasques et vivre, l'espace d'un déjeuner, comme un local attablé à l'un des restaurants ou cafés s'y trouvant. À ne pas manquer lors de votre passage en Principauté. Ouvert tous les jours et toute l'année, ce marché centenaire fait partie du patrimoine monégasque.

AMICI MIEI €€

16 quai Jean-Charles-Rey ✆ +377 92 05 92 14
www.amici-miei.com

Ouvert toute l'année. Tous les jours le midi et le soir. Terrasse. Vente à emporter. Parking. Animaux acceptés.

À l'intérieur, les photos des célébrités qui viennent régulièrement régaler leurs papilles ornent les murs de cet établissement à l'ambiance conviviale. Giorgio Colombesi et son associée Lucia font perdurer ici une tradition : celle de l'excellente cuisine italienne. Intransigeants sur la qualité des mets que la cheffe, Donatella Colombesi, prépare, les pâtes maison sont ainsi cuites *al dente* au moment de la commande. Tous les ingrédients utilisés sont achetés le matin même ! L'établissement propose aussi une gamme de vins italiens et français exceptionnels.

BEEFBAR €€

42 quai Jean-Charles-Rey
✆ +377 97 77 09 29
https://monaco.beefbar.com/

Ouvert du dimanche au jeudi midi et soir ; le vendredi et le samedi midi et soir jusqu'à minuit. Vente à emporter.

Vous êtes un aficionado de viande ? Voici votre repaire ! A la carte, on retrouve donc de belles pièces de bœuf comme le Chateaubriand de bœuf Angus, le bœuf de Kobe style Gold Selection, les Beefbar black burgers de Black Angus, entre autres... Ils raviront les amateurs du genre. Les autres apprécieront alors les ceviches de poisson et autres plats de street-food pour certains dépaysants. On apprécie l'ambiance à la fois chic et décontractée de ce lieu qui vous permettra de profiter d'un magnifique panorama sur le port de Fontvieille.

GERHARD'S CAFÉ MONACO €

42 quai Jean-Charles-Rey
✆ +377 92 05 25 79
www.gerhardscafe-monaco.com

Ouvert toute l'année. Du lundi au samedi de 8h à 3h ; le dimanche de 11h à 3h. Terrasse.

Le Gerhard's Café, situé sur les quais Fontvieille, est un lieu de rencontre prisé toute l'année. Il profite de sa situation pour accueillir les yachts ainsi que les visiteurs du Grand Prix de F1. Ou encore ceux venus pour l'Oktoberfest, le festival de bière bavarois réputé et particulièrement apprécié pour sa bonne ambiance. Lors de cette fête, vous pourrez profiter de spécialités culinaires allemandes. On apprécie l'ambiance chaleureuse et l'accueil du maître des lieux, l'incontournable Gerhard, autrichien d'origine, fidèle au poste tous les jours de la semaine.

GERHARD'S CAVE €

42 quai Jean-Charles-Rey
✆ +377 99 90 71 91
https://gerhardscave.com/fr

Ouvert toute l'année. Du lundi au vendredi de 12h à 1h. Samedi et dimanche de 17h à 1h. Terrasse. Restauration.

Ce nom vous parle déjà ? Il s'agit bien du même propriétaire que le Gerhard's Café situé juste à côté ! Autrichien d'origine, Gerhard est l'une des figures du port de Fontvieille avec son bar convivial où une clientèle hétéroclite aime se retrouver autour d'une bonne bière. Dans ce nouveau cadre à la fois chic et sobre, le houblon laisse sa place à Dionysos ! La carte offre plus de 100 références. Côté budget, il y en a pour tous les goûts, du petit domaine accessible aux grand crus. Les vins se dégustent accompagnés de tapas servies en petites assiettes.

ICI SALAD BAR & PÂTISSERIES €€

3 avenue Saint Charles ✆ +377 97 97 42 42
https://www.ici.mc/

Ouvert toute l'année. Du lundi au vendredi de 9h à 15h. Vente à emporter. Commande en ligne, livraison.

Envie d'une pause saine et équilibrée pour le déjeuner ? Vous êtes au bon endroit ! L'établissement propose des salades sur mesure à confectionner selon vos envies et de votre budget sans oublier les poke bowls et autres sandwichs ou encore les tourtes, les quiches ou les «petites faims» comme le mini barbagiuan. On aime cette adresse pour la qualité des produits proposés qui sont nombreux, frais et de saison. Et les jolies valeurs portées par l'enseigne. De quoi vous régaler.

L'EN K €

4 avenue des Papalins
✆ +377 97 98 34 44
http://len-k.eresto.net

Ouvert toute l'année. Du lundi au vendredi de 10h à 16h. Carte : 8 € environ. Terrasse. Vente à emporter.

Un charmant snack pour grignoter sur le pouce avec un cadre verdoyant et ensoleillé doté d'une petite terrasse extérieure et d'une salle pouvant accueillir une quinzaine de couverts. Au menu vous retrouverez tous les grands classiques de la restauration rapide : sandwichs, salades, paninis, bruschettas et quelques spécialités telles que les kebabs, les falafels et autres focaccias ou burgers. La plupart des recettes se déclinent en versions végétarienne, hallal ou casher. De nombreuses suggestions sont également à découvrir. Service sympa et rapide.

LE MICHELANGELO €€€

8 quai Jean-Charles-Rey
✆ + 377 92 05 77 33
Ouvert du lundi au vendredi midi et soir, samedi soir. Fermé le dimanche. Maître Restaurateur. Artisan du Goût.

Véritable institution monégasque, cette belle maison tenue de main de maître par son illustre propriétaire Arturo perdure au fil des années. On y vient pour y déguster une carte labellisée Maître Restaurateur aux plats d'inspiration italienne et méditerranéenne tout en faisant du bien à son corps et à ses papilles puisque les légumes frais sont à l'honneur. Tous les poissons sont sauvages, les homards du vivier et les viandes certifiées Angus ou Limousin. Les amateurs de pizzas ne seront pas en reste. À noter aussi des spécialités monégasques comme le barbajuan.

MOSHI MOSHI €€

32 Quai Jean-Charles Rey ✆ +377 93 25 43 43
http://www.moshi-moshi.mc
Ouvert toute l'année. Du lundi au samedi de 11h30 à 15h et de 19h à 21h30. Terrasse. American Express.

Moshi Moshi ajoute dans ses plats japonais des touches méditerranéennes pour des saveurs des plus exquises et délicates. Que vous choisissiez le bar pour voir la préparation des sushis, la terrasse ou l'intérieur au décor élégant qui associe le marbre, le bois, le bleu et le doré, vous passerez un excellent moment. Découvrez les recettes surprenantes de sushis revisités et autres mets gourmands : miso traditionnel, soupes de nouilles, rolls déclinés à l'infini, sashimis, omakase, chirashi... Il y en a pour tous les goûts ! Le soir, la carte est plus élaborée.

LES PERLES DE MONTE-CARLO €€

47-48 quai Jean-Charles-Rey
✆ 377 97 77 84 31
www.perlesdemontecarlo.com/
Ouvert du lundi au samedi de 12h à 14h30 et en soirée mercredi et jeudi de 19h à 22h. Terrasse. Boutique.

A la pointe du port de Fontvieille, ce restaurant situé au bord de l'eau a l'originalité d'être tenu par Frédéric Rouxeville et Brice Cachia, deux biologistes passionnés. A leur table, on déguste des huîtres de qualité dont le goût de noisette ravit les plus grands amateurs. Elles sont à ce titre servies dans les grandes tables étoilées de la Principauté. Homards, langoustes, palourdes et poissons complètent l'offre. Un endroit insolite que nous vous conseillons de visiter.

LA SALIÈRE €€

28 quai Jean Charles Rey
✆ +377 92 05 25 82
www.lasaliere.mc
Tous les jours de 12h à 15h et de 19h à 21h30. Pizza à partir de 16 €.

Cette adresse italienne a tout bon : des formules alléchantes le midi, de belles assiettes d'antipasti pour l'apéro et de grands classiques plats italiens pour le dîner. Citons l'incontournable vitello tonnato, les risottos et pâtes en tous genres mais aussi des pizzas et des viandes comme la tagliata de bœuf Black Angus pour vous faire saliver. C'est un régal pour les yeux et les papilles puisqu'on peut admirer le port de Fontvieille confortablement installé en terrasse ou dans ce joli restaurant à la décoration moderne et soignée.

TAVOLO €€

23 Avenue des Papalins
✆ +377 92 05 82 35
https://tavolomc.com
Ouvert toute l'année. Du lundi au vendredi de 12h à 14h30. Réservation impérative. Terrasse. Bar.

Le Tavolo propose une carte où les saveurs méditerranéennes sont mises à l'honneur. Tous les plats sont élaborés à base de produits frais, locaux et responsables. La fraîcheur de la cuisine, alliée à la convivialité de l'accueil, fait du Tavolo un lieu parfait pour déjeuner. Les meilleurs ingrédients de saison, sont sublimés dans de belles assiettes généreuses : croquettes de mozzarella, focaccia, large choix de pizzas, fish and chips ou burgers.... Une cuisine saine et gorgée de soleil. Vous pouvez aussi privatiser les lieux pour vos événements privés.

U BARBAGIUAN €

6 avenue des Papalins
✆ +377 92 05 39 83
ubarbagiuan.eresto.net
Fermé en août. Ouvert du lundi au vendredi le midi et le soir. Terrasse. Vente à emporter.

Faire une halte dans cet établissement vous permettra de découvrir une cuisine régionale bon marché qui propose quotidiennement un plat du jour différent ainsi qu'une sélection de salades et de sandwiches faits à la demande, à déguster sur place ou à emporter. Une terrasse très agréable d'une vingtaine de couverts s'ouvre sur un cadre arboré. Pour les amateurs de spécialités locales, pensez à commander à l'avance les fameux *barbagiuans*, sorte de petits beignets frits et farcis, grande spécialité monégasque. Une adresse en toute simplicité.

AVENUE 31 €€€

31 avenue Princesse-Grace
✆ +377 97 70 31 31
www.avenue31.mc

Ouvert tous les jours de 11h à 23h. Terrasse. Vente à emporter. Voiturier le soir.

Si vous aimez l'authentique cuisine italienne pleine de saveurs, vous êtes à la bonne adresse. Bien que l'Avenue 31 soit à trente minutes de route de la frontière, on a l'impression d'être en Italie. Les assiettes sont ici copieuses, pensez à garder de la place après l'entrée pour les savoureux plats et les délicieux desserts maison. Les serveurs sont aux petits soins, l'ambiance est cosy et chaleureuse et vous apprécierez en tant que parent les animations pour enfants pendant les déjeuners du week-end. Très bon rapport qualité-prix pour la formule du midi.

BLUE BAY €€€

40 avenue Princesse-Grace ✆ +377 98 06 03 60
https://www.montecarlosbm.com/fr/hotel-monaco/monte-carlo-bay-hotel-resort/restaurants

Ouvert du mardi au samedi de 19h30 à 22h30. Brunch du dimanche de 12h30 à 14h30. 1 étoile au Guide Michelin.

D'un rocher à l'autre... Marcel Ravin a quitté sa Martinique natale pour s'installer à Monaco et mener les destinées du Blue Bay avec une étoile au *Guide Michelin* et un style culinaire novateur. Une pincée de Caraïbes savamment mêlée aux saveurs méditerranéennes comme il le précise à ses clients : « Quand on vient manger au Blue Bay, je souhaite que l'on trouve quelque chose de bien, de beau. On essaie un plat par curiosité et on revient par plaisir. » Ce sera très certainement chose faite après avoir goûté à son plat signature : l'œuf basse température... Splendide !

BUDDHA-BAR MONTE-CARLO €€

Place du Casino ✆ +377 98 06 19 19
www.montecarlosbm.com/en/restaurant-monaco/buddha-bar-monte-carlo

Ouvert du mardi au samedi de 18h à 2h. Réservation recommandée. Terrasse. Voiturier. Boutique. Animation (DJ).

Incontournable pour les oiseaux de nuit et ceux qui aiment l'ambiance night-club, le Buddha Bar est une institution toujours aussi tendance. On aime y découvrir de nouveaux cocktails chaque saison, l'offre happy hour du bar lounge de 18h a 20h, sans parler du restaurant, absolument grandiose et pour lequel le chef Eric Guillemaud, enfant du pays, officie avec brio. La qualité dans l'assiette comme dans le service est au rendez-vous, on recommande cette adresse avec terrasse à ciel ouvert, à ceux qui veulent en prendre plein la vue et les papilles.

LE CAFÉ DE PARIS €€

Place du Casino ✆ +377 98 06 76 23
www.montecarlosbm.com/fr/restaurant-monaco/le-cafe-de-paris

Ouvert tous les jours. Service non-stop de 8h à 1h (2h en été). Terrasse. Vente à emporter. Boutique. Animations.

Installé dans le cœur des Monégasques depuis plus de 150 ans, le Café de Paris est l'endroit par excellence pour voir et être vu sur la célèbre place du Casino de Monte-Carlo. Son décor façon Belle Époque est à la hauteur d'une cuisine de brasserie de luxe. La carte met en avant les grands classiques de la gastronomie française tout en s'offrant de jolis plats plus actuels. Les glaces y sont également excellentes. Si la salle intérieure offre une décoration feutrée et raffinée, la grande terrasse ensoleillée demeure très prisée en toute saison.

COYA MONTE-CARLO €€€

26 Avenue Princesse Grâce
✆ +377 98 06 20 20
www.montecarlosbm.com

Ouvert du mercredi au dimanche le midi et le soir. Accueil des groupes. Terrasse.

De toutes nouvelles saveurs s'invitent à Monaco ! D'avril à novembre, le restaurant COYA Monte-Carlo sublime les grands classiques de la cuisine vénézuélienne et caribéenne dans un nouvel écrin de verdure complètement repensé cette année. Un voyage culinaire qui prend pour point de départ une vue imprenable sur la Méditerranée. Aux commandes cette saison, la cheffe Victoria Vallenilla Gallardo compte bien embarquer les papilles vers une cuisine moderne et savoureuse tout en faisant honneur aux recettes de son enfance. Le tout arrosé de cocktails signature.

LE LOGA €€

25 boulevard des Moulins ✆ +377 93 30 87 72
www.logarestaurant.com/

Ouvert de 8h à 23h, tous les jours sauf le mercredi soir et le dimanche. Terrasse. Label Artisan du Goût.

Ketty Gastaldi et son chef font de cette adresse un incontournable du déjeuner pour de nombreux habitués. Il faut dire que cet établissement, doté d'une belle salle intérieure et d'une agréable terrasse ensoleillée. A cela s'ajoute alors une cuisine qui demeure comme l'accueil : chaleureuse et authentique ! La recette parfaite pour se faire apprécier année après année. On notera également les plats végans et sans gluten et les produits locaux de qualité mis en avant sur la carte. Une adresse saine et soucieuse de l'environnement à découvrir sans hésitation !

POLPETTA €€

2 Rue Paradis
✆ +377 93 50 67 84
www.restaurantpolpetta.com

Ouvert tous les jours midi et soir. Voiturier. Terrasse l'été et véranda fermée l'hiver.

C'est une institution, un lieu adoré et connu depuis maintenant plus de 30 ans ! Il faut dire que les plats italiens faits maison sont tous absolument irréprochables et copieux. L'accueil typique et chaleureux ont forgé, au fil des années, une solide réputation à cette petite adresse nichée dans l'enchevêtrement des ruelles de la Principauté, à quelques encablures de la place du Casino historique de Monte-Carlo. Inutile de vous rendre jusqu'en Italie pour savourer et apprécier ses spécialités culinaires : vous y êtes ! Service de voiturier fort utile en soirée.

LOUIS XV - ALAIN DUCASSE À L'HÔTEL DE PARIS €€€

Place du Casino ✆ +377 98 06 88 64
www.montecarlosbm.com/fr/restaurant-monaco/le-louis-xv-alain-ducasse-hotel-de-paris
Ouvert du vendredi au lundi midi et du jeudi au lundi soir. Terrasse. Voiturier. Port de la veste souhaité.

Apprêtez-vous à vivre un moment hors du commun dans ce restaurant étoilé signé Alain Ducasse. L'accueil, le cadre (une salle signée par les designers Patrick Jouin et Sanjit Manku), le service, la cuisine : tout est de grande qualité. A la tête de cette adresse d'excellence, le chef Dominique Lory vous fera partager sa passion à travers de véritables chefs-d'œuvre culinaires. Quant aux vins, le sommelier propose l'une de ses nombreuses références parmi ses 400 000 bouteilles en cave.

MAYA BAY €€

24 avenue Princesse-Grace
✆ +377 97 70 74 67
www.mayabay.mc
Ouvert du mardi au samedi de 12h à 14h30 et de 19h30 à 23h. Terrasse. Voiturier. Vente à emporter. Boutique. Animations.

Amateur de saveurs d'ailleurs, voici une adresse dépaysante que vous allez très certainement apprécier. Et pour cause, si l'endroit est atypique, la carte l'est tout autant et propose à la fois des spécialités japonaises et thaïlandaises. Christophe Dupuy est aux commandes de l'établissement thaïlandais assisté exclusivement par des cuisiniers thaïlandais garants de leur culture culinaire tandis que le chef Ryuji Kakizaki gère le restaurant japonais dont les plats traditionnels parfois revisités laissent exploser en bouche des saveurs inédites.

MAYA JAH €€

27 avenue Princesse-Grace
✆ +377 99 99 49 49
www.mayajah.mc
Ouvert toute l'année midi et soir, fermé le lundi. Terrasse. Voiturier.

Voici un restaurant de spécialités indiennes comme on les aime ! A la carte, ce sont des plats tous excellents, très bien épicés, savoureux et copieux que vous pouvez retrouver. Tajines et couscous raffinés viennent compléter l'offre gourmande. On aime particulièrement le naan au pesto, une exclusivité signée Maya Jah (petit frère du Maya Bay, pour information) et le banc de poisson fort bien garni. Gros coup de cœur à prévoir pour les amateurs du genre qui apprécieront notamment l'accueil très soigné des serveurs adorables et une ambiance orientale magique.

MOZZA €€

11 rue du Portier
✆ +377 97 77 03 04
www.mozza.mc
Ouvert du lundi au dimanche midi et soir. Terrasse. Voiturier. Vente à emporter. Livraison à domicile.

Avis aux amateurs de cuisine transalpine, Mozza a tout pour vous plaire ! A commencer par sa carte, relativement courte mais gorgée de pâtes fraîches, d'antipasti à partager ou non et autres pizzas, de la plus classique à la plus originale. En somme, c'est une vraie trattoria, au service rapide et efficace et dont la cuisine fait la part belle aux grands classiques italiens avec des produits frais et de qualité. Sans oublier le Mozza Bar qui présente quotidiennement une belle sélection de charcuteries italiennes et de mozzarella, forcément !

NOBU €€€

12 avenue des Spélugues ✆ +377 97 70 70 97
www.fairmont.fr/monte-carlo/dining/nobu-fairmont-monte-carlo/
Ouvert toute l'année. Happy Hour tous les soirs de 18h à 20h. Dîner tous les jours de 18h30 à 23h. Animaux acceptés.

Situé dans l'univers préservé du Fairmont Monte-Carlo au cœur du quartier historique et niché dans un écrin délicat à l'atmosphère élégante, cet établissement signé Nobuyuki «Nobu» Matsuhisa offre une vue exceptionnelle sur la Principauté, la France et l'Italie. La salle lumineuse mêle soigneusement contemporanéité et ambiance nippone avec un magnifique sushi bar derrière lequel sont préparés les sashimis, sushis, etc. Les plats sont originaux et subtils. De l'accueil au service en passant par l'ambiance : tout est parfait. Réservation hautement recommandée !

LA NOTE BLEUE €€€

Avenue Princesse-Grace
✆ +377 93 500 502
www.lanotebleue.mc
Ouvert tous les jours de 8h30 à 19h. Terrasse.

On aime la décoration sobre et épurée ainsi que l'esprit de ce lieu. Côté restauration, le chef Laurent Paya propose une cuisine du monde surprenante préparée avec des produits provenant essentiellement du bassin méditerranéen et d'Asie. Chaque année, la cuisine se réinvente pour le plus grand plaisir de nos papilles. Le chef n'est jamais à court d'idées surprenantes pour sa cuisine. À la carte : salades, viandes ou encore risottos. Et pour un voyage en Asie, des *Pad thaï*, tempura et autres délices venus d'ailleurs. Concerts de musique live de mi-avril à fin août.

L'ORANGE VERTE €€

40 avenue Princesse-Grace ✆ +377 98 06 02 00
https://www.montecarlosbm.com/fr/hotel-monaco/monte-carlo-bay-hotel-resort/restaurants
Ouvert toute l'année. De 8h à minuit. Service non-stop de midi à minuit. Snacking. A emporter. Jardin. Voiturier

Le chef Marcel Ravin donne une nouvelle fois le la dans cet établissement signé SBM. Le cadre est très agréable si ce n'est intimiste puisque vous aurez l'impression d'être installé dans de petits salons particuliers. La cuisine inspirée de la cuisine du monde est variée et de qualité, quant au service il demeure irréprochable comme le veut le standing d'une bonne brasserie haut de gamme. On apprécie toutefois le style décontracté et la praticité de la carte snacking. Le service se prolonge dans l'après-midi pour un tea time avec un large choix de pâtisseries.

SONG QI €€€

7 avenue Princesse-Grace
✆ + 377 99 99 33 33
www.song-qi.mc
Ouvert tous les jours le midi et le soir. Carte : 100 € environ. Terrasse. Voiturier.

Song Qi n'est autre que le premier restaurant gastronomique chinois de la Côte d'Azur. Tenue par Alan Yau et Riccardo Giraudi, cette adresse représente l'excellence à tous les points de vue. L'accueil et le service sont agréables et attentionnés, la cuisine est copieuse et d'un raffinement extrême, sans parler du décor luxueux et époustouflant, érigé dans un écrin de laque qui se déploie sur 100 m². Song Qi, c'est une cuisine traditionnelle et gastronomique chinoise conçue à partir de produits du terroir français. Avis aux gourmets en mal de saveurs d'ailleurs !

LA PIAZZA €€

9 rue du Portier
✆ +377 93 50 47 00
www.lapiazza-monaco.com
Ouvert toute l'année. Tous les jours de 12h15 à 14h15 et de 19h30 à 23h. Terrasse. Voiturier. Parking.

La Piazza, située à cinq minutes du casino de Monte-Carlo et à proximité des plages, est une petite adresse authentique qui privilégie les produits de qualité. La carte change au gré des saisons et offre à ses visiteurs les plaisirs du goût. Venez déguster des spécialités de pâtes fraîches, poissons, viandes, et autres produits frais. Sans oublier l'incontournable tiramisu pour finir le repas si le cœur vous en dit. Le restaurant possède aussi sa propre cave à vin qui rassemble les plus grands crus italiens et français. N'attendez plus, venez découvrir l'Italie.

LE VISTAMAR €€€

Square Beaumarchais ✆ +377 98 06 98 98
www.montecarlosbm.com/fr/restaurant-monaco/restaurant-gastronomique-vistamar
Ouvert tous les jours le soir, en semaine le midi. Terrasse. Voiturier. Label Artisan du Goût. 1 étoile Michelin.

Une cuisine raffinée et originale, un personnel à l'écoute, très agréable, un cadre absolument magnifique avec une terrasse aussi chic que moderne : voici comment nous décririons en quelques mots ce restaurant gastronomique situé au sein de l'Hôtel Hermitage Monte-Carlo. Recentrée autour de valeurs culinaires essentielles et authentiques, la carte célèbre les produits de saison, la justesse des cuissons et la simplicité des mets. On apprécie également les deux formules proposées : soit bistro chic le midi, soit gastro chic le soir.

LE RESTAURANT DU MÉTROPOLE MONTE-CARLO €€€

4 avenue de la Madone
✆ +377 93 15 15 10
https://metropole.com/ru/restaurant-montecarlo/restaurant-metropole-monte-carlo/
Le restaurant est actuellement fermé pour rénovation et ouvrira ses portes en avril 2022.

C'est l'une des plus prestigieuses adresses de la Côte d'Azur. Le restaurant de l'Hôtel Métropole met en scène une cuisine moderne et inventive, dirigée par le talentueux chef Christophe Cussac. De la haute cuisine à base de produits d'exception, agrémentée d'un soupçon de saveurs d'ailleurs. Toutefois, pour découvrir ces mets raffinés, il faudra vous armer de patience, le restaurant est actuellement fermé pour rénovation et rouvrira ses portes en avril 2022.

YOSHI €€€

4 avenue de la Madone ✆ +377 93 15 13 13
https://metropole.com/ru/restaurant-montecarlo/yoshi/
Ouvert du mercredi au dimanche le midi et le soir. Réservation recommandée. Diners Club. Voiturier. Une étoile Michelin.

Dans un décor réalisé par le designer français Didier Gomez, les convives sont transportés à travers la culture nippone que Joël Robuchon a souhaité exprimer au travers d'une table raffinée et d'un cadre élégant. De la salle, les convives installés au Sushi Bar peuvent assister au spectacle de la brigade grâce à une cuisine ouverte permettant d'observer la réalisation de leurs plats. Le plaisir des sens continue avec une ambiance zen prodiguée par le jardin de style japonais, conçu par l'architecte paysagiste Jacques Messant, attenant à la salle.

FAIRE UNE PAUSE

Aussi glamour, voire «bling bling», que puisse paraître la principauté de Monaco, il y a, comme partout ailleurs, des petits salons de thé et autres coins gourmands où déguster un sandwich, prendre son café du matin ou faire une pause goûter. Bien entendu, il existe également des établissements emblématiques où il est bon d'être vu et facile de voir, à l'image du célèbre Café de Paris. Asseyez-vous et regardez le monde passer - comme tout le monde le fait ici - avec un expresso et une crêpe sucrée. Plus personnels et tout aussi charmants, de nombreux cafés et salons de thé sauront répondre à vos envies. En plein air, quelques rooftops (ces terrasses sur les toits) sont prisés dès l'arrivée des beaux jours, sans parler des terrasses du bord de mer, véritablement prises d'assaut. Il faut dire que l'occasion de boire une boisson fraîche ou commencer un apéritif les yeux rivés sur la mer Méditerranée est trop belle !

LE BAR AMÉRICAIN

Place du Casino
✆ +377 98 06 38 38
www.montecarlosbm.com/fr/inspiration/bar-americain-hotel-de-paris-monte-carlo
Ouvert tous les jours de 10h30 à 2h. Animations. Concerts.

C'est le bar le plus mythique de Monaco ! Avec son ambiance Gatsby, le Bar Américain révèle son atmosphère années 1920 au glam discret et au charme délicat. Tous les soirs, l'ambiance est assurée par des sessions jazz et blues. Laissez-vous tenter par la carte des cocktails, des vins ou des champagnes dont on soulignera la présence excellente de cuvées exceptionnelles. À toute heure de la journée, les créations du chef pour le déjeuner ou le dîner, les thés du monde et des pâtisseries maison... Le Bar Américain palpite du matin jusqu'au soir.

BRASSERIE DE MONACO

36 route de la Piscine ✆ +377 97 98 51 20
www.brasseriedemonaco.com
Ouvert toute l'année tous les jours de 12h à 2h du matin. DJ 7j/7. Happy Hour. Terrasse. Vente à emporter. Boutique.

Une adresse conviviale et sans chichis connue pour sa fameuse bière de Monaco non filtrée et non pasteurisée réalisée sur place à partir de malts biologiques révélant des goûts authentiques en bouche : la blanche 4,5° légèrement épicée, la blonde 5° finement houblonnée, l'ambrée à 5,5° rousse et corsée sans oublier les brassins exceptionnels à découvrir chaque mois autour d'une cuvée unique. On vient bien entendu pour les lieux qui s'animent tous les soirs avec le DJ résident ou à l'occasion de la retransmission des événements sportifs ou musicaux.

BUDDHA-BAR MONTE-CARLO

Place du Casino ✆ +377 98 06 19 19
www.montecarlosbm.com/en/restaurant-monaco/buddha-bar-monte-carlo
Ouvert du mardi au dimanche de 19h à 2h. Shisha Experience sur les terrasses. Restauration. Boutique.

Que ce soit pour sa cuisine aux notes exotiques, pour l'ambiance sensuelle du lounge bar ou pour sa décoration zen de bon goût, vous aurez toutes les raisons de passer une soirée inoubliable dans ce lieu culte et incontournable de la Principauté. Dépaysement garanti pour les sens et les papilles alors éveillés par l'Asie lointaine ici mise à l'honneur à travers une gastronomie et le bouddha monumental qui trône en salle. Délicieux cocktails et sélection musicale pointue (chill-out et world music) viennent parfaire ce moment chaleureux.

CHOCOLATERIE DE MONACO

Place de la Visitation
✆ +377 97 97 88 88
www.chocolateriedemonaco.com
Ouvert de 9h30 à 18h30 non-stop du lundi au samedi. Salon de thé de 9h30 à 17h30. Vente en ligne sur le site Internet.

Le légendaire chocolat de Monaco a été conçu en son temps à l'occasion de la commémoration du mariage du Prince Rainier III avec Grace Kelly. Fondée en 1920 et devenue fournisseur breveté du Prince de Monaco, ce lieu vous fera fondre de plaisir... Véritable palais du chocolat, c'est l'endroit idéal où faire une pause gourmande, en boutique ou dans le salon de thé. Avant de repartir, quelques achats supplémentaires vous permettront de prolonger le plaisir et de faire découvrir ces incontournables péchés mignons monégasques à vos proches.

COSTA

Marché de la Condamine
✆ +377 92 05 24 38
https://costamonaco.com/
Boutiques ouvertes de 6 à 19h du lundi au samedi et de 6h à 13h le dimanche. Huit autres adresses à Monaco.

Référence en Principauté depuis plus de cinquante ans, les boulangeries Costa sont autant de pâtissiers, cuisiniers, vendeuses, maîtres d'hôtel qui œuvrent pour le plus grand plaisir de votre palais et de votre porte-monnaie puisque ce qui compte ici, c'est de se régaler à petit prix ! Un savoir-faire unique et un accueil agréable que l'on retrouve dans chacune des huit boutiques présentes à Monaco qui, en plus d'assurer le service côté salon de thé, proposent en plus de sa carte des suggestions de plats du jour allé-chantes.

GELATORINO

4 boulevard de France
✆ +377 97 98 28 91
www.gelatorino.com
Ouvert du lundi au vendredi de 7h à 20h. Le samedi de 8h à 19h. Le dimanche de 8h à 18h. Label Eco Friendly.

Voici un glacier exceptionnel qui prépare devant vous ses gourmandises avec des produits frais, sans ingrédients artificiels, dans la pure tradition italienne et avec des ingrédients sélectionnés à Turin et dans la région du Piémont. L'accueil est chaleureux, comme savent si bien faire les Italiens, et avec l'accent chantant. Cédez à la tentation de ces glaces savoureuses aux multiples saveurs que l'on déguste en coupelle, en cornet, en biscuit gelato ou en affogato coupelle. Vous pouvez même commander et emporter à la maison votre dessert glacé dans une boîte.

GERHARD'S CAFÉ MONACO

42 quai Jean-Charles-Rey
✆ +377 92 05 25 79
www.gerhardscafe-monaco.com
Ouvert toute l'année. Tous les jours de 8h à 3h du matin. Le dimanche de 11h à 3h du matin. Terrasse. Restauration.

Le Gerhard's est un lieu de rencontre très prisé toute l'année par les plaisanciers et les habitués, et notamment pendant l'Oktoberfest, ce festival de bière bavarois très connu réputé pour sa joie de vivre et sa bonne ambiance. Une décoration intérieure où prédomine le bois affiche un style accueillant. Le service est rapide, et l'endroit se fait la promesse de belles soirées animées dans une atmosphère sympathique. L'été, on profite de l'agréable terrasse. Une adresse incontournable en Principauté de Monaco où faire la fête en toute simplicité.

GERHARD'S CAVE

42 quai Jean-Charles-Rey
✆ +377 99 90 71 91
https://gerhardscave.com/fr
Vin au verre à partir de 5 €. Ouvert 7j/7 de 18h à 1h du matin. Tarif entre 13 et 21 € pour les tapas.

Dans ce cadre à la fois chic et sobre, Dionysos règne ici en maître des lieux ! La carte, présentée avec un support moderne similaire à une tablette, offre plus de 100 références. Près de 35 % de domaines viticoles français et le reste provient du reste du monde. Côté budget, il y en a pour tous les goûts, du petit domaine accessible aux grand crus que l'on peut également servir au verre. Les vins se dégustent accompagnés de tapas servis en petites assiettes. La terrasse avec ses tabourets en hauteur est très agréable pour l'apéro face à la mer !

JACK

32 route de la Piscine
✆ +377 97 98 34 56
www.jack.mc
Ouvert toute l'année. Du lundi au dimanche de 12h à 3h du matin. Wifi. Terrasse. Restauration. Animations. Concerts.

« Anything is possible » - « tout est possible » au Jack, comme commencer la soirée autour de délicieux cocktails XXL et d'autres boissons accompagnées de délicieuses tapas. A ce propos, notez qu'un happy hour quotidien est proposé de 18h à 20h sur les cocktails et boissons ! L'apéritif bien entamé, vous profiterez alors d'un agréable dîner sur l'agréable terrasse (couverte et chauffée en hiver) ou dans la vaste salle intérieure aux murs de pierres apparentes avant de se déhancher toute la nuit sur les rythmes en *live music* et des DJ qui animent les lieux.

PASTICCERIA COVA MONTECARLO

19 boulevard des Moulins
✆ +377 97 77 41 24
www.pasticceriacova.com/
Ouvert toute l'année. Du lundi au samedi de 8h à 20h ; le dimanche de 9h à 15h30. Brunch le dimanche. Terrasse.

Cova, c'est l'une des plus anciennes *pasticcerie* venues d'Italie et une brasserie chic avec nappe jaune paille et fleurs sur les tables. Idéale pour s'offrir une pause gourmande au déjeuner et bien évidemment au goûter, le plus difficile reste de choisir sur quoi jeter son dévolu, avec une si belle sélection de tartes, gâteaux et autres desserts. Le personnel est aimable, le service agréable. L'adresse incontournable des becs sucrés sur le rocher.

MONACO

PÂTISSERIE RIVIERA

27 boulevard des Moulins
✆ +377 93 50 63 23
https://qrco.de/Patisserieriviera
Ouvert du lundi au vendredi de 8h à 19h. Le samedi de 8h à 12h45 puis de 15h à 19h. Le dimanche de 8h à 13h.

Ambiance cosy, accueil souriant et efficace : cette adresse vous transportera dans un univers gourmand et délicat où gâteaux, brownies, macarons, biscuits, bûches, cookies et pâtisseries se déclinent à l'infini. C'est un endroit très agréable pour passer un moment autour d'un café ou d'un thé. Les pâtisseries, viennoiseries et chocolats faits maison sont excellents et le personnel toujours aux petits soins. Le chef Alex propose également des gâteaux sur mesure pour vos événements (anniversaire, naissance, mariage, Saint Valentin et fêtes en tous genres).

SWEETIE

24 allée Lazare-Sauvaigo
✆ +377 99 99 99 09
Ouvert de 7h30 à 19h du lundi au vendredi et de 10h à 19h le samedi. Terrasse.

En véritable bec sucré vous ne pouvez pas résister aux confiseries ? Vous avez donc plus que jamais besoin d'une *sweet therapy* ! Cafés, thés, smoothies, milkshakes crémeux à souhait, cookies, muffins, gaufres, brownies, et bien évidemment bonbons sous toutes leurs formes, vous attendent dans cette boutique originale à Monaco ! Salades et wraps sauront également ravir les becs salés qui prendront plaisir à s'attabler en terrasse. Un lieu de détente et de gourmandise accueillant du petit déjeuner au goûter. Carte disponible à emporter également.

LA RASCASSE

Quai Antoine-Ier ✆ +377 98 06 16 16
www.larascassemontecarlo.com
Ouvert toute l'année. Tous les jours de 16h à 4h45 du matin. Afterwork avec DJ et musique live. Terrasse. Restauration.

Deux étages, deux ambiances : décontractée de 16h à 23h, idéale pour un afterwork entre amis sur fond musical. A partir de 23h et jusqu'au petit matin, l'atmosphère se réchauffe quand le DJ monte le son, promesse de belles soirées endiablées. On apprécie aussi la vaste terrasse (chauffée en hiver) qui accueille régulièrement des événements ainsi que celles plus étroites à l'étage. Nombreuses soirées à thème, diffusion d'événements sportifs sur écran géant, apéro dolce vita... Retrouvez l'intégralité de la programmation sur le site Internet ou la page Facebook.

LE TEA SHOP

Place des Moulins
✆ +377 97 77 47 47
www.leteashop.com
Ouvert toute l'année du lundi au samedi de 9h à 19h non-stop. Boutique.

A la fois bar à thé, théothèque et lieu à ateliers manuels et de dégustation pour apprendre à mieux connaître cette boisson de prédilection ici élevée au rang d'art, ce concept-store propose de faire découvrir aux plus curieux des mélanges parfumés exclusifs (pas moins de 150 variétés de thés sont proposées en boutique), accompagnés de pâtisseries et gourmandises en tous genres, du matériel spécialisé pour la dégustation, de la vaisselle artisanale, des livres sur le thé, une gamme d'épicerie fine au thé... Et bien d'autres curiosités !

STARBUCKS MONACO

1 promenade Honore II
✆ +377 97 77 80 95
www.starbucks.com
Ouvert toute l'année. Wifi. Terrasse. Restauration.

En plein cœur du quartier de la Condamine, la célèbre franchise Starbucks prend place dans un bel écrin à la fois moderne et contemporain. Délicieux frappuccino, thé vert, pâtisseries, tous les grands classiques de l'enseigne répondent à l'appel. Le service est efficace et aimable. Starbucks a réussi à s'imposer à Monaco, comme ailleurs, comme un petit luxe que presque tout le monde peut se permettre. Avec ses noms de boissons à l'italienne, son décor accueillant et des boissons aussi alléchantes que gourmandes, c'est un incontournable pour les amateurs du genre.

TWIGA MONTE CARLO SHISHA LOUNGE

35 boulevard Louis II ✆ +377 99 99 25 50
www.twigamontecarlo.com
Ouvert toute l'année. Ouvert du mardi au dimanche à partir de 19h. Snacks pizzas et focaccia jusqu'à 4h du matin.

Le Twiga Monte-Carlo décline plusieurs espaces et différentes ambiances, du restaurant contemporain à la carte italienne raffinée, au night-club très branché. Découvrez aussi la version shisha bar et shisha louge sur l'élégante terrasse face à la Méditerranée où vous pourrez siroter un cocktail ou un verre de vin en fumant une traditionnelle shisha aux saveurs fruitées ou de tabac. Ne manquez pas l'ambiance chic et festive du Twiga en version boite de nuit ou restaurant.

(SE) FAIRE PLAISIR

Monaco peut s'enorgueillir d'une cuisine qui lui est propre, faite de recettes venues du sud de la France (en particulier de la Provence et de la cuisine niçoise) ainsi que de l'Italie. La mer Méditerranée a également une forte influence sur les palais monégasques, offrant une grande variété de poissons. Autant de spécialités que vous pourrez vous procurer au Marché de la Condamine ou dans de nombreuses épiceries fines. Le rocher compte également quelques spécialités plus ou moins insolites à ramener dans vos bagages, à l'image de la bière locale que vous pourrez vous procurer à la Brasserie de Monaco ou encore du miel et des olives monégasques. Côté vin, Monaco bénéficie d'une situation unique pour apprécier certains des meilleurs vins de la Côte d'Azur et au-delà. Les connaisseurs toujours plus nombreux affluent en Principauté pour se procurer les meilleurs millésimes et participer à des dégustations décadentes. Pourquoi pas vous ?

MÉTROPOLE SHOPPING CENTER

17 avenue des Spélugues
✆ +377 93 50 15 36
www.metropoleshoppingcenter.com
Ouvert du lundi au samedi de 10h à 19h30. Ouvert jusqu'à 20h en été.

Réparti sur près de 10 000 m², le Métropole Shopping Center est depuis 1988 le paradis incontournable du shopping monégasque haut de gamme. Les 80 boutiques mêlant prêt-à-porter, beauté, joaillerie, décoration, loisirs ou encore produits gourmands prennent ainsi place dans cet écrin délicat où domine la marbre italien de Carrare. Phillip Plein, Gucci Kids, Max Mara, Kenzo, APM Monaco, Pomellato... Restauration tout au long de la journée sur place ou à emporter.

BOUCHERIE PARISIENNE FORMIA

4 boulevard de France
✆ +377 93 30 85 50
www.formia.mc
Marché de la Condamine : tél. +377 93 30 30 59.

Les produits de qualité ont fait la réputation de la Boucherie Parisienne Formia depuis 1884. Viandes d'exception, volailles d'appellation, gibiers de chasse privée, charcuteries française, italienne ou espagnole, cette adresse sélectionne ses produits en direct auprès des meilleurs producteurs. Pour mieux vous servir, deux établissements vous accueillent tous les jours au Marché de la Condamine ou de Monte-Carlo. Livraison gratuite à domicile.

CAVES ET GOURMANDISES

25 boulevard Albert-1er
✆ +377 97 70 54 94
www.cavesetgourmandises.com
Ouvert toute l'année de 10h à 19h30 du lundi au samedi.

A la fois œnothèque et épicerie fine : voici une adresse pour les épicuriens ! Côté cave, vous trouverez une belle sélection de vins français (Bordeaux, Bourgogne, Vallée du Rhône, Loire, Sud-Ouest ou Provence) ainsi qu'une grande diversité de champagnes, de vins italiens, de whiskys, cognacs, armagnacs, grappas, vodkas et tequilas. Côté épicerie, la maison invite à découvrir plusieurs sortes de caviars mais aussi des produits italiens aussi délicieux qu'originaux. Info futée : possibilité de confectionner sur place des paniers sur-mesure à offrir.

COSTA

Marché de la Condamine
✆ +377 92 05 24 38
https://costamonaco.com/
Boutiques ouvertes de 6 à 19h du lundi au samedi et de 6h à 13h le dimanche. Huit autres adresses à Monaco.

Référence en Principauté depuis plus de cinquante ans, les boulangeries Costa sont autant de pâtissiers, cuisiniers, vendeuses, maîtres d'hôtel qui œuvrent pour le plus grand plaisir de votre palais et de votre porte-monnaie puisque ce qui compte ici, c'est de se régaler à petit prix ! Un savoir-faire unique et un accueil agréable que l'on retrouve dans chacune des huit boutiques présentes à Monaco qui, en plus d'assurer le service côté salon de thé, proposent en plus de sa carte des suggestions de plats du jour alléchantes.

LES GRANDS CHAIS MONÉGASQUES

11 rue Baron-de-Sainte-Suzanne
✆ +377 93 30 26 80
www.grandschais.com
Ouvert du lundi au vendredi de 8h30 à 19h ; le samedi de 9h à 19h. Livraison possible. Toutes les gammes de prix.

Bâtie dans l'enceinte de vieilles écuries, cette adresse n'est rien d'autre que l'une des plus vieilles caves de la Principauté et une véritable caverne d'Ali Baba pour les amateurs de bonnes bouteilles. Toutes les appellations françaises sont représentées mais également celles du monde et il y en a pour tous les portefeuilles, demandez conseil ! A noter que l'équipe parle anglais, italien, espagnol et allemand afin de satisfaire une clientèle aussi large que possible.

MARCHÉ DE LA CONDAMINE ET HALLE GOURMANDE

Place d'Armes ✆ + 377 93 15 28 32
https://www.mairie.mc/poles/cadre-de-vie/les-marches/le-marche-de-la-condamine
Halles ouvertes tous les jours de 7h à 15h, et en soirée de 18h à 21h30 du mardi au samedi. Marché de 7h à 15h.

Le Marché de la Condamine ouvre votre appétit et transcende vos envies gourmandes. La place offre d'agréables terrasses, un kiosque à journaux et une aire de jeux pour les enfants. Lieu idéal pour se frotter à l'authentique vie monégasque et goûter aux spécialités locales, l'endroit accueille tous les jours un joli marché où les étals mettent à l'honneur les producteurs locaux, du fleuriste au poissonnier, etc. Agréables espaces de consommation sur place.

L'ORANGERIE

9 rue de la Turbie
✆ +377 99 90 43 38
www.orangerie.mc
Ouvert toute l'année du lundi au vendredi de 9h à 18h30. Fermé le dimanche.

Et si vous décidiez de goûter et/ou de ramener en souvenir un produit 100 % monégasque ? Découvrez la première liqueur artisanale de Monaco ! Réalisée à la main à partir des juteuses oranges amères qui poussent dans les rues de la Principauté, ce produit unique et local renoue avec les traditions du commerce des agrumes d'autrefois. Retrouvez également sur le site Internet quelques idées de cocktails concoctés à base de cette liqueur étonnante qui se déguste fraîche, glacée ou seule. De l'apéritif au dessert, vous trouverez difficilement plus authentique !

AS MONACO FOOTBALL STORE

1 promenade Honoré-II
✆ +377 97 77 74 74
https://shop.asmonaco.com/fr/
Ouvert du lundi au samedi de 10h à 18h non-stop et le dimanche (jour de match) : 4h avant le coup d'envoi.

Avis aux supporters de l'AS Monaco qui trouveront ici leur paradis ! Maillots à l'effigie de leur(s) joueur(s) favori(s) mais également écharpes, montres, mugs, magnets et de nombreux autres objets souvenirs sont disponibles à la vente et il est également possible de faire floquer les maillots. Un double «social wall» permet aux visiteurs de suivre en direct dans l'enceinte du magasin l'activité du Club de la Principauté sur les réseaux sociaux et de retrouver les dernières publications du Club et des joueurs. Une boutique connectée !

BOUTIQUE OFFICIELLE DE L'AUTOMOBILE CLUB DE MONACO

15 rue Grimaldi
✆ +377 93 15 26 00
www.monaco-grandprix.com/
Ouverte du lundi au samedi non-stop de 9h30 à 19h. Fermée le dimanche, sauf pour le Grand Prix.

Cette boutique unique au monde rassemble des vêtements, DVD, casquettes, livres, écharpes et objets divers de souvenirs marqués à l'effigie du Rallye de Monte-Carlo ou du grand Prix de F1. La ligne prêt-à-porter est digne des plus grandes marques du sportswear chic. Vous y trouverez : chemises, polos, tee-shirts, pantalons, pulls et autres blousons « pilote » ! Avis aux amateurs de belles voitures et de sport automobile, voici votre temple du shopping !

NARMINO FLEURS

27 avenue de la Costa
✆ + 377 93 50 54 05
www.narmino.com
Devis sur demande.

Fondé en 1927, cet établissement est le fournisseur officiel du Palais princier en matière de décoration florale. Du traditionnel bouquet à la plus simple décoration en passant par l'élaboration complète de vos réceptions, la maison Narmino est une vraie entreprise où esthétique, professionnalisme et clientèle se conjuguent avec réputation et expérience. Mariages, séminaires, banquets, dîners de gala… Une demande particulière ? Ne cherchez plus ! Le petit plus pratique : il est possible de commander par Internet.

LE MARCHÉ DE MONTE-CARLO

7 Avenue Saint-Charles ✆ +377 93 25 46 45
https://www.mairie.mc/poles/cadre-de-vie/les-marches/le-marche-de-monte-carlo

Il accueille le public tous les jours. Le service de livraison est disponible tous les jours, sauf dimanche, de 7h30 à 14h.

Le marché de Monte-Carlo, implanté depuis 2003, est l'un des lieux de vie et de commerce incontournables en Principauté. Les cabines, ouvertes de 7h à 19h, proposent de nombreuses spécialités méditerranéennes dans une ambiance chaleureuse. Chez les maraîchers, fleuristes et producteurs présents le matin de 7h à 13h, on trouve des produits de grande qualité. Et pour des courses plus agréables, un service de livraison à domicile est à disposition des résidents. A découvrir pour partager avec les commerçants cette ambiance bienveillante et purement locale.

BOUGER & BULLER

En mer, sur route, sur circuit, en montagne... : Monaco promet de vous faire vivre des expériences inoubliables ! De la détente à l'adrénaline, il y en a pour tous les goûts, tous les niveaux et tous les âges. Sessions shopping glamour et luxe, sorties en bateau en mer, activités sportives, pause culture dans l'un des nombreux musées, promenades dans les jardins exotiques ou japonais : quelles que soient les activités que vous choisirez de faire lors de votre séjour, vous êtes sûr d'en trouver un large éventail dans la Principauté de Monaco. Sans oublier les grands événements tels que le Grand Prix de Monaco ou le Monaco Yacht Show ainsi que l'agenda des représentations à l'Opéra ou dans les théâtres... Bref, pensez surtout à planifier une pause farniente sur l'une des jolies plages ou dans l'un des spas prestigieux du rocher, car le programme s'annonce chargé !

ÉCOLE BLEUE

Boulevard Princesse-Grace
✆ 06 78 63 50 52
www.pierrefrolla.com
Stages enfants dès 8 ans (d'avril à octobre). Stages adultes toute l'année.

La faune et la flore de la Méditerranée n'auront plus de secret pour vous ! Dirigée par le champion du monde d'apnée Pierre Frolla, l'Ecole Bleue permet aux enfants et aux plongeurs débutants de découvrir la faune et la flore sous-marines de Méditerranée et de les sensibiliser à la protection de l'environnement. De l'accueil à l'exploration, vous vous sentirez comme un poisson dans l'eau. Pour les tarifs, se renseigner par téléphone ou directement sur place. Vous serez alors reçu par une équipe de passionnés reconnus pour leurs connaissances du monde sous-marin.

SPA CINQ MONDES

40 avenue Princesse Grace
✆ +377 98 06 01 80
www.cinqmondes.com
Ouvert tous les jours de 10h à 19h. Ouvert le samedi jusqu'à 20h.

Invitation au voyage, le Spa Cinq Mondes du Monte Carlo Bay propose pour un soin, une journée ou un week-end, des rituels ancestraux issus de tous les continents dans son espace de 900 m². Selon vos besoins et vos envies, vous découvrirez les bienfaits d'un bain japonais d'arômes et de fleurs apaisantes ou les enveloppements marocains au rassoul. Sans oublier les suites de soin, réservés exclusivement à la clientèle VIP ou aux couples. Le spa offre aussi une série de forfaits : retrouvez l'ensemble des prestations en détail sur le site Internet.

SPA METROPOLE BY GIVENCHY

4 avenue de la Madone
✆ +377 93 15 13 70
https://metropole.com/fr/spa-montecarlo/spa-metropole-by-givenchy/
Ouvert tous les jours de la semaine de 8h à 21h. Piscine (eau de mer). Hammam. Sauna. Salle de relaxation. Terrasse.

Pensé par le designer Didier Gomez, ce lieu de détente unique signé Givenchy est un véritable hymne aux plaisirs du spa. Parmi les soins incontournables, citons le Soin Noir, L'Intemporel ou Hydra Sparkling s'appuyant sur les dernières avancées scientifiques pour apporter à chaque peau une réponse adaptée. Différents programmes beauté, un sauna, un hammam et des douches sensorielles viennent compléter cette offre. Enfin, la boutique réunit l'ensemble des produits de la marque.

THERMES MARINS MONTE-CARLO

2 avenue de Monte-Carlo ✆ +377 98 06 69 00
www.montecarlosbm.com/fr/spa-loisirs-monaco/thermes-marins-monte-carlo
Ouvert tous les jours de 9h à 18h30. Piscine intérieure en eau de mer. Fitness. Hammam. Sauna. Restaurant.

Incontournable, ce centre est un véritable temple dédié à la détente. A travers ses 7 000 m² répartis sur quatre étages, les Thermes Marins Monte-Carlo vous offrent une réponse efficace au stress de la vie quotidienne avec tout ce que la thalassothérapie et la haute technologie peuvent vous procurer de meilleur pour le maintien, la remise en forme et la détente. Ce plus grand spa d'Europe propose ainsi toute une série de prestations : cryothérapie, cures, massages...

De jour comme de nuit, Monaco est une ville vivante qui a beaucoup à offrir à ses visiteurs. En journée, suivez les virages en épingles à cheveux du célèbre rallye de Monte-Carlo, regardez les gens depuis un café en bord de mer, flânez dans la vieille ville ou mettez-vous sur votre 31 pour tenter votre chance au casino. Lorsque le soleil se couche sur la baie de Monaco, les bars et les boîtes de nuit se préparent à accueillir la vague de célébrités et de VIP. C'est à ce moment que les vraies couleurs de Monaco brillent, une nuit ne passe jamais sans qu'un coin de la Principauté ne fasse la fête. Du Buddha Bar et du Bar Américain dans le centre au Jimmy'z ou encore à La Note bleue du côté du Larvotto, en passant par le très huppé Twiga ou encore la Rascasse : autant de clubs connus des oiseaux de nuit qui sont la preuve que Monaco est vraiment à la hauteur lorsqu'il s'agit de vie nocturne. Plus que jamais, préparez-vous à faire la fête !

JIMMY'Z MONTE-CARLO

26 avenue Princesse-Grace
✆ +377 98 06 70 68
www.montecarlosbm.com/fr/bar-nightclub-monaco/jimmyz-monte-carlo
De 23h30 jusqu'à l'aube. Voiturier.

Ambiance internationale, clientèle sélectionnée pour sa clubbing attitude, confort, sound system d'exception : bienvenue au Jimmy'z ! L'établissement propose des services haut de gamme comme le chauffeur mis à disposition pour reconduire les clients sur la Principauté et un service de sécurité digne de Monaco, gages d'une soirée passée dans l'insouciance la plus absolue. Le savoir-faire est celui d'une équipe de vrais professionnels de la nuit, compétents et généreux. Bien entendu, l'endroit est magnifique : une boîte de nuit qui vaut le détour !

TWIGA MONTE CARLO

10 avenue Princesse Grace
✆ +377 99 99 25 50
www.twigamontecarlo.com
Ouvert toute l'année. Ouvert tous les jours de 19h à 4h du matin.

Créé à partir des concepts des légendaires Billionaires Clubs, le Twiga Monte Carlo Club, désormais au second étage du Grimaldi Forum, est rapidement devenu une adresse incontournable où danser et s'amuser en Principauté dans un décor chic et contemporain s'ouvrant sur la mer dès les beaux jours. Sur le Larvotto, ce club est devenu un incontournable des nuits fantasques monégasques. On y va bien entendu pour y être vu mais aussi pour voir la jet-set, des personnalités du sport, de la mode ou du show-biz venus prendre l'apéritif et danser jusqu'au bout de la nuit.

GRIMALDI FORUM

10 avenue Princesse-Grace ✆ +377 99 99 20 00
www.grimaldiforum.com
Renseignements et réservations du mardi au samedi de 12h à 19h. Accessible pour les poussettes, PMR. Ascenseurs.

Le Centre de Congrès et de Culture de la Principauté abrite des spectacles et des événements tout au long de l'année d'une grande qualité culturelle, artistique, événementielle ou sportive. Concerts, opéras, ballets, expositions, forums, foires et salons : une programmation éclectique et une grille tarifaire intéressante aux places abordables pour tous les budgets selon les spectacles. La politique verte est l'un des maillons forts de sa stratégie d'entreprise. Le GFM réalise par ailleurs des solutions concrètes pour organiser des événements Green sur mesure !

OPÉRA DE MONTE-CARLO

Place du Casino
✆ +377 98 06 28 00
www.opera.mc
La réservation est ouverte du lundi au vendredi de 10h à 18h.

La salle Garnier de l'Opéra de Monte-Carlo a retrouvé tout son faste de l'époque où la divine Française Sarah Bernhardt (1844-1923) l'inaugurait. Citons quelques interprètes légendaires qui ont fait vibrer cet opéra : la soprano Adelina Patti (1843-1919), la soprano australienne Nellie Melba (1861-1931) ou encore le ténor du siècle Enrico Caruso (1873-1929). Pour suivre l'actualité de l'opéra de Monaco, nous vous conseillons de vous inscrire gratuitement à leur newsletter sur Internet. Pour certains spectacles, les billets sont en vente par le réseau Fnac.

THÉÂTRE DU FORT ANTOINE

Avenue de la Quarantaine
✆ +377 98 98 83 03
https://theatrefortantoine.com/
Entrée libre. Ouvert toute l'année.

Construit entre 1709 et 1713, le Théâtre du Fort Antoine subit des travaux en 1954 sur la volonté du Prince Rainier III : le site fut alors transformé en théâtre de plein air. Face à la mer et situé en contrebas du Rocher, il possède une capacité de 350 places. Il est en service en saison uniquement et reçoit des organisations ayant vocation d'animer la ville avec des spectacles de rue et des pièces de théâtre. Notez toutefois que l'accès à l'amphithéâtre est difficile car celui-ci emprunte obligatoirement des séries d'escaliers.

THÉÂTRE PRINCESSE GRACE

12 avenue d'Ostende
✆ + 377 93 25 32 27
www.tpgmonaco.mc
Ouvert du lundi au vendredi de 9h30 à 13h et de 14h à 17h. Tarif selon emplacement et spectacle.

Bâti sur l'emplacement d'un ancien complexe de cinéma et de théâtre datant de 1932, ce théâtre inauguré en 1981 a connu ses heures de gloire avec Edith Piaf et Sacha Guitry. Rénové dans un style Art déco, les planches du Théâtre Princesse Grace accueillent depuis les plus grands noms et donne aussi sa chance aux nouvelles têtes d'affiche, ce qui lui vaut aujourd'hui la réputation d'être une scène reconnue et estimée. Pièces de théâtre, one-man-show, spectacles de magie et d'humour... Sa programmation hétéroclite offre des spectacles destinés à tous.

CASINO CAFÉ DE PARIS

Place du Casino ✆ + 377 98 06 41 51
www.montecarlosbm.com/fr/casino-monaco/casino-cafe-de-paris
Ouvert 24h/24 et 7j/7. Entrée libre accessible à toute personne de +18 ans non interdite de jeu. Restauration.

Particulièrement aimé des joueurs, ce casino est un lieu mythique avec une décoration très futuriste où des arches diffusent une lumière qui varie au long de la journée. Vous aurez l'embarras du choix parmi plus de 550 machines : roulettes électroniques, machines à thème, machines à écran et machines à rouleaux classiques permettant de gagner de beaux lots comme une voiture... Notez la présence d'une terrasse ainsi que d'un service de restauration. De nombreuses soirées à thème, aussi étonnantes que magiques, y sont également organisées.

CASINO DE MONTE-CARLO

Place du Casino
✆ + 377 98 06 41 51
www.montecarlosbm.com/fr/casino-monaco/casino-monte-carlo
Ouvert tous les jours de 12h à 19h30. Tenue correcte exigée. Veste recommandée après 20h.

Endroit de légende, le bâtiment est signé Charles Garnier. Les marches mythiques conduisent à un somptueux atrium en marbre qui dessert plusieurs salles dont celle de l'Opéra en face. Une fois que l'on a pénétré dans l'antre du jeu, on s'étourdit entre des tables de roulette européenne, trente et quarante, blackjack, roulette anglaise, craps, Poker Texas Hold'em Ultimate. Que vous soyez joueur novice ou chevronné, laissez la chance vous sourire... Qui sait ? Une référence planétaire avec l'offre de jeux de table la plus prestigieuse d'Europe.

MONTE-CARLO BAY CASINO

40 avenue Princesse-Grace
✆ +377 98 06 07 81
http://fr.montecarlobay.com
Ouvert tous les jours de 14h à 2h. Aucun code vestimentaire particulier.

Au sein du Monte-Carlo Bay Hôtel & Resort, ce casino arbore un design ultra-contemporain. Près de 150 machines à sous vous tendent les bras dans un espace équipé de la technologie « ticket in/ticket out » unique en Europe du Sud. C'est l'endroit idéal pour une soirée alliant bien-être et fête. On apprécie ici tout particulièrement la terrasse abritant des espaces de jeu à ciel ouvert qui vous accueillent tout au long de l'année et vous assurent un confort optimal. Des espaces qui séduiront fumeurs et non-fumeurs, bien entendu.

SUN CASINO

12 avenue des Spélugues ✆ +377 98 06 12 12
www.montecarlosbm.com/fr/casino-monaco/sun-casino
Ouvert tous les jours à partir de 14h jusqu'à 2h du matin. Après 19h pas de short ni de chaussures de sport.

«Le plus américain des casinos de Monaco». Une façade splendide, un décor fastueux : le Sun Casino offre de nombreux jeux de table ainsi que des machines à sous en exclusivité. Grande nouveauté, le blackjack électronique séduira à coup sûr les curieux et les amateurs de modernité et d'adrénaline. Musique live et animations complètent l'offre de ce lieu chic et atemporel. Sur place, vous pourrez également profiter du restaurant et du bar situés au cœur des jeux. Une adresse qui conjugue parfaitement divertissement et plaisirs.

ORGANISER SON SÉJOUR

Se rendre sur la Côte d'Azur demande un soupçon d'organisation. Certes, il s'agit d'une région française bien pourvue en hébergements, avec plus de 150 000 lits disponibles. Elle est plutôt bien desservie par la route, les airs et la mer, grâce à des équipements de premier plan, elle est dotée d'un solide réseau de transport routier, ferroviaire ou en commun, et elle compte un nombre élevé de commerces pouvant répondre à tous les besoins. Mais s'y rendre de manière improvisée ne semble guère judicieux quand on sait que 200 000 visiteurs y séjournent en moyenne et que ce chiffre triple durant la saison estivale, pour un total dépassant les 5 millions de touristes chaque année. Dans ces conditions, mieux vaut organiser son séjour, en réservant notamment son hébergement et ses billets d'avion ou de train plusieurs semaines, voire plusieurs mois à l'avance, pour éviter une addition trop corsée ou se retrouver sur la touche.

S'Y RENDRE

Sur la carte, la Côte d'Azur peut paraître enclavée à l'extrême sud-est de la France, mais il n'en est rien. Traversée par l'autoroute A8 reliant Marseille à l'Italie ainsi que par les mythiques Nationales 7 (Lyon) et route Napoléon (Grenoble), son réseau routier, bien que très fréquenté, est honorable pour une région coincée entre mer et montagnes. La Méditerranée permet d'ailleurs aux plaisanciers et aux ferries provenant de Corse de débarquer dans les nombreux ports de la Côte d'Azur. Côté terre, une ligne de chemin de fer traverse la région pour de nombreuses destinations en France et en Italie. Toutes les villes côtières possèdent une gare, se targuant ainsi d'être à moins de 6h de Paris. Mais c'est bien par les airs que la région est la plus facilement accessible, l'aéroport international de Nice desservant quotidiennement de nombreuses métropoles en France et dans le monde. Paris se trouve alors à moins de 1h30... à vol d'avion.

AÉROPORT NICE-CÔTE D'AZUR

Rue Costes-et-Bellonte
NICE
✆ 08 20 42 33 33
www.nice.aeroport.fr
Aéroport international. Terminaux T1 et T2. Ouverts 7j/7. Accès Gare SNCF Saint-Augustin, tram T2, bus 12.

Situé à côté du quartier d'affaires de l'Arénas sur une zone partiellement gagnée sur la mer, c'est le 3e aéroport français après ceux de Paris et le deuxième aéroport français d'aviation d'affaires après celui du Bourget. Ses vols relient la Côte d'Azur à de nombreuses destinations en France et dans le monde. Le Terminal 1 est pour l'international et le Terminal 2 pour les vols nationaux, tous deux desservis par le tram T2. De nombreuses compagnies y possèdent un comptoir.

NICE AIRPORT XPRESS

L 110 Aéroport Nice / Monaco / Menton
NICE
✆ 04 97 00 07 00
www.niceairportxpress.com
Bus rapides. Départs 7j/7 de 7h à 22h, toutes les 30 minutes en moyenne.

Cette liaison de bus express permet de se rendre à Cannes, Monaco ou Golfe Juan au départ de l'aéroport de Nice. Trois lignes sont disponibles (N°110, 210 et 250) pour rejoindre les plus grandes villes du département en empruntant l'autoroute pour minimiser les temps de trajet. On peut acheter son billet sur le site Internet, au comptoir des arrivées des terminaux 1 et 2, à bord des véhicules et aux guichets des gares routières de l'aéroport. Les véhicules, récents, climatisés, et dotés de places confortables, sont pourvus de soutes à bagages.

GARE SCNF DE MONACO MONTE-CARLO

Place Sainte-Dévote
MONACO
✆ +377 93 10 60 05
www.gares-sncf.com/fr/gare/frxmm/monaco-monte-carlo
Ouvert tous les jours de 5h à 2h.

Moderne, la gare souterraine de Monaco Monte-Carlo se caractérise par le nombre d'accès piétonniers qui desservent les quatre coins de la Principauté depuis le pont Sainte-Dévote via une batterie d'ascenseurs et d'escaliers mécaniques. Au sein de la gare, vous trouverez les bureaux de la SNCF, quelques boutiques de souvenirs et un bureau de l'office de tourisme. Lieu le plus fréquenté de la principauté, elle accueillie plus de 6 millions de voyageurs tous les ans.

GARE SNCF DE CANNES

1, avenue Jean-Jaurès
CANNES
✆ 08 00 11 40 23
www.sncf.com
Espace de vente ouvert tous les jours de 5h50 à 21h.

Desservie par des dizaines de TER, TGV et Intercités chaque jour, la gare principale de Cannes est située au cœur de la ville au bas du boulevard Carnot, axe principal d'entrée dans la cité cannoise. La ligne entre Cannes et Menton suit le littoral, offrant une vue imprenable aux voyageurs sur le paysage époustouflant, sur les villas abritées par des pins parasols, sur les nombreuses petites plages et les communes aux façades colorées. Le TER Provence-Alpes-Côte d'Azur propose un large choix d'offres adaptées à vos besoins.

GARE SNCF DE GRASSE

Avenue Pierre-Sémard
GRASSE

Située au sud de la ville, la gare de Grasse a été mise en service en 1871, puis fermée en 1938. Rétablie depuis 2005, la gare, située sur la ligne SNCF Grasse-Cannes, remporte un vif succès. Le trafic comporte une dizaine de liaisons par jour dans chaque sens, de 5h30 à 23h. La plupart des trains poursuivent leur trajet jusqu'à Nice ou viennent de Nice en passant par Cannes. En gare, vous trouverez un guichet, ouvert tous les jours, et des automates pour l'achat des billets. Le réseau de bus Funix vient compléter compléter l'offre de transports.

GARES DE NICE

11, avenue Thiers
NICE ✆ 08 00 11 40 23
www.sncf.com

Gares de Nice ville (centre), de Saint-Augustin (aéroport) et de Riquier (port). Guichets ouverts 7j/7 de 7h30 à 17h30.

Desservie quotidiennement par une centaine de TER, des dizaines de TGV et des trains Ouigo et InterCités, la gare principale de Nice est située en centre-ville, à deux pas du tramway. Elle dessert la région PACA, Paris et les principales métropoles françaises. Gare terminus des TGV provenant du sud-est de la France, elle est aussi la grande gare la plus proche de l'Italie. Les gares secondaires de Nice Saint-Augustin et de Nice Riquier ont une fonction locale (uniquement desservies par des TER) et permettent d'accéder directement à l'aéroport et au port de Nice.

GARES TGV

Ouvertes de 5h à 00h30. Place de la Gare 06400 Cannes - Avenue Thiers 06008 Nice - Place Pierre Sémard 06600 Antibes.

L'un des moyens les plus simples et les plus écologiques pour se rendre sur la Côte d'Azur depuis les principales métropoles françaises est d'emprunter le TGV (Train à Grande Vitesse appartenant à la compagnie SNCF). Actuellement, trois villes sont desservies par le TGV dans les Alpes-Maritimes : Cannes, Antibes et Nice. Ainsi, leur centre-ville se trouve à moins de 6h du cœur de Paris, 4h30 de Montpellier, 4h de Lyon, 3h d'Avignon ou encore 2h30 de Marseille. Des travaux de rénovation sont en cours pour réduire ces temps de trajet.

PORT DE FONTVIEILLE

Quai Jean-Charles-Rey - **MONACO**
✆ +377 97 77 30 30
www.ports-monaco.com

VHF canal 9. Téléphone public et téléphone à bord sur demande. Port gardienné 7j/7 et 24h/24.

Fontvieille est un port qui a également donné naissance à un quartier résidentiel du même nom, accueillant et confortable. Depuis le début de l'exploitation des ports en 2006, la Société d'Exploitation des Ports de Monaco (SEPM) mène de nombreuses actions en faveur de l'environnement dans le but de réduire les pollutions quelle que soit leur origine. La société a obtenu en 2011 la certification Gestion Environnementale Portuaire décernée par l'AFNOR, traduisant une volonté commune de mettre en œuvre les pratiques d'une gestion environnementale appliquée aux ports.

PORT DE NICE

Quai Amiral-Infernet
NICE ✆ 04 93 21 72 17
www.riviera-ports.com

Ouvert 7j/7. VHF Canal 9 (Service Plaisance) / Canal 12 (Capitainerie). Eau potable, électricité, sanitaires, carburant.

Le port de Nice porte le nom de port Lympia, du nom de la source qui alimentait cet ancien lac marécageux. Ouvert à la navigation au XVIIIe siècle, situé face à la place de l'Île de Beauté, c'est le premier port cimentier de France en liaison avec les usines de traitement des galets de la vallée du Paillon et le deuxième port de croisière de France. Durant l'été, il est possible d'effectuer des promenades en mer à partir du port pour découvrir le littoral azuréen. Le port de Nice est desservi par des lignes de bus et le tramway T2, dont il est le terminus.

PORT HERCULE

Quai Albert-Ier
MONACO
✆ +377 97 77 30 00
www.ports-monaco.com

Port gardienné 7j/7 et 24h/24. VHF canal 12 (veille 24h/24).

Baie naturelle située au pied du Rocher, le port Hercule est l'un des rares ports de la Côte d'Azur en eau profonde et offre alors une capacité de 700 places aux plaisanciers. Ancien port commercial grec et romain, il accueille aujourd'hui les paquebots de croisière et offre toutes les facilités aux plaisanciers et aux touristes qui peuvent trouver à proximité immédiate des activités commerciales et de loisirs. La Société d'Exploitation des Ports de Monaco (SEPM) a obtenu en 2011 la certification Gestion Environnementale Portuaire décernée par l'AFNOR.

SÉJOURS ET CIRCUITS

La Côte d'Azur est une région riche de paysages fantastiques, entre mer et montagne, d'un patrimoine architectural exceptionnel et de multiples activités culturelles et de loisirs qui plairont autant aux touristes citadins qu'aux touristes balnéaires et nature. Avec de telles possibilités, organiser son séjour peut devenir un véritable casse-tête ! Quelles visites et activités privilégier durant vos vacances sur le littoral azuréen ? Ceux qui pensaient bronzer toute la journée sur la plage passeraient à coup sûr un bon moment, mais ils se priveraient de l'essentiel : cités médiévales, arrière-pays montagneux, etc. Des choix doivent être faits. Hiérarchisez les lieux qui vous paraissent incontournables, selon vos centres d'intérêt et votre budget. Ne négligez pas les temps de transport qui peuvent se révéler importants en haute saison. Et si vous êtes nul en organisation, confiez simplement votre séjour à un professionnel.

CAIRN-EXPE

54, chemin du Mont-Gros
NICE ✆ 06 70 65 25 88
www.cairn-expe.com
Du lundi au samedi, de 8h à 20h30. Devis sur demande.

L'agence de voyages et d'événementiel Cairn Expe est spécialisée dans les excursions insolites et exclusives sur la Côte d'Azur. L'équipe, charmante, vous fait découvrir les Alpes-Maritimes d'une façon bien surprenante. En véritables passionnés, ils vous transmettent leurs connaissances avec un bonheur non dissimulé : entre tourisme sportif, découverte culturelle, histoire, patrimoine et nature, ils vous concoctent des séjours et des excursions sur mesure. Des prestations haut de gamme et une organisation sans faille qui vous assurent une expérience unique.

HAPPY FEW VOYAGES

26, rue Saint-François-de-Paule
NICE
✆ 04 93 88 74 24
www.happyfewvoyages.com
Ouvert toute l'année, du lundi au vendredi de 9h30 à 18h30.

L'équipe de Happy Few Voyages dispense ses meilleurs conseils dans l'organisation de vos prochaines vacances. Forte d'une expérience de 15 ans dans le monde du tourisme, elle propose l'offre parfaite selon vos envies et votre budget. Installez-vous confortablement dans le magnifique appartement qui lui sert d'écrin : du voyage d'affaire au voyage en groupe en passant par votre lune de miel, une croisière, un autotour, un séjour dernière minute ou un voyage luxe, vous vous sentirez ici comme chez vous pour préparer vos envies d'évasion !

PHOCÉENS VOYAGES

11, avenue Jean-Médecin
NICE
✆ 04 97 03 60 00
www.phoceens-voyages.com
Ouvert lundi, mardi, jeudi et vendredi de 9h30 à 12h.

Leader sur la Côte d'Azur en matière de tourisme et présent dans plusieurs villes du littoral (Nice, Cannes et Antibes), Phocéens Voyages est le spécialiste du voyage en groupe et à thème. L'agence propose toutes les solutions de voyage : croisières, séjours, circuits individuels, circuits organisés, voyages d'exception au bout du monde, séjours et week-ends à la carte. Son équipe a su nouer des liens avec différents partenaires de transport et bénéficie de nombreux points de prise en charge, pour bâtir des vacances sur mesure.

QUOTATRIP

www.quotatrip.com

QuotaTrip est une nouvelle plateforme de réservation de voyage en ligne qui met en relation des voyageurs à la recherche d'expériences authentiques et uniques et des agences de voyages locales sélectionnées pour leurs compétences et leur sérieux. Le réseau de QuotaTrip couvre près de 200 destinations du monde entier. Le but de ce rapprochement est simple : proposer un séjour entièrement personnalisé aux utilisateurs. QuotaTrip promet ainsi l'assurance d'un voyage serein, sur mesure, sans intermédiaires et sans frais supplémentaires.

SE LOGER

Trouver un logement sur la Côte d'Azur n'est pas chose aisée en haute saison, heureusement les possibilités sont nombreuses. Mieux vaut réserver quelques semaines à l'avance.

- Hôtels : la région propose un vaste choix de qualité et d'une grande diversité. Nombreux sont les établissements primés, certains étant considérés comme des fleurons du tourisme international.
- Gîtes et chambres d'hôte : l'habitant reçoit les visiteurs comme ses invités. C'est l'occasion de faire connaissance et d'échanger. Le prix de la chambre comprend généralement le petit-déjeuner.
- Campings : il existe de nombreux campings sur le sol azuréen, côté littoral et côté montagne. Ils ouvrent généralement d'avril à octobre. Pour les connaître, contactez les offices de tourisme.
- Plateformes communautaires : ce sont les sites web comme AirBnb. Ils proposent une offre assez incroyable allant de la simple chambre au logement entier, pour tous les budgets.

COUCHSURFING €€

www.couchsurfing.com

Plateforme internet pour séjourner chez l'habitant. Tarif d'adhésion : 15€ environ.

Couchsurfing est le service d'hébergement gratuit en ligne regroupant le plus d'adhérents. Il suffit de s'inscrire pour accéder aux profils des locaux ou faire sa demande d'hébergement pour quelques jours voire quelques mois. En échange, vous pouvez par exemple inviter votre hôte à manger, lui offrir quelque chose de votre pays ou bien l'accueillir chez vous. Le site Internet met en place des systèmes de contrôle : notation des membres, numéro de passeport exigé à l'inscription, etc. Les participants ont accès à des hébergements volontaires dans plus de 200 pays.

HELPX €€

www.helpx.net

Plateforme Internet pour séjourner chez l'habitant.

Des fermes biologiques, des B&B, des hôtels où l'étranger aide tout en bénéficiant, selon les hôtes, d'un hébergement, de repas ou de cours de langues selon le travail fourni. Un panel de lieux, partout dans le monde, où vivre durant une année ou moins, afin d'améliorer une langue ou vivre une expérience hors du commun pendant une année de césure. Lors de notre dernière visite sur le site, des propriétaires de *guesthouse* proposaient lit + déjeuner en échange de quelques heures de travail au sein de la *guesthouse*. Peut être une bonne affaire pour les plus jeunes.

GÎTES DE FRANCE DES ALPES-MARITIMES €€

455, promenade des Anglais
Immeuble Horizon - **NICE** ✆ 04 92 15 21 30
www.gites-de-france-alpes-maritimes.com

Ouvert toute l'année. Les tarifs varient en fonction de la localisation, de la surface et de la durée de location.

Les Gîtes de France proposent plus de 150 locations meublées à Nice et dans les communes alentour (Drap, Falicon, Saint-Agnès, Peillon, Coaraze...), en bord de mer et dans l'arrière-pays Niçois (jusqu'aux stations de ski du Mercantour), en pleine nature ou aux abords de la ville. Les formules vont de l'hébergement pour deux à cinq personnes avec un confort allant de 1 épi à plusieurs épis ainsi que des chambres d'hôtes pouvant accueillir jusqu'à huit personnes.

HOTELS LES LOGIS €€

www.logishotels.com/fr/

Facebook : @Logishotels.

Premier réseau d'hôteliers indépendants en Europe, Les Logis offre des destinations de charme et des lieux étonnants. Les hôteliers mettent à l'honneur leur savoir-faire et leur savoir-vivre, mêlant accueil personnalisé, confort, modernisme et restauration du terroir. La Côte d'Azur en propose de nombreux en bord de mer et dans l'arrière-pays : Hôtel Louisiane, Hôtel Tierce Beach, Hôtel Paris Rome, Le Beauséjour, Marc Hély, Hôtel du Rédier, La Bellaudière, Le Panoramic, Villa Victorine, Le Relais Impérial, Hôtel des Cayrons, Perla Riviera, La Bastide des Golfs.

SE DÉPLACER

Circuler sur la Côte d'Azur en haute saison n'est pas toujours une mince affaire malgré ses trois grands axes routiers qui relient l'ouest à l'est du département : autoroute A8, RN 7 et route du bord de mer. Aux heures de pointe, à la sortie des bureaux et lorsque les vacanciers quittent les plages, les embouteillages sont fréquents. La ceinture de sécurité est obligatoire en voiture, le stationnement est généralement payant et la vitesse de circulation est limitée à 50 km/h en agglomération, 90 à 110 km/h sur l'autoroute et 70 à 90 km/h sur les autres routes. Le train est la meilleure alternative. De nombreuses villes possèdent des gares et la fréquence des TER est importante (toutes les 15 min entre Nice et Cannes). C'est le moyen le plus simple, le moins cher et le plus écologique de se déplacer sur la Côte d'Azur. Circuler à vélo sur la piste cyclable du bord de mer qui relie presque intégralement Nice et Cannes se révèle agréable.

COMPAGNIE PLANARIA

CANNES

✆ 04 92 98 71 38

www.cannes-ilesdelerins.com

Navette au départ toutes les heures entre 9h et 17h (dès 8h les week-ends et jours fériés).

Grâce à cette compagnie maritime, il suffit de 15 à 20 minutes en bateau pour vous rendre sur l'île Saint-Honorat au départ de Cannes. Ainsi, vous profiterez d'une journée inoubliable, entre détente sur les criques tranquilles, marche au milieu des vignes et découvertes culturelles à l'abbaye de Lérins et au monastère fortifié. Ses bateaux sont les seuls à transporter des passagers vers l'île Saint-Honorat. Ils assurent la traversée toute l'année et il est possible de privatiser l'un des bateaux pour un transfert ou des mini-croisières.

PALM BUS

Agence Commerciale – Gare Routière de Cannes - **CANNES** ✆ 0 825 825 599

www.palmbus.fr

Agence commerciale de Cannes et guichets ouverts du lundi au vendredi de 7h00 à 19h00, et le samedi de 9h00 à 18h.

Simplifiez-vous la vie pour vos déplacements sur le territoire de la Communauté d'Agglomération de Cannes-Pays de Lérins grâce au réseau de transport urbain Palm Bus. Avec ses 30 lignes régulières, la compagnie vous permet de sillonner Cannes, Le Cannet, Mandelieu-La-Napoule, Mougins et Théoule-sur-Mer en toute facilité ! En soirée, et jusqu'à 2h30 du matin, à bord d'un « bus cabriolet » ou encore avec la Navette City Palm lors d'une sortie shopping, oubliez les embouteillages et soucis de stationnement. Possibilité d'acheter son ticket via l'application Palm Bus,

TRANS CÔTE D'AZUR

Quai Lunel

NICE ✆ 04 92 98 71 30

www.trans-cote-azur.com

Transport en bateau en direction des îles de Lérins, Monaco, Saint-Tropez et Cannes.

Trans Côte d'Azur est une compagnie maritime spécialiste des croisières, excursions, affrètements et navettes aux départs des ports de Cannes et de Nice. Découvrez le littoral azuréen lors d'une balade en mer, faites la traversée de Cannes aux les îles de Lérins, promenez-vous le long de la Corniche d'or ou naviguez jusqu'à Monaco et Saint-Tropez. La compagnie couvre aussi des événements exceptionnels comme les feux d'artifices dans la baie de Cannes ou le Grand Prix de F1 à Monaco. Vous pouvez aussi composer vous-même votre journée pour une sortie à la carte.

CHEMINS DE FER DE PROVENCE

NICE

✆ 04 97 03 80 80

www.trainprovence.com

Train de Nice à Digne et de Nice à Colomars. Horaires et plan de la ligne sur le site web.

Terroir et découvertes pittoresques sont au programme du train des Pignes qui relie Nice à Digne. Cette ligne pas comme les autres propose un voyage au cœur de la Provence avec un service quotidien de 6 allers-retours, toute l'année et sans réservation. Une liaison entre Nice et Colomars est également assurée une vingtaine de fois par jour. Ce train urbain relie les deux villes en 25 minutes et s'adresse principalement aux déplacements scolaires et professionnels.

ENTERPRISE RENT-A-CAR

Aéroport de Nice-Côte-d'Azur
NICE
✆ 04 93 21 82 75
www.enterprise.fr/fr/location-voiture/agences/france/aeroport-nice-cote-dazur-f551.html
Ouvert tous les jours de 8h à 23h.

C'est l'un des acteurs les plus importants de la location de véhicules en France, connu sous les marques Enterprise Rent-A-Car, National Car Rental et Alamo Rent-A-Car, avec près de 200 000 véhicules répartis dans plusieurs centaines agences. Profitez du forfait location tout compris : assurances, taxes, frais d'aéroport, plein d'essence et conducteurs supplémentaires. L'agence de location est située sur le parking du terminal 2. Si vous arrivez depuis le terminal 1, prenez la navette réservée à la location de véhicules pour aller au terminal 2.

RENAULT MOBILITY

NICE
https://mobility.renault.fr/libre-service
Location de voiture 24h/24 et 7j/7. À partir de 5 € l'heure, 45 € la journée (assurance et 100 km inclus).

Le service Renault Mobility, déjà présent dans plusieurs villes de France, s'étend de Nice à Saint-Laurent, Cagnes et Villefranche. Il propose à la location un parc de véhicules Renault électriques ou thermiques en libre service accessibles à tous, tout le temps. Pour profiter du service, rien de plus simple : il suffit de télécharger l'application et de s'inscrire gratuitement en ligne. Aucun abonnement nécessaire, vous payez ce que vous consommez. Quand simplicité, écologie et économie riment ensemble, c'est un sacré bon plan futé !

SUNBIKE DRIVER

217, boulevard du Mercantour
NICE
✆ 09 83 70 07 26
https://www.sunbike-driver.com/
Chauffeurs privés disponibles 24h/24, 7j/7. Accueil téléphonique de 8h15 à 21h30.

Cette compagnie propose ses services de location de voiture et de minibus avec chauffeur, sur des courts et longs trajets. Tous les véhicules sont nettoyés et désinfectés. Rapide, sécurisé et à toute heure du jour ou de la nuit, c'est une solution pratique pour rejoindre sans difficulté vos lieux de rendez-vous ainsi que les principaux points de trafic de la région : aéroports, gares, ports, centres d'affaires… Les sièges auto sont inclus. En plus, les chauffeurs peuvent vous assister en matière de logistique technique et administrative.

TAXI MONACO PRESTIGE

MONACO
✆ +377 93 15 01 01
www.taximonacoprestige.com
Service disponible 24h/24 et 7j/7.

Pour un rendez-vous urgent personnel ou professionnel, un départ vers un aéroport, une course longue distance ou simplement pour parcourir et découvrir les rivieras française et italienne avec un service haut de gamme, les taxis de Monaco sont à votre service. On apprécie le service et les véhicules impeccables. Notez qu'en pleine saison ou pendant les grandes manifestations, les chauffeurs sont souvent débordés et l'attente peut être parfois longue ! Un service de réservation est possible via le site Internet ainsi que via une application à télécharger.

TAXIS CANNES

11-13, chemin de l'Industrie
LE CANNET
✆ 04 93 99 27 27
www.taxi-cannes.net
Taxis officiels. Système de réservation 24h/24 et 7j/7. Visites de Cannes en taxi.

Que vous soyez congressistes, touristes ou professionnels, les 154 taxis officiels de la ville de Cannes proposent un accueil personnalisé afin de vous conduire partout sur la Côte d'Azur et alentours au départ de Cannes. La flotte de véhicules est composée de plus de cent cinquante véhicules de tous types pour votre confort et vos besoins. Dès votre appel, réservation par Internet ou sur l'application, la société contacte le taxi le plus proche de l'endroit où vous vous trouvez. La compagnie propose également divers circuits pour visiter Cannes en taxi.

TAXIS NIÇOIS INDÉPENDANTS

Avenue Thiers
NICE
✆ 04 93 88 25 82
https://taxidenice.fr/
Ouvert tous les jours et les jours fériés, 24h/24. Borne devant la Gare SNC. Tous types de paiements acceptés.

Basée avenue Thiers, devant la gare SCNF de Nice-Ville, une cinquantaine de chauffeurs de taxis sont à votre disposition pour assurer un service de qualité. Des véhicules de 1 à 6 places équipés tout confort et climatisés assurent vos déplacements, petites et longues distances. Les chauffeurs conjuguent ponctualité et prudence. Certains d'entre eux parlent anglais, allemand, espagnol ou italien. Les véhicules sont climatisés et tout confort. Animaux acceptés sur réservation.

BOOKING BIKES CANNES

19 Avenue Maréchal Juin, - **CANNES**
✆ 04 97 06 30 63
www.loca-bike.fr
Ouvert toute l'année. Tous les jours en saison (de juin à août) de 9h30 à 12h30 et de 14h30 à 18h30.

Des vélos aux scooters en passant par les gros cubes (125 cc et 600 cc) et jusqu'aux vélos électriques, vous pouvez tout louer auprès de Holiday Bikes à des prix très raisonnables. En plus des deux adresses niçoises, vous trouverez des agences de location à Cannes, Juan-les-Pins et Villeneuve Loubet. Au royaume des deux-roues, les véhicules sont d'excellente qualité et la location comprend une assurance. Casque et antivol fournis. La livraison est possible à votre hôtel, votre appartement ainsi qu'à l'aéroport. Accueil toujours très sympa de toute l'équipe.

BOOKING BIKES LOCATION DE 2 ROUES

93, boulevard du Président Wilson - **ANTIBES**
✆ 04 93 61 51 51
www.loca-bike.fr
Ouvert toute l'année. Tous les jours de 9h30 à 18h30. Ouvert le dimanche (uniquement en juillet et août).

C'est le royaume des deux-roues ! Des vélos aux scooters en passant par les gros cubes (125 cc et 600 cc) et jusqu'aux vélos électriques, vous pouvez tout louer auprès de booking Bikes à des prix très raisonnables. Vous pouvez d'ores et déjà réserver votre location en ligne. Le site est très bien conçu, en français et anglais. La livraison est possible à votre hôtel, votre appartement ainsi qu'à l'aéroport. Accueil toujours très sympa de toute l'équipe.

BOOKING BIKES NICE

9, rue Massenet - **NICE** ✆ 04 93 04 15 36
www.loca-bike.fr
Tous les jours de 9h30 à 18h30. Ouvert le dimanche en juillet et août. 2e adresse à Nice au 34 Rue Auber (gare SNCF).

C'est le royaume des deux-roues ! Des vélos aux scooters en passant par les gros cubes (125 cc et 600 cc) et jusqu'aux vélos électriques, vous pouvez tout louer auprès de Holiday Bikes à des prix très raisonnables. En plus des deux adresses niçoises, vous trouverez des agences de location à Cannes, Juan-les-Pins et Villeneuve Loubet. Les véhicules sont d'excellente qualité, souvent le dernier modèle de l'année. Les prix annoncés comprennent une assurance. Casque et antivol fournis. La livraison est possible à votre hôtel, votre appartement ainsi qu'à l'aéroport.

CITYSCOOT

NICE
https://www.cityscoot.eu/nice
En libre-service 7j/7 et 24h/24. Aucun abonnement ni engagement nécessaires. Location à la minute ou forfaits journée.

Des centaines de scooters électriques en libre-service sont disponibles dans la capitale azuréenne. Pour profiter de ce service 7j/7 et 24h/24, il suffit de télécharger l'application Cityscoot puis de repérez les scooters les plus proches de vous avant d'en réserver un. Roulez où vous le souhaitez et déposez votre Cityscoot sur n'importe quel emplacement 2-roues, le service fonctionne sans bornes. Un casque homologué et des charlottes jetables sont à disposition sous la selle. Il suffit de s'inscrire au service pour pouvoir en bénéficier. Très fûté.

MISTRAL LOCATION

4, rue Georges Clemenceau
CANNES
✆ 06 20 33 87 64
www.mistral-location.com
Ouvert du lundi au samedi de 9h à 19h. Dimanche de 10h à 12h et de 16h à 18h.

Cette société propose un grand choix de véhicule pour vous déplacer sur Cannes. Vous pourrez ainsi louer un vélo de ville, VTC et VTT. Des scooters sont aussi disponibles, idéal en ville pour se déplacer et se garer. Large choix de scooter 50cc et 125cc et même de motos. Le casque et l'antivol sont inclus dans la location. Si vous voyagez à plusieurs, vous pouvez louer une voiture 4, 5, 7 places ou un cabriolet.. Première catégorie en kilométrage illimité au tarif le plus bas ou catégorie supérieure pour un plus grand confort.

ROLLER STATION

49, quai des États-Unis
NICE ✆ 04 93 62 99 05
www.roller-station.net
Ouvert toute l'année, 7j/7. De 10h à 17h l'hiver, jusqu'à 20h en été. Vélos et rollers à partir de 5 € pour 1h.

Vous bénéficiez ici de conseils de professionnels en matière de vélos, rollers, trottinettes, *longboards* ou *skate-boards* à la location ou à la vente. Son emplacement sur le quai des États-Unis au bout de la Promenade des Anglais vers le vieux Nice en fait le point de départ idéal pour une balade en solo ou entre amis des plus amusantes et sportives. Les tarifs appliqués sont corrects, à l'heure pour en essayer plusieurs ou à la journée entière pour partir à la découverte des pistes cyclables disponibles sur le bord de mer azuréen.

S'INFORMER

La Côte d'Azur et plus généralement le département des Alpes-Maritimes compte plus d'un million d'habitants, avec Nice se classant au 5e rang des plus grandes villes françaises. Pas étonnant donc de retrouver d'importants médias sur ce territoire, pour la plupart indépendants. Presse écrite quotidienne, avec en figure de proue l'incontournable *Nice Matin*, presse hebdomadaire, mensuelle, site Internet d'informations, radios locales et antennes de stations nationales, télévision locale et décrochage de chaînes nationales, autant de canaux permettant aux habitants et aux visiteurs de passage de s'informer sur l'actualité de la Côte d'Azur mais aussi de mieux connaître son environnement touristique, culturel, gastronomique et économique. Séjourner dans une région, c'est découvrir ses paysages et son patrimoine mais c'est aussi découvrir son environnement médiatique pour mieux s'imprégner des mœurs et coutumes locales.

YOUSTORY

48, Boulevard Jean Jaurès
NICE
✆ 07 64 53 37 23
www.youstory.fr

Maison d'autoédition et librairie de livres autoédités sur Internet.

Cette plateforme d'autoédition propose un concept innovant qui permet à tous les auteurs francophones de publier leurs livres papier, numériques et audio comme un professionnel dans des milliers de librairies à travers le monde. Son équipe les accompagne dans toutes les étapes de publication de leurs livres (conception, distribution, impression et promotion) avec l'objectif de leur simplifier l'autoédition. YouStory propose également des services de communication aux éditeurs français et s'engage dans la lutte contre l'illettrisme en soutenant des associations.

COMITÉ RÉGIONAL DU TOURISME - CRT

455, promenade des Anglais - **NICE**
✆ 04 93 37 78 78
www.cotedazurfrance.fr

Site web d'informations touristiques pour découvrir la Côte d'Azur et l'arrière-pays niçois.

Indispensable pour l'organisation de vos vacances, le site Internet du Comité Régional de Tourisme Riviera Côte d'Azur permet de trouver hébergement, activités sportives, visites et excursions. Le Pass Côte d'Azur Card donne accès à de nombreuses activités à pratiquer sur l'ensemble du littoral azuréen et en station de montagne. Deux formules sont proposées avec musées, balades au grand air, sites incontournables, séjour familial, parcs à thèmes, sorties bateau…

OFFICE DE TOURISME NICE METROPOLE

5, promenade des Anglais
NICE ✆ 08 92 70 74 07
www.nicetourisme.com

Trois bureaux accessibles : gare SNCF, promenade des Anglais, aéroport T1 et T2.

Rendez-vous à l'office Métropolitain de tourisme et des congrès de Nice Côte d'Azur où des conseillers vous accueillent, vous renseignent et vous orientent. On vous donnera ici toutes les informations nécessaires pour que votre séjour soit une parfaite réussite : vous trouverez notamment l'ensemble des activités et des manifestations organisées sur le sol niçois mais aussi concernant les communes alentour. Des brochures en plusieurs langues sont disponibles gratuitement sur place.

PASS CÔTE D'AZUR CARD ★★★★

https://www.cotedazur-card.com/

Pass 3 activités : enfant à 35 € et adulte à 45 €.
Pack 5 activités : enfant à 55 € et adulte à 65 €.

Le Pass Côte d'Azur France donne accès à 3 ou 5 activités parmi des dizaines d'activités référencées dans les Alpes-Maritimes et le Var. De nombreux parcs à thèmes, petits trains, bus touristiques, excursions en bateau, activités nautiques, de montagne et dégustations de produits locaux sont compris dans le pack. De Menton à Saint-Raphaël, en passant par Nice, Cannes, Antibes, Grasse et Monaco, ce Pass vous offre des prix remisés allant jusqu'à 30 % ; une nouvelle bonne raison de découvrir les incontournables azuréens durant votre séjour.

PURE MONTAGNE®

NICE

www.puremontagne.fr

Les sites de Pure Montagne : La Colmiane - Turini Camp d'Argent – Vesubia Mountain Park – Berthemont les Bains – Le Boréon

Situées à une heure de Nice en voiture, au cœur du parc du Mercantour, les vallées de la Vésubie et du Valdeblore proposent une offre inédite d'activités en toute saison. Pure Montagne regroupe sur 15 km, autour de Saint-Martin-Vésubie, activités sportives et ludiques, indoor et outdoor, découvertes, contemplation, relaxation : une montagne de sensations ! Après la tempête Alex qui s'est abattue sur le secteur, les habitants et entreprises locales s'activent pour effectuer les travaux nécessaires à la réouverture des activités.

NICE-MATIN

✆ 04 93 18 28 38

Nice matin est un titre de presse régional d'informations générales. Quotidiennement, tous les sujets y sont abordés, concernant la cité niçoise ou le bassin azuréen : politique, actualité locale, infos culturelles, météo... Tous les vendredis, le journal est vendu avec en supplément, le magazine Fémina, et les samedis avec le supplément télé. Le titre propose aussi très souvent de passionnants hors-séries. Nice Matin est décliné en éditions locales : Antibes - Juan-les-Pins, Cagnes - Vence - Saint-Laurent-du-Var - Carros, Cannes, Grasse, Menton, Monaco et Nice - Littoral - Vallées.

ÉDITIONS GILLETTA

Avenue Eugène Donadeï - **SAINT-LAURENT-DU-VAR**

✆ 04 92 07 94 94

www.editionsgilletta.com

Ouvert du lundi au samedi de 10h à 20h30 ; le dimanche de 11h à 19h. Restauration à 15 € environ (plat + dessert).

Depuis 1880, les Éditions Jean Gilletta rendent hommage aux œuvres consacrées au sud-est de la France, et plus particulièrement à Nice, grâce à son fondateur, célèbre photographe qui a immortalisé la Côte d'Azur durant la première moitié du 20e siècle. Avec la création de cette librairie dans le concept-store Capsule du centre Cap 3000, leur objectif est de faire connaître des artistes publiés par des éditeurs locaux. Grâce à une offre de restauration sans prétention, les visiteurs peuvent s'installer confortablement en découvrant les merveilles exposées.

LIBRAIRIE MASSENA

8/10, avenue Robert Soleau

ANTIBES

✆ 04 93 34 25 50

www.librairiemassena.com

Ouvert du lundi au samedi de 9h30 à 19h.

Située dans le cœur d'Antibes, la Librairie propose un vaste espace, lumineux et épuré, où sont présentés des milliers d'ouvrages. Littérature générale, jeunesse, bandes dessinées, comics, mangas, vie pratique, loisirs, tourisme, voyages, arts et spectacles, religion et ésotérisme, entreprise, économie, etc. Il y en a pour tous les goûts, et toutes les envies ! Des espaces de détente sont aménagés pour que la clientèle puisse commencer à bouquiner et, comme de tradition, des séances de dédicaces et des rencontres avec les auteurs sont régulièrement programmées.

CANNES RADIO

3, rue des Mimosas

CANNES

✆ 04 93 94 94 94

www.cannesradio.com

91.5 FM (Cannes) et 91.3 FM (Nice).

Cannes Radio, c'est un programme pétillant, frais et brillant ! La radio de la Côte d'Azur cartonne avec toujours plus d'audience grâce à une programmation dynamique et variée. Elle émet dans le secteur de Cannes-Grasse-Antibes sur le 91.5 et à Nice sur le 91.3. Tout au long de la journée se succèdent des informations locales, un réveil en fanfare dès 6h, un afterwork de 17h à 20h, des bons plans, nouveautés, infos people, le meilleur du son clubbing, house et deep house le samedi soir... Des cadeaux, show case et concerts sont à gagner chaque jour.

FRANCE 3 PROVENCE-ALPES-COTE D'AZUR

✆ 04 92 91 72 00

france3-regions.francetvinfo.fr/provence-alpes-cote-d-azur/

Chaîne télévisée d'informations régionales.

La chaîne de télévision nationale publique *France 3* décroche également en région. *France 3 Provence-Alpes-Côte-d'Azur* est dédiée, comme son nom l'indique, aux départements des Alpes de Haute-Provence, des Alpes-Maritimes, des Bouches-du-Rhône, des Hautes-Alpes, du Var et du Vaucluse. Des sujets d'informations régionales sont proposées, et passent en revue l'actualité, les faits de sociétés, la politique, l'économie, les sports et des «mags» purement locaux.

FG.
FeelGood.

FRANCE BLEU AZUR

2, place Grimaldi
NICE
✆ 04 97 03 36 36
www.francebleu.fr/azur
Nice 103.8 / Antibes 103.8 / Cannes 100.7 / Menton 94.8 / Contes 94.4.

France Bleu Azur est l'une des 44 radios locales qui constituent le réseau de Radio France. À Nice, une équipe de journalistes et d'animateurs font de l'information de proximité leur priorité : reportages, météo du littoral à la montagne ou encore info circulation pour vous aider dans vos déplacements. Au quotidien, les auditeurs peuvent prendre la parole et de nombreux thèmes sont abordés : santé, conso, cuisine, jardinage, droit, circulation, covoiturage, météo, emploi, agenda des spectacles, environnement, patrimoine et l'histoire de la Côte d'Azur...

KISS FM - 94.6 FM [CANNES] - 90.9 FM [NICE]

1390, avenue du Campon - **LE CANNET**
✆ 08 92 69 18 15 - www.kissfm.fr
Radio locale. 94.6 FM à Cannes et 90.9 FM à Nice.

Depuis plus de 30 ans, Kiss FM est LA radio musicale de la Côte d'azur, de la Provence et du Mercantour. Première radio indépendante sur les Alpes-Maritimes et radio incontournable dans le Var et les Bouches du Rhône, Kiss FM diffuse une programmation variée, constituée des tubes français et étrangers et développe sa notoriété grâce à de nombreux partenariats, jeux, événements. Son atout est la proximité avec les informations régionales, les bons plans sortie, l'info trafic...

NICE AZUR TV

16, avenue Edouard-Grinda
NICE
✆ 04 97 25 81 78
www.azur-tv.fr
Chaîne de télévision locale.

Azur TV est diffusée dans la Métropole Nice Côte d'Azur, ainsi que dans les principales villes des Alpes-Maritimes. Les équipes de journalistes proposent des émissions variées : journal quotidien, reportages sur la régions et rencontres avec des personnalités, émissions sportives et culturelles. Certaines émissions permettent de découvrir des initiatives, entreprises et personnalités locales. La grille des programmes offre aux téléspectateurs un panel de programmes proches de la vie quotidienne des Azuréens, disponibles en replay sur le site Internet.

SOPHIA/MÉTROPOLE MAG

Place Sophie-Laffitte
VALBONNE
✆ 04 92 93 96 30
www.sophia-mag.com
Magazine officiel de Sophia Antipolis et de l'Eco-Vallée.

Retrouvez dans ce magazine bilingue toute l'actualité azuréenne : économie, art, architecture, design, sortie, culture, sciences ou gastronomie. Le magazine possède un site Internet qui offre une information résolument optimiste sur toute l'actualité économique, culturelle et gastronomique de la Côte d'Azur, de Sophia-Antipolis à Monaco en passant par Nice. Grâce à son équipe de journalistes à l'écoute de la population locale, ce magazine s'affirme comme le vecteur de communication favori des entreprises. A lire pour prendre le pouls économique de la région.

VIRGIN RADIO CÔTE D'AZUR

31, rue de Paris
NICE
✆ 04 92 17 64 00
www.virginradio.fr
Nice, Antibes, Cannes, Grasse sur 88.1 FM, Monaco et Menton sur 92.1 FM.

Cette station de radio nationale qui possède une antenne locale sur la Côte d'Azur diffuse sur les ondes des tendances hétéroclites pop, rock et électro pour un cocktail explosif de bonnes musiques. De nombreuses informations sont à retrouver durant les matinales entre 6h et 10h dans le Virgin Tonic. Des émissions locales entre 16h et 20h abordent les infos de la région et proposent quotidiennement des jeux-concours pour gagner plein de cadeaux. Des podcasts exclusifs et replays de programmes sont à écouter sur le site Internet.

WEBTIME MEDIAS

VALBONNE
✆ 04 93 00 03 00
https://www.webtimemedias.com/
Site web d'informations économiques.

Le portail Internet WebTimeMedias.com, créé par un journaliste de la presse écrite, traite de toutes les activités économiques azuréennes et plus particulièrement du high tech sur les zones de Nice Métropole, Monaco, Antibes, Sophia-Antipolis, Cannes et Grasse. Il s'intéresse particulièrement aux secteurs du commerce, de l'immobilier, de l'industrie, des réseaux et du tourisme, tout en consacrant une large part de ses contenus à la culture locale (cinéma, musées, spectacles, etc.) et aux pratiques sportives, nombreuses dans la région.

INDEX

N

O

P

R

S

Panorama sur Villefranche-sur-Mer.

EDITION
Directeurs de collection et auteurs : Dominique AUZIAS et Jean-Paul LABOURDETTE
Responsable d'édition : Isabelle DREZEN
Auteurs : Coralie MICHARD, Florent CATANZARO, Léonard FERRO, Elodie CABRERA, Claire CAMARASA, Julie CECCHETI, Ely GALLEANI, Gérard BERNAR, Mélodie MARCQ, Isabelle DREZEN, Noëlle MOUSKA, Noël FANTONI, Valérie PELLEGRINI, Marjorie MODI, Karine CANTET, Marleyne MATI, Aurélie CARUCHET, Jean-Paul LABOURDETTE, Dominique AUZIAS et alter
Directeur Editorial : Stéphan SZEREMETA
Rédaction France : Elisabeth COL, Tony DE SOUSA, Mélanie COTTARD, Audrey VEDOVOTTO
Rédaction Monde : Caroline MICHELOT, Morgane VESLIN, Pierre-Yves SOUCHET, Natalia COLLIER

FABRICATION
Responsable Studio : Sophie LECHERTIER assistée de Romain AUDREN
Maquette et Montage : Julie BORDES, Delphine PAGANO
Iconographie et Cartographie : Anne DIOT, Julien DOUCET

WEB ET NUMERIQUE
Directeur Web : Louis GENEAU DE LAMARLIERE
Développeurs : Adeline CAUX et Kiril PAVELEK
Intégrateur Web : Mickael LATTES
Webdesigner : Caroline LAFFAITEUR
Community Traffic Manager : Alice BARBIER, Mariana BURLAMAQUI et Vincent PHAM

DIRECTION COMMERCIALE
Directeur commercial : Guillaume VORBURGER assisté de Manon GUERIN
Responsable Régies locales : Michel GRANSEIGNE
Responsables Développement régie inter : Jean-Marc FARAGUET et Guillaume LABOUREUR
Chefs de Publicité : Camille ESMIEU
Chefs de Publicité Régie nationale : Caroline AUBRY, François BRIANCON-MARJOLLET, Perrine DE CARNE MARCEIN

DIFFUSION ET PROMOTION
Directrice des Ventes : Bénédicte MOULET assistée d'Aissatou DIOP
Responsable des ventes : Jean-Pierre GHEZ assisté de Nelly BRION
Relations Presse-Partenariats : Jean-Mary MARCHAL

ADMINISTRATION
Président : Jean-Paul LABOURDETTE
Directrice des Ressources Humaines : Dina BOURDEAU assistée de Sandra DOS REIS et Eva BAELEN
Directrice Administrative et Financière : Valérie DECOTTIGNIES
Comptabilité : Jeannine DEMIRDJIAN
Recouvrement : Fabien BONNAN assisté de Sandra BRIJLALL et Vinoth SAGUERRE
Responsable informatique : Elie NZUZI-LEBA

PETIT FUTÉ CÔTE D'AZUR - MONACO
LES NOUVELLES EDITIONS DE L'UNIVERSITE
18, rue des Volontaires - 75015 Paris.
✆ 01 53 69 70 00 - Fax 01 42 73 15 24
Internet : www.petitfute.com
SAS au capital de 1 000 000 € - RC PARIS B 309 769 966
Couverture : Vue sur le village de Gattières © Isabelle DREZEN
Impression : IMPRIMERIE CHIRAT - 42540 Saint-Just-la-Pendue
Achevé d'imprimer : juillet 2021
Dépôt légal : 22/08/2021
ISBN : 9782305060774

Pour nous contacter par email, indiquez le nom de famille en minuscule suivi de @petitfute.com
Pour le courrier des lecteurs : info@petitfute.com

IMPRIMÉ EN FRANCE

COLLABOREZ
À LA PROCHAINE ÉDITION